【제3판】

여성교육개론

곽삼근 • 곽윤숙 • 김재인 • 나임윤경
민무숙 • 박성정 • 송현주 • 심미옥
오재림 • 유현옥 • 이해주 • 임선희
정해숙 • 조경원 공저

교육과학사

책을 펴내며...

『여성교육개론』이 출간된 지도 어언 8년이 흘러갔다. 2001년 사회교육법이 '평생교육법'으로 바뀌면서 평생교육사 자격취득에 여성교육개론이라는 교과가 개설되었다. 특정한 교재가 없던 차, 수년간 여성교육에 관한 소모임 학습을 진행하여 왔던 열기를 하나의 책으로 묶어 세상에 내놓은 지도 벌써 학문의 주기(5~7년)를 훌쩍 넘겨버린 것이다.

그동안 꾸준히 관심을 보여준 분들께 그리고 앞으로 이 책을 애용해줄 미래의 여성상을 만들어갈 독자들께 변화된 여성교육 관련 지식과 정보를 알리기 위해 새로운 내용을 담고자 한다. 그리고 사회 각 분야에서 자신과 사회발전을 위해 최선을 다하고 있는 여성들이 여성교육을 통해 어떻게 영향을 받고 있으며, 여성발전에 얼마나 의미를 더하고 있는지를 되새겨 보고자 한다. 이는 현대사회에서뿐만 아니라 미래사회에서 여성, 그리고 여성교육이 개개인의 삶의 질 향상과 사회발전을 위해 얼마나 중요한 역할을 해왔고, 앞으로 해나가야 하는지를 알리기 위함이다.

최근 여성에 대한 관심 고조, 여성의 사회참여를 활성화시켜야 한다는 당위성 직면, 평생교육에 대한 요구도 증가 등과 함께 여성인력의 중요성 강조는 물론이고 인력채용 시 여성할당제에서 양성평등할당제로의 전환 등의 상황으로 변화되는 것을 볼 수 있다. 이러한 변화는 여성교육 전반에 걸쳐 양적 변화와 질적 발전을 이루는 데 한 계기가 되고 있다.

특히 여성평생교육은 그동안 꾸준한 발전을 거듭해온 학교교육과는 달리 1970년대에 이르러 관심을 모았고, 여성들의 삶의 질 향상을 위해 부단한 노력이 경주되고 있다. 1970년대의 여성평생교육은 취미·여가교육이 주를 이룸으로써 주로 남성을 대상으로 했던 직업기술 및 미래준비교육과 대조를 이루며 비난을 받아온 것도 사실이다. 그러나 1980~1990년대 여성의 사회참여가 광범위한 분야에 걸쳐 이루어지고, 교육의 중요성이 부각되면서, 여성들도 실생활에 필요한 실행교육 위주에서 벗어나 미래의 삶을 준비하는 직업기술교육 등 준비교육에 관심을 가지고 참여하기에 이르게 된다. 특히 2000년대에 이르러 여성평등교육은 기초문해교육에서부터 직업기술교육과 여가교양교육에 이르기까지 다양한 교육이 각 세대를 대상으로 하여 실시되고 있다. 그야말로 평생교육이

Preface

추구하는 "개인의 출생부터 죽을 때까지의 생애에 걸친 교육(수직적 교육)과 개인 및 사회 전체의 교육(수평적 교육)의 통합"을 여성평생교육으로 실현하고 있는 것이다.

이 책은 『여성교육개론』 초판과 마찬가지로 여성의 삶과 교육을 이해하는 데 도움이 되도록 여성교육을 생애주기별로 살펴보고 또한 다른 축으로는 주변 환경 영역별로 살펴보았다. 평생교육사가 되기 위한 선택과목의 교재로 집필하는 개론서의 내용에 충실하고자 광범위하게 주제를 선정하여, 여성의 평생교육만을 취급하지 않고 교육사 및 철학, 심리학, 사회학, 정치학적 접근을 시도하여 여성교육개론의 면모를 갖추도록 하였다. 교육학의 여러 전공 배경을 지닌 집필진들이 다양한 관점을 제시하였으나 기본방향은 여성의 사회참여를 활성화하는 데 있다.

여성들의 교육 현실과 문제를 관념적 · 시간적 · 공간적인 축에서 분석하고 여성들의 주체적 참여를 이끌고 활성화하기 위한 방향을 제시하였다. 이를 위하여 여성교육이념을 분석하고 현재의 상황을 파악하여 문제점을 분석하였으며 대책을 모색하였다.

이 책은 서론과 함께 전체 4부로 구성하였다. 여성들의 삶을 종적 · 횡적으로 보았을 때, 종적으로는 여성의 인생주기 전체를 다루는 연령적 구분이며, 횡적으로는 사회 환경적 측면에서 여성의 삶의 영역인 정치 · 경제 · 사회 문화 · 환경을 다루었다. 아울러 여성교육에 대한 이념적 고찰과 제도 및 정책적 고찰 등 모두 네 가지 영역을 기준으로 4부를 구성한 것이다. 구체적으로 제1부는 여성과 교육에 관한 이론적 관점, 제2부는 여성의 생애주기와 교육, 제3부는 여성의 삶의 영역과 교육, 제4부는 여성교육정책으로 묶었다.

이 책의 전체적 구조를 각 장별로 집필자와 함께 소개하면 다음과 같다.

첫째, 서론은 평생학습사회와 여성교육으로 여성과 평생교육, 여성정책의 흐름에 대한 고찰과 함께 이 책을 쓰는 관점을 제시하였으며 김재인 박사와 곽삼근 박사가 집필하였다.

둘째, 제1부는 여성과 교육에 관한 이론적 관점으로 제1장 한국 여성교육이념의 역사적 변천은 조경원 박사가, 제2장 교육과 성(性): 삶의 영역 간의 갈등극복과 교육철학의 역할은 유현옥 박사가, 그리고 제3장 페미니스트 페다고지(Feminist Pedagogy)의 이론적 접근은 송현주 박사가 집필하였다. 제2부는 여성의 생애주기와 교육으로 제4장 아동기의 성 평등교육은 심미옥 박사가, 제5장 청소녀기의 교육과 진로개발은 곽윤숙 박사가, 제6장 성인 전기의 여성교육은 오재림 박사가, 제7장 성인 중기의 여성교육은 박성정 박사가, 그리고 제8장 노년기의 여성교육은 김재인 박사가 각각 맡아 집필하였다. 제3부는 여성의 삶의 영역과 교육으로 제9장 정치와 여성교육은 이해주 박사가, 제10장 경제와 여성교육은 곽삼근 박사가, 제11장 문화, 여성, 여성주의 교육은 나임윤경 박사가, 그리고 제12장 환경과 여성교육은 임선희 박사가 각각 집필하였다. 제4부는 여성교육정책으로 제13장 여성 교육자 현황 및 정책과 리더십 증진은 민무숙 박사가, 그리고 마지막 장인 제14장 여성교육정책의 변천과 과제는 정해숙 박사가 집필하였다.

이 책은 평생교육사 자격증 취득에 필요한 과목인 여성교육개론의 교재로 집필하였으나, 교육에 관심 있는 다른 모든 사람들에게 여성교육을 이해하는 데 도움이 되리라 기대한다. 앞으로도 많은 분들의 지적과 질책을 받아 계속 공부하며 보완하여 나가리라 다짐하며, 수정본을 내는 데 힘이 되어온 여성교육 소모임 학습의 의미를 다시 되새겨본다.

여성교육이 변화 발전되고 있는 것처럼 소모임 주체들도 학문적으로 그리고 삶에서 깊이를 더해가고 있음을 느낀다. 이 책을 수정하면서 여러 차례의 논의를 거쳤고, 그럴 때마다 삶과 밀접하게 연결되어 있는 여성교육의 학문적 상황을 시간가는 줄 모르고 토론하던 기억이 새롭다. 그동안 수고하신 모든 집필진, 그리고 우리의 책을 흔쾌히 출판해주신 교육과학사 김동규 사장님과 직원들께도 심심한 감사를 드린다.

2015년 **집필진** 일동

Contents

2부 여성의 생애주기와 교육

Contents

3부 여성의 삶의 영역과 교육

Contents

서론
평생학습사회와 여성교육

김재인* · 곽삼근**

* 이화여자대학교 대학원 문학박사 교육사회학 및 평생교육 전공
전 중국연변대학교 객좌교수, 전 한국양성평등교육진흥원장

** 미국 Michigan State University, Ph. D in Adult & Continuing Education
현재 이화여자대학교 교육학과 교수

이 장에서는 여성교육개론에서 다루고 있는 가치인 성 평등과 여성교육과의 관계를 개괄하고, 저서 본문 내용에서 다루지 못한 영역인 평생교육 에 대하여 살펴보고자 한다. 평생교육사로서 여성평생교육에 대한 기초적 이해가 필요하기 때문이다. 여기에서는 성 평등 관점, 여성평생교육의 필요성, 개념, 목적 및 내용, 그리고 앞으로의 과제 등에 대하여 소개하고자 한다. 특히 평생교육방법으로서 관심을 받고 있는 참여를 통한 여성평생교육을 부각시킴으로써 이 책의 방향이 사회개혁의 주체가 되는 여성의 사회참여 활성화에 있음을 시사한다.

1 여성교육과 성 평등

'현대사회는 성 평등한 사회인가?'라는 질문에 대한 대답은 하나의 정답으로 모아지지 않는다. 성별, 연령별에 따라 다른 답이 나오는 것은 물론이고, 여성들에게만 질문을 하여도 결혼여부, 자녀유무에 따라 답이 달라지는 것을 볼 수 있다. 그만큼 성 평등은 다양하고 미묘하게 개개인의 가정생활과 사회생활에 영향을 미

치고 있으며, 달리 해석되고 있다.

혼인하기 전 부모와 함께 생활을 할 때에는 아들이든 딸이든 가정에서 또 학교에서 성 불평등을 경험하지 않는 경우가 대다수이다. 그러나 학교를 졸업하고 사회로 진출할 때, 그리고 태어나고 자란 가정을 떠나 배우자를 만나 자신의 가정을 꾸릴 때에는 시작부터 여성과 남성은 다른 상황을 경험하게 된다. 특히 여성들은 사회생활에서는 물론이고 결혼과 자녀를 낳아 기르는 과정에서도 무엇인지 모를 그동안의 삶과는 상당히 다른 불편함을 느끼게 된다. 성 불평등하게 이루어져 온 관습이 여성과 남성의 생활에 영향을 미쳐 불편함을 느끼게 하는 것이다.

한 예로, 가정이 남성에게는 직장생활을 한 후 휴식을 취할 수 있는 장소가 되는 반면, 여성에게는 직장도 가정도 일터로 변하기 때문에, 여성들은 가정을 가지는 것이 희생을 강요당한다는 느낌을 받게 되는 것이다. 그동안 대부분의 여성들이 자신보다 가족을 먼저 생각해왔기 때문에, 가정에서 일이 발생했을 경우, 직장일보다 먼저 처리해야 한다는 생각이 지배적이다. 가족에 대한 배려와 직장에서의 일 사이에서 갈등하는 여성들을 흔히 접하게 되는데, 저출산 시대를 맞는 한국은 사회적 차원에서 그 해법을 모색할 필요가 있다.

• 사회현상의 변화

21세기 지식기반사회로의 진입으로 인적 자본의 투자 및 활용을 중요하게 인식하고 있으나, 여전히 여성, 성 평등, 여성발전은 과소평가 및 과소 활용되고 있다. 특히 여성노인의 경우, 여성이며 노인인 이중적 잣대로 인한 불이익을 감수해야 하는 실정이다.

최근 저출산(2012년 1.29명) 고령화의 진전으로 우리나라의 생산가능 인구는 2016년(3,704만 명)을 정점으로 감소세로 전환되고, 기대수명 증가로 고령인구의 지속적 증가가 예상되고 있다. 65세 이상 인구는 2010년 545만 명으로 전체의 11%에서 2030년에는 1,269만 명으로, 전체의 24.3%가 될 것이다. 또한 1~2인 가구의 증가(2010년 48.1% → 2035년 66.3%), 가구주의 고령화(2010년 48.8세 → 2035년 60.92세), 여성화(2010년 25.7% → 2035년 35.1%) 증가가 예상되고 있다

(여성가족부, 2013),

여성 경제활동참가율은 꾸준히 증가(2000년 48.8% → 2005년 50.1% → 2010년 49.4% → 2013년 50.0%)하고 있으나, 여전히 OECD 회원국(평균 61.8%) 중 최하위 수준에 머무르고 있다. 여성가구주 가구는 2000년 18.5%에서 2010년 25.9%로 증가해 가고 있다.

여성의 취업욕구 증대와 낮은 경제활동 참가율은 여전하다. 여성들의 고학력화, 취업에 대한 인식 변화 등으로 여성취업에 대한 욕구는 지속적으로 증대(전 생애에 걸친 취업욕구 증대)로, 여성취업에 대해서 우리나라 15세 이상 인구의 84.3%가 '직업을 가지는 것이 좋다'는 반면, '가정일에 전념하는 것이 더 중요하다'는 응답은 8.0%에 불과하다. 그리고 여성 경제활동참가율이 꾸준히 증가(2009년 53.9% → 2011년 54.9%)하고 있으나, 여전히 OECD 회원국(평균 61.8%) 중 최하위 수준에 머무르고 있다.

여성고용률의 지속적인 증가에도 불구하고 돌봄지원과 모성보호 취약, 남성의 가사 · 육아 참여 저조 등으로 일 · 가족 양립이 어려운 여건이다. 맞벌이가구의 가정관리 시간은 남편 24분, 아내 2시간 38분(2010년, 통계청)이며, 남성의 가사 · 육아 참여를 위한 정책으로 여성은 "남성의 인식 확대"를, 남성은 "장시간 근로관행 개선"을 1순위로 꼽고 있다(한국여성정책연구원, 2012년). 남성들의 아버지와 남편으로서의 역할 정립에 대한 요구도 증가하고 있다.

여성의 평균수명은 남성보다 높으나(여성 84.6세, 남성 78.0세, 2012년), 경제력에 있어서는 여성이 남성보다 낮다(여성경제활동참가율 50.0%, 남성 73.0%, 2013). 또한 인구의 노령화 정도를 나타내는 노령화지수는 2010년 69.7%이다. 2000년 35.0%인 것에 비해 2배 가량 증가하였다.

그러므로 노인의 빈곤율은 높을 수밖에 없다. 특히 여성노인의 빈곤율은 47.2%(2011년)에 이른다. 2013년 현재 60세 이상 여성노인의 생활비 마련방법을 보면, 본인 및 배우자 부담이 53.7%, 자녀 또는 친척 지원이 37.3%, 정부 및 사회단체 지원이 9,0%, 기타 지원이 0.1% 순으로 나타나고 있다. 이에 비해 남성노인은 본인 및 배우자 부담이 76.6%, 자녀 또는 친척이 17.7%, 정부 및 사회단체 지원이 5.7%의 순으로 나타나고 있다(한국여성개발원, 2013).

성평등과 국민의 인식을 보면, 부문별 성평등 수준 변화가 있었다. 가정에서의 남녀 성역할 구분과 남아선호 의식은 상당부분 개선되었으나, 국민의 75.5%는 "우리 사회에서 성차별이 여전히 문제되고 있다"고 인식하고 있다. 성차별에 대한 남녀 인식의 차이에서는 여성은 83%, 남성은 68%가 성차별이 문제가 된다고 인식하고 있다.

국민들이 생각하는 여성에 대한 불평등이 심한 분야는 "경제 및 소득", "정치", "안전(범죄)", "고용 · 노동" 등으로 나타나고 있다. 여성에 대한 불평등이 심한 분야 : 경제 · 소득 72.3%, 정치 71.8%, 안전 70.0%, 고용 · 노동 69.6% 등이다. 제4차 기본계획 기간은 학력 수준이 높고 가치관과 의식이 기성세대와 다른 20 · 30대 여성이 사회에 본격 진출하는 시기로, 사회참여와 성평등에 대한 기대수준도 한층 높아질 것으로 예상되고 있다.

남녀문제와 관련된 의식 및 문화에 대한 태도를 보면(한국여성정책연구원, 2012), 성 평등 수준이 향상되고 있으나 미흡한 수준이다. 성 평등 수준은 2010년 62.6점(2011년 국가 성평등보고서, 2007년 60.8점)으로 지속적으로 향상되는 추세이나, 성별 격차에 대한 국제적 평가는 여전히 낮은 수준이다.

점차 여성의 일로 생각되어온 모성, 돌봄 등에 대한 남성들의 관심과 활약, 남성의 일로 생각되어온 일에 대한 여성들의 자연스러운 참여와 능동적 개입 등이 일어나고 있다. 즉 인간 개개인의 흥미와 적성, 능력에 따라 상호 원하는 일에 매진하는 모습을 볼 수 있다. 그렇다면 여성교육의 궁극적인 목적은 무엇인가를 생각해볼 필요가 있다. 여성교육은 여성의 능력을 개발, 발전시켜 성 평등한 사회를 구축해 나감으로써 궁극적으로 여성을 포함한 모든 사람들의 삶의 질을 향상시키는 것이 과제이다.

• 성 평등정책의 흐름

여성가족부를 비롯한 각 부처의 여성정책담당관실(총칭)을 통해, 그리고 지방자치단체의 여성정책국이나 관련 부서를 통해 성 평등정책이 실천에 옮겨지고 있다. 여성발전기본법이 제정(1995년)된 이래 여성정책기본계획(제1차 1998-2002/

제2차 2003-2007/ 제3차 2008-2012/ 제4차 2013-2017)이 마련되고 실행되는 과정이 점검되고 있으며, 그 과정에서 성 평등정책의 실현(제2차 여성정책기본계획)과 성 주류화를 위해 정책의 성별영향평가를 실시(제3차 여성정책기본계획), 정책에의 성인지 예산 실행(제4차 여성정책기본계획에서 본격화)하는 등의 시도를 지속적으로 해 나가고 있다.

성 평등정책의 진전도를 보면, 1945년 광복 이후 여성문제의 해결을 위해 전쟁미망인 등 요보호여성을 대상으로 하는 복지적 차원에서 접근한 데서 시작되었다. 1975년 세계 여성의 해 이후, 일반화된 여성정책은 1980년대에 들어오면서부터이다. 그리고 1990년 이후 한국의 여성정책은 괄목할만한 성장을 보여 왔다. 즉 「여성발전기본법」(1995), 「성폭력특별법」(1994) 등 40여 개의 여성관련법 및 제도가 마련되었다. 1990년 후반 WID에서 GAD로의 변화로 여성을 소수집단에서 중심 집단으로 상정한다. 2000년대에도 여성정책은 정책의 성 주류화 전략 등을 통해 각종 정책의 성 평등성을 점검하는 등 영향력을 확대해나가고 있다.

2005년 호주제가 폐지되고, 2008년 호주제 폐지로 개인의 신분등록부가 적용되고 있다. 가족구조와 의식에의 많은 변화가 이루어지고 있다. 또한 2005년 「국가재정법」이 제정되어, 정책에 성 인지 예산이 삽입되도록 했다. 2009년 시범적용을 시작으로, 2010년부터 적용토록 되어 있는 「국가재정법」의 성 인지 예·결산안 마련 등을 위한 준비 시기이다. 2014년 여성가족부의 업무는 여성 청소년 가족이 마음껏 꿈을 펼칠 수 있는 나라를 비전으로 여성이 마음껏 일할 수 있는 사회, 여성과 아동이 안심할 수 있는 사회, 청소년에게 보다 많은 기회를 주는 사회, 다양한 모습의 가족이 있는 그대로 행복한 사회를 핵심과제로 하고 있다.(http://www.mogef.go.kr)

2011년 성별영향분석평가법 제정(동년 11월) 및 시행(동년 12월)이 이루어졌다. 이와 같이 성인지예산 제도 도입 및 확대로 양성평등 관점의 정책개선 기반이 마련되었다. 성별영향평가분석은 중앙부처, 지자체의 사업뿐만 아니라 제·개정 법령과 계획까지로 대상을 확대하였다. 2011년 현재 292개 기관, 2,954개 과제에 대한 성별영향평가분석이 이루어지고 있다. 성인지예산제도는 2009년 처음으로 적용하였고, 2010년 기금 사업으로 시작하였으며, 2011년 지자체로 확대 실시하고 있다.

여성친화도시 도입 등 성인지적 정책 추진기반이 구축되고 있다. 여성친화도시 조성에 대한 지방자치단체의 관심과 참여가 확산되고 있다. 2009년 여성친화도시 2개 도시 지정을 시작으로 2010년 10개 도시, 2011년 30개 도시, 2012년 39개 도시가 지정되고 있다.

2000년대 "여성이 진정한 주체 세력이 되었는가?"에 대한 회의론이 대두되고, "실천적 전략 부족", "성 주류화 전략의 피상성과 이상성" 등에 대한 우려가 나타난다(조한혜정, 2004). 정책결정직에의 여성참여 현황을 보면, 국회 여성비율은 15.7%(2012년)이며 지방의회 여성비율은 20.1%(2010년)이다. 공무원 여성비율은 중앙정부 47.2%(2010년), 지방정부 29.8%(2010년)로 예년에 비해 증가추세에 있다(여성가족부, 2013).

정치 분야, 공직 등에 여성 진출이 확대되었으나 여성의원 및 고위직 관리직 여성비율은 여전히 저조한 실정이다. 고위 공무원 여성비율은 4.1%이며, 4급 이상 여성공무원 비율은 8.4%(2011년)에 불과하다. 공기업 여성임원, 국공립대 여교수 비율 등이 민간보다 낮아 공공기관의 주도적 역할 강화가 필요한 실정이다.

정부위원회 여성비율도 30%를 못 미치는 수준에서 개선이 저조한 상황이다. 2006년(29.6%) 이후 하락세를 보이던 정부위원회 여성비율(2007년 26.9%→2008년 27.0%→2009년 24.6%→2010년 22.3%)은 2011년(24.8%) 소폭 상승하고 있다.

성별 격차에 대한 국제적 평가는 여전히 낮은 수준이다. 특히 여성대표성, 경제적 지위, 안전 등 영역에서 저조하다. 국제 성평등지수는 OECD 34개 회원국 중 25위를 차지하고 있다. 성 격차지수(GGI)는 111위(136개국, 2013년), 성불평등 지수(GID)는 27위(143개국, 2012년)로 우리나라의 성 평등 수준은 낮다(한국여성정책연구원, 2013). 2010년에 우리나라는 OECD 개발원조위원회(DAC)의 회원국이 되면서 한국 발전경험의 공유에 대한 관심이 증가하고 있다. 한국의 발전경험은 개발도상국의 모델로서 가치를 지니며, 성 평등 정책도 공유해야 할 필요가 있게 되었다.

여성가족부는 제4차 여성정책기본계획(2013-2017)을 통해 다음과 같은 주요 정책과제를 제시하고 있다(여성가족부, 2013), "① 여성의 경제적 역량 강화, ② 돌봄 지원과 일 가정 양립기반 구축, ③ 여성에 대한 폭력 근절과 인권 보장, ④ 여성 가족의 복지 및 건강권 증진, ⑤ 여성의 대표성 제고 및 참여 확대, ⑥ 평등의식과 문화의 확산, ⑦ 성평등정책 추진역량 및 책무성 강화” 등이 앞으로 5년간 여성발전을 위해 실행되어야 할 과제이다. 성 평등제도 등 양적 성장 뒤에 묻힌 인간 특히 여성의 삶의 질적 향상 여부는 여전히 미지수로 남아 있다.

1995년 제정된 「여성발전기본법」은 2014년 5월 「양성평등기본법」으로 개정되었다. 이는 2015년 7월 1일부터 시행될 예정이다. 여성 중심에서 남녀 모두를 위한 평등법으로 거듭나게 된 것이다. 국가가 제시하는 법은 사회의 요구를 반영한다. 성 평등사회는 민주시민사회를 위한 첫걸음이다. 양성평등기본법을 통해 사회속에 남아 있는 불평등이 앞으로 모두 제거될 수 있기를 기원해 본다.

• 성 평등 실현을 위한 국제적 공조

유엔 여성지위위원회(1946년 설치)를 통해 국제적 공조가 이루어지고 있다. 1979년 제시된 여성차별철폐협약을 비롯하여 1975년에 시작된 세계여성대회가 그동안 4차례(멕시코, 코펜하겐, 나이로비, 북경)에 걸쳐 이루어졌고, 행동강령을 만들어 세계 국가들이 실천할 수 있도록 권유하고 있다.

여성의 힘 기르기(empowerment)를 위해 여성의 잠재력을 깨우는 것은 여성 자신과 사회발전을 위해 필수적인 일이다. 여성의 잠재력이 발현되어 자신의 가치를 인정하고 힘을 형성하여 적절하게 활용함으로써 여성 자신과 사회발전에 일익을 담당할 수 있게 된다. 또한 여성과 남성 등에 의해 인간발전이 이루어지면, 인간, 사회, 자연의 조화 속에서 인간적 잠재력이 삶의 모든 단계에서 실현되는 것이다.

여성중심에서 인간중심으로 전환하기 위해 우선적으로 여성의 자아개발을 통한 사회 각 분야에서의 주체적 참여의식을 일깨우는 것이다. 여성의 삶이 “깨어 있는 삶”이 되도록 하기 위해 여성과 남성의 역사적 행보, 현재의 위치, 삶의 의미 등을 음미할 수 있도록 해야 한다.

여성과 남성 모두가 돌봄의 대상과 주체가 되는 사회가 요구되고 있다. 사적 영역에서의 여성의 역할이었던 ‘돌봄과 사랑’이 공적 영역으로 전환되고, 여성도 남성과 함께 국가정책의 돌봄 대상이 되도록 국가제도의 개편이 요구되고 있다.

또한 여성들은 생활세계의 경험과 관계 중심의 삶은 사적 영역에서 보살핌과 안정을 책임지는 생활로 이어져왔다. 이는 여성들이 공적 영역으로의 진출 시 상호 주관성을 존중하고, 실생활과 밀착된 구체적이고 구성적인 지식체계에 입각하여 지식의 상호 공유와 활용을 통해 타자배제를 극복하는 데 관심을 두도록 하는 여성주의적 삶을 통해 활약이 기대되는 부분이다.

1950~60년대의 발전은 생산성 제고를 우선시하고 있으나 인간의 자유는 생산의 증대만으로 실현되지 않는다. 1990년대 인간주의를 글로벌 의제화하였고 (UNDP), 1995년 발간된 제6차 UNDP 보고서에서 제시하고 있는 인간개발 패러다임은 '평등, 지속가능성, 참여, 생산성'으로 설명하고 있다(주준희, 2003). 이 중 평등은 기회의 확대를 통해 모든 사람에게 혜택이 제공되어야 하고, 정서적·경제적·사회적 기회에 대한 동등한 기회를 향유하여야 하며, 모든 장애는 철폐되어야 한다고 본다. 많은 불평등 현상 중 성 불평등이 특히 해결되어야 할 과제로 주목 받아 왔다.

인간적 자유는 행복을 담보하는 것이나, 인간적 힘(human empowerment)이 있어야 인간적 자유의 확대가 가능하다. 힘의 증진과 지속가능한 발전은 인간적 힘이 지속적으로 증대되어야 인간발전을 통한 인간적 자유를 도모할 수 있는 것이다. 성 주류화와 인간발전 중에서 인간발전은 인간적 자유를 위한 것이고, 인간적 자유는 힘의 증진과 지속가능한 개발과 연계된다. 즉, 인간화된 전략만이 인간발전(Amartya Sen, 1992/ 정순영 · 김영혜 · 이선주, 2004)을 도모할 수 있다. 인간발전을 성 인지화(gender-sensitive)하는 세 가지 원칙은 ① 여성과 남성 간의 평등, ② 여성은 변화의 행위자이자 수혜자로 간주되어야 함, ③ 남성과 여성에게 선택권의 확대, 그러한 결정을 할 수 있는 평등한 기회 등이다.

성 주류화는 불평등을 구조적인 측면에서 다루고 있고 정책과정에 성 평등한 관점을 통합하여 재조직화할 것을 강조한다는 점, 젠더를 초월하는 다양성의 통합을 추구한다는 점, 가부장적 성별 위계를 폐지시키고자 한다는 점에서 매우 강력한 의미를 가지는 것으로 해석된다(한국여성정책연구원, 2013).

성 주류화는 성 관점을 발전정책의 주류에 통합하는 것을 목표로 한다. 즉 성 주류화도 인간적 자유를 실현하는 힘은 힘의 증진과 사용 시 정의롭게, 그리고 평등하게 분배하는 것을 쟁점으로 제기한다. 성 주류화는 공정성과 관련되어 있으며, 힘의 활용과 증진은 인간발전의 총체적 전략개념에서 한 부분을 차지한다.

성 주류화의 실행 단계 및 한국 적용방식을 보면, 여성정책의 게토화 탈피(여성문제는 일반적 관심사), 새로운 정책도구 발전(공공정책의 합리화, 성별영향분석 평가, 성인지예산), 성 불평등 종식(주류의 전환)을 통해 성 주류화가 이루어진다. 그런 다음 여성의 주류화는 적극적 조치로, 젠더관점의 주류화는 성별영향분석평가 및 성 인지 예산을 적용하여 실현시키고, 주류화 전환은 성 인지적 훈련으로 적용시켜야 한다(한국여성정책연구원, 2013).

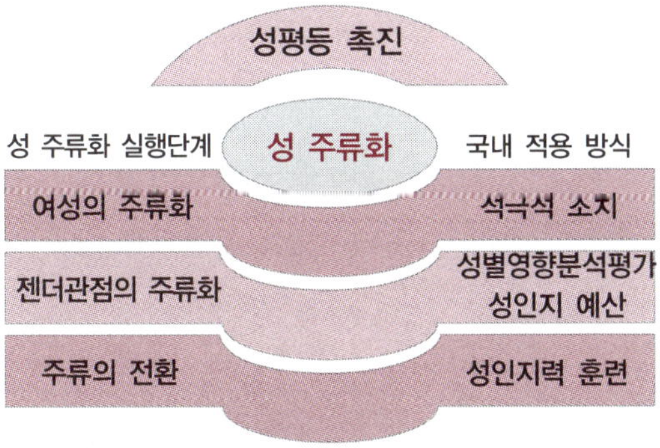

[그림 1] 성 주류화의 실행단계 및 한국 적용방식

자료 : 한국여성정책연구원(2013), 『한국여성정책의 국제적 공유를 위한 기초자료 구축』, 서울: 한국여성정책연구원, p.20.

해법으로서의 성 평등정책은 여성문제를 사회적·국가적 문제로 인식하고, 문제 해결을 위한 행동계획을 기획하고 실천함으로써 남녀가 평등하고 행복하게 살아갈 수 있도록 하기 위한 것이다. 성 평등정책은 여성들이 감수하고 있는 불이익에 대해 국가가 일차적 책임을 짐으로써 여성문제를 해결하고자 하는 행동계획이라 할 수 있다. 여성교육은 위에서 제시되고 있는 사회변화의 흐름을 읽고, 성 평등정책을 담아 시대변화에 따라 사회상을 반영하여 구안되어야 한다. 소집단 대상, 지속 가능한 성장·발전·복지 추구, 평등·평화 지향, 그 외 사회변화를 수용할 수 있도록 함으로써 성 평등사회를 지향할 수 있도록 해야 할 것이다.

2 평생학습사회에서의 여성교육

• 여성평생교육, 왜 필요한가?

그동안 가치평가를 제대로 받아오지 못하였던 여성들을 미래학자들은 무한한 잠재가능성을 지닌 집단으로 평가하고 있다. 최근 자원의 고갈과 생태계 파괴로 이제까지 진행되어 온 근대적인 발전 방식은 더 이상 지속될 수 없다는 공감대가 널리 형성되고 있으며, 또한 정보화와 국경 없이 움직이는 자본은 기존의 국민 경제의 틀을 무너뜨리고 있다. 이같은 지구촌 문명의 변화는 현대를 살아가는 우리와 후손들에게 큰 과제를 안겨주었다. 생명을 보존하는 일과 환경을 보호하는 과제이다.

이러한 지구 환경의 위기에 직면하여 그동안 가정의 살림을 맡아왔던 여성들이 이제 개인의 가정살림만이 아니라, 전 인류의 살림 향방을 주도해야 하는 위치에 있음을 공인하게 된 것이다. 그동안 평가절하하였던 여성의 살림의 자질과 능력을 재평가하게 되었으며 나아가 여성성에 대한 새로운 해석을 하게 되었다.

사회가 직면한 다양한 문제해결에 여성적 가치가 부각되면서 여성의 사회참여가 요청되고 있다. 여성평생교육이 강조되는 배경에는 여러 가지가 있지만 가장 중요한 점으로는 여성들의 다양한 사회참여를 활성화시켜 여성들의 개별적인 삶의 질 향상과 그들이 소속한 지역 및 국가사회 공동체의 발전을 도모하고자 하는 것이다. 이러한 사회참여를 유도하고 활성화하기 위해서는 여성들에게 사회참여에 대한 동기를 부여하고, 실제참여를 위한 지식과 방법을 체득하게 하는 것이 여성평생교육의 중요한 역할이 된다.

여성평생교육을 교육 주체를 중심으로 여성에 의한, 여성이 주체가 되는 것으로 이해하는 입장도 있고, 대상을 강조하여 여성을 대상으로 하는 교육에 초점을 두는 경우도 있다. 의식과 실제의 면에서 성 평등교육이 강조되면서 대상에 대한 구분은 점차 약화되어가고 있는 추세에 비추어 본다면 오히려 교육주체가 부각될 수도 있다. 이제까지 주요 분류방식으로 자리 잡았던 대상에서의 분류는 앞으로는 차츰 교육 주체에 대한 관심으로 전이되고 있다고 할 수 있다. 여기에서의 '여성'이란 생물학적인 성별 구분보다는 사회문화적인 성별에 의한 분류이므로 이 경우에는 오히려 '여성성'이 주체가 되는 교육으로 간주하는 것이 보다 타당할 것이다. 따라서 이러한 경우 여성평생교육은 반드시 대상이나 주체가 여성이라기보다는 여성성을 이념적 기초로 하여 전개하는 교육을 지칭하기도 한다.

그러나 유교적 전통의 남녀유별 교육이 지배하였던 한국 사회에서 교육사적인 분석은 주로 교육 대상을 중심으로 한 성별 분류가 지배적이었으며, 아직까지도 여성평생교육은 여성을 대상으로 한 교육으로 인식되고 있다. 이러한 기초 위에 우리나라에서 여성평생교육은 여성이라는 대상에 초점을 두고 전개해 왔다고 할 수 있다. 따라서 이 책에서는 여성평생교육을 여성을 대상으로 한 평생교육이라는 개념을 중심으로 살펴보기로 하겠다.

• 여성평생교육의 개념 및 목적

– 여성평생교육의 개념

2000년도 한국의 「사회교육법」이 「평생교육법」으로 개정되면서 평생교육에 대한 개념적 논의가 급부상하였다. 초기 유네스코에서 제창한 평생교육(lifelong education)이 요람에서 무덤까지의 전 생애에 걸친 교육을 의미했다면, 한국의 평생교육법에서 강조되는 개념은 과거 「사회교육법」의 연장선상에서 확대된 개념으로 이해되고 있다. 따라서 한국의 「평생교육법」에 명시된 평생교육이란 평생학습의 일환으로 이루어지는 정규학교교육 이외의 모든 교육을 총칭한다. 평생교육에는 공공기관을 통해 이루어지는 교육, 다양한 사회단체 및 여성단체 등의 민간단체를 통한 교육, 학교나 대학 평생교육원을 통한 교육, 학원에서의 평생교육, 도서관이나 박물관, 문화원, 문화센터 등에서의 교육, 산업체나 연수원, 직업훈련원 등에서의 직업훈련과 재교육, 새마을교육, 농협이나 농촌교육기관에서의 주부대학, 종교시설에서의 교육 등을 통하여 행해지는 다양한 시민교육과 직업교육, 여가 및 교양교육이 모두 포함된다.

여성평생교육이란 교육이 일어나는 장(場, field)을 중심으로 보았을 때, 학교교육이나 가정교육 체계 내에 속하지 않는 교육활동이라는 측면에서 개념 규정을 할 수 있으며, 교육의 대상이라는 측면에서는 여성의 학습경험 재구성에 관련한 여성을 대상으로 하는 학교교육 이외의 조직적이고 체계적인 교육행위를 지칭한다고 개념화 할 수 있다.

여성평생교육이라는 영역이 별도의 평생교육분야로 구분되어야 할 이유는 무엇인가? 여성 평생교육 개념의 근저에는 여성은 남성과 다른 교육대상이라는 인식이 있다. 여성은 남성과는 상이한 역사적 사회적 삶의 양식을 개발하여 왔고, 삶의 구조와 학습경험 및 교육요구가 다르다. 따라서 삶의 요구를 반영하는 교육의 요구는 상이하다. 다시 말해, 여성평생교육이 존재하는 보다 명백한 이유는 여성은 남성과 다른 삶의 구조를 유지해옴으로써 여성의 경험과 이를 재구성하는 방식이 상이하다는 성인지적 여성주의 관점(gender-sensitive feminist approach)에서 설명될 수 있다. 한편 여성평생교육이 별도의 영역으로 범주화되는 이유를 교육 불평등의 측면에서 여성은 상대적 교육결손 집단이며, 인구의 절반을 점하고 있는 여성의 잠재력을 개발하기 위한 교육기회의 보충이라는 관점도 있다. 그러나 이러한 두 관점은 모두 남성중심 교육현실에 여성을 부차적인 존재로 고정화시키는 것이 아니라, 여성의 존재가치 자체를 고양시키는 방향에서 이루어져야 한다.

평생교육에서 여성주의적 접근은 그동안 활발한 움직임을 보이지 않고 있었으며, 평생교육연구자들은 1990년대에 와서야 비로소 여성연구의 의의와 필요성에 관심을 갖기 시작하였다(곽삼근, 1995). 사회 계층적 배경에 따라 다소 차이는 있지만, 오늘날 여성들은 그들의 개성이 존중받기를 원하며, 동시에 자아실현의 기회와 자유로운 활동을 요구하게 되었다. 또한 가족구조와 경제구조, 직업세계, 법제도 및 사회의식의 변화는 여성을 평생교육에 참여하도록 만드는 동인으로 작용하고 있으며, 여성평생교육의 요구는 매우 절실하다.

여성들의 사회적 · 직업적 지위가 매우 낮고 가정 내에서의 성별분업은 직장에서의 노동 분업으로 연결되고 있으므로, 여성들의 평생교육 요구는 남성과 상이

하다. 주변인적인 위치를 벗어나고 싶어하는 여성들의 삶의 요구와 평생교육적 요구는 여성평생교육 목표정립에서 반드시 고려되어야 할 것이다.

–여성평생교육의 목적 및 내용

한국 사회에서 여성평생교육이 지향하는 이념을 '제7차 경제사회발전 5개년 계획: 여성개발 부문 계획', '2000년을 향한 국가 장기발전구상: 여성부문 보고서' 및 '여성백서'에서 총체적으로 살펴보면 다음과 같다. 우선 제7차 경제사회발전 5개년 계획'에서는 여성평생교육의 기본목표를 "여성 자신의 자질향상, 자기충족, 사회적 활동에의 적응 및 참여를 통해 사회발전의 주체를 양성, 여성의 자아실현을 가능하게 할 수 있는 남녀평등의식의 고양"으로 제시하고 있다. '2000년을 향한 국가 장기발전구상'에는 여성발전의 3대 이념적 지표로, 1) 자존과 계발, 2) 참여와 공존, 3) 평등과 공평이 제시되었다. 또한 '여성백서'에서도 "개인의 자기충족, 자질향상, 사회적 활동에의 참여"라는 목적이 명시되어 있다. 이로써 여성평생교육은 여성의 자존과 자기충족, 여성의 자질향상 및 자아실현, 남녀평등의식의 고양, 사회활동에의 참여와 공존으로 기본 이념과 공공목적을 제시할 수 있다.

여성평생교육의 개념구도는 직업전문성 개발을 위한 직업교육, 삶의 질 향상을 위한 취미 교양교육, 학력이나 자격취득을 위한 학력인정교육 등으로 볼 수 있다. 이러한 평생교육 분류와는 별도로 여성평생교육이 안고 있는 이념적 과제는 무엇인가. 여성평생교육은 특별히 두 가지 측면에서 강조되고 있다. 첫째, 여성이 역사적 사회적 구조 속에서 특수한 문제 상황에 처해 있기 때문에 그 사회적 특성이나 태도, 사회적 대응능력, 직무능력 및 가치관 등에서 여성교육 요구가 있다는 것이다. 여성의식화 교육, 여성의 직업의식교육, 적극성 훈련 프로그램과 같은 것이다. 둘째, 여성의 삶의 구조적 특성과 관계를 중요시하는 성격적 특성 때문에 실현하기 용이한 지역사회교육, 사회개혁, 환경보호 등의 영역이 있다. 이를테면, 지역사회 공동체 형성교육, 소비자 교육, 학부모 교육, 그리고 폐품 재활용과 환경정화를 위한 환경교육 같은 것들이다. 가계소비의 주체이고, 자녀교육의 일차적 담당자이며, 사회개혁과 문화변화를 주도할 수 있는 여성을 위한 평생교육영역은 정책적으로 강조될 필요가 있다. 우리나라 여성들의 관심이 생활이나 예술 문화에 치우치고 있다는 지적이 있는데, 앞으로 사회문화에 대한 관심을 환기시키는 평생교육이 요청된다.

한편 한국 평생교육의 과제에 대하여 장진호(1985)는 (1) 개별성, (2) 관계성, (3) 공동성의 세 가지를 제시하였는데, 여성들의 평생교육에서는 개별성만이 강조되고 관계성과 공동성 관련 프로그램은 매우 취약한 실정이다. 그러므로 사회적 차원, 즉 사회적 관계 증진이나 사회적 활동의 촉진 및 참여를 위한 교육 그리고 여성진로 개척 및 사회참여 평생교육이 절실히 필요하다(김재인, 1994; 신미식, 1994; 곽삼근, 1996, 2008b).

흔히 여성은 시간, 비용, 친구 등 모든 조건을 갖추어야 교육을 받을 수 있는 것처럼 인식하는 경우도 있다. 특히 상당수 여성들은 교육비를 지불할 여유가 없으며, 한편 직장에서도 남성이 중심인물로서 인식되고 있어 자연히 업무와 연수교육에서 남성이 우선된다고 생각한다(곽삼근, 김재인, 최운실, 김경희, 2000). 이들 저해요인을 극복하는 방안이 여성평생교육 발전에서 주요 연구과제로 추진되어야 할 것이다.

여성들은 개별적인 가족의 삶과 공동적인 사회적 환경을 연결하는 핵심주체이므로 관계성과 공동성을 회복할 수 있는 유능한 잠재적 집단이다. 나와 자연의 관계, 나와 물질, 과학기술 및 환경과의 관계, 그리고 나와 이웃과의 관계를 올바르게 인식하고 정립할 수 있는 여성평생교육 프로그램은 그동안 소원해왔던 우리 사회의 관계성과 공동성을 회복하는 데 크게 기여할 것이다.

• 참여를 통한 여성평생교육

– 성별 간 평등한 사회참여

해마다 고등교육을 받은 여성의 수는 급격히 증가하고 있다. 그러나 그들이 받은 교육을 사회나 자신의 발전을 위해 사용하는 경우는 별로 많지 않다. 우리나라 여성의 경제활동참가율은 약 40% 정도이다. 또한 고등교육을 받은 여성들의 취업률도 저조한 편이다. 주부들의 당면한 고민거리는 '자신의 능력을 발휘하지 못하고 사회에 뒤떨어진다'거나 '가사나 아이 보는 일과 같은 일상적인 일로부터 벗어나고 싶다'로 나타나 점차 여성들의 사회참여와 자아개발에의 욕구가 증대되고 있음을 나타내 주고 있다.

그러나 문제는 현재 우리 사회가 아직도 기존의 성역할에 관한 고정관념에서 벗어나고 있지 못하고 있을 뿐만 아니라, 노동시장에서의 성차별로 인하여 여성들의 자기성취에의 욕구나 사회적 욕구를 제대로 충족시켜 주지 못하고 있다는 데에 있다. 현행 평생교육 프로그램의 목적과 내용에서 성 역할 정형화가 성별 격차를 심화시키고 있는데, 평생교육에서 성 역할 고정화된 교육과정이 지속된다는 것은 우리사회 전체에 성별 정형화의 파급효과가 클 것이므로 양성 평등한 교육과정을 접할 수 있는 평생교육체제 구축이 필요하다.

여성들이 사회로부터 소외감을 느끼지 않고 이 사회의 주인으로서 책임감을 갖고 사회에 공헌할 수 있는 여성평생교육 프로그램이 활성화되어야 한다. 정치와 경제활동에서 주변적인 위치에 있는 여성들이 경제활동에 참여할 수 있도록 여성 인력개발에 투자함과 동시에 교육과 문화에서는 주체의식을 느낄 수 있도록 배려하는 정책이 필요하다. 잠재되어 있는 여성들의 능력을 발휘하여 지역사회와 국가의 발전을 위해 공헌하고 싶은 마음이 생기도록 여성에게 주인의식을 북돋우는 사회적 분위기가 조성되어야 하며, 여성의 적극성을 개발하는 평생교육이 필요하다. 또한 여성 자신이 평생교육에 참여해야 한다는 강한 의지를 갖도록 여성의 의식 개혁이 필요한데, 이는 우리사회에서 사회화가 시작되는 어린 시기부터 가정, 학교, 사회가 공조체제를 갖추어 성평등 의식교육을 실시할 수 있도록 정책을 추진해야 할 것이다.

– 지역공동체 문화형성 참여

현대 여성들은 가족 중심적인 생활에서 지역사회로 관심을 확대할 것이 요청되고 있다. 여성들은 지역사회 문화 형성에 중추적인 역할을 하고 있다는 주인의식과 책임의식을 지닐 필요가 있다. 여성의 사회적 역할이 강조되고 있는 현 시점에서 지역, 학교, 환경 등의 문제에 공동으로 개입하고 지역 공동체 문화형성에 여성이 적극 참여해야 할 것이다.

우리 지역사회에는 많은 문제들이 산재해 있다. 공해 환경문제, 소비문화 및 경제문제, 사회문화 및 청소년 교육문제, 여성문제, 노인문제, 장애자 문제, 소외된 사람들 문제 등이 여성들의 참여를 필요로 하는 장이다. 자신의 인격적 성숙과 자질향상을 도모하고 지역사회발전에 기여하는 길이 곧 사회참여의 주요 통로이다. 이는 여성들의 사회 심리적 특징인 남을 돌보고 서로 나누며 공유하는 기질을 발휘하고 실존적 삶을 체험하기도 하며, 또한 시민으로서의 보람을 느낄 수 있는 사회참여의 길이기도 하다.

지역사회 발전에 여성의 역할은 매우 중요하게 부각되고 있다. 현대사회는 경쟁의 사회이며, 이 사회에서 개인들은 사회조직으로부터 소외되고 심지어 자기 자신으로부터도 소외된다. 이러한 현상들은 공동체 의식의 약화와 연대감의 붕괴를 필연적으로 가져오게 한다. 이러한 시점에서 공동체 문화형성 교육은 공동체의식을 함양시키고, 나아가 우리가 바라는 진정한 공동체 사회를 형성시킬 수 있는 좋은 대안이 된다. 지역사회를 중심으로 하는 여성참여 평생교육은 지역주민들끼리의 상호작용을 확대시킬 수 있으며, 서로에 대한 관심과 이해를 갖게 하는 계기가 된다. 지역사회의 공중위생을 위한 일, 시설보호나 환경보호를 위한 활동, 그늘진 사람들을 돕는 일, 지역주민을 위한 교육활동 등을 통해 지역사회에 대한 주인의식과 연대의식을 고취시키고 지역에 대한 참여능력과 지역문제에 대한 처리능력을 향상시킨다.

－소모임 평생교육 참여

세계화 속에서 한 지역의 소집단 모임이 여성의 삶에 어떤 영향을 미치며 여성은 이에 어떻게 대응해 가야 하는지, 더 나아가 여성이 지역의 소모임 활성화를 어떻게 이끌 수 있는가는 앞으로 우리 인류 공동체의 삶을 결정하게 될 것이다. 21세기가 여성의 시대라는 미래 학자들의 진언은 바로 가정, 직장, 사회에서 여성들의 역할에 따라 지구촌 사회의 문화와 인간의 삶의 질이 결정된다는 시각에서 설명될 수 있다. 여성이 주체가 되는 사회, 여성성을 발휘하여 지구를 살리는 시대, 여성성을 발휘하는 사람이 사회를 이끄는 시대인 것이다.

지구 환경에 대한 위기의식과 함께 최근 생태 여성주의(Ecofeminism)에 대한 관심이 높아지고 있다. 인간과 자연의 관계를 남성과 여성의 관계로 비유하며 일방적인 지배와 착취에서 공존과 협조로 자리매김할 것을 제시하고 있으며, 여성 소모임 평생교육 중에는 생태 여성주의에 동조하고 이를 확산시키려는 움직임도 있다. 소모임을 통하여 자신이 성장하고, 남을 성장시키며, 지역사회를 돕고 지구 환경을 보호한다는 것이다. 소모임에서의 평생학습을 통하여 중요한 변화를 가져올 수 있는 것이다.

기존 여성평생교육의 방식은 교육주의 패러다임으로 그 주도권이 교육제공자에게 있다. 이로 인해 무엇을 배울 것인지 또 어떻게 배울 것인지, 또 누가 배울 것인지 등을 학습자가 결정하지 못한 채 수동적으로 주어진 교육을 받을 수밖에 없는 상황이다. 반면 학습주의는 주도권을 학습자가 가짐으로써 학습자들이 주체가 되어 자신들이 필요한 내용을 원하는 방식으로 참여할 수 있어 교육주의가 갖는 한계점을 극복할 수 있다. 이와 같은 학습주의 패러다임은 지식정보사회 발전이 가속화되면서 지식의 중요성이 커지고 지식의 생명력이 짧아지면서 더욱 절실히 요구되고 있다. 각종 조직에서는 학습조직(learning organization)으로, 일반인들 사이에는 학습동아리(study circle, learning circle) 혹은 학습공동체(learning community) 등의 형태로 실천되고 있다.

소모임 평생교육은 학습자들이 자발적으로 학습을 위하여 결성한 소집단을 통해 이루어진다. 이 때문에 소모임은 상대적으로 소수의 인원이 참여하고, 민주적이고 동료가 주도하는 토론이 특징이며, 중요한 사회적·정치적 문제에 대해 대화 및 행동으로 지역사회주민들을 참여시키는 특징을 지니고 있다.[1)] 이와 같은 소모임 평생교육의 특징은 기존 평생교육의 중심을 이루어온 교육주의 패러다임 하의 방법과는 달리 학습자의 소외감을 극복하고 주체성을 확립하며, 인간의 기본 욕구인 학습을 촉진시켜 줄 수 있다. 또한 자신과 괴리된 지식보다는 삶과 통합된 학습활동에 참여할 수 있게 한다. 학습자의 능동적 참여는 의사를 표현하고 소통하고 조정해가는 커뮤니케이션 기술을 습득하게 하기도 하며, 이는 민주사회, 주민자치의 전제가 되는 발언권을 행사하는 기본 능력이기도 하다. 참여를 통한 소모임 평생교육의 활성화는 나아가 우리가 바라는 진정한 공동체 사회를 형성시킬

1) www.studycircle.org

수 있는 방법으로 적극 권장되어야 한다.

• 여성평생교육의 과제

한국 여성평생교육은 사회 발전 단계와 시기에 따라 목적과 이념, 그리고 내용에서 변화가 나타나고 있다. 특히 「사회교육법」이 제정된 1980년대 이후부터 여성의 자아실현 추구와 '교육권' 보장이라는 목표 달성을 위해 각종 평생교육프로그램 개발이 이루어지고 있다. 최근의 여성평생교육은 과거 60년대 70년대와 비교하여 볼 때 지역사회의 복지와 삶의 공동체 건설이라는 이념과는 거리가 있다. 90년대 이후 여성평생교육은 사회참여라는 과제를 실현하도록 요청 받고 있다. 2000년대 이후 등장한 다문화 사회 이슈는 공동체 형성이라는 사회문화 차원의 관심이 여성평생교육의 프로그램에서 강조되어야 함을 요구하고 있다.

해방 후 1970년대까지 우리나라 여성의 문화 활동을 이끄는 여성평생교육의 발전과정을 보면, 실천적인 면에서 여성의 개인적인 발전보다는 사회체제의 유지와 발전을 위한 교육목표와 내용이 제공되었다. 그러나 1970년대 후반부터 우리나라 여성평생교육기관에서 제공하는 교육내용은 제공기관의 종류에 따라 교육내용이 다소 차이가 있기는 하지만, 전반적으로 개인의 자질향상을 추구하는 경향이 있다. 성인 여성을 위한 교육프로그램이 교양증진과 취미활동에 크게 치우치고 있으며, 사회참여를 위한 교육이 희소함을 알 수 있다. 여성이 사회에 참여하지 않으면 남성중심의 성 차별적 사회문화는 바뀌지 않기 때문에, 평생교육은 직업 활동, 자원 활동 및 단체 활동 등을 통하여 여성의 사회참여를 적극 유도하는 것이어야 한다. 여성지위향상과 여성문제해결을 위한 교육이 강화되어야 하며, 사회적 차원, 즉 사회적 관계 증진이나 사회적 활동의 촉진 및 참여를 위한 평생교육이 절실하다. 여성들의 공동 의식을 고양시키고, 보다 나은 지역사회문화를 형성하려면 앞으로 여성들의 사회참여를 목표로 한 평생교육 프로그램이 다각도로 개발되어야 할 것이다. 여성평생교육이 제자리를 잡고 발전하도록 하기 위한 기초 지식으로 여성교육에 대한 폭넓은 이해가 필수적이며, 이 책은 그러한 개론서로서의 역할을 담당할 것이라 기대한다.

참고문헌

곽삼근(1996). 여성의 사회참여와 사회교육요구 분석, 『여성사회교육』, 한국여성사회교육회, 3 : 1-25.

곽삼근(2008a). "학부모의 리더십이 학교를 바꾼다", 한국지역사회교육연구원 편, 「학부모의 리더십이 학교를 바꾼다」, 서울: 한국지역사회교육연구원, pp. 7-28.

곽삼근(2008b). 여성주의 교육학, 서울: 이화여자대학교출판부.

곽삼근, 김재인, 최운실, 김경희(2000). 평생학습사회에서의 여성의 평생교육기회 격차분석. 교육부 교육정책연구과제 보고 00: 07.

김재인(1994). 21세기 여성의 진로와 여성사회교육의 과제, 『여성사회교육』, 한국여성사회교육회, 1 : 42-77.

김재인(2000). 여성사회교육기관의 현황과 프로그램 분석, 『여성사회교육』, 한국여성사회교육회, 5: 31-93.

김재인(2007). "성별영향평가와 성 인지 예산정책", 김재인 외(편), 「성 평등정책론」, 서울 : 교육과학사, pp. 105-151.

김재인(2009). 더불어 함께 하는 성 평등사회, 『이명박 정부 여성정책, 어디로 가나』, 젠더라운드테이블, 1-30.

김재인 외(2007). 『성 평등정책론』, 서울: 교육과학사.

변화순, 최윤정(2004). 「가족정책 방향 정립 및 통합적 시행방안 연구」, 서울: 한국여성개발원.

보건복지부(2014), 『보건복지시설현황』.

신미식(1994). 여성사회교육의 현재와 미래: 새로운 방향을 위한 이론적 틀의 모색, 『여성사회교육』, 한국여성사회교육회, 2 : 85-108.

여성가족부(2013) 『제4차 여성정책기본계획(2013-2017)』.

장혜경 외(2003). 「전국가족조사 및 한국가족보고서」, 서울: 여성부.

정순영, 김영혜, 이선주(2004). 「유엔발전전략의 성인지적 통합방안에 관한 연구」, 서울: 한국여성개발원.

조한혜정(2004). "여성정책의 실질적 패러다임 전환을 위한 시론-여성의 경험과 관점에서 사회를 재편한다", 여성부 편, 「한국 여성정책의 뉴 패러다임 정립」, 서울: 여성부, pp.41-77.

주준희(2003.4.17-18). "성 정책을 위한 새로운 비전에 관한 국제 심포지엄: 평등 개발과 평화" 「여성정책의 새로운 비전 : 평등, 발전, 평화」, 서울: 한국여성개발원, pp. 171-194.

통계청(2013) 『인구조사』.

한국여성정책연구원(2012). 『2012년 여성정책수요조사』, 서울: 한국여성정책연구원.

한국여성정책연구원(2013). 『2013 한국의 성 인지 통계』, 서울: 한국여성정책연구원.

한국여성정책연구원(2013). 『한국 여성정책의 국제적 공유를 위한 기초자료 구축, 서울: 한국여성정책연구원.

Amartya Sen(1992). Inequality Reexamined, New York : Russel Sage Foundation Cambridge Harvard University Press.

Ingeborg Breines, UNESCO, Islamabad(2003. 4. 17-18). "여성정책에 관한 새로운 비전을 위한 국제 심포지엄: 평등 개발과 평화, 「여성정책의 새로운 비전 : 평등, 발전, 평화」, 서울: 한국여성개발원, pp.135-157.

〈참고사이트〉

http://www.kwdi.re.kr

http://www.mw.go.kr

http://www.nile.or.kr

http://www.indez.go.kr/egams/default.jsp

http://www.kostat.go.kr

http://www.moge.go.kr

http://www.mogef.go.kr

제 1 부

여성과 교육에 관한 이론적 관점

1장 한국 여성교육이념의 역사적 변천

조경원*

* 미국 University of Illinois at Urbana-Champaign, Ph.D(교육철학)
현재 이화여자대학교 사범대학 교육학과 교수

오늘날 많은 사람들은 우리사회가 남녀평등한 사회라고 생각한다. 이는 지난 이삼십 년 사이 여성정책과 홍보의 가시적 결과일 수도 있다. 최근에는 여성에 비해 오히려 남성이 차별받는다는 반감이 일기도 한다. 이미 우리나라에는 여성대통령이 나오지 않았는가.

그러나 국제사회에서 우리나라의 성(gender) 격차지수는 여전히 최하위에 속한다. 지난해 한 신문의 사설 제목인 "고위공무원 여성비율 4.6% 낮아도 너무 낮다"는 그러한 우리사회의 단면을 잘 나타낸다(조선 2013. 6. 5). 뿐만 아니라, '여성이 일하기 좋은 나라'에 대한 이코노미스트의 조사에서 26개국 중 최하위로 나왔다.

우리사회의 이러한 상반된 인식은 무엇 때문일까? 여성교육에 대해 우리가 당연시해 오는 가정과 인식의 틀을 살펴보기 위해서는 현재를 형성해온 지난 역사적 과정들을 검토해 볼 필요가 있다. 여성교육이념은 그 사회의 여성이해를 바탕으로 하기 때문에, 이 장에서는 여성교육의 실제를 이끌어 온 교육이념이 역사적으로 어떻게 전개되어 왔는지를 고찰하고자 한다.

1 전통사회의 여성교육이념[1)]

전통사회에서 들어 왔던 여자에 관련된 옛말들이 많이 있다. 예를 들어, '여자와 소인은 가까이 하지 말라', '암탉이 울면 집안이 망한다'. '첫 손님이 여자면 그 날은 재수 없다', '여자가 너무 똑똑하면 박복하다', '남편은 하늘이고 아내는 땅이다', '눈멀어 삼 년, 귀먹어 삼 년, 벙어리 삼 년' 등등. 이러한 옛말들의 의미에 담긴 여성상을 보면, 여성을 어떤 틀 속에 넣어 규정할 뿐 아니라, 그 이미지가 부정적이고 비하되어 있는 것을 알 수 있다.

현재에도 우리는 의식하든, 하지 못하든 가정과 학교와 사회의 일상생활 속에서 '여자가 그게 뭐야', '여자가 얌전해야지', '여자가 여자다워야지', '그 여자 너무 설친다(나선다)' 등등의 말을 많이 접하게 된다. 몇 년 전 한 인터넷 조사에서 여학생들이 학교에서 가장 듣기 싫어하는 말의 제1위가 '여자가...'라고 보도된 바 있다. 교사를 대상으로 한 2003년 EBS 조사결과에 따르면, '여자가 여자다워야지, 남자가 울면 되느냐'는 식의 발언을 한 적이 있느냐는 질문에 절반의 남교사와 22%의 여교사가 '매우 많거나 많은 편'이라고 응답했다. 한 지도급 인사가 공식석상에서 "여자는 좀 얼빵빵 해야 한다"라고 말하여 사회적으로 논란이 되었듯이 여성비하적인 발언이 끊임없이 문제가 되는 것도 이 같은 맥락과 맞닿아 있다. 21세기에 들어선 지금에도 우리 사회가 여전히 여성에 대해 어떻게 생각하고 있는지를 보여주는 단면들이다. 이러한 여성 이해의 저변에는 조선시대 이래 지난 500여 년간 여성의 삶과 교육에 가장 크게 영향을 미쳐온 유교적 여성관이 깊이 자리 잡고 있다.

삼국시대 중반, 가부장권이 확립되기 전까지 여성들은 남성과 유사하게 활동적이고 개방적이며 성 때문에 차별을 받지 않고 자유로운 사고와 행동을 하였던 기록들이 있다(정세화, 1994). 불교적 전통이 강했던 삼국시대나 고려시대는 조선사회에 비해 여성이 상대적으로 자유분방한 삶을 산 것으로 보인다. 그러나 조선

1) 이 절은 필자의 "유교여훈서의 교육원리에 관한 철학적 분석"(1996)을 바탕으로 하고 있다.

사회는 고려 말 문란했던 사회윤리가 불가의 삶의 태도 때문이라고 하여 불교를 배척하고 새 체제 통치이념의 근거를 성리학에서 찾았다. 성리학적 사회질서 위에 세워진 조선사회는 어느 사회보다도 남녀유별과 여성에 대한 통제를 강조하였다.

성리학은 공맹의 원시유학의 전통 위에 형성된 신유학으로 자연 원리를 탐구하는 우주철학이면서 실천윤리 면에서 심성의 수양을 강조한다.[2] 성리학의 이상적 인간상은 사람됨과 덕성을 갖춘 군자(君子)이다. 군자는 누구나 학문과 수양을 통해서 완성될 수 있다고 본다. 따라서 자기 스스로를 닦아 가는 수기(修己)가 강조된다. 물론 조선시대에 그와 같은 심성을 수양하는 주체는 양반층의 남성들이었다.

군자 양성을 목적으로 하는 남성의 교육과 달리, 조선사회는 여성교육을 성리학적 우주론인 음양원리에 근거하여 여성이 무엇이며 어떠해야 하는지를 규정하고, 그에 입각하여 교육내용을 구성하였다. 여말이나 조선 초기부터 사대부들이 읽었던 중국의 『여사서』[3], 소혜왕후의 『내훈』[4], 그리고 그 이후의 여러 다른 여훈서들[5]은 모두 이와 같은 음양론적 여성 이해를 바탕으로 여성교육을 말한다. 이러한 성리학적 여성교육은 음양원리에 따른 남녀유별교육, 효의 원리에 입각한 현모양처교육, 그리고 가사에 관한 교육, 세 가지로 구분할 수 있다. 이 세 가지 구분은 성리학적 여성교육의 특성을 파악하기 위한 분석적 편의를 위한 구분으로 각각은 상호 연결되어 있다. 본 절에서는 조선조 초부터 대한제국시대 여성의 학교교육이 시작되기 전까지 전통적 여성교육의 실제를 이끌었던 여성교육이념을 음양의 원리에 따른 남녀유별교육과 효의 원리에 입각한 현모양처교육을 중심으로 살펴보고자 한다.

---

2) 수양의 강령은 존양(存養)과 궁리(窮理)이다. 존양이란 사리사욕을 벗어나 본연의 천성을 그대로 배양하는 것이고, 궁리는 사물의 이치를 탐구하고 우주와 자연의 근본원리, 그리고 자연과 인간과의 관계를 배우고 생각하며 깨달아가는 것을 말한다.

3) 『여사서(女四書)』는 4권의 중국 여훈서, 즉 후한 반소의 『여계』, 당나라 송약소의 『여논어』, 명나라 인효문왕후의 『내훈』, 그리고 명나라 왕절부 유씨의 『여범』을 한 권으로 묶은 것이다.

4) 『내훈(內訓)』의 저자는 성종의 어머니인 소혜왕후이다. 그녀는 당시 여성을 위한 교육이 무시됨을 통탄히 여겨 내훈을 한글로 썼다고 한다. 이 책은 『여사서』 속의 『내훈』과 그 이름이 동일하나, 그 구체적인 구성 내용은 다르다.

5) 기타 여훈서(女訓書)들은 주로 남성유학자들이 쓴 것으로 시집가는 딸을 위해 송시열이 쓴 『계녀서』, 저자가 이퇴계라고 알려지고 있는 『규중요람』, 이덕무의 『사소절』의 부의(婦儀)편 등이 이에 속한다. 흔히 가문 내 여성들을 교육하기 위해 쓰였다.

1) 음양의 원리에 근거한 남녀유별교육

성리학적 인간관은 남성을 양(陽)으로, 여성을 음(陰)으로 보고 있다. 이러한 인간이해는 고대 중국에서부터 우주의 생성변화를 음과 양의 원리로 설명하고 이를 인간의 일에도 적용하여 설명하는 『주역(周易)』에서부터 비롯된다. 음과 양의 다른 기질 또는 속성으로 인해 남녀는 태어나는 순간부터 다른 교육, 남녀유별교육을 받아야 한다고 본다. 남성은 서당에 나가서 스승을 맞아 예절과 시문을 배우며 사물의 이치를 궁구한다면, 여성은 집의 깊숙한 안채, 즉 규문(閨門) 안에서 유순한 성품과 인륜(혼례・부부・화친・돈목－형제친척 우애), 가사(복식, 가정관리, 제사, 접빈), 자녀교육(태교, 자녀양육) 등에 관한 상세한 일상사를 배우도록 되어 있다. 남녀유별의 의미를 세분화하여 보면, 남녀 간 기질(본성)의 구별, 거처(공간)의 구분, 역할(성별분업)의 구분이라는 세 가지 의미를 모두 포함하고 있다. 각각을 좀 더 살펴보자.

첫째로 남녀 간의 기질 차이는 우주의 생성 변화를 설명하는 두 원리인 음양의 원리가 갖고 있는 속성에서 나온다. 태극을 이루는 음과 양은 '한번 양하면, 한번 음한다', 즉 일양일음(一陽一陰)이라고 하여 자연현상의 순환적 변화과정을 나타내기 위한 것이었다. 예를 들어, 달이 차면[陽], 기운다[陰]는 것이다. 기운 달은 다시 점점 커져서 보름달이 된다. 이처럼 음양원리는 순환적 변화의 자연과정을 설명한다.

그러나 남녀에 대한 음양의 적용에서는 이미 그와 같은 순환적인 의미보다는 가부장제 사회의 가족질서 내에서의 위계적 의미가 더 표출되어 있다. 남성을 대변하는 양의 원리는 하늘[乾]의 도로 존귀, 강건, 움직임과 인도함을 의미하고, 여성을 대변하는 음의 원리는 땅[坤]의 도로 하늘의 명을 받는 자리에 있으며 비천, 유순, 순종과 고요함을 의미한다. 전통사회 가정에서 대가족을 거느리기 위해 유순과 순종의 덕목이 필요하였을 것이고, 가부장적 질서 유지에서 이러한 덕목이 특히 여성에게 요구되었을 것이라는 가정을 해볼 수 있다. 그러나 여기서 지적하고 넘어가야 할 것은 여성에게 유순과 순종의 규범을 요구하는 일이 자연현상의 일부로 이해될 때, 그 규범은 인간사회의 필요에 의해 만들어진 것이 아니라, 하늘이 명한 불변의 도덕원리로 간주하게 된다는 점이다.

이처럼 하늘의 법칙, 즉 천도(天道)의 연장선에서 여성의 언행, 태도, 그리고 마음가짐은 고요하고 유순하며 순종하는 자세로 남에게 드러나 보이지 않게 처신하도록 규정되었다. 바꾸어 말하자면, 남성이 강건함을 지니고 여성이 유순함을 갖는 것은 천도에 따르는 일로 반드시 그러해야 하는 행위규범이 되는 것이다. 이것이 곧 남녀의 자연적 본성(혹은 본래적 기질)에 부합하는 길이라고 믿었던 것이다.

이러한 음양의 원리에 따라 남녀를 다르게 가르치는 교육이 전통적 남녀유별 교육이고, 유교적 여성교육으로 대표된다고 하겠다. 따라서 여성에게 자연적 본성에 맞는 교육이라고 하면, 그것은 여성이 실제 태어날 때 타고난 기질에 맞는 교육을 의미하는 것이 아니다. 그것은 타고난 것이 무엇이든 간에 여성이 교육에 의해 도달해야 할 목표 지점을 나타내고 당위(ought)를 의미한다. 예를 들어, 여성이 출생 시에 강한 기질을 가지고 태어났다면, 그 기질을 억누르고 유순하고 순종적인 여아로 키우는 것이 자연적인 본성에 따르는 교육이며, 천도에 부합하는 교육인 것이다. 반대로 남성이 유순한 기질을 가지고 태어났다면 적극적인 교육으로 그를 강하게 키워야 한다. 이렇게 볼 때 여기서 '자연적 본성'이라고 하는 것은 인간이 태어나기 이전에 이미 당위적으로 규정된 남녀의 바람직한 특성임을 알게 된다. 따라서 여기서 남녀유별교육은 "남자는 강한 것을 귀히 여기고 여자는 약한 것을 아름답게 여긴다"(『여계』 경순장; 소혜왕후, 『내훈』 부부 상). 여성은 남편에게 순종하고 따라야 하며, 거역해서는 안 된다. 여성은 결혼 전에는 아버지를 따르고 결혼 후에는 남편을 따르며, 남편 사후에는 아들을 따라야 한다는 삼종지도(三從之道)는 이러한 의미에서 반드시 따라야 할 규범인 것이다.

둘째로 남녀가 거처하는 공간의 분리는 부부간의 예(禮)에 관계된다. 유학전통에서 남녀 간의 예는 내외 구분에서부터 비롯된다. 즉, 내외법에 따라 남자는 밖에서, 여자는 안에서 살 때 바람직하다는 것이다. "집을 지을 때 밖과 안을 구분하여 남자는 밖에 거처하고 여자는 안에 거처하도록 하여 서로간의 왕래가 없도록 문단속을 철저히 한다. 남자는 필요한 때가 아니면 여자의 방에 들어가지 않고, 여자는 예의상 필요하지 않으면 자기 방에서 나오지 않는다"(예기 내측 제12).

이와 같은 남녀 사이의 공간 분리는 여성이 공적 세계의 사회생활에 참여하는 것을 금하고, 가정 안의 일에 전담하게 하여 안의 일을 충실하게 하고자 함을 의미한다고 볼 수 있다. 그러나 이 같은 공간 분리의 의도는 근본적으로 여성의 몸에 대한 감시와 성적 통제에 관련되어 있다. 이 같은 남녀질서의 확립은 부계의 혈통적 순수성을 확보하기 위한 목적에서 비롯되었다. 예의 실현을 위해 유가는 먼저 가족 질서를 확립할 것을 강조한다. 이 가족 질서는 국가 질서와 왕권 확립의 초석이 되기 때문이다. 국가의 기초는 가정에 있으며, 이 가정의 질서는 제반 사회질서의 기반이 되며 이 질서가 있어야 만물이 편하다는 것이다.

또한 여성의 일부종사는 신하의 임금에 대한 관계로 확대·비유된다. 따라서 "충신은 두 나라를 섬기지 아니하고, 열녀는 두 남편을 고치지 않는다"고 말한다(『여범』 정렬장). 이러한 사상적 배경 하에 여성에게 재혼을 금지시키는 경국대전의 재가금지법이 나왔다. 이 법은 재가녀의 자손에게 관리등용을 금지시킴으로써 그 효력을 극대화하였다.

이와 같은 맥락에서 여성의 순결과 정절이 매우 강조되었다. 남녀칠세부동석으로 어릴 때부터 여성을 남성과 공간적으로 분리시킴으로 남녀의 접촉을 피하도록 가르쳤다. 『예기』, 『소학』, 그리고 『내훈』은 모두 남녀가 함께 앉아 말하고 직접 서로 물건을 건네주지 말라고 한다. 여성에게 혼전순결만이 아니라, 남편 사후 절개를 지키는 일, 나아가 남편이 죽으면 따라 죽는 순절까지 강조되었다. 후기 조선사회는 남편에 대한 정절을 지키는 여성들을 열녀로 칭송하였고, 열녀를 가진 가문은 이를 영광으로 여겼다. 남편을 따라 죽는 열녀 중에는 10, 20대의 어린 상부도 있었고, 돌봐져야 할 어린 자녀들을 남겨둔 채 죽은 남편을 따라 자결하는 부녀들도 있었다. 또한 자손의 출세와 가문의 명예를 위하여 자의든 타의든 수절하는 여성들은 정절이념을 받아들임으로써 사회적으로 인정받는 길을 택했다. 투철한 정절이념을 내면화한 여성들은 스스로 목숨을 끊어 열녀의 반열에 섰다.

셋째로 남녀 역할 구분은 남녀가 가정 밖과 안에서 각각 사회활동과 육아를 비롯한 가사 일의 분담을 전제한다. 거처 구별로 밖에 거하는 남편은 밖의 일에 대해 안방에 들어가서 아내와 논의하지 않아야 한다. 역으로 규문 안에 거하는 아내는 안의 일을 남편과 의논해서는 안 된다. 남녀 역할의 구분으로 집안의 일에 관한 한, 여성의 위치가 상대적으로 높아 부인이 곡간 열쇠를 담당하는 일이나 가사일에 주도권을 갖는다. 이는 가정 안의 일에서 능력 있는 아내로써의 역할을 자율적으로 수행할 여지를 준다. 이상적으로는 아내가 가정 일을, 남편이 가정 밖의 일을 책임지도록 구분함으로써 상호보완적 역할을 가정했다고 볼 수 있다. 그러나 남성중심의 가부장적 사회에서 가사 일에 대해서만 갖는 여성의 결정권과 책임의 한계는 제한될 수밖에 없었다.

이상과 같은 남녀 기질(본성)의 차이, 거처(공간)의 구분, 그리고 역할의 구별은 모두 음양원리에 따른 남녀의 다름을 전제하고 있다. 그러나 이 남녀의 다름은 가부장적 질서가 당연시된 음양원리를 바탕으로 여성을 이해한다. 따라서 전통적 여성교육은 가부장적 질서 속에서 요구되는 여성의 역할에 맞는 덕목 형성을 의미한다. 이 교육이념 안에 남성의 교육에서 강조되는 지육, 즉 전통적으로 가치 있는 교육인 독서와 학문을 배제시킨다. 가부장적 질서 속의 음양원리에 근거한 여성이해를 바탕으로 한 전통적 여성교육은 남성교육보다 가치가 절하된, 차별화된 교육이었다.

2) 효의 원리에 근거한 현모양처교육

유교사회의 중심은 가정이다. 효를 중심으로 한 가정의 질서는 다른 사회질서의 모형이 되었다. 효는 부모의 생육에 대한 보은으로 당위적인 것이다. 남을 위하고 사랑하는 마음으로서의 인(仁) 사상은 나와 가장 가까이 있는 부모에게 효도하는 일에서 시작하여 다른 인간관계로 확대된다. 여성은 결혼 전에는 부모에게, 결혼 후에는 시부모에게 효도하는 일이 중요하다. 특히 여성은 출가외인으로 결혼에 의해 남편의 가정으로 편입된 후에 효가 더 중요하여, 남편의 집을 자기 집으로 삼고 어린 시절의 자연적 결속력이 없는 시부모를 봉양하여야 한다. 전통적인 부모 봉양은 매일 세 번의 문안인사를 하며, 복식을 살핌은 물론이고 평소의 부모 뜻을 받들어 모시는 것이 요청된다. 며느리는 "밤낮으로 공경하며 조심하고 털끝만큼이라도 그 뜻에 어긋날까를 염려해야 하는 것이다"(소혜왕후 『내훈』 효친). 시부모에 대한 효는 남편에 대한 순종보다 우선한다. 효의 원리가 우선함으로써 아내로서 여성은 남편에게 예속된 존재지만, 어머니로서 여성은 효의 원리에 따라

아들에게 공경 받는 위치에 있다.

시부모에 대한 효와 봉양은 가부장제 사회에서 여성이 위로 조상을 받들고 아래로 후사를 잇는 일과 직결되어 있다. 아들을 낳아 가문의 대를 잇지 못하는 일은 가장 큰 불효에 해당된다. 이에 따라 아들을 낳아주지 못한다면, 여성은 시집에서 쫓겨나며, 이것이 칠출(七出)의 첫째 조건이다. 가문 내의 자신에게 맡겨진 직분을 수행하기 위해 여성들은 힘든 시집살이를 거치며 부덕(婦德), 부언(婦言), 부용(婦容), 부공(婦功)이라는 사덕(四德)으로서의 부도(婦道)를 갖춘 여성으로 인정받기를 원한다.

유교사회의 현모양처교육은 어머니가 자녀들의 사람됨에 미치는 형성적 영향력을 대단히 중요시하였다. 그 형성적 영향력은 모체에 수태된 태아에게서부터 시작된다고 보아 태교가 어느 사회보다도 강조되었다. 10세 이전의 남아나 여아 모두를 위하여 어머니는 교육을 전담하게 되며, 자녀를 바른 도리로 가르치지 아니한 책임은 어머니에게 놓인다.

여훈서에 나타난 자녀를 잘 키운 어머니들은 대개 아들에게 사람됨의 교육을 잘 하였을 뿐만이 아니라, 사람됨의 교육의 근간이 된다고 본 문자교육과 경전교육까지 담당하였던 것으로 보인다. 이 같은 어머니의 역할은 전통사회에서 여성에게 지적 교육을 금하는 성리학적 여성교육론과는 다소 거리가 있어 보인다. 그러나 여훈서들의 남성 저자만이 아니라, 여성 저자인 소혜왕후도 실제 여아 교육을 위해 낮은 수준의 문자 교육을 추천한다. 이에 비해 『여사서』 등에 부덕(婦德)을 겸비한 현모양처로 소개되는 여성들은 상당 수준의 학문에 능통해 있다. 『여계』, 『여범』, 소혜왕후의 『내훈』 등 여성 저자들이 쓴 여훈서에서는 학식 있는 현모나 현부(賢婦)가 많이 소개되고 있다. 특히 소개된 황후들은 유학고전에 대한 학문적 지식이 깊고 동시에 재덕을 겸비한 여성들이 많이 소개되고 있다.

그와 같은 여성들은 이천(伊川)의 어머니처럼 글을 좋아하고 책을 많이 읽어 그것을 자식의 교육에 적용하는 일을 할 수 있다. 그러나 어머니로서의 이러한 일이 좋은 평가를 받을 수 있지만, 그렇더라도 절대 드러내놓고 나타내서는 안 되며 특히 문장 짓는 일을 해서는 안 된다. 그것은 부도(婦道)에 어긋나는 일로 간주된다. 특히 시와 문장을 짓거나 문학을 아는 일은 창기나 하는 일이라고 생각했다. 바꾸어 말하자면, 현부현모의 역할을 잘 하기 위해 요구되는 교육은 덕행교육으로 가정에서 부모 봉양과 자녀교육 및 가사를 잘하면 된다. 거기에 지적인 교육은 불필요하다. 따라서 여성은 역대 국호와 선대 조상의 이름을 알면 충분하고, 도서와 강의는 남성의 일이며, 여성이 이를 힘쓰면 폐해가 많다고 보았다. 어머니의 역할은 아들과 딸을 교육하여 유교사회의 가치와 규범을 사회화하도록 하는 일이며, 가정에서부터 삼강오륜의 가족질서를 확립하는 일이다.

3) 전통적 여성교육의 특성과 한계

이상에서 살펴본 바와 같이 현재 우리의 의식에 크게 영향을 주는 조선사회는 음양원리의 성리학적 여성이해를 바탕으로 이상적 여성상을 설정하고 일상의 삶 속에서 유교적 부덕을 형성하도록 강조하였다. 여성을 위한 교육은 일상의 행동규범과 양식, 풍습, 의례 등을 통하여 비형식 교육으로 이루어졌다. 여성교육은 남성의 군자교육과 비교할 때, 지육(智育)은 제외되고 덕육(德育)만 강조되었다. 다시 말해 전통적 여성교육의 내용은 주어진 여성의 역할 수행에 필요한 예의범절 및 부덕의 배양이었으며, 여성 스스로가 판단하고 결정할 수 있도록 이해력이나 판단력을 키우는 교육은 제외되었다. 여성에게 위계적 신분질서와 제한된 역할에 부합하는 윤리, 즉 인간이 부여한 가치규범을 하늘의 도[天道]로 받아들이도록 함으로써 여성교육은 교화(indoctrination)의 성격을 지니게 되었다.

이상에서 살펴본 바와 같이 전통적 남녀유별교육의 중심에는 남존여비와 같은 차등적, 위계적 남녀관계가 자리하고 있다. 전제된 여성이해는 가부장적 질서 안에서 이루어진 것이지만, 전통적 여성교육이념은 이를 자연적이고 당위적인 것으로 받아들이도록 한다. 여성은 전통적 여성교육을 통하여 그들의 의식과 의무와 욕망을 구조화하는 가부장적 질서 속의 음양원리에 근거한 의미체계를 수용하며, 그에 따라 무엇이 옳고 무엇이 가능한지를 해석하게 된다. 이 같은 전통적 여성교육은 조선사회의 국가질서 확립에 중요한 기초였다. 반면에 독립된 인간으로서의 권리와 책임 차원에서 본다면, 전통사회의 여성교육이념은 극히 제한적이다. 여성은 남성에게 순종하고 의존적이어야 한다. 이 같은 음양론적 여성이해와 전통적 여성교육론은 오늘날 우리의 의식 깊은 곳에 잔존하며 아직도 영향력을 미치고 있다.

그러나 조선사회에서도 여성들이 실제 생활에서 유순과 순종의 여성으로만 살지 않았다. 실제 사대부 가문을 이끌어 나가기 위해 여성에게 요구되는 능력은 유순과 순종의 덕이 아니라, 엄격하고 조직적이고 지혜 있게 관리하고 검소하게 가정을 꾸려가는 강인함과 통솔하는 힘이었다. 『여범』의 저자 왕절부는 실제 생활에서 여성에게 요구되는 이 같은 능력을 잘 간파하고 있다. 즉, 남성의 경우에 강조되는 덕망에는 재주가 포함되는 반면에 여성에게는 재능이 없어야 덕망이 있다고 보는 당시의 견해를 강하게 비판한다. 가정 살림살이에도 재능과 판단이 요구된다는 사실을 지적한다. 『여사서』를 비롯한 여훈서들에서 소개되어 있는 현명한 아내와 훌륭한 어머니들은 음의 기질로 대표되는 수동적이고 순종적인 여성들이 아니다. 이들은 오히려 조직적인 능력과 강인함과 엄격함과 같은 능력을 지닌 여성들이었으며, 뿐만 아니라 학문이 깊고 자녀교육을 잘했던 여성들이다. 그럼에도 불구하고, 여성이 나라의 정치와 경영에는 물론이요 집안 다스리는 일에 참여하는 일마저도 마치 아침에 암탉이 울어 화를 일으키는 것과 같다고 하여 금기시되었다. 전통사회에서 현명한 여성은 남성을 잘 보좌하도록 간접적인 영향을 미쳐야만 하였다.

조선사회에서 이름조차 주어지지 않은 존재로 태어난 여성들은 내외법(內外法)과 삼종지도를 따랐다. 시종여일 시부모 및 남편을 공경하고 자녀를 교육하며 근검절약으로 가사 일을 하였던 여성들은 극심한 남녀차별을 경험하였다. 그런 까닭에 많은 여성들은 남성으로 다시 태어나 자유를 갖기를 소원하였다. 구전되는 규방가사나 여류 시에서 그러한 여성들의 소원을 엿볼 수 있다. 여성들이 남성들의 자유로운 삶과 학문을 부러워했고, 규문 안에 유폐된 삶과 고된 시집살이, 과중한 가사노동, 삼종지도의 금고 등에 찌든 삶을 한스러워 했다.

전통사회에서 근대사회에로의 전환의 격변기에 이러한 경험을 하며 살던 여성들은 외래 사상의 영향, 산업방식의 변모, 서구교육제도의 도입, 그리고 전통적인 가치 관념의 와해로 인한 가족구조의 변모가 시작되면서 여성들의 삶의 양식과 교육이념도 변하여 갔다.

2 근대사회의 여성교육이념[6)]

본 절에서는 대한제국시기부터 일제강점기까지의 근대사회에서 전개된 여성교육론을 살펴보고자 한다. 우리나라의 경우에 전통사회에서 근대사회로 넘어가는 시기는 혼란과 격동의 시기였다. 이미 약화된 조선사회는 서세동점하는 외세에 맞서 근대화와 자주독립을 수행할 힘이 없었다. 대원군의 쇄국정치가 막을 내리고 강화도에 일어난 일본의 운요호 사건을 빌미로 일본과 맺게 된 병자수호조약(1876)을 시작으로 하여 우리나라는 외세에 문호를 개방하지 않을 수 없는 상황이었고, 1910년에는 국권을 상실하고 일제강점기에 접어들었다. 주권을 상실해 가던 조선왕조는 근대화를 위해 갑오개혁을 시도했지만 실질적인 근대화를 성취할 수는 없었다. 그럼에도 불구하고 근대화에 대한 개화지사들의 계몽이나 국민의 근대의식은 점차 무르익어 갔다. 교육이 국가의 빈부·강약·흥망에 직결된다고 믿어 신분 및 성에 따른 교육기회의 제한을 철폐하고, 서구의 근대적 지식(근대 교육과 정운영)을 도입하였다. 유길준은 『서유견문』에서 서양의 근대적 교육을 소개하고 국가가 세금에 의해 학생을 모아 교육시켜야 한다며 국민을 위한 학교교육의 필요성을 역설하였다.

이 시기에 선교사에 의해 처음으로 독립된 인격체로서의 여성을 위한 학교교육이 시작되었고, 그러한 여성교육의 필요성과 중요성이 여론화되기 시작했다. 그러나 국가의 교육을 담당하던 학부는 여전히 여성교육에 대한 관심이 부재했다. 사회적으로 학교에서 여성교육을 해야 한다는 목소리가 이 시기에 힘을 얻기 시작했지만, 다른 유형의 여성교육이념이 공존하였다. 같은 시기에도 주장되는 여성교육은 여성이해에 따라 그 강조점을 달리하였다. 두 가지로 대별되며, 이는 여성의 인간화를 위한 교육과 여성의 여성화를 위한 교육으로 볼 수 있다. 논의의 편의상 여기서는 각 관점이 두드러졌던 시기를 중심으로 그 특성을 서술하고자 한다.

---

6) 이 절의 글은 필자의 "개화기 여성교육론의 양상 분석"(1998)을 바탕으로 재구성되었다.

1) 근대 여성교육론의 등장과 여학교 설립운동

대한제국은 왕권의 교체가 아니라, 국호가 개칭된 조선왕조의 연장으로 기본 통치 이념이 바뀌지는 않았으나 일본을 비롯한 세계열강의 침략 속에 근대화가 시작되었던 격변기였다. 이 격변의 시기에 전통적인 한학 위주의 교육이 근대교육 혹은 신교육으로 전환되었다. 갑오개혁 이후, 사회전반에서 여성의 삶에도 변화가 일어났다. 내외법이 폐지되고 과부의 재혼이 허용되었고, 여성의 자유로운 출입이 가능하게 되었다.

격변하는 근대화 과정을 거치면서 여성교육도 발전하기 시작하였다. 전통적인 유교사회에서 불평등한 삶을 살아가던 여성들은 개화사상에 자극되어 인간으로서의 권리와 여성교육에 관심을 갖기 시작하였다. 국민이 국가 부강의 기초이며 인권은 타인의 압제를 받을 수 없는 천부적인 것이라는 근대적 인권론에 입각하여 남녀평등사상이 구체화되었고, 그에 근거한 여성교육론이 제창되었다. 박영효는 6세 이상의 모든 남녀를 교육시킬 것을 주장하였고, 갑오개혁에서는 남녀 모두를 교육받게 한다고 밝혔다. 이후 많은 사람들이 한국여성의 노예적이고 불평등한 위치를 비판하면서 여성교육의 필요성과 중요성을 제창하였다.

한국 여성에게 깊은 관심을 가졌던 선교사들에 의해 역사상 처음으로 여성교육기관이 설립되어 여성들을 위한 학교교육이 시작되었다. 1886년 이화학당이 설립되었고 이후 많은 사립여학교가 개교하였다. 이화학당은 첫해 학생이 없어 개교를 하지 못했다. 수백 년 동안 내외법에 의해 철저하게 집안에서의 삶을 살아야 했던 여성들을 학교라는 집 바깥의 공간으로 나오게 하는 일 자체가 무엇보다도 어려운 일이었다. 여성의 학교교육이 그렇게 어려운 여건에서 출발하였으나, 1896년 이후 독립신문의 발간과 독립협회의 토론회 등을 통하여 남녀평등의 근대적 여성관과 여성의 인간화를 위한 교육이념이 형성되어갔다. 즉, 한 독립된 인간으로서 여성의 인권, 개화, 교육에 대한 생각이 형성되기 시작하였던 것이다.

> 조선정부에서 제일 급하게 할 일이 사내아이들도 가르치려니와 계집아이들을 교육하여야 할 생각을 하여야 할 텐데, 조선에서는 계집아이들을 당초에 사람으로 치지를 아니하여 교육을 아니 시키니, 전국 인구 중에 반은 그만 내버렸는지라. 어찌 아깝지 않으리오(독립 1898. 9. 5.).

근대적 여성관의 대두는 여성교육 발전의 기폭제로 작용하였다. 독립협회는 여자교육을 실시할 여학교를 많이 설립할 것을 강조했다. "남자를 위해 학교를 하나 세울 때 여자를 위해서도 하나 세우는 것은 당연하다"고 주장했다(독립 1896. 5. 12 논설). 이러한 남녀평등사상을 공유하는 여학교들은 유교의 전통적 여성관으로부터 여성의 인간화를 도모하며, 인간으로서의 여성에게 배울 권리를 주장하고, 학생들에게 남녀평등권을 가르쳤다. 독립신문과 독립협회를 통한 여학교 설치의 여론화는 점점 여성교육의 중요성을 대중화시키는 효과를 가져왔다. 특히 여성 자신의 각성을 촉구하게 되었다(정세화, 1972).

1895년 소학교령은 법제상 남녀아의 취학을 말하였다. 그리고 이에 대비하여 남녀를 구별하여 교육할 것이냐 남녀를 합하여 교육할 것이냐는 학무대신이 결정하도록 규정하였다. 그럼에도 불구하고 소학교령에 의해 세워진 서울의 4개 소학교에는 여아가 한 명도 취학하지 않았다. 갑오개혁파의 개혁안에는 근대교육제도의 수립에 여성을 위한 교육의 여지를 포함시키고 있었지만 실제 여아교육은 실시되지 않았다. 당시 국가 교육의 책임자였던 학무대신은 여학교 설립에 전혀 관심이 없었다. 그리하여 실제 여학교의 설치와 운영은 여전히 난관 속에 있었다. 이에 각성된 여성들이 중심이 되어 여학교 설립운동을 전개하였다. 독립신문과 독립협회의 활동이 여학교 설립에 대한 주장을 본격적으로 여론화하게 했다면, 이에 각성되어 남녀동등한 인권과 교육권을 인식하게 된 찬양회 부인들이 1899년 순성여학교를 설립하였다.[7] 여성 자신들에 의해 근대적 여성관에 입각한 여성교육이 현실화된 셈이다. 1908년 마침내 여학교 관제가 제정 공포됨으로써 여성교육의 제도화가 이루어졌다. 이는 여성의 삶을 전환시키는 획기적인 계기가 되었다.

---

7) 찬양회원들은 정부에 여러 차례 여학교의 설치를 주장하였지만, 진전이 없자 그들 스스로 순성여학교를 세워 운영하였다. 그러나 그 학교의 구체적인 교육내용을 보면 전통적 현모양처론적 여성교육의 특성을 드러낸다. 나아가 교사수급이나 교과서 선정문제 등을 여성교육에 극히 소극적이었던 학부에 의존하였다(제국 1899. 2. 28).

이 시대 여성교육관을 보면, 여성을 교육의 대상으로 해야 한다는 점에서는 모두 동의하고 있다(실제 모든 여성이 교육을 받았느냐는 별개의 문제이다). 즉, 여성을 위해 제도적 차원에서 여성교육이 필요하다는 점에서 합일점에 도달하고 있다. 그러나 여성교육이념상으로는 서로 대조를 이룬다. 교육을 통하여 형성하고자 하는 여성상이 입장에 따라 각각 다르게 나타났다. 이 시기 여성교육이념은 '여성의 인간화를 위한 교육'과 '여성의 여성화를 위한 교육'으로 양극화된 모습으로 나타났다(정세화, 1994). 근대적 여성교육의 시작에서부터 대조적인 여성교육이념이 공존하였다.

'여성의 인간화를 위한 교육'의 흐름은 독립신문이나 이화학당 등에서 주장된 남녀동등한 여성교육론이다. 여학교 설립을 선구적으로 제창한 독립신문은 인구의 절반인 여성을 위한 교육의 중요성을 강조하면서 조선사회가 여성을 사람으로 간주하지 않았던 점, 따라서 인구의 절반을 도외시하였던 점 등을 비판하였다. 독립신문은 이처럼 남녀평등론에 입각하여 여성교육을 실시할 것을 주장하였을 뿐 아니라, 경제적인 측면에서도 인구의 절반이나 차지하는 여성을 교육시킴으로써 국가발전에 이바지할 수 있는 인적 자원을 배양해야 한다는 논지를 폈다(독립 1897. 10. 2).

'여성의 여성화를 위한 교육'은 당시의 신문이나 잡지에서 기고한 많은 글에서 찾아볼 수 있다. 남녀의 직분과 역할 및 생물학적 성질이 상이하므로 남녀의 특성에 맞게 남녀유별교육이 되어야 한다는 주장이다.[8] 이 시기에 여성교육을 주장하는 대부분의 사람들은 자녀교육의 중요성과 개명한 내조자 역할의 중요성을 강조하면서 현모양처론적 여성교육의 필요성을 역설하였다. 특히 국가적 위기에 직면하여 여성교육에 대한 강조가 역량 있는 국민을 길러내는 어머니의 역할에 초점이 놓여 있었다.

후자의 여성교육론은 결과적으로 조선시대 가정에서 이루어지던 여성교육을 학교라는 교육의 장소로 바꾸어 가르치는 것과 다를 바가 없다. 당시에 사용된 대부분의 교과서나 교재들에서 이러한 특징이 발견된다(조경원, 1999). 다음과 같은 사설 구절이 당시 일부 여학교 교육이 어떠한 모습으로 행해지고 있었는지를 잘

8) 윤치호와 같은 사람은 학생들에게 여성교육 찬반론을 가르치며 서구 각국에서의 여성교육은 여성이 남성과 동등하기 때문이 아니라, 여성이 약하기 때문이라는 의견을 소개하였다(독립 1898. 1. 4).

지적하고 있다. 여학교를 세워놓고 "이전의 학문이나 가르쳐서 칠거지악이 있으면, 사나이가 마땅히 버린다든지 여자는 안에 처하여 밖을 말하지 못한다는 등속 교훈이나 배우게 할 지경이면 오히려 가르치지 않는 것만 못할" 것이다(제국 1898. 9. 13). 근대사회의 여성교육론은 여성의 인권과 교육권에 대한 인식에서 출발하였음에도 당시 현실에서 대부분의 여성에게 요구되는 교육이념은 성리학적 여성상을 벗어나지 못하고, 독립된 인격체로서의 여성 인식에 근거한 남녀 동등한 여성교육과는 거리가 먼 여성교육이념이 지배적이었다.

2) 남녀동등사상과 신여성

(1) 민족주의적 교육이념과 남녀동등사상

을사늑약(1905)과 한일강제병합(1910) 이후 나라가 역사적 시련기에 처하면서 국권회복의 일환으로 교육을 통한 국민계몽과 실력양성이 강조되었다. 교육을 통한 국권회복에 대한 기대와 희망 속에서 사람들은 남녀의 차이보다는 남녀의 동일한 민족의식을 중시하게 되었다. 이러한 의식구조상의 변화는 먼저 여성의 민족의식을 남자와 동등한 수준으로 고양시켰고, 교육상으로는 남녀동등 교육사상으로 표명되었다. 당시 교육받은 한국여성들이 추구하였던 여성교육이념은 현모양처라는 여성상의 범주를 넘어 민족의 독립에 요구되는 실력 있는 여성상이었다. 민족의 독립을 이끌어 갈 수 있는 실력 있는 사람이라면 여성과 남성에 구별이 불필요하였다.

동경여자유학생들의 손으로 만들어진 잡지 「여자계」는 3 · 1운동을 전후하여 여성의 사회적 각성을 촉구하는 선봉에 서서 활약하였다. 동지의 기자인 한 여자유학생은 1918년, 익명으로 「여자교육론」이라는 논문을 발표하여, 남녀동등 교육사상과 민족주의를 부르짖었다.[9)]

> 여자교육이라고 하면 한 특수한 것이오, 보통교육과 구별하야 생각하는 것은 근본적인 잘못이외다. 이런 그릇된 사상을 가지고 베푼 여자교육은 그 효과가 적을 뿐 아니라 교육목

9) 당시의 기고자는 익명 또는 호를 쓰는 경우가 많았다

> 적도 달할 수 없을 것이외다. 교육의 근본의의를 극히 간단하게 말하면 '유소자(幼少者)의 개발'이니 그 유소자가 남아요 여아 됨에 따라 그 이상이 다를 이가 없을 것이오, 그 여자는 남자와 같이 인성을 구비하였고 천덕의 능력이 있으나 나서부터 완전치는 못하니 완전한 사람을 만들기 위하야 교육할 것이외다. 그리하야 그들도 사회에서 완전한 사람으로 생존을 보존케하며 사람의 행복을 누리게 할 것이외다. 사람을 만든다는 뜻은 무의미하고 철저치 못한 소위 현모양처라는 기계를 만들지 말고 독립한 인격을 양성하여 사회를 위하야 민족을 위하야 인도를 위하야 유용한 사람이 되게 할 것이외다(여자계 1919. 9).

위에 인용된 글의 논지를 보면, 현모양처라는 제한된 여성상을 부정하고 여성이 가진 잠재적 능력을 개발하여 남녀동등하게 독립된 인격을 갖춘 민족지도자, 사회에 유용한 사람으로 교육해야 함을 말한다. 당시에 고등교육을 받은 여성들은 남녀동등한 민족지도자로 국권회복이라는 과제를 안고 사명감에 불타고 있었다. 동경여자유학생의 첫 졸업식에 보낸 한 후배의 축사에서 "여러분의 졸업이야말로…… 캄캄하던 우리 여자계에 번쩍하는 귀한 광명이외다. 여러분은 깊이 병든 여자계를 소생케 하실 중추의 인물이오 구주가 되셔야 하겠습니다."라고 격려하며, 사회를 위하여 헌신할 것을 당부하고 있다(여자계 1918. 9).

이와 같은 사명감은 동경 여자 유학생들의 철저한 독립정신으로 승화되었다. 그리하여 3・1 운동 전야의 준비단계에서부터 김마리아 등 여성참가자의 공헌이 컸다. 3・1 운동 당시에 수많은 여학생, 부인들이 남자와 똑같이 열렬하게 시위행진에 참여하여 수많은 희생자를 냈다. 이로부터 여성의 사회참여는 공인되고 따라서 여성교육의 이념도 남녀동등함을 전제하였고 진일보하게 된다. 3・1 운동은 국권회복에 성공하지는 못했으나 민족적 단결을 성취하였고, 한국인으로서의 긍지를 회복시키는 데 공헌하였다. 여성들에게도 사회적 각성의 계기를 마련해주었고, 이때를 계기로 교육의 기회가 확대되어, 정규학교 이외에도 강습회, 야학, 교회 활동 등을 통하여 급격하게 사회적인 각성을 이루어간다. 계몽된 여성들은 나라를 잃게 된 시대적 상황 하에 여성의 인간화 문제보다는 국가의 위기 극복과 민족의 독립이 어느 것보다 우선시하였고, 국가독립을 위해 헌신하였다. 그러나 이들 선각자들은 여성의 인간화 교육을 당연히 전제하고 있었을지라도 이들의 일차적 관심이 나라와 민족이었던 연고로 여성 문제 자체를 부각시키지는 못했다.

(2) 계몽주의적 교육이념과 신여성

3・1 운동 이후 남녀동등사상과 여성교육에 대한 관심이 커지고 여성의 사회진출이 활발해졌다. 각 방면에서 여성의 사회적인 자아실현이 활발하게 전개되기 시작하였다. 사회전반에 걸쳐 자유와 평등사상에 기초한 계몽주의적 분위기가 만연했다. 서구의 근대사상과 문화가 유입되면서 전통적 관습이나 제도와 충돌하는 한편, 거족적인 3・1 운동이 즉각적인 독립 쟁취로 연결되지 못하자 실력양성과 민족정신의 함양이라는 장기적인 태세를 갖추고자 하여 국민 계몽과 교육이 강조되었다.

1920년대는 한국여성사에 있어서 격심한 변화의 시대다. 이전까지는 여성교육의 기회가 점차적으로 확대되어 오기는 했으나 실제로 교육의 기회를 향유할 여성의 수는 매우 극소수였다. 이 시기에 여성고등교육의 확대가 있는데 1925년에 이화학당은 이화여자전문학교로 발전하고, 1928년에 조선여자 의학전문학교가 창립되며, 외국에 유학하는 여성 수가 증가하였다. 이 같은 여성교육의 다양한 확대로 종속적 위치에 있던 여성들이 가정의 울타리를 벗어나 사회에 참여하는 '신여성'이라는 새로운 여성군상이 배출되었다. 신여성은 고등교육을 받고 전통적 성고정관념을 벗어나 가정이 아닌 사회에서 활동하는 여성들을 지칭하였다. 이러한 여성의 삶의 변화를 이명선은 다음과 같이 묘사한다.

> 이러한 사회, 문화적 변화들은 여성의 삶의 공간을 재조직하고 여성의 세계를 가정의 영역을 넘어서 사회의 영역으로 확대시켜 주었다. 식민지 근대사회의 여성들이 이전의 역사 어느 때보다도 다양하고 적극적인 사회활동을 하면서 다양한 모습으로 나타났던 역사적 사실들이 이를 증명한다. 여성들은 이제 여학생, 지식인, 신여성, 전도부인, 직업여성, 사회 활동가와 같은 '사회적 존재'로서 가정의 영역을 넘어서 공적 영역에 등장하고 있다(2003: 10-11).

그러나 신여성이 이처럼 선구적 여성을 의미하기만 한 것은 아니었다. 왜냐하면 다른 한편에서 신여성이 기존의 사회규범과 가치에 반하여 사회문제를 야기하는 여성군을 지칭하기도 하였던 때문이다. 신여성이라는 용어가 자유연애결혼을 하거나 고등교육을 받은 남성의 두 번째 부인이나 애인이 되는 신식교육을 받은 여성들을 지칭하여 사용되기도 하였다. 왜냐하면 조혼의 풍습으로 일찍 결혼한 남자가 최고학부를 마치면 학식이 없었던 무식한 본처와 이혼하고 신여성과 자유연애 결혼을 하는 일이 상대적으로 빈번하게 일어났던 때였기 때문이다. 그래서 '학력을 무기 삼아 가장 화려하고 안락한 생활을 꿈꾸려 한다'(동아 1924. 7. 4)는 표제 아래 부유층의 제이 부인으로 들어가는 신여성을 비판하는 기사들이 보인다. 물론 이러한 신여성들의 양태는 단순한 허영심보다는 당시 사회풍조인 자유연애 사상에 기인한 면이 많았다고 볼 수 있을 것이다.

신여성의 새로운 결혼관이나 행동을 비판하고 우려하는 목소리에 대해 신여성을 옹호하는 입장에서 반론을 제기한 사람들의 주장도 있었다. 이들은 여성 한 개인의 불미한 행위를 빌미로 하여 여성의 신교육을 저해하려는 사람들을 사회의 죄인이라고 규탄하였다. "우리 조선 사람은 아직 남녀 간 사교 도덕이 발달되지 못하야 작금 여자의 신활동을 보면 함부로 신여자에 대하여 악평을 가하고저 하는 인습이 없지 아니 하나니 이러한 무리는 사회적 여론으로 큰 제제가 있어야 하겠다."고 주장하고 있다(백제산인, 1921: 51). 그런가 하면, '교육받은 조선여자의 앞길'(동아 1926. 1. 8-15)이라는 기사는 신여성의 허영심을 경계하고 사회적인 봉사에 전념하도록 방향제시를 하기도 하였다. 또 신교육을 받은 남편들에게 신식 교육을 받지 못한 부인을 천대하고 저버리지 말고, 남성들에게 본 부인을 교육시켜 함께 잘살 것을 촉구하는 주장도 하였다.

때로는 '여자도 배워야겠다는 각성으로 '인형의 집'을 탈주한 가정부인'이라는 표제 아래, 동경 유학 후 신여성과 결혼하여 돌아오지 않는 남편을 기다리던 여인이 시가와 자식을 버리고 출가하여 스스로 면학의 길을 찾았다는 기사도 등장한다. 이때의 신·구 여성의 구분은 순전히 학교교육의 유무에 의한 것이고 지식과 교양의 정도가 기준이 된 것은 아니었다. 구여성 중에도 가정교육을 통하여 학문에 있어서 고등교육을 받은 여성에 못지 않은 경우도 많이 있었기 때문이다.

신여성에 대한 찬반양론이 공존하면서 1920년대 말에는 마침내 '무학은 여자의 치욕'(매일 1928. 8. 11)이라는 관념이 형성되기 시작했고, 그만큼 여성교육을 더욱 강조하였다. 이처럼 1920~30년대는 계몽주의적 사회사상의 결과로 여성교육이 팽창하며 과도기적 현상을 거치는 동안에, 신여성이라는 새로운 여성상을 형성하였다.

3) 일제의 여성교육이념

한국인들이 국권상실기에 교육을 통하여 국권을 회복하고 근대화 대열에 진입하려고 하였다면, 일제는 교육에 의해 한국인을 일본인으로 동화시키고 우민화시키며 황국신민으로 개조하려 하였다. 일본이 식민지에 대하여 경제침략 이상의 '민족동화'까지를 구상했기 때문에 일본의 식민지 정책 수행에 있어 가장 중요한 수단이 된 것은 교육이었다. 일본은 이미 1905년 이래 한국 땅에 실질적으로 군림하고자 했고 교육개혁에 개입하기 시작하였다. 한일강제병합(1910)으로 통감부가 설치되면서 일제는 조선인을 탄압하고 교육권을 장악하여 나갔다. 일본의 예속으로부터 벗어나려는 조선인들의 의지로 범국가적으로 교육에 대한 열의가 비등하여 학교의 홍수상태를 이루자,[10] 일제는 사립학교규제에 의해 학교설립기준을 빌미로 한국 사학을 규제하였다.

1911년 '조선교육령'에서 일제는 천황에게 충량한 일본 신민(臣民)을 양성하고 국어(일본어)를 보급하려는 교육목표를 제시하였다. 일본은 식민지 교육으로 우리 민족을 일본에 예속하고자 동화와 우민화 교육정책을 썼으며, 나아가 한국 민족의 말살을 도모하는 교육정책을 수행하였다. 그것은 결국 '황국신민화(皇國臣民化)'로 집약되었으며, 그 목적은 조선인으로 하여금 일본 국민이라는 자각을 철저하게 하도록 하는 것이었다. 한국인이 황국신민화 될 때 한국인은 이미 존재하지 않는다. 한국의 문화와 전통과 모든 생활 전체가 말살되고 말 것이다. 이처럼 일본은 교육을 수단으로 해서 한국민족의 개조를 추구하였다. 한국인을 황국신민으로 키우는 일에서 자녀교육의 책임을 맡은 여성의 역할은 중요하게 인식되었다. 이에 일제하의 여성교육은 동화교육과 황국신민화 교육의 일환으로 추진되었고, 식민지 지배수단으로서의 여성교육이 궁극적으로는 민족주체성 말살을 목표하였다.

이 같은 맥락에서 일제의 여성교육은 가부장적 사회질서를 강화하는 방향에서 실시되었다. 그리하여 '황국여성'을 만드는 전초작업으로 일본은 철저한 복종형 여성상을 이상상으로 제시하였다. 조선교육령 제15조(1911)에 '여자고등보통학교

10) 1910년 5월에 학부에 등록된 사립학교가 2,250개교, 기준미달로 미등록된 학교까지 합하면 5,000여 개교로 알려져 있다.

는 여자에게 고등한 보통교육을 하는 곳으로써 부덕을 기르고 국민된 성격을 도야하며 그 생활에 유용한 지식과 기능을 가르친다.'고 되어 있다. 당시의 총독부 편찬 여자수신교과서에는 다음과 같이 부덕을 정의하고 있다.

> '종순(從順)': 여자가 그 부모의 교훈 명령에 따르지 않고 아내가 그 남편에게 복종하지 않는다면 일가의 질서나 평화는 결코 보존되지 않을 것이다.... 양친이나 교사의 교훈 명령에 따르지 못하는 여자는 후일 결혼하여 어떻게 시부모나 남편에게 복종할 수 있으며, 가정의 평화를 유지할 수 있을 것인가(조선총독부편찬, 여자고등보통학교 수신서 권1, 1914).

일제는 초기에는 여성교육에 소극적이었으나 1930년대 후반 황국 여성화 교육의 일환으로 교육확충정책이 실시되었다. 보통학교 여아취학률은 1919년 0.7%에서 1942년 30%로 증가되었다. 특히 한국인의 일본화를 위해 조선인을 동화하는 효과적인 방법이 공립보통학교를 확충하는 것으로 나타났다.

일제가 여성교육정책의 목표로 삼은 것은 식민통치에 순응하고 가부장적 사회체제에 적합한 여성을 양성하는 것이었다. 여학교 교육목표는 1938년의 개정교육령에서는 '충량지순한 황국여성'이라는 노골적인 표현으로 바뀌었다. 전쟁이 깊어지면서 여성의 노동력의 필요와 국가에 대한 헌신을 더욱 강조했다. 만약의 경우에 남자가 무기를 갖고 전쟁터에 가면, 여자가 집안을 지키고 업무를 도우는 것이 후방에서 여성의 의무임을 강조하였다.

일제의 여성교육은 남녀 이중 분리구조를 지닌 차별교육으로 행해졌다. 이러한 차별은 한국인을 일본인보다 낮은 수준의 교육을 시키려는 우민화 정책 안에서 다시 여학교의 교육연한을 남학교보다 1년씩 적게 배정함으로써 이중으로 여성교육의 수준을 낮추었다. 예를 들어, 중등교육에서 남자가 5년일 때 여자는 4년, 그리고 대학교육에서 남자가 4, 5년일 때 여자는 3년으로 공식적·제도적 수준에서 남녀가 차별된 구조를 가지고 있었다. 일제 하의 여성교육은 복종적인 현모양처상을 지향하면서, 높은 단계로 갈수록 더욱 제한을 가하였다. 여성의 사회적 진출을 억제하고 지방 공립학교 졸업생의 여자전문학교에의 진학을 방해하기도 하였다. 일제가 여성교육에 높은 관심을 가진 것은 여성을 위한 것이 아니라, 한국인의 황국신민화를 위해 '충량지순한 황국여성'으로서의 어머니를 양성하기 위한 것이었다. 따라서 일제의 여성교육이념이 지향하는 여성상은 높은 지적 판단력을 결여한 복종적이고 순종적인 여성이라고 하겠다.

3 현대사회의 성평등교육이념

현대사회의 성평등교육이념은 남성과 여성, 즉 양성이 평등하게 사회에 참여하도록 양성평등실현을 위한 제도 마련과 함께 양성평등한 교육을 추구한다. 이때 성평등교육이란 항상 일정한 형태가 아니라, 때에 따라 어떤 때는 성(sex/gender)을 공평하게 다루고, 다른 때는 성을 고려하는 교육으로 이루어질 것이다. 생물학적 성(sex)과 사회적으로 형성된 성(gender) 간의 관계를 우리는 편의상 쉽게 구분하고 있지만 양자는 밀접히 연결되어 있다. 성평등을 주장하는 젠더 관점은 사회적 성차 관계로서 권력 차이를 고려한다.[11] 현대사회의 성평등교육이념은 교육에서 나타나는 제반 젠더 구조를 변화시켜 모든 성이 동등하게 혜택을 받고 불평등이 없도록 교육경험을 보장하고자 한다.

해방 이후 1980년대까지는 남녀평등교육이란 용어가 주로 사용되었다면, 90년대부터 양성평등교육이란 용어가 더 선호되었다.[12] 한때 정부 일각에서는 성차별이나 성편견으로 여성의 잠재적 능력 실현이 제한된다면 양성평등한 교육이 될 수 없다고 보고, 성인지적 관점에서 '성인지적 교육(gender-sensitive education)'이라는 용어를 사용하기도 하였다. '성인지적 관점(gender-sensitive perspective)'은

11) 흔히 생물학적 성(sex)과 사회문화적 성(gender)을 구분한다. 우리말에는 양자를 구분할 수 있는 적절한 단어가 없고, 양자를 모두 우리말로는 '성'으로 말하지만, 그 의미는 전자에 가깝다. 이에 사회문화적으로 구성된 성, 즉 인위성의 측면을 강조하기 위해 영어의 젠더를 그대로 사용하기도 한다.

12) 1995년 북경선언에서 세계여성회의는 성주류화를 표방하고 각국에 적용을 요청했다. 동년 우리 정부도 여성발전기본법을 제정하였다. 1998년 여성기구가 만들어지면서부터 정부는 여성주의 관점에서 정책을 분석하고(성별 영향평가와 성인지예산 책정 등), 의식적이든지 무의식적이든지 기존 제도와 정책이 가지는 성차별을 제거하고 나아가 젠더 구조의 변환을 통한 성평등을 목표해오고 있다.

성별에 따른 다른 특유의 경험, 남녀의 서로 다른 이해와 요구를 고려하되 양성에게 미치는 차별적 영향을 배제할 수 있는 인식의 틀을 의미한다. 그러나 그 용어로는 일반인들과 의사소통이 쉽지 않아 공식적으로는 '양성평등교육'으로 사용하다가 근자에 이르러 학계는 더 적절한 용어로 '양성평등교육'보다는 '성평등교육'이라는 용어를 사용하고 있다.

해방 이후 성평등교육에 대한 논의는 대체로 남녀 간에 존재하는 형식적 교육기회의 불평등 문제를 다루었다. 즉 교육기회에서 여성이 배제되거나 소외되는 것을 문제로 보고, 기존의 주류 교육체제에 여성을 포함시키려는 접근이었다. 그러나 1990년대에 들어 성불평등한 교육문제에 대한 여성주의적 시각은 성에 따라 불평등한 권력을 낳는 구조적 차이로서의 성차에 초점을 맞췄다. 즉, 젠더 관계에 초점을 맞추기 시작하였다. 이에 따라 여성을 배제하는 주류의 남성중심성이나 가부장적 질서를 개편하여 성평등을 도모하려는 교육에 관심을 더 두게 되었다. 본 절에서는 이 두 관점을 중심으로 현대사회의 성평등교육이념을 살펴보고, 끝으로 앞으로의 과제를 논해보고자 한다.

1) 해방 이후 남녀평등교육이념

일제로부터의 광복은 너무 기쁜 일이었지만, 우리나라가 독립국이 아니라 적국의 식민지로 분류되어 뜻하지 않게 미군정의 통치를 받는 시기로 이어지는 계기가 되었다. 미군정기 교육의 가장 시급한 과제는 일제의 잔재를 뿌리 뽑고 새로운 교육이념과 교육철학을 세우는 일이었다. 즉, '교육에 있어서 일제잔재의 청산과 민주주의 국가 건설을 위한 교육의 민주화'를 표방하였다. 민주사회는 모든 인간이 성, 신분, 빈부에 관계없이 자유와 평등한 권리를 가진다. 이에 미군정기는 남녀평등사상에 입각하여 새 교육을 출발시켰다. 남녀평등교육사상이 이념상으로나 제도상으로 보장된 셈이었다. 일제강점기에 남녀 별개로 분리되어 진술되었던 남녀 학교의 교육이념이 해방 후 헌법에 명시된 홍익인간, 민주시민교육과 같은 공식적 교육이념으로 바뀌어 남녀 모두에게 동일하게 적용되었고, 동시에 남녀학교의 교육연한 차이가 철폐되었다. 이러한 변화로 인해 교육기회의 확대로 남학생 수에 비해 크게 뒤떨어지던 여학생 수는 괄목할만한 증가를 보이기 시작해서 1980년대에 이르러 초중등학교 취학비율은 남녀가 거의 동등하게 되었다.

미군정기 여성교육의 발전에 기여한 대표적인 정책으로는 남녀 모두에게 6-3-3-4의 신학제 적용, 남녀공학의 실시[13], 공립 중등학교 여교장 임명 등을 들 수 있다. 여성교육기관의 증설과 함께 아울러 남녀공학제가 실시됨으로써 점차 여성의 고등교육기회가 제도적으로 확대되었다. 이 시기에 여성의 지도력에 대한 새로운 기회가 제공되었다. 공립 여학교 교장을 여자로 임용하자는 주장에 대해 시기상조라는 의견이 지배적이었으나 김활란 및 오천석 등의 노력으로 이 정책이 실천에 옮겨졌다. 미군정기 한국 교육위원회에서 여자 교육 분야를 맡고 있던 김활란은 여교장 임명을 반대하고 나선 교육위원들에 대해 다음과 같은 반론을 제기했다.

> 우리는 지금 전제 군주주의 식민지 교육이 아니라 민주교육을 해 나가야 할 중요한 시기를 맞고 있으며, 민주교육은 만민이 평등한 입장에서 시작되어야 한다고 생각합니다. 따라서 여자도 남자와 평등한 입장에 서야 할 것이며 여자라고 교장을 못하라는 법이 어디 있습니까?(송덕수, 1996: 84-85)

이와 같은 주장으로부터 우리는 당시 여성교육지도자들이 전통적인 여성 인식과는 달리 여성을 주체로서, 지도자로서, 사회 활동 참여자로서 여성을 인식하고 있음을 알 수 있다. 이 여성지도자들의 모델링 효과는 컸다. 이들은 자라나는 여성 세대들에게 비전과 의식을 심어줌으로써 남녀평등을 위한 실질적인 교육의 힘이 되었다.

그러나 한국동란 이후 재건과 안정의 시기에 여성교육이념은 미군정기의 남녀평등보다 여성의 여성화를 강조하는 쪽으로 기울었다. 예를 들어, 교육당국의

---

13) 남녀공학의 실시는 교육의 기회균등의 원칙에 입각하여 남녀차별을 없애기 위해 주장된 것으로, 남녀에게 평등한 역할관을 갖게 하고 양성 간의 자연스러운 상호 협력의 가치관을 갖도록 하는 데에 목적이 있었다. 그러나 초등학교와 대학교에서의 남녀공학은 문제가 되지 않았지만 중등교육에서의 남녀공학 문제는 상당한 격론을 불러일으켰다. 오천석은 남녀가 함께 사는 사회에서 중등학교에서만 남녀를 분리, 교육하는 것은 부자연스러운 일이며 쓸데없는 호기심만 조장한다고 하면서 중등교육에서도 남녀공학을 지지하였다. 그러나 당시 한국교육위원회의 많은 위원들이 풍기문란의 문제를 들어 반대하여 일반 중등학교는 남녀 별도로 하되, 지역마다 1개교만 있었던 사범학교만큼은 남녀공학으로 하여도 좋다는 선에서 타협을 보게 되었다.

책임자들에게서 '새 시대의 민주적 현모양처형', '남편을 똑바르게 협조할 수 있는 능력을 가지고 자식을 정당하게 지도할 수 있는 정모정처형(正母正妻型)' 등의 말이 나왔다. 1970, 80년대까지의 남학교와 여학교의 교훈이나 급훈을 분석하여 보면, 남학생에게 요구되고 있는 인간상은 진취적이고 창조적이며 능동적인 소위 '남성다움'과 관련이 있는 데 반하여, 여학생에게 요구되는 인간상은 순결·인내·봉사·겸손 등과 같은 전통적인 '여성다움'과 순결의 미덕을 강조하였다. 교육과정상으로도 남학생에게는 기술, 여학생에게는 가정을 구분하여 가르쳤다. 이러한 입장의 여성교육은 여성다운 여성을 위한 교육을 강조하였다. 학교에서 성차별적 요소들은 여전히 작동하였다. 고등교육 수준에서 남녀의 교육기회는 차이가 있으며, 전공 선택이나 상위 학위취득과 관련된 교육지표상에 남녀 차이가 남아 있다. 다시 말해 교육수준이 높을수록 여성의 교육기회는 남성보다 다소 낮고, 전통적으로 비여성 영역에 속하는 전공영역에서는 성별 불균형이 남아 있다. 초중학교 여교사의 수가 지배적이어도 교장과 교감의 비율은 남성이 지배적이다. 상급단계의 교육에서 나타나는 성별 불균형은 형식적, 제도적 차원에서는 교육기회의 통로가 남녀 동등하게 개방되어 있어도 실질적인 교육기회 면에서 성차별이 존재하게 되는 이중성을 보여준다.

우리는 대체로 여성교육기회의 확대와 양적 팽창이 곧 여성에게 실질적으로 남녀평등한 교육을 제공한다고 소박하게 믿어 왔다. 지금까지 우리의 관심은 주로 형식적인 교육기회의 확대를 통하여 기존의 교육체제에 여성을 끼어들게 하는 교육에 초점이 맞추어져 있어 실질적인 교육기회 면에서 진정으로 남녀 평등한 교육이 이루어지는가에 대해 별다른 관심을 두지 못했다. 상급학교에 진학률과 같이 학교교육에서 겉으로 드러나는 남녀교육의 격차가 많이 사라지자, 많은 사람들은 교육에서 더 이상 성불평등 교육문제가 없는 것처럼 인식한다. 남녀평등교육이 지금까지 배제되어 왔던 여성을 학교조직 안으로 들어오게 하는 것이라고 볼 때, 남녀의 교육기회균등은 동등하게 주어지는 형식적인 교육기회를 의미할 뿐이다. 이 교육기회는 종종 성차별적 교육이 주어지는 '정당화된 통로'가 되기 쉽다. '정당화된 통로' 때문에 많은 사람들은 교육기회에서 이미 여성차별이 없어진 것으로 간주하게 된다. 드러난 형식적인 교육기회의 균등 때문에 그 뒤에 놓인 실제

교육경험에 내재한 여성억압이나 성차별은 감추어진다. 교육기회 자체가 주어지지 않는 경우처럼, 확연하게 드러나는 성차별이 아니라, 남녀 평등하게 누구나 접근할 수 있는 형식적 기회 속에 숨어 있는 실질적 성차별문제는 우리의 자연스런 삶의 일부로 익숙하게 연결되어 있기에 때로 인식되기가 쉽지 않다. 우리는 이때 성차별 문제를 남녀불평등의 문제로 보지 않고, 여성 개인의 능력과 자질 문제로 간주하여 성차별 문제의 초점을 흐리게 한다.

해방 후 지금까지 공식적 수준의 교육이념에서 드러난 남녀평등교육이념은 교육 과정의 실제를 지배하지 않는 경우가 허다하였다. 민주주의 교육이념이라는 공식적 교육이념이 표면상 남녀 공통으로 적용되는 통합된 단일구조였으나, 이것은 형식적·추상적 수준에서의 교육이념일 뿐 실제적·구체적 수준에서 교육실제를 이끄는 교육이념으로 작용하지는 못하는 경우가 많았다. 이에 성평등교육은 남녀 동등한 교육연한과 같은 양적 균등의 차원을 넘어서 교육목적, 내용, 방법, 환경을 포함하는 교육의 전 과정에서 실질적 성차별과 성억압을 없앨 것을 주장하게 되었다. 그러나 이와 같이 교육의 과정에서 남녀에게 동등한 대우를 요구하는 문제는 간단히 처리될 수 있는 문제가 아니다. 왜냐하면 우리 삶과 사회를 지배해온 가부장적 사회질서와 성별화된 습관과 관행들은 자연스런 삶의 일부로 여러 통로를 통해 교육에 스며들어 있기 때문이다. 형식적 남녀평등교육이 직면하게 되는 한계인 것이다. 이 같은 한계에도 불구하고, 형식적 측면에서 남녀평등을 접근하는 노력은 여전히 유효하며 우리에게 일차적인 남녀평등상태를 보여준다.

2) 성평등교육이념

이미 살펴본 바와 같이 해방과 더불어 남녀평등교육이념이 도입되었으나, 남녀의 차이에 초점을 맞추어 여성의 인간화 교육보다는 1970, 80년대까지도 주로 여성스러운 여성을 길러내는 교육을 해 왔다. 가부장적 사회의 오랜 역사 속에서 형성되어 온 우리의 남녀 양성에 대한 인식의 틀은 공평하지 않다. 남녀가 같은 일을 해도 남자에게 적용되는 기준과 여성에게 적용되는 기준이 다르다. 이러한 성별 이중적 기준은 (너무 자연스럽게 생각되는) 성별화된 것들로 우리 생활 속의 성차별과 성 억압에서 나온 것이라고 봐야 하겠지만, 우리의 전통적인 사고는 그러한 성차별적 이중기준을 남녀 사이에 있는 생물학적, 심리적, 기질적 차이에서 나온 자연스런 것으로 당연시한다. 성차별의 결과가 성차이의 원인으로 여겨진다.

1970, 80년대에 여성학적 관점은 성차별적 이데올로기를 규명하고자 하는 노력을 기울이고, 학교에서 남녀 간의 차별을 줄이려는 노력을 구체화하기 시작하였다. 특히 1990년대 이후에는 독립된 여성정책 담당부서가 생기면서 양성평등교육 정책을 본격화하였다. 양성평등교육의 실현을 위한 여성관련 정책들을 살펴보면, 제7차 경제사회개발 5개년 계획(1992-1996)에는 (1) 학교교육목적의 양성평등화: 교육목적의 양성 평등화 실현, 교과서의 성차별적 내용 배제 (2) 여학생의 교육기회 확대: 중등 및 고등교육기회의 확충, 여성의 미진출 분야로의 진학기회 확대 (3) 여학생 진로교육 강화: 기술·가정교과의 발전적 통합, 여학생 진로교육 자료의 개발 (4) 교사의 성역할 의식 제고 (5) 교육정책 결정에의 여성참여 확대 (6) 성교육 강화 등을 들 수 있다(한국여성개발원, 2000). 또한 2000년 1월에는 교육기본법에 의해 '남녀평등교육의 증진' 조항이 법조항에 추가되면서 남녀평등교육을 위한 조항들이 만들어졌다.[14] 종전의 관심이 교육에 있어서 형식적인 교육기회의 균등 측면에서 남녀 간의 차별을 없애고자 하는 데 있었다면, 이제는 실제 교육현장에 남아 있는 남녀 차별적인 요소, 학교의 교육과정, 진학 진로지도, 학교의 시설 등을 개선하여 실질적인 성평등교육을 실현하는 데 더 많은 관심을 쏟기 시작하였다. 이러한 정책의 효과는 완전하지는 않을지라도 대단히 컸다고 하겠다.

국제연합은 1975년 이후 여성의 지위향상을 위한 범세계적 운동을 전개한 후에 1995년 제4차 세계여성회의 북경선언에서 '여성의 임파워먼트(empowerment: 여성 자신이 자기의 가능성을 충분히 개화시켜 다양한 선택을 행하고 능력을 기르는 것)', '여성의 인권존중', 남성과의 파트너십을 포함하여 '모든 것과의 동반자관계 형성'을 강조하였다. 여성의 임파워먼트와 실질적인 성평등을 보장하기 위해 여성정책의 새로운 전략적 패러다임으로 성 주류화(gender mainstreaming)를 채택하고 각국 정부에 이를 적용하도록 하였다. 성 주류화는 정책과 프로그램에서 성

14) 이 시기 여성부가 (양)성평등, 성별, 양성평등교육 등을 남녀평등, 남녀별, 남녀평등교육 등의 용어로 사용하자 여성학계에서는 젠더 개념의 탈정치화를 가져온다며 비판하였다.

별영향평가와 성인지 예산을 적용하여 실질적인 성평등을 추구한다.

인구의 절반을 이루는 여성에 대한 공평한 배려와 분배를 하는 일은 여성의 인권을 온전하게 존중하는 일이며, 동시에 보다 나은 세계를 향해 나아가는 길이다. 2009년 한국을 방문한 힐러리 클린턴 장관은 "세계의 번영과 평화를 위해서는 모든 사람들의 재능이 필요하며, 여성도 각 분야에서 공동의 이익을 위해 기여하는 변화를 만들기 위해 중요한 역할을 담당해야 한다."며 여대생들에게 세상을 바꿀 힘을 기를 것을 촉구하였다.

인구 절반인 여성노동인력을 충분히 개발하지 못하는 것은 개인 능력의 낭비일 뿐 아니라, 국가적 손실이며, 그만큼 국가경쟁력에서 뒤지는 일이다. 여성의 잠재적 유연성과 창의성을 존중하고, 실질적인 성평등교육에 의해 뒷받침된 여성의 임파워먼트로 노동력 부족 현상을 극복하고, 국민 삶의 질 향상에 기여할 수 있도록 해야 한다.

세계적 수준에서 우리나라의 여성의 지위와 인력활용 문제는 아직도 낮은 수준에 있다. 남녀 학생에게 성고정관념에 입각한 진로지도나 취업지도를 지양하고, 여성의 가능성을 최대로 실현하도록 적극적인 여성인력의 양성과 개발을 위한 적극적인 성평등교육은 여전히 강조할 필요가 있다. 성평등교육이 진정한 효과를 얻으려면, 노동시장의 성차별 철폐를 위한 법적, 제도적 노력이 동시에 요청된다.

4 향후 성평등교육이념의 과제

지난 이삼십여 년 동안 펼쳐진 여성평등정책이 우리 사회를 크게 변화시켜 왔다. 다음 세대의 여성들은 가정과 학교에서 성차별이나 성억압을 거의 경험하지 않으며 자란다. 성차별이나 성억압의 문제를 말하는 페미니즘의 시각은 현시점에서 이들에게 의미가 없는 것처럼 보인다. 학교성적에서 여고남저(女高男低) 현상이 잇따라 보도되고 있다. 학교의 내신은 말할 것도 없고 여러 비중 있는 시험에서 수석을 차지하는 것은 거의 모두 여학생들이다. 특히 지적으로나 신체적 · 정서적으로 여아의 발달이 빠른 초 · 중학교 시절에 최상위권 안에 여학생들이 절대 다수를 차지하고 있다. 상당수의 교사와 학부모들은 여학생들 때문에 남학생들이 불이익을 받는다고 생각하고 있다.

이처럼 우리 사회에서 여학생의 입장이 아니라, 남학생의 입장에서 학업성취의 불평등문제를 말해야 한다는 주장이 나오기 시작했고, 남성들은 여성우대정책에 역차별이라는 문제를 제기하고 있다. 현상적으로 학교교육은 꼼꼼하게 과제를 하고 내신을 관리하는 여학생에게 유리하고, 실제 여학생의 성적이 훨씬 우수할 뿐 아니라, 오히려 더 극성스럽다고 말하여진다. 이런 상황에서 남학생과 그 학부모들은 남녀공학을 피하여 남자 중학교나 남자고등학교로 진학하기를 원한다. 이런 현상 때문에 남녀공학으로 설립예정이던 인천의 학교들이 별학으로 개교했고, 일부 남녀공학교가 남녀별학으로 전환을 모색하고 있다고 한다.

오늘날 우리의 초중등 학교교육은 성평등한 교육으로 이루어지고 있는가? 아니, 학교교육은 정말 남성에게 불리한가? 오히려 남학생이 여학생에게 밀려나는 여권강화시대에 이른 것인가? 여학생이 남학생보다 정말 학력 면에서 우수한가? 학력면에서 여고남저 현상이 사실인가? 다음의 2013년 남녀별 수능성적비율을 보면 여고남저보다는 남고여저 현상이 더 두드러진다.

〈표 1-1〉 2014년 국영수 수능성적 1-2 등급 남녀학생 비율(단위 %)

		1등급		2등급	
		남	여	남	여
국어	A	62.2	37.8	62.1	37.9
	B	43.6	56.4	38.6	61.4
영어	A	34.3	65.7	35.9	64.1
	B	55.3	44.7	52.7	47.3
수학	A	54.3	45.7	47.1	52.9
	B	80.2	19.8	76.0	24.0

위 〈표 1-1〉에서 최상위 수준인 1등급에 속하는 학생들의 성비를 살펴보면,

국어B와 영어A를 제외하고 나머지에서는 모두 남학생이 더 많다. 특히 수학B 수준에서 남학생 80.2%, 여학생 19.8%로 남고여저 학력현상이 극히 두드러진다. 심화수준의 최상위층에 속하는 남학생이 여학생의 4배가 넘고 있다. 여학생이 더 우수할 것으로 예상되는 언어 심화영역인 영어B 수준의 경우에도 최상위층에 남학생이 여학생보다 더 많다. 〈표 1-1〉에 나타난 데이터는 우리 사회에서 현재 주장되는 학력의 여고남저 문제를 전혀 지지하지 않는다.

정부의 성평등 교육정책들의 실효성에 대해 정확한 평가를 필요로 하는 시점에서 우리는 상반된 인식과 견해가 상충하고 있음을 보게 되었다. 한편에는 전통적인 사회로부터 급속하게 변화하는 사회에 대한 반발 내지 두려움과 함께 변화과정에서 상대적으로 불이익을 받는다고 여겨지는 남성 측을 중심으로 하는 입장이 있고, 다른 한편에는 지금까지 이루어진 성평등사회를 향한 변화는 형식적인 차원에서 이루어진 것이 사실이지만, 실질적인 차원에서 성평등 문화와 삶은 아직도 가야할 길이 멀다는 입장이 있다. 즉, 성평등사회를 향한 외적인 변화에도 불구하고 여전히 남아 있는 성 불평등한 의식과 사회구조, 그리고 성별화된 노동시장의 실상은 실질적인 면에서 여전히 여성에게 불평등하다는 것이다. 더구나 초중등학교 시절까지는 남녀평등한 교육이 어느 정도 이루어지고 있다고 동의하더라도, 문제는 전체 사회의 문화와 삶의 양식에 스며들어 있는 젠더 구조라는 것이다. 이러한 상반된 인식과 〈표 1-1〉에 나타난 수치를 볼 때 우리는 성평등교육의 현주소가 무엇이어야 하는지를 더 진지하게 고민하고 생각하지 않으면 안 되는 시점에 와 있다고 보여진다.

학력의 여고남저 현상이 문제로 대두되는 것도 사실이다. 특히 내신이라든가 학생부의 학교성적에서 여학생들이 더 우수하게 나타나고 있다. 미국사회에서 여학생들의 우수함을 연구한 아동심리학자 댄 킨들론(Dan Kindlon)은 공부와 운동 등 모든 면에서 남학생에게 뒤지지 않는 10대 여학생들을 "알파걸(alpha girls)"로 지칭한다. 그는 알파걸들의 특성으로 (1) 자신에 대한 강한 자신감 (2) 아버지와의 친밀한 관계 형성을 통한 양성성 습득 (3) 젠더문제에 대해 페미니즘이 아닌 평등주의자 시각 소유 (4) 높은 목표와 강한 성취감을 바탕으로 한 진로와 직업 선택 등을 들고 있다. 이 같은 추세 때문에 다른 한편에서 발달이 뒤지는 남학생들을 지원하는 일과 이들 편에서의 성평등교육문제를 제기하고 있다. 우리 사회에서도 점점 불리한 입장에 처해지는 초중등 남학생에 대한 고려도 필요해 보인다.

예전과 달리 오늘날 여성들은 '결혼은 선택이고 직업은 필수'라는 말로 자신들의 욕구를 표출한다. 이제 여성들은 주부와 아내와 어머니로서의 여성정체성만이 아니라, 직업인과 사회인으로서의 정체성에 의미를 부여하고 있다. 더 많은 젊은 여성들이 가족을 통한 삶의 의미만을 추구하지 않고 자신의 일에서 삶의 의미를 찾는다. 최근 우리는 자기성취욕이 강하고 사회경제적 지위가 높은 능력 있는 젊은 미혼의 여성들을 골드미스라 부른다. 이들은 전통적 성역할 분업을 부담스러워하고 일과 가족의 분리체제에서의 남성은 부양자, 여성은 양육자라는 경계를 당연시하지 않는다.

저출산, 다문화, 고령화 문제와 같이 우리 사회가 직면한 위기를 극복하고 진정한 발전을 이루기 위해서는 주요 교육정책이나 사회정책을 젠더 관점에 철저히 기초하여 계획을 세우고, 이에 대한 근본적인 대처와 교육을 할 필요가 있다. 예를 들어, 저출산 문제를 살펴보자. 세계의 미래학자들은 인구감소가 가장 큰 나라와 도시로 한국과 부산을 언급한다. 이러한 추세는 극단적으로 말하면, 얼마 후 한국이라는 민족이 지구상에서 사라질 수 있다거나 그렇지는 않더라도 인구의 감소로 말미암아 도시발전이 약화되고 산업발전에 커다란 저해요소가 된다. 세계적인 기업들이 인구가 적은 나라에 투자할 이유가 없을 것이다.

오늘날 우리나라의 출산율 저하는 다른 한편으로 노령화사회를 예고하고 있다. 노령화 사회는 일해야 할 젊은이들이 부족하여 국가발전의 동력을 잃게 할 뿐 아니라, 이들이 책임져야 하는 노령인구의 증대는 커다란 사회문제를 낳는다. 이 모든 문제의 중심에 젠더의 문제가 자리하고 있다.

특히 일과 가정의 병행에서 여성이 전담해야 하는 출산・양육/교육・가사로 인한 여성들의 부담은 결국 출산이나 결혼을 기피하는 현상을 초래하기도 한다. 지금도 일과 가정의 양립을 내세워 각종 보육정책이 쏟아지지만, 육아와 가사 부담 때문에 직장을 그만두는 대졸 이상의 고학력 인구가 110만 명에 이른다(문화 2013. 6. 18). 여성이 가사 일에 매몰되는 경우에는 또한 여성인적자원의 사장이 문제가 된다.

나아가 다문화사회로 이행하면서 최근 늘어나는 결혼이주여성과 그 자녀들의 양육문제에 대한 우리의 준비가 요구된다. 미래사회로서 다문화사회는 여러 문화와 다양한 가치에 열려 있어야 함과 동시에 젠더 문제에 대해 민감한 사고를 요구한다. 결혼이주여성의 사회화도, 자녀양육도 성평등한 문화와 교육을 전제로 하지 않으면 해결되기가 어렵다.

노령화인구가 급증하는 사회에서 노인 부양의 문제를 전통적인 여성역할로 국한시켜 본다면 이 문제는 해결되지 않을 것이다. 전통적으로 여성이 담당하던 보살핌이 가정에서부터 사라지고 있다. 그러나 사회적으로 이 보살핌의 중요성과 가치를 재인식하지 않으면 안 된다. 지금까지 가치 절하되어 온 여성의 돌봄 경험과 가치들을 존중하고, 그동안 경제개발 위주의 불균형한 발전에 따른 문화적 모순과 가부장적 가치 혼란을 재건하기 위한 성평등교육이 필요하다. 성평등한 사회는 여성만이 아니라, 남성의 젠더 의식 변화를 필요로 한다. 성평등한 사회의 실현은 가정에서의 성역할의식과 역할변화를 기초로 하여 가능하다. 사회발달차원에서 한 가족, 공동체 일원으로 남성과 여성의 협력은 불가피하다. 이제 여성들은 전통적 여성관으로부터 탈피하여 사회참여를 원한다. 여성의 사회참여에 대한 남녀 양성간의 올바른 이해와 교육이 요구된다. 여성의 사회참여는 여성뿐만 아니라 가족 전체의 만족도를 증가시킬 수 있다. 지금까지 금기시되었던 남성의 가사노동 참여를 위한 성평등한 교육을 통해 남녀가 진정한 파트너로 가정과 지역공동체와 사회를 공동으로 구축해갈 때, 우리 사회가 건강한 사회로 발달할 것이다.

이렇게 볼 때, 향후 성평등교육이념의 정립은 매우 중요하다. 우리의 미래는 현재의 성차별적 문화상태를 검토하고, 바람직한 미래문화를 창출하기 위해 얼마나 성평등한 교육을 실시하느냐에 달려 있기 때문이다.

● 요약

우리의 전통적 여성교육은 음양의 원리에 입각한 자연법칙, 즉 천도를 따른 것이라고 믿었다. 남녀 간의 생물학적 차이가 자연의 일부이듯이 남녀역할과 내외구분은 자연스럽고도 당연한 일이라고 가정되어 아내, 며느리, 어머니로서의 여성의 역할 수행에 따른 행위 규범을 내면화시키는 일이 강조되었다. 존양음비적 남녀이해에 따른 남녀유별교육은 사회의 여성 억압적 제도와 더불어 실시되었다.

우리나라 여성들에게 형식교육이 처음으로 시작된 것은 개화기 서구식 학교교육이 도입되면서이다. 이 시기에 여성 교육의 중요성이 여러 관점에서 제기되었으나, 특히 국가의 위기 속에 국가 중심의 현모양처론으로 귀결되었다. 해방 이후 민주주의 이념이 도입되면서 남녀평등사상에 입각한 여성교육이 이루어졌다. 교육기회의 균등, 남녀차등적 교육년한 철폐, 남녀공학제 실시 등으로 여성교육에 괄목할만한 변화를 가져온 것이 사실이다. 이러한 여성교육기회의 확대와 양적 팽창이 곧 여성에게 실질적으로 남녀평등한 교육을 제공한다고 믿어왔다. 그러나 확대된 형식적인 교육기회는 실질적으로 진정한 성평등교육을 보장해 주는 것은 아니다.

따라서 형식적 교육기회를 넘어 실질적인 성평등교육에 대한 고려가 진지하게 이루어져야 하겠다. 특히 저출산, 다문화, 노령화 사회라는 국가적 위기를 맞아 젠더관점에 기초하여 성평등정책을 수립하고, 그에 알맞은 성평등교육을 실시함으로써 우리의 건강한 미래사회를 구축해나가야 한다.

● 토론문제

1. 여성비하적 속담을 찾아 그 속에 담긴 여성상의 의미를 토론해 보자.

2. 여성비하적 속담을 찾아 새 시대에 맞는 긍정적이고 적극적인 여성상으로 대치하여 새로운 속담으로 만들어 보자(예 : '암탉이 울면 집안이 망한다' → '암탉이 울어야 알을 낳는다').

3. 우리 자신을 포함하여 주변 사람들이 가정하고 있는 남녀에 대한 다른 인식과 기대를 토론해보자.

4. 알파걸은 알파우먼으로, 나아가 사회적 리더로 계속 성장하는가?

참고문헌

독립신문(독립).

동아일보(동아).

매일신문(매일).

제국신문(제국).

황성신문(황성).

조선일보(2013.6.5.).

문화일보(2013.6.18).

여자계.

김종권 역주(1987). 『여사서(女四書)』(『여계』 『여논어』 『내훈』 『여범』 포함). 명문당.

백제산인(1921). 부인교육의 실제문제. 『개벽』 10호.

박용옥(1984). 『한국근대여성운동사연구』. 한국정신문화연구원.

소혜왕후(1985). 『내훈』. 임마누엘.

손인수(1977). 『한국여성교육사』. 연세대 출판부.

송덕수(1996). 『광복교육 50년』(1. 미군정기편). 서울: 대한교원공제회 교원복지신보사.

신영숙(1992). 대한제국시기 가부장제와 여성생활. 『여성학논집』. 11집.

오천석(1972). 「군정문교의 증언(그 때의 증언 1, 2, 3, 4)」, 『새교육』 7-10월.

이길상(1992). 『해방전후사자료집』 I·II. 원주문화사.

이명선(2003). 근대의 신여성 담론과 신여성의 성애화. 『한국여성학』 제19권 2호, pp. 9-21.

이배용(1996). 「미군정기, 여성생활의 변모와 여성의식, 1945~1948」. 『역사학보』 제150집 별책, 역사학회.

윤건차(1987). 『한국근대교육의 사상과 운동』. 서울: 청사.

정세화(1972). 개화기의 여성교육. 『한국여성사 개화기-1945』. 서울: 이대출판부.

______(1979). 한국 여성의 사회화. 『여성학』. 이화여대 한국여성연구소편, 서울: 이대출판부.

______(1994). 『한국여성교육의 이념연구』. 서울: 성지출판사.

정세화, 조경원(1989). 교육여성학: 교육기회 균등과 여성. 『여성학영역별 연구』. 이화여대 한국여성연구소편.

조경원(1995). 조선시대 여성교육의 분석. 『여성학논집』 12집, 이대 한국여성연구원.

_____(1996). 유교 여훈서의 교육원리에 관한 철학적 분석. 『여성학 논집』 제13집, 이대 한국여성연구원.

_____(1997). 한국문화의 현대적 변용과 여성교육의 과제: 양성 평등한 문화발전을 위한 여성교육의 방향. 『교육철학』 제18집, 교육철학회, pp. 125-146.

_____(1998). 개화기 여성교육론의 양상 분석. 『교육과학연구』 제28집, 이화여자대학교 사범대학 교육과학연구소, pp. 23-42.

_____(1999). 양성평등실현을 위한 교육의 방향. 『교육과학연구』 제29집, 이화여자대학교 사범대학 교육과학연구소, pp. 3-17.

_____(1999). 대한제국말 여학생용 교과서에 나타난 여성교육론의 특성과 한계. 『교육과학연구』 제30집, 이화여자대학교 사범대학 교육과학연구소. pp. 163-187.

조경원, 이배용(2001). 해방이후 여성교육정책의 변화와 여성의 사회진출양상: 미군정기(1945)~제1공화국시기(1960). 『한국교육사학』 제22권 제2호, pp. 261-283.

조선총독부 편찬(1914). 여자고등보통학교 수신서 권1.

한명희(1986). 남녀평등과 교육, 『여성학의 이론과 실제』, 여성학 교재편찬위원회(편), 서울: 동국대학교 출판부, pp. 391-429.

_____(1987). 교육이념에 나타난 성의구조, 『한국 여성학』 제3집, 한국여성학회.

Martin, J. R.(1981). The Ideal of the Educated Person, *Educational Theory*, Vol.31, No.2

__________(1986). Redefining the Educated Person: Rethinking the Significance of Gender, *The New Scholarship on Women and Education(the special issue of the Educational Research).* S. K. Biklen & C. Dwyer eds.

2장 교육과 성(性): 삶의 영역 간의 갈등 극복과 교육철학의 역할

유현옥*

* 미국 University of Illinois at Urbana-Champaign, Ph.D. (교육철학)
현재 명지대학교 교육대학원 교육학과 교수

1 문제제기

교육철학은 진공상태 속에서 교육적 논의를 전개하는 것이 아니다. 교육적 논의나 이론은 사회적 활동이며, 이는 그 사회의 미래 전망이나 이상과 밀접한 관계를 맺고 있다고 할 수 있다. 하나의 사회적 기업으로서의 교육은 사회적 목적과 미래 전망 하에 이루어질 뿐만 아니라, 교육의 과정 그 자체가 한 사회의 사회적 이상과 미래를 형성하고 실현해나가는 과정이라고 할 때, 교육의 목적과 과정을 설명하거나 규정하는 교육적 논의나 이론은 그 자체가 한 사회의 미래 전망이며, 사회를 개선하려는 의지의 표현이라고 할 수 있기 때문이다. 셰플러(Scheffler)가 "철학의 사명은 가치나, 덕, 진실성, 정당성(正當性) 등에 대한 전통적 견해를 회의해 봄으로써, 정책의 나아갈 방향을 환히 밝혀 주는 것"이라고 지적하고 있는 것은 이와 같은 맥락에서 이해될 수 있다(1980:402-406).

교육은 한 사회의 미래 전망이나 이상의 성취를 위한 구성원 개개인의 사회적 역할 수행의 준비를 돕는 과정이라고 볼 때, 모든 교육철학적 논의는 궁극적으로 사회의 미래 전망이나 이상과 관련되어 있다고 할 수 있으며, 그런 의미에서, 교육철학은 이상적 사회에 대한 전망에 터해서, 그것을 성취할 수 있다고 판단되는 계획서를 제시하는 사명을 지녔다고 볼 수 있다. 그리고 이상적 사회에 대한 전망은 현재의 상황을 비판적으로 포착하고, 그 비판의식을 통해 사회를 개선하려는 의지나 노력과 밀접하게 관련되어 있다. 이렇게 볼 때, 교육철학자의 가장 큰 역할은 교육적 현실을 포함한 사회 상황을 비판적으로 포착하는 일이라고 할 수 있다. 이때 상황을 비판적으로 포착한다는 것은 그것을 '개선하기 위함'이다. 말하자면, 교육 철학자는 상황을 개선하기 위해 이를 비판적으로 포착하고, 이상적 사회에 대한 전망과 관련해서 교육 현실과 사회가 변모하는 방향과 속도를 조절하는 책임을 지고 있다고 할 수 있다.

그렇다면, 현재의 교육 철학적 논의 속에 전제되고 있는 우리 사회의 미래 전망이나 이상은 무엇이며, 또한 그 논의와 관련되어 있는 '사회적 역할 수행의 준비과정'으로서의 교육의 특성은 무엇인가? 여성이 남성과 동등한 교육의 기회를 갖고 있다는 것은 현재의 교육이 성 차별적이 아니라고 보기에 충분한 근거가 될 수 있는가? 만일 그렇지 못하다면, 교육 철학은 현재의 교육에서의 성차별을 극복하기 위해 어떠한 역할을 해야 하는가? 이러한 질문에 대한 관심은 교육적 현실을 포함한 사회 상황에 대한 비판적 이해에 있어서 필수적이라고 할 수 있다.

이러한 질문에 대한 해답을 찾기 위해, 본 논의에서는 현재의 교육적 논의에 전제되어 있는 성 중립적(性 中立的) 견해나 혹은 성을 고려의 대상에서 제외시키고 있는 입장이 낳고 있는 문제점들, 즉 교육에서의 여성 소외 문제점의 제 양상들을 살펴보고, 이를 바탕으로 그 극복을 위한 교육철학의 역할에 대해 논의해보고자 한다.

교육에서의 여성 소외 극복을 위한 노력은 이상적 사회의 성취를 위한 사회적 역할 수행의 준비에 관련된 교육적 사명의 수행에 있어서 필수적으로 요청되는 과정이기도 하다. 이는 여성에 대한 부당함의 극복을 위한 노력을 의미하는 데 그치지 않고, 남성에 대한 부당함을 극복하는 것은 물론 나아가서 모든 구성원에 대한 부당함을 극복하고, 구성원 개개인의 존중을 바탕으로 하는 사회가 실현될 수 있도록 사회 변화의 속도와 방향을 조절하는 일에 관련된 과정을 의미하기 때문이다.

2 삶의 영역 간의 갈등과 성(性)

1) 삶의 영역과 그 기본 특성

현재의 교육적 논의 속에 전제되어 있는 우리 사회의 미래 전망을 '구성원 개개인의 자유와 평등성 확보를 통한 인간 존엄성이 보장되는 민주 시민사회'로 요약해 볼 수 있다고 한다면, 교육은 교육의 대상이 되는 모든 개개인으로 하여금 그러한 민주 시민사회를 성취시키는 데 요구되는 사회적 역할 수행을 위한 자질을 갖추도록 하는 데 관심을 가져야 한다. 즉, 교육의 결과가 개개인의 자유와 평등성이 실현될 수 있는 사회적 조건이 무엇이며, 그 사회적 조건의 충족을 위해 개개인에게 요구되는 자질은 무엇인가 등의 질문에 대한 해답을 제시하는 것일 뿐만 아니라, 교육의 과정 자체가 이러한 질문의 의미를 규정하고 전개해 나가는 과정이라고 할 수 있다. 이렇게 볼 때, 교육적 논의는 사회의 미래 전망과 관련하여 사회적 필요에 대한 분석과 이에 기초한 비판적 현실 이해를 포함해야 한다고 할 수 있다. 그러나 현재의 지배적인 교육적 논의 속에 전제되어 있는 사회 상황에 대한 분석과 현실 이해를 살펴보면, 이에는 사회적 삶의 한 중요한 측면에 대한 고려가 포함되어 있지 않다는 점이 그 문제점으로 지적될 수 있다.

사회적 삶의 영역은 크게 개인적 삶의 영역과 공공적 삶의 영역으로 구분될 수 있다. 이 두 영역은 그 주축이 되는 공간에 있어서나, 그 이상으로 삼는 목적이나 행위를 규율하는 원리에 있어서 서로 다른 특성을 지니고 있으며, 또한 전통적으로 성에 따라 구분되어 오고 있는 영역이다.

개인적 삶의 영역은 주로 가정을 중심으로 이루어지며, 그 삶의 원리는 기본적으로 '나의 권리나 필요'보다 '타인에 대한 책임'이 우선하는 영역으로 '사랑'이나 '희생'의 덕과 관련되어 있으며, 전통적으로 그 책임이 여성에게 부과되어 오고 있는 영역이다. 반면, 공공적 삶의 영역은 가정 밖의 사회적 기관(주로 직장)을 중심으로 이루어지며, 그 삶의 기본 원리는 개인적 노력과 성취를 통한 '경쟁'과 그 속에서 추구되는 여러 가지 사회적 가치들 – 명예나 재산 등등 – 에 대한 '개인의 권리'의 존중과 그 배분에 있어서의 공정성을 위한 '정의(正義)'의 원칙들로 요약될 수 있으며, 전통적으로 그 책임이 남성에게 부과되어 오고 있는 영역이다.

물론 이러한 구분은 가정적 삶의 영역이 전적으로 사랑과 희생에 의해서만 이루어진다거나, 혹은 공공적 삶의 영역이 전적으로 '경쟁'의 원칙에 의해서만 이루어지므로 공공적 삶의 영역과 '사랑'이나 '희생'의 덕은 전혀 무관하다는 것을 의미하는 것은 아니다. 가정적 삶의 영역에서도 경쟁이나 권리의 존중의 원칙이 적용되기도 하며, 공공적 삶의 영역에서도 사랑이나 희생의 덕이 강조되기도 한다. 특히 우리 사회는 다른 어느 사회보다도 공공적 삶의 영역에 있어서 '사랑'이나 '의리'와 같은 덕이 중시되어 온 전통을 가지고 있는 사회이다. 그럼에도 불구하고, 가정적 삶과 공공적 삶의 두 영역 간의 기본적인 특성을 비교해서 구분해보는 경우, 그 기본 원리에 있어서의 '사랑이나 희생'과 '경쟁이나 공정성'이라는 상대적 구분은 여전히 타당하다고 할 수 있다.

가정은 개인적 삶이 추구되는 공간이며, 그 운영의 원리는 주로 특정 개인에 대한 배려와 직결되어 있다. 가정적 삶의 운영에 있어서의 원칙은 남편으로서, 아내로서, 부모로서, 혹은 자녀로서의 역할 속에서 이상적으로는 사랑과 헌신의 가치로 묘사되고 있으며, 이 사랑과 헌신의 가치는 자신의 개인적 요구보다 다른 사람의 요구를 더 우선시하는 태도나 경향과 관련된 가치이다. 가정적 삶의 영역이란 우리가 개인적이고, 친밀하고, 양육적이며, 희생적이라고 부르는 우리 삶의 한 중요한 측면의 필요를 충족시키는 책임을 담당하고 있는 영역이다.

반면, 공공적 삶의 이상은 매우 다르다. 공공적 삶이 추구되는 공간은 주로 직장이며, 이 영역에서는 생산과 사회적 이윤이라는 일반적 목표의 추구가 보다 개체중심적이고 경쟁적인 동기에 기초하여 이루어지고 있다. 이상적으로 볼 때, 자유

경쟁적 시장 체제에서는 개개인들이 그들의 기술이나 지식에 있어서 다른 개인과 서로 경쟁적인 관계에 있으며, 그 경쟁을 통해 생산과 사회적 이윤의 추구가 이루어지게 된다. 또한 사회적 이윤의 배분에 있어서는 동등한 권리와 자유의 향유, 그리고 공정성이라는 원칙이 추구된다. 이 때 그 배분에 있어서의 공정성의 추구는 개인의 사적(私的)인 방법을 통해서가 아니라, 법과 질서 등의 사회적인 기제를 통해서 때로는 의도적으로 '무정하고, 냉혹하게' 이루어지며, 이 냉혹한 원리의 준수 속에는 가정에서 추구되는 것과는 매우 다른 목적이 추구된다. 따라서 개인에게도 가정적 삶의 영역과 비교해 볼 때, 매우 다른 종류의 동기와 기술, 그리고 지식이 요구되는 것은 논리적으로 당연한 귀결이다. 이는 협동적인 노력이나 공동체 의식과 같은 비경쟁적인 태도나 가치가 장려되고 추구되는 경우에도 마찬가지이다. 왜냐하면 협동적인 노력이나 공동체 의식도 기본적으로는 서로의 이익의 극대화를 위한 자유의 제한과 협력이라는 원칙에 기초하고 있다는 점에서, 동등한 권리의 향유와 공정한 배분이라는 원칙에서 크게 벗어나고 있지 않기 때문이다.

이 두 영역 중에서 모든 정치적 논의나 이론은 물론 교육적 논의의 관심의 대상이 되어 왔고, 또한 현재에도 관심의 대상이 되고 있는 영역은 바로 이상적으로는 '정의'의 원칙이 추구되는 공공적 삶의 영역, 즉 남성의 영역이다. 이 점을 클락(Clark)과 란지(Lange)는 다음과 같이 지적하고 있다.

> 모든 (정치) 이론은, 문자 그대로의 의미에 있어서, 공민적 삶의 영역, 즉 남성의 영역에 전적으로 관련되어 있으며, 따라서, 이에 있어서 이 영역의 삶에 직접적으로 참여하지 않는 여성과 여성적 삶의 영역이 배제되어 있다. 이 두 영역의 특성은 일반적으로 각 영역을 구성하는 기본 개념과 가정들에 의해 구분될 수 있는데, 우선 공민적 삶의 영역은 '정치적', '공적', 그리고 '지적' 행위 등으로 특징 지워 지고 있는 반면, 또 다른 영역은 그 특징이 '자연적', '사적', 그리고 '감정적' 행위로 규정되고 있다(1979: p.xiv).

위의 인용문에서 언급된 바와 같이, 모든 정치적 논의나 교육적 논의 속에 고려되지 않고 있는 영역은 바로 개인의 사적인 삶의 요구를 충족시켜 주는 가정적 삶의 영역이다. 특히 교육적 논의 속에 가정적 삶의 영역이 고려되고 있지 않다는 점은 현재 우리의 학교 교육의 교육 내용의 주류를 구성하고 있는 문학, 역사 등의 인문 교과와 수학, 물리학 등의 자연 교과의 내용을 살펴보아도 쉽게 알 수 있다. 물론 가정 교과와 같은 특정 교과를 통해 가정적 삶의 영역에 관한 내용이 부분적으로 다루어지고 있기는 하다. 그러나 이는 전체 교육 내용에서 차지하는 비중으로 볼 때 극히 일부분에 불과한 것이라는 점을 고려하면, 여전히 우리의 학교 교육에서 가정적 삶의 영역이 거의 고려의 대상이 되고 있지 않다고 할 수 있다. 이 영역은 전통적으로 그 책임이 여성에게 부과되어 왔던 영역이므로, 교육적 논의 속에서 이 측면에 대한 논의의 부재는 교육의 전 과정이 주로 공공적 삶의 영역과 남성에 관련되게 만드는 원인이 되었으며, 이로 인해 가정적 삶과 아울러, 여성의 교육으로부터의 소외를 낳게 되었다. 그러나 비록 가정적 삶의 영역이 교육적 관심의 대상이 되어오지는 못했지만, 이 영역의 도움이 없이는 개개인이 공동체의 일원으로서 성장하는 것이 거의 불가능하다는 점을 인정하고 있다는 면에서는 이 영역의 중요성에는 대체로 합의가 이루어져 왔다고 할 수 있다.

교육에 대해 우리가 일반적으로 가지고 있는 기대는 대체로 사회 성원으로서의 개개인이 개인적으로는 물론 공동체의 일원으로서 잘 살도록 준비시키는 것이라고 한다면, 가정적 삶의 영역에 대한 준비는 공공적 삶의 영역에 대한 준비와 마찬가지로 교육적 관심의 대상이 되어야 한다. 가정적 삶이나 공공적 삶은 모두 사회적 삶의 중요한 구성 요소이기 때문이다. 그럼에도 불구하고, 가정적 삶의 영역이 우리의 교육적 관심의 대상이 되어 오지 못한 데에는 몇 가지 서로 관련된 이유가 지적될 수 있다.

첫째, 가정적 삶의 영역에 요구되는 지식이나 기술, 태도 등의 특성은 교육적 준비나 노력이 없이도 자연적으로, 혹은 경험적으로 획득될 수 있다고 여겨져 왔기 때문이라고 볼 수 있다.

둘째, 공동체의 일원으로서의 사회적 삶의 준비에 필요한 지식이나 기술, 그리고 태도 등의 특성과 가정적 삶에 요구되는 특성 간에는 종적인 위계가 성립되며, 따라서 보다 상위의 가치를 지닌다고 여겨져 온 공적 삶의 준비에 관련된 지식이나 기술, 태도가 교육에 있어서 우선적인 의미를 지닌다고 보았기 때문이라고 할 수 있다.

셋째, 두 영역의 지식이나 기술, 그리고 태도 간의 서로 갈등하는 특성으로 인해, 한 개인에게 두 영역의 준비를 모두 요구하는 것이 어려운 일이라고 여겨져 왔다고 볼 수 있다. 이러한 맥락에서, 교육은 보다 상위의 가치를 지니는 것으로 여겨지는 공공적 삶의 영역에 대한 준비에 그 일차적 관심을 두게 되었다고 할 수 있다.

이러한 이유들의 부적절성에 대한 지적은 바로 가정적 삶의 영역이 교육적 관심에서 소외됨으로써 발생하는 문제를 지적하는 과정이기도 하며, 또한 이 영역이 교육적 관심의 대상이 되기 위해서는 어떠한 노력이 필요한지를 살펴보는 과정과 일치하기도 한다.

2) 가정적 삶의 영역과 교육

가정적 삶의 영역에 관련된 지식이나 기술, 태도 등의 특성은 자연적으로, 혹은 교육적 노력 없이도 획득될 수 있는 특성이 아니다. 이러한 점은 최근에 신문의 사회면을 채우고 있는 우리 사회의 여러 양상들을 살펴보아도 쉽게 드러날 수 있다. 예컨대, 어린이나 부녀자들과 같은 약자를 대상으로 한 폭력과 학대, 살인, 유괴 등의 사건이 갈수록 그 빈도나 잔학성이 더 해가고 있는 사회 현상은 '사랑'이나 '배려'의 덕에 관련된 지식이나 기술, 그리고 태도 등의 특성이 자연적으로 혹은 교육적 노력 없이도 습득될 수 있는 것이 아니며, 이의 습득을 위해서는 보다 적극적인 전 사회적인 – 교육을 포함한 – 노력이 요구되는 특성임을 보여주고 있다. 사랑이나 배려의 덕에 대한 적극적인 관심은 현재 우리 사회의 전반에 걸쳐 제기되고 있는 사회적 요청이라는 점을 고려할 때, 가정적 삶의 영역이 갖는 교육적·사회적 의미에 대한 탐색은 우리에게 매우 중요한 의미를 지닌다고 할 수 있다.

또한 가정적 삶의 영역에 관련된 지식이나 기술, 태도 등의 특성이 공공적 삶의 영역에 관련된 특성보다 열등한 것이며, 따라서 교육에 있어서 우선적인 의미를 지니는 것은 공공적 삶의 영역에 관련된 지식이나 기술, 태도 등의 특성이라고 보는 전통적 이해는 사랑이나 배려의 덕에 관련된 가정적 삶과 여성성(女性性)에 대한 교육적 관심의 부재를 낳게 되었다. 클락과 란지도 지적하고 있는 바와 같이, 공정성의 원리에 관련된 공공적 삶의 영역의 특성, 즉 남성의 특성은 '정치적'이며,

'지적'인 것으로 규정되어온 반면, 사랑이나 배려에 관련된 가정적 삶의 영역의 특성, 즉 여성의 특성은 '자연적'이며, '감정적'인 것으로 규정되어 왔다. 이러한 구분은 이론 – 실제에 대한 이원론적 구분, 혹은 이성 – 감정 등에 대한 이원론적 구분과 그 간의 계열성에 대한 이해와 관련하여 두 영역은 물론 양성 간의 종적 위계와 이에 따른 가정적 삶의 영역 및 여성에 대한, 그리고 사랑이나 배려의 덕에 대한 교육적 관심 부재의 원인이 되게 되었다. 그리고 가정적 삶과 여성성에 대한 교육적 관심의 부재는 교육받은 여성에게 여성성으로부터의 소외를 경험하게 하는 문제를 야기시키게 되었다. 왜냐하면 교육을 통해 길러지는 '교육받은 인간'의 특성은 여성에게 부과되어온 전통적 역할이나 특성을 포함하고 있지 않음으로 인해서 여성의 경우, 교육을 받으면 받을수록 전통적 여성상에 매력을 느끼지 못하게 될 가능성이 있게 되기 때문이다. 이 경우, 교육받은 여성은 전통적 여성성을 부정하는 여성이 되게 되며, 이로 인해 남성의 경우 경험하지 않는 성 정체성의 위기를 경험하게 되는 문제를 야기 시키게 된다. 이러한 점을 마틴(Martin)은 다음과 같이 정리하고 있다.

> 교육받은 사람이 되기 위해서는, 여성은 전통적으로 여성적인 특성으로 여겨져 온 독특한 경험 방식이나, 세계를 보는 방식을 포기해야만 하므로, 그들 자신으로부터의 소외를 경험하게 된다. 그렇지 않기 위해서는 교육받은 사람이 되는 것을 포기해야만 한다…… 전통적으로 여성적인 특성으로 여겨져 온 것들이 교육적 이상에서 제외되어 있기 때문이다(1982: 104).

그러나 '교육받은 인간'의 특성이 바람직한 것이라면, 그 특성의 획득이 여성에게, 남성과는 달리, 정체성의 위기와 같은 불리한 경험을 야기시키는 문제를 지닌다고 해도 마땅히 추구되어야 할 것이다. 문제가 되는 것은 그 '교육받은 인간'의 특성이 개인적 · 사회적 요구의 중요한 한 측면을 간과하고 있는 한계를 지니고 있다는 점이다. '교육받은 인간'의 특성이 공공적 삶의 준비에 한정되어 있음으로 인해, 즉, 가정적 삶에 대한 교육적 관심의 부재를 통해 이 영역의 기본 원리인 '사랑'이나 '배려', 혹은 '희생' 등의 덕의 성장 발달에 대한 개인적 · 사회적 요구를 충족시키지 못하는 문제를 지니고 있으며, 이로 인해 사랑이나 배려의 덕과 공정성

간의 종적 위계의 성립에 중요한 원인이 되고 있다.

가정적 삶의 영역에 대한 관심은 여성에게만 요구되는 것이 아니며, 더구나 이 영역의 주요 원리인 '사랑'이나 '배려', 혹은 '희생' 등의 덕에 관련된 지식이나 기술 및 태도 등의 특성은 여성에게만 관련된 특성이 아니라 사회적 삶의 중요한 구성 요소이다. 따라서 이 영역에 대한 교육적 관심의 부재는 사회가 전통적으로 한 성에게 맡겨온 역할과 과제의 중요성을 손상시키고, 그 역할과 과제의 수행을 위한 노력을 사회적으로 좌절시키는 결과를 낳게 되며, 또한 이로 인해 그 역할이나 과제에 관련된 덕이나 지식, 기술, 태도 등의 특성의 성장 발달에 부정적 영향을 미치게 된다. 이렇게 볼 때, 만일 가정적 삶의 영역이 우리의 삶에 지니는 중요성을 부정하지 않는다면, 현재의 교육적 논의에 있어서 이 영역에 대한 관심이 부재 하는 것은 사회적으로 매우 심각한 문제를 야기시키게 된다. 이 점에서 사랑이나 배려 혹은 희생 등의 덕과, 그 덕에 관련된 지식이나 기술, 태도 등의 특성의 발달을 위해서는 이 영역에 대한 논의가 사회적으로 의미 있게, 그리고 심각하게 받아들여져야 할 필요성이 있다.

개인적 삶의 영역과 공공적 삶의 영역이 모두 사회적 삶의 중요한 구성 요소라고 할 때, 특정 영역에 대한 교육적 관심의 부재는 그 영역의 발달에 부정적 영향을 미치게 되며, 이로 인해 그 부정적 영향의 결과는 사회적 삶 전체에 미치게 된다. 따라서 교육은 두 영역이 모두 각 영역의 이상을 발달시켜 갈 수 있도록, 두 영역에 균형적 관심을 가져야 한다. 그리고 두 영역에 대한 균형적 관심을 갖기 위해서는 사회 영역 간의 갈등의 양상을 파악해야 하며, 또한 그 문제가 성의 문제와 밀접히 관련되어 있다는 점에 주목해야 한다. 이러한 상황에서 이 두 영역 간의 갈등의 문제를 고려하지 않는 성 중립적 입장은 오히려 특정 성에 대한 체계적인 소외에 관련되게 되기 때문이다. 현재의 교육은 이 점에서 모든 개개인의 존엄성이나 평등성의 추구라는 사회 전망을 위한 교육이라고 하기에는 문제점을 지니고 있다.

이렇게 볼 때, 현재의 성(性) 중립적인 교육적 논의나 노력은 매우 제한적인 논의나 노력임을 알 수 있다. 그리고 그로 인한 폐해는 여성에게 국한된 문제가 아니다. 여성과 남성이 한 사회 속에서 서로 관계를 맺고 살아가는 한, 양 성은 서로의 교육적 영향에 의해 도움을 받을 수도 있고 제약을 받을 수도 있다는 점을 고려해야 한다. 만일 교육에 의해 특정한 성의 특성이나 역할이 부정적 영향을 받는다면, 교육에서의 불합리한 정책은 필연적으로 양 성에게 영향을 미칠 것이기 때문이다. 따라서 이를 극복하려는 노력은 사회의 미래 전망의 실현을 추구하는 교육적 논의에 필수적이다. 이렇게 볼 때, 사회의 두 영역의 필요와 또한 그 영역 간의 갈등 및 이의 성(性)과의 관련성에 관심을 두는 교육적 논의와 이론의 정립을 위한 노력이 요구된다.

사회의 개인적 삶의 영역과 공공적 삶의 영역 간에는 갈등이 존재해 왔으며, 또한 이 갈등이 성과 관련되어 인간의 사회적·도덕적 사고의 실제에 영향을 미치고 있다는 것은 간접으로나마 여러 사상가들의 논의 속에서 다루어져 왔다.

플라톤(BC 427~BC 347)

예컨대, 플라톤은 〈국가론〉에서, 두 영역의 갈등의 해소가 불가능하다고 보고, 개인적 삶의 영역의 가치를 수호자의 교육과 삶에서 배제시키는 것을 통해, 두 영역 간의 갈등이나 이의 성(性)과의 관련성의 극복을 꾀하고 있다. 플라톤에 따르면, 사회적 효율성의 추구라는 원칙에서 볼 때 두 영역 간의 갈등과 이의 성(性)과의 관련성으로 인해, 남성과 여성의 능력 신장을 위한 동등한 기회 부여를 위해서는 개인적 삶의 영역의 가치나 특성의 배제는 필수적이다.

또한 성서 속의 아브라함이나 솔로몬 왕의 예화에서도 두 영역의 가치가 갈등하는 양상이 성(性)과 관련되어 있음이 드러나고 있다. 아브라함의 경우 부자 간의 개인적 관계보다는 원칙을 우선시키고 있는 반면, 솔로몬 왕 앞에 나아간 어머니의 경우, 원칙보다는 모자 간의 개인적 관계를 우선시킴으로써, 원칙이 우선하는 공적 삶의 영역의 가치는 남성적 가치이며, 객관적 사실이나 진리보다 개인적 관계가 우선하는 개인적 삶의 영역의 가치는 여성적 가치로 인식되어 온 양상을 대비시켜 보여주고 있다.

반면, 루소는 에밀의 교육에서 가정적 삶이 공공적 삶의 준비에 기초가 된다고 보고, 가정적 삶의 가치나 특성이 에밀의 삶에서 지니는 중요성을 지적하고 있다.

루소(1712-1778)

이 점에서 루소는 플라톤과는 달리 두 영역 간의 갈등의 해소나 조화가 가능하다고 보고 있는 듯하다. 이러한 루소의 이해, 즉 두 영역 간의 갈등의 해소나 조화의 가능성은 동양적 전통 속에서는 일반적으로 받아들여져 온 견해이며, 그 역사도 깊다. 예컨대, 우리의 유교적 전통 속에서 지대한 영향을 끼쳐 온 '수신(修身), 제가(齊家), 치국(治國), 평천하(平天下)'의 가르침은 두 영역 간의 갈등의 해소나 조화가 가능하다고 보고 있는, 즉 가정적 삶이 공공적 삶의 기초가 된다고 보고 있는 하나의 예라고 할 수 있다. 그러나 우리의 유교적 전통이나 루소의 경우 모두 남성을 위한 교육적 처방에 있어서는 플라톤의 수호자 교육과 유사한 방식을 취하고 있다. 왜냐하면 비록 가정적 삶의 영역에 관련된 가치나 특성의 중요성을 인식하기는 하였으나, 이에 대한 관심은 공공적 삶의 준비에 관련된 교육과는 별개의 것이라고 보고 남성의 교육에서 이 영역에 대한 관심을 제외시키고 있기 때문이다. 우리의 유교적 전통의 경우, 가정의 장(長)이 비록 남성이기는 하지만, 가정적 삶에 대한 준비나 그 실제의 운영은 여성의 책임이며, 그 영역의 준비나 운영의 영역은 남성의 관심이 아니라고 보고, 남성의 교육에서 이 영역에 대한 관심을 배제시키고 있다. 그리고 루소의 경우, 에밀의 가정적 삶의 영역에 대한 필요의 충족은 에밀 자신이 아닌 소피의 책임이며, 따라서 에밀의 교육은 공적 삶의 영역에 대한 준비에 한정되어 있다는 점에서, 우리의 유교적 전통에서의 교육론과 유사한 방식을 취하고 있다. 이렇게 볼 때, 루소의 경우나 우리의 유교적 전통의 경우 모두 두 영역 간의 갈등의 해소나 조화에 있어서 낙관적인 해결의 가능성을 제시하고 있다고는 보기 어렵다. 이 두 영역 간의 갈등과 대립의 해결 방안이 성에 따른 사회적 역할 분담의 방식을 통해 추구되고 있다는 점이 바로 그 해결 방안이 지니는 한계이며 비관적인 측면이다. 이 점에서 우리의 유교적 전통에서의 남성 교육론이나 루소의 에밀 교육론은, 모두 가정적 삶의 영역을 교육의 관심 대상에서 제외시키고 있는 플라톤의 수호자 교육론과 그 특성에 있어서 유사성을 지니지 않을 수 없게 된다(Martin, 1985: chap. 2 & 3).

또한 두 영역의 갈등에 관련된 논의나 주제는 개인과 사회의 관계를 대립적인 것으로 파악하고, 개인을 사회에 우선시킬 때 개인과 사회의 갈등이 조화롭게 해결될 수 있다고 보는 자연법 사상이나 이에 대한 공리주의의 비판적 논의 속에서도 잘 나타나고 있다.[1)] 이처럼 개인적 삶의 영역과 공공적 삶의 영역 간의 갈등, 혹은 개인과 사회 간의 갈등에 대한 논의는 매우 복잡하여 한 논의에서 다 다루기는 매우 어려운 주제이다. 그러나 인간의 삶의 가장 중요한 두 영역과 관련된 서로 다른 가치나 과제, 그리고 의무 등 사이에 존재하는 갈등이 성(性)과 밀접하게 관련되어 있다는 점에 대한 고려는 이 갈등의 본질을 부분적으로나마 짐작해보는데 도움을 줄 수 있다. 그 가치나 과제, 그리고 원리에 있어서 서로 갈등하는 두 영역의 삶이 현재 우리 사회의 중요한 구성요소이며 또한 성(性)과 관련되어 있다고 할 때, 교육에 대해 우리가 가질 수 있는 기대는 대체로 어떻게 사회 성원으로서의 양성을 이 두 영역의 삶 속에서 잘 살도록 준비시키는가에 관련된 논의일 것이다. 그러나 문제는 바로 특정 영역에 국한된 삶의 준비가 그로부터 소외된 다른 영역의 삶의 준비와 자주 갈등을 일으키게 되며, 이로 인해 두 영역에 대한 준비를 한 개인에게 요구하는 것이 지나치게 과중한 부담이 될 수도 있다는 점이다. 성에 따른 교육 및 사회 영역의 분화의 전통은 바로 이러한 점에 대한 이해와 관련되어 있다.

3) 사회 영역 분화 전통의 심화

두 영역에서 추구되는 가치가 상이한 양상을 띠게 된 것은 근자의 사회 변화와 함께 더욱 가속화되고 심화되고 있는 현상이다. 예컨대, 20세기에 이루어진 사회 변화의 대표적 예로서 농업사회에서 공업사회로의 이전을 들 수 있다. 농업사회는 가정이 생산을 위시하여 사회의 전 영역에서 핵심이 되는 사회이고, 산업사회는 대부분의 생산이 가정 밖으로 이전되어 가정이 생산보다 소비의 중심이 된 사회이다. 이에 따라 두 영역의 특성이나 과제의 상이성이 더욱 두드러지게 되었으며, 이 변화는 교육내용에도 그대로 반영되게 되었다. 근자에 우리나라에

---

1) 자연법 사상에 대한 공리주의의 비판에 관한 자세한 논의는 L.T. Hobhouse, Liberalism. (최재희 譯, 삼성 문화 문고 45, 삼성문화재단, 1987), chap. III. & 이돈희, 「교육 정의론」, (고려원 1992), pp. 81-124 등 참고.

서 '경제교육'에 대한 관심이 커지고 있는 양상도 이러한 변화의 연속선상에서 설명될 수 있다. 즉, 이는 생산의 중심으로서의 개인과 가정에 대한 관심이 사회적 진보의 이름으로 사회적 · 교육적 관심의 영역에서 사라지게 되고 있는 현상을 반영한다.

이처럼, 현대에 와서 더욱 심화된 두 영역 간의 갈등은 한 개인에게 두 영역의 요구를 다 충족시킬 수 있는 준비를 하도록 요구하는 것이 더욱 불가능한 일로 여겨지게 만드는 원인이 되고 있다. 왜냐하면 두 영역은 각기 다른 기본적 성향을 요구하고 있기 때문이다. 그러나 두 영역은 모두 사회의 중요한 기본 요구이다. 따라서 사회는 두 영역의 필요를 충족시켜야 하며, 이를 위해서 사회는 교육이 이에 관심을 가지고 있거나 혹은 가지고 있지 않거나 간에 관계없이 전통적으로 두 가지 유형의 인간을 형성하는 데 관심을 가져왔으며, 이에 있어서 성(性)은 매우 중요한 고려사항이 되어 왔다

전통이나 관습, 생물학적 특성, 그리고 종교적 신념 등은 남성과 여성의 본성의 규정을 통해서, 사회적으로 성에 따른 사회 영역의 필요 충족 책임의 분담, 즉 남성은 직장에 필요한 준비를, 여성은 가정생활에 관련된 덕이나 의무를 담당하는 데 보다 적합하다고 믿게 하는 근거를 제공해 온 대표적 예가 될 수 있다. 남성과 여성의 '본성'이 무엇을 의미하는가에 대해, 그것이 전통이나 관습이 형성되어 온 근거가 된 것으로써 오랜 역사를 통해 지속되어온 관습 속에 잘 드러나 있는 바라고 보거나, 혹은 신체적 · 생물학적 특성에 의해 결정되어 온 것이라고 보거나, 혹은 신화적이거나 성서적인 예화를 통해 드러나고 있다고 보거나 간에 관계없이, 사회적으로 합의를 이루고 있는 바는 남성은 보다 경쟁적인 사회적 삶의 '거칠고, 무정하며, 딱딱한' 현실에, 그리고 여성은 보다 희생적인 가정적 삶의 '섬세하며 부드러운', 즉 '거칠고, 냉정한 현실'에 대한 '따뜻한 안식처'로서의 영역에 더 적합하다고 여겨져 왔다는 점이다. 이 때 가정 생활의 강조점은 무정한 사회 현실에 대처할 수 있는 '마음의 안식처' 혹은 '쉴 곳'을 제공하는 과제에 있고, 여성은 이 '안식처'의 수호에 요구되는 순수성을 지키기 위해 공적 삶의 영역으로부터 분리되거나 보호되어져야 한다고 여겨져 왔다.[2] 그리고 이 때, 여성에게 부과된 가치는 경

2) 변화하는 사회 속에서 사랑과 관용의 은신처로서의 가정의 역할에 대한 필요성의 증대에 관련된 자

쟁적이고, 산업적인 성취의 세계에는 적절하지 않은 가치로 여겨져 왔다. 이러한 성의 특성에 대한 구분과 이에 따른 사회 영역의 분담의 양상은 두 영역에 대한 사회적 필요와 그 필요의 전통적 충족 방식을 잘 보여주고 있다.

이러한 양상은 경쟁적인 공공적 삶의 영역에서도 가정에 관련된 덕이나 가치(사랑이나 희생 등등)가 요구된다고 주장하는 경우나, 혹은 공공적 삶과 가정적 삶이 조화를 이룰 수 있는 가능성이 있다고 보는 경우에도 마찬가지로 나타나고 있다. 이 경우에도, 그 역할의 수행은 공공적 삶의 영역에 진출한 여성이 담당하는 것이 보다 적합하다고 여겨져 왔음은 이를 잘 보여준다. 예컨대, 공공적 삶의 비인간적이고, 혹은 비정한 측면을 완화시키기 위한 의도에서 이루어지고 있는 자선사업이나, 탁아시설, 그리고 공공적 의료 사업에 있어서도 그 역할의 담당은 대개가 여성에 의해 이루어지고 있는 것이 그 예이다. 즉, 병자나 장애인, 노인, 고아, 그리고 맞벌이 부부의 어린이들을 돌보기 위해 설립된 사회의 '공적 기관'에서의 일의 수행은 여성이 관여할 수 있는 '집 밖의 일'의 영역으로 간주되고 있다. 그리고 이러한 관점은 어린이 보호의 책임을 담당하고 있다고 여겨지는 오늘날의 학교교육에서, 교사의 역할이 여성에게 보다 더 적합한 일로 여겨지고 있는 현상을 통해서도 잘 드러나고 있다. 즉, 양로원이나 병원의 간호사, 교사 등의 일은 여성 – 가정적 삶의 영역이 그 본성에 적합한 영역이라고 간주되고 있는 성(性) – 이 집 밖에서 일을 해야 하는 경우에는, 여성에게 '보다 적합한' 장소로 여겨지고 있다.

세한 논의는 Christopher Lasch, Haven in a Heartless World (New Yerk: Baslc Books, Inc., 1977) 참고.

3 교육과 성(性)

1) 성에 따라 분화된 교육

이러한 성에 따른 역할 분담의 사회적 전통에 대한 인식을 바탕으로 이루어진 것이 성에 따라 분화된 교육 내용의 강조 방안이다. 가정일에 관련된 내용으로 구성된 전통적인 여성교육의 프로그램들은 사회에서의 여성의 역할이나 지위에 대한 전통적 관점을 잘 반영하고 있다(한국여성사편찬위원회, 1984). 가정일의 담당을 위한 준비나 훈련은 여성에게 장차 주부가 될 여성 그 자신을 위해서나, 혹은 미래의 가정의 성원의 필요에 봉사하기 위해 이루어졌다.[3] 이러한 양상은 가정 성원의 필요에 봉사하는 책임에서 자유로울 수 있는 특권 계급의 여성을 위한 교육에서도 마찬가지였다. 즉, 특권 계급의 여성을 위한 교육에서도 '여성성'에 대한 전통적 견해가 그대로 반영되어, 그들을 위한 교육에서의 강조점도 노력에 대한 보수가 주어지는 남성의 세계에서 주로 사용되는 '딱딱하고, 어려운' 과학적 지식이나 기술의 추구보다는 '부드럽고, 어렵지 않은', 가정적 삶의 필요에 관련된 심미적 경험이나 도덕적 지식이 강조되었다. 여성의 교육에 대한 이러한 접근은 초기의 여성 엘리트를 위한 대학교육에서 강조된 장식적 교과 속에도 잘 반영되어 있다.

이와 같은 성에 따라 분화된 교육관의 정당성에 대한 비판적 견해가 왜 대두되게 되었는지를 이해하는 것은 어려운 일이 아니다. 이 비판적 견해들은 성에 따라 분화된 교육이 성에 관련된 전통적 권위나 관행을 무비판적으로 수용하고, 생물학적 차이가 교육의 성격 결정에 기준이 된다고 보는 점에 대해 반발하고 있다(Coward, 1983; Daly, 1973; Sayers, 1982). 이에 대한 비판 중에서 가장 심각하게

3) Paul C. Violas는 초기의 여성 교육이 직업 준비를 위한 교육에 있어서조차도 여성의 자연적(신체적) 특성에 관련된 아내와 가정 주부로서의 여성의 역할에 강조점이 있었다고 지적하고 있다. 자세한 논의는 그의 Training of the Urban Working Class (Chicago: Rand McNally College Publishing Company, 1978) 참고.

제기되고 있는 점은 이러한 교육이 성 간의 정치적 불평등을 재생산하게 된다는 점일 것이다.

이 비판에 따르면, 산업사회로 이전되어 가면서, 현실 즉 '실제로 존재하는 세계' 혹은 '참 현실'은 경쟁적인 산업의 세계 – 경제적으로 교환 가치를 지니는 지식이나 기술과 관련된 세계 – 라고 여겨지게 되었다. 이에 따라, 아무리 사용 가치가 높아도, 교환 가치가 없을 때, 즉 돈으로 환산될 수 없을 때, 아무런 가치를 지니지 못한다고 여겨지게 되었으며, 경제적 이권이나 신뢰성, 그리고 사회적 영향력은 점차 이 '현실'과 관련된 경험이나 역할에 의존하게 되었다.

이러한 변화는 이 세계의 가치관과는 다른 영역인 가정의 가치나 덕에 주어지는 사회적 인정의 측면에도 영향을 주게 되었을 뿐만 아니라, 두 영역 간의 정치적 힘에 있어서도 불평등을 낳게 되었다. 왜냐하면 한 개인이 가정의 역할이나 의무에 의해 규정되는 한, 그 개인은 '참 세계'로부터 소외된 존재로 여겨지게 되었고, 따라서, 확실한 '공적 목소리(public voice)'를 소유하지 못한 존재로 여겨지게 되었기 때문이다(Gilligan, 1979: 481-517; Hartman, 1989). 이러한 현상을 보여주는 예는 많다. 예컨대, 교육위원 후보 경우에 있어서, 자녀를 잘 길러낸 실제적 경험을 갖고 있는 '훌륭한 가정주부'가 교육과는 거리가 먼 사업에 있어서 성공적인 사업역량을 보이고 있는 '사업가'나 혹은 실제적 경험이 없는 '전문가'와 경쟁의 상대가 되지 못한다고 여겨지고 있으며, 실제로 교육 위원이 자녀를 잘 길러낸 주부보다는 사업가나 전문가로 구성된 것은 그러한 양상을 잘 보여주는 예가 될 수 있다.

이러한 상황을 고려할 때, 여성이나 가정이 공공적 영역의 가치와 상치되는, 가정적 영역에 관련된 도덕적이고 심미적인 가치를 육성하기를 기대하는 것은 비현실적이고, 불공평하다고 할 수 있다. 비현실적이라는 의미는 가정에 대해서 사회적 인정이나 경제적 보상이 주어지는 공적 영역과는 분리되어 '피난처'나 '안식처'로서의 역할을 하기를 기대한다는 점에서 그러하며, 또한 불공평하다는 의미는 여성에게 경제적으로, 정치적으로 우세한 공적 영역에서 신뢰하고 있지 않은 원칙을 고수하기를 요구한다는 면에서 그렇다.

이러한 견해를 바탕으로, 두 영역의 갈등을 해결하기 위해 제시된 교육적 해결 방안으로 몇 가지 관점들이 제시되어 왔는데, 이들은 모두 그 해결 방안에 있어서 양자택일의 논리를 포함하고 있다는 점에서, 즉 공공적 삶의 영역과 가정적 삶의 영역 중의 어느 한쪽의 원리나 특성으로의 획일화나 전환의 방식을 추구하고 있다는 점에서 공통적이다. 이 방안들에 따르면, 성에 따라 분화된 교육은 극복되어야만 한다. 특히 여성 교육의 내용으로서의 '가정'의 운영에 대한 책임과 의무의 강조는 우리 사회의 중요한 가치 갈등의 문제를 미화시키고 있다. 왜냐하면 성(性)에 따라 구분되고, 위계화된 사회 속에서 사회에 필요한 중요한 일을 하고 있다는 주장을 통해, 여성에게 사랑이나 보살핌, 그리고 관여와 같은 이상적인 가정의 덕을 강조하는 것은 여성의 사회적 지위를 향상시키지 못했고, 또한 점차 시장성의 논리에 의해 구조화되어 가는 사회 속에서 적응하는 데 도움을 주지 못하기 때문이다.

2) 남녀에게 동일한 교육

이러한 관점에서, 성에 따라 분화된 교육의 문제점을 극복하기 위한 대안으로 제시되고 있는 방안이 남녀에게 동일한 교육을 실시하는 방안인데, 이는 그 특성상 다음의 두 가지로 구분될 수 있다. 그 하나는 현재 지배적인 경향으로서의 '남녀에게 동일한 교육'의 방안이다. 즉, 교육은 공적 영역의 준비에 관련된 것이며, 그에 대한 기회에 있어서 남녀는 평등하다는 관점이다. 이 점에서, 이 방안은 두 영역의 갈등 해결에 있어서 양자택일의 논리에 기초하고 있으며, 공적 영역의 준비 과정에 대한 여성의 참여의 보장이 여성의 소외 극복에 기여하게 된다고 믿고 있다.

또 하나의 방안은 두 영역의 일이 모두 교육적 관심의 대상이 되어야 하며, 또한 성에 따른 교육 내용의 분화는 극복되어야 한다는 견해이다. 이 견해에 따르면, 아동발달이나 영양 등에 대한 이론적 연구와 논의, 즉 가정적 삶에 대한 준비가 교육적 관심의 영역 속에 포함되어야 하며, 가정에 대한 책임이 어느 한 성의 것이 아니라고 보고, 남성과 여성이 모두 이 교육의 대상이 되어야 한다고 주장한다. 이러한 맥락 속에서 '가정' 또는 '가사일'에 대한 강조점의 변화가 나타나고 있다. 즉, 가정의 가치도 공적 영역에서 사용되는 것과 동일하게 객관성을 추구하는 과학적 지식에 의해 진보될 수 있으며 또한 그렇게 되어야 한다고 보고, 가정적 삶의 영역에 관련된 지식이나 가치의 과학화 및 전문화를 추구하고 있다. 이 방안에 따르면, 가정적 삶의 영역에 관련된 지식이나 가치에 관련된 교과 내용을 과학적이고 전문적인 내용으로 구성하는 것이 앞에서 언급된 여성의 정치적 불평등 문제를 시정할 수 있는 대안으로 받아들여지고 있다. 남성이 여성과 함께 '가정 과목'을 수강하고, 여성은 남성과 함께 '경제학'을 수강하고, 모든 교육 영역은 남녀 모두에게 열려 있어야 하며, 성은 정치적 권위와 공적 인정에 있어서의 차별에 합리적 근거가 될 수 없다는 것이 그 기본 입장이다. 이 방안은 가정적 영역에 대한 관심을 포함하고 있다는 면에서 위의 첫 번째의 방안과 구별될 수 있으나, 가정적 영역에 관련된 지식이나 가치를 공적 영역에 관련된 지식이나 가치와 동일한 특성을 지니도록 하는 데 그 관심이 있음으로 인해, 결과적으로는 두 영역의 갈등 해결에 있어서 어느 한쪽 특성으로의 획일화의 방식을 취하고 있으며, 이 점에서 교육을 공공적 영역에 대한 준비로 보고 있는 첫 번째의 방안과 동일하게 양자택일의 논리를 취하고 있다고 할 수 있다.

이 점에서, 이 두 가지의 방안들은 그것이 극복하고자 했던 성에 따라 분화된 교육 프로그램과 마찬가지로, 두 영역 간의 가치 갈등의 문제를 해결하는 데 실패하고 있다고 할 수 있다. 왜냐하면 이들은 모두 두 영역 간의 갈등해결에 있어서 어느 한쪽으로의 획일화의 방식을 취하고 있는 바, 이는 생물학적으로 결정된 성(biological category of sex)과 사회 문화적으로 형성된 성(socio-psychological-cultural category of gender)의 관련성이 본질적이라기보다는, 이것을 받아들이는 사회적 조건, 즉 성에 따라 분화된 사회 영역의 구조에 따른 결과임을 이해하고 있지 못하고 있기 때문이다. 생물학적으로 동등한 능력을 가지고 태어난 남녀의 경우에도 성에 따라 다른 역할을 요구하는 사회 문화적인 영향으로 인해서 사고 유형이나 가치 체계 등에 있어서의 차이가 있을 수 있으며, 따라서 이 차이를 고려하지 않는 것은 특히 특정한 성의 사고 유형이나 가치 체계가 사회적으로 성숙의 기준으로 여겨지고 있는 상황에서는 성 간의 불평등한 관계나 갈등을 해결하는 데 실패하게 된다. 또한 사회 문화적으로 형성된 성, 즉 사고 유형이나 가치 체계에 있어서의 성 간의 차이를 지양하고 동일하게 만드는 것은 성에 따라 특성이나 역할에 있어서의 구분이 이루어지고 있는 사회적 구조와, 이의 사회 문화적 필요와의 관련성을 간과하게 된다. 이에 대한 이해의 결여는 기본적으로 가정적 삶의 영역에 관련된 특성과 공공적 삶의 영역에 관련된 특성 간의 갈등 해결에 있어서 양자택일의 논리나 어느 한쪽으로의 획일화의 원인이 되고 있다.

만일 남성과 여성 간에, 혹은 공공적 삶의 영역과 가정적 삶의 영역 간에, 그 지식과 가치의 특성에 있어서 차이가 있다면, 그리고 두 측면은 모두 인간의 개인적·사회적 필요를 반영하고 있는 것이라고 한다면, 두 영역이 각각의 이상을 발전시켜 갈 수 있도록 배려되어야만 할 것이다. 그리고 그 배려에 있어서는 교육이 양자택일의 논리나 어느 한쪽으로의 획일화가 아닌, 각각의 특성에 따라 상이한 배려를 통해 두 영역이 모두 성장을 이루어 갈 수 있도록 해야 할 것이다. 교육에 있어서 타고난 재능은 오직 부분적으로만 문제가 되며, 더욱이 유사한 능력을 소유한 경우에도 그 학습방식에 있어서 차이가 나는 경우, 동일한 학습목표의 달성을 위해서는 학습 방법의 차이에 따른 상이한 교육적 배려가 요구되는 것은 논의의 여지가 없는 일이다. 문제는 과연 사회 문화적 요인이 지식과 가치의 특성에 있어서의 차이를 낳고 있으며, 이 차이가 성(性)과 관련되어 있다고 볼 수 있는 근거가 있는가에 있다고 볼 수 있다.

듀이(1859~1952)

지식이나 사고의 유형에 있어서의 특성의 차이에 대한 지적은 듀이(Dewey)의 교육적 논의의 기본 개념이 되고 있는 경험의 개념에 대한 설명에 있어서도 찾아 볼 수 있다. 듀이는 경험을 이성이나 사고와 대립적인 것으로 보거나, 혹은 사고의 개념이 이론적 경험에만 적용되는 것으로 간주하고 있는 전통적인 이원론적 설명방식을 비판하고, 경험과 이론 혹은 사고의 관련성을 언급하는 과정에서, 사고의 유형에 있어서의 차이에 대한 지적을 하고 있다. 듀이에 따르면, 사고의 유형은 언어적 기호를 통해 관념에서 구체화되는 것과 대상의 특질을 매개로 대상에서 보다 직접적으로 구체화되는 것으로 구분될 수 있으며, 후자의 사고 유형에 대한 이해는 경험과 이론 간의 이원론적 구분을 바탕으로 하는 전통적·철학적·교육적 논의에서는 간과되고 있는 바이다(Dewey, 1934: 45).

마틴도 지식과 사고방식에 있어서의 유형의 차이가 존재함을 지적하고 있는데, 마틴의 경우에는 이 차이가 성에 따라 분화된 사회영역의 구조로 인해, 성(性)과 관련되어 있을 가능성이 높다고 보고 있다. 이 점을 마틴은 다음과 같이 지적하고 있다.

> 여성이 된다는 것이 그 개인의 학습 방법에 영향을 준다고 결정적으로 결론내릴 수 있는 연구는 아직 이루어지지 못했지만, 남성과 여성에 대한 차별적인 사회화 과정에 대한 우리의 지식을 통해서 볼 때, 그렇지 않다고 가정하는 것이 얼마나 무모한지를 알 수 있다(Martin, 1985: 19).

계속해서 마틴은 지식과 사고 유형에 있어서 남성과 여성 간의 차이가 있을 수 있다는 주장을 뒷받침하기 위해 여성 과학자들의 사고방식의 특성에 대한 분석을 시도한다(유현옥, 1991: 23-37; Martin, 1988: 130). 이러한 분석을 기초로 마틴은 지식과 합리성에 있어서의 유형이 '명제적 지식이나 이론적 이해'가 강조되는 유형과 '개인적 지식과 직관'이 강조되는 유형으로 구분될 수 있으며, 전자의 유형은 남성적 사고 유형과 관련되어 있으며, 후자의 유형은 여성적 사고 유형과 관련되어 있다고 지적하고 있다. 마틴에 따르면, 여성적 사고 유형은 객관성을 추구하는 과학의 이론과 가정에서는 파악되지 못하고 있는 사고 유형으로써, 이 여성적 사고 유형의 특성은 남성적 사고 유형과 비교해 볼 때, "다른 유형"으로 분류될 수 있는 독특한 사고 유형으로, 이에 대한 이해와 관심이 과학의 이론과 가정의 발달에 필수적으로 요청된다.[4] 이러한 마틴의 이해는 길리간이 도덕성에 있어서의 여성의 독특한 특성을 찾아내어, 이를 "다른 목소리"로 분류하고, 이에 대한 관심이 도덕성의 발달에 관련된 논의에 포함되어야 한다고 주장하고 있는 것과 유사하다(Gilligan, 1979).

이러한 주장들은 두 영역 간의 가치 갈등의 문제가 교육으로부터 성에 대한 고려를 제외시키는 시도를 통해 해소되기에는 우리의 삶에 너무 깊숙이 자리 잡고

4) 이에 대한 논의는 필자의 박사 학위 논문에서 다룬 바 있음. Hyeon-Ok Yoo, "An Analysis of the Relationship between Schooling and Society : Toward an Education for Growth and Community." Ph.D. Diss., University of Illinois at Urbana-Champaign, 1989.

있음을 보여 주고 있으며, 따라서 이러한 주장들을 통해서 볼 때 교육에 있어서의 사고 유형이나 학습 유형에 있어서의 차이와, 이 차이의 성(性)과의 관련성에 대한 고려의 중요성, 그리고 사회적 삶의 각 영역에 관련된 가치 갈등의 문제 및 그 해결 방안에 있어서의 차이가 존재함과 그것의 성(性)과의 관련성에 대한 인식의 중요성이 강조되어야 할 필요가 있음을 알 수 있다.

이렇게 볼 때, 앞에서 논의된 두 가지의 양성(兩性)에 동일한 교육을 실시하는 방안들 – 즉 성에 따라 분화된 교육의 극복 대안으로 제시되어온 방안들 – 의 문제점을 정리해보면 다음의 두 가지로 요약될 수 있다. 먼저 성에 무관한 혹은 양 성에 동일한 교육을 주장하는 경우, 사회가 성을 사회 조직의 원칙으로 사용하는 한 – 즉 그 성원을 성에 의해 구분하는 한 – 여성에게 있어서 학교 교육을 통해 남성의 경우와 동일한 교육을 획득하는 것이 불가능하다는 점을 간과하고 있다는 점이다(Morgan, 1985: 351-378). 현재의 사회와 같은 상황 속에서는, 교육의 전 영역에서 여성과 남성을 동일하게 다루려는 시도는 특정 성의 사고 방법이 보다 바람직한 것으로 판단되고 있는 사회 문화적 여건이 지속되는 결과를 낳게 된다. 이와 같은 관점에서, 현재 이루어지고 있는 역사적이고 시대적인 성에 대한 장치 – 사회 문화적으로 형성된 성의 특성(socio-psychological-cultural category of gender)에 대한 차별 – 와 이의 생물학적으로 결정된 성(biological category of gender)과의 관련성을 고려할 때, 성에 무관한 교육 프로그램은 바람직한 방안이 아니라고 볼 수 있다(Houston, 1985; 359-369). 왜냐하면 두 세계의 가치는 모두 인간의 사회적 삶의 중요한 구성 요소이므로, 어느 한쪽을 열등한 것으로 보아 교육적 관심에서 제외시키기보다는 각각의 이상을 발전시켜 나갈 수 있도록 하는 교육적 배려가 요구되기 때문이다. 두 세계의 가치가 각각의 이상을 발전시켜가기 위해서는, 두 세계의 가치에 모두 질적으로 동일한 특권이 주어져야 한다. 이렇게 볼 때, 어느 한쪽의 독특한 지식이나 경험이 무시되고, 반면 다른 한쪽의 지식이나 경험이 보다 성숙한 것이며 또한 바람직한 것으로 여겨지고 있는 지금과 같은 방식의 사회 구조에서는, 교육에서 성에 대한 고려를 없앤다는 것은 우리의 가장 중요한 가치의 일부를 위태롭게 하는 것이라고 할 수 있다(Martin, 1985: 196-199).

두 번째의 문제점으로는 동일하게 만들려는 시도의 문제점이 지적될 수 있다.

만일 사회에서 이루어지고 있는 성 역할의 구분이 인간의 두 가지 중요한 관심 영역을 보여주는 것이라고 할 때, 가장 최선의 정책은 양 측면을 동일하게 만드는 것이라기보다는 양 측면이 각각의 가능한 최상의 이상을 발달시키도록 하면서, 양 측면 간의 갈등의 제 측면을 골고루 살펴보는 일일 것이다.

3) 양분된 영역 간의 갈등과 교육

교육은 앞에서 언급된 양 측면의 가능한 최상의 이상을 발달시키는 데 가장 적합한 영역이라고 볼 수 있다. 이렇게 볼 때, 교육은 지금과 같은 방식으로 성 중립적이어서는 안 될 것이다. 사회 속에서 어느 한 측면이 보다 우월한 것으로 여겨지는 상황 속에서는, 중립적이기 위해서는 무관심하거나 동일하게 대우하는 것만으로는 불충분하기 때문이다. 두 영역이 각각의 가능한 최상의 이상을 발달시키면서 두 영역 간의 갈등의 제 측면을 살펴보게 하여 두 영역 간의 조화의 가능성을 모색해보게 하기 위해서는 두 영역 간의 순수한 대화가 이루어질 수 있도록 이제까지 소외되어온 영역에 대한 보다 특별한 배려가 요구된다고 하겠다(Martin, 1985: 1-10). 그 대화가 결실을 맺기 위해서는 대립이나 소외를 통해서가 아니라 양편이 모두 각각의 독특한 기여점을 효율적으로 표현할 수 있는 방식으로 이루어질 수 있어야 하며, 두 영역에 모두 동등한 존중이 부여되어야 하기 때문이다. 이러한 '대화'가 가능하게 되기 위해서는, 그리고 각각의 갈등에 독특한 이해와 가치가 표현되고 또한 발달될 수 있기 위해서는, 무엇보다도 교육적 논의나 관심의 방향을 이끌어주는 교육 철학의 역할이 중요하다. 즉, 교육 철학이 지금과 같은 방식의 성 중립적, 혹은 성에 무관한 입장을 지양하고, 교육의 각 영역으로 하여금 기본적으로 각 성에 관련된 가치를 균형 있게 골고루 반영하도록 배려해야 할 것이 요구된다.

이렇게 볼 때, 가정적 삶에 대한 고려가 배제되거나, 가정적 삶의 영역의 가치나 특성을 다른 편의 이해에 관련된 가치나 특성으로 전환시키려는 노력은 바람직한 해결 방안이 아니라고 할 수 있으며, 이제까지 관심의 대상에서 소외되었던 가정적 삶의 영역에 대한 보다 특별하고도 비판적인 관심이 요구된다. 이때 보다 특별하고도 비판적 관점에서 본다는 것은 상대적으로 발전의 기회가 보다 많이 주어졌던, 그리하여 보다 우월한 것으로 간주되고 있는 다른 편의 가치나 특성에 관련된 사고방식에로의 전환이 아니라 오히려 다른 편의 사고방식이 적절하지 않은 영역이라는 점을 주목하고 이 영역의 가치나 특성이 발전할 수 있는 기회를 제공한다는 것을 의미한다. 두 영역 간의 서로 다른 특성으로 인해, 공공적 삶의 영역에서 적용되는 원칙과 가정적 삶의 영역에 관련된 가치문제 해결에 적용되는 원칙은 서로 다르기 때문이다.

사회의 정치적이고 경제적인 힘이나 특권이 특정 성의 관점과 기본적으로 관련되어 있는 사회 속에서는 학교 교육의 각 영역에서 성에 대한 고려를 제거하려는 시도는 필연적으로 사회에서의 다른 편의 성 및 그 성의 관점이나 가치의 소외문제를 낳게 된다. 교육으로부터 성에 대한 고려를 제거하고 있는 현재의 지배적인 성 중립적 입장은 공적 영역의 요구에 관련된 지식이나 가치가 보다 우월한 것으로 간주되는 상황에서, 공적 영역에 관련된 지식이나 개념이 교육에서의 안내표지판이 되게 하고 있으며, 이에 따라 가정적 삶의 영역에 관련된 지식이나 개념이 사회적으로 간과되는 문제점을 낳고 있다.

그러나 교육으로부터 성에 대한 배려를 제거하려는 시도가 지니는 또 하나의 문제점이 있다. 만일 두 영역의 갈등이 앞에서 언급한 바와 같이 심각하다고 할 때, 사회는 한 영역에만 관심을 두고 있는 교육과 관계없이 두 영역의 필요를 모두 충족시킬 수 있는 장치를 마련할 것이라는 것은 쉽게 짐작할 수 있다. 문제는 교육적으로 지지받지 못한 채, 사회가 특정 성에게 사회에서 그 가치가 제대로 인정되지 못하고 있는 영역에 대해 그 책임을 맡도록 해 왔다는 점이다. 양분된 영역의 갈등은 어려운 선택의 문제를 포함하게 된다. 이 양분된 영역 간의 갈등으로 인한 어려운 선택의 문제를 사회적으로 인식하지 못하는 경우, 사회는 이 갈등에 직면하여 해결하는 과제를 개개인이 그의 개인적 삶의 차원에서 하도록 방치하게 만드는 셈이 되는 것이다. 기본적으로, 이것이 지금까지 우리 사회가 해온 바로 그것이다. 즉, 여성이 이 갈등을 겪으며 개인적으로 그 갈등을 해결하도록 방치 해온 것이다(Gerson, 1985).

가정 밖의 영역에 참여하는 여성은 두 영역의 갈등 해결의 책임을 개인적으로 감당해야 한다는 점에서 '초능력을 소유한 여성(super-woman)'으로 칭해지고 있으며, '여성의 사회 참여'라는 표현 속에는 우리가 이것을 공식적으로 인정하든 안 하든 '여성은 두 영역의 갈등 해결의 책임을 스스로 감당해야 한다'는 의미가 함의되어 있다. 이것은 문자 그대로의 의미에 있어서 '비극적'이라고 할 수 있다. 왜냐하면 사회의 어느 특정 집단이 사회 전체로서는 직접적으로 감당하고 있지 않는 어려운 갈등해결의 고통과 부담을 지고 있는 것으로써, 평등성과 자유의 확보를 통한 인간 존엄성의 추구라는 우리 사회의 이상에 비추어 볼 때 부당한 것이기 때문이다.

이 비극의 한 형태가 성 중립적 입장에서든, 혹은 성을 무시하는 입장에서든, 성을 고려하지 않고 있는 교실 상황에서 잘 나타나게 된다. 사회가 성의 차이에 따라 역할을 구분하고 있는 상황 속에서는, 그리고 특정 성의 특성이 보다 우월한 것으로 간주되고 있는 상황 속에서는, 양 성이 동일한 상황 속에서 동일한 내용의 교육을 받는다고 해도, 한 성의 성원이 다른 성에 비해 보다 불리한 위치에 있게 된다. 이 문제는 교사가 매우 신중하게 양 성에게 동일한 관심을 보이려고 노력하는 경우에도 크게 차이를 보이지 않는다. 예컨대, 교사가 학생에게 '공 다루기' 훈련을 시키는 상황을 보면, '공 다루기'와 같은 간단한 훈련의 상황에 있어서도 성에 따라 역할이 엄격히 구분되고 위계화된 사회 속에서는 그 성의 역할이 일반적으로 공 다루기에 필요한 기술이나 지식의 습득의 기회와는 거리가 먼 특정 성의 구성원들이 그 성의 역할이 공 다루기에 필요한 기술이나 지식의 습득의 기회에 있어서, 보다 유리한 다른 성의 구성원보다 훈련 과정에 있어서나 그 결과에 대한 평가에 있어서, 그리고 그것과 관련된 다른 학습 상황 속에서 상대적으로 불리한 위치에 있게 됨을 볼 수 있다(Stanworth, 1983).

이 비극의 또 하나의 예는 고등학교 수석 졸업생들에 대한 종단적 연구를 통해서도 잘 드러나고 있다(Arnold, 1987). 이 연구에 따르면, 여학생과 남학생 간에는 대학 재학 기간 동안에 계속해서 드러난 동일한 우수성에도 불구하고, 대학 졸업 후의 성취에 있어서 의미 있는 성 차이를 보이고 있다.

또한 남학생의 경우, 그의 지적 · 전문적 가능성에 대한 자기 평가에 있어서 고등학교와 대학에 이르기까지 상당히 일관된 경향성을 보이고 있는 반면, 여학생의 경우 자기 평가가 점차 부정적으로 변해가고 있음을 보여주고 있다. 즉, 여학생의 경우 대학에서의 성적이 계속 우수함에도 불구하고, 그의 지적 가능성에 대한 견해가 점차 부정적으로 나타남을 알 수 있다. 이 자기 평가의 결과는 남학생과 여학생 간의 졸업 후의 성취의 차이에 대한 설명의 근거를 제시해주고 있다.

이들 수석 졸업생들에 대한 인터뷰는 또 다른 설명의 단서를 제공해주고 있다. 비록 남학생과 여학생들이 모두, 가정적 삶의 영역과 공공적 삶의 영역이 모두 인간의 사회적 삶에 필수적이라는 점에서 두 영역을 동등하게 존중하고 있음에도 불구하고, 그리고 남녀의 동등성에 대해서도 모두 합의를 하고 있음에도 불구하고, 그들의 삶의 계획에 있어서는 두 영역 간의 갈등의 해결에 있어서나 양성의 동등성의 실현의 문제에 있어서 낙관적인 해결의 가능성을 보여주고 있지 못하다.

남학생의 경우, 자신의 개인적 성장이나 성취의 추구에 있어서 공공적 삶의 영역에 관심이 집중되어 있다. 물론 가정을 가질 계획도 세우고 있으나, 이때 그들의 삶의 계획에 있어서 아이들을 기르고 집안일을 돌보는 것은 그가 아닌 그의 아내의 책임이라고 생각하고 있으며, 이러한 일들로 인해 그의 성장이나 성취의 추구 계획이 방해받을 수 있다는 가능성을 고려하고 있지 않는 경향을 보이고 있다. 즉, 그의 직업적 성취의 계획에 있어서는 상당히 세부적인 고려를 하고 있는 데 반해, 그의 가정 운영에 대해서는 그의 책임이라고 여기지 않음으로 인해 세부적인 사고를 하고 있지 않았다. 한편 여학생의 경우, 그들의 미래의 가정과 아내로서 혹은 어머니로서의 역할이 그의 성장이나 성취의 추구에 있어서 장애가 될 수 있음을 심각하게 고려하고 있었다.

이러한 종류의 미래 계획을 통해서 볼 때, 남학생들이 그들의 성취의 추구 계획에 있어서, 그리고 성공에 대한 확신에 있어서, 보다 더 긍정적임은 놀라운 결과가 아니다. 또한 여학생의 경우 그의 지적인 우수성에도 불구하고, 그의 성취나 성공에 대해서 남학생에 비해 회의적인 것도 놀라운 결과가 아니다. 이는 여학생들이 아이를 기르거나, 집안일을 돌보기 위해 자신의 성장이나 성취를 포기해야 하는 갈등에 직면하지 않아도 되는 남학생과 경쟁하는 것의 어려움을 잘 파악하고 있기 때문이다.

비슷한 현상이 대학에서의 여학생 집단을 대상으로 한 연구에서도 지적되고 있다(Stake, 1984: 565-578). 남학생의 경우와는 반대로 여학생의 경우, 학년이 높아질수록 자기존중감이나 성취동기에 있어서 부정적인 경향을 보이고 있다. 고등학교 수석 졸업생에 대한 연구에서와 마찬가지로, 이러한 결과는 학교 교육이 공공적 삶의 가치에 편중되어 있으면서 사회는 다른 영역의 가치의 존재도 요구하며 그 가치의 수행 책임을 여성에게 기대하는 상황 속에서는 우리가 충분히 예상할 수 있으며, 또한 예상해야 하는 바이기도 하다.

사회적 필요에 의해 요구되는 한 영역의 가치가 교육에서 간과되게 되는 경우, 사회는 교육이 아닌 다른 방법으로 그 가치에 대한 필요의 충족을 꾀하리라는 것은 쉽게 짐작할 수 있는 일이다. 사회가 교육적 지지 없이 다른 방법으로 사회적 필요의 충족을 꾀하고 있는 예는 여성성의 일부의 측면이 왜곡된 채 우리 사회에서 점점 강조되고 있는 현실에서도 찾아 볼 수 있다. 한 예로, 건강과 미에 대해서 우리 사회가 현재 가지고 있는 이데올로기를 들 수 있다. 우리의 문화적 상황도 과거와 비교해 볼 때 많이 달라져서, 현재는 남성의 경우는 물론 여성의 경우에도 남성과 동일하게 자유로이 근육을 발달시키는 것이 건강과 미와 관련해서 권장되고 있는 추세이다. 그러나 이 현상을 좀 더 주의 깊게 살펴보면, 남성의 경우보다 여성의 경우, 운동할 때 운동 그 자체에 몰두하는 것보다, 운동 기구나 복장 등의 외양에 보다 세심한 주의를 기울이고 있음을 알 수 있으며, 이러한 양상은 미와 관련시켜 볼 때 더욱 뚜렷이 나타난다. 실제로, 이러한 경향을 대변하고 있는 신문이나 잡지, TV 등의 대중매체를 통해 보여지고 있는 '아름다운' 여성상은 현재 사회에서 왜곡된 채 통용되고 있는 '여성성'에 관련된 미, 즉 성적 매력을 잘 드러내주는 외모나 복장에 강하게 초점이 맞추어져 있다.

즉, 여성의 건강과 미의 추구에 대한 자유로운 해방의 약속은 왜곡된 성적 매력, 그리고 유행과 경제력과 관련되어 있으며, 바로 이러한 관련성에 의해 손상되고 있다. 대중 매체의 관심이 남성과 여성 모두의 외모에 주어져 있긴 하지만, 남성성의 경우는 보다 성취에 관련되어 있으며, 여성성의 경우에는 성적으로 매혹적인 대상물로서의 역할이나 가치를 보다 더 반영하고 있다. 물론, 대중매체에서 보여주는 여성성의 모습은 현재 우리 사회에서 강조되고 있는 여성성의 극히 일부라고 할 수도 있다. 그러나 이는 비록 남성성과 여성성에 대한 사회적 인식의 시대적 변화에도 불구하고, 그리고 남성과 여성에게 동일하게 적용되는 자유로운 해방의 약속에도 불구하고, 사회가 교육적 지지 없이 여성성에 관련된 필요를 충족시키는 것이 어떤 문제를 지니게 되는가를 보여주는 예가 될 수 있으며, 이는 또한 여학생과 남학생의 자기평가나 성취동기에 있어서의 차이를 보여주는 앞의 연구와도 일맥상통하는 예가 된다고 할 수 있다.

현재 여성은 가정적 삶의 영역에 대한 책임의 대부분을 감당하고 있으며, 또한, 어느 시기에도 비교될 수 없을 만큼 많은 수의 여성이 가정 밖에서 전문직에 종사하고 있다. 우리의 논의에서 중요한 의미를 지니는 문제점으로 지적될 수 있는 점은, 여성의 사회 참여가 앞에서 언급된 가치 갈등의 해결을 위한 교육적 · 사회적 배려 없이 이루어지고 있다는 점이다. 여성들은 교육이 혹은 사회가 가정적 삶의 영역과 공공적 삶의 영역의 가치가 맞물려 조화를 이루게 하는 방법을 찾아내었기 때문에 공공적 삶의 영역의 가치를 수용하여 이 영역에 참여하도록 격려받고 있는 것이 아니며, 또한 여성은 사회적 인정이나 보상을 받으면서 가정적 삶의 가치 유지의 책임을 계속 감당하고 있는 것도 아니다.

4 양자택일(兩者擇一)의 극복과 대안 탐색

우리의 교육은 갈등하는 두 영역 중에서 특정의 한 영역에만 주로 관심을 가지면서 남성과 여성에게 동일한 교육을 받게 함으로써, 여성은 물론 사회의 요구에도 균형 있게 관심을 보이는 데 실패해 왔다고 할 수 있다. 개인적으로 여성은 교육적 준비나 사회적 지지 없이 공공적 삶의 영역에서 제외된 가치를 유지해야 하는 책임을 감당해야 하는 과제와 함께 사회에 참여함으로써 성장과 성취를 추구하여 '참 현실'에 참여하고자 하는 이중의 부담을 부당하게 지고 있다. 또한 사회는 교육이 가정적 삶에 관련된 독특한 가치를 발달시키는 데 관심을 갖지 못함으로 인해 그 가치를 균형 있게 그리고 효율적으로 발달시키지 못함으로 인한 피해 – 전통적으로 여성성과 관련된 것으로 여겨져 온 일이나 가치가 경시되거나 왜곡되는 피해 – 를 입고 있다.

사회의 두 영역의 지식이나 가치가 모두 우리의 삶에 요구되는 것이라고 한다면, 교육은 두 영역의 이상이 균형 있게 발달할 수 있도록 두 영역에 모두 관심을 가져야 할 것이다. 만일 그렇다고 한다면, 이에 관련된 논의에 참여하는 것은 분명 교육 철학의 중요한 과제의 하나일 것이다. 그리고 한 영역의 가치에 관한 이론이나 실제가 다른 영역에 비해 성장할 수 있는 배려가 주어지지 못했던 점을 고려할 때, 우리는 교육 철학이 성 중립적이거나 혹은 성을 무시한 현재의 교육적 논의의 양자택일적인 경향을 극복하고, 가정적 삶의 영역에 관련된 가치도 공공적 삶의 영역에 관련된 가치와 함께 계속해서 발전해 나가는 데 기여해가기를 기대한다. 그 때에라야 비로소 남성과 여성의 평등성이 확보될 수 있게 될 것이며, 또한 사회적으로도 두 영역 간의 조화와 균형이 가능하게 될 것이다.

그러나 이미 언급된 바와 같이, 이 평등성과 조화의 확보는 교육에 있어서 가정적 삶이나 여성에 관련된 이해의 방식이나 가치 및 과제가 간과되는 한, 가능하지 않다. 왜냐하면 교육적 관심의 부재는 사회의 가치체계에도 그대로 반영될 것이기 때문이다. 만일 두 영역이 모두 인간의 사회적 삶에 필수적인 요소라는 점을 인정한다면, 교육은 마땅히 두 영역에 관심을 가져야 한다. 이렇게 볼 때, 교육에 있어서의 양자택일의 경향은 극복되어야만 한다. 그리고 어느 한 영역이 체계적으로 소외되어 온 사회 상황을 고려할 때, 양자택일이 아닌 두 영역에 대한 동등한 존중의 실현은 이제까지 소외되어 왔던 영역에 대한 상대적으로 보다 많은, 그리고 보다 특별한 배려가 없이는 불가능함을 알 수 있다. 즉, 가정적 삶의 영역에 관련된 지식이나 가치가 발달할 수 있는 적극적인 배려가 상대적으로 보다 많이 요구된다고 할 수 있다. 이러한 배려는 여성의 소외 극복은 물론 사회의 필요를 균형 있게 충족시키는 데 있어서 필수적이며, 이는 남성의 삶과 교육에도 긍정적 영향을 주게 된다. 교육이 사회적 필요가 균형 있게 충족되는 데 관심을 갖는다는 것은 모든 사회 성원, 즉 여성은 물론 남성의 개인적 삶의 영역과 공공적 삶의 영역 간의 조화와 균형에 영향을 미치는 것을 의미하기 때문이다. 사실, 사회적으로 도덕성의 위기가 전 사회적 문제로 부상되고 있는 근자의 우리의 현실을 돌아볼 때, 이는 교육적 논의에서 소외되어 온 가정적 삶의 영역에 관련된 가치에 대한 탐구와, 이것의 공동체적 삶에 지니는 의미를 고려해 볼 수 있는 기회를 제공해 준다고 볼 수 있다. 왜냐하면 사회 성원으로서의 개개인이 사회 공동체의 일원으로서 잘 살도록 준비시키는 것이 교육의 과제라고 할 때, 우리 사회의 도덕성의 위기에 대해서 교육도 일단의 책임이 있다고 할 수 있으며, 이렇게 볼 때, 사회적 삶의 두 영역에 관련된 지식이나 가치, 특성 간의 불균형을 지속시키는 원인이 되고 있는 현재의 성(性) 중립적이거나 성(性) 특성의 차이를 무시하고 있는 교육적 논의의 경향을 반성해 볼 필요가 있기 때문이다. 교육적 논의에 있어서의 성에 대한 관심의 회복은 극단적 개인주의의 문제나, 사회나 학교에서의 성취를 수량화하는 경향이 지니는 문제나, 혹은 그 외 우리사회의 전반에 걸쳐 사회적 문제로 부상되고 있는 여러 비윤리적 문제 등의 사회적 문제들을 극복할 수 있는 하나의 방안이 될 수 있다고 본다.

이렇게 볼 때, 삶의 영역이 성에 관련되어 있는 방식을 드러내 주는 교육연구에 대한 적극적 지원이 요구된다. 이러한 연구는 우리 모두에게 응당 받아야 하는 관심을 제대로 받지 못한 사회의 한 영역을 이해하고 발달시키는 데, 그리고 그 왜곡된 부분을 교정하는 데 도움을 줄 수 있기 때문이다. 다른 분야에서도 이 영역에 대한 관심이 요구되는 것은 두말할 필요가 없는 일이다. 이를 통해, 우리는 모두 이 갈등의 극복에 관련된 대화에 참여해야 하며, 또한 이 대화가 상호 존중과 동등한 인정을 포함하는 방식으로 이루어지도록 주의를 기울여야 한다.

교육철학은 사회의 개인적 혹은 가정적 삶의 영역과 공공적 삶의 영역 간의 가치 갈등의 문제를 다루는 데 핵심적 역할을 할 수 있는 분야이다. 셰플러의 표현을 빌면, 교육 철학은 '교육의 목적이나 과정에 관련된 지식이나 가치, 덕, 진실성, 정당성 등에 대한 전통적 견해를 회의해 봄으로써', 사회의 영역 간의 갈등에 대한 이해를 도모하고, 서로 갈등하는 두 가지의 일련의 가치 간의 불균형을 교정하는 교육적 시도가 시작될 수 있는 좋은 터가 될 수 있기 때문이다. 비록 한 분야의 연구나 노력이 뿌리 깊은 갈등의 문제를 극복하는 데 직접적인 변화를 가져오지는 못한다고 하더라도 아마도, 갈등의 극복을 위해 교육 철학이 해야 하는 가장 중요한 작업 중에는 특정 영역과 관련된 특성이 전적으로 간과되지 않도록 하는 일을 통해 불균형의 교정 가능성을 제시하는 일이 포함되어야 할 것이라고 생각된다.

이렇게 볼 때, 사회가 성을 사회 조직의 원천으로 사용하고 있는 상황 속에서는, 성 중립적이거나 성을 무시하는 교육적 논의나 노력은 매우 협소함을 알 수 있다. 이의 극복을 위해서는 두 영역 사이에서의 양자택일이나 혹은 어느 한편으로의 전환이나 획일화의 방안이 아니라, 사회의 두 영역에 균형 있게 동일한 비중을 두는 교육 이론의 정립 노력이 요구된다. 이에 있어서, 성의 문제가 교육철학의 중요한 관심의 대상에 포함되어야 함을 알 수 있다.

● 요약

우리의 교육은 전통적으로 사회적 삶을 구성하는 서로 갈등하는 두 영역 – 가정적 삶의 영역과 공공적 삶의 영역 – 중에서 하나의 영역에만 관심을 가져오는 가운데, 남성과 여성에게 동일한 교육을 받게 함으로써 여성은 물론, 사회의 요구에도 균형 있게 관심을 보이는 데 실패하고 있다고 할 수 있다. 여성은 교육적 준비나 사회적 지지 없이, 개인적으로 공공적 삶의 영역에서 제외된 가치를 유지해야 하는 책임을 감당해야 하는 과제와 사회에 참여함으로 성장과 성취를 추구하여 "참 현실"에 참여하고자 하는 이중의 부담을 부당하게 지고 있다. 또한 사회는 교육이 가정적 삶에 관련된 독특한 가치를 발달시키는 데 관심을 갖지 못함으로 인해 그 가치를 균형 있게 그리고 효율적으로 발달시키지 못함으로 인한 피해 – 전통적으로 여성성과 관련된 것으로 여겨져 온 일이나 가치가 경시되거나 왜곡되는 피해 – 를 입고 있다.

사회의 두 영역의 지식이나 가치가 모두 우리의 삶에 중요하게 요구되는 것이라고 한다면, 교육은 두 영역의 이상이 균형 있게 발달할 수 있도록 두 영역에 모두 관심을 가져야 할 것이다. 만일 그렇다고 한다면, 이에 관련된 논의에 참여하는 것은 분명 교육 철학의 중요한 과제의 하나일 것이다. 교육철학은 사회의 개인적 혹은 가정적 삶의 영역과 공공적 삶의 영역 간의 가치 갈등의 문제를 다루는 데 핵심적 역할을 할 수 있는 분야이다. 비록 한 분야의 연구나 노력이 두 영역 간에 존재하는 뿌리 깊은 갈등의 문제들을 극복하는 데 직접적인 변화를 가져오지는 못한다고 하더라도, 아마도 갈등의 극복을 위해 교육 철학이 해야 하는 가장 중요한 작업 중에는 한 영역과 관련된 특성이 전적으로 간과되지 않도록 하는 일을 통해 불균형의 교정 가능성을 제시하는 일이 포함되어야 할 것이라고 생각된다.

이렇게 볼 때, 사회가 성을 사회 조직의 원천으로 사용하고 있는 현재의 사회적 상황 속에서는, 성 중립적이거나 성을 무시하는 교육적 논의나 노력은 매우 편협한 것이라고 할 수 있다. 이의 극복을 위해서는 사회의 두 영역에 균형 있게 동일한 비중을 두는 교육 이론의 정립 노력이 요구된다. 이에 있어 성의 문제가 교육철학의 중요한 관심의 대상에 포함되어야 함을 알 수 있다.

● 토론문제

1. 현재 우리의 교육에서 여성이 남성과 동등한 교육기회를 갖고 있다는 것은 교육이 성 차별적이 아니라고 보기에 충분한 근거가 될 수 있는가? 그렇지 않다면, 그 이유는 무엇인지에 대해 논의해보자.
2. 가정적 삶의 영역의 도움 없이는 개개인이 공동체의 일원으로 성장하는 것이 거의 불가능하다는 점에서 사회에서 가정적 삶이 지니는 중요성은 아무리 강조해도 지나치지 않다고 할 수 있다. 그럼에도 불구하고, 가정적 삶의 영역이 교육적 관심의 대상이 되어오지 못한 이유는 무엇인지에 대해 논의해보자.
3. 남성성과 여성성에 대한 사회적 인식의 시대적 변화에도 불구하고, 그리고 남성과 여성에게 동일하게 적용되는 자유로운 해방의 약속에도 불구하고, 사회가 교육적 지지 없이 여성성에 관련된 사회적 필요를 충족시키게 될 때 야기되는 문제점들은 무엇인지에 대해 논의해보자.
4. 교육철학은 교육에서의 성 차별 극복을 위해 어떤 역할을 할 수 있는지에 대해 논의해보자.

참고문헌

유현옥(1991). 「교수-학습 활동의 도덕적 측면에 대한 분석: 지식의 획득과 탐구의 행위가 갖는 도덕적 측면을 중심으로」, 교육학연구, 29(2), 23-37.

_____(1992). 「교육철학의 성 중립성(性 中立性)과 교육에서의 여성소외」, 교육학 연구 30(1), 129-150.

이돈희(1992). 『교육정의론』. 고려원.

조우현 역(2013). 플라톤 Republic. 올재셀렉션즈 2. 올재클래식스.

Arnold, K.(1987). "Gender Differences in Career Aspirations of Academically Talented Students", Ph. D., Diss., University of Illinois at Urbana-Champaign.

Clark, L. M. G. & Lange, L. eds.(1979). *The Sexism of Social and Political Theory.* University of Toronto Press.

Coward, R.(1983). *Patrichal Precedents.* London: Routledge & Kegan Paul.

Daly. M.(1982). *Beyond God the Father.* Boston: Beacon Press.

Gerson, K.(1985). *Hard Choices: How Women Decide about work, Career, and Motherhood.* Berkeley: University of California Press.

Gilligan, C.(1979). "In a Different Voice: Women's Conceptions of Self and Morality", *Harvard Educational Review,* 47(4), 481-517.

Houston, B.(1985). "Gender Freedom and the Subtleties of Sexist Education", *Educational Theory,* 35(4), 359-369.

Lasch, C.(1977). *Haven in a Heartless World.* New York: Basic Books, Inc.

Martin, J.(2002). 『교육적 인간상과 여성』. 유현옥 역. 서울: 학지사.

Morgan, K. P.(1985). "Freeing the Children: Abolition of Gender", *Educational Theory,* 35(4), 351-378.

Scheffler, I.(1980). "Philosophy of Education: Some Recent Contributions", *Harvard Educational Review,* 50. 402-406.

Violas, P. C.(1978). *Training of the Urban Working Class. Chicago*: Rand McNally College Publishing Company.

Yoo, Hyeon-Ok(1989). "An Analysis of the Relationship between Schooling and Society: Toward an Education for Growth and Community", Ph. D. Diss., University of Illinois at Urbana-Champaign.

3장 페미니스트 페다고지(Feminist Pedagogy)의 이론적 접근

송현주*

* 미국 University of Southern California, Ph. D(교육학)
미국 University of Southern California, Graduate Certificate(Gender Studies)
현재 한국양성평등교육진흥원 교수

1 페미니스트 페다고지란 무엇인가

한국은 60년대 이후 '한강의 기적'이라 불리는 경제발전과 산업화를 이루어 왔다. 이러한 경제적 변화가 가져온 가장 괄목할 만한 현상은 교육의 확대였으며, 예로부터 교육의 기회가 주어지지 않았거나 제한되었던 여성들이 이러한 교육기회 확대의 크나큰 수혜자였다. 이러한 교육기회의 확대로 여성의 사회활동 참여가 증가하고 이에 따라 사회적 지위도 향상되었으나, 아직도 사회의 많은 분야에서 여성이 존재와 목소리가 미미한 것 또한 사실이다. 이것은 한국사회가 여성에 대한 성차별 의식과 사고가 크게 변하지 않은 채 21세기를 맞이한 것을 뜻한다.

교육 분야도 그 예외는 아니다. 지금까지 여성에게 주어진 교육기회의 확대, 즉 교육의 양적 확대가 성 평등을 위한 교육이라 간주되어 왔고, 이러한 형식적인 교육의 양적 확대에만 중점을 둠으로써 실질적으로 성평등한 교육이 여성에게 주어졌는가에 대한 관심은 두지 못했다(조경원, 1999). 조경원은 여성들에게 형식적인 동등한 교육기회를 부여함으로써 아직도 교육과정에 내재하고 있는, 여성에 대한 차별을 정당화하는 '성차별적인 이데올로기'를 여성들이 간과하도록 한다고 설명한다. 이는 국가가 여성들에게 이전보다 많은 학교교육의 기회를 제공함으로써 여성들로 하여금 성평등한 교육을 받고 있음을 인식시키고, 이와 동시에 가부장적 이데올로기를 교육과정에 부여함으로써 학교교육에서 성차별적인 실체를 파악하지 못하도록 유도하고 있다는 것이다.

페미니스트 페다고지는 이러한 성차별적인 학교교육 과정에 내재하고 있는 성불평등을 인지하고 '성평등한 교육'이 이루어지는 것을 목적으로 한다. 또한 페미니스트 페다고지는 전통적 교육과정에서 배제되어 왔던 여성의 경험과 사고를 교육과정에 포함시키고, 이러한 여성의 경험과 사고와 관련 있는 지식들을 합법적인 실체로 간주함으로써 학교교육에서 여성의 존재와 목소리를 주체적인 위치로 자리매김하는 것을 목적으로 한다. 성차별적인 학교교육에서 지금까지 여성의 경험과 지식은 여성 자신이 아닌 사회의 지배적 이데올로기에 의해 정의되어 왔다. 페미니스트 페다고지는 이러한 여성들에게 그들의 경험들과 이와 연결되는 지식들을 여성들에 의해 정의내리고, 그들 자신의 발전 가능성을 발견하고, 이에 대한 다양한 선택을 행할 수 있는 '임파워먼트(empowerment)'에 초점을 둔다.

다음은 전통적 · 비판적 교육이론에 대해 논의함으로써, 이들 교육이론의 어떠한 점들이 성 불평등에 관심을 갖는 페미니스트 교육자들에게 비판을 받고 있는지 살펴보기로 한다.

1) 전통적 · 비판적 교육이론의 문제점

전통적 교육이론에서는 학교교육이 사회에서 수행하는 역할을 '순기능'으로 보았다. 직업이 전문화되고 분화하는 산업사회에서 학교교육은 사회에서 필요한 인재를 교육시키고 사회화(socialization)시켜서, 능력과 자질에 따라 적합한 지위와 알맞은 역할에 선발하고 분배하는 것이 바로 학교교육이 그 사회의 지속을 위해 필요한 기능이라고 설명한다. 이러한 학교교육의 순기능을 주장하는 학자들은 기능주의자(functionalist)들로, 그들은 사회를 하나의 역동적 실체로 간주한다. 그리고 그들은 이 실체 안에서 상호 관련된 여러 사회조직들이 제각기 고유한 임무를 수행하고 사회지속에 필요한 조건들을 서로 통합하여 그 사회를 만들어 나간다고 주장한다. 학교교육은 이러한 사회조직의 하나로서, 산업사회에서 교육적 역할을 기능적으로 수행하기 위해 고안된 제도이며, 사회적 제도인 학교는 다시 효과적으로 사람들을 교육시킴으로써 그 사회의 지속을 위한 기능적 필요조건을 충족시킨다.

비판적 교육이론은 이러한 전통적 · 보수적 시각을 고수하고 있는 기능주의의 교육에 대한 관점을 부정한다. 대신, 교육은 사회의 지배계급의 이익을 유지 · 존속시키는 역할을 한다고 주장한다. 비판적 교육이론은 하부구조인 물질적 경제가 상부구조인 정치, 이념, 문화, 교육의 형성에 영향을 미친다는 마르크스 이론으로부터 출발한다. 그리고 자본주의 체제에서 상부구조인 교육의 역할을 사회구조(노동시장)와 연계시켜 체계적으로 비판한 학자들이 보울즈와 진티스(Samuel Bowles & Herbert Gintis)이다. 이들은 교육을 통한 지식획득과 능력개발이 각 개인에게 사회에서 그들의 능력을 발휘할 수 있는 기회를 제공한다는 기능주의자들의 순진한 생각을 비판한다. 교육이란 실상은 명시적 교육과정과 더불어 '숨겨진 교육과정(hidden curriculum)'을 통해 각 개인을 위계적인 자본주의 경제체제에 알맞은 노동력을 공급하기 위한 것이지, 교육을 통해 사회평등을 실현한다거나 하는 것은 허구에 불과한 것이라고 주장한다. 학교교육은 부르주아 계급의 자녀들은 부르주아 계급으로, 노동자 계급의 자녀들은 다시 노동자 계급으로의 재편입을 위해 각각에 적합한 인지적 기능과 태도 그리고 기술획득과 훈련을 제공하고, 이로 인해 계급의 재생산이 이루어지는 장소라고 주장한다. 즉, 권력을 가지고 있는 지배계급이 그들의 권력유지를 위해 학생들에게 각 계급에 알맞은 교육과정을 제공하고 훈련시킨다는 것이다.

계급 불평등의 재생산은 '학교교육과정'을 통해서만 이루어지는 것이 아니다. 부르디외(Pierre Bourdieu)는 지배계급의 '문화'가, 번스타인(Basil Bernstein)은 '언어의 쓰임새'가 학교에서 표준으로 인정받고 사용됨으로써 계급의 불평등이 재생산된다고 주장한다. 즉, 지배계급의 문화나 언어의 쓰임새에 익숙하지 않은 다른 계층의 자녀들은 그것에 이미 익숙한 상태에서 학교교육을 받는 지배계급의 자녀보다 학업성취도가 낮아질 수밖에 없다. 이러한 낮은 학업성취는 곧 낮은 임금직종으로 연결되어 계급 불평등이 재생산된다는 것이다.

그러나 그람시(Antonio Gramsci)나 프레이리(Paulo Freire)와 같은 학자들은 교육이 이렇게 수동적이고 재생산의 기능만을 지닌 것이 아니라, 이러한 지배계급에 저항하는 '대항 이데올로기'를 생산할 수 있는 장소가 될 수 있다고 설명한다. 이들은 재생산 이론가들이 인간을 교육체제 안에서 너무나 수동적이고 피동적 실체로만 간주한 것을 비판한다. 대신 이들은 인간의 주체성(agency)에 주목했는데 이것은 선생과 학생이 지배계급의 이데올로기 및 체제에 저항하고 도전하여 기존 사회의 변혁을 꾀할 수 있는 능력을 말한다.

이와 같이, 비판적 교육이론은 교육을 통해 계급의 불평등이 재생산되고 있음을 인지하고 비판했으며, 또 다른 한편으로는 교육이 사회변혁을 주도할 수 있는 장소가 될 수 있음을 제시했다. 그러나 이들은 사회의 불평등이 계급에서만 파생되는 것이 아니라 성이라는 범주에서도 기인하며 이러한 불평등 또한 교육을 통해 재생산될 수 있음을 간과했다. 그럼에도 불구하고 성불평등에 관심을 가지는 학자들이 비판적 교육이론에 주목했는데 그 이유는 첫째, 비판적 교육이론이 현 교육이 기존의 지배구조로부터 자유로운 중립적이거나 독립적인 관계에 있는 것이 아니라 대부분의 경우 지배체제를 유지시키고 지배계급의 이해를 대변해주고 있다는 것을 비판한 점, 그러나 둘째, 교육은 사회변혁을 위한 원동력으로서 노동자 계급 또는 억압받는 자들이 교육을 통해 기존의 지배구조에 도전하고 이를 변화시킬 수 있다는 것을 인지한 점, 그리고 셋째, 그러한 교육을 실행하기 위해서는 선생과 학생 사이의 수평적 관계수립, 비판의식의 향상, 대화의 중요성, 생각과 행위의 결합인 프랙시스(praxis)의 필요성 등을 강조하는 점(신미식, 1995, p. 192) 등이 교육의 성불평등을 논의하는 페미니스트 페다고지에 많은 영향을 미쳤다.

2) 페미니스트 페다고지의 필요성

페미니스트 페다고지는 교육 내에서 지금까지 드러나지 않았던 성불평등

(gender inequality)과 성별문제(gender issues)에 대해 논의하고, 성평등 교육을 실천하는 것을 말한다. 전체 인구의 반을 차지하고 있는 여성은 수적으로 가장 큰 소수집단으로서, 교육체제 안에서 다른 소수집단과 마찬가지로 지금까지 여러 가지 불이익을 받아 왔다. 성불평등은 계급불평등과 함께 사회의 커다란 부분을 차지해 왔음에도 불구하고, 그것이 드러나지 않았던 것은 그만큼 성불평등에 대한 인식이 사람들 의식 속에 구체화되지 않았음을 의미한다. 다음 제3절에서 자세히 설명하겠지만, 성 불평등한 교육에 대한 접근방식이나 문제해결을 위한 대안 모색과 제시는 각 페미니즘이 교육을 어떻게 바라보느냐에 따라 다양한 관점을 보이고 있다. 그러나 어떠한 페미니스트 페다고지라 하더라도 그들의 공통된 논지는 성불평등과 사회문화적 성(gender)이 교육 영역 내에서 중요하게 다루어져야 할 문제라는 것과 페미니스트 페다고지 근본적인 주체는 (지금까지 차별을 경험해 온) '여성'이라는 것이다(Tisdell, 1998). 티스델(1995)은 모든 페미니스트 페다고지 이론들이 공유하는 세 가지 관점을 제시한다. 첫째, 페미니스트 페다고지는 여성들에게 그들의 삶을 효과적이고 긍정적으로 변화하게 할 수 있는 능력을 키울 수 있도록 도와준다는 점, 둘째, 학습의 조력자인 가르치는 교사와 배우는 학생 그리고 그들 사이에 놓여 있는 지식이 서로 개별적으로 존재하는 것이 아니라 연관지어지고 관계 맺어지는 것을 중요하게 여긴다는 점, 셋째, 이러한 과정을 통해 여성 자신의 힘 기르기를 그 목적으로 한다는 점이다.

페미니스트 페다고지에 대한 이 세 가지 관점을 필자의 해석으로 다시 설명하자면 첫째, 페미니스트 페다고지는 이러한 능력 배양의 토양이 되는 교사와 학생의 간의 '지지(support)'를 필요로 한다. 이러한 지지는 어느 한쪽에서 다른 한쪽으로(대부분 교사에서 학생 쪽으로) 흐르는 일방적인 것이 아니라, 서로가 서로의 힘이 되어질 수 있는 '쌍방적인' 것을 말한다. 둘째, 페미니스트 페다고지에서는 지금까지 보편적인 지식 범주에서 소외되어 왔던 (여)학생들, 그들만의 경험과 인식이 학교에서 타당하게 토의될 수 있고, 이러한 것들도 합법적인 지식으로 간주될 수 있음을 깨닫게 한다. 이는 (여)학생이 그들의 살아 있는 경험과 그들 자신의 인식이 인간 지식의 창조와 '관계성(connectedness)'이 있음을 깨닫는 것이다. 또한 페미니스트 페다고지는 교사와 학생 사이의 '관계성'에 관심을 기울인다. 가르치는 자와 배우는 자가 별개의 개체라기보다는, 교육이라는 한 울타리 안에 거주하며 서로 물을 주고 가꾸어 건강한 열매를 맺기를 노력한다. 또한 이러한 관계 안에서는 지배를 의미하는 상위세력(power-over)이 아닌 능력과 가능성을 탐구할 수 있는, 일종의 자유를 함축한 대응세력(power-to)이 존재한다. 셋째, 결국 페미니스트 페다고지의 이러한 모든 요소들 – 배우는 자와 가르치는 자 사이의 '지지'와 '관계성'의 확립 – 은 서로에게 힘을 실어줌으로써 '양자 간의 임파워먼트(mutual empowerment)'를 위한 것들이다.

이렇게 페미니스트 페다고지의 근본적인 목적은 여성의 힘 갖추기(empowerment)에 있으며, 이 임파워먼트는 여성이 겪고 있는 모든 형태의 억압으로부터 해방될 수 있는 중요한 원천을 제공한다(Tisdell, 1995). 페미니스트 페다고지는 더 나아가서 여성 각 개인의 힘 갖추기뿐만 아니라, 전통적인 학습경험(separateness/power-over)이 아닌 새로운(connectedness/power-to) 학습경험을 통하여 지금까지 여성들에게 타자의 세계로만 여겨졌던 "현실(reality)"을 여성들도 공감하고 공유할 수 있는 세계로 다시 건설하는 데 있다. 다시 말하자면, 여성의 임파워먼트와 이러한 임파워먼트를 통한 사회의 전환 – 가부장적 사회에서 성 평등한 사회로의 전환 – 이 페미니스트 페다고지의 핵심이다(Weiler, 1988; hooks, 1995). 그러므로 페미니스트 페다고지는 교육 내에서 성불평등으로 인한 여성의 억압과 종속을 드러내고 성평등 교육을 실천할 수 있는 토대인 것이다.

3) 교육에서의 성별문제에 관한 연구들

이렇게 가부장적 사회에서 성 평등한 사회로의 전환이 목적인 페미니스트 페다고지에 관한 연구는 다음과 같이 네 가지 영역으로 구분할 수 있다. 첫째, 정규 또는 잠재 교육과정의 성 불평등한 이데올로기가 여학생 학습에 미치는 영향에 관한 연구이다. 여기에는 교과서 내용 및 삽화분석, 또는 학교 내 직원 구성(예: 교육 행정가의 대부분은 남성, 교사는 여성)에 관한 연구들이 포함된다. 둘째, 성별에 따른 교사의 차별적 태도와 여학생 학습성취 및 성 역할사회화에 관한 연구 분야가 있다. 또한 성 불평등한 교육을 변화시킬 수 있는 주창자로서의 교사에 관한 연구도 진행되고 있다. 셋째, 성 불평등한 교육을 비판함과 동시에 대안적 학

습유형과 지식을 재구성하는 여성 학습자에 관한 연구와 마지막으로, 교육과정 내의 지식은 불변한 것이 아니라 학습자와 교사 간의 상호작용에 의해 언제나 새로이 구성될 수 있고, 이러한 과정에서 여성의 경험과 사고를 바탕으로 하는 지식들도 교육과정 내에 합법적인 실체로 통합되어야 한다는 연구이다.

페미니스트 페다고지는 분명 여성이 주체가 되는 – 여성에 의한, 여성을 위한, 여성의 학습 – 교육과 연구가 되어야 함은 말할 필요가 없다. 이는 지금까지 교육 분야에서 소외되어 왔던 여성의 존재를 드러내기 위한 최선의 방법이기 때문이다. 그러나 마지막 절에서 다시 언급하겠지만, 진정한 성평등 교육을 실현하기 위해서는 이렇게 페미니스트 페다고지가 함의하고 있는 개념의 한계성을 극복해야 한다. 다시 말해, 페미니스트 페다고지는 궁극적으로 여성 교육자나 여성 학습자뿐만 아니라 억압 받는 모든 소수집단의 교육자와 학습자, 그리고 남성 교육자와 남성 학습자도 포함하여 지금까지 전통적 교육에서 여성과 소수집단을 소외시킴으로써 저질렀던 실수를 반복하지 않아야, 페미니스트 페다고지가 추구하는 전통적 교육의 대안 패러다임으로서의 진정한 사회변혁을 이룰 수가 있는 것이다.

다음은 페미니스트 페다고지 이론의 출발점이 되는 다양한 페미니즘들에 대해 살펴보고, 이렇게 다양한 페미니즘의 시각에서 바라보는 교육의 성 불평등한 문제와 교육에서의 성별문제는 어떻게 설명되는지 구체적으로 살펴보겠다.

2 페미니즘에 관한 여러 가지 관점

페미니즘(feminism)이란 라틴말로 여자를 뜻하는 'femin(a)'과 'ism'이 결합된 용어로 남성이 지금까지 누려왔던 사회적, 경제적, 정치적 권리를 여성들도 평등하게 누리기 위한 사회적 운동이다. 역사적으로 보면, 이러한 페미니즘 운동은 산발적이며 간헐적으로 가부장적 사회에서 여성에 대한 불평등한 처사를 지적하며 전개되어 왔으나, 19세기에 이러한 페미니즘 운동이 공적으로 가시화되기 전까지는 그 존재가 체계적으로 드러나지 않았다. 19세기말에 이르러서야 영국과 미국을 중심으로 여성의 참정권 획득을 위한 운동이 활발히 일어났고, 이것이 페미니즘 운동의 기폭제가 되었다.

페미니즘 운동은 그들이 문제 삼는 주제에 따라 다양하게 분류될 수 있으나, 우선 크게는 '제1물결 페미니즘'과 '제2물결 페미니즘' 두 가지 갈래로 나뉘어질 수 있다. 첫째, 제1물결 페미니즘(The first wave feminism)은 18세기말부터 1950년까지의 페미니즘 운동을 말한다. 제1물결 페미니즘은, 여성은 근본적으로 남성과 같으나 여성에 대한 차별이 사회 전반에 존재하는 이유는 사회관습 또는 법제도 등이 성 불평등한 성격을 띠고 있기 때문이라고 주장한다. 그러므로 여성에 대한 차별을 제거하는 방법은 이렇게 성 불평등한 사회관습과 법 제도를 성 평등한 것으로 수정함으로써 이루어질 수 있다고 주장한다. 이러한 제1물결 페미니즘에는 초기의 자유주의 페미니즘의 참정권 운동이 이에 속한다.

한편, 1960년대부터 시작된 제2물결 페미니즘(The second wave feminism)은 여성은 남성과 근본적으로 다르다고 주장한다. 그 '다름'으로 인한 여성의 '다른 경험'이 남성중심사회에서 차별화 또는 차등화되고, 이로 인해 여성에 대한 차별과 남성에 의한 여성의 억압이 야기된다고 주장한다. 이들은 여성이 여성으로서 경험하는 여러 분야(예: 출산, 육아)를 연구함으로써 이렇게 다르게 출발하는 여성의 경험을 가부장적 사회에서 어떻게 남성의 경험과 평등하게 해석할 것인가에 주목한다. 이들은 또한 여성들 사이에서의 '다름'에도 주목한다. 즉, 여성들은 그들이 처해 있는 정치적, 경제적, 사회적 상황이 다르기 때문에 여성의 경험을 하나의 범주로 묶는 것은 여성 개개인의 특수성을 고려하지 않은 것이며, 이러한 특수성에서 파생되는 서로 다른 종류의 여성 억압이 간과될 수 있다는 것이다. 이 범주에는 급진적 페미니즘, 정신분석학적 페미니즘, 그리고 포스트모던 페미니즘이 여기에 속한다. 다음은 여러 페미니즘에 대해 좀 더 자세히 설명하고자 한다.

1) 자유주의 페미니즘

자유주의 페미니즘은 시민권리운동(civil rights movement, 예: 프랑스 혁명, 미국의 독립 혁명 등)이 활발히 전개되었던 국가들 – 미국, 영국, 프랑스, 뉴질랜드 등 – 을 중심으로 18세기부터 그 싹을 키워왔다. 이러한 시민권리운동을 통해서 '평등'이라는 사상이 주요 이념으로 대두되었으나, 이것은 만인을 위한 평등이 아니었다. 이전에 시민 계급이었던 남성들만이 새로운 평등사상의 수혜자였고 시민권리운동에 똑같이 동참했던 여성들은 제외되었다. 이러한 성불평등을 인지한 여성들은 남성과 같은 권리 획득을 주장하였다. 이들은 남성과 같이 투표할 수 있는 참정권을, 남성과 같이 교육받을 수 있는 교육권을, 남성과 같이 일할 수 있는 취직권을, 그리고 남성과 같이 재산을 소유할 수 있는 재산소유권을 주장하였다.

이는 남성에 의한 여성의 종속은 여성이 공적세계로의 진출을 제어하는 성 중립적이 아닌, 여성을 차별하는 사회적 관습이나 법제도 능 때문이라는 것이며, 이러한 주장은 1960년대 이후 근간의 자유주의 페미니즘의 논쟁의 핵심이기도 하다. 그러므로 성별 공정성(gender justice)을 달성하기 위해서는 여성을 공적세계에서 배제하는 모든 제도 및 관습 등을 개혁하고, 이러한 개혁을 통해 여성에게도 지금까지 남성이 누려왔던 여러 가지 기회를 균등하게 부여해야 한다고 주장한다. 자유주의 페미니즘은 또한 이러한 제도 및 법 개혁과 더불어, 생물학적 특성에 의해 주어지는 남녀의 성역할 수행을 배격하고 동등한 남녀관계를 정립하기 위해서는 이러한 성 역할의 재사회화를 강조한다.

그러나 자유주의 페미니즘은 사회의 성 불평등한 상황이 생산되어지는 '원인'을 문제삼기보다는 표출된 '결과'에만 주목함으로써, 평등하게 생산되는 결과를 평등하게 주어지는 기회로 착각한다는 비난을 받는다. 또한 자유주의 페미니즘은 서구의 백인・중산층 중심의 자유주의 사상과 개인주의 사상을 바탕으로 전개되어 왔고, 계급과 인종이 다른 여성의 억압과 종속에 관한 논의는 활발하게 다루고 있지는 않다는 점에서 이들이 모든 여성의 억압과 종속을 설명하는 데에는 한계를 드러낸다.

그럼에도 불구하고, 자유주의 페미니즘의 사회의 점진적 개혁을 통해 성 평등한 사회를 이루자는 논의는 미국의 소수집단을 위한 '적극적 조치(affirmative action)', 한국 직장 내의 '여성 고용 할당제' 또는 '가족법 개정을 위한 운동' 등으로 실현됐고, 이러한 것들은 쉽게 간과할 수 없는, 성 평등한 사회를 이루기 위한 업적들이다.

2) 마르크스 · 사회주의 페미니즘

이 두 페미니즘은 엄밀히 말해 같은 뿌리를 두고 있는 다른 가지들이라 할 수 있다. 그러므로 이 두 종류의 페미니즘을 이 글에서는 동일한 패러다임으로 설명하고자 한다. 우선, 마르크스 페미니즘은 부르주아식 사고에 기초한 자유주의 페미니즘과는 달리 프롤레타리안 계급의 여성을 중심으로 일어났다. 하류계급에 속해 있던 그들은 생계를 위해 언제나 일해 왔으므로 자유주의 페미니즘이 주장하는 여성의 취직권에 대한 관심은 없었다. 그리고 그들은 하루하루를 연명하는 것이 가장 중요한 사안이었으므로 그들이 교육을 받을 수 있는 권리라던가, 투표를 할 수 있는 참정권 등에는 관심을 가질 수가 없었다. 게다가 그들은 소유할 재산도 없었으므로 중상계급의 자유주의 페미니즘이 주창하는 여성의 재산소유권을 옹호하는 데에도 거리가 멀었다.

그러므로 마르크스 페미니즘은 여성의 억압과 종속은 계급 불평등에서 기인한다고 주장하였고, 이러한 계급 불평등을 양산하는 '자본주의 체제'가 여성의 사회적, 경제적 불평등의 원인이라고 설명한다. 마르크스 페미니즘은 또한 여성의 억압은 자본주의 사회에서 이윤증대를 위한 생산수단(the mode of production)을 전유하고 있는 남성들이 여성의 노동을 착취함으로써 가중된다고 보았다.

그들은 또한 여성의 억압과 종속을 가정 내에서의 성별 분업과 계급의 상호관련성에서 찾았다. 이는 프롤레타리안 계급의 여성들이 일터에서 부르주아 남성 고용주로부터의 받는 억압과 가정 내에서의 무보수로 제공하는 가사노동과 돌봄노동(중상계층의 여성들은 가사노동과 돌봄노동을 위해 다른 계급의 여성을 고용하고 있음을 주목하라!)이 서로 관련지어 가면서 여성의 사회적 종속을 강화한다는 것이다. 이러한 관련성을 다시 설명하자면 첫째, 가정 내에서 행해지는 무보수의 가사노동과 돌봄노동으로 인해 가정 밖에서도 가사노동과 돌봄노동의 성격을 띤

일(예: 간호원, 보육사, 가정부)들이 여성의 주된 직업군이 됨으로써 다시 한 번 성별 분업에 기여하고, 둘째, 이러한 사적영역에서의 무보수 노동이 노동시장에서 여성의 임금을 남성의 것보다 낮게 책정되는 요인으로 작용함으로써 다시 한 번 계급 불평등을 조장한다는 것이다.

따라서 마르크스 페미니즘은 자본주의 체제의 붕괴와 함께 국가가 가사노동을 완전히 떠맡을 때 여성의 억압과 종속이 근절될 수 있다고 주장했다. 이러한 주장은 지금은 역사의 장에서 사라진 구소련과 그 위성국가인 동유럽 국가들의 여성들의 사회적 지위를 살펴보면 어느 정도 타당한 것이었음을 알 수 있다. 국가가 가사노동과 육아를 책임질 때 여성들의 공적영역으로의 진출은 괄목할 만한 것이었으나, 이들 국가가 1990년 이후에 자본주의 체제를 도입한 후 가사노동과 육아를 가정에서 여성이 책임지는 사적영역으로 재편입시킨 후, 여성실업의 증가와 이로 인한 여성이 경제적 종속을 가속화시켰다.

한편, 사회주의 페미니즘은 여성의 억압과 종속을 전통적인 마르크스 페미니즘이 자본주의 체제의 계급 불평등으로만 설명하는 것에 이의를 제기하며 일어났다. 이들은 자본주의 사회 이전에도 여성의 억압과 종속은 존재했음을 지적하며 여성의 사회적, 경제적 불평등은 계급 불평등을 양성하는 '자본주의 체제'와 남성권력이 중심이 되는 '가부장제'라는 이 두 가지의 기제가 상호 작용함으로써 생산된다고 주장한다. 그러므로 사회주의 페미니즘은 전통적 마르크스 페미니즘이 여성의 억압을 자본주의 안에서만 찾으려 한 것에서 벗어나, 가부장적 사회에서 정의되는 사회문화적 성인 젠더(gender)라는 요소를 가미시킴으로써 이러한 계급과 젠더가 어떻게 연관지어져 여성의 억압과 종속을 생산하고 재생산하는지를 주목한다.

3) 급진적 페미니즘

그러나 과연 자본주의 체제가 붕괴되어 계급의 차이가 사라지면 여성의 억압과 종속이 근절될 수 있는가? 또 국가가 여성의 가사노동과 육아를 책임지면 여성의 억압과 종속은 더 이상 존재하지 않는가? 급진적 페미니즘은 이러한 일련의 질문을 제기하며 1960년 후반부터 서구 유럽과 미국을 휩쓴 좌파 학생운동으로부터 분리, 독립하면서 일어났다. 이들은 국가가 여성의 가사노동과 육아를 책임질 때 여성이 남성과 동등하게 공적사회에 진출할 수 있는 기회를 가졌으나, 그들도 사적영역(가정)에서는 여전히 남성에 의해 경제적 종속이 아닌 심리적 또는 감정적으로 종속되어 있음을 지적했다. 같은 맥락으로, 좌파 학생운동을 했던 여성들 자신도 공적으로는 남성과 어깨를 나란히 하고 활동하다가 그 남성과 사적인 관계로 들어서면 동등한 관계가 지속되지 않음을 깨닫고 여성의 억압과 종속은 남성의 권력이 중심이 되는 '가부장제도'라고 주장했다.

급진적 페미니즘은 이러한 가부장제 안에서 남성에 의한 여성의 억압과 종속은 '제도화된 이성애(institutionalized heterosexuality)'에 의해 강화되며, 이러한 이성애 안에서 '섹슈얼리티(sexuality)'는 두 성 간의 권력을 가늠케 하는 척도라고 주장한다. 다시 말하자면, 급진적 페미니즘은 남성이 여성의 육체를 통해 여성을 억압해 왔음을 주목했다. 예를 들어 이러한 억압은 여성구타, 강간, 성추행, 포르노의 형태로 나타날 수 있는 여성에 대한 폭력과 출산, 피임, 낙태에 관한 법률을 통한 여성의 재생산 능력에 대한 통제로 나타난다. 그러므로 급진적 페미니즘에 있어서 섹슈얼리티는 남성의 여성에 대한 억압과 종속이 가능케 하는 권력의 장이다(MacKinnon, 1983).

급진적 페미니즘은 여성은 남성과 생물학적으로 다르고 이 다름으로 인하여 여성의 경험은 남성의 것과 다르다는 사실에 주목하며, 이러한 경험이 가부장제 사회에서 어떻게 해석되는가에 관심을 가진다. 예를 들어, 급진적 페미니즘은 가부장적 사회에서 여성이 어머니로서 경험하는 임신 및 육아에 대한 설명을 입장에 따라 긍정적 또는 부정적으로 해석한다. 즉, 여성이 임신과 출산으로 인해 공적사회에서 남성과 균등한 기회를 가지지 못하므로 생존을 위해 남성에게 의존할 수밖에 없고 이것은 여성의 억압의 중심이라고 주장한다(Firestone, 1970). 그러나 다른 한편에서는, 이것은 여성만이 가질 수 있는 경이로운 경험으로, 지금까지 가부장적 사회에서 남성(예 : 남자의사, 남자과학자)들에 의해 통제되었던 출산기술 및 임신, 육아에 관련된 여성이 가지는 느낌, 감정들을 여성이 다시 정의하고 이 모든 것의 주인공이 된다면, 이러한 경험은 여성 해방의 원천이 될 수 있음을 제시하기도 한다(Rich, 1978: O'Brien, 1983).

그러나 급진적 페미니즘은 여성의 동일한 생물학적 특성으로 인한 경험들을 여성의 보편적인 경험으로 간주함으로써(예: 모든 여성은 자궁을 가지고 있고 이것으로 인해 모든 여성이 어머니로서의 경험을 한다) 다양한 사회적 맥락에 처해 있는 여성의 특수성에서 기인하는 억압과 종속은 고려하지 않았음을 비판받는다.

4) 정신분석학 페미니즘

정신분석학 페미니즘의 논의는 프로이트 이론의 동의와 비판, 그리고 오이디푸스 전 단계(pre-oedipal stage)와 오이디푸스 콤플렉스와 같은 이론적 개념에서 출발한다. 정신분석학적 페미니스트들은 여성 억압의 뿌리가 여성의 의식 속 깊이 뿌리 박혀 있음을 발견한다(Tong, 1989). 그들의 연구는 왜 그리고 어떻게 해서 여성이 가부장제 사회에서 억압의 근본이 되는 '여성적인 일'을 스스로 원해서 하게 되는지에 역점을 둔다. 그러나 여성에게 불이익을 가져오는 여성적인 일들을 여성이 스스로 한다고 해서 여성을 비난하거나 그 불이익이 그들의 책임이라고 주장하는 것은 아니다. 대신 정신분석학적 페미니즘은 여성이 불리하다고 판단되는 선택을 하는 과정 이면에 불평등한 성 역할 체계가 존재하고 있음을 주목한다.

체슬러(Chesler)는 그녀의 연구 Women and Madness(1972)에서 여자가 남자보다 미국 정신병원에 왜 더 많이 수용되어 있는가를 다음과 같이 설명한다. 즉 여성이 가부장적 사회에서 정의되어진 '여성적인 일' 또는 '여성다움'에 순응하지 않을 경우, 이것을 여성의 저항이나 또 하나의 의견으로 간주하기보다는 사회에 적응하지 못하는, 정신적으로 뭔가 결여되어 치료를 필요로 하는 인간으로 여겨졌기 때문이라는 것이다.

정신분석학 페미니즘도 여성과 남성의 '다름'에 주목한다. 이들에게도 이러한 다름을 설명하는 데에 있어서 여성의 출산과 양육이 중요한 논쟁거리로 부각되었다. 초도로(Chodorow)는 산업사회에서 노동의 성별분화가 여성의 양육(mothering)을 어떻게 재생산하는가를, 그리고 이러한 과정이 여아와 남아의 심리발달에 어떻게 다르게 영향을 미치는가를 설명한다.

또 다른 정신분석학 페미니즘의 중요한 연구는 여성의 도덕성과 사회문화적

성(gender)을 여성의 시각에서 재조명한 길리건(Gilligan)의 여성의 다른 도덕체계 발달에 관한 것이다. 이는 남성 심리학자인 콜버그(Kohlberg)의 도덕 발달에 관한 연구, 즉 많은 남성들이 정의와 법을 준수하는 제4단계(an ethic of justice)에 속하는 반면, 많은 여성들은 관계와 보살핌을 중요시하는 제3단계(an ethic of care)에 속한다는 근거로 여성들의 도덕성은 남성들의 것보다 열등하다는 연구에 반하여 나온 것이다. 길리건은 콜버그가 제시한 관계와 보살핌을 우선으로 하는 제3단계의 도덕 수준이 '열등한' 것이 아니라, 여성들의 '다른' 도덕적 가치 체계임을 주장했다. 여성들은 관계를 유지하기 위해 규정이나 법 바꾸는 것을 주저하지 않는 반면, 남성들은 법과 정의에 어긋난다고 생각하면 그 관계 자체를 대체한다는 것이다. 이렇듯 여성과 남성의 다른 가치관과 해석을, 콜버그는 '우열'이라는 수직적 잣대를 사용했으나 길리건은 '다름'이라는 수평적 잣대를 제시했다.

이와 같이, 정신분석학 페미니즘은 남녀의 성 차이를 설명할 때 단순히 생물학적인 성 차이나 이로 인한 사회화 과정을 설명하는 데 그치는 것이 아니라, 가부장제 사회에서 이러한 성 차이가 어떻게 남녀의 심리발달에 영향을 미치고, 또한 아울러 이러한 것들이 어떻게 여성의 억압과 종속과 연관지어져 사람들 의식 속에 어떠한 방법으로 확고히 자리를 잡는가를 설명한다.

5) 포스트모던 페미니즘

포스트모던 페미니즘은 '불란서 페미니즘'으로 불려왔다. 그 이유는 이러한 사상을 주장하는 여성학자들이 프랑스인이거나 프랑스에 거주하기 때문이다. 포스트모던 페미니즘은 구조주의와 모더니즘의 이분법적인 사고의 틀(예: 진실/거짓, 낮/밤, 문화/자연, 높음/낮음, 여자/남자)을 거부한다. 포스트모던 페미니즘은 지금까지의 하나의 시각(예: 마르크스 페미니즘-자본주의 체제, 급진주의 페미니즘-가부장제)으로 여성의 억압과 종속을 설명하고자 했던 기존의 페미니즘들은 이분법적인 사고가 지배하는 남성중심의 사회에서 다시 가부장제/페미니즘, 이렇게 이분법적으로 설명되는 '단 하나의 진실한 페미니스트 이야기'가 될 뿐이라고 설명한다(Tong, 1989).

그러므로 포스트모던 페미니즘은 이러한 하나의 이야기로써 가부장적 사회에서 여성이 처한 여러 상황을 제대로 설명할 수도 없을 뿐만 아니라, 바람직하지도 않다고 주장한다. 그 이유는 이러한 하나의 이야기로는 서로 계급이 다른, 인종이 다른, 그리고 문화가 다른 여성들의 상이한 경험을 설명할 수 없고, 이러한 다른 경험에서 파생되는 여성의 억압이나 종속 또한 설명될 수 없기 때문이라는 것이다. 예를 들어 다민족, 다문화 사회인 미국에서 중산층 백인 여성이 경험하는 억압과 빈민층 소수민족 여성이 경험하는 억압은 같을 수가 없다. 중산층 백인여성은 성차별(sexism)만 경험하게 되지만, 빈민층 소수민족 여성은 성차별(sexism)과 인종차별(racism), 그리고 빈부격차에 의한 계급차별(classim) 등 상황에 따라 다양한 차별을 경험하게 된다.

다시 말해, 포스트모던 페미니즘은 이렇게 다양한 상황을 설명할 수 있는 하나 이상의 여러 개의 페미니스트 이론이 필요하며, 이것은 또한 여성들 사이에서도 존재하는 다양성을 인정하는 방향으로 생각하게 하는 긍정적 방법의 하나라고 주장한다.

이와 같이 포스트모던 페미니즘은 여성들 간의 다양성과 그 다양성으로 인한 여성의 여러 가지 복합적인 문제를 드러내는 데 기여했지만, 많은 페미니스트들은 이러한 여성들 간의 차이와 다양성에 대한 지나친 강조가 여성의 지적 통합의 붕괴와 정치적 세력화의 걸림돌이 될 수 있음을 우려한다. 즉, 페미니즘을 표방하는 통합적인 “그 무엇인가”가 결여되었다면 여성을 위해 “(도움이 되는) 그 무엇인가”를 마련하는 데도 어려움을 겪을 수 있다는 것이다. 이렇듯 여성의 차이와 다양성에 대한 압력, 그리고 통합과 동질성에 대한 주장에 관한 분쟁을 어떻게 화해시켜 나아가야 하는가가 오늘날 페미니스트들의 문제인 것이다.

3 다양한 페미니스트 페다고지 이론

교육에 관한 각 페미니즘의 논의는 그것을 보는 시각이 다른 만큼 다양한 내용이 다루어지고 있다. 교육 안에서 일어나는 성불평등을 논의하고 있다는 것은 공통점이나 성불평등과 성별문제의 원인의 접근방식이나 문제해결을 위한 대안 제시에는 상이한 관점을 보이고 있다. 다음은 교육에 관한 각각의 페미니스트 이론들을 살펴보도록 하겠다.

1) 자유주의 페미니스트 페다고지

자유주의 페미니스트 페다고지의 교육적 관심은 첫째, 평등한 교육기회, 둘째, 성 역할사회화와 이것으로 인한 성 정형화, 셋째, 성차별주의라고 정리될 수 있다(Acker, 1987). 첫째, 평등한 교육의 기회란 남녀학생이 모든 유형의 교육기관에 평등하게 접근하여 공부할 수 있고, 동일한 교육과정을 선택할 수 있으며, 동일한 시험의 기회를 가질 수 있고, 동일한 자격을 갖춘 교사들에게 교육을 받을 수 있고, 장학금이나 연구 보조비 등을 받는 데 있어서 평등한 기회를 갖는 것을 말한다(1967, DEDAW: 민무숙(1992)에서 재인용).

둘째, 성 역할사회화란 어떠한 태도와 행위가 남자 또는 여자에게 적절한가를 말해주는 문화적 기대치를 의미하고 이러한 성 역할을 내면화해 가는 과정이 성 역할사회화이다. 이렇게 성에 따라 다른 사회적 역할과 기대가 주어지고 이것이 고정관념으로 연결되어지면 성 억압의 구조적 기제가 되기도 한다. 자유주의 페미니스트들은 이러한 성 역할사회화가 학교 교과서 내용, 가정, 그리고 미디어 등을 통해 남녀 모두가 전통적 성 역할을 내면화하고 습득함으로써, 이들이 사회에서 성 정형화된 직업을 택하게 하거나 가정에서도 전통적 남녀 역할을 답습하게 한다고 주장한다.

셋째, 성차별주의는 생물학적 성을 근거로 여성집단이나 개인에 대해 사회적으로 부여되는 편견이나 차별을 뜻한다. 우리는 아직도 개인을 평가할 때 그 개인의 능력보다는 성에 따라 평가의 기준을 달리하는 것을 자주 볼 수 있다. 이러한 성차별주의는 '여성은 남성보다 못하다'라는 각 개인의 의식과 사회관습에 의해 강화되고, 이것이 고정관념화 되면 성 이분법적 사고로 귀착된다.

이와 같이, 자유주의 페미니즘은 학교교육에서 학문적 성취라든가 여성이 실패하는 이유를 여성이 남성과 같이 교육에 관한 기회를 균등하게 제공받지 못했기 때문이라고 보았고, 또한 성차별주의를 고착시키는 성 역할사회화와 성 정형화를 교육 내에서 남녀의 불평등을 유발하는 원인으로 보았다. 그러므로 자유주의 페미니스트들이 추구하는 해결 방안은 성 역할에 대한 개인 각자의 사고와 태도의 변화, 성 역할사회화와 성 정형화를 부추기는 사회관습의 타파, 그리고 모든 남녀에게 균등한 교육의 기회를 보장하는 학교 시스템(schooling system)이나 규정들을 보다 '성 중립적인(gender-neutral)' 것으로 개선해 나아갈 것을 제시한다.

그러나 자유주의 페미니스트들은 모두에게 평등한 기회가 주어지면 그것이 곧 평등한 결과와 연결된다고 착각했다는 비난을 받는다. 예를 들어, 한국과 같이 고등학교까지의 남녀진학률이 동등한 수준에 도달하고, 남녀 모두에게 동일한 교과목을 이수하게 하더라도, 아직도 대학에서 전공과목을 선택할 때는 성별에 따라 전통적인 성역할과 젠더에 준해서 선택하는 것을 볼 수 있다. 이러한 전공 선택이 노동시장의 직업 선택과 연결되고 선택한 직업은 연수입과 사회경제적 지위와 연결되고 있다. 즉, 자유주의 페미니즘은 교육과정에서 일어나는 성불평등이 학교와 연결된 사회구조 전반에서 발견되는 성불평등과의 상호작용으로 이루어진다는 점을 간과했다.

2) 마르크스 · 사회주의 페미니스트 페다고지

마르크스 · 사회주의 페미니즘은 학교교육이 어떻게 계급 불평등과 함께 성별 불평등을 재생산하며, 이러한 성별 불평등의 재생산이 사회의 성별 분업(gender division of labor)과 어떠한 연계성이 있는지에 주목한다. 좀 더 자세히 설명하자면, 마르크스 · 사회주의 관점에서 주목하는 교육에 관한 연구는 첫째, 사회문화적 성인 젠더가 권력관계와 연결되어 학교교육을 통해 어떻게 재생산되는가에 관심을 갖는다. 즉, 학교 내에서 남녀학생 간의, 남녀교사들 간의 또는 교사와 행정가들 간의 위계질서, 그리고 이러한 위계질서 안에서 이루어지는 성별분업(예: 반장－남학생, 부반장－여학생; 수학/과학－남자교사, 국어/영어－여자교사; 교장－남자, 교사－여자)은 가부장적 사회의 남성 지배적 헤게모니와 이데올로기에 의하여 학교교육 안에서 재생산된다는 것이다.

둘째, 이들은 성별화된 계급집단(gendered class group)이 학교교육과정 안에서 형성되고 재생산되는 것에 주목한다. 즉, 노동계급의 여학생과 남학생이 학교교육을 통해 다시 성별화된 노동계급으로 재편입되는데, 이것은 학교란 젠더와 계급투쟁이 치열하게 일어나는 장소로서 이러한 투쟁을 통해 특정한 계급 또는 특정한 성의 지배와 종속이 유지되고 재생산되는 곳이기 때문이라고 설명한다.

셋째, 마르크스 · 사회주의 페미니스트들은 이러한 지배계급과 지배적인 성(gender)의 유지와 재생산을 학교뿐만 아니라 가정, 그리고 노동시장의 연계성에서 찾는다. 특히 사회주의 페미니즘은 노동시장에서의 여성의 지위가 여성들이 받는 열등한 학교교육과 연결되는 것뿐만 아니라, 여성의 주요활동 영역인 가정에서 여성이 행하는 역할에 의해서도 재생산된다고 주장한다. 이는 가정에서 여성의 출산, 육아, 섹슈얼리티 등 여성의 역할이 노동시장의 성별분업으로 다시 이어지며 가정 내의 낮은 지위 또한 노동시장에서 여성의 낮은 지위로 연결된다는 것이다.

이와 같이 마르크스 · 사회주의 페미니즘은 학교교육의 성별 불평등이 계급 불평등과 더불어 자본주의 사회의 경제체제 안에서 이미 주어진 사회제도(예: 학교, 가정, 노동시장)들과 어떻게 상호연관성을 지어가며 재생산되는가에 관심을 갖는다. 즉, 이들은 학교교육이 성별 재생산의 주된 기제이고 이러한 과정으로 인해 여성의 억압과 종속이 가부장제 사회에서 재생산된다고 주장한다. 그러므로 마르크스 · 사회주의 페미니스트들은 성별 불평등을 성역할사회화를 넘어서, 이미 계급적으로 그리고 성별적으로 계층화된 사회구조적인 측면에서 찾았으며, 이로 인해 이들은 자유주의 페미니스트와 같이 사회개혁이 교육을 통해 이루어질 수 있다는 낙관적인 믿음을 고수하기보다는, 학교가 가정과 노동시장과 함께 기존의 성별 불평등을 '재생산'하는 역할을 한다고 비판적인 주장을 피력한다.

3) 급진적 페미니스트 페다고지

급진주의 페미니즘이 교육의 성별 불평등을 바라보는 관점은 다음의 두 가지로 분류될 수 있다(Acker, 1987). 첫째, 남자가 학교지식과 문화를 전유하는 데서 파생되는 성별 불평등이고, 둘째, 학교 내의 일상생활에서 벌어지는 성 정치학(sexual politics)과 관련된 것이다. 즉 첫째, 현재 학교 내의 지식은 남성의 사고와 경험을 기술해 놓은 것으로 이렇게 반쪽의 지식이 보편적인 '인간의 지식'으로 포장되어 학생에게 제공되고 있다는 것이다. 이렇게 됨으로써 지금까지 나머지 반쪽인 여성의 사고와 경험에 관한 지식은 주변적인 것으로 존재하던지 아니면 존재 그 자체가 이루어지지 않아 왔다. 급진주의 페미니스트들은 이렇게 학교 지식과 문화가 남성에 의해 독점되어 여학생의 사고는 드러나지 않거나(invisible), 하찮은 것으로 여겨지는 것은 사회전반의 가부장적 이데올로기가 학교 내에서도 그대로 반영되고 있는 것이라고 설명한다.

둘째, 성 정치학이란 일상생활 남녀 사이에서 일어나는 권력관계를 뜻한다. 예를 들어, 가부장적 사회에서 남녀권력관계의 불균형은 여학생과 여자 교사가 남학생과 남자 교사로부터 당하는 성희롱이나 성폭력의 원천이 되며, 이것은 학교 내에서 남성에 의한 여성의 억압과 종속을 강화하는 기제로 작용한다.

이와 같이, 급진적 페미니즘은 남성과 여성 사이의 권력관계를 뜻하는 성 정치학과 남성 중심으로 이루어져 있는 지식의 내용을 통해 학교 내에서 이루어지는 남성의 여성에 대한 지배, 즉 가부장적 지배를 비판하며, 마르크스·사회주의 페미니즘과 마찬가지로 '재생산'에 주목하고 있다. 마르크스·사회주의 페미니스트들은 학교가 사회의 하나의 구조물로서 '성별분업'을 재생산하는 역할에 초점을 두고 있는 반면, 급진주의 페미니스트들은 학교가 남성중심의 지식과 문화가 가득찬 교육과정과 불평등한 남녀권력관계를 통해 여성에 대한 남성의 지배 즉 '가부장제 이데올로기'를 재생산하는 역할에 관심을 가진다. 그러므로 급진주의 페미니즘은 남성과 여성 간의 지배와 종속이 (재)생산되는 교육문화를 문제 삼았고 이러한 해결 방안의 하나로 여성 중심의 교육환경(예: 남녀별학, single-sex schooling)의 건설을 주장하였다.

4) 정신분석학 페미니스트 페다고지

정신분석학 페미니즘은 자유주의 페미니즘과 같이 개인의 심리적 발달과 해방이 주된 관심사이다. 또한 정신분석학 페미니즘은 급진적 페미니즘과 같이 여성과 남성의 차이(difference)를 인정하며 이러한 차이를 근거로 여성의 사고와 삶을 설명하고자 한다. 그러므로 정신분석학 페미니즘의 교육적 관심은 여성이 개인 학습자로서 남성과 다른 학습방법을 발견하고, 이것을 통해 가부장적 사회에 길들여진 여성심리의 건강한 발달과 나아가서는 여성의 억눌린 심리의 해방에 초점을 둔다.

벨렌키(Belenky)와 그 동료들의 연구인 'Women's Ways of Knowing(1986)'에서 이들은 여성의 학습방법은 지금까지 정규교육에서 보편적인 학습방법이라 여겨져 왔던 남성들의 그것과는 다르다고 주장한다. 즉 첫째, 여성들이 그들의 목소리를 낼 수 있고, 그들 자신을 지식의 구성자(constructor)로 경험할 수 있는, 심리적으로 안전한, 그러한 환경을 창조하여 둘째, 이러한 환경 안으로 여성 학습자들은 그들의 현실 경험을 끌고 들어와 학습과 연결시킴으로써 좀 더 독립적으로 비판적으로 사고하여 그들만의 결론을 이끌어 낼 수 있고 셋째, 이러한 경험으로부터 여성학습자들은 그들 나름대로의 학습유형을 도출하게 된다. 이러한 학습유형은 학습자와 분리되어 어떠한 권위에서 창출된 전통적 학습유형이 보편적으로 사용되는 학교교육과는 사뭇 다른 형태의 것으로, 여기에서는 전통적 학습유형에서 불가능했던 여성학습자의 힘 갖추기와 앞에서도 언급한 안정적 심리발달을 가능하게 한다.

그러나 벨렌키와 그 동료들의 여성학습자에 관한 연구는 궁극적으로 여성친화적인 학습유형 안에서 여성 개인의 삶을 변화시킬 수 있는 힘과 능력 획득에 초점을 맞춤으로써, 여성 삶의 변화는 개인적인 요소뿐만 아니라 사회구조적 요소들과 상호작용함으로써 일어난다는 사실을 간과했다는 비판을 받는다(Tidsell, 1995).

5) 후기구조주의 페미니스트 페다고지

'포스트모던'과 '후기구조주의' 사상은 서로 맥을 같이하고 그 뜻도 많은 경우 동일하게 사용되고 있으나, 이와 같은 사상을 교육이론에 적용시켜 설명할 때 포스트모던 페미니스트 페다고지보다는 대부분 후기구조주의 페미니스트 페다고지로 명명하므로, 이 글에서도 후기구조주의 페미니스트 페다고지로 사용하도록 한다.

후기구조주의 페미니스트들은 교육의 성별 불평등을 여성의 침묵에서 기인한다고 주장한다. 이들은 이러한 침묵이 여성이 지금까지 역사, 사회문화, 정치 및 경제적으로 불리한 위치에 있었기 때문에 형성된 여성의 또 다른 목소리라고 간주한다. 그러나 이러한 여성의 침묵을 수동성이나 무력함으로 해석하기보다는 남성이 지배하는 공적인 담론의 저항으로 파악한다. 따라서, 여성들은 공적인 담론이 아닌 사적인 담론(예: 잡담, 수다)을 통해 개인적으로 다양한 담론의 유형을 가지고 있으며, 이러한 것들이 지배적 남성 담론에 대항하는 사회문화적 실천이 될 수 있다는 것이다(김현우, 1995). 그러므로 후기구조주의 페미니스트들은 지금까지의 공적인 담론이었던 교육과정을 해체하고 남성이 기술한 여성문화, 여성의 사고 및 일상의 삶조차도 여성의 사적 담론을 이용하여 다른 시각에서 읽고 재조명하여, 기술하는 것이 교육과정을 개혁하는 한 방법이 될 수 있다고 제시한다.

또한 세상을 보고 해석하는 데 있어서 절대적인 것과 이분법적 사고를 배제하고 상대적인 것과 다양성에 주목하는 후기구조주의는 지금까지 기득권층의 남성이 전유하고 있던 지식, 사상, 경험, 진리 등은 이미 존재하고 영원 무구한 것이 아니라, 우리가 지금 살고 있는 사회에서 끊임없이 생산되고 상황에 따라 소멸될 수 있는 것들이라고 주장한다. 이러한 사상은 교육과정에서 소외되었던 여성뿐만 아니라 주변에 머물러 있는 다른 소외된 학습자들도 그들의 주체성(subjectivity)을 교육체제의 중심에 갖다 놓을 수 있는 저항담론을 형성할 수 있는 여건을 마련해 준다. 아울러, 후기구조주의 페미니스트 페다고지에서는 포스트모던 페미니즘의 사상과 같이, 교육 내에서 여성들 간의 차이 그리고 그들의 다양한 불평등을 바라볼 수 있는 다양한 시각을 허용한다.

4 한국의 성평등교육의 전망과 과제

지금까지 다양한 페미니즘의 시각에서 바라본 교육의 성불평등 문제들과 그것들의 원인들, 그리고 그 해결방안들을 살펴보았다. 이처럼 다양한 이론들이 전개되고 있으나, 페미니스트 페다고지는 앞에서도 언급했듯이, 성평등을 위한 교육적 실천으로 궁극적으로는 이러한 교육을 통해 여성들이 정치적, 경제적, 사회적으로 불평등한 현재의 가부장적 사회에서 성평등한 사회로의 전환을 그 목적으로 하고 있다. 그리고 이러한 과정을 통해서, 여성들이 자신의 사고와 경험을 주체적으로 피력할 수 있는 학습환경의 건설과 여성 자신의 내적 목소리에 대한 자신감 형성 등 여성의 힘 갖추기 또한 페미니스트 페다고지의 목적이다. 이러한 확실한 목적을 가지고 있음에도 불구하고, 한국교육에서 페미니스트 페다고지를 한마디로 정의하기란 쉬운 일이 아니다.

그 이유는 첫째, 페미니즘 이론의 실천적 방법의 하나인 페미니스트 페다고지에 관한 국내 문헌들을 살펴보면 페미니스트 페다고지를 '여성연구', '여성교육', '여성교육학', '여성주의 학습', '페미니스트 교수법' 등으로 다양하게 명명하고 있으며, 그 뜻도 조금은 다르게 또는 불분명하게 경계선을 넘나들며 혼용되어 사용되어 온 것을 알 수 있다. 페미니스트 페다고지가 한국교육 분야에서 성평등 교육을 위한 하나의 학문으로서, 연구방법으로서, 그리고 실천적 방법으로서 확실한 영역을 차지하고 그 뿌리를 내리기 위해서는 이러한 용어들과 개념들의 정리가 필요하다. 즉, 예를 들어 '여성교육(women's education)'과 '페미니스트 페다고지(feminist pedagogy)'는 그 용어가 다른 것처럼 쓰임새도 구분되어야 한다.

둘째, 페미니스트 페다고지가 이처럼 다양한 용어로 표기되고 그 뜻이 다르게 사용되었어도, 여기에는 여성이 주체가 되어 여성에 의한, 여성을 위한, 여성의 학습이라는 것이 중심이 되어 왔다. 그러나 이렇게 페미니스트 페다고지라는 용어가 가지고 있는 개념이 확장되어야 진정한 성 평등한 교육을 실천할 수 있다. 다시 말해, 페미니스트 페다고지의 목표인 '성평등을 위한 교육'을 달성하기 위해서는 페미니스트 페다고지가 모든 여성뿐만 아니라 모든 남성도 참여하는 학습이 되어야 한다(송현주, 1999). 이는 페미니스트 페다고지가 어느 특정한 색깔을 띠고 있는 것이 아니라, 여성을 포함한 사회적 소수그룹들을 포함하지 않았던 전통적 페다고지의 진정한 대안으로서 자리매김하기 위해서는, 여성뿐만 아니라 다른 소외된 소수그룹과 또 남성도 포함하는 교육실천방법이 되어야 한다는 것이다.

마지막으로, 서구 백인이 중심이 되어 발전된 페미니스트 이론들을 근거로 교육의 성 불평등한 문제들을 설명하는 페미니스트 페다고지가 역사적 맥락도 다르고, 문화의 배경도 다른 한국의 교육상황을 어디까지 얼마큼 설명할 수 있는가에 의문을 가지지 않을 수 없다. 앞에서도 언급했지만, 여성의 억압과 종속은 급진적 페미니스트들이 주장하는 바와 같이 생물학적 특성에 의해 '보편성'을 띠고 있기도 하고, 포스트모던 페미니스트들의 주장과 같이 모든 여성들은 나름대로 다른 상황에 처해 있기 때문에 그 다른 상황 속에서 경험되는 여성의 억압과 종속은 '특수성'을 띨 수밖에 없다. 같은 맥락에서, 서구의 페미니스트 페다고지 이론으로 한국교육의 성불평등을 설명할 때 한국교육의 특수성에서 파생되는 성불평등을 어느 정도 드러낼 수 있는가가 관건이다. 한국교육의 특수한 교육상황을 간단하게 예를 든다면 첫째, 한국교육은 유교사상과 가부장제가 어우러져 교육과정의 각 분야와 계층에 침투하고 있어, 서구의 것과는 다른 형태의 여성의 억압과 종속을 찾아 볼 수 있다는 점이다(Cho, 1994; Chung, 1994). 둘째, 한국교육은 해방 이후 국가가 새로운 이념과 사상 그리고 경제발전에 필요한 지식 및 기술을 보급하는 장소로 쓰여지면서 지금까지 서로 매우 밀접한 공생관계를 유지하고 있다. 이로 인해 한국교육은 국가로부터 특히, 가부장적 성격이 강한 국가로부터 자유롭지 못하고 자율성이 결여되어 있다는 점을 지적할 수 있다(Adam & Gottlieb, 1993). 이렇게 한국교육의 특수성에서 유발되는 성불평등한 상황과, 그리고 보편적인 여성의 억압과 종속을 다 아우르는, 또 앞에서 언급했듯이 여성과 남성 그리고 소수가 참여하는 한국적 페미니스트 페다고지의 정립이 필요한 것이다.

● 요약

페미니스트 페다고지란 지금까지 드러나지 않았던 학교교육의 성 불평등을 논의하고 성 평등을 위한 교육을 이루기 위한 하나의 교육이론 및 실천 방법이다. 이러한 페미니스트 페다고지는 교육을 바라보는 각 페미니즘의 관점에 따라 성 불평등에 관한 문제의 접근방식이나 문제해결을 위한 대안 제시에 대해 다양한 시각을 제공하고 있다. 이렇게 다양한 이론에도 불구하고, 페미니스트 페다고지의 근본적인 목적은 여성이 경험하는 모든 형태의 억압으로부터 해방될 수 있는 중요한 원천인 여성의 임파워먼트(empowerment)를 교육을 통해 양성하는 것이다. 그리고 이러한 여성의 임파워먼트를 통해 성차별적인 가부장적 사회에서 성 평등한 사회로의 전환이 페미니스트 페다고지의 핵심이다.

● 토론문제

1. 지금까지 경험한 성 불평등한 상황이 어떠한 것들이었는지 이야기해 보고, 특히 대학 내에서 찾아 볼 수 있는 성 불평등한 문제들을 앞서 소개한 다섯 가지 관점의 페미니스트 페다고지 이론들을 중심으로 구체적으로 논의해보자.

2. 그리고 이러한 교육과 관련된 성 불평등한 상황이나 문제들이 여성뿐만 아니라 남성에게도 어떠한 영향을 미치는지 논의해보자.

3. 성평등한 교육문화가 정착할 수 있는 환경을 건설하기 위한 방안들을 토의해보자.

참고문헌

곽윤숙(1997). 「학교 지식에 대한 페미니스트적 논의」. 교육사회학연구, 7(2), 54-67.

김현우(1995). 「교육학 문헌에 나타난 여성 관련 내용의 분석」. 교육사회학연구, 5(1), 177-194.

민무숙(1991). 「교육대상으로서의 성(gender): 연구동향과 전망」. 교육사회학연구, 1(2), 15-28.

송현주(1999). 「여성주의 학습의 새로운 패러다임 모색: 모성을 중심으로」. Andragogy Today, 2(4), 77-98.

신미식(1995). 「여성해방교육이란 무엇인가」. 여성과 사회, 제7집, 184-203.

조경원(1999). 「양성평등실현을 위한 교육의 방향」. 교육과학연구, 제29집, 3-16.

Acker, S.(1987). Feminist theory and the study of gender and education. *International Review of Education,* 33, 419-435.

Acker, S.(1994). *Gendered Education.* Open University Press.

Adam, D., & Gottlieb, E. E.(1993). *Education and social change in Korea.* New York and London: Garland Publishing.

Belenky, M., Clinchy, B., Goldberger, N., & Tarule, J.(1986). *Women's ways of knowing: The development of self, voice, and mind.* Basic Books, Inc., Publishers.

Chesler, P.(1972). *Women and madness.* Avon Books: The Hearst Corporation.

Cho, K. W.(1994). Overcoming Confucian barriers: Changing educational opportunities for women in Korea. In G. Joyce & M. L. Palley(Eds.). *Women of Japan and Korea: Continuity and change*(pp. 206-222). Temple University Press.

Chodorow, N.(1978). *The reproduction of mothering.* Berkeley: University of California Press.

Chung, J. S.(1994). Womens unequal access to education in South Korea. *Comparative Educational Review,* 38(4), 487-505.

Firestone, S.(1970). *The dialectic of sex.* New York: Quill William Morrow.

hooks, b.(1995). Toward a revolutionary feminist pedagogy. In S. B. Merriam(Ed.),

Selected writings on philosophy and adult education(pp.198-205). Krieger Publishing Company.

MacKinnon, C.(1983). Feminism, marxsim, method, and the state: Toward feminist jurisprudence, *Signs*, 8, 635-658.

O'Brien, M.(1981). *The politics of reproduction*. Boston: Routledge & Kegan Paul.

Rich, A.(1986). *Of woman born: Motherhood as experiences and institution*. New York: W. W. Norton & Company.

Spender, D.(1981). Education: The patriarchal paradigm and the response to feminism. In D. Spender(Ed.). Men's studies modified(pp. 155-173). Oxford: Pergraman Press.

Stromquist, N. P.(1988). *Linking macro-and micro-level state behaviors: International agencies and the education of women*(mimeo).

Tisdell, E. J.(1995). Feminism and adult learning: Power, pedagogy, and praxis. In S. B. Merriam(Ed.), *Selected writings on philosophy and adult education*(pp. 207-224). Krieger Publishing Company.

Tisdell, E. J.(1998). Poststructural feminist pedagogies: The possibilities and limitations of a feminist emancipatory adult learning theory and practice. *Adult Education Quarterly*, 48(3), 139-156.

Tong, R.(1989). *Feminist thought: A comprehensive introduction*. Westview Press.

Weiler, K.(1988). *Women teaching for change: Gender, class & power*. Bergin & Garvey Publishers.

제 2 부

여성의 생애주기와 교육

4장 아동기의 성평등교육

심미옥*
* 이화여자대학교 문학박사
현재 춘천교육대학교 교수

1 아동기의 성과 교육

인간은 태어나면서부터 자신이 타고난 생물학적 성에 따라 다른 영향을 주변으로부터 받으며, 유아기, 아동기를 거치면서 문화 내에서 성별에 따라 적절하다고 기대되는 바의 성역할을 습득하게 된다. 이는 생물학적 성에 기반하는 것이기는 하지만, 생물학적 성처럼 선천적으로 결정되는 것이 아니라 사회문화 속에서 획득되는 것이다.

유아기와 아동기의 발달에서 남녀 아동은 성 정체감(gender identity)을 형성하고 사회 내에서 통용되는 성역할 정체감(sex role identity) 혹은 심리적 성(psychological sex)을 습득한다. 성 정체감이란 자신의 생물학적 성을 받아들이고 편안하게 생각하는 것을 의미한다. 성역할 정체감 혹은 심리적 성이란 개인의 인성적, 행동적 특성을 말하는 것으로 여성적인가 남성적인가 혹은 양성적인가로 구분된다. 심리적 성은 성 정체감과 구분되는 것이다. 예를 들어, 자신이 생물학적으로 남자라는 사실을 확신하고 이를 당연하게 생각하는 사람이라도 여성적인 행동을 할 수 있다. 그렇다고 해서 그가 남자라는 인식이 달라지는 것은 아니다. 마찬가지로 여성으로서의 성 정체감이 확실한 사람이라도 남성적 특성을 보일 수도 있다. 그렇다고 해서 그녀의 여성으로서의 정체감이 달라지는 것은 아니다. 남성적 특성과 여성적 특성을 모두 나타내는 양성적인 심리적 성을 지니면서 자신의 여성 혹은 남성으로서의 성 정체감을 유지할 수 있다(Kaplan, & Sedney, 1980).

유아기란 대개 2세에서 6세까지로 초등학교에 들어가기 전의 시기를 말한다. 이 시기에 유아는 급속한 신체적, 언어적, 인지적, 사회적, 정서적 발달을 한다. 신체적으로는 근육운동이 분화되어 이전에 할 수 없었던 새롭고 복잡한 활동을 할 수 있게 된다. 이러한 운동 발달에 의해 유아들은 집안에서만 지내던 활동에서 벗어나 집 밖에서 또래들과 다양한 놀이를 하게 된다. 언어와 상징을 사용하는 능력이 증가함에 따라 감각운동적 사고에서 점차 내현적 사고를 하게 되며, 사회적으로는 부모나 주변 사람들을 동일시하고 사회적 상호작용을 함으로써 자신이 속한 사회나 문화집단의 규칙과 기준을 학습하게 된다.

아동기는 대개 7세에서 12세까지로 취학과 더불어 제도적인 교육기관에서의 교육이 이루어진다. 가정 이외의 공식적 제도 내에서의 생활을 경험하며 경험의 폭이 넓어지며, 부모 이외에 영향력 있는 성인으로서 교사를 통하여 사회 내에 통용되는 규범과 교과지식을 습득한다. 뿐만 아니라 많은 수의 또래와 공동생활을 통해 자기 자신과 타인에 대한 이해의 폭이 넓어진다. 자신이 속한 문화의 규범과 행동양식을 습득함에 있어 유아기에 비해 아동기에는 또래와의 관계가 상대적으로 더 중요해진다. 또래는 모방의 대상이 되며, 또래의 인정과 배척과 같은 심리적 압력은 아동의 행동에 중요한 영향을 미친다.

유아기, 아동기의 아동이 속하게 되는 집단, 즉 가정과 제도적 교육기관, 또래집단은 아동의 성역할 발달에 매우 중요한 환경을 제공한다. 이 장에서는 유아기와 아동기에 아동이 속하게 되는 가정과 교육기관, 또래집단 속에서 남녀 아동들이 어떻게 달리 사회화되는지 살펴보고자 한다.

2 가정에서의 성역할 사회화

건강한 아기가 태어나면 부모들이 가장 관심을 갖는 것은 아이의 성이다. 옷 색깔, 이름, 장난감, 놀이, 방의 장식에 이르기까지 부모들은 아이의 성을 고려하여 적절하다고 생각하는 것을 선택하게 된다. 부모들의 행동은 아이들의 모델이 되며, 부모들이 은연중에 갖는 기대감, 자녀와의 상호작용 방식, 혹은 직접적인 훈련은 모두 자녀의 성역할 사회화에 중요한 역할을 담당한다. 일반적으로 부모들은 자신의 아이가 성에 적합한 행동을 하면 격려하고 성에 적합하지 않은 행동을 하면 저지하는 경향을 보임으로써 성역할을 발달시키도록 한다.

성 정체감은 2세부터 7세까지의 유아기 때 발달한다. 2~3살 난 유아는 자신과 남의 성을 안다. 남자 놀이와 여자 놀이를 구분하며, 남자 장난감과 여자 장난감을 구분한다. 유아들의 성 구분의 단서는 처음에는 머리모양이나 옷과 같은 외적 인상에 의존하지만, 3~5세 정도가 되면 성은 나이가 들거나 의복, 머리모양이 바뀌어도 불변한다는 것을 안다. 4~5세 아동은 직업에서 남자 직업과 여자 직업을 구별하며, 8세 경이면 각각의 성에 따른 심리 사회적 속성에 대한 고정관념이 생긴다. 심리 사회적 속성에 관한 고정관념은 직업, 외모, 활동과 같은 다른 영역에서의 고정관념보다는 다소 늦게 학습된다.

대부분의 심리학자들은 성역할 발달이 이미 아동기 초기에 이루어지며 아동의 성역할 발달에 부모의 역할이 매우 중요함을 지적하고 있다. 성역할 발달을 설명하는 전통적인 세 이론은 정신분석이론, 사회학습이론, 인지발달이론이다.

프로이트(S. Freud)의 정신분석이론에 의하면, 유아기의 남자 아동과 여자 아동에게 동일시 대상이 되는 사람은 여성인 어머니이다. 인생의 첫 몇 년 동안 남녀 아동은 자신의 양육자인 어머니에 대해 강한 애착을 보이는 유사한 발달을 한다. 그러나 남자와 여자의 성기가 다르다는 것을 깨닫게 되면 남녀의 발달의 방향이 달라진다. 여자 아동은 남근이 없음을 알게 되면 실망하고 남근을 선망하게 된다. 자신에게 남근이 없는 책임이 어머니에게 있다고 생각하는 여자 아동은 어머니에 대한 사랑을 철회하고 아버지에게 애정을 갖게 된다. 비록 여자 아동은 더 이상 어머니를 사랑하지는 않으나, 어머니가 아버지의 관심을 끈다는 것을 알고 아버지의 관심을 나눠 갖기 위해 어머니를 동일시하게 된다. 이처럼 여성적인 성격의 발달은 남근선망 때문에 나타난 어머니와의 동일시에 의해 이루어진다. 한편 남자 아동은 자기 어머니를 향해 애정을 계속 발달시키며 아버지와 경쟁자가 된다. 그러나 아버지는 이미 어머니와 어떤 애착관계를 가지고 있으므로 남아는 거세불안을 느낀다. 이러한 공포를 줄이기 위해 남아는 아버지와 동일시하여 남성화된다. 프로이트는 성역할 발달에 있어서 초기의 가족관계와 해부학적인 측면을 강조했다. 그러나 프로이트의 이론은 실증적 증거의 부족, 발달의 사회문화적 맥락을 과소평가했다는 이론적 비판, 또한 신체적 차이를 성역할 발달의 원천으로 간주했기 때문에 변화가능성도 포함하고 있지 않다는 비판을 받는다(Kaplan, & Sedney, 1980).

사회학습이론에서는 아동의 성역할은 부모를 비롯한 주변의 남녀 인물들이 각기 다르게 행동하는 것을 보고 배우는 것이라고 본다. 성별에 따른 행동 유형을 배우는 과정은 우선, 성별화된 행동유형을 구분하는 것을 배우고, 이러한 학습 경험을 새로운 상황에 일반화하고, 마지막으로 성별화된 행동을 실행하게 된다. 동성의 부모는 중요한 성역할 모델이 되지만 그 외 주변에서 관찰할 수 있는 사람들, 혹은 책, 영화, 텔레비전 등에서 보여지는 상징적 모델의 관찰 학습은 성역할 행동 습득의 첫 단계이다. 그러나 이러한 행동의 실행은 그러한 행동의 결과에 의해 결정된다. 아동은 자신의 경험, 모델에 대한 관찰을 통해 남성적 혹은 여성적 행동의 결과는 행위자가 남자인가 여자인가에 따라 달라진다는 것을 알게 된다. 성별에 따라 어떤 행동이 사회적으로 인정되는가에 대한 정보를 습득하고, 행동에 따른 결과를 예측하여, 긍정적인 결과가 기대되는 대로 아동은 행동한다. 따라서 남성적 혹은 여성적 행동의 빈도가 남녀 간에 다르게 나타난다(Mischel, 1966).

인지발달 이론은 성역할 발달이 인지발달의 부산물이라고 본다. 성역할 발달은 내적 발달과정의 반영이며, 또한 환경 내의 모델을 통해 학습된다. 아동은 유아기에 이미 자신의 성을 알게 되고, 남성과 여성을 분류하여 범주화하게 되며, 성이 변화하지 않는 특성이라는 것을 알게 된다. 아동이 성별 정체감을 확고히 형성하게 되면, 자신에게 적합한 성역할 가치관을 형성하며, 자신과 같은 성별의 사람을 동일시한다. 즉, 아동은 이미 성별 정체감을 형성한 이후에 자신에게 어울리는 대상이나 행위를 가치롭게 여기고 받아들인다. 아동은 부모와 같은 주변 사람들을 통해 성에 적합한 행동을 배우기는 하지만 그 이유는 성에 적합한 행동이 보상을 가져오거나 사회적 기대를 만족시키기 때문이 아니라, 남자 혹은 여자로서의 자아 정체감을 유지하기 위해서이다. 다시 말해, 아동은 보상을 추구한다기보다 인지적 일관성을 추구한다(Kohlberg, 1966).

이상 세 가지 성역할 발달 이론은 각각 다른 방식으로 성역할 행동이 가족 내에서 학습된다고 설명하고 있지만, 성역할 발달에 부모가 매우 중요한 역할을 함을 공통적으로 보여준다. 그러나 이들 이론들은 고정관념적 성역할이 정상이며, 당연한 것이라는 가정을 지니고 있는 셈이다. 비록 일반적으로 사람들은 아동기에 고정관념적인 성역할을 획득하지만, 이러한 양극적인 성역할을 초월하여 남성 특성과 여성 특성 간의 균형을 이루는 발달의 단계로 나아갈 수 있다.

남성 특성과 여성 특성이 단일연속선상의 양극단에 존재한다고 보는 입장에서는 남성 특성이 강하면 여성 특성이 약하다고 판단한다. 따라서 한 개인이 남성 특성과 여성 특성을 동시에 지니고 있는 경우, 즉 남성적인 특성과 여성적인 특성이 개인 내에 통합되어 있는 것을 나타낼 수 없다. 하지만 남성 특성과 여성 특성이 별개의 독립된 특성으로 존재한다고 보는 관점에서는(Bem, 1974; Spence, Hemlreich, Stapp, 1975) 개인이 남성 특성과 여성 특성 가운데 한 가지 특성만을 가지는 것이 아니라, 두 가지 특성을 동시에 가질 수 있다고 본다. 이같이 양성성(androgyny)을 지닌 사람들은 고정관념적 성역할을 따르기보다 상황에 따라 적절하게 남성적 행동을 하기도 하고, 여성적 행동을 하기도 하는 융통성을 보인다.

카플란과 세드니(Kaplan, & Sedney, 1980)는 성역할 발달을 전생애적 관점에서 보며 궁극적으로 양성성을 발전시키려는 대안적 모형을 제시한다. 이들은 아동기 때에 부모들이 양성적인 기초를 잡아줌으로써 성인이 되어 양성적이 될 가능성이 있음을 시사하고 있다. 부모가 양성적이라도 처음으로 여성다움과 남성다움에 대한 개념을 발달시키려고 시도할 때 아동은 고정형적인 태도와 행동을 갖는다. 따라서 양성적인 부모의 자녀는 아동기 때에는 비록 고정관념적으로 성유형화되지만, 성인기에는 고정관념적인 성역할을 지닌 부모의 자녀보다는 더 양성적이 된다. 부모가 자기 자녀에게 끼친 영향은 인생의 후반에 가서 나타나기도 한다. 이들은 여러 연구를 검토한 결과, 성인기의 양성성은 고정관념적인 성역할에서 탈피한 양성적이고, 평등하게 책임을 분담하는 부모와 같은 모델에게 노출되는 것뿐만 아니라 따뜻한 부모 자녀관계가 필요하다고 주장한다.

3 교육기관에서의 성과 교육

인생의 초기 몇 년간을 가정에서 보낸 아동들은 유치원이나 학교와 같은 제도화된 교육기관에서 사회적 역할을 준비하게 된다. 교육기관에서 아동들은 교훈, 급훈 등 학교가 표방하는 교육이념, 교과서를 통해 전달되는 지식이나 가치체제와 같이 표면적으로 드러나는 교육과정에 의해 의도적이고 체계적인 교육을 받게 되지만, 교사의 교수 방식이나 상벌 체제, 학교 내 권위구조, 공간과 활동의 구분 등을 통해 은연중에 전달되는 잠재적 교육과정도 경험하게 된다. 이러한 학교의 교육과정을 통하여 아동은 사회 내에서 통용되는 성역할에 관한 많은 정보를 접하게 된다.

1) 교육과정

아동들은 유치원이나 학교와 같은 교육기관에 입학하면서부터 혈연에 의해 맺어진 부모 이외에 자신에게 강력한 영향을 미치는 성인으로서 교사를 만나게 되고, 가정 이외에 학교라는 조직을 경험하게 된다. 학교에서 보여지는 교사들 사이의 관계는 아동들에게 어떤 성이 더 중요한지 보여준다. 유치원, 초등학교의 교사는 대부분 여자이다. 그러나 평교사는 대부분 여자이지만 행정을 담당하는 교장,

교감은 대부분 남자이다. 남교사는 어렵고 중요한 일을 하며, 여교사는 남교사를 보조하는 역할을 하는 학교에서 생활하면서 아동들은 여자보다 남자가 더 능력이 있으며 권위가 있다고 생각하게 된다.

아동이 관찰할 수 있는 학교 환경뿐만 아니라 아동을 가르치기 위해 조직된 공식적 교육과정도 아동의 사회화에 중요한 영향을 미친다. 공식적 교육과정 가운데 가장 대표적인 것이 교육과정이나 교과서이다. 교과서 이외에도 교사들은 많은 교수자료를 쓰지만, 학교에서 교과서는 가장 비중 있게 다루어질 뿐만 아니라, 국정 혹은 검인정 과정을 거치기 때문에 사회가 공인하는 지식을 담고 있다는 점에서 아동의 태도와 행동에 미치는 영향력이 크다. 우리나라의 교과서 편찬 상의 유의점이나 지침, 검정 기준에는 성 공정성에 대한 내용이 포함되어 있지만(정해숙, 구정화, 최윤정, 2010), 이를 실현하기 위한 교수자료로서의 교과서에는 성에 대한 편견이 내재해 있다.

교과서의 서술 방식과 내용에는 다양한 방식으로 성에 대한 편견이 포함되어 있다. 첫째, 희소성(invisibility)이 있다. 희소성이란 여성이 교육 내용에 자주 등장하지 않는 것을 의미한다. 여성은 문장이나 그림에서 남자보다 훨씬 낮은 비율로 등장한다. 교육 내용에서 여성이 제외된다는 것은 여성은 중요하지 않으며, 가치가 없다는 의미로 여겨진다. 둘째, 성역할 고정화(stereotyping)가 있다. 성역할 고정화란 성별에 따라 고정화된 역할과 특성을 지니는 것으로 남성과 여성을 묘사함으로써, 여성의 영향력은 제한된 것으로 보이게 만드는 것이다. 남성은 역사를 이끌고, 과학적 성취를 이루며, 정치적 리더 역할을 하지만, 여성은 어머니와 같은 가정적 역할을 하는 것으로 그려진다. 또한 남녀에게 강조되는 특성도 다르다. 남성은 적극적이고, 창의적이고, 용감하고, 호기심이 많은 반면, 여성은 의존적이며, 수동적이고, 순응적인 특성을 가진 것으로 표현된다. 셋째, 불균형과 선택성(imbalance and selectivity)을 들 수 있다. 사회 내에서 벌어지는 많은 일들은 매우 복합적인 측면을 지니고 있으므로 다양한 관점에서 해석될 수 있다. 그런데 교과서에서는 오로지 하나의 해석만을 제시한다. 여성, 혹은 여성과 관련된 문제에 대해 여성에게 불리한 측면의 해석만을 제시하게 되면, 여성의 관점에서 이루어지는 해석을 학생들은 접할 수가 없다. 여성의 역할, 혹은 여성 관련 문제에 대한 다양한 해석 가운데 일부만 선택하여 제시하거나, 불균형한 해석을 함으로써 교과서는 현실을 왜곡하고 다양한 관점을 무시한다. 결과적으로 학생들은 여성의 평등을 위한 투쟁, 사회 발전에 미친 공헌에 대해 제대로 알 수 없게 된다. 넷째, 비현실성(unreality)이다. 교과서에서는 드러내기 곤란한 사실이나 논쟁의 여지가 있는 문제들은 마치 문제가 없는 듯이 그럴 듯하게 다루어진다. 성차별이나 성희롱 문제, 양부모와 자녀로 구성되는 가정 이외의 다양한 형태의 가정이 존재한다는 사실 등은 교과서에 반영되고 있지 않으며, 논쟁거리가 되는 문제는 제외하거나 회피한다. 이러한 교과서의 비현실성 때문에 학생들은 당면한 사회적 문제를 이해하고 해결하기 위해 필요한 정보를 얻을 수 없게 된다. 다섯째, 분절화(fragmentation)이다. 여성에 관한 주제는 분리된 부분으로 따로 취급하거나, 특별 사항으로 끼워 넣음으로써 주류가 아니라 지엽적인 것으로 여겨지게 하며, 주된 흐름에 비해 덜 중요한 것으로 보이게 한다. 여섯째, 언어적 편견(linguistic bias)이다. 집단을 대표하는 용어를 남성 위주로 사용하는 것은 여성에 대한 인식과 여성의 참여를 배제하는 것이다. 또한 '남편과 그의 아내'처럼 남성 위주의 단어의 순서나 남성이 주된 역할을 하는 것으로 표현하는 것 등이 언어적 편견에 해당된다. 일곱째, 표면만 감추는 편견(cosmetic bias)이 있다. 교과서에는 남녀가 표면적으로는 평등한 것처럼 표현함으로써 '평등의 환상'을 제공하지만 실제로 편견은 여전히 존재한다. 여성과학자의 그림이 과학책에 등장하지만 여성의 과학적 공헌에 대한 서술은 거의 없는 것이 이에 해당한다(Sadker, & Zittleman, 2007).

우리나라의 교과서는 과거에 비해 전통적 성역할에서 벗어난 모습들이 많이 등장하고 있으며, 성평등을 다루는 내용도 있는 등 변화가 있지만, 여전히 성에 대한 편견이 내재되어 있다. 구체적으로 살펴보면, 교과서의 문장, 사진, 삽화에 등장하는 인물 중 남성의 비율이 여성보다 높다. 여성은 가정을 배경으로, 남성은 야외나 일터를 배경으로 등장하며, 여성은 가사활동을 주로 하고 있었고, 남성은 체육놀이활동, 일터활동을 더 많이 하는 것으로 나타났다. 직업인으로서의 역할에 있어서도 여성은 전문가, 서비스업 등 특정 직종을 중심으로 제시되고 있는 반면, 남성은 여성에 비해 다양한 직종 분포를 보이고 있었다. 국가 수반, 국회의원, 고위 임직원의 경우에는 남성의 비율이 여성보다 높은 것으로 나타났으며, 전문가 여성은 상당수가 교사이었다. 또한 역사적 인물은 대다수가 남성으로 나타나 역사 속에서 여성의 역할은 찾아보기 어려웠다. 교과서에서는 남성은 직업인, 생계책임자, 생산자로 등장하는 반면, 여성은 자녀양육 및 교육자, 소비자로 등장한다. 또한 남성은 적극적이며 주체적이고, 도덕적 행위의 모범으로, 집단의 대표자로 이미지화되는 반면, 여성은 감성적이고, 수동적이고, 돌보는 사람으로 이미지화되고 있다(정해숙, 구정화, 최윤정, 2010).

2) 학급에서의 교사와 학생의 상호작용

유치원이나 학교에서 교사와 학생이 주고받는 상호작용은 교육내용의 전달에 있어 가장 중요한 부분이다. 교사들은 아동들의 동일시 대상이 되며, 교사의 기대와 그 기대를 전달하는 행동은 사회 내의 성역할 기대를 전달하고 강화함으로써 아동들의 성역할 발달에 영향을 미치게 된다.

일반적으로 교사들은 사회 내의 다른 사람들과 마찬가지로 그 사회의 문화가 규정하는 남녀의 전형적 특성에 대해 고정관념을 가지고 있으며, 아동이 성별에 따라 다른 특성을 지니고 있을 것으로 기대한다. 남녀 교사 모두 남자 아동에게는 지도력, 자기주장, 경쟁, 모험, 자신감, 적극성, 활동성, 도전, 독립성을 기대하며, 여자 아동에게는 의존성, 단정함, 조용함, 협조, 동정심, 감정에 대한 이해, 복종 등을 기대한다(심미옥, 1999; Lobban, 1978).

교사들의 이러한 기대는 교사들의 의식적, 무의식적 행동을 통해 아동들에게 전달된다. 교사가 아동의 성에 따라 다른 행동을 보이는 것은 유치원에서부터 나타난다. 유치원에서 교사들은 남자 아동은 공격적이고, 문제해결을 할 수 있도록, 여자 아동은 수동적이고, 의존적이 되도록 행동한다. 교사들은 남자 아동들이 방해하는 행동을 보일 때 관심을 보이며, 여자아동은 교사에게 근접하여 있을 때 관심을 보인다. 또한 여자 아동의 문제는 교사가 직접 해결해 주는 반면, 남자아동은 스스로 문제해결을 하도록 지도하는 시간이 더 많았다(Serbin, & O'Leary, 1975).

초등학교에서도 남녀 교사들은 남자 아동과 여자 아동에 대해 서로 다른 기대를 가지고 있으며, 이에 근거하여 행동함으로써 성역할 고정관념적 특성을 강화한다. 교사들은 고정관념적 성역할에 적합한 행동에 대해 긍정적 반응을 보일 뿐만 아니라, 비전형적인 아동에 대해서는 부정적으로 대함으로써 전통적 성역할을 지지한다(Evance, 1982). 브로피(Brophy, 1985)는 70년대 후반과 80년대 전반에 이루어진 연구들을 검토하여, 초등학교 수준에서 남녀 학생의 학급 내 경험이 다른 것은 학생 자신의 성역할과 관련된 행동 때문이며, 교사의 성별 때문은 아니라고 지적하였다. 교사들은 여학생에게는 읽기, 남학생에게는 수학지도를 더 많이 하며, 남자 아동은 자율성, 독립적인 성취를 추구하도록 사회화하고, 여자 아동은 순종하고, 책임감을 갖도록 사회화하므로 전통적인 성역할을 강화한다.

일반적으로 학교에서 교사들이 여자 아동에 비해 남자 아동들에게 더 부정적으로 대한다는 지적도 있다. 교실에서 남자 아동들이 벌을 더 많이 받고 통제를 더 많이 받는다(Jackson, & Lahaderne, 1967). 따라서 남자 아동들은 학교에서 적응하기 힘들며, 결과적으로 남자 아동의 학업 성취에까지 영향을 미쳐 남자 아동이 학교에서 불리하다는 주장이 있다. 지나친 활동성이나 공격성처럼 남성적 특성 가운데 교사의 학급 통제를 어렵게 만드는 바람직하지 않은 특성들은 제도로서의 학교가 요구하는 학생 역할과는 갈등되기 때문에 교사는 이러한 특성을 보이는 남학생을 부정적으로 대하지만, 이러한 특성을 보이는 남학생들은 남학생 일반이 아니라 행동 상의 문제를 지닌 소수일 뿐이다(Martin, 1972). 실제로 긍정적 의미에서건 부정적 의미에서건 교사의 눈에 뜨이는 아동은 여자 아동이 아니라 주로 남자 아동이다. 비록 교사들이 학급에서 바람직하지 않은 행동을 보이는 남자 아동에 대해 부정적이기는 하나, 남자 아동이 여자 아동보다 더 자주 교사의 긍정적 관심의 대상이 된다. 교사들이 남자 아동과 긍정적 상호작용을 많이 하는 이유는 교사들이 남학생들이 지닌 긍정적 특성을 좋아하기 때문이다. 일반적으로 사회 내에서는 남성적 특성이 여성적 특성보다 더 바람직하게 평가되며(Rosenkrantz et al., 1968) 교사들도 남학생들이 지닌 남성적 특성을 좋아한다. 이를테면, 교사들은 똑똑한 남자 아동의 경우 독립심이 있는 것을 좋아한다(Sears, & Feldman, 1966). 남자 아동이 지닌 긍정적 특성은 교사와의 적극적이고 긍정적인 상호작용을 유발하는 것으로 보인다.

한편, 여성적 특성은 바람직한 학생 역할과 유사하며, 특히 의존성과 같은 여성적 부정적 특성은 남성적 · 부정적 특성보다 교사에게 긍정적으로 평가되거나, 적어도 부정적 반응을 덜 받는다. 학급에서 바람직한 학생은 듣고, 보고, 조용히 앉아 있고, 명령에 따라 읽고, 쓰고, 암송하고, 다른 친구들과 이야기 하지 않고, 집단의 구성원으로 협조하며, 교사의 생각에 도전하지 않는 학생이다. 따라서 학급의 규칙을 잘 지키고, 말썽을 부리거나 문제를 일으키지 않는 여자 아동에 대해 초등학교의 교사들은 부정적인 반응을 덜 하는 경향이 있다. 이처럼 초기의 성역할 사회화는 처음에는 여자 아동의 학교 적응에 유리하게 작용하는 면이 있다. 그 때문에 아동이 어릴 때에는 여자 아동이 남자 아동보다 학업 성취가 더 우수하기도 하다. 그러나 학년이 올라갈수록 여자 아동은 점차 자신의 능력을 낮게 평가하게 되고, 교육적 실패를 경험하게 된다. 그 이유는 성역할 사회화의 결과 여자 아동은 타인의 칭찬과 수용을 얻기 위한 동기에서 성취하려고 하기 때문이다. 여학생은 교사의 지시와 명령을 준수하고, 순종적이며, 예의바르고, 반항하지 않고, 규칙을 지키는 착한 소녀가 되도록 사회화되므로 학교에서 성공적이다. 그러나 남자 아동은 지배와 자율의 욕구에 의해 동기화되며, 타인지향적이라기보다 과제지향적이다. 따라서 교사의 부정적 반응을 경험하기도 하지만, 과제 해결 자체를 추구하는 특성 때문에 도전적이거나 부정적 반응에 직면하더라도 계속 과제해결을 해 나간다. 그 결과, 여성보다 더 우월한 지적 기술을 발달시킨다. 장기적으로 볼 때, 초기의 고정관념적 성역할 사회화는 능동적, 자율적 동기에 의한 학습으로 여학생을 이끌지 못하므로 여학생의 성취에 방해가 되기도 한다(Mikelson, 1989).

또한 여성적 특성은 남성적 특성보다 교사의 눈에 잘 뜨이지 않으므로 여자 아동들은 남자 아동에 비해 교사의 적극적 관심을 덜 끌게 된다. 클라리코츠(Clarricoates, 1987)는 초등학교 교사들이 지니고 있는 성별 행동에 대한 신념 때문에 교사들은 무의식적으로 남자 아동에게 유리한 잠재적 교육과정을 실행하며, 결과적으로 자성예언이 이루어진다고 하였다. 즉, 교사의 문화적 기대가 아동의 행동에 영향을 미친다는 것이다. 교사들이 여자 아동에게는 착하고, 성실하고, 깨끗하고, 단정할 것을 기대한다. 그리고 비록 남자 아동은 통제하기 힘들고, 여자 아동보다 성취가 낮지만, 상상력이 있고 창의적이라고 본다. 그렇기 때문에 남자 아동이 여자 아동보다 더 가르치는 보람이 있고, 흥미로우므로 남자 아동을 가르치는 데 더 많은 시간을 보내며, 이 때문에 결과적으로 남자 아동에게 더 유리하다고 지적한다.

4 또래집단에서의 성역할 사회화

아동의 사회화는 부모나 교사 같은 성인의 영향을 받기도 하지만, 또래끼리의 상호작용에 의해 스스로 형성하는 문화 속에서 사회화되기도 한다. 또래들의 문화는 성인들의 기대나 가치를 일방적으로 수용해서 수동적으로 형성하는 것이 아니라, 성원들이 스스로 능동적으로 구성하는 측면이 있다. 따라서 또래집단에서 아동은 자발적이고 능동적으로 사회화된다. 또한 또래들이 함께 모여 여러 가지 활동을 하면서 겪는 일상적 경험은 매일 반복되므로 강력한 영향력을 갖는다.

또래집단은 사회성을 기르며, 우정을 나누고, 소속감을 주며, 성취와 자아통합에 대한 관심을 증진시키고, 교수 학습의 기회를 제공하는 기능을 한다. 아동이 대등한 입장에서 서로 의사소통하는 민주적 과정을 습득하거나, 건전한 자아정체감을 가지고, 부모로부터 정서적으로 독립하기 위해서는 또래와의 상호작용과 또래의 지지, 수용이 반드시 필요하다. 따라서 또래들의 기대와 가치관 역시 아동의 사회화를 이루는 중요한 매개체(agent)가 될 수 있다. 남녀 아동은 성별에 따라 또래와 관계를 맺는 방식이 다르다. 따라서 서로 다른 행동 특성을 보이며, 중요시하거나 높이 평가되는 특성도 달라진다.

1) 또래집단의 성별 분리

아동들의 또래집단 구성에서 뚜렷이 드러나는 특징 중의 하나는 대개의 또래집단이 동성으로 구성된다는 것이다. 아동기의 성별 분리(gender segregation)는 선택의 여지가 있는 사회집단에서는 대부분의 문화적 여건에서 발견되는 광범위한 현상이다(Maccoby, 1990). 3세 정도의 아주 어린 시기에 동네에서 형성되는 또래집단부터 학교에서 형성되는 또래집단이 대부분 동성으로 구성된다. 성은 집단을 구성하는 뚜렷한 기준으로서, 학교든 동네이든 또래들이 모여 노는 곳에는 성별에 따라 공간이 구분된다. 운동장 한가운데에는 남자 아동들이 축구나 야구를 하고 가장자리에서는 여자 아동들이 모여 논다. 공터 한가운데서 노는 남자 아동들과 집의 마당에서 노는 여자 아동의 공간은 구분된다. 남녀 아동은 밥 먹을 때나 줄설 때, 무리지어 이동할 때, 수업 활동 등 성별에 관계없는 행동을 할 때도 거의 같은 성끼리 집단을 형성한다. 남녀가 혼성학급을 이룬다고 하더라도 학급의 여러 상황 속에서 아동의 자발적인 집단형성은 성별에 따라 분리되며, 남자 아동과 여자 아동은 매우 다른 경험을 하는 경향이 있다. 베스트(Best, 1983)는 학급과 운동장에서의 남녀 분리된 세계 속에서 일어나는 아동의 성역할 사회화를 제2의 교육과정(the second curriculum)이라고 부른다. 성별에 따라 분리된 놀이집단은 동성의 친구들에게 적용될 수 있는 독특한 상호작용 기술을 습득할 수 있는 사회화의 여건을 구성하기 때문에 남녀 아동은 각각 다른 방식으로 사회화된다.

매코비(Maccoby, 1990)는 아동들이 성별에 따라 분리된 집단을 구성하는 이유는 여자 아동이 남자 아동과 놀기 싫어하기 때문이라고 본다. 구체적으로 보면, 첫째, 남자 아동의 거친 놀이 방식, 경쟁과 지배를 추구하는 경향을 여자 아동들은 싫어하며, 둘째, 여자 아동들은 남자 아동들에게 영향력을 행사하기 어렵기 때문에 여자 아동들이 남자 아동들과 놀기 싫어한다. 그는 관련 연구를 검토해 본 결과 남자 아동과 여자 아동의 상호작용 방식은 서로 다르다고 지적한다. 남자 아동 사이의 상호작용은 지배(dominance)에 대한 관심에 기초를 두고 있으며 일방적, 직접적이다. 여자 아동의 사이의 상호작용에서는 사회적 결속이 중시되며 쌍방적, 간접적이다. 비록 남녀 모두 동성과의 상호작용을 선호하는 것이 일반적인 경향이지만, 남자 아동보다 여자 아동들이 이성에 대해 더 협조적이다. 그러나 이러한 상호작용 방식의 차이 때문에 여자 아동은 남자 아동으로부터 조력을 받거나 영향력을 행사할 수 없기 때문에 여자 아동이 이성과의 상호작용을 싫어하는 원인이 된다. 이는 또한 성인기에도 남성은 여성과의 상호작용에 쉽게 적응하지만 여성은 남성과의 상호작용에 잘 적응하지 못하는 이유가 된다.

남자 아동이 여자 아동과 놀기 싫어하는 이유는 분명히 밝혀진 바가 많지 않다. 그러나 남자 아동들이 남성다움(masculinity)을 추구하는 과정에서 여자 아동에 대해 배타적 태도를 취하기도 한다. 학교에 대해 저항하는 공격적인 남자 아동은 영웅적 역할, 전사의 역할로서의 남성다움의 정의에 적합하지만, 학교의 규범에 잘 적응하는 착한 남자 아동은 여성적인 것으로 간주되고 또래들에게 무시당하기도 한다. 그래서 이들 착한 남자 아동은 남성다움에 대한 대안적 정의로서 '여성적이지 않음(not female)'을 택하게 된다. 그리하여 여성적 옷차림, 장난감, 활동을 회피하며 여자 아동 집단에 대한 경멸과 거부를 한다는 것이다(Jordan, 1995).

분리된 남녀 집단은 완전히 분리된 별개의 세계가 아니라 사회적 관계를 맺고 있으며, 이는 이성과의 관계를 형성하는 데 영향을 미친다. 성별로 분리된 집단 및 각 집단 내에서의 사회적 관계가 남녀 아동에게 이성관계(sexuality)에 대한 서로 다른 학습 맥락을 제공한다. 남자 아동들은 욕설, 금지된 장난 등 학교에서 통제하는 일을 함께 함으로써 공적 규칙 위반에 따르는 결속과 흥분의 공유를 경험하며, 여자 아동들은 가장 친한 친구와 마음을 털어놓는 것을 통해 친밀감을 형성하고, 유지하고, 끝내는 전략을 배운다. 남녀 집단 간의 경쟁, 쫓아다니기, 놀리기, 방해하기, 짓궂게 굴기와 같은 이성간의 상호작용은 오히려 남녀 집단 간의 경계를 더 강화한다. 성별로 분리된 집단과 남녀 사이의 관습적이고 불균형적 관계가 성에 대해 상이한 의미를 유지하게 하며, 이것이 사춘기나 성인기의 이성 간의 관계를 이루는 바탕이 된다(Thorn, 1986; Thorn & Luria, 1986).

성별 분리와 관련하여 아동들은 복합적인 발달과업에 직면해 있다. 아동들은 두 가지의 서로 모순되는 목적을 조화롭게 달성해야 한다. 한편으로는 동성 친구 사이의 유대를 긴밀히 하고, 집단활동을 위한 기술을 획득하며, 이성관계에 대한 조숙한 관심을 예방하기 위해 성별 간의 분리를 유지해야 하지만, 다른 한편으로는 이성에 대한 관심을 표현할 수 있는 기회를 가져야 하며, 이성에 대해 이해해야 하므로 이성과 함께 활동해야 한다(Srouf et al., 1993). 아동들의 집단구성에 있어 성별 분리가 일반적인 특성이라면, 이러한 모순되는 발달과업을 수행하기 위해 아동들의 사회화에서 보다 관심을 가져야 할 부분은 이성과의 상호작용에 관한 것이다.

성역할은 개인의 인성적 특성으로도 볼 수 있지만 서로 다른 집단 정체감과 적응방식, 세계관을 지닌 문화로 개념화할 수 있다. 이렇게 볼 때 서로 다른 문화들 사이의 상호작용을 설명하는 방식으로 성역할 문화를 설명할 수 있다. 문화 간의 관계를 우열의 관계로 볼 때는 결핍(deficit)으로 볼 수 있지만, 대등하다고 볼 때는 차이(difference)로 볼 수 있으므로, 성역할 문화의 관계를 어떻게 보느냐에 따라 교육 실천에 대한 시사점이 달라진다. 이런 경우 성역할은 일련의 과정, 실천, 자원을 지칭하는 것으로 성역할 문화를 문화차이라는 관점에서 볼 때 다른 문화에 접하는 것은 일탈이나 병리가 아니라 개인이 지닌 문화를 풍부하게 해주는 것으로 여겨진다. 따라서 남녀 학생 모두 평등하게 성역할에 따라 구분되었던 교육적, 문화적 자원에 자유로이 접근할 수 있어야 한다. 이런 관점에서 본다면 성별 분리를 통하여 아동들은 하나의 성역할 문화를 효과적으로 습득할 수 있는 반면, 이성 간의 상호작용을 통해 다른 성역할 문화를 배우며, 이는 아동들의 경험을 풍부하게 해주는 중요한 교육 실천이 될 수 있다(Lee, & Groper, 1974).

남녀 아동 간 협동적 활동을 함으로써 얻을 수 있는 이점은 동성뿐만 아니라 이성을 친구로, 놀이 상대로, 협조자로 생각하게 된다는 점이다. 이런 태도가 유지된다면 성인이 되었을 때 이성 상대를 동등하게 여기게 될 것이다. 또한 남녀 아동이 이성의 전형적인 행동 유형과 인지적 기술에 접하게 됨으로써 발달에 도움이 될 것이다. 특히 남자 아동 집단과 여자 아동 집단의 고정적인 놀이 유형을 넘어서 보다 확대된 놀이를 할 수 있게 할 것이다. 또한 교사들도 남녀 아동이 혼성집단을 이루고 있으면 남녀 아동을 서로 다르게 대하거나, 다른 학습경험을 하도록 하기 어렵게 된다(Serbin, Tonick & Sternglanz, 1977).

한편 혼성 집단의 구성이 바람직하지 않다는 지적도 있다. 혼성 집단에서는 성별이 일종의 지위관계를 형성하므로 혼성 집단의 이점은 남자 아동에게만 있다. 집단을 이끌고 문제 해결 능력을 발휘하는 것은 남자 아동이기 때문이다(Lockheed & Harris, 1984). 말랜드(Marland, 1983)는 남녀를 분리하는 것과 남녀 함께 집단을 구성하는 경우를 비교하여 검토한 결과, 학업성취와 성역할 고정관념적 사회화라는 측면에서 볼 때 어느 한쪽이 일방적으로 더 유리하다고 볼 수는 없음을 지적한다. 그의 논의는 비록 중등 수준의 학교를 중심으로 한 것이긴 하지만 아동의 집단 구성과 관련하여 시사점을 주는 바가 있다. 공학에서는 다른 성별의 또래가 존재하며, 성별 경계와 차이, 정체감을 유지하려는 압력이 있기 때문에 공학의 사회적 구조는 학생들로 하여금 더 성고정관념적으로 되도록 한다. 따라서 남녀를 분리하여(single-sex schools) 가르치는 경우 학업성취, 과목 선택, 교수학습 방식 등 여러 측면에서 성별에 따른 고정관념이 덜하다. 남학교 남학생의 언어과목의 학업 성취나 여학교 여학생의 수학, 물리 과목의 학업 성취가 공학에서보다 더 높으며, 남학교 혹은 여학교에서의 과목 선택이 공학에 비해 성별 고정관념에 덜 부합된다. 또한 여학교의 수학, 물리교사가 여자일 가능성과 남학교의 언어, 문학교사는 남자일 가능성이 크며, 이들의 강한 지도력과 성공적인 역할모델이 비전형적 선택과 노력을 하게 만든다. 일반적으로 남녀가 함께 있는 학급에서 쓰는 언어, 주제, 교수방식, 격려와 비판의 방식, 학습자료 등이 남자 아동 중심적이라면 여자 아동을 따로 가르치는 것이 더 나을 수도 있다. 여자 아동들의 요구에 맞추어서 가르칠 수 있기 때문이다. 그러나 남녀를 분리해서 가르치는 것은 문제도 있다. 교육과정, 학습자료, 교수방식을 편향되게 함으로써 오히려 성고정관념적 태도로 사회화시키는 경향을 증가시킬 수도 있기 때문이다. 따라서 성별 분리는 때로 가치가 있겠지만 장기적으로 위험할 수도 있다고 그는 경고한다.

2) 또래집단에서의 성역할 사회화

또래의 영향은 유아기부터 나타난다. 유치원에서 유아들이 자신의 성과 반대되는 활동을 하면 또래들로부터 부정적 반응을 받는다(Fagot, 1977). 레버(Lever, 1976; 1978)는 초등학생의 놀이(play)와 게임(game)을 연구한 결과 남녀 아동의 활동에는 차이가 있음을 밝혔다. 놀이는 분명한 목적과 끝내기, 승부가 없는 협동적 상호작용이며, 게임은 일련의 규칙이 적용되며, 분명한 목적이 있는 경쟁적 상호작용으로 끝내기와 승부가 분명하다. 여자 아동이 남자 아동에 비해 놀이를 많이 하며, 남자 아동은 가정에서 멀리 떨어진 넓은 공간에서 보다 오랜 시간 동안 지속적으로 게임을 더 많이 한다. 따라서 성별에 따라 다른 사회적 기술을 습득하게 된다. 남자 아동은 여러 명의 다양한 구성원들의 행동에 협동하는 조직적 기술을 발달시키며, 규칙에 근거한 행동을 경험함으로써 규칙을 존중하게 된다. 또한 문제를 해결하고 판단하며, 직접적인 경쟁에 대처하는 능력을 기른다. 여자 아동은 소규모의 친밀한 친구끼리 놀기 때문에 정교한 사회 정서적 기술을 발달시키며, 규칙과 구조가 결여된 자발적 놀이를 하므로 경쟁적이기보다 협동적이다.

이 같은 아동기 놀이의 성별 차이는 성인 세계에서의 역할과 관련이 있다. 남자 아동들의 경쟁적 게임에서 요구되는 권력, 규칙, 역할을 중심으로 한 협상, 설득, 조언하는 사회적 기술들은 성인세계의 조직 속에서 관리자 역할에서 요구되는 것과 유사하다. 여자 아동들의 놀이는 주로 양육자의 역할에 부합하는 친밀함과 결속을 강조한다(Borman & Frankel, 1984).

교우관계에서의 성별 차이도 아동의 사회화에 영향을 미친다. 아동의 단짝관계의 배타성을 성별에 따라 검토해 본 결과, 여자 아동의 단짝관계는 배타적이며 남자 아동의 단짝은 확대되어가는 특징이 있다. 이를 통하여 남자 아동과 여자 아동은 다른 종류의 사회적 기술을 발달시킨다. 게임을 하기 위해 남자 아동은 비배타적 우정을 발전시키고 대집단 내에서의 상호작용을 통해 집단 의사결정, 집단 지도력, 그 외 집단 과정과 관련되는 사회적 기술을 발달시킨다. 반면, 여자 아동들의 단짝끼리만 상호작용하는 경향은 친밀하게 자신의 마음을 털어놓는 능력과 같은 사회적 기술을 발달시킨다(Eder & Hallinan, 1978).

성별에 따른 인기요인의 차이도 아동들의 성역할 사회화와 긴밀히 관련된다. 성별에 따라 인기요인이 다르면 또래 아동들 사이에서 인기를 추구하면서 자연스럽게 자신의 성과 관련된 역할과 규범을 습득하게 된다. 초등학교 남녀 아동의 인기를 구성하는 요소는 아동이 구성한 성정체감(gender identity)의 문화적 규범을 반영한다. 남자 아동들 사이에서의 인기를 구성하는 요인은 운동 능력, 아무렇지도 않은 척하기(coolness), 거칠음(toughness), 수완(savoir-faire), 이성 간의 관계에서의 성공 등이다. 여자 아동들의 인기요인은 가정의 사회 경제적 배경, 외모, 사회성, 학업성취 등이다. 이처럼 일반적으로 남자 아동들의 문화가 자율적이고 성취지향적이고, 여자 아동의 문화는 수동적 귀속적 성향을 갖는다. 그러나 언제나 그런 것만은 아니다. 남자 아동은 동료들의 규범에 동조하기 위해 학업 성취에 수동적이며, 외모나 물질적 소유와 같은 귀속적 요인을 인식하고 있다. 한편 여자 아동들은 학업성취, 운동, 과외 활동, 친구 관계 등 여러 가지 면에서 또래집단 내에서의 지위를 얻기 위해 능동적이기도 하다. 특히 여자 아동들의 성역할이 과거에 비해 보다 성취지향적이고 자율적이 되어가는 경향이 있다(Adler, Kless & Adler, 1992).

이러한 여자 아동들의 성역할 변화를 보여주는 예로 알파 걸(alpha girls)을 들 수 있다. 킨들런(Kindlon, 2006)은 미국 여학생 세대의 리더 집단을 알파 걸이라 지칭하고 있다. 이들 알파 걸은 재능 있으며, 자신감과 도전정신을 구비하고 있으며, 남녀가 동등하다는 것을 당연하게 여기는 집단이다. 이들은 독립적이며 동시에 관계지향적이고, 승부욕과 동정심을 동시에 가지고 있으며, 이성적이면서 직관적이고, 강인하면서도 부드럽고, 자기이익과 자기희생을 모두 융합시킨 양성적 특징을 갖추고 있다. 이들은 사회적 · 경제적으로 성평등한 기회를 누린 어머니 세대를 역할 모델로 하여 성장하였으며, 자녀 양육에 관심을 가지고 참여하는 아버지로부터 남성적 방식을 습득하여 양성적 특징을 지닌다. 이들은 과거 세대의 여성과는 달리 자신이 여자라는 사실 때문에 행동의 제약을 받는다고 생각지 않으며, 자신의 삶의 방식을 폭넓게 선택할 자유를 지니고 있다고 인식한다.

5 아동기 성평등교육의 방향

유아기 · 아동기는 기본적인 지적 능력을 발달시키고 사회적 규범을 습득하는 인생의 초기 단계로서 후기의 발달에 지대한 영향을 미치는 중요한 시기이다. 이상에서 살펴본 바와 같이 일반적으로 기존 사회의 문화는 고정관념적인 성역할을 아동에게 전수하는 경향이 있으며, 아동기의 성역할 발달에 관한 이론들도 주로 아동이 고정관념적인 성역할을 습득하는 과정만을 기술하고 있다. 그러나 아동이 고정관념적인 성역할을 주변의 환경 속에서 습득한다는 사실이 바람직하다거나 당연한 것으로 여겨질 수 없으며, 아동기에 형성된 성역할 발달이 일생동안 고착되는 것도 아니다.

여성성과 남성성이 서로 독립적이고, 사회적으로 바람직한 특성으로 남녀 모두에게 이러한 특성이 공존한다는 양성성의 입장, 혹은 사회 내에 존재하는 남성 문화와 여성 문화가 모두 나름대로의 고유한 가치를 지닌다는 관점에서 본다면, 개인이 지닌 개성과 가능성을 신장하고 남녀 모두에게 평등한 교육의 기회를 제공하기 위해서는 초기의 고정관념적인 성역할을 초월하여 균형적인 인성적 특성과 가치관, 적응방식, 세계관을 아동이 갖도록 할 필요가 있다. 가정이나 사회가 아동에게 성역할 고정관념을 강화하는 정보만 제공한다면 아동은 기존의 고정관념적인 성역할과 다른 경험을 학습할 수도 없으며, 지적 성숙에 따라 다른 성의 역할에 대해 관심을 넓혀가기도 어렵게 된다. 따라서, 가정에서 평등한 부부가 자녀와의 우호적인 관계를 지속적으로 맺고, 유치원이나 학교의 구조적 여건과 교육과정, 교사의 태도나 행동, 또래집단의 문화와 남녀 십난의 상호작용이 고정관념적인 성역할에만 국한되는 것이 아니라 남녀 평등한 다양한 대안과 가능성을 열어 보이도록 아동기 때부터 사회적 노력을 기울여야 한다. 그런 여건 속에서 아동은 기존의 고정관념적 성역할에 고정되지 않고, 장차 자신이 지닌 잠재적 가능성을 발휘하고, 관심의 영역을 넓히며, 평등한 남녀 관계를 지향해 나갈 수 있는 바탕을 마련하게 된다.

● 요약

유아기는 성 정체감과 기초적인 성역할 사회화가 이루어지는 시기이다. 성역할은 유아기부터 이미 발달하며, 이때 가정에서 부모의 역할은 매우 중요하여 장기적인 영향을 미치기도 한다. 아동이 더 성장하여 유치원이나 학교와 같은 제도적인 교육기관에서 교육을 받게 되면 교육기관의 구조적 환경, 교과서와 같은 교육내용, 교사의 행동을 통해 아동은 사회 내에 통용되는 성역할을 습득하게 된다. 뿐만 아니라 또래집단도 아동의 성역할 사회화의 중요한 매개체가 된다. 일반적으로 부모나 교사와 같은 성인들의 기대나 태도, 교육기관이나 또래집단의 문화는 고정관념적인 성역할을 아동에게 전수하는 경향이 있으므로, 아동이 균형적이고 남녀 평등한 성역할을 습득할 수 있도록 사회적 노력을 기울일 필요가 있다.

● 토론문제

1. 가정에서 부모님께서 딸과 아들에게 달리 기대하고 행동하신 적이 있는지 토의해보자.

2. 교과서에 나타나는 여성과 남성의 모습은 어떻게 다른지 비교해보자. 또 여성이 행한 중요한 일 가운데 교과서에 제시되지 않는 내용은 어떤 것이 있는가? 여성이 한 일을 우리가 잘 알지 못한다면 그 원인이 무엇인지 토의해보자.

3. 부모나 교사의 입장에서 아동에게 평등하고 양성적인 성역할을 갖도록 하기 위해 어떤 점에서 노력해야 하는지 토의해보자.

참고문헌

심미옥(1999). 「교직의 여성화가 초등학생의 여성화에 미치는 영향: 아동에 대한 기대와 행동을 중심으로」. 교육사회학 연구. 9(1). 47-73.

정해숙, 구정화, 최윤정(2010). 교과서의 성차별 실태 분석 및 개선방안 연구. 여성가족부.

Adler, P. A., Kless, S. J. & Adler, P.(1992). Socialization to gender roles: Popularity among elementary school boys and girls. *Sociology of Education*. 65(July). 169-187.

Bem, S. L.(1974). The measurement of psychological androgyny. *Journal of Consulting and Clinical Psychology*. 42. 155-162.

Best, R.(1983). *We've all got scars: What boys and girls learn in elementary school*. Bloomington: Indiana University Press.

Borman, K. M., & Frankel, J.(1984). Gender inequalities in childhood social life and adult work life. In K. M. Borman, D. Quarm, & S. Gideonse(eds.). *Woman in the workplace: Effects on families* (pp. 113-135). Norwood; N. J.: Ablex Publishing Co.

Brophy, J.(1985). Interactions of male and female students with male and female teachers. In L. C. Wilkinson, & C. B. Marrett(eds.). *Gender Influences in Classroom Interaction*(pp. 115-142). New York: Academic Press.

Clarricoates, K.(1987). Dinosaurs in the classroom-the 'hidden' curriculum in primary schools. In M. Arnot, & G. Weiner(eds.). *Gender and the Politics of Schooling*(pp. 155-165). London: The Open University.

Eder, D., & Hallinan, M. T.(1978). Sex differences in children's friendships. *American Sociological Review*. 43. 237-249.

Evance, T. D.(1982). Being and becoming : Teachers' perceptions of sex roles and actions toward their male and female pupils. *British Journal of Sociology of Education*. 3. 127-143.

Fagot, B. I.(1977). Consequences of moderate cross-gender behavior in preschool children. *Child Development.* 48. 902-907.

Jackson, P. W., & Lahaderne, H.(1967), Inequalities of teacher-pupil contacts. *Psychology in the Schools.* 4. 204-211.

Jordan, E.(1995). Fighting boys and fantasy play: the construction of masculinity in the early years of school. *Gender and Education.* 7. 69-86.

Kaplan, A. G., & Sedney, M.(1980). *Psychology and sex roles: An androgynous perspective.* Boston: Little, Brown, & Company.

Kindlon, D.(2006). Alpha girls: Understanding the new American girl and how she is changinging the world. 최정숙(역)(2007). 알파걸: 새로운 여자의 탄생. 서울: 미래의 창.

Kohlberg, L. A.(1966). A cognitive-developmental analysis of children's sex-role concept and attitudes. In E. E. Mccoby(ed.). *The Development of sex differences* (pp. 82-166). Stanford, CA: Stanford Universuty Press.

Lee, P. C., & Gropper, N. B.(1974). Sex role culture and educational practice, *Harvard Educational Review.* 44. 369-410.

Lever, J.(1976). Sex differences in the games children play. *Social Problems.* 23. 478-487.

________(1978). Sex differences in the complexity of children's play and games. *American Sociological Review.* 43. 471-483.

Lobban, G.(1978). The influence of the school on sex-role stereotyping. In J. Chetwynd & O. Hartnett(eds.). *The Sex Role System* (pp. 50-61.). London: Routledge and Kegan Paul.

Lockheed, M. E., & Harris, A. M.(1984), Cross-sex collaborative learning in elementary classrooms. *American Educational Research Journal.* 21. 275-294.

Maccoby, E. E.(1990). Gender and relationships: A developmental account. *American Psychologist.* 45. 513-520.

________________, & Jacklin, C. N.(1974). *The psychology of sex differences.* Stanford. CA: Stanford Universuty Press.

Marland, M.(1983). Should the sexes be separated? In M. Marland(ed.). *Sex differentiation and schooling*(pp. 181-186). London: Heinemann Educational Books.

Martin, R.(1972). Student sex and behavior as determinants of the type and frequency of teacher-student contacts. Journal of School Psychology. 10. 339-347.

Mikelson, R. A.(1989), Why Does Jane Read and Write So Well? The Anomaly of Womens Achievement. *Sociology of Education*. 62. 47-63.

Mischel, W. A.(1966). A social learning view of sex differences in behavior. In E. E. Mccoby(ed.). *The Development of sex differences*.(pp. 56-81.). Stanford, CA: Stanford Universuty Press.

Rosenkrantz, P., Vogel, S., Bee, H., & Broverman, I.(1968), Sex-role stereotypes and self-concepts in college students. *Journal of Consulting and Clinical Psychology*. 32. 287-307.

Sadker, D., & Zittlemen, K.(2007). Gender bias: From colonial America to today's classroom, In J. A. Banks, & C. A. M. Banks(eds.), *Multicultural education: Issues and perspectives*(6th ed., pp. 135-217). Hoboken, NJ: John Wiley & Sons.

Sears, P. S., & Feldman, D. H.(1966), Teacher interaction with boys and with girls. *The National Elementary Principal*. 46. 30-35.

Serbin, L. A., & O'Leary, K. D.(1975). How nursery schools teach girls to shut up. *Psychology Today*. 9. 57-58. 102-103.

Spence, J. T., Hemlreich, R., & Stapp, J.(1975). Ratings of self and peers on sex role attitudes and their relation to self-esteem and conceptions of masculinity and feminity. *Journal of Personality and Social Psychology*. 32(1). 29-39.

Srouf, L. A., Bennett, C., Englund, M., Urban, J., & Shulman, S.(1993). The significance of gender boundaries in preadolescence: Contempory correlates and antecedents of boundary violation and maintenance. *Child Developmet*. 64. 455-466.

Thorne, B.(1986). Girls and boys together...but mostly apart: Gender arrangements in elementary schools. In W. W. Hartup & Z. Rubin(eds.). *Relationships and development*. London: Lawrence Erlbaum Associates. 167-184.

_______________and Luria, Z.(1986). Sexuality and gender in children's daily world, *Social Problems*. 33. 176-190.

5장 청소녀기의 교육과 진로개발

곽윤숙*

* 이화여자대학교 교육학 박사
현재 여주대학교 보육과 교수

1 청소녀기의 정의와 발달과업

청소녀기는 대체로 중등학교 교육을 받는 여학생들이 속하는 시기로 남성의 발달단계에서 청년기의 초기와 중기에 해당하는 청소년기와 같은 시기이다. 여기서 청년기는 아동기와 성인기의 중간단계로서 전적으로 부모에게 의존했던 아동이 한 사람의 독립된 성인으로 성장하기 위한 준비기이며 과도기이다. 라틴어로 청년기를 뜻하는 'adolescence'는 '성장하다'의 의미를 지니고 있어 급격하게 성장하는 변화의 시기라는 뜻을 내포하고 있다. 이 시기 동안 신체적 발달은 물론 심리적, 사회적 발달도 급격하게 이루어진다.

청년기가 '언제 시작해서 언제 끝나는가'는 그 사회의 문화에 따라, 청년기를 연구하는 학문분야의 조망에 따라 차이가 있다. 청년기에 대한 다양한 정의가 있지만 일반적으로 청년기는 사춘기 혹은 성적 성숙의 시작에서 출발하여 성인의 책임을 맡을 때까지(장휘숙, 2009)로 정의할 수 있다. 여기서 사춘기란 급속한 신체 성장을 이루는 시기로서, 성장급등과 신체구성의 변화가 일어나고 특히 2차성징의 출현으로 정의되는 시기이다.

청년기의 기간은 개인에 따라서, 또 시대나 사회에 따라 달라질 수 있기 때문에 단순히 연령으로 규정하기 어렵다. 같은 연령이라 하더라도 현재 하고 있는 일에 따라 개인이 속하는 발달단계가 다를 수 있고, 다양한 직업이 존재하고 고도의 기술발달이 이루어진 현대사회에서는 성인사회로 들어가기 위한 긴 준비기간을 필요로 하기 때문에 청년기가 과거에 비해 연장될 수밖에 없다.

오늘날 대부분의 젊은이들은 그들의 10대와 20대 초반을 학교에서 보내고 있다. 우리나라의 경우, 청소년의 대부분이 중등학교에서 학교교육을 받고 있으며 2012년을 기준으로, 고등학교 졸업생의 70%를 넘는 수가 대학교육을 받고 있다. 과거와 비교하여 보다 긴 교육기간을 갖는 이와 같은 현실에서는 교육단계와 맞추어 청년기를 구분하는 것도 타당성을 지닌다. 중학교 시기는 청년초기, 고등학교 시기는 청년중기에 해당하고, 청년후기는 대학교 및 기술학교, 군복무기간을 포함한다. 일반적으로 청년초기와 중기에 해당하는 사람들은 청소년으로, 그리고 청년후기에 해당되는 젊은이들은 청년으로 명명된다. 본 장에서 다루는 청소년기는 청년초기와 청년중기에 속하는 발달단계로서 현재 중등교육을 받고 있는 여학생 집단을 의미한다.

청년기는 인생주기에서 어디쯤에 위치하고 있을까? Levinson(1976/1996)에 의하면, 우리의 인생주기는 크게 4개의 시대, '성인이전기－성인초기－성인중기－성인후기'로 구분한다. 여기서 청년기는 성인이전기와 성인초기를 연결하는 전환기에 해당한다. 이 시기는 성인이전기를 마무리짓고 성인생활로 들어가기 위해서 최초로 새로운 성인 인생구조를 형성하기 위해 준비하는 시기이다. 이러한 의미에서 청년기를 '성인초기 전환기'라고 부르기도 한다.

Erikson에 의하면 청년기는 자아정체감 대 역할혼란의 시기에 해당한다. 자아정체감이란 우리 자신의 독특성에 대해 비교적 안정된 느낌을 갖는 것으로 행동, 사고, 그리고 감정의 변화에도 불구하고 우리 자신에 대해 갖는 일관성이다. 이 시기는 급격한 신체적, 성적 성숙, 과거－현재－미래를 통찰해 볼 수 있는 고도의 인지능력, 그리고 상충된 사회적 요구로 인해 지금까지 지녀온 자기상, 역할대응 방식, 능력, 가치들에 대한 심각한 회의와 갈등이 싹트게 된다. 이때 청년은 '나는 누구인가?', '나는 무엇을 할 수 있는가?', '나는 어디로 가고 있는가?' 등의 물음을 제기하고 그 해답을 얻기 위하여 노력하는 시기이다(김애순, 2005).

청소년기는 신체적인 측면뿐만 아니라 지적·정서적 측면에서도 급격한 발달이 이루어진다. 청소년기는 흔히 제2의 탄생이라고 불리기도 하는데, 아동이 성인이 되어가는 과도기적 단계로 성(gender)과 관련된 영역에서 큰 변화가 일어난다. 이 시기에 성에 대한 인식은 청소년기의 자아정체감 발달과 사회적 형성에 중요한 위치를 점할 뿐 아니라, 문화적 의미의 성역할에 대한 인식과 관념의 기초가 된다. 청소년기에는 성에 대한 가치관과 윤리관이 형성되며, 성역할에 대한 순응 및 도전이 일어나며 성정체감의 확산 및 폐쇄가 일어난다. 청소년기의 여성들은 자신의 성역할에 대해 스스로 새로운 정의를 내리고 그에 대한 관념을 구체적으로 형성한다(곽삼근·조혜선·윤혜경, 2005). 청소년기의 여성들은 자아정체감을 형성하는 과정에서 그 한 부분으로서 자신의 성정체감을 형성하게 되는데, 기존의 성역할에 대한 고정관념이 강화되기도 하고 또 한편으로 기존의 성역할에 대해 의문을 제기하기도 한다.

또 한편 청소년기의 자아정체감 형성과 관련된 대표적인 발달과업은 자신의 미래의 직업을 선택하고 준비하는 일이다. 장래의 직업을 위해 준비하고 특정 직업을 선택하는 문제는 개인의 정체감 확립을 위한 전제조건이다. 청소년기는 자신의 진로를 탐색하고 선택해야 하는 시기인데 여성의 경우, 성정체감은 자신의 진로선택에 큰 영향을 미치는 요소로 작용할 것이다. 본 장에서는 청소년기에 속하는 중등교육을 받고 있는 여학생들의 진로선택의 문제를 다루고자 한다. 여기서 진로선택이란 진학 및 직업 선택의 문제를 포함한다.

2 중등학교 여학생의 진로선택

1) 중등학교 여학생의 진로선택 논의

현대사회에서 학교교육 체제는 평등주의를 내세움으로 해서 남녀 간의 양적인 교육기회 균등은 어느 정도 실현되었다고 볼 수 있다. 아래의 〈표 5-1〉에서 보는 바와 같이 2012년 기준, 중학교·고등학교의 취학률에 있어서 남녀격차는 존재하지 않으며 고등교육기관의 취학률에 있어서는 여성이 67.2%, 남성이 69.3%로 남녀 격차는 2.1%이다. 〈표 5-2〉에 의하면 고등학교에서 대학교로의 진학률은 2009년부터 여성이 남성을 앞지르기 시작하였고, 그 이후 남녀 격차는 점차 벌어지고 있다. 2012년 기준, 여학생의 대학진학률은 74.3%, 남학생의 대학진학률은 68.7%로 고등학교를 졸업하는 여학생들이 남학생들보다 대학에 더 많이 진학한다.

〈표 5-1〉 연도별·학교급별 취학률

(단위: %)

	중학교		고등학교		고등교육기관	
	여성	남성	여성	남성	여성	남성
1997	93.1	92.6	85.2	85.7	40.9	49.5
2000	95.8	94.3	89.4	89.5	46.1	54.2
2005	95.0	93.7	92.7	91.7	61.1	64.9
2007	96.1	95.9	91.7	90.0	66.1	68.6
2008	93.1	93.3	90.5	89.6	67.6	69.3
2009	96.0	96.4	92.9	92.1	68.1	69.3
2010	97.6	97.7	92.7	92.1	68.5	71.5
2011	98.0	97.5	92.9	92.6	67.0	69.7
2012	96.8	95.4	92.6	92.6	67.2	69.3

출처: 2012 한국의 성인지 통계, 한국여성정책연구원.

주: 1) 취학률 = 취학 적령학생 수 / 취학 적령인구

2) 적령인구: 초등학교 6-11세, 중학교 12-14세, 고등학교 15-17세, 대학교 18-21세

3) 고등학교에는 일반계와 전문계가 포함됨

4) 고등교육기관에는 대학, 교육대학, 대학교, 각종 학교, 방송통신대학, 산업대 및 기술, 원격대학이 포함됨

〈표 5-2〉 연도별 · 학교급별 진학률

(단위: %)

	초등학교 → 중학교		중학교 → 고등학교		고등학교 → 대학교	
	여성	남성	여성	남성	여성	남성
1985	99.1	99.4	88.2	93.1	34.1	38.3
1990	99.8	99.8	95.0	96.3	32.4	33.9
1995	99.9	99.9	98.4	98.6	49.8	52.8
2000	99.9	99.9	99.6	99.5	65.4	70.4
2005	99.9	99.9	99.8	99.7	80.8	83.3
2007	99.9	99.9	99.7	99.6	82.2	83.3
2008	99.9	99.9	99.7	99.6	83.5	84.0
2009	99.9	99.9	99.7	99.6	82.4	81.6
2010	99.9	99.9	99.7	99.7	80.5	77.6
2011	99.9	99.9	99.7	99.7	75.0	70.2
2012	99.9	99.9	99.7	99.7	74.3	68.7

출처: 2012 한국의 성인지 통계, 한국여성정책연구원.

이제 교육기회에 있어서 남녀격차는 사라졌으며, 특히 대학진학률에 있어서는 여학생이 남학생을 앞서고 있음에도 불구하고 전체 성별경제활동참가율을 살펴보면 2012년 남성은 73.3.0%, 여성은 49.9%로 남녀 격차는 다른 OECD국가와 비교하면 큰 것으로 나타난다. 특히 대졸이상 여성의 경제활동참가율은 63.1%로 남성과 비교하면 25.5% 낮은 것으로 나타난다(한국여성정책연구원, 2012). 그러므로 교육의 성별불평등 문제에 관한 논의에서 관심을 가지고 다루어야 할 문제는 성별 간의 균등한 교육기회의 '접근'의 문제라기보다는 교육적 성취의 '결과'의 문제이다. 교육열이 특별한 한국 사회에서 여학생들은 남학생과 동일한 수준의 교육을 받고 있음에도 불구하고, 그들의 교육적 성취의 결과는 남학생과 질적으로 다르다. 업적주의를 지향하는 사회에서 교육적 성취가 사회적 성취를 가져다준다는 공유된 믿음에도 불구하고 여학생들의 경우, 교육적 성취가 사회적 성취로 전환되지 않고 있는 것이 현실이다.

여성의 교육적 성취가 사회적 성취를 가져오지 않는 근본적 원인은 노동시장에서의 성적 차별, 사회가 여성에게 부과하는 성역할 등과 같은 교육 외부의 사회구조적 요인에 있다. 그러나 또 한편으로 여성이 노동시장에서의 취업기회에서 불리하고 사회 · 경제적으로 유리한 직업을 얻는 데 실패하는 원인을 교육 내부에서 찾아 설명할 수 있다. 다수의 여학생이 대학에 진학한다 하더라도 한정된 영역에 집중되고 시장성이 적은 전공을 선택한다면 고등교육이 직업적 성공이나 사회적 성취를 가져다 줄 수 없다. 그러므로 교육에서 나타나는 성별 불평등에 관한 논의는 양적 교육기회의 확대에 초점을 맞추기보다는, 여학생이 고등학교에서 어떤 진로를 선택하고 이것이 대학의 전공선택 및 직업선택과 어떤 관련이 있느냐 하는 문제에 강조점을 두어 논의가 이루어져야 할 것이다.

남녀간의 양적 교육기회가 어느 정도 실현된 현대사회에서도 여전히 남아 있는 성별 불평등의 문제는 학교교육에서 성별에 따라 교과 및 계열과 전공이 분리되어 있는 현상이다. 여학생은 중·고등학교에서 선택하는 교과 또는 계열 그리고 대학에서 선택하는 전공에 있어 남학생과 다른 양상을 보이고 있으며, 이것은 노동시장에서 존재하고 있는 성별직업분리 현상의 주된 원인으로 작용한다.

과학적 지식이 중시되는 현대의 산업기술사회에서 수학 또는 과학과 관련된 영역의 직업은 시장성이 높을 뿐 아니라, 높은 보수와 직업적 지위를 가져다준다. 그런데 이 영역은 여성의 진출이 저조한 남성 다수에 의해 지배되는(male-dominated) 영역으로 성별직업분리 현상과 임금격차를 심화시키는 데 기여한다. 이러한 인식에 근거하여 여학생을 위한 진로지도에서는 여학생들이 높은 보수와 직업적 위신을 보장하는 기술 및 과학과 관련된 영역의 직업에 진출하도록 고무하며, 남성지배적 영역으로 진출하기 위해 수학과 과학에서의 성취를 강조한다. 최근의 많은 연구들에 의해 여학생의 수학과 과학에서의 성취에 대한 관심이 고조되고 있다. 이 연구들은 여학생의 수학과 과학에서의 높은 성취를 성별 간의 교육적 평등을 가져오는 핵심으로 보며, 이를 통하여 결과적으로 사회적 평등에 기여할 수 있다고 본다. 현대의 산업기술사회에서 수학과 과학에서의 성취는 진로선택과 결정의 중요한 기준(critical filter)으로서 작용하며, 높은 수입을 보장하는 기술적·과학적 영역의 직업에 들어갈 수 있는 전제조건이 된다. 많은 연구가 여성의 노동시장의 양적 증대에도 불구하고 여전히 존재하고 있는 성별직업분리 현상과 임금격차의 주된 원인을 여학생의 수학과 과학의 낮은 참여 및 성취와 관련시켜 설명하고 있으며, 여학생이 대학에서 수학·과학과 관련이 적은 한정된 전공을 선택함으로써 성별 직업분리를 심화시키고 있다고 본다.

우리나라의 노동시장에서 나타나는 성별직업분리 현상이나 대학의 성별에 따른 전공분리 현상은 중등학교 여학생들의 편중된 계열선택의 결과이다. 이러한 인식에 터하여 중등학교에서 여학생들이 편중된 계열선택을 벗어나 다양한 진로를 선택하고 준비할 수 있도록 하는 진로지도가 요구된다. 여학생들이 수학과 과학에서의 성취를 제고하고, 이 분야와 관련된 전공과 직업을 선택할 수 있도록 하는 방안이 강구되어야 한다.

2) 중등학교 여학생의 진로선택 현황

현대사회에서 학교가 맡은 중요한 역할 중에 하나는 개인의 잠재가능성을 계발하여 사회의 생산적인 일원이 될 수 있도록 준비시키는 일이다. 이것을 우리는 학교교육을 통한 진로개발 또는 진로지도라고 하며, 산업사회에서는 직업선택과 직접적으로 관련된다. 개인적인 측면에서 보면 진로 또는 직업선택은 개인의 삶에 있어서 가장 중요한 의사결정이라 할 수 있다. 또한 사회적으로 보면 고도로 분업화된 현대의 산업사회에서 개인의 적성과 능력에 맞는 직업으로의 배치는 사회의 존속 및 발전에 기여하는 일이다.

청소년기는 자신의 진로를 결정하는 중요한 시기이다. 이 시기는 자신의 진로결정에 첫 단추를 채우는 시기로, 여성에게 청소년기는 그 어떤 시기보다 중요하다. 진로의 인식단계인 초등학교와 진로의 탐색단계인 중학교를 거쳐 고등학교는 진로의 준비단계이다. 중등학교에서 학생들은 진학과 취업에 필요한 지식과 기술을 습득하고, 진로선택에 필요한 다양한 정보를 수집하고 분석하여 자신의 진로를 구체적으로 준비한다.

우리나라의 현행 학제상 개인이 처음으로 하는 진로선택은 중학교에서 고등학교에 진학할 때 이루어진다. 과거에는 일반적으로 고등학교를 졸업하고 사회에 진출하려는 학생들은 전문계 고등학교를 선택하고, 대학에 진학하려는 학생들은 일반계 고등학교를 선택하였다. 그러나 지금은 전문계 고등학교를 졸업한 학생들의 대부분도 대학에 진학하고 있다. 우리나라 일반계 고등학교와 전문계 고등학교의 비율을 살펴보면, 일반계 고등학교에 진학하는 학생의 수가 전문계 고등학교에 진학하는 학생보다 훨씬 많다. 교육통계연보(2010)에 의하면, 우리나라 일반계 고등학교와 전문계 고등학교의 학생 수의 비율은 각각 76.2%와 23.8%로 일반계 고등학교에 재학 중인 학생이 다수를 차지한다. 그리고 일반계 고등학교와 전문계 고등학교 여학생의 비율은 큰 차이가 없다.

먼저 전문계 고등학교의 현황을 살펴보면 성별에 따라 계열 분리가 나타나고 있다. 여학생은 상업계에 72.0%를 차지하고 있는 반면, 공업계의 비율은 15.1%에 지나지 않는다(한국여성정책연구원, 2012). 전문계 고등학교 졸업자들 중에서 공업계 고등학교를 졸업한 학생들은 높은 보수의 취업이 보장되는 반면, 상업계 고등학교 졸업자들의 취업이 어려운 현실을 감안하면 전문계 고등학교의 성별에 따른 계열 분리는 여학생들이 졸업 후 취업을 할 때 불리하게 작용할 것이다. 뿐만 아니라 다수의 전문계 고등학교 졸업생들이 대학진학을 하고 있는데, 고등학교의 성별에 따른 계열분리는 대학에서의 성별 전공분리 현상을 초래할 것으로 예상할 수 있다.

일반계 고등학교에서는 대학의 전공선택과 관련하여 진로선택이 이루어지는데 교육과정의 계열선택과 직접적으로 관련된다. 일반계 고등학교에서는 고등학교 1학년에서 2학년으로 올라갈 때 교육과정의 계열분리가 이루어진다. 대학진학을 위해 인문사회과정과 자연공학과정으로 분리되는데, 교육과정의 계열선택을 통하여 대학에서의 전공과 미래의 직업에 접근하게 된다. 특히 여학생들에게 교육과정의 계열선택은 미래의 진로를 결정하는 데 결정적 분기점이 된다. 남학생들과는 달리 여학생들의 경우, 우수한 여학생들만이 자연공학과정을 선택하는 경향이 있다. 다수의 여학생들은 인문사회과정을 선택하게 되는데, 그 원인은 첫째, 여학생들이 수학과 과학과 같은 교과를 기피하고 성취가 저조하기 때문이다. 둘째, 가정이나 학교에서 진로지도를 할 때 성별에 따라 다른 전망을 제시하여 '여학생에게 적합한 전공 또는 직업'으로 유도하기 때문이다.

일반계고등학교의 교육과정 계열선택의 현황을 살펴보면 여전히 성별분리 현상이 나타나고 있다. 남학생은 인문사회과정에 46.4%, 자연공학과정에 49.1%의 비율을 보이는 데 반해, 여학생은 인문사회과정에 64.3%, 자연공학과정에 30.5%의 비율을 보이고 있다(정해숙 · 마경희 · 최윤정, 2013). 2000년대 이후 학업성적이 뛰어난 여학생들의 진로선택에 관한 연구들이 나오기 시작하였는데, 이 집단의 소위 '알파걸'이라 명명할 수많은 여학생들은 고등학교에서 희망하는 계열은 비전통적인 영역의 비율이 높았으나 실제적으로 진학한 계열은 비알파걸과 큰 차이가 없다(최윤진 · 임현정, 2010)는 연구결과도 있다. 이러한 양상의 여학생의 계열선택은 많은 연구에서 문제로 지적하고 있는 대학에서의 편중된 전공선택과 직접적으로 관련이 있으며, 대학졸업 후 성별직종분리 현상으로 연결된다.

4년제 대학의 경우, 2012년을 기준으로 했을 때 교육계열의 여성비율은 56.9%, 인문계열의 여성비율은 55.5%, 예체능계열의 여성비율은 53.4%로 특정 계열에 편중되어 있는 반면 공학계열의 여성비율은 단지 14.8%에 지나지 않는다. 전문대학의 성별 전공분리는 4년제 대학에 비해 더 심하게 나타난다. 여학생들은 교육계열의 94.6%, 인문계열의 58.4%, 예체능계열의 49.4%를 차지하지만 공학계열의 여성비율은 단지 8.4%이다(한국여성정책연구원, 2012). 이러한 대학의 성별에 따른 전공분리는 고등학교의 교육과정 선택에 있어 성별에 따른 계열분리의 결과라 할 수 있다.

3 중등학교 여학생 진로선택의 연구 경향

1) 여학생을 위한 진로개발 모형

진로교육이란 개인이 자신의 진로를 계획하고 선택하며 그에 적절히 준비할 수 있도록 지원하는 교육이라 정의할 수 있다. 다시 말하면 의도적이고 체계적인 교육을 통해 청소년들이 일과 직업세계에 대해 알게 하고, 자신의 진로를 탐색하여 합리적으로 결정할 수 있는 능력을 길러주는 활동이다. 즉, 개인의 적성과 흥미를 바탕으로 자신의 진로를 발견할 수 있도록 준비시키는 과정이다.

과거와는 달리 고등학교를 졸업한 대부분의 여학생들이 대학교육을 받고 있고 대학을 졸업한 대부분의 여성들이 취업을 원하고 있다. 그러나 지금까지 진로교육은 남성의 생애주기를 중심으로 이루어져 왔다. 청소년기의 남학생과 여학생은 학교에서 동일한 교육을 받고 있지만, 여학생을 대상으로 한 진로교육의 방향과 내용은 남학생을 대상으로 한 진로교육과는 구별되는 특성을 가질 수밖에 없다. 그 이유는 사회가 남성과 여성에게 상이한 역할을 기대하고 있고 여성과 남성의 생애주기가 직업세계에 미치는 영향은 서로 다르며, 같은 학력이라 하더라도 남성과 여성의 노동시장의 조건이 상이하기 때문이다. 그러므로 진로개발과 관련하여 남성을 중심으로 한 이론을 그대로 여성에게 적용시켰을 때 부적절하거나 설명이 되지 않는 부분이 있다.

남성의 진로개발의 모형을 여성에게 그대로 적용시켰을 때 많은 한계가 있다. 여성의 진로발달은 남성에 비해 복잡하기 때문에 여성의 진로에 대한 연구에서는 다양한 변인들이 고려되어야 하고, 다양한 방법과 시각으로 접근되어 연구되어야 한다(김양희 · 유성경, 2009). 남성의 진로개발에서 사용하는 변인들, 능력, 적성, 가정의 사회경제적 배경, 교육수준과 같은 변인에 더하여 여성의 진로개발에서는 결혼상태, 자녀의 유무와 관련된 변인, 성역할 태도, 역할갈등과 같은 부가적 변인이 고려되어야 한다. 예를 들면, 결혼과 관련된 변인들은 남성의 진로개발에서는 큰 영향을 미치는 요소가 아니지만 여성의 진로개발에서는 영향력이 큰 변인으로 작용한다. 남성의 경우, 가정–직업의 양립에 대한 갈등 없이 진로를 선택하고 준비하는 데 반해, 여성에게 있어 결혼이라는 변인은 초기의 진로선택에 영향을 미칠 뿐 아니라 결혼 후 자녀의 수와 연령 등은 그 직업을 계속 유지하느냐 하는 것에 영향을 행사한다.

우리나라 여성의 경제활동참가율을 살펴보면 연령에 따라 상이한 양상을 보이는데, 이러한 현상은 여성들의 생애주기에 따라 상이한 노동행위의 패턴이 나타나기 때문이다. 우리나라의 여성들은 결혼, 출산, 육아 등 생애주기의 변화에 따라 경제활동참가율에서 뚜렷한 차이를 보인다. 즉, 우리나라 여성들은 20대에 활발한 경제활동을 하다가 결혼, 출산, 육아기인 30대 초에 크게 떨어지고 30대 중반부터 다시 증가하여 40대에 최고에 달하며, 50대에도 높은 참가율을 나타내는 전형적인 M자 유형이다. 남성의 경제활동은 혼인상태와 관계없이 교육정도가 높을 경우 전반적으로 상승하는 경향을 갖는 반면, 여성은 교육정도보다 혼인상태가 더 큰 영향을 미친다. 고학력 기혼여성의 경제활동 참여가 저조한 것은 결혼이나 출산과 같은 생애사건이 인적자본보다 여성의 경제활동에 더 큰 영향을 미치기 때문이다(김가율, 2007).

우리나라의 경우, 1990년대 이후 여학생을 대상으로 한 진로교육의 실태와 진로교육 프로그램의 개발에 대한 연구가 이루어져 왔다(한국여성개발원, 1992; 한국직업능력개발원, 1999 a; b; 진미석, 2001). 이 연구들은 남학생 위주의 진로교육을 여학생에게 그대로 적용시키는 데 문제가 있다는 인식에서 출발하여 여학생 진로교육의 교육목표와 내용을 설정하고 진로교육 프로그램을 개발하였다. 최근에는 중등학교 여학생의 진로개발은 효율적 여성 인적자원의 활용이라는 더 큰 틀 안에서 생애주기별 접근의 한 부분으로 연구가 이루어지고 있다(숙명여자대학교 여성인적자원개발대학원 · 여성HRD연구센터, 2008). 여성에게 생애주기는 직업추구에 있어 남성과는 매우 다르게 작용한다는 인식에 터하여 생애주기별로 상이한 접근을 하고 있으며, 여성 개인의 진로개발이라는 측면뿐만 아니라 사회적 · 국가적 차원의 인적자원의 활용이라는 측면을 강조하고 있다.

2) 여학생의 교과 및 진로선택에 관련된 요인

(1) 학업성취의 성별적 차이에 대한 논의

교육기회의 균등이 보장됨으로 인해서 여학생은 남학생과 동일한 교육년한과 교육과정 하에서 학교교육을 받고 있음에도 불구하고, 학교교육의 과정과 결과에 있어서 남녀 간의 격차문제는 여전히 남아 있다. 교육에서 나타나는 성별 간의 격차문제들 중에서 학업성취의 성별적 차이를 중심으로 많은 연구가 이루어져 왔다. 학업성취의 성별적 차이를 다루는 연구를 살펴보면, 전반적인 학업성취의 차이보다는 교과에 따라 교과의 선호나 성취에 성별적 차이가 있는 것으로 나타난다. 외국의 중등교육 수준에서 이루어지는 성별에 따른 교과의 선택과 성취의 차이에 대한 논의는 우리나라 중등학교에서 이루어지는 계열선택을 설명하는 데 많은 시사점을 제공한다.

일반적으로 여학생은 언어적 능력과 관련된 교과(문학 또는 외국어)에서 우수하고, 남학생은 수리와 관련된 교과(수학 또는 과학)에서 뛰어난 것으로 보고한다. 우리나라의 경우, 수학·과학 성취도에서 나타나는 성별적 차이를 TIMSS와 PISA의 결과를 통해 살펴보면 국제성취도 평가에서 전체적으로는 우위에 있지만 남학생과 여학생의 성취격차는 다른 나라에 비해 큰 것으로 나타났다. TIMSS 2003 결과에서는 우리나라의 여학생은 남학생에 비해 6점이 낮은 것으로 나타났으며, PISA 2003에서 수학과 과학의 성취에 있어 우리나라의 남녀평균 차이는 OECD 가입국 27개국 중 뉴질랜드에 이어 두 번째로 큰 차이를 보이고 있어 성별 간의 큰 격차가 있음을 알 수 있다(권오남, 김희백, 2006).

학업성취의 남녀격차에 대한 연구에서 학자들이 공통적으로 문제로 지적하고 있는 점은 여학생의 수학과 과학에서의 낮은 성취이다. 단적으로 페네마(E. Fennema, 1990)는 남녀 간의 교육적 균등의 핵심은 수학에서의 성취격차를 좁히는 일이라고 주장한다. 이와 같이 수학과 과학의 성취가 강조되는 이유는 현대사회에서 수학과 과학은 넓은 범위의 지식과 인지능력을 포함하는 교과이며, 직업과 관련된 다양한 계열과 코스를 선택하는 기본적 요건이 되기 때문이다.

특정 교과의 선호와 성취의 성별적 차이는 어디에서 연유하는가 하는 문제에 대한 설명은 크게 '생물학적 관점'과 '사회·문화적 관점'으로 나눌 수 있다. 전자의 입장에서는 특정 교과에서 나타나는 성취의 성별적 차이는 남성과 여성의 본래적인 능력과 성향의 차이에서 기인한다고 설명한다. 호르몬의 차이, 좌뇌와 우뇌의 상이한 기능, 염색체 X와 관련된 수리적 공간지각 능력의 차이 등의 요소가 작용한다. 성에 따른 인지능력과 인성의 차이는 타고난 것으로, 여학생과 남학생은 서로 다른 능력과 성향을 가지고 태어나기 때문에 특정 교과에서 성취의 차이가 나타난다. 여학생이 수학이나 과학에서 성취가 저조한 것은 선천적으로 낮은 분석능력과 시공간능력을 가지고 태어나기 때문이라고 설명한다. 이러한 관점에서 보면 특정 교과에서 나타나는 성별적 차이는 자연스럽고 당연한 것이기 때문에 이에 대한 교육학적 설명이나 교정적 조치가 필요하지 않다.

이에 대하여 사회·문화적 관점에서는 특정 교과에서 나타나는 남녀 간의 선호와 성취의 차이를 후천적 사회화 과정과 관련하여 이해한다. 사회화 과정에서 겪는 남학생과 여학생의 상이한 경험은 수학과 자신의 능력에 대한 상이한 태도를 형성하게 되고, 이것은 수학의 성취에 영향을 미치게 된다. 이 관점에서는 남녀 간의 인지능력의 유전적 차이는 아직 증명되지 않았으며, 수학성취에 있어 성차를 유전적 요인으로 설명할 수 있는 증거는 희박하다고 하면서 생물학적 입장의 관점을 반박한다. 능력은 학습되는 것으로 시공간능력에 있어서 성차가 나타나는 시기는 아동기가 아니라 청소년기부터이며, 남아에게 허용되는 독립성과 주도성이 시공간능력이나 분석능력의 향상을 가져온다. 여학생의 과학에서의 성취를 강조하는 켈리(A. Kelly, 1981)에 의하면, 여학생의 성취를 저해하는 사회적 제요소가 있다고 가정한다. 문화적으로 여학생의 과학에서의 성취는 격려되거나 기대되지 않으며(cultural hypothesis), 학교에서 과학이 제시되는 방식이 남학생에게 유리하게 작용하며(school hypothesis), 여학생의 과학에 대한 태도가 우호적이지 않음(attitude hypothesis)을 지적하고 있다.

수학과 과학에서의 여학생의 낮은 참여와 성취에 대한 연구들을 살펴보면, 대부분의 연구가 생물학적 관점보다는 사회・문화적 관점에서 접근하고 있다. 사회・문화적 설명의 구체적 내용을 살펴보면 먼저 우리의 문화 속에 수학과 과학은 남성의 영역으로 간주된다는 점을 지적할 수 있다. 학생들은 자신의 성역할과 관련하여 교과를 인식하는데, 수학이나 과학은 남성의 영역으로 간주되며 이 교과에서의 성취는 남성적인 성역할의 한 부분으로 인식되고 있다. 여학생은 수학을 남성의 영역으로 간주하고, 이 교과에서의 성취를 남성적 역할의 한 부분으로 인식함으로써 수학에 대한 흥미와 관심을 가지지 않게 된다.

사회・문화적 설명의 또 다른 측면으로 수학과 과학에 대한 여학생의 태도로 접근할 수 있다. 여학생의 수학에서 성취가 저조한 원인을 이 교과에 대한 태도로서 설명할 때 일반적으로 자신감, 귀인유형, 유용성의 인식의 세 측면으로 나누어 설명하고 있다. 첫째, 여학생은 수학과 과학에 있어 자신감(self-confidence)이 부족하다는 점을 지적할 수 있다. 자신감은 실제적인 성취보다 수학 코스를 선택하는 데 더 큰 영향을 미치는데, 객관적으로 측정된 능력이 동일할 때에도 남학생과 비교해서 여학생은 자신의 능력에 자신을 갖지 못한다. 둘째, 여학생은 어떤 과업의 성공과 실패에 대한 귀인(attribution)에 있어 남학생과 다른 양상을 나타내는데, 이는 수학의 성취에 있어서도 적용된다. 여학생은 수학에서의 성공을 능력보다는 노력의 탓으로 귀인시키며 실패를 능력부족의 탓으로 귀인하는 경향이 있으며, 남학생의 경우에는 반대의 유형이 나타난다. 여학생은 수학에서의 성공을 외적이고 불안정한 차원으로 귀인시키고, 즉 운이 좋았다거나, 노력을 많이 했기 때문이라고 설명하고, 수학에서의 실패를 내적이고 안정적 차원으로 귀인시킴으로써 즉 능력이 부족하거나 과업 자체가 어렵기 때문이라고 설명함으로써 이 교과에서의 성취의 가능성을 제한한다. 셋째, 여학생은 자신의 미래와 관련하여 수학 교과의 유용성(usefulness)을 인식하지 못한다는 점을 지적한다. 직업과 관련한 교과의 유용성은 교과선택의 가장 중요한 기준으로 작용하며, 수학에서의 성취가 대학전공과 직업선택에 결정적인 기준으로 작용하고 있음에도 불구하고 여학생은 자신의 미래의 삶과 직업선택과 관련하여 수학의 유용성을 인식하지 못하고 있다. 수학과 과학 교과의 유용성의 인식에 있어 남학생과 여학생은 차이를 보이는데, 여학생은 과학교과의 유용성을 과소평가하는 반면 남학생은 과대평가하는 경향이 있다.

또 다른 관점에서는 교과의 지식의 성격에 대한 접근으로서 교과의 성별차이를 설명하고 있다. 특히 영국을 중심으로 과학의 성격에 초점을 맞추어 여학생의 저조한 성취를 설명하고 있다. 애커(S. Acker, 1990)는 여학생이 과학적 성취가 저조한 것은 여학생이 내재적으로 가지고 있는 과학적 성향이 부족하기 때문이라기보다는, 과학 자체가 여학생을 소외시키는 측면과 관련하여 이해해야 한다고 주장한다. 즉, 과학적 사고체계와 과학적 지식은 성역할 사회화 과정에서 여성이 경험하고 획득하는 지적 자질이나 인성과 부합하지 않는다.

과학은 단순히 남성에 의해 지배되는 것이 아니라, 과학은 남성적인(masculine) 것이다. 켈리(A. Kelly, 1985)도 과학이라는 교과의 성격자체가 남성적이라고 규정한다. 과학적이라고 일컬어지는 사고는 근원적으로 남성의 세계관을 의미한다. 과학적 사고란 '소프트'하기보다는 '하드'하며, 사람과 관계하기보다는 사물과 관계하며, 감정이나 느낌보다는 이성적 사고를 강조함으로써 남성성을 띤다. 본질적으로 과학은 남성적이라는 것과 동일시되어 왔다고 하면서 과학적 사고란 남성의 사고를 의미한다고 주장한다. 영국의 중등학교 학생들을 대상으로 한 연구에 의하면 학생들은 과학교과는 남성적이며, 하드하고, 사고와 사물에 관계한다고 인식하고 있다. 또한 과학적 지식의 성격은 사람과 관계하지 않으며, 행위가 결과하는 사회적 의미에 무관심한 비인간적이고 기계적인 특성을 지니기 때문에 사람과의 관계에 관심이 많은 여학생에게 불리하다(Elliot & Powell, 1987). 과학이 지향하는 가치나 지식체계는 여성이 가지고 있는 인성과 지적 능력과 부합하지 않기 때문에 수학과 과학과 같은 교과에서 여학생의 참여와 성취가 저조하고 과학적 분야의 직업을 선호하지 않는다고 설명할 수 있다.

(2) 여학생의 교과 및 진로선택에 대한 논의

인간의 행위는 전적으로 사회구조에 의해 결정되지 않는다 하더라도 사회적으로 제약받기 때문에 한 개인의 행위와 선택은 그 개인을 둘러싸고 있는 사회적 조건들에 의해 영향을 받을 수밖에 없다. 학교교육에서 성(gender)은 기본적인 사회적 범주로서 학생의 교과에 대한 인식과 태도에 영향을 주며, 노동시장의 구조 또한 여학생들에게 영향을 주어 궁극적으로 진로선택에 작용한다. 성은 학생들이 학교에서의 교육경험을 결정하는 중요한 사회적 범주이며, 교과과정에 대해서도 강력한 영향을 미치는 요소의 하나로서 작용한다. 남학생과 여학생에게 동일한 교과과정이 제공되어도 교과에 대한 인식과 태도에 있어 차이를 보이며, 학생들의 교과에 대한 반응을 이해하는 데 성역할 분화가 중요한 요인이 된다. 학교의 문화 안에는 성별에 따라 적합하다고 간주되는 교과의 구분, 즉 '남학생에게 적합한 교과'와 '여학생에게 적합한 교과'가 존재하며 이것은 학생들의 교과선택에 영향을 미친다. 학교 안에 나타나는 성별 간에 구분된 교과나 계열은 간접적으로 사회의 성역할 체제와 관련되며 직접적으로 성별 간의 직업분리와 관련된다.

우리나라 고등학교의 보통 교과과정 및 교과선택에서 여학생들은 국어와 외국어를, 남학생은 수학과 과학을 많이 선택하는 것으로 나타나며 학업성취에 있어서도 여학생은 국어와 영어에 있어서 성취가 우수하고, 남학생은 수학과 과학에서 우수한 것으로 나타난다(정해숙 · 유진은 · 김미윤, 2009).

학생의 성별에 따라 교과에 대한 인식과 반응에 차이를 보이고, 그 결과 교과나 계열선택에 차이를 보이는 현상을 설명하기 위해 사용할 수 있는 개념적 틀은 다음의 두 가지이다. 하나는 성역할 사회화 결과로 획득되는 남성성과 여성성이 교과의 성격과 연관되어 있다는 설명이며, 다른 하나는 학생 개인의 현실 직업구조에 대한 인식이 교과와 계열선택에 영향을 미친다는 설명이다.

맥도널드(M. MacDonald, 1980)는 학교에서 가르치는 교과에 있어 성별에 따른 구분이 있음을 지적하면서 이러한 교과의 구분을 남성성과 여성성의 개념과 관련시켜 설명하고 있다. 즉 학교에서 물리학, 수학, 공학 등은 여학생보다 남학생에게 적합하다고 인식되고 있는데, 이것은 사회에서 통용되는 남성성에 근거한 것이다. 그는 "성별에 따라 기대되는 적합한 행위에 대한 개념이 적합한 학문적 교과로 전환되었다"라고 설명한다. 학교에서 학생들은 지능, 능력, 흥미, 포부에 있어 남녀 간의 선천적 차이가 있다는 이데올로기를 내면화함으로써 성별에 따른 교과의 구분을 자연스러운 것으로 받아들인다.

토마스(K. Thomas, 1988)는 노동시장에서 나타나는 성별 직업분리 현상은 학교에서의 성별에 따른 교과와 전공에서의 분리에 연유한다고 보고, 여학생이 성역할 사회화 과정에서 획득하는 인성과 여학생의 교과선택은 연계되어 있다고 주장한다. 학문의 성격을 남성성과 여성성에 관련시켜 고등교육에 있어서 성별분리 현상을 설명하는데, 전형적으로 여학생들이 많이 선택하는 인문학과 남학생들이 많이 선택하는 과학에 대한 인식은 여성성과 남성성과 밀접하게 연계되어 있다. 문학으로 대표되는 인문학은 주관적이며 불명료하며, 인간행위에 대한 보편적 예술적 진리를 다루는 반면, 물리학으로 대표되는 과학은 객관적이고 가치중립적이며 엄격하다. 그리고 이러한 학문의 성격은 성역할 사회화 과정에서 여성성과 남성성과 관련이 있다.

노동시장의 기회구조는 학생의 학업성취와 직업포부를 형성하는 중요한 변인으로 작용한다. 오그부(J. U. Ogbu, 1982)는 인종이 카스트 제도처럼 작용하는 미국 사회에서 흑인들이 학교에서의 성취에 가치를 부여하지 않는 원인은 노동시장에서 자신이 차지할 수 있는 직업의 한계(job ceiling)를 인지하고 있기 때문이라고 설명한다. 여학생의 교과와 계열선택도 기존의 직업구조에 대한 현실적 인식과 관련시켜 설명할 수 있다. 개인이 가지는 직업적 포부는 심리적 선호와 같은 개인적 차원의 안정적인 개념이라기보다는 사회적 맥락에 따라 달라지는 역동적 개념으로 이해되어야 하며, 이러한 맥락에서 여학생의 교과와 계열선택이 접근되어야 한다.

가스켈(J. Gaskell, 1985)은 노동자계층의 고등학교 여학생의 계열선택에 대한 연구를 통해 여학생의 직업선택이 개인의 자발적 선택이냐 아니면 사회적 배치이냐에 대한 문제를 제기한다. 노동자 계층의 여학생들은 학문적 계열에서 벗어나 직업적 계열을 선택하며, 직업계열 안에서 상업코스를 택한다. 그러한 선택을 하는 이유는 학문적 계열이 자신에게 적절하지 않을 뿐 아니라 유용하지 않기 때문이며, 상업코스는 여성에게 취업의 기회가 많고 결혼 후 가정의 역할과 모순되지 않기 때문이라고 대답하였다. 이러한 결과는 여학생의 여성의 역할과 직업구조에 대한 인식이 미래의 진로선택과 결정에 영향을 미친다고 설명할 수 있다. 퍼롱(A. Furlong, 1986)도 여학생의 낮은 직업포부를 여학생의 낮은 성취동기, 삶에 대한 근시안적 태도로 해석하는 것은 잘못된 것이라고 지적한다. 여학생의 낮은 교육포부와 직업포부가 여성의 낮은 지위의 직업을 가져오는 것이 아니라, 기존의 노동시장에 대한 현실적 인식이 낮은 교육포부와 직업포부를 가져온다고 주장한다.

베이커와 존스(D. P. Baker & R. Jones, 1992)는 수학의 성취에 있어서 성별적 차이를 노동시장에서의 기회와 관련시켜 설명하고 있다. 1982년도 19개국의 8학년을 대상으로 수학의 성별적 격차를 연구한 결과, 국가 간에 상당한 편차가 나타난다. 8개국은 성별간의 유의한 차이가 없는 것으로 나타났으며 4개국은 여학생이 우수한 것으로, 7개국은 남학생이 우수한 것으로 나타났다. 그들은 국가 간에 존재하는 이러한 편차는 여성에게 부여되는 각 나라의 상이한 노동시장에서의 기회에서 연유한다고 설명한다. 즉, 고등교육과 노동시장에서 여성에게 기회가 열려 있는 나라에서는 여학생의 성취가 남학생보다 우수하거나 남녀 간의 의미있는 차이가 없는 것으로 나타난다. 그들은 기회에 있어서의 균등이 성취에 있어서의 균등을 가져온다고 하면서, 성별 간의 성취격차는 기회의 격차에 의해 형성된다고 결론짓고 있다.

3) 여학생 진로개발의 초점: 비전통적 영역으로의 진출

(1) 전통적 영역 대 비전통적 영역

여성의 진로개발에 관한 연구의 경향을 살펴보면 초기의 연구에서는 여성이 '직업을 가지느냐 가지지 않느냐(career-oriented versus homemaking)' 하는 문제에 초점을 맞추었다. 여성이 학교교육을 마치고 결혼해서 전업주부의 삶을 선택하느냐 아니면 학교교육 후 직업을 선택하느냐 하는 문제에 관심을 가졌다.

그러나 최근의 연구 경향은 여성의 노동시장의 양적 증가로 인하여 여성의 취업이 보편화됨에 따라 여성의 진로개발의 초점은 '어떤 직업을 가지느냐' 하는 문제에 맞추어지고 있다. 즉, 직업선택에 있어 전통적/비전통적이라는 개념을 중심으로 논의가 이루어지고 있다. 여성의 진로선택에 있어 전통적 영역과 비전통적 영역의 구분은 대학의 전공과 노동시장의 직업에서의 여성의 비율을 기준으로 한 것이다. 일반적으로 여성의 비율이 높은 분야를 전통적 영역으로 여성의 비율이 낮은 분야를 비전통적 영역으로 정의하고 있지만, 전통적 영역과 비전통적 영역으로 구분하는 기준은 연구자에 따라 차이가 있다.

헤이즈(R. Hayes, 1986)는 여러 연구에서 사용한 전통적, 비전통적 영역의 분류 기준을 정리하면서 일반적으로 여성의 비율이 30~34% 미만일 때 비전통적 영역으로 분류한다고 밝히고 있다. 다시 말하면, 전통적 영역이란 여성들이 수적으로 많이 종사하는 영역의 전공과 직업으로 여성 다수가 지배하는 영역(female-dominated field)과 같은 의미로 사용된다. 예를 들면, 교사, 간호사, 사서 등은 전통적 영역에 해당하는 직업이다. 상대적 개념으로서 비전통적 영역이란 여성의 진출이 저조한 영역의 전공과 직업을 의미하는데, 남성 다수가 지배하는 영역(male-dominated field)과 같은 의미로 사용된다. 일반적으로 기술·과학과 관련된 분야는 남성이 배타적으로 지배하고 있기 때문에 이 영역은 여성에게 있어 대표적인 비전통적 영역에 해당한다.

여성의 진로선택에 있어 전통적 영역과 비전통적 영역의 구분은 성별 직업분리의 한 표현이라 할 수 있다. 비전통적이란 여성을 기준으로 비전통적이라는 의미로 여성의 비율이 낮게 나타나는 직업영역을 말한다. 비전통적이라는 용어는 남성

지배적(male-dominated), 선구적(pioneer), 혁신적(inovator) 등의 용어와 유사한 의미로 사용된다. 최근의 진로선택에 관한 연구를 살펴보면 여성의 직업선택에 있어서 전통성과 비전통성의 개념은 일반적으로 직업의 수학 및 과학과의 관련성 유무와 맥을 같이 한다. 비전통적 영역의 직업이 반드시 수학 또는 과학의 관련된 분야라고 할 수 없다. 법학, 경제학 및 경영학, 정치학, 행정학 등도 대표적인 남성지배적 영역에 해당한다. 그러나 대개 비전통적 영역은 수학 또는 과학과 관련된 영역과 일치하는 부분이 많다.

여성의 진로선택과 관련하여 가장 큰 문제는 여성이 노동시장에서 전통적인 여성의 직업에 몰려 있다는 것이며, 여학생들이 전통적 영역에서 벗어나 비전통적 영역으로 진출하는 것을 바람직한 방향으로 보고 있다. 공학과 같은 분야는 특히 여성의 진출이 저조한 남성지배적 영역으로 이 분야는 다른 직업과 비교해서 상대적으로 취업기회, 보수, 지위 등에 있어 유리하다. 따라서 여학생을 위한 진로개발에서는 비전통적 영역으로의 진출을 확대하기 위한 다양한 방안을 제시하고 있다.

(2) 여학생의 비전통적 영역으로의 진출을 위한 프로그램

여학생들이 진로선택을 할 때 전통적인 영역에서 벗어나 비전통적 영역으로 진출하기 위한 다양한 프로그램들이 미국과 영국 등에서 실시되었다. 대표적인 것으로 미국의 EYH(Expanding Your Horizons)와 영국의 GIST(Girls Into Science and Technology)를 소개하고자 한다.

EYH는 1976년 이후 미국의 초·중등학교의 여학생을 대상으로 하는 프로그램이다. 수학 및 과학분야로 여학생을 진출시키기 위하여 여성 과학자 및 수학자 그리고 교육자들이 수학/과학 네트워크를 형성하여 이 프로그램을 만들었다. 구체적 내용을 보면 여학생들에게 수학, 과학, 기술공학 분야에 다양한 직업이 있음을 소개하고 이 분야에서 성공한 여성 엔지니어, 수학자, 건축가, 물리학자, 의사들이 여학생들에게 역할모델(role model)로 제시되며 성공적인 역할모델을 중심으로 다양한 형태의 활동이 이루어지고 있다. 이 프로그램의 특성은 분야별로 세분화된 워크숍을 실시한다는 점인데, 여학생들은 자신의 흥미와 관심에 따라 선택하여 실제적인 워크숍을 경험할 수 있다. 그리고 이 프로그램은 여학생뿐만 아니라 부모와 교사도 포함하고 있다. 여학생들은 부모나 교사들에게 수학이나 과학과 관련된 분야의 진로선택을 격려받지 못하고 있다는 점을 문제로 인식하여 부모와 교사의 진로지도에 대한 관점의 변화를 시도하였다.

영국에서는 여학생의 과학과 기술공학으로의 참여와 성취를 고무하기 위해 GIST 프로젝트를 실시하였다. 미국의 EYH 프로그램이 학교 밖에서 이루어졌다면, 영국의 GIST는 학교 안에서 이루어진 장기간의 프로젝트이다. GIST는 맨체스터의 종합중등학교 10개교를 대상으로 1980년에서 1983년 사이에 이루어졌는데, 이 연구의 기본가정은 여학생이 과학과 기술공학과 관련된 교과를 선택하지 않는 원인은 부분적으로 학교교육에 의해 형성된다고 본다. GIST에서는 다양한 전략을 통해 여학생들이 이 교과에 대한 태도를 수정하게 하여 보다 많은 여학생들이 과학 및 기술공학 분야로 진출하도록 하는 데 주안점을 두었다. 여기서 의미 있는 결과물로서 '여학생에게 친화적인 과학(girl friendly science)'이라는 개념이 나오게 되었다. 학교의 교육과정의 변화를 통해 과학 교과가 여학생의 흥미와 관심에 부합하도록 재구성되면 여학생의 성취를 보장할 수 있다고 결론지었다. 예를 들면, 여학생의 요구에 부응하는 발견적 교수법이나 협동에 기초한 교수방법을 사용하며 교수자료에서도 여학생의 관심과 관련된 보기의 제시, 이론의 실제적 적용, 과학의 사회적 의미, 여성과학자의 업적 등을 포함할 것을 제안하고 있다. 그리고 덧붙여 교사의 교과에 대한 성별에 따라 구분된 태도와 의식의 변화가 무엇보다 중요하다는 것을 강조하고 있다.

우리나라에서도 2000년대 이후 여학생들의 비전통적 영역으로의 진출을 확대하기 위한 연구와 사업들이 진행되었다. 대표적인 것으로 WISE(Women into Science and Engineering)이다. WISE 사업은 2001년 9월부터 시작하여 현재 전국에 14개의 거점센터가 운영 중이며, 우수여성 과학기술자와 여학생(초·중·고등학생 및 대학생) 간의 연계체계를 통하여 우수여성 과학기술자의 전문지식, 가치관 등을 여학생들에게 전수하여 과학·공학 분야의 진출을 유도하기 위한 사업이다. WISE 사업은 여성친화적인 과학교육을 실시하고 다양한 프로그램의 개발을 통해 여학생이 과학과 공학 분야에 흥미와 동기를 가질 수 있도록 하였다. 특히 여성과학기술인과 여학생 간의 온라인 및 오프라인 멘토링 프로그램은 여학생들이 이 분야로 진출할 수 있는 태도와 능력을 기르는 데 효과적이라고 평가되고 있다(숙명여자대학교 여성인적자원개발대학원 · 여성HRD연구센터, 2008).

또한 교육인적자원부에서는 여학생 친화적인 수학, 과학 수업을 위한 교사용 안내서를 발간하였다(권오남 · 김희백, 2006). 여학생과 남학생이 각기 다른 인지구조를 가지고 다른 사고과정을 거친다는 전제 하에 남녀의 '다른 목소리'를 인정하며, 여학생 친화적인 수학 · 과학 학습을 통하여 수학 · 과학 교과에서 성별차이를 해소하고 궁극적으로 성평등교육을 실현하고자 하였다. 이 지침서를 통하여 교사들이 자신의 성차별적 수업의 가능성을 점검하고, 다양한 성통합적 교수-학습 방법을 시도함으로써 여학생의 수학과 과학의 성취도를 제고하고자 하였다.

4 중등학교 여학생 진로개발의 방향

청소녀기의 여학생들은 급격한 신체적, 심리적, 사회적 발달의 역동적 과정 속에서 자아정체감을 형성하는 시기이며, 자신이 곧 속하게 될 성인의 인생구조를 설계하고 준비하는 시기이다. 여기서 인생구조란 삶의 기본적인 뼈대를 말하며 우리의 인생구조의 핵심은 결혼과 직업이라 할 수 있다. 청소년기는 미래의 인생구조에 대해 결정하고 준비하는 시기이기 때문에 청소녀기의 여학생들에게 진로선택의 분기점이 된다. 이러한 청소년기의 특징은 여학생과 남학생에게 공통적인 부분이지만 구체적 삶의 영역에서는 다르게 작용한다. Levinson(1996/1998)은 유사한 발달의 시간표 속에서도 여자와 남자의 삶의 내용을 다르게 만드는 것은 우리 사회와 개인 속에 존재하는 '성의 분리(gender splitting)'라고 하였다. 청년기는 자아정체감이 형성되는 과정에서 성역할 정체감이 획득되는 시기로 성역할 정체감은 의식적 · 무의식적으로 자신의 진로선택에 영향을 주게 된다. 사회 속에 존재하는 성의 분리는 개인의 사고와 행동에 영향을 미칠 수밖에 없기 때문이다.

이러한 청소년기의 특성은 자신의 진로선택과 관련하여 여학생에게는 남학생과는 다르게 작용한다. 청소녀기의 여학생들의 진로개발 방향을 제시하면 크게 세 가지로 요약할 수 있다. 첫째, 현실적인 직업의식의 제고이다. 우리나라도 과거에 비해 여성의 경제활동이 크게 확대되어 여성의 경제활동이 보편적인 것으로 간주된다. 그러나 여전히 인생구조의 핵심인 직업은 남성과 여성에게 다른 의미로 받아들여지고 있다. 현재 중등교육을 받고 있는 대부분의 여학생들은 자신의 미래를 직업과 관련지어 생각하고 있으나, 여학생들의 직업선택의 동기는 자아실현과 같은 관념적이고 추상적인 동기에 기초하고 있다(한국직업능력개발원, 1999a). 여학생들은 자신의 적성과 소질을 직업선택의 가장 중요한 기준으로 삼고 있으며, 남학생들과는 달리 여학생들은 직업의 내면적 가치를 중요시하여 직업을 통해 자아실현을 성취하고자 하는 경향이 강하다. 그러나 남학생들에게 가장 중요한 직업의 기능은 '돈을 버는 것'이다. 이와 같은 여학생의 직업인식에서 나타나는 추상적이고 관념적인 성향은 진로나 직업선택에 있어서 비현실적 태도를 나타내는 것이라고 해석할 수 있다(진미석, 2001). 중등교육을 받고 있는 여학생들에게 미래의 사회에서 여성에게 직업은 더 이상 선택의 문제가 아니고 삶을 영위하기 위한 필수적인 영역으로 인식하도록 하는 것이 무엇보다 요구된다. 여학생들이 미래의 자신의 삶과 관련하여 자신의 진로와 직업에 대해 진지하게 고민하고 현실적이고 구체적인 직업의식을 갖도록 하는 것이 필요하다.

둘째, 생애주기를 고려한 진로선택이다. 앞에서 언급한 바와 같이 남성과는 달리 여성에게 생애주기는 직업적 경력을 추구하는 데 가장 큰 요인으로 작용한다. 남성은 생애주기에 상관없이 자신의 직업적 경력을 계속적으로 추구해 가지만 여성들은 자신이 속한 생애주기에 따라 직업과 관련하여 진로타협을 하게 된다. 즉 여성은 결혼, 출산, 양육과 같은 생애사건의 영향으로 노동시장에 진입, 이탈, 재진입하는 과정을 거친다. 특히 출산 후 자녀양육의 문제로 경력단절이 이루어진 30대 고학력 여성들은 그 이후 노동시장에 재진입하지 못하고 비경제활동인구로 남게 되는데, 이것이 우리나라 여성인력 활용의 가장 큰 문제라는 것은 주지의 사실이다.

청소녀기의 여학생들은 아직까지 여성으로서 생애주기의 영향을 받는 시기가 아니지만 이때부터 여성의 생애주기를 고려한 진로지도가 필요하다. 여학생들의 진로선택이 이루어지는 첫 단계에서부터 여학생들에게 남성과는 달리 여성에게 생애주기가 직업경력의 추구에 영향을 미치는 중요한 요소임을 인식시키고, 상대적으로 생애주기의 영향을 덜 받는 진로를 선택할 수 있도록 하는 것이 중요하다. 즉, 가정과 직업을 양립하는 가운데 직업을 포기하지 않고 계속 직업경력을 추구할 가능성이 높은 진로를 선택하도록 유도해야 할 것이다. 여학생들이 대학을 진학할 때 대학의 서열에 치중하여 진로를 선택하기보다 여성의 생애주기 안에서 계속적인 경력추구가 가능한 대학의 전공에 초점을 맞추어 진로를 선택하도록 유도하는 것이 바람직하다. 예를 들면, 전문적 분야의 자격증 취득은 여성이 생애주기에 영향을 상대적으로 덜 받고 자신의 직업경력을 추구할 수 있는 조건이 된다. 우리나라 고등학교에서 이루어지는 교육과정 계열선택은 대학입학 가능성의 영향을 많이 받는데, 여학생들이 자연계열보다 인문계열을 많이 선택하는 이유 중에 하나는 대학입학 가능성에 우선하여 계열을 선택하기 때문이다. 고등학교 교육과정 계열선택이 이루어질 때부터 여성의 생애주기를 고려한 진로지도가 요구된다.

셋째, 비전통적 영역의 진출 확대이다. 중·고등학교 여학생들의 직업선호도를 살펴보면 남학생에 비해 특정 직종에 몰려 있음을 알 수 있다. 여학생들이 선호하는 직업으로 교사, 교수와 같은 교육계, 의사, 간호사, 약사와 같은 의료계, 그리고 미용/디자인 관련 직업에 몰려 있다. 그러나 여학생들은 기술공학계, 컴퓨터 관련직, 과학연구계와 같은 직업에 대해서는 관심이 적은 것으로 나타났다(진미석, 2001). 대부분의 여학생들은 학교교육이 끝난 후 취업을 희망하고 있지만, 직업포부는 전통적인 여성직업에 한정되고 있다. 그러므로 중등교육을 받고 있는 여학생들을 대상으로 한 진로교육의 중요한 부분은 여학생들이 좁은 범위의 진로 및 직업선택을 벗어날 수 있도록 다양한 직업에 대한 전망과 정보를 제공하는 것이라 할 수 있다.

여학생들이 비전통적 영역의 진로를 선택할 수 있도록 하기 위해서는 여학생들이 비전통적 영역의 진로선택을 고무하는 가정과 학교교육을 통한 지지와 지원이 필요하다. 먼저 우리나라의 부모들은 자녀의 대학진학이나 진로선택에 큰 영향력을 행사한다. 학업성적이 우수한 여자고등학생들의 직업결정과정에 관한 연구

(하정 · 유성경, 2007; 하정, 2008)에서 여학생들은 부모의 자신에 대한 높은 기대를 인지하고 있으며, 진로선택에 부모의 승인을 중요하게 고려하고 있었다. 부모들은 딸의 진로선택에 있어 전형적인 성역할에서 탈피하여 다양한 영역으로의 진출을 지원해야 한다.

이와 더불어 '여성친화적 수학 · 과학'과 같은 학교 교육과정 안의 변화와 교사의 인식 변화를 통하여 여학생들의 수학과 과학에서의 성취도를 높임으로써 비전통적 영역, 과학 및 공학과 관련된 분야에 진출을 확대할 수 있으며, WISE와 같은 학교 밖의 프로그램을 통하여 여학생들에게 긍정적인 역할모델을 제시하고 멘토링을 통하여 여학생들에게 과학 및 공학 분야에 대한 관심과 흥미를 유발할 수 있을 것이다.

● 요약

청소년기는 자아정체감을 형성하고 성인의 삶을 준비하는 시기로서 현대 사회에서는 청소년기의 대부분을 학교교육을 받으면서 보내고 있다. 본 장에서는 청소년기의 중요한 발달과업이라고 할 수 있는 진로선택의 문제를 중등교육을 받고 있는 여학생에 초점을 맞추어 논의하였다. 우리나라 중등학교 여학생들은 편중된 진로선택을 하고 있으며 이것은 대학의 전공과 노동시장에서 성별분리 현상을 가져오게 된다. 여학생의 진로선택에 영향을 미치는 많은 요소들이 있지만, 기본적인 구조는 우리 사회에 존재하는 성의 분리이고 이것은 개개인의 의식과 행동에 영향을 준다. 중등학교 여학생들을 대상으로 한 진로개발의 방향은 여학생의 현실적 직업의식의 제고, 여성의 생애주기를 고려한 진로선택, 여학생의 비전통적 영역의 진출 확대를 제안할 수 있다.

● 토론문제

1. 자신의 경험에 비추어볼 때 나의 진로선택에 영향을 미친 요인은 무엇이었는지 토론해보자.

2. 여학생들은 남학생들에 비해 수학과 과학을 싫어하고 성취가 저조하다는 주장을 받아들일 수 있는가? 그렇다면 그 이유는 생물학적 관점과 사회·문화적 관점 중에 어느 관점으로 설명하는 것이 타당한지 토론해보자.

3. 여학생들이 남성들이 많이 진출하는 비전통적 영역(예를 들면 대학의 공학계열, 엔지니어와 같은 직업)에 진입했을 때 겪게 될 어려움에 대해 토론해보자.

참고문헌

곽삼근 · 조혜선 · 윤혜경(2005). 「생애주기별 성역할 발달 및 갈등」. 한국여성학, 21(2), 147-179.

곽윤숙(1993). 「일반계 고등학교 여학생의 계열선택에 관련된 연구」. 이화여자대학교 대학원 박사학위논문.

권오남 · 김희백(2006). 여학생 친화적인 수학, 과학 수업: 교사용 안내서. 교육인적자원부.

교육인적자원부 · 한국교육개발원(2010). 교육통계연보.

김가율(2007). 「비취업여성의 고용상태변화와 결정요인에 관한 연구: 생애주기별 분석」. 이화여자대학교 박사학위논문.

김양희 · 유성경(2009). 학업 우수 여자청소년들의 진로장벽과 진로포부의 종단분석. 한국심리학회지: 여성, 14(3), 447-465.

김애순(2005). 『청년기 갈등과 자기이해』. 서울: 시그마프레스.

숙명여자대학교 여성인적자원개발대학원 · 여성HRD연구센터(2008). 『여성인적자원개발백서』.

장휘숙(2009). 『청년 심리학』(4판). 서울: 박영사.

정해숙 · 유진은 · 김미윤(2009). 남녀공학 중등학교에서의 성별 교육실태와 향후과제. 한국여성정책연구원.

정해숙 · 마경희 · 최윤정(2013). 초 · 중등학교 양성평등교육 활성화 방안. 한국여성정책연구원.

진미석(2001). 「여성인적자원의 효율적 활용을 위한 여학생 진로지도 체계화 방안 연구」. 교육인적자원부.

최윤진 · 임현정(2010). '알파걸'의 실재 및 진로발달 특성에 대한 탐색적 분석. 한국청소년연구, 21(2), 203-230.

하정 · 유성경(2007). 학업우수여자고등학생의 직업결정과정에 관한 연구. 상담학 연구, 8(4), 1521-1540.

하정(2008). 학업우수 여자고등학생의 직업 결정 유형에 관한 질적 연구. 한국심리학회지: 상담 및 심리치료, 20(2), 431-454.

한국여성개발원(1992). 고등학교 여학생 진로교육 프로그램 개발.

한국여성정책연구원(2012). 2012 한국의 성인지 통계.

한국직업능력개발원(1999a). 「일반계 여자고등학생 진로지도 프로그램 개발 연구」. 한국직업능력개발원.

한국직업능력개발원(1999b). 「실업계 여학생 진로 · 직업 프로그램 개발」. 한국직업능력개발원.

Acker, S.(1990). Gender issues in schooling. In G. Entwistle,(Ed.). *Handbook of Educational Ideas and Practices*. London: Routledge and Kegan Paul.

Baker, D. P., & D. P. Joan(1992). Opportunity and performance: A sociological explanation for gender differences in academic achievement. In J. Wrigley(Ed.) *Education and Gender Equality*. London: The Falmer Press.

Levinson, D. J.(1976/1996). 남자가 겪는 인생의 사계절. The seasons of a man's life. 김애순(역). 서울: 이화여자대학교 출판부.

____________ (1996/1998). 여자가 겪는 인생의 사계절. The seasons of a woman's life. 김애순(역). 서울: 세종연구원.

Elliott, J., & C. Powell(1987). Young women and science: Do we need more science?. *British Journal of Sociology of Education*. 8(3). 277-286.

Fennema, E.(1990). Justice, equity and mathematics education. In E. Fennema and G. E. Leder(Eds.). *Mathematics and Gender*. New York: Teacher College

Furlong, A.(1986). Schools and the structure of female occupational aspiration. *British Journal of Sociology of Education*. 7(4). 367-377.

Gaskell, J.(1985). Course enrollment in the high school: the perspective of working-class females. *Sociology of Education*. 1(58). 48-59.

Hayes, R.(1986). Gender nontraditional or sex atypical or gender dominant or research: Are we measuring the same thing?. *Journal of Vocational Behavior*. 29. 79-88.

Kelly, A.(ed.)(1981). *The Missing Half: Girls and Science Education*. Manchester: Manchester University Press.

Kelly, A.(1985). The construction of masculine science. *British Journal of Sociology of Education*. 6(2). 133-154.

McDonald, M.(1980). Schooling and the reproduction of class and gender relation. In L. Barton, R. Meigan & S. Stephen(Eds.). *Schooling, Ideology and the Curriculum*. London: The Falmer Press.

Ogbu, J. U.(1982). Equalization of Educational Opportunity and racial/ethnic inequality. In P. G. Altbach, R., F.Arnov G. P. Kelly(Eds.). *Comparative Education.* New York: Macmillan Press.

Thomas, K.(1988). Gender and arts/science divide in the higher education. *Studies in Higher Education.* 13(2). 123-137.

6장 성인 전기의 여성교육

오재림*

* 미국 스탠포드대학교 철학박사
숙명여자대학교 문과대학 교육학부 교수
현재 숙명여자대학교 교육대학원장

한국 전통 사회에서 여성들의 교육은 주로 가정을 중심으로 이루어져 왔으며, 더욱이 성인 여성에게 학교교육을 통한 공식적 교육이라는 것은 불필요하다는 생각이 지배적이었다. 그러나 해방 이후 1960년대부터 우리 사회가 본격적인 경제발전을 추진하면서 많은 여성들이 사회 내 경제활동에 참여하게 되었을 뿐 아니라, 여성들의 학교교육에의 참여 또한 매우 빠른 속도로 증가하였다. 성인 여성을 위한 교육은 크게 형식적 교육인 학교교육과 비형식적 교육에 해당하는 다양한 유형의 평생교육으로 구분해 볼 수 있는데, 학교교육에의 여성 참여는 꾸준히 증가해 오고 있는 반면, 성인 여성을 위한 평생교육은 여전히 미흡한 수준에 있는 것이 우리의 현실이다.

그러므로 이 장에서는 먼저 성인 전기의 의미와 성인 전기 여성의 발달 특성에 대해 간략히 살펴본 후, 성인 전기에 해당하는 20~30대 여성을 대상으로 한 우리 교육의 발전 과정, 현황과 문제점 등에 대해 살펴보고자 한다. 또한 성인 전기 여성의 교육을 크게 학교교육과 평생교육 및 평생학습으로 나누고 각 교육 영역에서 교육 기회, 교육과정과 성별에 따른 교육 쟁점 등에 초점을 맞추어 보다 구체적으로 살펴보고자 한다.

1 성인 전기의 의미

일반적으로 성인 전기(early adulthood)는 사춘기와 청년기를 지나온 청소년들이 성인으로서의 삶을 위한 마지막 준비를 하는 시기인 20세경부터 성인으로서의 삶을 본격적으로 영위하게 되는 40세경까지의 시기를 말한다. 그러므로 20~30대를 중심으로 한 성인 전기는 10대의 청소년기를 벗어나 독립된 사회인으로서의 생활을 영위하기 위한 준비 기간으로서 자아정체감의 확립, 성역할의 습득, 직업 및 진로 선택에 대한 의사 결정 등 다양한 발달과업을 수행해야 하는 중요한 전환기적 시기이면서 동시에 이 시기는 그야말로 개인의 발달 과정에서 신체적으로나 지적으로 가장 정점에 있는 시기이다.

특히 성인 전기의 초기에 해당하는 20세를 전후한 시기에 개인은 고등학교를 졸업함과 동시에 고등학교 때까지의 학교생활 중심의 생활을 마감하고 성인으로서의 첫걸음을 내딛는 시기로, 인생 행로에서 매우 중요한 여러 선택을 하게 되는 시기인 것이다. 다시 말하면, 고등학교를 졸업하면서 청소년기의 마지막 시기를 보내는 개인은 성인으로서의 미래에 관한 여러 가지 선택의 기로에 놓이게 되며, 이 시기에 이루어진 선택의 결과에 따라 그 개인이 맞이하게 되는 성인기의 모습은 매우 달라질 수 있다.

청소년기를 마감하고 성인 전기로 접어드는 20대 초반 연령의 개인들은 대개 고등교육 기관에 진학을 하거나 또는 직업 활동을 시작하면서 부모의 영향력으로부터 서서히 벗어나기 시작하며 사회·경제적으로 독립을 시도하게 되고, 20대와 30대를 거치면서 대부분의 성인은 배우자를 선택하여 결혼을 하고, 자녀를 출산함으로써 가정을 이루기도 하는 등 개인적으로나 사회적인 면 모두에서 자신의 활동 범위를 점차로 넓혀 가면서 다양한 역할 수행을 하기 위한 기반을 마련하게 된다. 그러므로 보다 성숙한 성인으로서의 삶의 기반을 마련하기 위한 20대와 개인적·사회적으로 보다 성숙한 성인으로서의 삶을 영위하게 되는 30대를 중심으로 한 성인 전기는 개인의 발달에 있어서 가장 정점을 이루는 시기이면서, 동시에 다양한 개인적 또는 환경적 변화를 경험하는 격동의 시기이기도 하다.

2 성인 전기(early adulthood) 여성의 발달 특성

1) 성인 전기 발달의 일반적 특성

인간 발달에 관한 초기의 전통적 이론과 개인의 성장 발달에 관한 연구들은 대부분 유·아동기와 청소년기까지만을 대상으로 이루어졌으며, 인생의 주기와 성인기의 발달에 대한 연구는 매우 미흡한 편이었다. 이는 신체가 완전히 성장하는 청소년기 이후에는 성격 발달을 비롯한 인간 발달이 멈춘다는 믿음이 지배했기 때문이다. 그러나 오늘날 대부분의 발달론자들은 인간은 살아 있는 한 끊임없이 변화하고 성장할 수 있는 가능성이 있다고 확신한다.

성인 전기의 일반적인 발달 특성은 신체적, 지적, 성격 및 사회성 발달 등의 영역으로 구분해 볼 수 있다. 먼저 신체 발달의 측면에서 보았을 때, 성인 전기는 체력, 정력, 지구력, 감각 등 신체 기능의 모든 면에 있어서 최고의 절정에 이르는 시기이다. 또한 이 시기는 인생 주기 동안에서 인간이 가장 건강하다고 느끼는 시기이기도 하다.

지적 발달에 관한 기존의 연구들은 대개 20세경이면 지능 발달이 절정기에 이르며 그 이후에는 쇠퇴한다고 믿어 왔다. 그러나 그와 같은 결론은 횡단적 연구 결과에 근거한 것이었으며, 다양한 연령 집단을 대상으로 지능 검사를 실시한 연구와 종단적인 연구 결과들은 성인 전기의 사람들이 다른 연령대에 비해서 가장 높은 지적 기능을 소유하고 있는 것을 밝혀냈다(정옥분 역, 1992).

성인 전기의 성격 및 사회성 발달은 이 시기에 개인이 경험하게 되는 다양한 환경 변화에 적응해 나가는 과정을 통해서 이루어지게 된다. 즉, 이 시기의 개인들은 고등교육 기관으로의 진학이라든가 취업 및 직업 활동 그리고 결혼과 가정생활 등 여러 가지 면에서 이전의 발달 단계와는 매우 다른 환경의 변화를 거치게 되고, 그런 과정에서 사람들은 다양한 성격 및 사회성 발달을 이루게 된다.

성인 전기 발달 연구의 선구자적 학자인 에릭슨(Erikson)은 20세경부터 40세에 이르는 성인 전기는 개인의 발달 과정에서 '친밀감 대 고립감'의 위기를 경험함으로써 자신의 정체성을 확립해 나가는 시기라고 보았다. 에릭슨에 의하면, 이 시기의 젊은 성인들은 친밀감을 필요로 하고 이를 원하며, 다른 사람에 대해서도 개인적으로 깊이 관여하기를 바라는데, 만일 그렇게 할 수 없거나 하는 것이 두렵다면 그들은 고립되고 자기 몰두에 빠지게 된다는 것이다. 그러므로 에릭슨은 성인 전기의 사회성 발달에서 가장 두드러진 특성은 다양한 인간적 유대 관계를 형성하기 위한 위기를 극복하면서 정체감을 형성하는 것이라고 보았다.

이 시기의 또 다른 발달 특성은 직업 발달을 들 수 있는데, 이는 성인 전기에 대부분의 사람들이 처음으로 본격적인 사회적 직업 활동을 시작함으로써 사회 활동의 영역을 넓혀 가게 되고, 이를 통해 정체감의 중요한 국면을 개척할 뿐 아니라 경제적 자립을 이루면서 책임감 있는 성인으로서의 역할을 수행하기 때문이다. 또한 개인이 선택하는 일은 개인 발달의 모든 측면 −지적, 신체적, 사회적 및 정서적−과 밀접하게 관련되어 있을 뿐 아니라 그 사람 인생의 다른 모든 영역에도 영향을 미치게 되므로 매우 중요하다. 특히 성인 전기의 직업 발달은 개인의 연령과 성별에 따라 각기 다른 태도 및 의식을 형성하고, 그 수행 방식에 있어서도 차이가 있는 것으로 나타났다.

2) 성인 전기 여성의 발달 특성

기존의 성인 발달에 관한 논의들은 주로 남성을 대상으로 한 연구의 결과에 근거한 것이었다. 그러므로 그러한 이론을 그대로 받아들여서 성인 여성도 남성과 똑같은 발달 과정을 거칠 것이라고 생각하는 것은 대단히 심각한 오류를 범하는 것이다. 왜냐하면 어느 사회에서든 여성으로 살아가는 것과 남성으로 살아가는 것은 비교할 수 없을 정도로 다른 삶의 경험이기 때문이다. 또한 성별에 따라 각기 다른 삶의 경험은 개인의 성격, 태도, 의식 및 사회성 발달 등과 매우 밀접한 관련을 갖는다. 그러므로 성인 여성의 발달 과정 및 특성에 대한 보다 체계적인 연구가 필요하다.

그러나 성인 여성의 발달에 관한 연구가 전혀 없었던 것은 아니며, 그 대표적인 학자로는 레빈슨(D. Levinson)을 들 수 있다. 그는 먼저 1978년에 성인 남성의 발달에 관한 연구 결과를 발표하였고, 그리고 나서 20여 년이 지난 1996년에 성인 여성의 발달에 관한 연구 결과를 발표하였다. 또한 그는 "여성들이 겪는 인생을 문화와 개인의 정신 속에 존재하는 '성의 분리(gender splitting)'라는 관점에서 분석함으로써 여성과 남성이 '왜' 그리고 '어떻게' 다르게 살아가는지"를 보여주고자 하였다. 이러한 그의 관점은 "남성 = 공적 영역/ 여성 = 사적 영역"이라는 전통적인 성역할 이분법적 사고가 지배적인 우리 사회에서 20~40세의 성인 전기 여성의 발달 과업으로 기대되는 것이 일차적으로는 전통적인 결혼생활 속의 가정주부로서의 역할이라는 점을 감안할 때, 성인 여성의 발달을 남성의 발달과는 구분해서 살펴보는 데 중요한 시사를 제공한다.

레빈슨은 성인 전기를 크게 네 시기로 구분하였는데, 첫 번째는 17~22세의 성인 전기 전환기(early adult transition), 두 번째는 22~28세의 성인 전기 입문기(entry life structure for early adulthood), 세 번째는 28~33세의 30대 전환기(age 30 transition), 그리고 마지막 단계는 33~40세의 성인 전기 절정기(culminating life structure for early adulthood)이다(김애순 역, 1998). 각 시기의 발달 특성을 여성의 삶의 경험을 중심으로 정리해보면 다음과 같다.

먼저 성인 전기 전환기는 아동·청소년기를 끝내는 동시에 성인 전기를 시작하는 인생의 전환기적인 시기이다. 이 시기 개인에게 요구되는 중요한 과제는 가족, 또래, 학교 그리고 청소년 세계의 여러 의미 있는 부분들과의 관계를 끝맺음하고 새로운 시대를 위한 기반을 마련하는 것이다. 또한 대부분의 여성에게 고등학교 졸업은 매우 중요한 전환이며, 이 시기의 특성은 그녀의 교육 수준이 강한 영향력을 갖는다는 것이다. 이는 성인 전기의 전환점에서 고등교육 기관으로의 진학 여부와 관련한 다양한 선택의 차이는 여성의 인생에서 매우 중요한 역할을 담당하기 때문이다. 특히 대학에 진학하느냐, 바로 결혼을 선택하느냐, 또는 단기 취업 후 결혼을 선택하느냐를 선택하기 위한 과정은 이 시기의 여성에게 있어서 대단히 중요하다.

성인 전기 입문기는 몇 개의 중요한 인생의 선택(예를 들면, 사랑/결혼/가족, 직업, 원래의 가족들과의 분리, 삶의 양식 등)을 하고 젊은 성인으로서의 삶을 계획하는 시기이다. 이 시기의 여성은 특히 25~26세를 거치면서 성장의 과정을 경험하는 것으로 나타났다. 즉, 25세 전에는 취업이나, 결혼 및 출산 등과 같은 성인으로서의 주요 관계를 형성하고 보다 적극적으로 개입하면서 자리를 잡아가는 시기인 반면에, 25세 이후에는 이전에 형성한 관계 속에서 자신을 한번 되돌아보고 변화를 모색하거나 그 상황을 지속하는 결정을 하게 된다는 것이다. 즉, 이 시기는 삶의 다양한 영역이 아직은 제대로 자리를 잡지 못한 상황에서 여성들이 여러 가지 갈등을 경험하게 되고, 그에 따른 문제해결을 위한 선택을 하게 되는 것이다.

성인 전기의 중반에 자리하고 있는 30대 전환기는 20대의 성인 전기 입문기의 마감과 함께 자신의 인생 구조를 재평가하는 시기로, 자아와 세계 안에서 새로운 가능성을 탐색하며 더욱 개별화되어 새로운 인생 구조를 형성해 나가는 때이다. 이 전환기의 발달 과제는 매우 중요한 의미를 갖는데, 그 이유는 이 시기의 발달 과제를 어떻게 해결하는가가 성인 전기 초기에 가졌던 야망의 실현과 밀접하게 연관되기 때문이다. 이는 여성의 경우에도 마찬가지인데, 기혼 여성들은 자신들의 결혼 생활을 재평가하고 가정 영역에의 개입을 점진적으로 제한하며, 사회 내 직업 세계에 참여하기 시작하기도 한다. 또한 20대 초반에 결혼과 가정 생활보다는 직업 생활을 선택한 여성의 경우에도 20대 후반부터 30대 초반 동안 직장에서의 조직 생활 경험을 통해서 경력 여성으로서의 의식, 태도 및 행동 등의 변화를 경험하게 되고, 그에 따라 직업 야망과 인생의 목표가 재설정되기도 한다.

성인 전기 절정기의 일차적 발달 과제는 사회에서 자신의 위치를 보다 안전하고 확고하게 마련하는 것이며, 이때는 또한 성인 세계에서 그동안 '연소자'의 위치에 있던 개인들이 '연장자'의 위치로 이동하게 되는 시기이기도 하다. 이 시기를 레빈슨은 "자기 자신이 되는 여성"의 시기라고 이름하였는데, 이는 이 시기에 대부분의 여성들은 독립적이고 유능하고 책임감 있고 보다 완숙한 성인이 되려고 노력하며, 사회로부터도 그런 대접을 받고자 하기 때문이다.

그런데 이러한 성인 전기 절정기에 있는 여성의 발달 과제는 단순히 여성 자신들만의 문제가 아니며, 남성중심적인 사회에서 성인 여성을 여전히 '완전한 성인'으로 보기보다는 '연약한 여성'으로 여기는 성차별적 가치관과 연관해서 이해되어야 할 부분이다. 여성의 경우, '자신이 자신되는 단계'의 발달 과제가 단순히 여성 자신만의 노력에 의해서 이루어질 수 있는 것이 아니라, 여성을 둘러싸고 있는 사회·문화적인 환경과 밀접한 연관이 있다는 점은 성인 여성의 발달이 왜 남성과 동일한 과정으로 이해되어서는 안 되는가를 분명하게 말해주는 것이라 하겠다.

3 성인 전기 여성과 교육

한국 전통사회에서 여성들을 대상으로 한 교육은 주로 가정을 중심으로 여성으로서의 역할과 마음가짐에 대한 교육을 주요 내용으로 이루어졌다. 그러나 공식적인 학교교육이 시작되고 교육에 평등 이념이 도입되면서 여성교육도 더불어서 발전하게 되었는데, 특히 해방 이후 1960년대부터는 우리 사회가 본격적인 경제발전을 추진하면서 많은 여성들이 사회 내 경제활동에 참여하게 되었을 뿐 아니라, 여성들의 학교교육에의 참여 또한 매우 빠른 속도로 증가하였다.

통계청의 조사에 의하면, 우리 사회 남성의 경제활동 참여율은 1985년 72.3%, 1990년 74.0%, 2000년 74.4% 그리고 2008년 73.5%로 해를 거듭할수록 조금씩 감소하는 경향을 보이고 있는 반면, 같은 시기 여성의 경제활동 참여율은 각각 42.8%, 47.0%, 48.8%와 50.0%로 조사되어 꾸준하게 상승한 것으로 나타났다. 그리고 2000년 이후에도 여성의 경제활동 참여율은 2009년 49.2%, 2010년 49.4%와 2011년 49.7%인 것으로 조사되어 꾸준히 49%대를 유지하고 있다. 다음 〈표 6-1〉과 [그림 6-1]은 각각 1980년 이후 경제활동인구 추이와 경제활동참가율 추이를 성별에 따라 구분하여 제시한 것이다.

〈표 6-1〉 성별에 따른 경제활동인구 추이

(단위: 천 명, %)

연도	경제활동인구		경제활동참가율*	
	여자	남자	여자	남자
1985	5,975	9,617	41.9	72.3
1990	7,509	11,030	47.0	74.0
1995	8,397	12,456	48.4	76.5
1998	8,576	12,852	47.1	75.1
1999	8,785	12,880	47.6	74.4
2000	9,101	13,034	48.8	74.4
2001	9,275	13,142	49.2	74.2
2002	9,466	13,411	49.7	74.8
2003	9,418	13,539	49.0	74.7
2004	9,690	13,727	49.9	75.0
2005	9,860	13,883	50.1	74.6
2006	10,001	13,978	50.3	74.1
2007	10,092	14,124	50.2	74.0
2008	10,139	14,208	50.0	73.5
2009	10,076	14,319	49.2	73.1
2010	10,256	14,492	49.4	73.0
2011	10,416	14,683	49.7	73.1

자료: 통계청. 지난 30년간 고용사정의 변화. 통계청. 경제활동인구연보.

*경제활동참가율 : 만 15세 이상 인구 중 조사대상 주간 동안 상품이나 서비스를 생산하기 위하여 실제로 수입이 있는 일을 한 취업자와 일을 하지 않았으나 구직활동을 하고 즉시 취업 가능한 자를 15세 이상 인구로 나눈 비율.

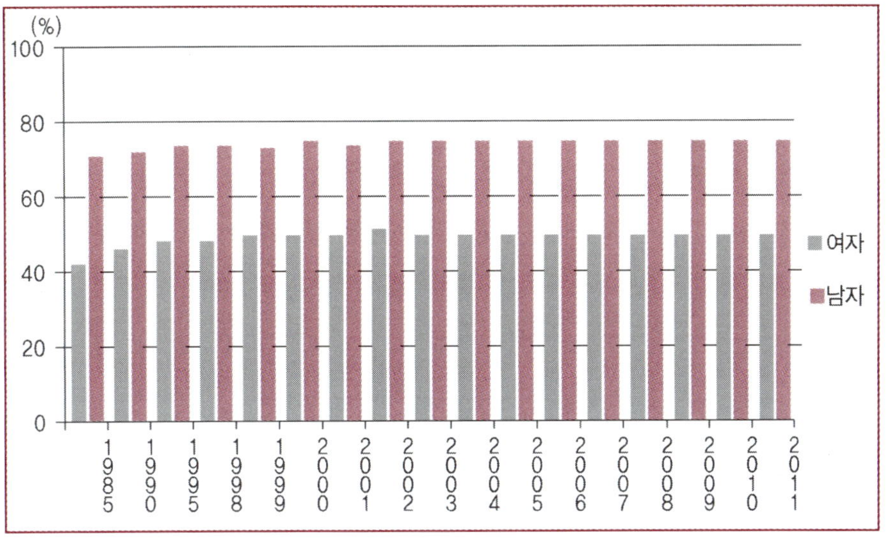

[그림 6-1] 경제활동 참가율 추이(1985~2011)

이렇듯 해방 이후 여성경제활동 인구의 꾸준한 증가와 함께 주목할 만한 또 다른 현상은 여성 고등교육 인구의 폭발적인 증가라 할 수 있는데, 2012년 현재 고등교육기관에 재학하고 있는 여자 대학생의 수는 1,574,495명(전문대 포함)으로 1945년의 1,086명에 비해서 1449.8배나 증가한 것이다. 이는 또한 전체 대학생의 수가 1945년의 7,819명에서 2012년에 3,709,734명으로 474.5배 증가한 것을 감안할 때 그야말로 괄목할 만한 증가가 아닐 수 없다. 이렇듯 우리 사회에서는 이제 여성들의 사회 활동 참여의 증가와 함께 고등학교를 졸업하는 여학생들에게 고등교육 기관으로의 진학은 그들이 성인으로서의 미래를 준비하는 과정에서 최우선 순위를 점하는 선택 중 하나이다. 그러므로 성인 전기 여성의 교육에서 학교교육이 차지하는 비중은 그 어느 때보다도 매우 크다고 하겠다.

더불어 2000년대 이후에는 여성인적자원 개발 및 활용이 중요한 국가경쟁력의 요인으로 부상하기 시작하면서 여성고등교육 및 여성인적자원의 개발과 적극적인 활용은 이제 단순히 개인적 차원에서뿐 아니라, 국가적 차원에서도 중요한 정책적 이슈가 되었을 뿐 아니라 고학력여성에 대한 우리 사회의 관심은 그 어느 때보다도 뜨겁다. 이러한 여성인력에 대한 개인 및 국가차원에서의 관심의 증가는 성인전기 여성의 인적자원개발과 평생교육에 대한 관심으로 이어지고 있다. 즉, 성인 전기 여성들에게 25세를 전후하여 학교교육을 마친 이후에도 지속적으로 자신들이 갖고 있는 자원과 능력을 개발하고 활용하기 위한 다양한 유형의 평생교육에의 참여는 더욱 중요한 의미를 갖는다. 그러나 우리 사회에서 성인 전기 여성을 대상으로 하는 평생교육이 아직까지도 충분하거나 적절하게 이루어지고 있지 못한 것이 안타까운 현실이다. 그러므로 우리가 성인 전기 여성의 교육을 논함에 있어서 학교교육과 평생교육을 함께 살펴보는 것은 대단히 중요한 일이 아닐 수 없다.

4 성인 전기 여성과 학교교육

1) 고등교육 기회

(1) 여성 고등교육 인구

한국 사회는 1970년대 경제 성장과 함께 급격한 사회 발전을 이룩하면서 교육적 여건 또한 변화하였다. 교육 기회의 전면적인 확대와 남녀평등 이념의 전개 등으로 특징지을 수 있는 교육 여건의 변화는 산업 사회의 발전과 함께 여성교육의 기회를 증가시켰다. 1886년에 여성을 위한 정규 교육이 시작된 이래 100년이 좀 넘는 기간 동안에 고등학교의 여학생 비율이 전체 학생 수의 47.2%에 이르고, 대학생의 경우 42.2%를 차지하고 있는 점은 여성교육 인구의 팽창을 여실히 보여주고 있다(교육과학기술부, 2012).

우리나라의 고등교육 기관(전문대학, 교육대학 등 모든 고등교육 기관 포함)은 1945년에 19개교이던 것이 1965년에는 199개교, 1980년에는 358개교로 늘어났으며 2012년 현재는 432개교에 이르고 있고, 총 학생 수도 1965년에는 141,636명이던 것이 1985년에는 그 열 배가 넘는 1,451,294명으로 증가했고, 2012년 현재는

3,728,802명에 이르고 있다(교육과학기술부, 2012). 그러나 지난 50여 년 동안의 고등교육 기관과 학생 수의 폭발적인 증가에 비해서 총 학생 수에서 여성이 차지하는 비율은 상대적으로 매우 낮은 것이 사실이다. 〈표 6-2〉는 고등교육기관의 유형별로 1970년부터 2012년까지 여학생 구성비의 변화 추이를 나타낸 것이다.

〈표 6-2〉 고등교육 기관 유형별 여학생 구성비 추이

(단위: %)

연 도	전 체	전문대학	교육대학	4년제 대학교	대학원
1970	24.6	24.8	54.3	22.3	12.2
1975	27.6	28.3	58.0	26.5	16.4
1980	24.2	25.9	81.9	22.4	17.0
1985	28.8	36.0	72.9	26.8	18.3
1990	30.5	36.9	64.5	28.5	22.5
1995	36.2	37.6	74.7	31.9	28.1
2000	36.4	37.5	71.9	35.8	34.9
2005	39.4	37.1	71.0	36.8	44.3
2010	41.8	39.7	68.0	38.3	48.1
2012	42.2	39.9	67.9	39.1	48.3

자료: 교육과학기술부. 교육통계연보 해당 연도.
교육과학기술부(2012). 2012 간추린 교육통계.

〈표 6-2〉의 자료에 의하면 고등교육 기관 전체의 여학생 구성비는 1970년에는 24.6%이던 것이 1985년도 이후 크게 증가하여 2000년에는 36.4%, 2005년에는 39.4% 그리고 2012년 현재는 42.2%를 차지하는 것으로 나타났다. 자료에 의하면, 고등교육기관의 여학생 구성비는 1995년을 기점으로 크게 상승하였으며, 2000년 이후에도 고등교육기관의 유형에 관계없이 꾸준히 증가하고 있는 것을 알 수 있는데, 특히 두드러진 점은 2000년도 이후 대학원에 여학생의 수가 급격하게 증가하고 있다는 것이다. 이는 최근 들어 우리 사회 내 고학력 여성 인구가 더욱 빠른 속도로 증가하고 있음을 단적으로 보여주는 것이며, 더불어 최근 국가 인적자원으로서 고학력 여성들의 능력개발 및 적절한 활용에 대해 국가적인 관심이 고조되고 있는 현실과도 밀접한 관련이 있다.

한편, 초등학교 교사를 양성하는 교육대학의 경우에는 다른 어떤 유형의 고등

교육 기관보다도 상대적으로 항상 높은 여학생 구성비를 보이고 있다. 이는 여성들이 남성에 비해 우선적으로 낮은 수준의 고등교육 기관에 진학하는 것으로 이해할 수 있으며, 교육대학의 여학생 구성비가 1970년대 이후 꾸준히 50% 이상을 차지하고 있는 것은 초등학교 교사직을 자녀 출산과 양육을 여성의 전담 영역으로 인식하는 우리 사회의 전통적 성역할 고정관념의 영향과 무관하지 않은 것으로 보인다.

다음의 〈표 6-3〉은 대학원의 전공분야별 여학생 구성비 추이를 제시한 자료인데, 이 표에 의하면, 1980년대 이후 1990년대와 2000년대를 거치면서 대학원에 진학하는 여학생의 비율은 이전 10년에 비해 거의 10%포인트의 큰 증가세를 보이는 것으로 나타났다. 즉, 대학원의 여학생 구성비는 1985년도에는 18.3%였던 것이 1995년에는 28.1%로 1980년대에 비해 9.8%포인트 증가했으며, 2000년대에 들어서도 꾸준히 증가해서 2010년에는 48.1%로, 2000년의 34.9%에 비해 또 다시 13.2%포인트의 큰 폭으로 증가했다.

〈표 6-3〉 대학원의 전공분야별 여학생 구성비 추이

(단위: %)

연 도	전 체	인문계	사회계	자연계	의약계	예체능	사범계(교육계)	공학계
1985	18.3	25.3	6.2	11.5	19.4	64.4	30.1	-
1990	22.5	33.8	10.1	13.6	22.2	63.1	37.8	-
1995	28.1	40.1	16.9	16.2	27.2	65.3	49.4	-
2000	34.9	35.7	30.2	18.5	36.3	59.9	56.6	-
2005	44.3	45.4	34.3	42.3	45.8	62.0	70.3	12.5
2010	48.1	50.5	40.8	46.0	53.2	63.7	73.2	14.9
2012	48.3	52.5	41.8	45.7	53.8	63.6	73.2	16.1

자료 : 주재선·송치선·박건표(2012). 2012 한국의 성인지 통계.

그리고 2012년 현재 대학원에 재학하고 있는 여학생의 비율은 전체 대학원생 중 48.3%에 이르고 있다. 이렇듯 대학원 재학생 중 여학생이 거의 절반을 차지한다는 사실은 우리 사회에서 고학력 여성 인구가 이전 세대보다도 빠르게 증가하고 있음을 말해주는 것임과 동시에, 여성들의 평균학력 수준 또한 높아지고 있음을 의미하는 것으로 볼 수 있다.

대학원 재학생 중 여학생 구성비를 전공분야별로 살펴보면, 대학교와 전문대학의 경우와 마찬가지로 분야에 따라 성별에 따른 격차가 여전히 존재하는 것을 알 수 있다. 2012년 현재 전체 대학원생 중 여학생이 48.3%를 차지하고 있다는 점을 감안하면, 전공영역에 관계없이 여학생들이 골고루 분포되어 있을 것으로 예상할 수 있지만, 여학생이 절반이라는 결과는 실질적으로는 다소 양극화되어 있는 전공영역별 분포에 기인한 것으로 나타났다. 즉, 의약계(53.8%), 인문계(52.5%)와 자연계(45.7%)의 경우는 여학생이 거의 절반을 차지하는 것으로 나타났다. 그러나 사범(교육)계와 예체능계 대학원의 여학생 구성비는 각각 73.2%와 63.6%로 2/3 이상이 여학생인 반면에 사회계의 여학생 구성비는 41.8%에 머물고 있으며, 공학계는 16.1%에 불과한 것으로 조사됨으로써 이들 전공 영역 간의 여학생 구성비의 불균형이 총체적으로는 여학생 절반의 모습으로 드러나고 있는 것이다.

(2) 진학률과 취학률

우리나라 여성들의 평균 학력수준의 상승과 고학력 여성 인구의 증가는 고등교육 기관 재학생 중 여학생 구성비의 증가와 함께 진학률 및 취학률의 변화 추이에서도 분명하게 드러나고 있다.

고등교육 기관의 여학생 구성비와 마찬가지로 고등학교 졸업자 중 여학생들의 고등교육 기관으로의 진학률과 취학률도 해를 거듭할수록 증가해오고 있는데, 먼저 〈표 6-4〉는 성별에 따른 고등학교 졸업자의 대학 진학률 추이를 정리한 것이다.

〈표 6-4〉의 자료에 의하면, 우리나라 고등학교 졸업자의 고등교육기관 진학률 추이 양상은 2000년을 기점으로 그 이전과 이후에 사뭇 다른 양상을 보이고 있음을 알 수 있다. 먼저 1970년대부터 2000년도에 이르는 시기의 고등학교 졸업자의 고등교육 기관 진학률을 살펴보면, 전체적으로는 1970년의 26.9%에서 2000년에는 68%로 크게 증가한 것을 알 수 있다. 그러나 이를 성별에 따라 구분해서 보면, 같은 시기에 고졸 남학생의 고등교육 기관 진학률은 26%에서 70.4%로 증가한 반면, 여학생의 진학률은 28.6%에서 2000년에는 65.4%로 증가한 것으로 나타남으로써 남녀 학생들 모두에게 진학률이 증가한 것은 사실이지만, 여학생의 진학률이 남학생에 비해서는 상대적으로 항상 낮은 것으로 나타남으로써 이 시기 동안 고등교육 기회

의 분배는 여성에게 상대적으로 불리하게 이루어지고 있음을 알 수 있다.

그러나 이러한 성별에 따른 진학률의 차이는 2000년대 이후 최근에는 매우 다른 양상을 보이고 있는데, 2005년의 자료에 따르면 고등학교 졸업자의 고등교육기관 진학률은 여학생의 경우 80.8%와 남학생의 경우 83.3%로, 2000년에 비해 남녀 학생 모두 고등교육기관 진학률이 급격하게 증가한 것으로 나타났을 뿐 아니라, 성별 간 진학률의 격차 또한 2.5%포인트에 불과한 것으로 나타남으로써 2000년대 이전에 비해 그 차이가 현격하게 줄어든 것을 알 수 있다.

그러나 2005년을 기점으로 고등학교 졸업자의 고등교육 기관으로의 진학률에는 또 다른 변화 양상을 보이는데, 가장 먼저 눈에 띄는 것은 2000년에는 68%였던 고등교육 기관 진학률이 2005년도에는 82.1%로 매우 큰 폭으로 상승했다는 사실이다. 이는 남녀 고등학교 졸업생 모두에게 해당하는 것으로 남학생의 경우 같은 시기 진학률이 70.4%에서 83.3%로 상승했고, 여학생의 경우도 65.4%에서 80.8%로 상승했음을 알 수 있다.

〈표 6-4〉 고등학교[1] 졸업자의 성별에 따른 고등교육 기관[2] 진학률[3] 추이

(단위: %)

연 도	1970	1975	1980	1985	1990	1995	2000	2005	2010	2012
전 체	26.9	25.8	27.2	36.4	33.2	51.4	68.0	82.1	79.0	71.3
여 성	28.6	25.8	22.8	34.1	32.4	49.8	65.4	80.8	80.5	74.3
남 성	26.0	26.4	30.3	38.3.	33.9	52.8	70.4	83.3	77.5	68.6

1) 고등학교: 인문계와 실업계 포함
2) 고등교육 기관 : 전문대학, 교육대학, 방송통신대학, 산업대학, 각종학교, 대학원 포함
3) 진학률 = (당해 연도 졸업자 중 진학자 / 당해 연도 졸업자) × 100
자료: 교육과학기술부. 교육통계연보. 해당 연도에서 계산.

두 번째는 2005년에 고등교육진학률이 82.1%로 가장 높았으나, 2010년도에는 79%, 그리고 2012년도에는 71.3%로 조사되어서 고등학교 졸업자의 고등교육 기관 진학률이 최근 7년 사이 급격하게 줄어드는 현상이다. 이러한 현상을 같은 시기에 고등학교 졸업자의 취업률이 점차 상승하는 추세를 보이고 있는 점과 비교해서 살펴보면, 1997년 IMF사태 이후 줄곧 국가 경제와 노동시장의 불안정한 고용 상황이 지속됨과 함께 대학 진학에 드는 시간과 비용 대비 졸업 후 취업의 어려움을 감안

한 고등학교 졸업자들이 진학보다는 취업을 선택하는 비율이 높아지는 것으로 생각해 볼 수 있다.

세 번째 주목할 만한 점은 2005년도까지는 성별에 따른 고등교육 기관으로의 진학률을 살펴보았을 때, 언제나 남학생들이 진학률이 여학생보다 높았던 것에 비해서 2010년도부터는 그 상황이 역전된 것이다. 즉, 2010년도부터 전반적으로 고등학교 졸업자의 고등교육 기관 진학률이 감소하는 추세임에도 불구하고, 여학생들의 진학률은 2010년 80.5%와 2012년 74.3%로 전체 진학률보다 높았을 뿐 아니라, 남학생들의 진학률(2010년 77.5%와 2012년 68.6%)과 비교했을 때 상대적으로 오히려 높은 진학률을 나타내고 있는 것이다. 이는 앞서 고졸자들이 대학진학에 드는 고비용과 졸업 후 취업의 어려움을 고려해서 점차 진학보다는 취업을 선택하는 비율이 높아지고 있는 것으로 생각되는 일반적인 경향성과 비교했을 때, 남학생들과는 달리 여학생들에게는 여전히 고비용을 치루더라도 대학 진학 후 졸업장을 취득하고 취업을 하는 것이 고등학교만 졸업한 후 취업을 하는 것보다는 낫다는 판단에서인 것으로 사료된다. 다시 말하면, 이는 우리나라 여성들에게는 학력 취득이 사회진출 및 경제활동 참여에 있어서 여전히 무시할 수 없는 중요한 사회적 자본이라는 점을 간접적으로 시사하는 것이라 하겠다.

다음의 〈표 6-5〉는 성별에 따른 고등교육 기관 취학률 추이를 정리한 것이다.

〈표 6-5〉 성별에 따른 고등교육 기관 취학률[1] 추이

(단위: %)

연 도	1980	1985	1990	1995	2000	2005	2010	2012
여 성	8.4	14.8	17.5	34.8	46.0	58.3	68.5	67.2
남 성	24.3	24.6	37.6	57.8	54.2	65.0	71.5	69.3

1) 취학률 = (취학 적령 학생 수 / 취학 적령 인구수) × 100
적령 인구 : 초등학교 6-11세, 중학교 12-14세, 고등학교 15-17세, 대학교 18-21세.
고등학교에는 일반계와 전문계 고등학교가 포함됨.
고등교육기관에는 대학, 교육대학, 대학교, 각종학교(대학, 대학교 과정)과 방송통신대, 산업대 및 기굴, 원격대학이 포함.
자료: 주재선·송치선·박건표 (2012). 2012 한국의 성인지 통계.
교육과학기술부. 교육통계연보. 해당 연도에서 계산.

〈표 6-5〉에 제시된 대학교의 취학률도 역시 전반적으로 현재로 올수록 증가하는 현상을 보이고 있지만, 그 양상은 성별에 따라 매우 다른 것으로 나타났다.

즉, 여성의 취학률은 1980년의 8.4%에서 2010년 현재 68.5%로 약 8배 이상 증가하였고, 같은 시기에 남성의 취학률은 24.3%에서 71.5%로 약 3배 정도 증가하였다. 그러나 여성과 남성의 취학률을 비교해보면, 1980년 대학교의 취학률의 경우는 여자가 남자의 약 1/3 수준에 머무르고 있었던 반면, 1995년에는 3/5 수준으로 상대적으로 나아진 것이기는 하지만 여전히 절대 수에 있어서는 큰 차이가 있었다. 그러나 이러한 현상은 2000년대 들어서면서 큰 변화를 보이는데, 2000년의 경우 성별에 따른 취학률 비중은 4/5로 그 차이가 훨씬 줄어들었고, 2012년 현재에는 여성의 취학률이 67.2%이고 남성의 취학률이 69.3%로 성별에 따른 취학률 격차는 거의 없는 것으로 보아야 할 것이다. 따라서 이러한 사실은 지난 수십 년에 걸친 고등교육 기회의 확대가 1990년대까지는 우리 사회 내 성별에 따른 고등교육 기회의 불평등한 분배 상황을 완전하게 해소하지는 못하는 수준이었던 반면에, 2000년대 이후로는 실질적으로 고등교육기회분배에 있어서 성별에 따른 격차는 사라졌음을 말해주는 것으로 우리나라 여성들의 교육 및 사회·경제 활동에 대한 높은 열망과 강한 의지가 반영된 결과라 할 수 있다.

2) 교육 영역의 성별 이분화

1960년대 이후 여성 고등교육 인구가 그 절대 수에 있어서 꾸준하게 증가 추세를 보이고 있기는 하지만, 이를 우리 사회에서 남녀평등한 고등교육이 수행되고 있는 것으로 생각하는 것은 대단한 오해가 아닐 수 없다. 그 이유는 여성 고등교육 인구의 증가와 함께 과거의 여학생들이 대학 내에서 소수집단으로 소외되고 무시되었던 상황을 극복할 수 있는 조건이 마련되었음에도 불구하고, 대학에서의 전공선택이나 학위취득 등과 관련된 교육지표상에는 여전히 남녀 간 격차가 나타나고 있기 때문이다. 이는 고등교육이 형식면에서는 남녀평등을 지향하고 있지만, 그 내용상으로는 성별에 따른 비대칭적이고 불평등한 요인들을 내재하고 있음을 의미한다. 특히 대학에서 전공영역의 성별에 따른 이분화는 사회 내에서 성별에 따라 뚜렷하게 구분되는 노동 분화의 불평등한 사회구조가 그대로 반영된 것이라고 할 수 있다.

현재 우리 사회의 경우, 진로의 선택 기준에서 보여지는 남녀 차이는 고등교육의 전공 선택에 있어서 성별에 따른 이분화 현상을 보이는 것과 밀접한 연관이 있다. 여성의 경우 대학에서 전공을 선택함에 있어서 흔히 사회에서 말하는 여성 분야(female field)인 인문계나 사범계에 집중되고 있다. 이러한 전공의 여학생 편중 현상은 사회의 지배적 가치관인 성역할 이분법을 반영하고 있는 것으로, 여성의 자유 선택 과정에 의한 것이라기보다는 사회에서 제시되고 있는 성역할 규범에 의한 연결망의 결과로 볼 수 있다. 따라서 전공을 선택하는 데에도 개인의 성(gender)은 상당한 제약 요인으로 작용하게 된다. 연도별 대학교 재학생의 전공분야에 따른 여학생 구성비를 살펴보면 〈표 6-6〉과 같다.

〈표 6-6〉 전공분야별 여자 대학생 구성비 추이

(단위: %)

연도	전 체	인문계	사회계	자연계	의약계	예체능	사범계 (교육계)	공학계	교육 대학
1970	22.3	34.1	9.3	11.8	34.4	65.7	51.4	–	–
1975	26.5	31.3	8.8	12.4	36.5	69.2	52.9	–	–
1980	22.4	31.3	7.7	11.5	31.7	71.2	47.5	–	–
1985	26.8	42.6	14.8	14.8	62.0	32.8	56.8	–	72.9
1990	28.5	46.5	17.7	19.1	35.4	56.8	57.6	–	64.5
1995	31.9	52.1	25.5	20.7	38.8	55.7	65.4	–	74.7
2000	35.8	56.1	35.8	22.1	47.8	56.2	62.8	–	71.9
2005	36.8	57.1	36.8	43.4	51.2	52.7	60.6	12.8	71.0
2010	38.4	56.0	39.1	44.1	57.9	52.8	57.4	14.0	
2012	39.1	55.5	40.0	44.2	61.0	53.4	56.9	14.8	

자료: 주재선・송치선・박건표(2012). 2012 한국의 성인지 통계. 교육과학기술부. 교육통계연보. 해당 연도.

4년제 대학교의 여학생 구성비는 1995년 조사에서 처음 30%를 넘어선 이래 2012년까지 30%대를 벗어나지 못하고 있는 실정이다. 또한 〈표 6-6〉에 따르면 전공에 따른 성별 구성비도 역시 그간의 유형이 그대로 지속되고 있는 것을 알 수 있다. 2012년 현재 4년제 대학교의 전공분야별 여대생 분포를 보면, 인문계가 55.5%, 예체능 전공이 53.4% 그리고 사범계 전공이 56.9%인 것으로 조사되어 여학생이 과반수를 차지하고 있는 것으로 나타났고, 반면에 사회계 전공은 40%, 자연계 전공은 44.2%, 그리고 공학계는 14.8%로 이러한 전공영역에서는 여전히 여학생의 비율이 상당히 낮은 것으로 나타남으로써 대학교의 전공영역이 성별에 따라 뚜렷하게 구분되어 있음을 알 수 있다.

또한 초등학교 교원을 양성하는 교육대학의 경우에는 1985년부터 2005년까지 재학생 중 여학생 구성비가 최소 64.5%에서 최대 74.7%로 매우 높은 것으로 나타났는데, 이는 초등학교 교사직을 자녀 출산과 양육을 여성의 전담 영역으로 인식하는 우리 사회의 전통적 성역할 고정관념의 영향과 무관하지 않은 것으로 이해할 수 있다.

고등교육 기관에서 전공영역 간의 뚜렷한 성별 분리 현상은 전문대학의 수준에서는 더욱 분명하게 드러나는데, 아래 〈표 6-7〉은 전공분야별 여자 전문대학생의 구성비 추이를 나타낸 것이다.

〈표 6-7〉 전공분야별 여자 전문대학생 구성비 추이

(단위: %)

연 도	전 체	인문계	사회계	자연계	의약계	예체능	사범계 (교육계)	공학계
1970	24.8	88.4	34.7	6.3	95.9	77.8	–	–
1975	28.5	–	40.3	15.7	80.1	80.1	–	–
1980	25.9	–	32.0	17.7	72.3	56.8	–	–
1985	36.0	44.1	35.0	16.6	59.5	71.2	100.0	–
1990	36.9	52.5	44.0	17.3	69.3	63.0	99.6	–
1995	37.6	54.9	47.7	19.7	63.8	57.0	99.0	–
2000	37.1	59.4	47.4	20.9	71.2	47.9	96.3	–
2005	37.1	61.5	45.8	38.3	64.2	45.9	95.9	11.0
2010	39.7	60.0	49.1	38.2	62.6	48.9	94.6	8.5
2012	39.9	58.4	48.0	37.3	63.6	49.4	94.6	8.4

자료: 주재선·송치선·박건표(2012). 2012 한국의 성인지 통계. 교육과학기술부. 교육통계연보. 해당 연도.

〈표 6-7〉에 제시된 자료를 보면, 전문대학의 경우 전반적으로 여학생 구성비가 4년제 대학에 비해서 상대적으로 조금 더 높은 것을 알 수 있으며, 특히 2012년도 현재 사범(교육)계와 의약계의 여학생 구성비는 각각 94.6%와 63.6%로 상당히 높은 것으로 나타났다. 이는 고졸 여성의 경우 4년제 대학교육 기회보다는 전

문대학 교육 기회를 더 많이 부여받고 있음을 보여주는 것으로, 고등교육 기회가 성별에 따라 불평등하게 제공되고 있음을 다시 한 번 알 수 있게 해 준다. 또한 특정 학문 영역의 높은 여학생 구성비는 각 영역의 전공과 밀접한 관련이 있는데, 그 이유는 전문대학의 사범(또는 교육)계에 해당하는 전공은 주로 유·아동 보육 또는 유아교육과 관련한 것이고, 의약계의 경우에는 간호학, 보건학, 그리고 치위생 관련 전공이 주를 이루고 있기 때문이다. 뿐만 아니라 2005년부터 분리 통계가 이루어진 공학계의 경우는 여학생 구성비가 2005년 11%, 2010년 8.5%와 2012년 8.4%에 불과한 것으로 나타남으로써 다른 전공영역에 비해서 현저하게 낮은 것을 알 수 있다. 이러한 현실은 다시 한 번 우리 사회가 가지고 있는 전통적인 성역할 이분법적 가치가 전문대학 교육에도 얼마나 강하게 반영되고 있는가를 잘 보여주고 있다.

5 대학생활 및 교수-학습 과정에서의 성별 불평등

우리 사회에서 학교교육과 성차별에 대한 논의들은 주로 유아교육과 초·중등교육의 교육 이념, 교육과정, 학교 및 교실 환경 또는 교사-학생 상호작용 등을 중심으로 이루어져 왔으며, 대학교육에서의 여학생 문제는 그동안 진지하게 논의되지 않았다. 그러나 앞 절에서 보았듯이 여성 고등교육이 시작된 이래 100여 년 동안 양적으로는 괄목할 만한 팽창이 이루어졌지만, 질적인 면에 있어서는 많은 문제점들이 꾸준하게 지적되고 있는 실정이다. 특히 이제 21세기로 접어든 현 시점에서 우리나라 여성 고등교육은 여성들의 교육적 욕구와 포부, 더 나가서는 사회 참여를 위한 전문가적 자질 습득에 적절하거나 충분한 기여를 하고 있지 못한 것으로 평가받고 있으며, 이는 고등교육의 내용 및 과정상에 존재하는 성차별성에 대해 보다 세심하게 살펴보아야 하는 명백한 근거를 제공하는 것이라 하겠다.

대학생활에서의 남녀 학생들의 교육 경험과 그에 따른 직업, 진로선택 등과 관련한 초기 연구들은 상당히 혼합된 연구 결과들을 제시하고 있다. 외국의 경우, 1970년대 미국에서 이루어진 연구는 대학교육을 통해서 남녀 학생 간의 대학 입학 시의 각기 다른 수준의 교육목표나 포부 등이 유사한 방향으로 전환된다고 보고하고 있다(Bowen, 1977). 그러나 또 다른 연구는 남녀 대학생들은 대학 교육과정을 거치는 동안 서로 다른 삶의 경험들을 하게 되며, 따라서 자신들의 미래의 삶에 대해서도 매우 다른 관점과 가치관을 형성하게 된다고 보았다(Astin, 1977).

1982년도 미국의 대학 협의회(Association of American Colleges)에서 발표한 여성의 지위와 교육에 관한 보고서는 대학의 교육 환경은 여학생들은 소외시키거나 무시하는 분위기를 가지고 있음으로써, 여학생뿐 아니라 남학생의 교육 경험에도 부정적인 영향을 미치는 것으로 지적하고 있다. 특히 이 연구 보고서에서는 대학교의 교육 환경이 전반적으로 의식·무의식적으로 여성들을 소외시키거나 무시하는 경향이 강하며, 남성중심적인 교육 환경과 교육과정이 여학생들의 능력 개발에는 치명적으로 부정적인 영향을 끼치는 것으로 보고하고 있다.

초등학교에서 대학교육에 이르기까지 각급 학교 교실 수업의 교사-학생 상호작용에 나타난 성차별주의에 관한 새드커와 새드커(M. Sadker & D. Sadker)의 6년에 걸친 연구도 역시 학년에 관계없이 교실 수업 중 교사-학생 간의 상호작용이 성차별적이라는 결론을 내렸는데, 그들의 결론을 요약하면 다음과 같다(Sadker & Sadker, 1995). 첫째, 남학생들은 여학생에 비해서 교사로부터 더 많은 관심을 받으며 따라서 수업 중에 더 많이 말한다. 둘째, 교사들은 일반적으로 그들이 보여주는 남학생에 대한 편애의 효과에 대해서 무감각하다. 셋째, 짧은 시간일지라도 교사-학생 간의 상호작용에서 표출될 수 있는 성차별주의에 대한 교육은 교실 내의 성차별적 분위기를 줄이거나 제거하는 데 매우 효과적이다. 마지막으로 남녀평등적인 교실 분위기는 교사에게도 매우 긍정적인 영향을 미치며 교실 수업의 효과를 증가시켜 준다. 즉, 성평등성과 교수-학습의 효과는 서로 상호보완적이라는 것이다. 따라서 교실 수업의 분위기와 교사-학생 간의 상호작용을 통해서 습득되는 교육적 효과는 매우 중요하다고 말할 수 있다.

1) 고등교육 환경의 차이: 여자 대학과 남녀공학 대학

보다 최근에는 고등교육과 여성의 능력 개발이라는 측면에서 교육 환경의 차이가 여학생들에게 미치는 영향력에 대한 연구들이 이루어져 왔다. 즉, 남녀공학이 여성의 능력 개발에 제 기능을 충분히 발휘하지 못한다는 시각을 가지고 여자 대학의 교육 환경과 교육과정이 여성들에게 미치는 영향과 남녀공학의 교육 효과에 대한 비교연구들이 이루어져 왔다(Lee & Bryk, 1986; Riordan, 1990, 1994; Smith, 1990; Tidball, 1989, 1992; 이진분, 1993; 노혜숙 외, 1996; 정해숙, 1997; 나임윤경, 2006, 성문주, 2011).

이러한 연구들에 의하면, 남녀공학에 다니는 여학생들에 비해서 여자 대학에 다니는 여학생들이 훨씬 높은 자신감(self-esteem)을 지니고 졸업을 하는 것으로 나타났다. 또한 여자 대학을 졸업한 여성들은 남녀공학 졸업생에 비해서 직업 또는 진로 선택 및 포부 수준이 덜 전통적인 것으로 나타났으며, 대학 재학 시절에는 학교 활동에 더욱 적극적으로 개입하고, 졸업 후에 전통적으로 남성중심적인 직업 영역에 진출하는 경향도 높은 것으로 나타났다(Riordan, 1990, 1994; Smith, 1990). 그러나 이러한 연구 결과에 대한 비판도 만만치는 않은데, 실질적으로 남녀공학과 여자 대학의 교육 분위기나 환경을 객관적으로 비교하는 데 많은 어려움이 존재하며, 대졸 여성들의 사회적 성공 여부에 대한 판단 역시 그 기준이 모호하다는 점들이 지적될 수 있다(Smith, 1990; Tidball, 1989).

최근 우리나라에서 실시된 여대생과 대학교육에 관한 설문조사 연구의 결과들을 보면, 여대생들의 대학교육에 대한 일반적인 인식이 상당히 긍정적이며 교내에서의 성차별에 대한 인식 또한 매우 높은 것으로 나타났다(이진분, 1993, 노혜숙 외, 1996). 이진분의 1993년도 연구 결과는 우리의 대학 사회는 가부장적 문화가 지배적으로 교육과정이나 교수의 태도를 포함하는 교육 환경이 남성 중심적이어서 여학생들은 불평등을 경험하고 있다고 보고하고 있다. 또한 남녀공학의 대학교육 환경은 여성들에게 보다 직접적으로 우리 사회의 성별 불평등을 경험하게 함으로써 여대생들에게 남녀평등의식을 고취시키는 데 보다 긍정적인 역할을 담당할 수 있을 것으로 기대하였다. 그러나 남녀평등 사회를 구현하기 위한 과정으로써 여학생들에게 실질적인 도움을 줄 수 있는 교육과정 및 교육환경의 제공에 있어서는 매우 미흡한 것으로 지적하였다.

한국 대학교육에서의 성차별주의에 대한 또 다른 연구(노혜숙 외, 1996)는 우리나라 여대생들이 전반적으로 매우 진보적이고 비전통적인 성역할관을 가지고 있음을 보고하고 있으며, 이는 우리 사회에서 진행되고 있는 여성과 여성의 역할에 대한 사회적 인식의 변화 추세를 반영하고 있는 것으로 보았다. 특히 이 연구에서는 대학교육의 유용성에 대한 여대생들의 인식을 여자 대학교 남녀공학을 분리하여 조사하였는데, 그 결과 여자 대학에 재학하고 있는 여학생들이 남녀공학에 재학 중인 여학생에 비해서 여성의 사회 진출과 참여 능력 개발을 위한 대학교육의 역할과 기여도에 대해 보다 긍정적인 평가를 하고 있는 것으로 나타났다.

뿐만 아니라 학교 유형에 따른 여학생들의 인식의 차이는 강의실 내 성차별에 대한 인식에서 훨씬 극명하게 드러났는데, 이는 남녀공학 여학생들이 여자 대학 여학생들보다 대학생활 전반과 수업 상황에서 성차별을 더 많이 인식하고 있는 것으로 나타났다. 그러므로 연구자들은 이러한 결과는 남녀공학의 학교 환경이 여자 대학보다 여학생들에 더 불리하거나 차별적이라는 사실을 입증해주는 것이라고 보고하고 있다.

여대생에게 있어서 여자 대학과 남녀공학의 교육 환경의 차이는 대학 내 여교수 비율도 의미 있는 관련성을 갖는다는 연구 결과도 있다(정해숙, 1997), 정해숙의 연구 결과에 의하면, 여 교수의 역할 모델은 여학생의 학문적 능력 개발에 매우 긍정적인 영향을 미치는 요인인 것으로 나타났는데, 여 교수의 비율이 상대적으로 낮은 남녀공학의 경우, 전통적으로 여성적인 전공 이외의 학과에서는 여교수를 찾아보기 어려울 뿐 아니라 여학생의 졸업 후 진로에 대해 별다른 기대나 격려가 없는 상황에서 전문직으로의 성장 가능성은 여자 대학의 여학생에 비해서 상대적으로 낮을 수밖에 없다는 주장을 제시하고 있다.

2) 교수–학습 과정에서의 성차별

대학교육에서의 성별 불평등은 강의실 내의 교수–학습 과정이나 교수–학생 간의 상호작용을 통해서도 학생들에게 분명하게 인지되고 있다. 노혜숙 등의 연구

(1996) 결과에 의하면, 대학 학문 내용의 성격이 남성 중심적인가라는 질문에 대해서 남녀공학 여학생의 61.1%, 여자 대학 여학생의 60.9%가 '그렇다'라는 응답을 함으로써 대부분의 여학생들은 대학교육의 내용 및 성격이 남성 중심적이라고 인식하고 있는 것으로 나타났다. 뿐만 아니라 학교 유형에 관계없이 여대생들이 전반적으로 공감하고 있는 생각이 하나 더 있었는데, 그것은 다름 아닌 대학교수들의 성역할관에 대한 인식이었다. 즉, 여대생들은 대부분이 교수의 성별에 관계없이 대학교수들은 일반적으로 전통적인 여성관을 가지고 있는 것으로 인식하고 있었다. 주목할 만한 점은, 대학 교수들은 전통적 성역할관을 가지고 있는가라는 질문에 대해 남녀공학 여학생의 73.8%, 여자 대학 여학생이 70.9%가 '그렇다'라고 응답함으로써 매우 높은 인식 수준을 보여주었다는 점이다.

이는 여대생 자신들의 성역할관이 진보적이고 비전통적인 점을 감안할 때, 여학생들이 대학 강의실 내에서 교수들과의 상호작용에서 부정적인 영향을 미칠 것임을 쉽게 짐작할 수 있게 해주는 대목이다. 교수들의 성역할관에 대한 여대생의 인식 조사 결과는 또한 대학의 학문 내용이 남성 중심적으로 구성되어 있다는 여대생의 인식과 같은 맥락에서 이해될 수 있다. 즉, 여대생들에게 대학의 학문적 성격과 교실 내 수업의 분위기가 전적으로 남성중심적인 것으로 인식하도록 만드는 요인들은 실질적으로 학문의 내용이 남성중심적인 것뿐 아니라, 대학교육에서 학문의 전달자이면서 교수직의 절대 다수를 차지하고 있는 남자 교수들의 남성중심적인 성역할 태도 등을 통해서 학생들에게 경험되고 있음을 분명하게 보여주는 것이다.

이 연구에서 또 한 가지 주목할 만한 결과는 강의실 내 교수-학습 과정의 성차별에 대한 인식이 남녀공학과 여자 대학의 여학생들 간에 차이가 있는 것으로 드러난 것이다. 즉, 강의실 내 성차별에 대해서는 남녀공학 여학생들이 여자 대학 여학생들보다 더 심각하게 인식하고 있는 것으로 조사되었다. 그러므로 이는 남녀공학 대학의 전반적인 학교 분위기와 함께 강의실 내의 교수-학습 환경이 여학생들에게는 불리하거나 차별적으로 느껴질 때가 여자 대학의 경우보다 많다는 사실을 분명하게 보여준다.

여자 대학의 여학생들이 남녀공학 여학생들보다 더 긍정적인 교육 경험을 한다는 것은 정해숙(1997)의 연구 결과에서도 보고되고 있다. 그러나 또 한편에서는

21세기의 소위 양성평등사회를 살아가는 우리 사회에서 남녀공학 대학교의 여학생들은 여전히 이전 세대의 여성들이 남성중심 대학교에서 경험했던 어려움과 문제점 등으로부터 그다지 자유로워지지 않았음을 확인하게 해주는 연구도 있다(나임윤경, 2006). 결국 이러한 연구 결과들을 종합해보면, 현재 우리나라의 대학교육은 겉으로 드러나는 수치상으로는 성평등을 이룬 것으로 보이지만, 그 구조와 내용 면에서 모두 우리 사회의 전통적인 가부장적 성역할관이 여전히 아주 강력한 영향력을 행사하고 있음을 다시 한 번 일깨워주고 있다. 더불어 이는 겉보기에는 더 이상 성별에 따른 문제는 존재하지 않는 것처럼 보이는 우리 교육은, 내면에는 여전히 심각한 성별문제가 존재하고 있다는 것을 의미하고, 동시에 우리의 대학교육이 여성들에게 고급 전문 인력으로서의 능력 개발과 보다 활발한 사회 참여를 위한 준비 과정으로서 해야 할 역할과 기능을 충실하게 수행하고 있지 못하다는 것을 단적으로 말해 주는 것으로서, 이에 대한 대책 마련이 시급하다.

6 성인 전기 여성과 평생학습

1) 대학 비진학 고졸 여성의 취업률

앞 절에서 살펴보았듯이, 현재 우리나라 고등학교 졸업자의 대다수는 고등교육 기관에 진학하고 있다. 그러나 모든 고졸자가 진학의 기회를 갖는 것은 아니며, 고졸자의 20% 정도는 비진학자로 구분된다. 이들 대학 비진학자의 대부분은 우선적으로 취업을 하는 것으로 조사되었는데, 성과 계열에 따른 고등학교 졸업자의 취업률을 연도별로 정리한 결과가 〈표 6-8〉에 제시되어 있다.

이 자료에 의하면, 1980년대 이후 꾸준하게 고졸 여성은 고졸 남성보다 상대적으로 높은 취업률을 보이고 있다. 2000년도의 자료에 의하면 고졸 여성의 취업률은 69.7%로 남성의 취업률 36.0% 보다 거의 두 배 정도 높은 것으로 나타났다. 뿐만 아니라 고졸 여성의 상대적으로 높은 취업률은 고등학교의 계열과는 상관없이 일관성을 보인다는 점이 주목된다. 그러나 2000년대에는 고등학교 졸업자의 취업률은 성별에 관계없이 꾸준히 감소하고 있는데, 고졸 여학생의 취업률은 2005년 57%와 2010년 29.6%인 것으로 조사되었고, 고졸 남학생의 취업률도 2005년 47.3%와 2010년 22.9%로 확연히 줄어든 것으로 나타났다. 이는 2000년대 고등학교 졸업자의 대학 진학률이 80%를 넘어섰다는 점을 감안할 때, 이 시기에는 성별에 관계없이 고등학교 졸업자들에게 대학진학이 최우선의 선택이었음을 말해 준다.

그러나 이러한 추세는 2012년도 조사에서는 다소의 반전을 보이는데, 그것은 고졸 여성과 남성의 취업률이 각각 32.7%와 28.9%로 2010년도의 29.6%와 22.9%에 비해 다소 증가한 경향을 보이는 점이다. 이는 이 시기 고등교육기관 진학률이 감소한 것과도 관련이 있을 것으로 추정된다. 즉, 지속적인 국가 경제와 노동시장의 불안정성 때문에 많은 고등학교 졸업자들이 다시 고비용을 감수해야 하는 고등교육 기관으로의 진학보다는 취업을 선택하는 것이라고 볼 수 있겠다.

〈표 6-8〉 성 및 계열별 고등학교 졸업자의 취업률[1] 추이

(단위: %)

연 도		1975	1980	1985	1990	1995	2000	2005	2010	2012
전 체	여	23.2	42.4	49.4	60.2	74.3	69.7	57.0	29.6	32.7
	남	42.1	34.4	25.6	40.7	64.4	36.0	47.3	22.9	28.9
일반계	여	18.7	21.3	24.2	27.1	28.5	16.4	12.5	5.2	4.9
	남	15.3	11.1	9.8	12.7	25.0	14.4	11.8	4.6	3.9
실업계	여	53.5	62.8	65.6	86.7	91.1	89.2	87.7	72.8	78.0
	남	57.5	54.8	55.4	81.0	90.1	41.6	84.5	63.0	70.6

1) 취업률 =(취업자/졸업자 - 진학자 - 군입대자) × 100
자료: 교육과학기술부. 해당 연도. 교육통계연보에서 계산.

2) 성인 전기 여성과 평생학습 참여

21세기를 맞이하고 있는 이 시대를 살아가는 개인들이 보다 만족스럽고 윤택한 사회생활을 영위하기 위해서는 그 무엇보다도 중요한 것은 끊임없는 능력 개발이다.

이는 여성의 경제활동 참여율의 증가와 함께 여성들에게도 예외일 수 없는 사실이다. 일반적으로 성인 전기 여성들이 참여할 수 있는 평생교육은 여성의식교육, 여가·교양교육, 직업·기술교육, 학력인정교육 등으로 분류할 수 있다. 먼저 학력인정 교육기관인 방송통신대학과 산업대학의 여학생 현황을 살펴보면 〈표 6-9〉와 같다.

〈표 6-9〉 방송통신대학 및 산업대학의 여성 참여율

(단위: 개, 명, %)

연 도	방 송 통 신 대 학				산 업 대 학			
	학교 수	학 생 수			학교 수	학 생 수		
		계	여 자	비 율		계	여 자	비 율
1985	1	153,215	62,684	40.9	6	20,254	2,216	10.9
1990	1	148,650	72,675	48.9	6	50,970	7,867	15.1
1995	1	314,977	177,988	56.5	17	120,670	24,464	20.3
1998	1	314,438	186,027	59.2	18	146,563	32,471	22.2
2000	1	360,051	216,741	60.2	19	170,622	38,232	22.4
2005	1	282,023	183,445	65.0	18	188,753	46,382	24.6
2010	1	272,452	179,324	65.81	11	133,736	36,565	27.34
2012	1	254,652	169,142	66.42	2	95,533	26,319	27.54

자료: 교육과학기술부, 교육통계연보 해당 연도에서 계산.

〈표 6-9〉의 자료에 의하면 1972년에 시작된 방송통신대학은 2000년에 총 학생 수가 360,051명으로 최고조에 달했다가 그 후 차츰 감소해서 2012년 현재는 254,652명인 것으로 조사되었으며, 이 중 여성은 66.4%로 매우 높은 참여율을 보이고 있다. 방송통신대학 재학생의 경우, 전체 학생 수는 줄어들고 있음에도 불구하고 여학생 구성비는 꾸준하게 증가하고 있는 것으로 나타났는데, 이는 우리 사회에서 여성들이 갖고 있는 교육에 대한 열망은 여전히 매우 높은 수준이라는 것을 말해주는 것이다.

한편, 1984년에 시작된 산업대학은 2005년에는 18개 대학에 전체 학생 수는 188,753명으로 가장 많은 학교수와 학생 수를 기록했으나, 그 이후 총 학교 수와 학생 수는 빠르게 감소하는 추세를 보이고 있다. 2012년 자료에 따르면, 산업대학은 2군데로 총 학생 수는 95,533명에 불과한 것으로 조사되었다. 그리고 전체 학생 중 여성은 26,319명으로 전체 재학생 중 27.54%의 참여율을 보이고 있다. 그러나 방송통신대학의 경우와 마찬가지로 총 학생 수의 감소에도 불구하고 여학생의 비율은 꾸준히 늘어나고 있는 실정이다. 다만, 방송통신대학에 비해서 산업대학의 여학생 비율이 상대적으로 훨씬 낮은 것은 산업대학이 공업계이기 때문인 것으로 사료된다. 이러한 현상은 마치 정규 학교교육에서 대학의 전공 선택이 성별에 따라 뚜렷이 구분되는 것과 같은 맥락으로 볼 수 있다. 즉, 공업계라는 설치 조건을 가진 산업대학의 특성은 우리 사회의 성역할 고정관념에서 볼 때 여성들에게는 적합하지 않은 영역이기 때문에 방송통신대학에 비해서 상대적으로 훨씬 적은 여학생 구성비를 나타내고 있는 것이라고 하겠다.

다음의 〈표 6-10〉은 성별에 따른 연간 평생학습참여율을 제시한 자료이다. 통계청 조사 자료에 의하면, 우리나라 성인 여성의 평생학습참여율은 2000년에는 15.2%, 2004년에는 19.5%, 2009년에는 30.5% 그리고 2012년도에는 39.4%로 증가하였으며, 같은 시기 남성의 경우는 각각 19.4%, 23.8%, 25.5%와 31.8%인 것으로 나타났다. 이는 2000대 중반까지는 우리 사회의 남성들이 여성에 비해 상대적으로 평생학습참여율이 높았으나, 2000년대 후반부터는 여성들의 평생학습참여율이 남성에 비해 훨씬 높아졌음을 보여준다. 이는 또한 2000년대에 들어서도 꾸준하게 증가하고 있는 여성들의 고등교육 기관으로의 진학률과 경제활동참여율 등을 감안할 때, 변화하는 사회 및 노동시장 환경에 적응하면서 노동시장에의 지속적인 참여를 위해 더 많은 여성들이 평생학습에 참여하고 있는 것으로 생각할 수 있다.

〈표 6-10〉 성별에 따른 연간 평생학습참여율

(단위: %)

	2000	2004	2009	2012
전체	17.3	21.7	28.0	35.6
여성	15.2	19.5	30.5	39.4
남성	19.4	23.8	25.5	31.8

자료: 통계청, 사회통계조사보고서.
교육과학기술부. 2009년과 2012년도 국가 평생교육통계조사.

〈표 6-11〉은 2012년도 국가 평생교육통계 조사 결과를 요약한 자료인데, 이 표에 의하면, 2012년도 우리나라 성인의 평생학습참여율은 35.6%이고 이 가운데 여성의 참여율은 39.4%로 남성(31.8%)보다 높은 것으로 나타났으며, 연령대별로

는 저연령대인 25~34세 집단이 39.3%로 연령대별로는 가장 높은 참여율을 나타냈다. 즉, 이는 우리나라 성인의 평생학습 참여 실태를 살펴보았을 때, 전반적으로 여성과 청년층의 참여율이 매우 높다는 것임을 말해주는 것이다. 또한 형식교육과 비형식교육으로 나누어 조사한 결과는 형식 평생교육에의 참여율은 남성이 높은 반면에 비형식 평생교육에의 참여율은 여성이 훨씬 높은 것으로 조사되었다.

〈표 6-11〉 2012년 평생학습참여율

(단위: %, %p)

구 분		전체참여율 (형식, 비형식)	학습범주별 참여율			
			형식교육		비형식교육	
			전체	(초기교육 단계 학생 제외)	전체	(직업관련)
전 체		35.6 (▲3.2)	3.5 (▽0.7)	2.0 (▽0.5)	33.1 (▲3.0)	15.4 (▽0.6)
성별	남자	31.8 (▲1.1)	3.7 (▽0.6)	1.6 (▽0.4)	29.2 (▲1.0)	17.8 (▲2.6)
	여자	39.4 (▲5.4)	3.4 (▽0.7)	2.5 (▽0.5)	37.0 (▲5.0)	13.1 (▽3.8)
연령	25-34세	39.3 (▽3.4)	9.4 (▽3.8)	3.7 (▽2.9)	32.0 (▽3.7)	20.0 (▽3.6)
	35-44세	35.8 (▲0.1)	2.0 (▲0.4)	1.9 (▲0.3)	34.8 (▲0.1)	17.7 (▲1.2)
	45-54세	34.7 (▲8.2)	1.7 (▲0.9)	1.7 (▲0.9)	33.6 (▲7.5)	13.8 (▲1.7)
	55-64세	31.5 (▲10.5)	0.4 (▽0.3)	0.4 (▽0.3)	31.2 (▲10.6)	7.5 (▽2.9)

주: 1) 2012년 Base: 전체(n=28,285,287), 형식교육 참여자(n=996,379), 비형식교육 참여자(n=9,369,418)

2) ( )은 2011년 대비 증감을 나타냄(▲증가, ▽감소)

3) 형식교육과 비형식교육을 동시에 학습한 성인은 1.0%임.

자료: 교육과학기술부(2012). 2012 국가 평생교육통계조사.

〈표 6-12〉는 2012년도 국가 평생교육통계 조사자료 중 성별과 비형식 평생학습 유형에 따른 비형식 평생교육참여율을 나타낸 자료이다. 비형식 평생교육참여율은 여성이 37%이고, 남성이 29.2%로 여성의 참여율이 훨씬 높은 것으로 조사되었다. 특히 주목할 만한 점은 취업 중인 여성의 경우에는 경제활동 여부에 관계없이 비형식 평생교육 참여율이 높은 반면, 남성의 경우는 실업이거나 비경제활동 중인 사람에 비해 취업 중인 사람의 참여율은 상대적으로 많이 낮은 것으로 나타난 것이다. 또한 좀 더 구체적으로 분야별 참여율을 살펴보면, 남성의 경우는 직업능력향상교육(16.8%)에 가장 많이 참여한 반면 여성들은 문화예술스포

츠 교육(21.5%)에 가장 많이 참여하고, 그 다음으로 직업능력교육(11.5%)에 참여자가 많은 것으로 조사됨으로써, 평생학습 분야에 따른 성별 차이가 있는 것을 알 수 있다.

〈표 6-12〉 비형식교육참여율

(단위: %, %p)

구 분		비형식 참여율		직업능력 향상교육	인문교양 교육	시민 참여교육	문화예술 스포츠교육	성인기초 및 문해해득교육
전체		33.1	(▲ 3.0)	14.1	5.5	1.1	15.7	0.1
남자	전체	29.2	(▲ 1.0)	16.8	4.1	1.0	9.8	0.1
	취업	28.5	(▽ 0.7)	16.3	3.6	0.9	10.1	0.0
	실업 및 비경제활동	39.6	(▲17.7)	23.2	10.5	1.4	6.3	0.9
여자	전체	37.0	(▲ 5.0)	11.5	7.0	1.1	21.5	0.2
	취업	35.8	(▲ 3.0)	16.6	6.4	1.7	16.1	0.1
	실업 및 비경제활동	38.2	(▲ 7.0)	6.5	7.6	0.6	26.8	0.2

주: 1) Base: 전체(n=28,285,287)
2) ( )는 2011년 대비 증감을 나타냄(▲증가, ▽감소)
자료: 교육과학기술부(2012). 2012 국가 평생교육통계조사.

이상의 자료들을 종합해보면, 현재 우리나라 성인 여성들의 경우 평생학습참여율은 높지만, 그 내용 면에서는 여전히 성별에 따른 고정관념을 벗어나지 못하고 있는 것을 알 수 있다. 즉, 남성들과는 달리 여성들의 평생학습 참여는 주로 직업능력 향상교육보다는 문화예술 스포츠교육에 편중되어 있음으로써 평생학습을 통한 여성 인적자원개발과 활용이라는 측면에서는 여전히 부족한 측면이 있음을 보여주는 것이라 하겠다. 뿐만 아니라, 우리 사회 내 여성들이 경제활동참여율의 증가와 그에 따른 평생학습에 대한 높은 욕구에도 불구하고 실질적으로 직장 및 직업과 관련한 평생학습의 기회를 활용하는 면에서는 남성에 비해 상대적으로 낮은 수준에 머물고 있다는 것을 의미하는 것으로, 앞으로 반드시 개선되어야 할 과제를 남겨주고 있다.

7 성인 여성의 경력개발과 평생학습

1) 여성 평생교육 및 평생학습의 성격

현대 사회에서 성인 여성들은 가정주부로서뿐 아니라, 시민으로서, 학부모로서, 또는 사회 제 영역에서 활동하는 직업인으로서 등등 매우 다양한 역할을 수행하고 있다. 사회 내 경제발전과 함께 많은 여성들의 노동시장 참여가 급격하게 증가해 왔을 뿐 아니라, 그 활동 범위 또한 매우 넓어지고 있는 것이 최근의 추세이다. 그러나 여성들의 사회·경제활동 참여의 양적 팽창이 질적 평등과 직결되는 것은 결코 아니며, 오히려 노동시장 내에서는 우리 사회의 전통적인 가부장적 사고와 성별 분업에 대한 고정관념 때문에 많은 여성 인력들이 공정한 대우를 받지 못하는 경우가 대부분이다.

특히 성인 전기에 있는 30대 여성들의 취업률이 다른 연령대에 비해서 가장 높다는 점이나 사설 학원의 수강생의 절반 정도를 여성이 차지하는 점을 보았을 때, 평생교육과 평생학습은 성인 전기 여성교육에서 매우 중요한 역할을 담당하고 있다는 것을 알 수 있다. 그러나 여성 평생교육에 대한 연구들은 우리 사회에서 여성을 대상으로 하는 평생교육 프로그램은 주로 성차에 의한 여성의 역할만을 강조하는 수준에서 크게 벗어나지 못하고 있어서, 그 내용이 주로 가정생활에 대한 지식이나 전통적인 관점에서의 여성취향적인 '교양' 등을 중심으로 구성되어 있는 특징을 가지고 있다는 결론을 내리고 있다. 그러므로 이러한 성역할 고정관념에 기초한 성별 분리적인 평생교육과정은 사회·경제활동의 영역을 빠르게 넓혀 가고 있는 여성들의 능력 개발과 다양한 교육 욕구를 만족시키기에는 충분치 않다.

전통적으로 성인 여성의 교육적 필요에 대해서는 큰 관심을 가지지 않았던 우리나라의 경우, 여성 평생교육은 전반적으로 개인적 여가활용이나 교양증진을 위해 이루어져 왔다. 기존의 여성 사회교육에 관한 조사 결과에 의하면, 해방 후

1970년대까지 우리의 여성 사회교육은 여성의 개인적 발전보다는 사회 체제의 유지와 발전을 위한 교육목표와 내용을 중심으로 이루어졌으며, 1970년대 후반부터 그 내용이 제공 기관의 종류에 따라 다소 차이를 보이기는 하지만 여전히 개인의 자질 향상을 추구하는 것으로 나타났다(한국여성개발원, 1991; 김인아, 1993).

그러나 최근 들어 우리 사회에는 취업을 희망하는 성인 전기 여성의 수가 증가하고 있을 뿐 아니라 실제 취업 여성 가운데 30대가 가장 많다는 점을 감안할 때, 이들의 성공적인 사회·경제활동을 위한 다양한 기술 및 직업훈련을 위한 적절한 사회교육이 그 어느 때보다도 절실하게 필요하다. 그러므로 이제 여성 평생교육은 단순히 교양증진 또는 여가선용 수준의 사회교육 수준에 그치지 않고 여성 개인의 개성과 능력 신장을 중시해야 하며, 더 나아가서는 직업 및 사회활동을 통한 사회참여를 촉진할 필요가 있다(곽삼근, 1998). 뿐만 아니라 2000년대 들어서는 인적자원으로서 여성의 능력개발과 여성 인력의 활용에 대한 관심이 국가경쟁력 제고의 중요한 요인으로 인식됨과 동시에 여성인적자원의 개발과 활용이 국가차원에서 중요한 정책적 과제로 부각되면서, 성인여성을 대상으로 한 평생학습과 능력개발은 성인 여성의 교육에 있어서 매우 핵심적인 과제가 되고 있다.

2) 평생교육 및 평생학습에 대한 성인 여성의 교육 욕구

우리나라 국민들은 전반적으로 매우 높은 교육열을 가지고 있으며, 이에 여성들도 예외일 수는 없다. 성인 여성들의 능력개발과 평생교육에 대한 욕구는 사회경제적 계층과 지역에 따라 다소 차이를 보이기는 하지만, 여전히 매우 높은 수준을 나타낸다. 취업을 원하는 기혼여성들의 사회교육 욕구를 조사한 김경희(1999)의 연구 결과에 의하면, 20~30대 기혼 여성들은 특히 교육훈련기관에 대해서 첫째는 다양하고 전문적인 교육 및 훈련 프로그램의 확대, 둘째, 여성 취업을 위한 전문 교육기관의 증설, 셋째, 교육이나 훈련뿐 아니라 취업 알선과 취업 정보 제공 활동의 활성화, 넷째, 교육훈련이나 취업을 돕기 위한 탁아시설의 확충, 다섯째, 교육훈련 비용을 저렴하게 할 것 등을 기대하는 것으로 나타났다. 취업과 직업 활동을 희망하는 기혼여성들의 교육에 대한 이러한 욕구는 현재 그들을 위한 사회교육이 우리 사회에서 적절하게 제공되고 있지 못하고 있음을 입증해주는 것이라 할 수 있다.

성인 여성을 대상으로 한 사회교육의 현황과 미래 수요를 진단한 또 다른 연구(최운실, 1999)는 21세기의 급변하는 사회 변화에 적응과 대비를 위한 여성 사회교육의 역할을 강조하고, 그에 따른 변화된 교육 욕구를 알아보기 위한 조사를 실시하였다. 30~40대 기혼 여성이 조사 대상자의 80% 이상을 차지하는 이 연구 결과에 의하면, 첫째, 사회교육 참여자의 참여 욕구는 대단히 높은 것으로 나타났고, 둘째, 생애주기별로 여성들의 교육 욕구가 다르게 나타났는데, 이는 연령대와 결혼 여부 등에 따라 여성들의 교육 욕구가 다른 것으로 조사되었으며, 셋째, 평생학습 시대를 맞이하고 변화하는 사회에 적절히 대응하고자 하는 욕구, 특히 전문 인력이 되기 위한 교육과 훈련 필요성에 대한 욕구가 매우 강한 것으로 조사되었다.

최근 우리 사회 내에서 성인 여성과 교육에 관한 관심은 주로 국가경쟁력 제고와 여성인력의 저활용 문제에 초점이 맞추어져 있다. 이는 우리나라 여성 인력이 질적인 수준에서는 세계적인 기준에서도 뒤지지 않을 정도로 높음에도 불구하고, 개발 및 활용 면에서는 매우 저조하기 때문이다. 특히 학교교육 영역의 명목적 지표상으로는 성별에 따른 격차가 상당히 줄어들었음에도 불구하고, 교육의 결과를 나타내는 지표에 있어서는 여성의 권위가 아직 매우 낮은 수준에 머물러 있다는 현실은 성인 여성의 교육 실천에 있어 여전히 사회, 국가적 수준에서의 부단한 노력이 필요하다는 것을 의미한다.

더불어 2000년대 이후로는 21세기 한국이 세계 초일류국가로 도약하기 위해서는 국가인적자원의 역량강화가 핵심이라는 사회적 공감대 형성과 함께 정부는 인적자원으로서 여성의 능력개발과 활용의 문제를 주요 정책 어젠다로 설정하기에 이르렀으며, 현재는 「여성발전기본계획」을 토대로 설정된 여성인적자원의 적극적인 개발과 활용을 위해 지속적인 지원 계획을 세우고 있다. 그러나 최근 성인 여성인력의 인적자원 개발과 활용에 대한 국가 정책 수준에서의 높은 관심에도 불구하고, 성인 여성을 대상으로 한 인력 양성과 활용 면에서는 여전히 개선되어야 할 문제들이 많은 것이 우리의 현실이다. 이렇듯 현대 사회에서 성인 전기의 여성들은 전통적으로 여성의 역할로 인식되어 온 가정주부의 역할 수행뿐 아니라, 급격하게 변하고 있는 노동시장에 보다 적극적으로 적응하고 대처할 수 있는 능력 있는 직업인으로서의 역할을 수행하려는 욕구가 대단히 높을 뿐 아니라, 그것을 이루기 위해 다양한 평생교육 및 학습에의 욕구 또한 매우 높다.

3) 성인 전기 여성의 경력개발을 위한 평생학습의 전망

앞서 살펴보았듯이, 우리 사회에서 성인 전기 여성을 대상으로 한 평생교육 및 평생학습 시스템은 현재 제 기능을 충실하게 수행하고 있지 못한 것이 우리의 현실이다. 이는 사회 변화와 함께 여성의 의식과 태도가 변화해 온 것과는 달리 전통적인 가부장적 사고와 이분법적 성역할 고정관념이 지배적인 우리의 사회 구조가 여성 사회교육 영역에도 그 힘을 강력하게 발휘하고 있기 때문이다. 그러므로 이러한 사회 내 성차별적인 인식, 태도와 관행의 변화와 함께 다양한 지원 정책 수립과 시행은 성인 전기 여성인력의 적극적인 개발과 활용을 위해서 무엇보다도 우선되어야 할 것이다.

우리나라 성인 여성의 교육과 사회·경제활동 면에서 가장 심각한 문제로 지적되는 것은 고학력여성 인구의 증가에도 불구하고 여성인력이 저활용되고 있다는 점이다. 특히 대학졸업 여성인력의 활용률은 2001년 OECD 발표 자료에 따르면 54.7%로, 이는 OECD 국가들의 평균 대졸 여성 경제활동참가율이 81.1%인 것과 비교했을 때 거의 27%포인트가 낮은 수준으로 우리나라에서 고학력 여성인력의 활용이 얼마나 저조한 수준인지를 분명하게 보여주는 것이다. 이렇듯 대졸 여성의 낮은 경제활동 참가율의 요인으로는 여학생들의 취업준비도가 낮고, 기업의 여성채용 기피관행 등도 문제로 지적되지만, 가장 중요한 것은 취업 이후 노동시장에서 지속적으로 활동하지 못하기 때문인 것으로 나타났다. 즉, 이는 많은 고학력 여성들이 노동시장으로의 초기 진입에 성공함에도 불구하고, 노동시장에 지속적으로 남아 있지 못하면서 높은 이직과 이탈률을 보이면서 경력단절로 이어지는 경우가 많기 때문이다. 그리고 이러한 현상은 우리 사회에 성인 여성 인력의 보다 활발한 경제활동 참여를 지원하기 위한 사회 인프라가 제대로 구축되어 있지 않은 현실과 무관하지 않다.

특히 여성 인력의 노동시장에서의 경력 단절이 주로 20대 후반과 30대 초반에 일어나는 현실은 단순히 개인적 수준에서뿐 아니라 여성노동시장 전체에도 여러 측면에서 문제를 초래한다. 먼저 고학력 여성이라 할지라도 경력 단절의 경험은 인적자본의 가치를 낮추는 효과를 가져올 수밖에 없고, 40~50대에 노동시장으로 재진입하더라도 노동시장으로부터의 이탈 이전의 직업 수준으로 복귀하기는 어렵기 때문에 결국은 저학력, 단순노동력 또는 비정규직 등으로 취업 수준이 낮아질 가능성이 높다는 것이다. 따라서 고학력 여성 인력의 활용이 특히 저조하게 되고 이는 사회 전체로 보아서도 전반적으로 생산성을 낮추는 결과를 가져오게 된다.

따라서 이제 성인 여성을 대상으로 한 평생교육과 평생학습은 단순히 여성들의 취미활동이나 여가활동을 위한 것에만 머물기보다는 국가 인적자원으로서 여성들의 능력 개발과 활용을 극대화 할 수 있는 방향으로 이루어져야 할 필요가 있다. 최근 우리사회에서도 중요한 화두가 되고 있는 평생학습체제 구축 및 평생학습사회의 구현은 고학력 여성들의 저활용 문제를 해결하고, 국가경쟁력을 높이기 위한 실질적인 방안으로서 성인 여성들의 경력개발과 활용이 이루어지기 위해서는 반드시 이루어져야 하는 중요하고도 시급한 국가적 사안이라 하겠다.

● 요약

청년기를 마감한 개인들이 본격적인 성인으로서 사회에 첫발을 내딛게 되는 때로서, 인생에서 매우 핵심적인 전환기적 시기에 속하는 20세에서 40세에 이르는 성인 전기 여성의 삶에서 교육의 역할은 그 어느 때보다 중요하다. 성인 전기 여성교육은 교육 기회의 분배 면에서는 지난 50여 년간 괄목할 만한 발전을 이루었다고 할 수 있다. 그러나 여성고등교육인구의 양적 팽창이 곧바로 교육의 내용 및 과정의 성평등성을 의미하는 것은 아니며, 오히려 여학생 수의 증가에도 불구하고 고등교육의 과정, 내용, 대학생활 및 교수-학습 과정 등 고등교육의 제 영역은 여전히 우리 사회를 지배하는 가부장적 가치관과 이분법적 성역할관 등에 의해서 강하게 영향을 받고 있음으로써 성불평등한 교육이 이루어지고 있는 문제를 안고 있다.

성인 전기 여성의 교육에서 평생교육과 평생학습 또한 학교교육 못지 않게 중요한 역할을 담당하는데, 전통적으로 성인 여성의 교육적 필요에 대해 크게 관심을 가지지 않았던 우리나라의 경우, 여성을 대상으로 하는 평생교육은 그동안 일반적으로 개인의 교양증진이나 여가선용을 위해서 이루어져 왔으며, 이 또한 우리 사회의 가부장적 사고와 성역할 고정관념에 의해서 크게 영향을 받았던 것이 사실이다. 그러나 최근 조사에 의하면 현재 우리나라 성인 여성들의 경력개발과 평생학습에 대한 욕구는 대단히 높은 것으로 나타났으며, 그들이 원하고 필요로 하는 교육과 경력개발은 예전처럼 단순히 교양을 높이거나 여가 선용을 위한 것이 아니라 전문 인력으로서의 능력개발과 자신의 인적자원을 향상시킬 수 있는 다양한 기술 및 직업 훈련 등인 것으로 나타났다. 뿐만 아니라 국가경쟁력 향상을 위한 핵심 인적자원으로서 성인 여성들의 능력 개발과 적극적 활용에 대한 관심이 그 어느 때보다도 높은 우리의 현실을 감안할 때, 성인 전기 여성을 위한 평생교육과 평생학습도 변화하는 사회와 여성들에 맞추어서 적절하고 적합하게 변화해야 할 필요가 있다.

● 토론문제

1. 우리 사회에서 꾸준하게 증가하고 있는 여성들의 사회·경제활동 참여와 2010년 이후 여성의 고등교육기관 진학률이 남성에 비해 오히려 높음에도 불구하고 여성들이 사회 내 노동시장에서는 여전히 상대적으로 열악한 지위에 있을 뿐 아니라 훨씬 더 많은 어려움을 경험하고 있는데, 이러한 현상이 시사하는 바가 무엇인지와 무엇이 문제인가에 대해 토론해보고, 해결방안에 대해서도 의견을 나누어보자.

2. '저출산·고령화' 사회로의 빠른 진입과 함께 고학력 여성의 경력단절과 여성인력의 저활용 문제는 우리 사회의 전반적인 생산성 및 국가경쟁력과 직결되는 것으로 시급하게 개선책을 찾아야 하는 국가적 과제라고 할 수 있다. 국가 인적자원으로서 고학력 여성의 역량 및 능력 개발과 활용을 위해 다양한 유형과 내용의 경력개발 및 직업훈련 교육 프로그램이 마련되고 시행되어야 할 것이다. 보다 구체적으로 성인 여성들의 인적자원 및 경력개발을 위한 프로그램들을 계획해보고, 그 내용에 대해 함께 토론해보자.

참고문헌

곽윤숙(1994). 교육학 영역에 있어서의 성별불평등 연구. 여성연구. 통권 43호. 한국여성개발원.

교육과학기술부. 교육통계연보. 각년도.

교육과학기술부(2009). 2009년 국가 평생교육통계조사 결과 발표. 보도자료.

____________(2012). 2012년 국가 평생교육통계조사 결과 발표. 보도자료.

____________(2012). 2012 간추린교육통계.

김경희(1999). 여성의 발전과 대학의 역할 모색. 여성사회교육. 제4집. 76-94.

김나영・강정은(2011). 여성 평생교육참가자의 참여동기, 기관의 지원, 만족도, 학습성과 간의 관계 규명. 한국콘텐츠학회논문지. 제11권 12호. 958-968.

김애순 역(1998). Levinson, D. J. 여자가 겪는 인생의 사계절. 서울: 세종연구원.

김인아(1993). 한국여성사회교육의 발전과정 연구. 사회교육학연구. 3(1). 1-17.

김재인(1999). 여성과 교육. 여성한국사회연구소 편. 새로 쓰는 여성과 한국사회. 서울: 사회문화연구소. 99-132.

나임윤경(2006). 여성과 남녀공학대학교의 행복한 만남을 위하여. 서울: 학영사.

노혜숙, 한정신, 전경옥, 김영란, 오재림(1996). 한국 대학 교육에서의 성차별 연구: 대학 커리큘럼 및 교수・학생 상호작용 연구. 아세아여성연구. 제35집. 167-215.

민무숙, 이정희, 송현주(2002). 공학분야 여성고급인적자원 개발 지원 방안. 한국여성개발원.

성문주(2011). 젠더와 교육기회 불평등 : 고등교육 이수 기회에 나타난 젠더와 가족배경 효과. 젠더와 문화. 제4권. 7-39.

숙명여자대학교 여성인적자원개발센터(2007). 여성인적자원개발의 이해. 숙명여자대학교.

오은미, 신선미(2005). 여학생 진로 다양화를 위한 진로・직업지도 가이드라인 개발. 한국여성개발원.

오재림(1997). 미래 정보화 사회의 바람직한 여성 진로교육을 위한 전망. 김미혜 외 공저. 양성평등이 보장되는 복지사회. 서울: 미래인력연구센터.

이진분(1993). 여대생이 인식하는 여성의 대학교육에 관한 연구. 교육연구. 12집. 상명여대 교육문제연구소.

정옥분 역(1992). Papalia, D. E. 외 2인. 인간발달 II : 청년기, 성인기, 노년기. 서울: 교육과학사.

정해숙(1997). 대학의 성별 구성이 여학생의 교육경험 및 교육적 결과에 미치는 영향 분석. 동국대학교 박사학위논문.

조복희, 정옥분, 유가효 공저(1997). 인간발달: 발달심리적 접근. 서울: 교문사.

주재선, 이채정(2009). 2008 한국의 성인지 통계. 한국여성정책연구원.

주재선, 송치선, 박건표(2012). 2012 한국의 성인지 통계. 한국여성정책연구원.

최운실(1999). 여성 성인학습자의 교육 욕구 트랜드 분석과 사회교육적 함의. 여성사회교육. 제4집. 201-224.

Astin, H.(1977). *Four Critical Years : Effects of College on Beliefs, Attitudes, and Knowledge.* San Francisco: Jossey-Bass.

Bowen, H.(1977). *Investment in Learning : The Individual and Social Value of American Higher Education.* San Francisco: Jossey-Bass.

Canada, K., & Pringle, R.(1995). "The role of gender in college classroom interactions : a social context approach". *Sociology of Education.* 68. pp. 161-186.

Kim, M., & Alvarez, R.(1995). "Women-only colleges : some unanticipated consequences". *Journal of Higher Education.* 66 no. 6. pp. 641-668.

Lee, V. E., & Bryk, A. S.(1986). "Effects of single-sex secondary schools on student achievement and attitudes". *Journal of Educational Psychology.* 78. pp. 381-395.

Riordan, C.(1990). *Girls and Boys in School: Together or Separate?* NY: Teachers College Press.

________(1994). "The value of attending a women's college : education, occupation, and income benefits". *Journal of Higher Education.* 65. no. 4. pp. 486-510.

Sadker, M., & Sadker, D.(1995). *Failing at Fairness : How Our Schools Cheat Girls.* NY : A Touchstone Book.

Smith, D. G.(1990). "Women's colleges and coed colleges : Is there a difference for women?". *Journal of Higher Education.* 61. pp. 181-195.

__________, Morrison, D., & Wolf, L. (1994). "College as a gendered experience : an empirical analysis using multiple lenses". *Journal of Higher Education.* 65. no. 4. pp. 696-725.

7장 성인 중기의 여성교육

박성정*

* 서울대학교 교육학 박사
현재 한국여성정책연구원 선임연구위원

1 성인 중기의 정의 및 교육의 필요성

여성교육에서 성인기, 특히 성인 중기에 대한 관심은 새롭게 그 중요성이 부각되고 있는 영역이다. 유아기와 청소년기의 가족과 학교를 통한 사회화, 그리고 여성 노인에 대한 복지적 차원의 관심이 주를 이룬 여성교육에서 성인 중기는 가장 미지의 영역이라고 할 수 있다. 성인기는 보통 성인 초기, 성인 중기, 성인 후기로 구분하며, 해당 연령에 대한 의견은 다양하나, 대체로 20~40세, 40~60세, 60세 이후를 기준으로 구분할 수 있다. 인간발달은 연속적 변화의 과정으로 환경적, 심리적 요인의 복합적 상호작용에 의해 이루어지므로 중년기에 대한 명확한 구분은 쉽지 않아 학자마다 그 견해를 달리 하나, 대부분의 연구자들이 40~50세를 인생단계에 있어서 결정적 전환의 시기 혹은 변동의 시기로 본다.

성인 중기의 시기 정의는 연령, 가족주기, 개인의 심리적·생물학적 변화 과정,

소속 사회의 문화적 배경 등을 종합적으로 고려해야 한다. 가족생활주기의 관점에서 성인 중기는 자녀 양육 역할이 어느 정도 감소된, 노부모와 성장한 자녀의 중간에 위치하는 세대로, 막내 자녀가 어느 정도 자라 육아로부터 해방된 시기라고 정의된다. 이 시기는 보통 진수기(launching stage), 빈 보금자리기(empty-nest period), 탈부모기(post parental period) 등으로 언급된다. 개인적 발달의 관점에서는 신체적, 생물학적 노화가 시작되는 시기로 인생의 유한성에 직면하여 본질적 자아의 성찰에 관심을 가지는 시기이며, 사회적 관점에서는 사회생활과 직업생활에서의 모든 난관을 극복하고 대인관계 및 사회경제적 지위 등에 있어 절정기에 달하였으나 더 이상의 성취보다는 하강과 은퇴를 감지하기 시작하여, 새로운 일을 시작하기에는 너무 늦었음을 인식하는 시기이다(김명자, 1998).

성인 초기는 여성이 고등교육을 받고, 직업세계에 입문하며, 결혼하여 가정을 갖는 시기이다. 이 시기까지는 대체로 전통적인 사회적 관습의 틀 내에서 인생계획을 실현하려는 경향이 강하며, 세상을 보는 관점도 외부의 영향을 많이 받는다고 할 수 있다. 성인 중기에 이르면 인생 초기에 계획했던 일들을 어느 정도 이루어 놓고, 풍부한 경험을 토대로 인생을 조망할 수 있는 성숙한 시각을 갖추고 자신의 삶을 돌아볼 수 있는 여유를 갖는다.

레빈슨(Levinson, 1988)에 의하면, 중년기(middle adulthood)는 대략 40~45세까지인 중년의 전환기(The mid- life transition)와 함께 시작되어 약 40~65세까지 지속된다. 대부분 40대나 50대가 되면 자신이 속한 사회의 연장자가 되어 자신의 일과 타인들의 일까지도 책임을 지고 있을 뿐 아니라, 곧 연장세대가 될 젊은 성인세대의 발달에 대한 책임도 지고 있다. 이 시기에는 세상에 대한 조망이 보다 보편적이어서 편협하고 사소한 가치에 얽매이지 않고 보다 원숙한 창조성을 보일 수 있다. 그러나 중년기는 많은 사람들에게 서서히 감퇴가 찾아오고 공허감이 커지며 생기가 상실되는 시기로 느껴진다. 중년기는 단순히 아동기의 연장이나 노년기의 서곡쯤으로가 아니라, 그 자체로 연구되어야 한다(Levinson, 1998).

인간의 생애에 대한 연구관심은 주로 성인 초기로의 입문 단계까지만 다루어지는 경향이 있었다. 즉, 사회인으로의 입문과 퇴장만 중시할 뿐, 중간 과정의 삶의 중요성과 변화는 경시되어 왔다. 중년기 연구가 인생 주기 연구영역에서 소홀히 되어온 이유로는 다음과 같은 것들이 지적된다.

첫째로 중년기는 혼란스럽고 많은 문제를 안고 있는 사춘기, 성인 초기와 노년기 사이에서 심각한 문제가 비교적 적은 시기라는 생각 때문이다. 둘째로 중년기는 연령과 함께 폐경, 탈부모기 등과 같은 중요 사건에 의해 정의되므로, 아동기나 노년기와는 달리 명확한 기간을 설정하기 어려워 중년기 정의가 쉽지 않다. 셋째로 발달이론에서 지배적인 단계 중심 모델은 아동 발달 연구에는 비교적 유용하나 중·노년기 연구에는 한계가 있다. 중년기 개인은 매우 다양한 인생 발달을 경험하고 있으므로, 이러한 다양한 유형을 연구하기에 적합한 보편적 발달 모델을 찾는다는 것은 쉬운 일이 아니다(김명자, 1998: 10-11).

이러한 연구의 어려움에도 불구하고 성인 중기에 대한 관심의 필요성은 매우 크다. 인간의 평균 수명이 늘어나면서, 중년기에 해당하는 인구 역시 증가하고 있다. 더구나 사회변화 속도가 가속화되면서, 중년기는 안정적인 현상유지기가 아니라 힘겨운 적응기가 되어 가고 있다. 성인 중기에도 인간의 성장과 발달은 지속되며, 오히려 생의 다른 시기에 비해 인간이 되는 과정에서 가장 중요한 단계에 있다고 할 수 있다. 이는 성인 중기 여성의 성장에 대한 교육적 관심과 지원 역시 매우 중요함을 의미한다. 그러나 성인 중기 여성에 대해서는 '중년기 위기'를 겪는다는 특성 외에는 잘 알려진 바가 없으며, 소수의 성인 중기 연구도 남성을 대상으로 이루어진 경우가 많아 이해에 어려움이 있다. 이 장에서는 성인 중기 여성의 신체적, 인지적, 사회심리적 발달 특징을 토대로 그들에게 필요한 발달과제와 교육요구를 찾아보고, 평생교육적 차원에서의 지원 방안을 모색해보고자 한다.

2 성인 중기 여성의 특성

1) 신체적 특성

중년기는 체력과 건강의 점진적 약화를 경험하기 시작하는 시기이다. 그러나 개인의 체질, 그리고 관리 정도에 따라 개인차가 크게 나타난다. 성인 초기에 비해 체력, 근력, 몸의 순발력, 시각, 청각의 감퇴를 경험한다. 그러나 오늘날의 중년들은 수동적으로 생물학적 노화를 맞아들이지 않고 건강을 유지하기 위해서 많은 노력을 하고 있다(이미나 외, 2000: 44-45).

중년기에 여성에게 일어나는 가장 큰 신체적 변화는 폐경이다. 여성은 대략 45세에서 55세 사이에 폐경을 맞으며, 폐경을 전후한 10년 정도를 갱년기라 볼 수 있다. 폐경은 여러 가지 신체적, 심리적 증상을 수반하는데, 대부분의 여성들은 폐경기 이후에도 성공적인 생활을 유지한다. 미드(Mead)에 의하면 어떤 여성은 폐경 후에 가장 창의적인 열정을 발견한다고도 한다. 결국 폐경은 중년기 여성에게 중요한 상징적 사건임에는 틀림이 없으나, 자녀를 성공적으로 양육하고 개인적 성취감을 충족시켜 온 여성에게는 적응에 큰 문제를 야기하지 않고 오히려 새로운 시작을 의미한다. 그러나 자아정체감을 확립하지 못하고 자녀만을 자아충족의 유일한 수단으로 여겨왔던 여성의 경우에는 여러 가지 적응상의 문제가 대두되기 쉽다(김명자, 1998: 82-87).

중년기의 심리적 문제는 노화에 대해 부정적인 사회의 태도에 의해서도 일어나게 된다. 나이 든 여성을 존중하는 사회에서는 폐경과 관련된 문제가 거의 없다고 한다. 노화에 대한 사회의 태도가 폐경기 여성의 호르몬 수준보다 그들의 안녕감에 훨씬 더 큰 영향을 미치는 것으로 보인다. 남녀 모두 우리 사회의 젊음에 대한 선호로 고통받기는 하지만, 여성은 특히 전통적인 노화의 이중 기준으로 압박을 많이 받는다. 남성에게는 경험과 노련미의 증거로서 매력으로 여겨지는 은발,

거친 피부 및 눈가의 주름살은 여성들에게는 그들이 내리막길로 들어섰다는 표시로 생각된다. 젊어 보이고, 젊게 행동하고, 젊게 사는 것을 좋아하는 사회가 만들어내는 압박은 사람들이 늙어갈수록 겪게 되는 진짜 신체적 상실과 함께 소위 "중년기 위기"의 한 원인이 된다(Papalia et al., 1994)

따라서 중년기에는 건강 유지와 관리, 체력 약화에 따른 심리적 위축을 극복하기 위한 대비가 필요하며, 중년기 신체 변화에 대한 이해와 적절한 관리법에 대한 교육, 그리고 신체 변화를 긍정적으로 수용할 수 있는 마음을 가질 수 있게 하는 교육이 요구된다.

2) 인지적 특성

중년에 들어서면 인지 능력에도 변화가 생긴다. 일부 지적 능력의 쇠퇴가 진행되나, 또 다른 종류의 지적 능력은 더욱 향상되는 것으로 보고되고 있다. 지적 능력은 인간과 사회환경 간의 교류에서 형성되므로, 중년기 삶의 환경의 변화는 성인이 아동기, 청소년기 시절과는 다른 지적 능력을 개발하고 발전시키도록 자극한다. 성인 중기에는 대체로 기억력이 쇠퇴하기 시작하는 반면, 사고력, 판단력, 문제해결력 등의 능력이 증대한다고 한다.

성인 후기에 지능이 감소하는가에 대한 연구 결과도 명확하지 않다. 대체로 60세와 70세 초 사이에 어느 정도 지적 기능의 감퇴가 일어나며, 사망 이전 몇 년 내에 지적 능력이 크게 저하되는 현상(terminal drop)이 나타난다고 한다. 성인기에도 지능은 대체로 안정적인 상태를 유지하므로, 성인들도 원하는 것을 할 수 있는 충분한 지적 능력을 갖추고 있다고 할 수 있다(Merriam & Caffarella, 1999).

측정심리학과 인지적 구조주의의 전통에서는 성인의 사고에 대한 설명으로서 형식적 조작기 이후의 지적 발달 단계가 있다고 주장한다. 최근의 발달심리학자들은 형식적 조작보다 한 차원이 높은 사고단계로서 후형식적 사고(postformal thought)를 제시하고 있다. 성인기에도 직장, 가정, 공동체 생활에서의 실제적인 문제와 상황들을 다루었던 경험에 바탕을 두고 지적, 인지적 성장이 계속 일어난다는 것이다. 후형식적으로 사고하는 사람들은 추상적 수준을 넘어서 융통성 있고 개방적이며 현실적응적이다. 그들은 이성적이고 논리적인 요소를 갖춘 객관적 접근과 구체적이고 개인적인 경험 및 느낌, 직관을 반영한 주관적 접근을 결합해서 성숙한 사고를 할 수 있다. 성인들은 다양한 경험을 겪으면서 융통성 있게 대처하는 지혜를 갖게 되는데, 이 지혜를 후형식적 사고라고 부를 수 있을 것이다. 성인 중기에 들어서면, 후형식적 사고능력, 실용적 지능이 더 발달한다. 중년들은 풍부한 경험에서 축적된 지혜로 자신들이 개별적으로 깨달았던 지혜를 통합시킨다. 중년들은 불필요한 형식이나 타성에서 자유로워지고, 무엇이 현실에서 작동되는지를 꿰뚫고 있다. 젊은이들은 중년들의 이러한 실용적 지능과 묵시적 지식을 따를 수가 없다. 판단력과 분별력은 중년이 갖추게 되는 강력한 실용적 지능이다(이미나 외, 2000: 32-41).

우리는 지능의 이러한 다면성을 인식할 필요가 있다. 성인기에 기억력, 암기력과 같은 능력은 떨어지나 실용적 지능이나 후형식적 사고능력은 성장한다. 그것은 성인의 생활이 무엇을 기억하는 능력보다는 정보를 활용하고 문제를 해결하고 스스로 사고하고 판단하는 능력을 필요로 하기 때문이기도 하다. 따라서 성인기에도 지적 성장은 지속되며, 오히려 질적인 발전을 이룬다고 할 수 있다.

3) 심리적 · 사회적 특성

성인 중기의 심리적, 사회적 특성은 인간발달에 관한 연구들에 의해 밝혀지고 있다. 그러나 대부분의 발달 연구에서 성인 중기는 다른 시기에 비해 관심을 받지 못하였고, 아동기, 청소년기의 연장선상에서 약간 언급이 될 뿐이었다. 그 경우도 역시 여성의 특성은 남성을 대상으로 한 발달 연구의 결과를 토대로 유추하는 경우가 많다. 그러나 여성은 남성과 연령상의 공통 경험을 갖기도 하지만, 남성과는 다른 성장 과정을 겪고 발달 특징을 보인다. 따라서 성인 중기 여성의 특성은 여성 고유의 발달 특성을 고려하여 이해되어야 한다. 에릭슨(Erikson), 융(Jung) 등 남성을 중심으로 한 연구들은 성인 중기의 특징을 다음과 같이 설명하고 있다.

(1) 성인 중기 남성의 특성

에릭슨(Erikson)은 인간의 생애를 연속적 발달의 8단계로 구분하고, 성인기를 발달이 완료된 상태가 아니라 발달과정의 한 상태로 보았으며, 각 단계별로 극복해야 할 위기와 성취해야 할 발달과업이 있음을 주장하였다. 에릭슨의 8단계 중 제7단계인 생성감과 자아탐닉의 단계(40~50세)를 중년기로 볼 수 있는데, 이 시기의 주된 관심은 부모됨과 직업에서의 성취를 통해 자신의 흔적을 영속적으로 남길 수 있는 무엇인가를 생산하는 것이다. 다시 말하면, 이 시기는 인생의 여러 가지 측면에서 안정되고 성숙된 시기로 단순히 자신과 자기 세대의 이익과 번영에만 관심을 쏟는 것이 아니라, 후손 및 미래를 위해 보다 나은 세상을 만드는 데 헌신하는 기간이라는 것이다(김명자, 1998: 34-38).

융(Jung)은 40세경을 중심으로 의식의 전환이 나타난다고 본다. 융에 의하면, 35세나 40세까지의 전반부는 외적 확산의 시기이다. 젊은이들은 타인과 잘 지내는 법을 배우고, 가능한 한 사회의 보상을 많이 받도록 노력한다. 그들은 가정과 경력을 구성하고 사회적 성공을 추구한다. 이를 위해 여성은 여성성을, 남성은 남성성을 발달시키는 것이 필요하다. 이 단계에서 어느 정도의 일방성은 필요하다. 젊은이들은 외부 세계를 정복하는 과제에 자신을 바칠 필요가 있기 때문이다. 40세경에 정신은 전환을 겪기 시작한다. 영원할 것처럼 보였던 목표와 야망은 의미를 상실한다. 마치 중요한 무엇인가가 상실된 것처럼 사람들은 활기를 잃고 의기소침해진다. 이러한 현상은 사회적으로 성공한 사람들에게서도 나타난다. 사회적 성공은 개성을 억누른 대가로 얻어지기 때문이다. 영혼은 이러한 위기에서 벗어날 길을 찾아, 사람들을 내적으로 향하도록 하고 삶의 의미를 찾도록 한다. 이 내적 전환은 그동안 억눌린 자아, 무의식에 의해 촉진된다. 사람들이 그들의 삶을 검토하고 무의식에 귀기울임에 따라, 그들은 자아(self)의 이미지를 만나게 된다. 자아를 향한 길은 개별화(individuation)의 과정이다. 개별화는 사회의 가치에의 동일시로부터 자신을 분리함으로써 자신의 독자적 길을 발견하는 것을 의미한다. 중년기 성인은 아직 그들의 외적 상황에 변화를 일으킬 수 있는 힘과 자원을 가지고 있으므로, 오래 무시해왔던 계획을 되살리고 경력 변화를 꾀하기도 한다. 비록 이러한 인생 후반부의 성장이 긴장과 어려움을 낳기도 하지만, 가장 큰 실패는 인생 전기의 목적과 가치에 집착할 때 나타난다. 그럴 경우, 성인은 그들 자신의 삶에서 경시되어 왔던 부분에 직면하는 모험을 할 때 얻을 수 있는 더 큰 발달을 놓치게 된다(Crain, 1985: 201-204).

그 밖의 연구에서 성인 중기의 특성으로 신체에 대한 민감한 반응, 시간 전망의 변화, 유한성에 대한 대결, 자아에 대한 평가와 재통합, 내면화의 경향 등과 같은 특성들이 지적된다(윤진, 1998: 180-181; 김명자, 1998: 76-79).

(2) 성인 중기 여성의 특성

여성은 생물학적으로는 물론 사회문화적으로 남성과 매우 다른 상황 속에서 성장하고 삶을 영위한다. 따라서 남성과 연령에 따른 공통적 특성들을 공유하기도 하지만, 서로 다른 사회적 역할과 상황 하에서 여성만의 고민과 삶을 구성하고 있다. 성인 중기 여성의 삶의 특성을 레빈슨의 연구를 중심으로 살펴보기로 한다.

레빈슨은 남성의 생애를 먼저 연구한 후, 그 틀을 바탕으로 여성에 대한 연구를 수행하였다. 그는 성인발달 연구에서 인생구조(life structure)를 핵심 개념으로 제시한다. 그것은 어느 특정 시기의 개인의 삶의 양식 또는 디자인으로, 우리는 인생구조라는 개념을 통해 성인이 맺고 있는 관계의 특성과 변화를 음미해 볼 수 있다. 레빈슨에 의하면, 인생구조가 발달해나가는 보편적인 틀 안에서 남성과 여성은 그들이 처한 삶의 상황, 인생과정, 각 발달시기들을 거쳐 가는 방법들이 크게 다르다. 여성들은 남성과는 다르게 인생구조를 형성한다. 그들이 모든 시기의 발달과제를 해결해나갈 때, 내적으로나 외적으로 그들에게 부여된 자원과 제약들은 사뭇 다르다. 따라서 발달적 조망은 성에 대한 조망과 결합되어야 한다(Levinson, 1998).

레빈슨은 중년기 가정주부의 인생구조와 경력여성의 인생구조를 다음과 같이 설명한다[1]. 가정주부에 속한 대부분의 여성들은 30대 중반에 이르러 남성처럼 "자기 자신이 되는 단계"를 거친다. 자신의 세계에서 인정받고 싶고, 하고 싶은 대로 말하고 싶으며, 단순히 남편, 아이들, 부모, 상사, 그 누구의 부속물이 아닌 자신의 고유한 권리를 인정받고 싶은 욕구가 있다. 여성들은 "한 인간이 되기 위한" 또는 "진정한 인간으로 대우받고 싶은" 소망에 대해서 이야기한다. 대부분의 가정주부

1) 레빈슨의 저서는 "김애순 역(1998). 여자가 겪는 인생의 사계절. 서울: 세종연구원"을 토대로 정리하였음.

들은 중년의 전환기에 결혼 생활과 삶에서 침체를 경험했다. 그들은 체념하기도 하고, 새로운 선택을 하기도 했다. 경력여성들은 직업세계에서 자신을 위한 자리를 발견해서 진로를 개척해 가고 있었다. 그러나 그들이 어떤 환경에 처해 있든지, 사실상 모든 경력여성들이 40세나 41세가 되면 다음 중년의 전환기에도 이어질 사랑, 결혼, 가족과 일에 대해서 내적으로 의문을 갖는 시기로 접어들고 있었다. 중년의 전환기에 경력여성들은 가정주부들과 유사한 딜레마에 빠져 있었다. 즉, 여성들은 저마다 사랑, 결혼, 어머니 역할, 전일제 경력을 조화시키려 한 노력의 대가가 기대한 만큼 만족스럽지 않다는 것을 그리고 이제 그녀는 중년기의 삶을 위한 새로운 토대를 발견해야 된다는 것을 인정했다. 중년의 전환기 발달과정을 통하여 경력여성들은 자신의 인생을 재평가하고 수정하게 된다(Levinson, 1998).

성인 중기는 가정주부에게나 직장여성에게나 성인 초기부터 두드러지는 '자기 자신이 되고 싶은 욕구'가 강하게 발현되는 시기이다. 사회적 기대에 맞추어 '내가 아닌 나'로 살아온 인생 전반기가 어느 정도 지난 시점에서 이젠 진정한 자신을 찾고자 하는 단계로 이행하는 것이다. 이는 자기 성장의 요구이며, 이러한 요구의 표현은 기존의 생활방식, 자녀, 부부관계와 충돌할 수 있다. 그러한 갈등이 원만히 해결되지 못하거나 요구가 충족되지 못할 경우, 이는 성인 중기 여성의 심각한 위기로 전환될 수 있다. 남성들의 경우는 대체로 자신이 주체가 되는 삶을 살아왔을 수 있으나, 여성의 삶은 전통적 문화 속에서 억압되기 쉽고 특히 결혼 이후 더욱 종속적 체제로 지속되는 경우가 많으므로, 이 시기에 겪는 갈등과 좌절은 여성의 경우 더 심각하게 나타날 수 있다.

연구에 의하면, 여성들의 삶은 유동성과 불연속성, 다양한 역할 간의 균형의 어려움이 특징으로 나타난다. 여성들의 발달은 하나의 연속적인 단계들이라기보다는 역할 변화에 의해서 발생하는 불연속성으로 인해 다양하고 비직선적인 경향이 있다. 성인으로서의 삶에 대한 여성들의 꿈이 대부분 남성들의 꿈보다 더 복잡했기 때문에(결혼, 엄마가 되는 것, 경력을 갖는 것), 그들의 삶의 구조는 덜 안정적이고 갈등이 많았다(윤진, 1998).

이러한 불안정성은 자신이 중심에 있지 않은 삶을 사는 사람들에게서는 불가피하게 나타날 수밖에 없는 것이고, 여성은 이러한 갈등을 겪을 수밖에 없는 사회

문화적 상황에 있다. 성인 중기는 여성들이 이러한 갈등을 어떤 방식으로든 정리하고자 하는 시기이며, 그 기준을 남이 아닌 바로 자신의 가치와 관점에 두고자 하는 시기이다. 따라서 이 시기는 여성의 삶에서 자아정체감의 재확립과 성장이 결정적으로 이루어질 수 있는 시기로서, 이를 위한 학습의 요구 역시 매우 크다고 할 수 있다.

한편 길리건(Gilligan, 1997)은 남성의 발달 특성인 '개별화'를 중심으로 여성의 발달을 판단하거나 이해해서는 안 된다고 주장한다. 여성은 인간관계를 중시하는 특성이 있는데, 남성의 특성인 독립과 성취를 기준으로 여성을 판단할 경우, 여성의 발달이 남성에 비해 상대적으로 미숙하다고 평가할 오류가 있다고 본다. 문제는 여성들이 중시하는 사랑과 보살핌의 가치가 저평가되는 사회구조와 남성중심적 인식에 있다는 것이다.

그러나 보살핌과 사랑이 여성의 가치이고, 독립이나 자율의 가치가 남성의 특성이라는 전제 역시 객관적으로 입증된 것이 아니라 시대적, 문화적 산물일 수 있다. 여성의 삶에 있어서도 독립과 자율은 중요한 가치라고 생각된다. 남성이 성인기에 이르러 아동기와 청년기에 형성했던 독립성 대신 생성성(generativity)을 추구하듯, 여성들도 선천적 또는 후천적으로 함양된 보살핌의 특성에 독립성을 추구하는 것이 성인기의 균형 있는 발달을 가져올 수 있을 것이다.

3 성인 중기 여성의 교육요구

개인의 삶에는 연령과 역할의 변화에 따른 비교적 공통적인 삶의 특징과 함께 개인적 사건, 사회문화적 배경에 따른 다양한 삶의 양상이 나타난다. 따라서 앞에서 살펴본 성인 중기 여성의 특징이 누구에게나 적용되는 것은 아니다. 그러나 다양성의 바탕에 있는 보편적인 삶의 구조는 대부분의 사람이 거쳐가는 것이므로,

이를 바탕으로 성인 중기 여성의 삶의 질을 향상시킬 수 있는 보편적 발달과업과 교육요구를 도출할 수 있을 것이다.

성인 중기 여성의 교육요구를 도출하는 방법 중의 하나는 발달단계에 따르는 발달과업으로부터 시사점을 구하는 방법이 있다. 발달과업은 개인의 신체적, 심리적, 사회적 발달과 변화에 잘 적응하기 위해 요구되는 적응과제를 의미한다.

헤비거스트(Havighurst)는 중년기의 발달과업을 다음과 같이 제시하였다(Troll, 1975).

- 성인으로서의 시민적, 사회적 책임을 다하는 것
- 만족할 만한 경제적 생활수준을 이룩하고 유지하는 것
- 자녀들을 책임 있고 행복한 성인이 되도록 돕는 것
- 여가 활동을 개발하는 것
- 배우자와 한 인간으로서 관계를 맺는 것
- 중년기의 사회심리적 변화를 수용하고 이에 적응하는 것
- 나이 들어가는 부모에게 적응하는 것

김종서 등(1982)이 제시한 한국인의 중년기의 발달과업은 현재의 사회적 상황에 다소 맞지 않는 부분도 있으나 지적, 정의적, 사회적, 신체적 영역의 다양한 과제를 제시하고 있다.

• 지적 영역
  - 일정한 경제적 생활수준을 세우고 유지하기
  - 직업이 요구하는 새로운 지식과 능력을 계속 추구하기
  - 자녀와 청소년을 건전하게 양육하고 교육하기
  - 사회변천에 적응할 수 있는 지식과 기능 갖기
  - 사회제도, 규범, 기관 등에 대한 지식과 활용능력 갖기
• 정의적 영역
  - 배우자 및 자녀와 인격적인 관계를 유지하기
  - 새로운 가족을 맞아들이고 융화하기
  - 취미를 살려 여가를 유용하게 보내기

- 젊은 층을 이해하고 함께 어울리기

• 사회적 영역
- 부모로서 자녀에게 해야 할 역할과 책임 다하기
- 손아래 사람과 부하를 선도하고 좋은 영향력 주기
- 사회의 윗사람으로서 알맞은 역할과 도리를 다하기
- 미풍양속을 실천하고 발전시키기
- 연로한 부모를 편히 모시기
- 사회적 지위나 성취에 알맞은 처신을 하기
- 지역사회와 국가발전을 위한 활동에 적극적으로 참여하기

• 신체적 영역
- 중년기의 생리적 변화를 받아들이고 적응하기
- 적당한 섭생과 충분한 휴식으로 신체적 기능을 보전하기
- 규칙적인 운동으로 체력을 유지하기
- 질병에 대한 광범위한 지식을 갖고 가족의 건강을 보호하기

그밖에 이성배우자와 동료로서의 상호관계를 발전시키는 것, 부모나 친구의 사망, 자녀의 독립 등으로 애정의 대상을 점차 상실해 가는 시기이므로 보다 다양하고 개방적인 대인관계를 통해 제한된 관계의 상실에 따른 위기를 극복할 것, 융통성과 개방성으로 새로운 변화를 수용하여 정신적 경직화를 방지할 것, 죽음에 대한 성숙된 성찰을 통해 깊은 위기감을 해결할 것, 자신의 불완전성을 수용할 것, 진정한 자아를 찾을 것 등이 발달과업으로 제기되고 있다.

성인중기의 특성과 발달과제를 토대로 중년기 여성의 교육요구를 다음과 같이 도출해 볼 수 있다.

1) 인생 후반기의 새로운 생애구조 형성 요구

평균 수명의 연장으로 40대는 인생의 중간, 절정기라고 할 수 있다. 40대를 중심으로 인생을 전반기와 후반기로 나눌 수 있다. 이는 생애의 중간점이라서 뿐

만 아니라, 발달론적으로도 40대는 인생의 중요한 전환기라고 설명되고 있는 점에서도 그렇다. 이 시기는 많은 사람들이 자신의 인생을 되돌아보고 재평가하여 자신이 추구한 인생의 가치를 음미해보고, 앞으로의 삶을 끌고 나갈 가치와 방향을 재정립하는 시기이다. 그 이전의 인생이 무조건 앞으로 전진하는 삶이었다면, 이 시기는 지나온 인생을 곰곰이 돌이켜 보고, 남은 인생을 질적으로 다른 구조로 설계하는 중간 평가의 시기인 것이다.

새로운 삶을 계획하기 위해서는 우선 과거의 삶이 철저히 반성적으로 평가되어야 한다. 그리하여 지금까지 자기가 추구해온 것이 과연 무엇이었는가, 어떤 의미가 있는가, 그리고 내가 진정으로 원하는 삶은 어떤 것인가에 대한 깊은 사색이 요구된다. 이런 과제 앞에 어떤 사람은 지나온 자기의 삶이 실패라고 생각하고 깊이 좌절할 수 있다. 철저한 자기반성 위에서 새로운 삶의 구조를 형성하지 못하고 좌절 속에 빠져 버릴 수 있다. 이러한 심리적 전환과 과거에 대한 회의감을 긍정적으로 극복하여 인생 후반기의 새로운 인생구조를 정립하는 기반으로 삼을 수 있도록 하는 자세가 요구되며, 이는 이 시기의 성인들에게 요구되는 가장 중요한 성장요구라고 할 수 있다.

새로운 인생구조를 정립하기 위해서는 지나온 삶에 대한 반성적 성찰, 진정한 자아에 대한 탐색, 주변 사람들과의 관계의 재정립, 일과 직업에 대한 계획의 조정 등 인생 전반에 대한 진단과 계획이 필요하다. 특히 가정주부의 경우는 결혼생활, 부부관계, 자녀와의 관계, 지금까지 포기해온 직업 경력의 재개에 대한 고민을 하게 된다. 직장여성들은 가정과 직장의 양립 문제, 이에 대한 가치의 재배분, 직업 경력의 방향을 고민할 것이다. 이러한 자기성찰과 인생구조 재정립을 도와줄 수 있는 교육에 대한 요구가 매우 크다.

2) 중년기 전환과 위기에 대한 적응 요구

중년의 전환기에 성공적으로 적응하지 못할 경우 이는 심각한 심리적 위기를 야기하기도 한다. 자신이 살아온 생이 의미 없게 느껴지고, 지금까지와는 다른 삶을 살아보고 싶어진다. 자신이 느끼는 심리적 혼돈을 정상적 발달과업으로 이해하지 못하고, 자신만이 직면한 문제로 인식할 경우, 자신의 삶의 총체적 위기로 이를 인식할 수 있다.

발달적 위기는 개인이 그 시기의 발달과제를 해결하는 데 커다란 어려움이 있을 때 생긴다. 발달적 위기는 특별한 외적인 스트레스나 내적인 취약성에 의해 영향을 받지만, 복합적인 근원은 인생구조를 형성시키거나 전환시키는 데서 오는 어려움에 있다. 발달적 위기란 오로지 부정적인 것만은 아니다. 그것은 혜택과 대가 모두를 가져올 수 있다. 고뇌와 고통을 겪고 타인에게 상처를 주는 만족스럽지 못한 인생구조가 따라오기도 하고, 자아실현에 보다 적합한 인생구조를 구축하는 혜택이 따르기도 한다(Levinson, 1998: 69-70).

중년기 위기론에 대해서는 실제보다 과장되어 있다는 비판이 있다. 건강한 성인은 별 어려움 없이 성공적으로 위기를 극복할 수 있다는 관점이다. 그러나 이 경우도 중년기의 어떤 변화 자체를 부정하는 것은 아니다. 이 시기가 개인의 삶의 과정에서 분명히 어떤 전환점이 되는 시기인 것은 사실이며, 중년기 위기를 거치면서 삶의 가치관과 목표, 방법들이 결정적으로 변할 가능성도 크다. 인생의 어느 시기에나 그 단계의 성장에 따르는 위기와 적응의 문제가 있으나, 중년기 위기는 다른 시기에 비해 그 성격이 다르다고 하겠다. 특히 가치관의 전환이 따른다는 점에서 교육적 관심을 기울일 필요가 있다. 의식의 전환과 성장, 자아정체감의 재정립이 추구된다는 점에서 중년기 위기는 삶의 과정에 긍정적인 면으로 작용할 수 있다. 위기를 긍정적으로 극복하고 삶의 전환의 계기로 만들 수 있도록 돕는 교육이 요구된다.

3) 자아정체감 및 가치관의 재정립 요구

중년의 전환기에는 "나는 누구인가? 내 인생의 목표는 무엇인가? 가족과 일은 나에게 어떤 의미가 있는가?"와 같은 생의 본질적 목표와 의미에 대한 질문이 다시 전면에 떠오른다. 주위에서 기대하는 "나"의 모습에 자신을 맞추어 왔던 수동적 적응행위에서 벗어나, 자신이 진실로 원하는 자신의 모습이 무엇인가를 생각해보고, 스스로가 주체가 되어 환경과의 관계를 설정하려는 진정한 독립적 자아에 대한 갈망이 분출된다.

특히 젊은 여성의 삶은 사회의 규범적 기대에 강력히 구속되어 있다. "착한, 예쁜, 순종적"이기를 요구받는 처녀상은 아내, 엄마, 직장여성상에도 내재되어 있다. 그러한 기대에 순응하는 것은 "정상적인" 여성으로서의 삶을 보장받는 길이다. 그러나 자신의 주체적 사고 없이 외적 기대에 맹목적으로 순응하여 살아온 경우, 어떤 시기가 되면 진정한 "나"의 존재가 없는 자신의 삶을 발견하고 회의를 갖게 될 것이다. 어떻게 보면 인생의 절반이 다 지나간 후에 이렇게 생의 본질적 가치를 찾는 것은 지나간 삶을 후회하게 하는 인생의 위기가 될 수도 있지만, 진정한 자아를 찾아 견실한 삶의 구조를 구축할 수 있는 새로운 기반이 되기도 한다.

사실 자아의 추구, 가치관의 재구성과 전환의 과정은 생의 "의미"를 추구하는 인간의 평생에 걸친 가장 중요한 행위라고 할 수 있다. 그 과정은 인간이 삶의 의미를 찾는 학습의 과정이자 교육의 궁극적 목표이기도 하다. 외부의 요구가 아닌 자신의 절실한 필요에 의해 "자아 찾기"가 이루어지는 이 시기는 가장 결정적인 학습의 시기이며, 이는 중년기의 가장 중요한 교육요구라고 할 수 있다. 남성중심 사회에서 여성으로서의 자아정체감, 진정한 나를 찾아가는 것은 매우 어렵고 힘든 과제이다. 그러나 이는 인간으로서의 성장을 향한 핵심적 과제이므로, 이 시기의 자아 확립 요구를 사회적으로 수용하고 이의 실현을 지원할 필요가 있다.

4) 직업적 성취의 의미에 대한 재평가와 직업적 전환의 모색 요구

40대에 이루어지는 인생에 대한 재평가 경향은 직업적 삶에서도 매우 중요하다. 20대가 대체로 직업경력을 준비하는 시기이고, 30대가 직업경력을 본격적으로 추구하는 시기라고 한다면, 40대는 자신의 성취를 재평가하고 일의 의미를 다시 생각해보는 직업적 가치의 조정 또는 전환기라고 할 수 있다. 30대까지는 일의 의미를 찾기보다 맹목적인 목표 달성을 추구하는 과업지향적 시기라면, 40대는 일의 가치, 의미를 찾으려는 경향이 나타난다. 또한 삶의 다른 영역과 일의 가치 비교도 중요해진다. 직장여성에게서는 일 때문에 소홀히 해온 가정의 가치를 이전보다 중시하려는 경향이 나타나기도 하고, 가정주부에게서는 가정 때문에 포기해온 일을 다시 시작하려는 욕구가 커지기도 한다.

직업생활에 대한 의미는 연령에 따라 변화한다. 중년기는 개인의 인생주기와 함께 직업주기에서도 전환기를 맞이하게 된다. 중년기에 이루어지는 직업주기에서의 적응은 중년기는 물론 노년기의 생활에도 영향을 미친다. 중년기는 업무와 대인관계 간에, 객관적 성취와 주관적 느낌 간에 그 중요성을 재조정하는 시기로 객관적 성취나 일 자체가 더 이상 정서적 구심점은 아닌 듯하다(김명자, 1998)

레빈슨(Levinson, 1998)은 이 시기에 우리는 일과 경력을 보다 사적이고 개인적인 조망에서 체험한다고 한다. "세상의 눈으로 보면 나는 얼마나 성공적인가?" 하는 물음은 이제 그 중요성이 덜해지고, "일로부터 나는 무엇을 주고 또 받았는가? 나는 일 속에서 얼마나 만족을 느끼는가?" 하는 물음이 더욱 중요해진다는 것이다.

생의 전환기에서 직업적 가치의 재조정이 이루어지면, 그 결과 인생 후반기의 일에 대한 계획과 전망이 수립될 수 있다. 아마 그 직업적 전환의 방향은 보다 개인적 삶과 사회 공헌에 의미를 부여하려는 경향으로 나타날 수 있다. 즉, 이 시기는 직업적 가치의 탐색과 전환이 이루어지는 시기이므로, 중년 여성의 재취업과 경력 전환을 위한 학습요구를 도와줄 수 있는 교육이 필요하다.

5) 가족관계의 재정립 요구: 자녀, 부부, 노부모와의 관계 재정립

부부, 자녀, 노부모와의 관계 개선은 중년기 여성의 발달과제의 중요한 부분이다. 자녀 출산과 양육을 중심으로 이끌어온 가족관계는 자녀의 성장에 따라 새로운 국면을 맞는다. 한편으로는 성인이 되어 가는 자녀를 이해하고, 자녀의 자율성에 대한 요구와 부모의 통제 요구를 적절히 조화시켜야 하는 상황에 적응해야 한다. 한국 사회에서는 여성이 자녀에 대해 갖고 있는 심리적 유대와 집착이 매우 강하여, 성장한 자녀의 정서적 독립을 어렵게 하고 이를 수용하지 않으려는 태도가 큰 문제로 존재한다. 이는 결혼한 자녀의 결혼생활에도 부정적인 영향을 미쳐 갈등의 소지가 된다.

성인 초기의 자녀와의 관계는 성인 중기에 이르면 자녀의 독립성을 인정하는 성인 대 성인의 관계로 점차 전환되어야 한다. 이의 지체는 부모에게나 자녀에게나 바람직하지 못하다. 특히 남성중심 사회에서 자아실현을 이루지 못한 여성의 경우, 자녀에게 자신의 희망을 지나치게 투사하는 보상심리를 갖기 쉽다. 우리 문화에서는 부모로부터 자녀의 정신적 독립도 중요하지만, 자녀로부터 부모, 특히 어머니의 정신적 독립이 특히 중요하다. 변화한 관계를 현명하게 수용하고, 오히려 이를 자신의 성장의 전환점으로 만들 수 있어야 한다.

그리고 자녀를 매개로 하지 않은 부부만의 관계가 중심을 이루게 됨으로써, 충만한 부부관계의 형성을 위한 노력이 요구되는 시기이다. 중년기 부부관계는 과거의 갈등을 해소하고, 서로의 상실감을 위로하고, 상대의 변화와 요구를 존중하는 보다 평등한 동반자적 관계로의 전환을 모색해야 한다. 또한 중년기는 성장한 자녀와 노쇠한 부모 사이에서 부모와 자녀의 역할을 동시에 수행해야 하는 샌드위치 시기이다. 가부장적인 전통이 강한 한국 사회에서는 자녀 양육과 부모 모시는 책임이 여성에게만 실질적으로 부과되는 경향이 강하여, 여성이 가족관계에서 큰 책임과 부담을 지고 있다. 남편들은 심리적 부양에 그치고 여성, 즉 며느리가 실질적 부양의 부담을 지게 되어, 가족 간의 갈등이 크다. 남녀평등 의식의 확산으로 여성은 자신의 친정 부모에 대한 도리를 당당하게 하지 못하는 것에 대해 분노를 느끼고, 전통적인 가부장제 하의 의식과 관습에 문제를 제기한다. 가정에 모든 것을 바친 가정주부의 경우는 이러한 가족관계로 직장여성보다 심한 스트레스를 겪는 경우가 많다. 직장여성의 경우도 가족 문제에 남자보다 큰 책임을 요구받는다. 중년기에는 여성과 노부모 사이의 새로운 합리적인 관계 정립이 필요하며, 질적으로 향상된 가족관계를 재구성하기 위한 노력과 이에 대한 교육적 도움이 필요하다.

6) 사회참여 및 사회적 공헌에의 요구

발달이론들에 의하면, 중년기는 개인적 성취에의 몰두에서 벗어나 사회에의 공헌을 생각하게 되는 시기라고 한다. 남은 인생에서 무언가 사회에 의미 있는 일을 해보고자 하는 욕구가 강해지는 것이다. 이러한 욕구와 발달과제가 제대로 발현되지 못하면, 이후의 개인의 삶은 더욱 탐닉적인 방향으로 진행되기 쉽다. 사회적 공헌에의 요구가 제대로 실현되면, 이는 개인의 성장에도 매우 긍정적으로 작용할 것이다. 우리 사회는 전통적으로 공동체적 삶과 가치를 중시하는 사회였다. 그러나 급격한 사회변화 과정에서, 공동체가 붕괴되고 개인주의적인 삶의 방식이 확산되고 강화되어 왔다. 공동체적 가치가 약하고, 봉사에의 기회가 많지 않은 사회에서 자칫 이 시기의 사회적 공헌의 요구는 사그라지기 쉽다.

또한 중년기에는 대인관계에서 충족감을 찾는 경향이 강해진다. 소원한 배우자와의 관계 대신 친구와의 관계나 종교, 봉사활동에서 만족감을 추구한다. 자녀 성장으로 남는 시간을 취미생활, 운동, 학습활동에 투자하고자 하며, 시간적 여유와 경제적 여유를 보유한 중년기 여성은 평생교육의 주 고객으로 자리잡고 있다. 이러한 대인관계, 사회참여의 요구를 충족시킬 수 있는 기회가 제한되어 있을 경우 소비적, 탐닉적 생활경향이 나타나기도 한다. 따라서 중년기에는 질적으로 향상된 대인관계 형성 요구와 사회적 공헌 요구를 제대로 발현시킬 수 있도록 돕는 교육이 필요하다.

4 성인 중기 여성교육 현황과 평생교육 과제

1) 현황

성인 중기 여성을 위한 평생교육에는 취미와 여가, 취업과 사회참여를 지원하기 위한 다양한 프로그램이 있으나 정부가 예산을 지원하는 사업 중 여성에 특화된 평생교육사업은 직업능력개발 사업이 대표적이다. 주민자치센터, 복지관, 대학, 여성회관, 문화센터 등에서 취미활동을 위한 프로그램들이 많이 개설되어 있고, 여성인력개발센터와 여성회관 등은 미취업 주부를 대상으로 한 직업훈련프로그램을 제공하고 있으며, 여성단체와 시민단체도 다양한 사회참여프로그램을 운영하고 있다.

우리나라 여성의 경제활동참가율이 남성에 비해 그리고 선진국 평균보다 낮고, 출산육아기의 경력단절 현상이 심각하여 정부정책은 여성의 직업능력을 개발하기 위한 사업에 집중되고 있는 편이다. 고용노동부는 재직여성과 실업여성, 여성가족부는 비경제활동여성을 대상으로 하는 사업을 중점적으로 추진하고 있다. 여성가족부는 지자체 산하 여성회관과 여성인력개발센터 등 여성평생교육시설을 기반으로 성인여성을 위한 다양한 훈련 및 취업지원사업을 시행하고 있다. 여성가족부는 고용노동부와 공동으로 경력단절여성의 직업상담, 훈련, 취업을 one-stop으로 지원하는 '여성새로일하기센터'를 지정 · 운영하고 있다.

이와 같이 정부가 지원하는 여성 특화 평생교육 사업은 여성의 직업역량을 개발하는 사업을 중심으로 추진되고 있어, 앞으로 여성평생교육 사업이 생애주기별로는 청소년기에서 성인 초기, 중기, 후기까지의 여성의 요구를 반영하고, 삶의 영역에 있어서도 일, 교양, 여가, 사회참여를 균형 있게 지원할 수 있도록 사업의 다각화가 요구되고 있다.

2) 과제

우리는 흔히 아동기나 청소년기의 교육은 중시하면서, 중년기에는 교육이 더 이상 필요하지 않은 것으로 생각하는 경향이 있다. 그러한 생각의 배경에는 성장은 청소년기까지 이루어지는 것이며, 성인기는 더 이상의 성장이 이루어지지 않거나 필요하지도 않을 것이라는 사고가 자리잡고 있다. 그리고 중년기는 정서적 변화나 갈등이 청소년기만큼 크지 않으며, 단지 인생 초기의 삶의 계획을 실행에 옮길 뿐인 시기로 오해되기도 한다. 사회의 안정을 유지하는 집단으로서 흔히 기성세대라고 불리는 이 세대는 말 그대로 이미 다 성장한 세대로 더 이상 성장의 요구가 없는 세대로 간주되는 것이다.

그러나 중년기의 특성을 다룬 연구들에 의하면, 중년기 역시 그 연령에서만 가질 수 있는 심각한 고민과 갈등이 있으며, 무엇보다 자아 찾기와 삶의 질 추구에 대한 강한 요구가 있음을 알 수 있다. 자신의 진정한 가치와 생의 의미를 찾고자 하는 것은 인간의 평생에 걸친 요구이며 과제이다. 사회적 기대와 틀에 강력히

규제되는 아동기와 청소년기는 자아를 찾기에는 최적의 시기가 아니며, 그러한 내면적 요구도 그리 강하지 않다. 그 시기에는 기존 사회에의 성공적인 입문과 적응이 가장 중요한 과제로 인식된다. 오히려 인생 초기에 수립한 목표를 어느 정도 이룬 중년기에 이르러 사람들은 그동안의 삶을 돌이켜보면서, 그것이 진정 자신이 원하던 삶이었는가를 묻게 된다. 그 질문은 외부의 요구나 권유에 의해서가 아닌 자신의 내면적 필요에 의해 발생하는 것이므로 정말 절실한 것이다.

자아를 찾는 과정은 본질적으로 학습의 과정이다. 자신의 삶에 대한 반성적 사고를 토대로 삶의 진정한 가치를 추구하고 인생의 의미를 재구성하는 과정은 세계를 보는 관점의 조정과 전환의 과정이다. 이를 통해 개인은 과거와 현재의 자신을 해체하고 재통합할 수 있다. 성인 발달은 특정한 사회에 대한 적응 이상의 것이다. 그것은 사람이 세상을 보는 방법의 질적 변화이고, 새로운 의식을 생산하는 긴장과 갈등을 포함한다(Hobson & Welbourne, 1998). 의식의 변화와 성장은 경험을 토대로 한 학습을 통해 이루어진다. 중년기의 학습은 그들의 자발적인 요구에 의해 필요성이 제기되며, 그들의 경험을 바탕으로 삶에 대한 성찰을 통해 문제해결과 성장을 추구한다는 점에서 아동기나 청소년기와 그 성격이 다르다.

특히 여성은 남성 중심적 사회질서 하에서 독립성이 장려되는 남성과는 달리, 사회적으로 기대되는 여성상에 수동적으로 자신을 맞추도록 요구되어 왔으므로, 자아 찾기 과정이 상대적으로 지체되고, 그러한 요구를 무시하거나 억눌러 왔을 가능성이 크다. 그러나 인간의 본질적 욕구를 언제까지나 억누를 수는 없다. 생의 발달단계에서 비교적 뒤늦게 표면으로 부상하는 여성의 자아 찾기 요구는 중년 여성에게 위기이자 성장의 전환점이다. 어떻게 보면 인생을 다시 설계하고 이를 실현하기에는 다소 늦은 시기에 이러한 요구를 느낀다는 것은 그들에게 심각한 좌절을 가져다 줄 수 있다. 그러나 이를 성공적으로 극복할 경우, 여성으로서의 사회적 제약을 뛰어 넘어 자신을 실현할 수 있는 최적의 계기가 될 수도 있다.

벨런키(Belenky)와 동료들(1986)은 여성의 앎의 방법(Women's Ways of Knowing)은 타인에 의해 그들의 사고가 좌우되는 침묵자, 수동적 인식자에서 스스로 사고할 수 있는 주체적 인식자로 발달해 간다고 하였다. 이 관점에 따르면, 여성들은 자신의 생각을 표현할 수 없는 침묵자로부터 외부 전문가의 사고에 의존하는 수동적 인식자로 발달한다. 그리고 그들 자신의 정체성, 신념, 자기존중감을 수립하는 주관적 인식자로 이행한다. 그 다음, 자신과 다른 다양한 의견과 경험을 내면화 할 수 있는 절차적 인식자로 성장하고, 최종적으로 그들의 지식과 경험을 타인의 것과 창조적으로 통합하고 그것을 새롭게 만드는 구성적 인식자에 도달한다고 한다(Carfagna, 1995).

여성들은 성인 중기에 이르러서야 비로소 그들의 삶을 구속해왔던 사회적·문화적 틀에서 자유로워지고, 이러한 변화는 주체적 인식자로서의 여성의 성장을 돕는다. 그들의 아동기와 청소년기의 사회화와 성장에 영향을 미친 여성성에 대한 사회적 규범에서 어느 정도 벗어나, 이제 보다 자율적이고 독립적인 시각에서 자신과 사회의 관계를 바라볼 수 있다. 이러한 자율적 시각을 통해 자신의 과거의 삶을 돌이켜보고, 앞으로의 인생계획을 세우는 것이다. 즉, 가정, 남편, 자녀에게의 몰입으로부터 어느 정도 거리를 두고, 이전의 직업적 삶의 가치도 재평가하면서 남은 자신의 삶에 보다 더 충실해지고자 하는 요구가 강해지는 시기이다. 이제야 비로소 여성이 아닌, 아내가 아닌, 엄마가 아닌, "나"를 찾고자 하는 것이다. 그 "나"는 사회가 기대하는 이상적인 여성상의 영향에서 벗어나 여성이 아닌 한 사람의 "인간"이 되고자 한다. 더 이상 남의 눈에 아름답게 보일 필요도, 착하게 보일 필요가 없이, 즉 내가 아닌 타인의 기준과 기대에 의해 나를 형성할 필요 없이, 자신의 독립적인 가치 판단에 의해 사회와의 관계를 모색할 필요가 절실해진다. 결국 인간으로서의 진정한 내면 의식의 성장은 중년기에 이르러서야 여건이 성숙되고 요구가 강하게 도출된다고 할 수 있다.

중년기 여성을 위한 중요한 과제는 바로 이 자율적 가치의 형성과 의식의 성장, 그것을 추구하는 과정에서 심각하게 드러나는 갈등과 문제의 해결을 도와주는 일이다. 여성의 발달에 관한 학습은 중년 여성의 자기 이해와 자아정체감 확립에 기여할 수 있다. 여성 발달이론의 학습은 여성이 그들의 다양한 경험을 의미 있게 활용할 수 있는 구조와 언어를 제공한다. 그들은 그들의 경험을 생각하고 해석하고 개념화할 수 있게 된다. 그 결과, 그들은 새로운 관점에서 그들의 삶을 조망할 수 있다. 메지로우(Mezirow)에 따르면, 그러한 시각의 전환이 발달의 핵심이다. 여성학습자들은 여성발달에 대한 학습을 통해 자신을 알게 되고(knowing oneself), 자신을 수용하고(accepting oneself), 다른 사람들과 관계를 맺고(connecting with others), 시각을 바꾸고(changing perspectives), 자신에게 활력을 부여하고(empowering oneself), 성장과 발달을 추구(seeking growth and development)할 수 있다(Marienau, 1995).

그러나 교육적 관심은 발달적 관심 이상의 것이다. 즉, 발달과제의 해결, 중년기 변화에의 적응보다 더 중요한 것은 확고한 자아를 바탕으로 그러한 문제를 스스로 해결하고 인생의 의미를 창조할 수 있도록 돕는 것이다. 테난트와 포그슨(Tenant & Pogson, 1998: 130-137)도 성인교육의 역할이 어떤 사람이 되어야 하는가를 생각하고 창조하도록 돕는 것이어야 한다고 하였다. 결국 성인 중기 여성을 위한 교육 프로그램은 여가 및 취미, 직업 등에 대한 요구도 반영해야 하지만 무엇보다 자아를 찾고 세계를 주체적으로 볼 수 있는 의식의 성장을 중심에 두고 구성하는 것이 바람직하다. 이와 같은 그들의 성장을 향한 요구를 수용하고, 이를 실현할 수 있도록 돕는 것은 평생교육의 중요한 역할이라고 하겠다.

요약

성인 중기는 인생의 중반기로서 전반기의 인생과업을 어느 정도 완수한 후 인생 후반기의 새로운 가치와 목표를 모색하고 이의 실현을 위한 계획을 수립하는 시기로, 제2의 인생을 기획하는 시기라고 할 수 있다. 여성은 이 시기에 양육 의무에서 어느 정도 자유로워짐에 따라 자신을 다시 돌아 볼 수 있는 마음의 여유를 갖게 되고, 자신의 결혼 및 직업생활에 있어 새로운 전환과 성장을 꾀할 수 있는 시기를 맞게 된다. 따라서 이 시기는 중년 여성들이 자신의 자아실현을 추구하고 활발히 사회에 참여함으로써 개인적 성장과 사회적 기여를 증대할 수 있는 시기이므로, 성인 중기 여성의 다양한 요구를 반영하는 평생교육프로그램들이 요구된다.

토론문제

1. 성인 중기 여성의 신체적, 인지적, 사회 심리적 특성의 변화를 이해하고, 그들에게 필요한 발달과제와 교육요구가 무엇인지 토의해보자.

2. 성인 중기 여성에게 가장 중요한 학습과제는 무엇이며, 평생교육 차원에서 이를 어떻게 도울 수 있는지 토의해보자.

3. 성인 중기 여성을 위한 평생교육프로그램 아이디어를 토의해보자.

참고문헌

김명자(1998). 『중년기 발달』. 서울: 교문사.

김종서, 남정걸, 정지웅, 이용환(1982). 『평생교육의 체제와 사회교육의 실태』, 서울: 한국정신문화연구원.

윤진(1998). 『성인 · 노인 심리학』. 서울: 중앙적성출판사.

이미나, 노경주, 이해주 공저(2000). 『사회교육방법론』. 서울: 한국방송통신대학교 출판부.

Belenky, M. F., Clinchy, B. M., Goldberger, N. R., & Tarule, J.M.(1986). *Women's ways of knowing: The development of self, voice, and mind.* New York: Basic Books.

Carfagna, R.(1995). "A developmental core curriculum for adult women learners". *New directions for adult and continuing education.* 65. 53-61.

Crain, W. C.(1985). *Theories of development.* New Jersey: Prentice-Hall Inc.

Gilligan, C.(1997). *In a different voice.* Massachusetts: Harvard University Press. 허란주 역. 다른 목소리로. 서울: 동녘.

Hobson, P., & Welbourne, L.(1998). "Adult development and transformative learning" *International Journal of Lifelong Education.* 17(2). 72-86.

Levinson, D. J.(1998). *The seasons of a woman's life.* New York: Alfred A. Knopf, Inc. 김애순 역. 『여자가 겪는 인생의 사계절』. 서울: 세종연구원.

Marienau, C.(1995). In their own voices: women learning about their own development. *New directions for adult and continuing education.* 65. 37-44.

Merriam, S. B., & Caffarella, R. S.(1999). *Learning in adulthood.* San francisco: Jossey-Bass Publishers.

Mezirow, J.(1991). *Transformative dimensions of adult learning.* San-Francisco: Jossey-Bass Publishers.

Papalia, V. E., Olds, S. W., & Feldman, R. D.(1989). *Human development.* New York: McGraw-Hill. 정옥분 역. 『인간발달Ⅱ-청년기, 성인기, 노년기-』. 서울: 교육과학사.

Tenant, M. C., & Pogson, P.(1998). *Learning and change in the adult years.* Jossey-Bass Inc. 황원철 외 5인 역. 『성인학습과 삶의 변화』. 경남: 경남대학교출판부.

Troll, L. E.(1975). *Early and middle adulthood.* Monterey: Brooks/ Cole Publishing Company.

8장 노년기의 여성교육

김재인*

* 이화여자대학교 대학원 문학박사 교육사회학 및 평생교육 전공
전 중국연변대학교 객좌교수, 전 한국양성평등교육진흥원장

'고령화 사회에 오신 것을 환영합니다'라는 어떤 책자의 서문과 같이[1], 인간은 자연 현상으로 인해 노년기에 접어들게 된다. 주어진 노년을 즐겁고 행복하게 지낼 수는 없을까? 누구나 꿈꾸는 일이다. 재미있으면서도 의미 있는 노년을 위해 무엇이 가장 적절할까? 노년기 학습은 어떨까?

인생 100세 시대가 예견되면서, 누구에게나 자신의 삶을 스스로 유지하고 책임질 수 있는 노후설계가 요구되고 있다. 특히 노년기에 접어든 경우에는 더욱 그러하다. 생산적이고 활동적인 삶, 사회참여에 대한 욕구가 더욱 커지고 있다. 노년기의 자립적 삶의 양식은 "활동적 · 생산적 노년"(박성정, 2013)이라는 개념으로 접근되고 있다. 생산적 노년을 위해서는 끊임없는 자기계발과 노년이후 삶을 대비한 제2의 생애 재설계가 필요하다. 노년기의 삶은 어느 한 부분에 치우친 삶보다 그러한 요소들이 개인의 삶에서 균형 있게 통합되는 것이 바람직하다. 즉, 일과 여가가 삶에 잘 통합되도록 학습이 이루어져 노년기의 행복과 삶의 질이 제고될 수 있게 해야 한다.

1) 『Connecting with Older Adults』의 저자인 파울렛 베티(Paulette Beatty)와 메리 엘리스 울프(Mary Alice Wolf)는 고령화 사회에서 노인의 학습을 위한 책 서문에서 언급하고 있다.

노년은 모든 일에서 자유로워지는 시기이다. 건강이 허락하는 한, 삶을 의미 있게 만들 수 있는 기회가 주어지는 것이다. 노년기에는 못 다한 꿈을 향해, 경험을 나누기 위해, 자신을 비우고 다시 채워나가기 위해, 노년에 걸맞는 삶을 살아가기 위해 노력해야 한다. 특히 여성노인은 남성노인보다 더 오랜 기간 삶을 지속해야 하기 때문에 더욱 그러하다.

평생학습은 노인들이 급변하는 사회에 적응하기 위해 필수적인 과정이 되었다. 지적 욕구를 충족시키고, 친구를 만나 정서적 안정을 찾고, 필요에 따라 일을 찾기 위해 학습에 임하기도 한다. 60세 이후의 노년기 삶을 풍요롭게 해줄 교류 대상자를 찾고, 원하는 학습을 통해 미래를 꿈꾸면서 젊은이 못지않게 열과 성을 다하는 노년이 얼마나 아름다운가? 열려 있는 교육사회에서는 다양한 영역에서 교육기회가 주어진다. 노인교육시설뿐만 아니라 사회 전 영역의 관련 교육시설에서도 노인학습을 통해 노인들이 긍정적이고, 편안하고, 행복한 삶을 살아갈 수 있는 여건을 마련해주고 있다.

특히 노년기의 학습에 주목해야 하는 이유(John N. Gardner, Gretchen Van der Veer, 1998)는 학습욕구가 높은 적극적인 학습자인 노인들이 경험을 강화시키기 위하여 교육에 높은 기대를 건다는 것이다. 그리고 노년에 오는 마지막 기회라는 생각 때문에 열성을 다한다는 점이다.

그러나 산업화로 인해 물질문명의 발달, 소비위주의 사회성, 핵가족화 경향, 기계화로 인한 비인간화 성향 등이 파생되고, 이는 인간소외와 불평등 현상을 심화시키고 있다. 노인이 인류역사의 목격자이며 체험자로서 젊은 세대에게는 증언자로, 사회와 가정에서는 중요 상담자로, 또 인생의 안내자로서의 역할을 수행해 왔음에도, 전통사회의 가치보다는 생산성을 보다 중시하는 사회로 변화되면서 사회가 노인을 밀어내고 있다(김재인, 1987). 노인의 위치변화는 개인과 사회의 가치관의 변화에 기인하며, 이는 노인문제를 대두시키는 요인이 되고 있다.

노년기 여성교육은 이러한 문제를 일부 해결하는 기제가 될 수 있다. 그리고 노년기 여성교육은 유년기·청소년기·성인기를 위한 노인이해 및 자신의 생애준비 교육, 그리고 노년기 여성교육으로 분류된다. 이 장에서는 노년기 여성교육을 중심으로 살펴보기 위해 고령화, 평생학습, 여성노인교육, 성 평등교육 등 노년기 여성교육의 현황과 쟁점을 살펴보고, 과제 및 전망을 알아보고자 한다.

1 고령화와 여성의 평생학습

1) 고령화 사회에서 고령사회로

유엔의 규정에 의하면, 전체인구 중 65세 이상의 인구가 7%를 넘어서면 고령화 사회(aging society), 14%를 넘어서면 고령사회(aged society), 20%를 넘어서면 초고령사회(super-aged society)로 분류된다. 통계청(2010)이 조사한 우리나라 장래인구추계에 의하면, 65세 이상 인구는 2000년 7.2%로 고령화 사회, 2018년 14.0%로 고령사회, 2025년 20.0%로 초고령사회로 진행되고 있다고 밝히고 있다.

인구피라미드가 2060년에는 20대 이하는 21.8%로 감소하는 반면, 60대 이상이 47.4%로 가장 큰 비중을 차지하는 역삼각형의 항아리 구조로 변화할 전망이다. 고령인구는 2010년 545만 명(11%)에 비해, 2030년 1,269만 명(24.3%)으로 2.3배, 2060년 1,762만 명(40.1%) 3배 이상 증가한다. —고령인구가 2010년 여자 1백 명당 남자 69명에서 2060년 87명으로 증가한다. 고령인구의 성비는 연령이 증가할수록 감소하여 2010년 현재 65~74세의 성비는 여자 1백 명당 남자 81.1명, 75~84세는 56.6명, 85세 이상은 34.9명이다. 남녀 간 사망률 격차가 감소하면서 고령자 성비는 점차 높아져 65세 이상 고령인구 성비는 2010년 69.1에서 2060년 87명으로 증가하고, 85세 이상 성비도 2010년 34.9명에서 2060년 62.6명까지 증가한다. 출생성비가 116명으로 남녀 간 불균형이 심했던 1990년생 전후 코호트가 고령인구에 진입하는 2055년경부터 고령자 성비는 급속히 증가할 것으로 전망되고 있다(통계청, 2011).

성별 우리나라의 65세 이상 노년인구추이를 보면 〈표 8-1〉과 같다.

〈표 8-1〉 성별 우리나라의 65세 이상 노년인구추이

(단위: 천 명, %)

구분		2000 고령화 사회	2010	2018 고령 사회	2020	2025 초고령 사회	2030	2040	2050	2060
총인구		47,008	48,875	51,141	51,435	51,972	52,160	51,091	48,121	43,959
65세 이상 인구	여자	2,095	3,441	4,271	4,633	5,790	7,010	9,041	9,841	9,041
	남자	1,300	2,289	3,125	3,454	4,541	5,682	7,460	8,151	8,197
	전체	3,395	5,729	7,396	8,084	10,331	12,691	16,501	17,991	17,622
구성비		7.2	11.7	14.0	16.0	20.0	24.3	32.0	37.0	40.1

자료: 통계청(2010), 「인구주택조사보고서」.
통계청(2011), 「장래인구추계」 http://www.kostat.go.kr.
한국여성정책연구원(2012), 「2012 한국의 성인지 통계」.

우리나라의 65세 이상 노년인구 구성비는 2000년 7.2%이며, 이를 성별로 보면 여자노인 61.7%, 남자노인 48.3%이다. 2010년 11.0%인 노년인구 구성비는 여자노인 59.1%, 남자노인 50.9%로 분류되고 있다. 고령화 사회로 진입해 있는 우리나라의 성별 노년인구 구성비는 여자노인이 남자노인보다 높은 비율을 차지하고 있음을 알 수 있다. 고령사회가 되는 2018년에도 여전히 여자노인(58.0%)이 남자노인(42.0%)보다 높은 비율을 보여주고 있다.

세계 국가들의 고령화 및 고령사회로의 도달 연수나 증가소요 연수에 비해, 우리나라의 경우 저출산과 평균수명 연장으로 고령화 속도가 빠르게 진행되고 있다. 〈표 8-2〉의 외국과 우리나라의 상황을 비교해보면 다음과 같다.

〈표 8-2〉 세계 국가의 고령화 및 고령사회 도달 연도 및 증가소요년수

(단위: 연도, 년)

구분	도달연도			증가소요년수	
	7%	14%	20%	7 → 14%	14 → 20%
일본	1970	1994	2006	24	12
프랑스	1864	1979	2018	115	39
영국	1929	1976	2026	47	60
미국	1942	2015	2036	73	21
한국	2000	2010	2026	18	8

자료: 일본국립사회보장인구문제연구소(2005), 「인구통계자료집」.
통계청(2006), 「장래인구추계」 http://www.index.go.kr/egams/default.jsp

1970년대에 고령사회가 된 프랑스는 고령화 사회에서 고령사회로의 소요 년수가 113년이고, 영국은 47년이 걸렸다. 우리나라는 1990년대에 고령사회가 된 일본보다 진행속도가 빠르다. 초고령사회로의 진행은 단 8년 만에 이루어져 이미 진입해 있는 일본의 소요 연수를 앞지를 것으로 전망되고 있다. 15~64세 인구비중은 2010년 주요국 중 한국이 가장 높으나, 2060년 가장 낮은 수준이 된다. UN 인구추계에 따르면, 65세 이상 인구는 한국이 2010년 현재 10명 중 1명꼴, 4명 중 1명 수준인 일본, 이태리, 독일 등에 비해 현저히 낮으나, 2060년에는 10명 중 4명 이상으로 이태리, 독일보다도 높아질 전망이다.

21세기에는 의학, 과학의 발달로 인해 장수 사회가 될 전망이다. 노년의 삶을 행복하고 만족스럽게 이끌어가기 위해 계획을 잘 세워야 한다. 신체적이고 정신적인 면에서 건강하게 노후를 보낼 수 있기를 바라는 것은 모든 사람들의 소망이다.

한국인의 기대수명은 2010년 80세(여성 83.2세, 남성 76.5세)에서 2015년 81.4세(여성 84.6세, 남성 77.9세)로 증가하고 있다. 일본(82.7세→83.5세)보다는 낮으나, 영국(79.6세, 80.4세), 미국(78.1세→78.9세)보다는 높다(한국여성정책연구원, 2013).

2006년 한국인의 평균수명은 79.1세를 기록해 OECD 국가 평균수명 78.9세를 0.2세 앞질렀다. 한국인의 평균 수명이 지난 2006년 처음으로 경제협력개발기구(OECD) 가입국 평균 수명을 넘어선 것이다. 평균수명이 가장 높은 일본(82.4세)과의 격차도 3.5세로 줄였다. 그러나 한국인의 평균수명은 지속적으로 증가하여 2013년 현재 여성이 85.1세, 남성이 78.5세이다. 평균수명 성별차이가 6.6년에 이르고 있다.

우리나라 인구의 평균수명을 살펴보면 다음과 같다.

〈표 8-3〉 연도별 한국인의 평균수명

(단위: 세)

구분	전체	여성	남성	평균수명 성별차이
1975	64.1	67.9	60.2	7.7
1980	65.9	70.0	61.8	8.2
1985	68.7	72.8	64.5	8.3
1990	70.4	75.5	67.3	8.2
1995	73.5	77.4	69.6	7.8
2000	76.0	79.6	72.3	7.3
2010	80.7	84.1	77.2	6.9
2013	81.8	85.1	78.5	6.6

자료: 한국여성정책연구원(2014), 「2014 한국의 성인지 통계」, p.349
http://www.index.go.kr/egams/default.jsp

우리 국민의 평균 수명은 1975년 64.1세에서 2013년 81.8세로 37년 만에 17세가 증가하였다. 5년에 약 2.5세씩 증가한 셈이다. 여성노인은 2001년 이미 80세에 이르렀고, 2013년 85.1세를 기록하고 있다. 남성노인은 78.5세로 꾸준히 증가추세에 있음을 알 수 있다.

OECD는 한국인의 평균수명 증가가 (1) 소득 향상에 따른 생활수준 개선과 생활양식 변화, (2) 건강 증진을 위한 투자 증가, (3) 건강보험 급여 확대 등에 따른 의료서비스 접근권 확대 등에 힘입은 것으로 분석하고 있다.

성별 60세 이상 인구분포를 분석해보면, 성별 구성비는 최근일수록(2010년 93.9←1985년 77.7), 연령이 낮을수록(2010년 60~64세 95.9←70세 이상 60.7/ 1985년 60~64세 77.7←70세 이상 50.7) 높아지며, 연령이 높을수록 낮아지고 있음을 알 수 있다. 70세 이상인 경우에도 최근으로 올수록 성별 구성비(1985년 50.7→2010년 60.7)는 높아지고 있다.

이는 연령이 높을수록 여성노인에 대한 관심과 배려가 집중되어야 함을 의미하고 있다.

〈표 8-4〉 성별 60세 이상 인구분포

(단위: 천 명)

구분	60~64			65~69			70 이상		
	여성	남성	성비	여성	남성	성비	여성	남성	성비
1985	566	440	77.7	416	307	73.7	681	345	50.7
1990	662	495	74.8	525	376	71.6	827	435	52.6
1995	821	674	82.0	623	421	67.5	1,042	554	53.2
2000	952	836	87.8	782	594	75.9	1,302	693	53.2
2005	991	897	90.5	924	756	81.8	1,705	980	57.5
2010	1,125	1,057	93.9	979	833	85.1	2,248	1,364	60.7

주: 외국인은 제외됨. 계 미상 제외.
자료: 통계청(2011). 「인구주택총조사보고서」.
한국여성정책연구원(2012). 「2012 한국의 성인지 통계」, p.85.

2) 평생학습사회와 여성노인의 사회참여

현대사회의 중요한 변화는 평생학습사회(lifelong learning society)의 등장이다. 물질자원의 풍요, 여가의 증대, 컴퓨터의 등장과 인터넷의 발달 등은 개인 스스로의 학습에 의해 다양한 지식과 정보 공유가 가능하게 했다. 이처럼 평생학습사회는 인간이 급속한 사회변화에 적응할 수 있는 기재를 제공하여 개인의 능력향상을 돕는다.

인간은 기본적으로 학습하는 존재이며, 끊임없이 학습의 소재를 탐색하는 것이 인간의 본성(한숭희, 2009)이라는 언급처럼, 학습을 통하여 자신의 지적 생명력을 지속적으로 성장시켜 나간다. 이 과정에서 자신의 삶을 자기 주도적으로 관리할 수 있게 되며, 스스로의 계속적인 경험의 성장을 가능하게 할 수 있다고 보는 것이다.

평생학습사회는 노년기에도 학습이 가능하며, 노인은 잠재력과 능력을 지닌 존재라는 새로운 시각을 등장시켰다. 이는 노년기의 학습가능성을 열어두는 중요한 발견이 되고 있다. 여성노인의 문제를 해결하는 방식도 이러한 사회경제적이고 문화적·심리적인 차원에서 해법을 찾아야 한다. 평생학습은 삶의 준비나 만족을 위해 반드시 거쳐야 하고 생활화해야 하는 부분이 되었다. 자신의 노년을 책임지고 변화시켜 나가야 하는 상황에서 자신의 능력을 최적화할 수 있는 학습의 종류와 내용을 선택할 결정권을 가지고 학습관리를 해나가는 것이 필요하다.

노년의 사회참여는 생활만족을 가져다주고, 노화를 지연시키고 삶의 의미를 새롭게 해주며, 힘의 증진을 가져오게 한다. 또한 새로운 가치관의 습득으로 성 평등(gender equality) 의식을 갖도록 하기 때문에 성 역할 평등으로 자립능력이 증가하여 특히 여성노인들의 경우, 삶의 질을 높일 수 있는 기회가 되게 한다.

2 노년기 여성교육 관련이론

1) 여성노인의 특성

(1) 노인의 개념

국제노년학회(1951)에서는 노인의 개념을 다음과 같이 제시하고 있다(교육부, 1998; 김재인, 1999).

① 환경의 변화에 적절히 적응할 수 있는 기능이 감퇴되고 있는 사람
② 생체의 자체통합 능력이 감퇴하고 있는 사람, 인체의 기관
③ 조직 기능에 쇠퇴현상이 일어나는 시기에 있는 사람
④ 생체의 적응능력이 점차로 결손되고 있는 사람
⑤ 조직의 예비능력이 감퇴하여 적응이 제대로 되지 않는 사람

노인의 사회화과정은 개인차가 심하고, 문화적 배경에 따라 지식이 다르고, 노령화에 대한 잘못된 추론을 하는 경우가 있는 것이 제한점이다. 그리고 교육, 경제력, 출생지, 성장 시기에 따른 다른 사회화가 이루어지게 된다.

이와 같은 다양한 특성을 가지고 있음에도 본 장에서 규정하고 있는 노년기는 60세 이상(김종서 · 남정걸 · 정지웅 · 이용환, 1982)을 의미하고 있다. 그러나 노인 인구의 국제비교 시에는 65세를 기준으로 한다.

(2) 여성노인의 건강

노인들의 건강은 개인차가 있으나, 대개 연령의 증가에 따라 나타나고 있다. 60세 이상 여성노인의 건강상태를 평가한 것을 보면, '매우 건강함' 2.2%(남성 4.1%), '건강한 편' 16.5%(남성 26.6%), '보통' 32.8%(남성 36.1%), '건강치 못함' 39.9%(남성 27.2%), '매우 나쁨' 8.6%(남성 6.1%)로 나타나고 있다. 건강한 편은 남성이, 건강치 못한 편은 여성의 비율이 매우 높은 것을 알 수 있다.

〈표 8-5〉 60세 이상 노인의 건강상태 평가

(단위: %)

구분	매우 건강함	건강함	보통	건강치 못함	매우 나쁨
전체	3.0	20.9	34.2	34.4	7.5
여성	2.2	16.5	32.8	39.9	8.6
남성	4.1	26.6	36.1	27.2	6.1

자료: 통계청, 「한국의 사회지표」 통계청, 「사회조사」
한국여성정책연구원(2014), 「2014 한국의 성인지 통계」, p.356.

건강관리 방법은 '아침식사 실천' 91.8%(여성 91.7%, 남성 91.8%)이고, '적정 수면 실천' 81.3%(여성 79.2%, 남성 84.0%)이 실천하지 않는 것보다 건강을 유지하게 해주는 것으로 나타나고 있다. 다음은 '정기건강검진 실천' 77.1%(여성 75.3%, 남성 79.4%), '규칙적인 운동 실천' 43.5%(여성 39.5%, 남성 48.5%)의 순이다. 건강에 유익한 정기검진이나 규칙적인 운동 실천에 있어서는 남성노인이 여성노인보다 실천비율이 높은 것으로 볼 때 남성노인이 건강에 대한 준비성이 여성노인보다 높은 것을 알 수 있다.

(3) 여성노인의 경제력

60세 이상 인구의 경제활동참가율을 보면(한국여성정책연구원, 2014), 여성노인은 29.8%, 남성노인은 52.9%이다. 여성노인이 남성노인보다 낮은 비율을 차지하고 있음을 알 수 있다. 경제활동참가율은 노인들의 경제력과 직결되는 것으로 노년기의 교육활동과도 밀접한 관계가 있다.

노년기 여성의 학습, 일, 여가 실태 관련 연구결과를 보면 다음과 같다(박성정, 2013)[2).

① 여성의 노년 전기(55-64세)는 여전히 일을 하고 싶은 요구가 크지만, 일할 수 있는 여건은 과거보다 더 악화되는 시기이다. 노년 전기 여성의 취업희망률은 76.1%로 매우 높고 전일제 희망률이 86.8%에 달한다. 그러나 여전히 가사와 가족돌봄 등 시간을 활용할 수 있는 여건에 장애가 있다. 미취업 사유 중 가사와 가족돌봄 부담이 이유인 경우가 중기의 두 배에 달한다고 한다.

② 여성의 노년 중기(65-74세)는 전기보다 학력수준이 낮아 일용직 비율이 높고, 종사 직종도 판매직과 단순노무직에 집중된다. 취업 희망률은 47.1%로 전기보다 낮고 시간제 희망률이 전기보다 18.1% 높은 31.3%로 높아진다. 가사와 가족돌봄 부담은 무배우자 비율이 높아지는 중기 이후 감소하기 시작하나, 건강문제로 일하지 못하는 여성은 증가한다. 일터에서의 연령차별이 본격화되는 시기로 '일하면서 나이 때문에 차별을 받거나 취업을 거절당하는' 비율이 증가한다. 일에 대한 적극적 인식은 여전히 높지만, 전기에 비해 낮고 자식과 국가에 대한 의존의식이 높아진다.

③ 여성의 노년 후기(75세 이상)에는 건강과 연령 문제로 고립과 은둔기가 시작된다. 후기에는 취업 희망률이 20.0%로 크게 낮아지고 시간제 희망률이 51.5%로 전일제 희망률보다 높다. 후기 여성은 평균 82.8세까지 일하고 싶어 하는 것으로 나타나, 노년층들이 80대 초반까지를 근로 연령으로 생각하는 것으로 볼 수 있다. 일터에서의 연령차별 경험은 더욱 증가한다. 무배우자 비율이 56%에 달하면서 가사와 가족돌봄 부담은 중기보다 크게 감소하지만, 건강문제 때문에 일하지 않는 여성 비율은 71.9%에 달한다. 일에 대한 적극적 인식은 후기에도 여전히 높지만, 중기에 비해 낮고 자식과 국가 의존의식이 크게 증가한다.

---

2) 박성정(2013), "노년기 여성의 학습, 일, 여가 참여 실태와 요구," 한국여성정책연구원, 한국여성평생교육회, pp.1-44. 16개 시·도 만 55세 이상 성인 3,809명(여성 2,048명, 남성 1,719명) 조사. 55-64세 49.1%, 65-74세 31.1%, 75세 이상 19.8%임.

노인의 빈곤문제는 매우 심각하다. 2013년 기초생활보장 수급자는 1,259천 명으로 전체 인구(50,213,669명)의 3.0%에 이르고 있다. 이 중 60세 이상 노인이 35.4%(445천 명)이며, 여성노인 42.3%(301천 명), 남성노인 26.3%(144천 명)로 여성노인이 심각한 수준임을 알 수 있다. 여성가족부는 2013년 여성노인빈곤율 47.2%인 것을 2017년까지 35.0%로 낮추어 갈 것을 계획하고 있다(여성가족부, 2013; 보사연, 『빈곤통계연보』).

〈표 8-6〉 노인 기초생활보장 수급자 현황

(단위: 천 명, %)

구분	전체	여성	남성
60세 이상 노인 기초생활보장 수급자	445(35.4)	301(42.3)	144(26.3)
기초생활수급자 전체	1,259(100.0)	771(100.0)	547(100.0)

주: 2013년 노인 기초생활보장 수급자 현황임.
자료: 보건복지부, 『보건복지가족통계연보』.
한국여성정책연구원(2014), 『2014 한국의 성인지 통계』, p.400.

여성노인의 경우, 경제적 수준에 직접적으로 영향을 미치는 요인은 배우자의 유무이다(김선영, 2001). 무배우자 여성노인이 유배우자 여성노인보다 경제적으로 더 어려운 위치에 있었기 때문이다. 즉, 대부분의 여성노인이 결혼해서 가정 내 주부의 역할에 충실하고, 사회·경제적으로 남편에게 의지해 왔기 때문에 자신의 경제적 안정을 위해 아무런 준비도 못했기 때문이다.

빈곤 여성노인을 세 가지 유형으로 나누어 보면 〈표 8-7〉과 같다.

〈표 8-7〉 빈곤 여성노인의 유형

제1유형	제2유형	제3유형
- 빈곤 여성노인의 대부분을 차지하는 유형으로, 가난한 집에서 태어나 교육을 제대로 받지 못함. - 결혼생활과 자녀와의 관계 모두에서 어려움을 겪고, 생애주기마다 가난할 수밖에 없는 삶이 누적된 결과로 노후에 빈곤해질 수밖에 없게 된 경우	- 결혼관계의 단절로 인해 가난해지게 된 경우	- 노후생계보장을 자녀에게 의존한다는 태도로 모든 자원을 자녀에게 투자 - 그러나 자녀들의 불행과 무능력 및 부재로 인해서 자신들을 위한 노후자원을 확보하지 못한 경우

자료: 최선화(1999), 『사회문제와 사회복지』, 서울: 양서원.

여성노인은 교육기회의 불평등, 결혼상태, 가정 내 권력불평등, 노동시장불평등, 연금제도에서의 불이익 등 모든 측면에서 전 생애에 걸쳐 불평등한 대우를 받았고 그래서 노년기에도 가난에서 벗어날 수 없는 형편에 처하게 된 경우이다.

또한 노인의 용돈과 활동은 불가분의 관계를 가지고 있다. 특히 여성노인의 여가활동인 교육활동은 경제력과 밀접한 관련이 있음을 감안할 때 이들에 대한 적극적 배려가 요구된다.

(4) 여성노인의 가족관계

노인인구의 증가와 평균수명의 연장에도 전통적인 가족제도의 붕괴와 개인주의의 확산으로 세대 간의 접촉기회는 오히려 줄어들고 있다. 또한 다양한 직업기회로 인해 이동이 잦아지고 살림을 하기에 편리한 생활 및 집구조가 부모 및 자녀들이 단독세대로 독립하는 것을 어렵지 않게 하고 있다.

가족구조의 핵가족화로의 변화(부부와 미혼자녀가족 1975년 55.6%→2010년 37.0%)는 노인부양[3])을 사회화해야 한다고 주장하게 하는 주요 이유 중 하나이다. 존경을 받던 노인에서 부양을 받아야 하는 노인으로 변모되는 과정에서 발생하고 있다. 이는 가족 간 갈등양상으로 표출되기도 한다.

노년기에는 경제적, 사회적, 심리적 자립이 건강과 함께 중요한 요소로 작용한다. 특히 경제적 자립은 노년기의 삶을 활동적으로 이끄는 원동력이다. 그리고 심리적 자립이 되지 않고 자녀에게 의존한다면, 독립된 삶이라 할 수 없으며, 행복한 노년이라고도 할 수 없다.

---

3) 〈주 표〉 노부모 부양에 대한 견해(단위 : %)

구분		스스로 해결	가족						가족과 정부사회	정부 사회	기타
			계	장남 또는 며느리	아들 또는 며느리	딸 또는 사위	모든 자녀	능력 있는 자녀			
2002	전체	9.6	40.8	15.1	13.9	1.0	19.5	21.2	18.2	1.3	0.2
	여성	10.0	38.8	13.4	11.4	1.6	21.2	21.3	19.5	1.4	0.2
	남성	9.2	42.7	16.9	16.5	0.4	17.7	21.2	16.8	1.2	0.2
2012	전체	13.9	33.2	2.3	1.3	0.3	24.7	4.6	48.7	4.2	0.0
	여성	14.2	31.2	1.8	0.8	0.4	24.0	4.2	50.2	4.4	0.0
	남성	13.5	35.3	2.9	1.8	0.1	25.5	5.0	47.1	4.0	0.0

주: 15세 이상, 2012년부터는 13세 이상:

자료: 통계청, 「사회조사」.

한국여성정책연구원(2012), 「한국의 성인지 통계」, pp. 137-138.

사회와 가정에서의 노인의 지위변화로 인한 역할상실을 노인과 가족이 함께 받아들이고 적응하기 위해서는 친구, 친척, 이웃과 관계를 맺고 활동하는 것이 중요하다. 여성노인들은 자신이 노인이라고 생각하기 전에 적극적인 활동을 통해 자신의 역할을 창조해 나갈 수 있어야 한다(김재인 · 허현란, 1999). 여성노인들이 소외와 고독에서 벗어날 수 있는 것은 역할 재정립과 다양한 사회적 활동의 참여를 통해 성취할 수 있으며, 이러한 것은 학습 노력의 뒷받침을 통해 가능해질 것이다(한정란, 2008).

노년기의 활동이 축소되는 것을 기준으로 하여 본다면, 남성노인은 사회에서 은퇴하여 가정으로 돌아오지만, 여성노인은 가정 일에서 은퇴하고 어떻게 해야 하는지, 가정 내의 생활에만 국한하여 활동한 여성노인들의 인간관계의 약점을 어떻게 보완해나가야 하는지에 대한 방안이 강구되어야 한다. 즉 세대 간 정보를 교환하는 방법, 노년기 전 단계에서의 노인이해교육과 자신의 노후준비교육 등이 다각적으로 시도되어야 할 것이다.

(5) 여성노인의 성격특성

노인은 노인 특유의 신체적, 심리적, 사회적 변화 때문에 특유의 성격특성이 나타난다. 노년에 성격이 변하는 원인을 보면, 신체적인 원인, 과거의 경험, 사회적 활동의 축소에서 오는 무력감과 무료함, 노인에 대한 사회에서의 태도 등을 들 수 있다. 노인의 일반적 성격특성을 보면 다음과 같다(류종훈 · 임창덕 · 윤인호 · 김동석 · 오지혜, 2006).

- 남에게 의지하려는 성향이 강해진다.
- 수동적이며 내향적 성격이 강해진다.
- 우울증에 빠지는 경향이 강하다.
- 시간을 보는 관점에서 보수적 성격이 강해진다.
- 새로운 것을 받아들이려는 성향이 약해진다.
- 과거 지향적 사고의 성향이 강해진다.
- 매사에 조심하며 자신감이 약해진다.

- 남성은 양육적이고 동정적인 성향이, 여성은 자기중심적이고 공격적인 성향이 나타나는 등 성별 특성에 상호 변화를 보인다.
- 오래된 물건 등에 집착하는 성향을 보인다.
- 유산을 남기려는 성향을 보인다.

인간은 환경에 순응하면서 살아간다. 노인들도 변화하는 환경에 순응하기 위해 노력하고 있다. 그러나 자신의 욕구를 위해 주위환경을 변화시키는 경우도 있다. 즉, 노년기의 성격유형을 보면 다음과 같이 분류할 수 있다(Neugarten, 1968/ 고형곤, 1998).

① 통합형 : 정서적 안정감과 지적인 판단능력을 소유한 성숙한 사람
② 방어형 : 자신의 늙음에 대한 저항과 노후생활에 대한 방어적인 태도를 취하는 사람
③ 수동의존형 : 가족이나 타인에게 모든 것을 의존하는 사람
④ 와해형 : 지적인 결함과 정서적 불안을 가지고 가는 사람

이와 같은 유형 중 통합형으로 변화시켜나가기 위한 노력이 필요하다. 특히 여성노인은 가정생활에서 가족관계를 원활하게 이루어온 경험을 바탕으로 통합형 특성을 살려나가야 할 것이다.

젊은이보다 더 가치 있는 삶과 전문성을 가지고 있는 존경받는 노인도 있다(Blau, 1978/ Gari Lesnoff-Caravaglia, 1984). 경제계, 예술계, 학계, 정치계 등에서 탁월한 능력을 발휘하고 있는 노인들도 많이 있다. 그러나 여성노인의 경우, 성공을 해도 여전히 성별에 따른 불평등을 감내해야 하는 여건을 벗어나지 못한 경우가 허다하다. 여기에 여성문제가 있는 것이다.

여성노인은 여성과 노인이라는 이중적 낙인이 찍히고 있다. 성차별과 연령차별 현상이 여성노인에게 주어지는 불평등 기준이 되고 있다. 노인과 여성은 종속과 좌절의 경험을 가진 소수집단이다. 그동안 여성노인들은 사회에서 남성노인들과 동등하게 참여하고 평등한 참여기회를 부여받지 못했다((Barron, 1953/ Gari

Lesnoff-Caravaglia, 1984). 많은 여성들은 삶의 사회 · 경제 · 문화적 제 영역에서 자유롭지 못했고, 노인들도 하위문화를 형성하고 있었던 것은 여성영역과 마찬가지이다.

또한 여성노인의 특성은 배우자의 상실과 함께 무배우자 시기가 길어짐으로써 오는 고독, 폐경기를 맞이하면서 오는 신체적·생물학적 변화, 가정과 사회의 일에서 은퇴하면서 발생하는 역할의 상실, 사회경제적 빈곤 등의 문제로 심리적, 정신적 갈등 등 4중고를 겪게 된다. 그러나 가족관계에서의 갈등 해소, 가치관 및 노년에 대한 시각의 변화 그리고 노인의 욕구변화는 그 해법을 찾는 열쇠가 되고 있다. 여성노인의 문제도 이러한 방향에서 해결방법을 찾아나가야 한다.

(6) 여성노인의 학습능력

노인교육 프로그램은 노인들이 직면하고 있는 문제 중심으로 제공되어야 한다. 노인들이 가장 높은 스트레스를 받는 사항은 배우자의 죽음이다. 이와 같은 사건을 노인들이 수용할 수 있는 교육프로그램을 제공하는 것이 중요하다.

노인들에게 충격을 주는 내용을 살펴보면 다음과 같다(Hohn M. Rybash, William J. Hoyer, Paul A. Roodin, 1986/ 김재인, 1998).

노인교육의 방법은 노인의 생활 사건들이 감안되고 개인경험과 일반적인 사실간의 이해를 통해 학습이 이루어지도록 함으로써 노인문제를 해결하기 위한 방안이 강구될 수 있다. 노인들은 자신의 문제일 뿐만 아니라 모든 노인들의 문제라는 인식이 될 때 위안을 얻기 때문이다(David Glanz, MPH and Shimshom Neikrug, 1997/ 김재인, 1998).

〈표 8-8〉 노인생활사건과 스트레스치

(단위: %)

생활사건	스트레스치	생활사건	스트레스치
배우자의 죽음	100	결혼	50
이혼	73	해고	47
별거	65	은퇴	45
가족의 죽음	63	가족건강의 변화	44
질병	53		

자료: Hohn M. Rybash, William J. Hoyer, Paul A. Roodin(1986), Adult Cognition and Aging Development Changes in Processing, Knowing and Thinking, New York: Rergamon Press./ 김재인(1998), "노인교육의 현황과 노인교육정책," 교육부(편), 「평생학습사회와 노인교육」, 서울: 교육부, pp.297-398, pp.360-361.

노년기에는 연령의 증가와 함께 여러 가지 학습특성을 갖게 된다(윤진, 1985/ Neugarten, Belnice L., 1968/ 허정무, 1998/ 김재인 · 허현란, 1998). 즉 노인 개개인에 따라 차이는 있지만, 지능, 기억력, 판단력, 추리력 등 새로운 정보와 기술습득에 충분한 인지적 능력을 소유하고 있다. 그러나 우울증 경향의 증가, 수동성의 증가, 경직성, 지나친 조심성의 증가 등 현상이 나타나고 있다. 이는 노인들이 사회활동 특히 학습활동을 하는 데 장애요인으로 작용하며, 학습효과에도 영향을 미치게 된다.

노년의 학습능력은 쇠퇴하는 것으로 알려져 있지만, 그 쇠퇴의 비율은 우리가 생각하는 것처럼 심각한 것이 아니며, 언어성과 동작성으로 분류되는 지능도 그 변화의 정도가 다르다(김재인, 1993). 언어성 지능은 일반상식, 어휘, 이해, 산수, 공통점 찾기, 숫자 등의 내용을 중심으로 하는 것으로 이는 계속적인 학습을 통해 유지, 상승도 가능한 것이다(Schale, K. Warner, 1980/ 김재인, 1998). 동작성 지능도 또한 지능 이외의 다른 변수들을 적절히 조절함으로써 조절이 가능한 것이다. 노인의 학습능력은 학습의 장애요인이 되는 질병, 학습 동기나 사회의 자극 결여 등의 요인이 영향을 미친다.

2) 여성노인 교육요구 및 이론

(1) 여성노인의 교육요구

인간의 요구는 행동을 유발시키고, 행동에 따라 만족한 상태에 도달하기도 한다. 특히 노인의 학습요구는 법이나 관습에 의해 요구되는 것이 아니라, 개개인의 자발적 행위로 시작되는 것이다(David A. Peterson, 1983/ 김재인, 1987).

요구란 필요의 개념을 내포하는 것으로, 개인이 느끼고 있는 결핍상태를 충족시키기 위한 희망사항, 조건을 의미한다. 필요로 인하여 관심이나 흥미가 초래된 후, 결핍상태를 충족시키기 위하여 충동·욕망이 생겨, 동인이나 동기로 발전되는 상태이다. 매슬로(A. H. Maslow)는 모든 인간이 기본적인 생리적 충족을 만족시키기 위한 요구인 생리적 요구, 안전에의 요구, 소속감과 사랑에의 요구, 존경받으려는 요구, 그리고 자아실현을 위한 심리적 욕구에 이르기까지 다양한 요구를 가지고 있다고 가정하고 있다(A. H. Maslow, 1970).

노인이 직면하고 있는 욕구를 맥클루스키(McClusky)는 다섯 가지로 분류하고 있다(Hower Y. McClusky, 1971/ Sharan Merriam, D. Barry Lumsden, 1985).

- 사회적 적응의 요구(coping needs)
- 감정표현의 요구(expressive needs)
- 사회적 공헌의 요구(contributive needs)
- 지도력 행사의 요구(influence needs)
- 초월하고자 하는 요구(transcendence needs)

노년에는 시간이 많기 때문에 건강과 경제력이 주어지면 노인의 축적된 경험 속에 담긴 잠재적 지혜를 유효적절하게 사용할 수 있는 여건을 마련해나간다. 그리고 사회변화를 매개해가며 신체적 쇠퇴의 한계를 극복하고 완성감을 느끼도록 하기 위해 교육적 노력이 필요하다고 보는 것이다. 노인 특유의 요구는 다음과 같다(Francis J. Turner, 1968).

① 좀 더 나은 상태의 휴식과 만족스러운 여가시간을 가지려 한다.

② 그 지역사회의 일원으로 인정받으려 한다.

③ 앞서 가졌던 특권을 유지하려 한다.

④ 위험으로부터 보호받으려 한다.

⑤ 자기표현과 성취 간의 기회를 원한다.

⑥ 적절한 생활환경조건과 가족관계의 정서적 만족감을 원한다.

인간이 가진 기본적 요구 중 자아실현에의 요구는 끊임없이 자신의 잠재력을 개발해가기 위한 동기를 부여하는 주요한 원천이 되는 것이다. 특히 여성노인의 학습요구는 활발한 사회참여를 유도하는 주요 요인이 된다. 학습활동은 노화를 지연시키고, 삶의 의미를 새롭게 해주며, 노년기의 생활설계를 위해 유효한 촉매제 역할을 할 수 있다(김재인, 1993). 그리고 노년의 사회적응과 자아개념 확립에 중요한 역할을 하고 있으며, 사회적 역할 획득에도 기여하게 된다. 또한 타인과의 관계를 지속시켜주고 안목을 넓혀주며, 노인들이 신체적, 정신적 안녕을 유지하고 다양한 욕구를 충족할 수 있게 한다.

노년기 여성의 학습 일 여가 실태 및 요구 관련 연구결과를 보면 다음과 같다(박성정, 2013).

① 여성의 노년 전기에는 자기를 개발하고자 하는 학습 요구도 높아 평생교육 참여 의사가 54.5%, 노후설계교육에 참여하고자 하는 의사도 44.8%에 달한다. 교육 참여자 중 직업역량 개발을 목적으로 참여한 경우도 32.8%로 노년 중기 여성의 두 배 정도 비율을 보인다. 교육이 취업이나 사회활동으로 연계되기를 바라는 비율도 중기보다 두 배 가량 높아, 사회참여에 대한 열망이 중기 이후보다 강하다고 볼 수 있다.

노년 전기 여성 가운데 별다른 여가활동 없이 지내는 비율이 39.4%에 달하지만, 중기와 후기보다는 낮아 전기 여성이 더 여가를 즐기는 것으로 나타난다. 여가의 유형도 운동 및 경기관람, 여행, 사교, 종교, 봉사, 학습, 단체활동 등에 참여하는 여성 비율이 더 높아 중기 이후에 비해 더 활동적인 편이다. 문자메시지 활용 경험도 76.9%에 달하여 중기 28.3%, 후기 7.0%와 큰 격차를 보인다. 카카오톡 활용경험도 36.9%이나, 블로그, 페이스북, 트위터 등의 활용경험은 10% 전후 수준이다.

② 여성의 노년 중기 이후 평생교육 참여 목적은 취미·여가와 건강 때문인 비율이 높아진다. 평생교육 참여 희망률은 40.3%, 노후설계교육에 대한 요구는 26.0%로 전기보다 낮지만 후기에 비해 높아 자기개발에 대한 요구가 여전히 크다고 볼 수 있다.

노년 중기에 별다른 여가활동 없이 지내는 비율은 44.6%에 이른다. 활동적인 여가활동은 전기에 비해 약간 감소하지만 그 차이는 크지 않아 여전히 전기 수준의 여가활동을 하고 있다. 그러나 동호회나 친목회, 봉사활동 등 참여경험은 전기에 비해 상당히 낮다. 문자메시지 활용률은 28.3%, 카카오톡은 7.1%이고 그 외 SNS 활용률은 3% 미만이다. 여가에 대한 적극적 인식과 여가 역량은 전기보다 낮고 후기보다는 높다.

③ 여성의 노년 후기에는 취미·여가교육, 건강교육에 참여율이 높지만, 나이와 건강문제로 교육 참여에 어려움을 느낀다. 후기 여성의 평생교육 희망률은 26.7%, 노후설계교육 요구는 8.9%로 중기에 비해 많이 낮아진다. 건강이 나빠지는 만큼 고령친화 교육환경, 교통편의 등에 대한 요구가 많아진다. 시간여유가 많은 노년 후기에도 별다른 여가활동 없이 지내는 비율은 56.6%에 이른다. 활동적인 여가활동에 참여하는 비율은 중기에 비해 큰 폭으로 감소한다. 동호회나 친목회, 봉사활동 등 모임에 참여한 비율도 전기의 1/3, 중기의 1/2 수준에 불과하다. SNS를 통해 사람들과 소통한 경험은 문자메시지 7% 외에 거의 없다. 후기에도 여가 인식은 매우 긍정적인 데 비해 여가 역량은 전기와 중기에 비해 많이 낮은 수준이다. 여가가 삶의 질에 미치는 영향에 대한 긍정적 인식에 비해 적극적인 여가활동에 대한 요구는 낮다. 그러나 노년 후기 여성의 평균 37% 정도는 여가교육, 모임, 취미 개발 등을 희망하고 있다. 후기 여성도 비용, 취미 부족을 장애로 느끼고, 특히 건강을 장애로 느끼는 비율이 37.4%로 중기의 두 배 이상 증가하고, 나이 때문에 사람들과 어울리는 데 어려움을 느낀다는 비율이

중기의 세 배 가까이 증가한다.

(2) 여성노인 학습 관련이론

여성노인 학습 관련이론으로 활동이론, 교환이론을 제시코자 한다(김재인, 1987/ 김재인 · 허현란, 1999).

① 활동이론

활동이론(activity theory)은 상징적 상호작용론자로 알려진 시카고대학교의 사회학자군에 의해 개발된 이론으로 노년사회학에 관련시켜 논한 것은 버게스(Ernest W. Burgess)이다. 버게스는 노인들이 역할수행을 계속해가는 것이 노년기에 잘 적응하는 방법이라고 주장하고 있다(David L. Decker, 1980/ 최신덕 · 김종숙, 1983/ 김재인, 1987). 즉, 역할수행을 계속하는 것은 노인의 건강과 사회적응에 유용하다는 것이다.

노년기에는 사회적 역할에서 물러나 사회활동이 축소된다. 그러나 활동을 해온 노인 자신은 역할에서 물러나거나 활동축소를 원하지 않는 경우가 대다수이다. 그러므로 중년기의 활동의 양이나 질과는 다르다 해도, 그와 유사한 형태의 활동을 계속할 필요가 있다는 것이 활동이론의 입장이다.

활동이론가들은 사회활동이 노년기의 침체되기 쉬운 생활에 활력소가 될 수 있다고 본다. 이것은 여성보다 남성이, 고연령의 노인보다 저연령의 노인에게서 더 나타난다(Bernice L. Newgarten, Robert J. Havighurst and Sheldon S. Tobin, 1963). 사회활동과 생활만족도와의 관계는 어떤 영역에서 활동이 줄어들면 다른 영역에서 활동이 증가하기 때문에 활동을 많이 하는 사람일수록 높은 생활만족도를 가지며, 활동을 적게 하는 사람은 생활만족도도 낮다는 논리로 제시된다(David L. Decker, 1980/ Erdman Palmore, 1968). 노년기에 생활만족감을 느끼는 사람은 노년기에 활동을 적게 하거나 물러나는 것이 아니라, 다른 종류의 활동으로 바꾸어 활동을 계속하기 때문이라고 보는 것이다. 사회활동을 통해 타인과의 상호작용을 하고 자신의 세계관을 정립하여 사회 내에서의 자신의 위치를 추구해가게 된다고 보고 있다.

활동이론의 주장과 반대되는 입장을 취하는 것은 은퇴이론(disengagement

theory)이다. 커밍(E. Cumming)과 헨리(W. E. Henry)에 의해 제안된 이론으로 노년기에는 활동수준을 줄이고 수동적인 역할을 추구하는 것이 불가피하다고 보는 입장이다. 노인들은 사회에서 물러나는 것을 자연스럽고 정상적인 과정으로 받아들여야 한다는 것이다. 노인이 역할을 갖지 않아야 한다는 것이 아니라, 역할변화 과정을 당연시하는 것이 생활에서 만족감을 느낄 수 있는 첩경이라고 보는 것이다.

② 교환이론

교환이론은 노년기의 사회 작용의 감소를 노년층과 사회 간의 교환과정의 산물로 파악한다. 다우드(Dowd, 1975)는 노화의 문제를 자원의 감축에 따른 결과로 이해한다. 노후에는 교환과정의 상실 또는 자원의 질적 가치 하락을 경험하게 된다는 것이다. 즉 자원이 부족한 노인이 원만한 교환관계를 유지하기 위해서는 상대방의 의도에 순응해야 하며, 상호작용에서의 기대치를 낮추게 된다는 것이다(허정무, 1995). 다우드는 노화의 문제를 기본적으로 자원의 지속적 감소로 보고 노년기의 사회적 상호작용의 감소를 노년층과 사회 간의 상호 위축, 상호 이탈이라는 과정으로 파악하고 있다.

교환이론은 '호혜성의 원칙(rule of reciprocity)'에 주목하여 교환관계에 있는 한쪽이 호의를 베풀면 상대방도 이에 상응하는 보답을 해야 함을 전제로 한다. 이 과정에서 행위자는 비용이나 손해는 줄이고, 보상과 이득은 최대화하고자 노력하게 된다는 것이다.

인간은 사회적 상호작용으로부터 이익을 얻기를 원하며, 그 이익은 상호 교환에서 얻는 보상이 비용을 능가함을 인지하는 것에서 성립된다. 교환을 통해 이익을 얻는 능력은 행위자가 가지고 있는 교환자원에 달려 있으며, 그 자원이 동등할 때 만족스러운 상호의존성이 생긴다. 만약 행위자 중의 어느 한쪽이 실질적으로 교환자원이 없거나 적으면 상호 교환으로부터 이익을 얻을 수 있는 능력은 극히 제한될 수밖에 없는 것이다. 바로 여기에 연령이라는 요인이 개입된다. 연령은 성별, 인종, 계층과 같은 개인적 배경과 결합하여 인간이 가지고 있을 것이라고 추정되는 자원, 특히 정보, 기술, 육체적 노동능력에 영향을 미친다. 따라서 고령이라는 요인이 교환자원에 부정적인 영향을 미치게 되어 노인들은 시대에 뒤떨어진 정보, 낙후된 기술, 그리고 신체적인 열세 등을 지니고 있다고 가정한다(김경애,

1991). 이런 가정은 노인을 대하는 타 연령층에 의해서뿐만 아니라 노인 자신이 다른 노인을 대할 때도 적용된다.

노인 중에서도 사회적 지위가 높고 경제적 능력이 있는 경우에는 교환관계에서 우위를 차지하게 된다는 점도 인정하고 있다. 노인의 교환자원은 부족하거나 가치성 저하 또는 고갈되는데, 이는 의존성을 증가시켜 권력의 약화를 야기하고 사회적 교환관계의 불균형을 초래하여 노인문제를 발생시키게 된다. 따라서 교환이론은 노인들이 자신의 교환자원을 정당하게 평가받을 수 있도록 하기 위해 불균등한 교환관계를 균등화하도록 노력해야 한다고 하였다.

3 노년기 여성교육 현황

노년기의 여성교육은 여성노인 자신을 위한 이해 및 지식을 얻기 위해서뿐만 아니라, 자녀 및 손자녀 세대에 대한 이해 그리고 동료집단과의 소통을 통해 인간관계를 맺고 상호작용을 할 수 있는 좋은 기회를 제공한다.

이를 위해 노년기 여성교육의 국내외 상황을 살펴보면 다음과 같다.

1) 국내현황

우리나라 최초로 노인교육은 1950년 경상북도 점촌에서 노인을 대상으로 하는 학습활동이 있었다. 그러나 당시는 아직 평생교육의 이념이 제창되기 이전이고 또한 그 강좌 자체가 노인교육이라는 의미의 것도 아니었다. 그나마 6·25동란이 발발함에 따라 그러한 학습활동은 지속되지 못하였다.

노인대상 강의의 시작은 1972년 10월 서울에서 개강한 종로 태화관의 서울평생교육원이다. 그 후 1973년 11월 명동 카톨릭 여성회관 내에 덕명의숙이라는 명칭의 노인교육기관이 설립되었고, 1974년 서울 서대문구 문화촌에 인왕노인학교가 설립되었으며, 뒤이어 1970년대 후반에는 전국 각지에서 노인학교 설립의 붐이 일어나 오늘에 이르고 있다. 노인교육기관의 명칭은 노인교실, 노인학교, 노인대학의 세 가지로 구분된다.

노인교육시설은 2011년 현재 총 62,469개소이다(보건복지가족부, 2011). 노인교실(노인학교, 노인대학) 1,464개소, 노인복지회관 259개소, 경로당 60,737개소, 노인휴양소 9개소 등이 있다. 이들을 대한노인회, 노인복지종합관, 경로당, 종교단체, 대학평생교육원, 정부 및 민간단체 등에서 운영하고 있다. 65세 이상 지역노인들은 경로당을, 60세 이상 노인들은 노인교실, 노인복지회관, 노인휴양소를 이용할 수 있다.

노인교육시설은 운영상황과 프로그램을 구체적으로 살펴보면 다음과 같다.

(1) 대한노인회 산하

① 운영현황

노인교육에 영향력을 미치고 있는 대한노인회는 1969년 노인정 회장이 중심이 되어 설립, 노인활동의 중심체 역할을 하고 있다. 대한노인회는 노인의 권익신장과 복지증진 그리고 봉사활동 등을 통하여 사회발전에 기여함을 목적으로 하고 있다.

사업은 다음과 같이 펼치고 있다(http://www.koreapeople.co.kr 대한노인회, 2013/ 김재인 · 허현란, 1999).

- 취업지원센터 운영
- 경로당 순회프로그램과 운영
- 노인(지도자 · 경로당)대학 운영
- 노인자원봉사원센터 운영
- 노인전문서적 출판보급사업
- 노인생활 소식지 발간사업
- 기타(노인의 날 기념행사 등)

대한노인회는 노인교육 이외에도 취업지원센터를 운영하여 지역사회 구직희망 노인의 취업 상담 및 알선을 통하여 노인의 소득보장 및 사회 참여기회를 확대하기 위한 사업을 실시하고 있다. 인생 100세 시대를 대비하기 위해 오랜 기간의 노년기에 걸맞는 활동을 할 수 있도록 노인들을 지원하고 있다.

대한노인회는 중앙회, 시·도 연합회, 시·군 지회, 분회로 구성되는 전국적인 조직이다. 중앙회는 서울에 위치하고 전 조직을 총괄하며 대외적으로 노인 권리 의무의 주체가 된다. 그리고 노인의 지위향상, 복지증진, 상호가 친목의 구현을 위한 활동을 하도록 되어 있다. 각 지회는 시·군·구를, 분회는 각 읍·면·동에 위치하고 있다.

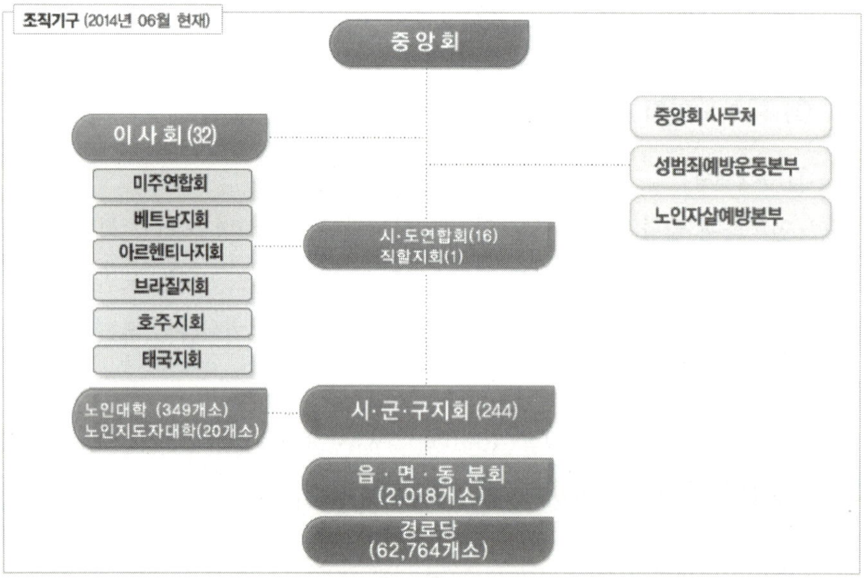

[그림 8-1] 대한노인회 조직도

(자료: 대한노인회(2014.8), http://www.koreapeople.co.kr)

대한노인회 조직현황(대한노인회, 2014)을 보면, 2014년 8월 현재 각 지역단위 노인회(지회)는 244개소이고, 분회는 2,018개소이며, 62,764개의 경로당이 있다. 대한노인회 산하 노인대학은 349개소이며, 노인지도자대학은 20개소가 운영되고 있다. 회원 수는 2,350,457명(여자노인 1,418,377명, 남자노인 932,080명)으로

60세 이상 노인인구의 30.0%(여자노인 30.0%, 남자노인 29.0%)를 회원으로 하고 있다.

교육부 산하 전국의 학구단위 노인교실은 1978년(문교부) 「노인교실 설치요강」을 마련하면서 시작되어 1985년 758개 학교에서 52,876개 교실이 개설되었고, 1991년 408개 학교, 38,882교실, 1998년 3,823개 교실이 개설되어, 청소년들에게 경로사상을 일깨워주고 경로효친의 방법을 익히게 하며 노인들에게 경로당 기능을 하는 휴식처를 제공하는 데 있었다(김재인 · 허현란, 1999). 그러나 교육부의 지원이 끊어지면서 급격히 감소하여, 13개 교실(경기도 7개 교실, 충청남도 7개 교실)로 감소되었다. 노인교육기관에 대한 정부지원의 중요성을 보여주는 예이다.

2014년 8월 현재 대한노인회에서는 노인대학, 노인지도자대학 그리고 경로당 노인대학으로 분류하여 운영하고 있다.

전국의 노인대학 및 노인교실 현황을 살펴보면 다음과 같다.

〈표 8-9〉 노인대학 및 노인교실 · 현황

(단위: 개소)

구분	노인지도자 대학[1)]	노인 대학[2)]	노인 교실*[3)]	구분	노인지도자 대학[1)]	노인 대학[2)]	노인 교실[3)]
서울	1	26	358	강원	–	23	20
부산	1	12	161	충북	1	15	9
대구	–	7	51	충남	–	22	84
인천	2	9	37	전북	1	14	65
광주	1	5	43	전남	–	28	93
대전	–	6	35	경남	6	55	110
울산	1	6	19	경북	1	35	119
세종	–	1	8	제주	3	9	27
경기	2	76	173	총계	20	349	1,413

자료: 1) 2) 대한노인회(2014.8). "2014년 상반기 대한노인회 각 급회 조직현황"
http://www.ksu.or.kr.
*3) 보건복지가족부(2013). 「2013년 노인복지시설 현황」
보건복지가족부 홈페이지(2014). http://www.mw.go.kr
*노인복지시설은 2013.12.31. 기준

한국노인대학복지협의회(http://www.ksu.or.kr)는 2001년 6월에 출범하여, 2013년 12월 현재 54개 노인대학을 중심으로 협의체를 구성 · 운영되고 있다. 설립목적은 "노인들의 노년에 대한 삶의 질과 향상을 위하여 노인평생교육 정책을 개발함. 그리고 노인교육 프로그램을 개발하기 위한 조사, 연구 등을 통해 전국 노인대학 운영을 위한 정보교환, 권익보호 등을 우선으로 한다."이다.

② 프로그램

대한노인회 산하 노인지도자대학과 노인대학은 노인교실의 운영자 연합회 및 지회의 임직원 그리고 일선노인지도자로 양성할 필요가 있다고 인정되는 자를 교육시키는 기관으로서, 그 목적은 노인학교 및 산하 각 지회의 운영자 재교육을 통하여 이들의 맡은 바 직무의 효율을 배가시키는 데 있다(대한노인회 운영규정, 2013). 교육내용은 노인교실 운영지침, 지역사회와 노인회 활동, 국내외 정세와 정부시책, 지도요령 등이다.

일반노인들을 대상으로 하는 노인대학과 노인학교 프로그램은 다음과 같다.

• 노인대학
  - 교육목적 : 노인의 권익보호와 지위향상, 회원 상호 간의 친목 도모, 전통문화 유지 발전, 건전한 여가개발 보급, 청소년 선도와 각종 사회봉사활동 실천하기
  - 교육내용 : 향토일손 돕기, 향토사, 군정현황 등 지역사회의 업무현황강좌, 에어로빅, 건강 체조, 견학 등의 실습 및 견학 프로그램
  - 교육기간 : 3~11월로 하되, 주 1회 이상

• 노인학교
  - 교육목적 : 노인들에게 지역사회에서 존경받는 노인으로서 품위향상과 그들에게 현대사회에 적응하는 능력을 배양하고, 노인 각자가 지니는 잠재능력을 계발하고 노인건강관리에 관한 지식을 부여함으로써 여생을 보람있게 보낼 수 있도록 하는 데 있다.
  - 교육내용 : 교양과목 30%, 국내외 정세 30%, 기능습득 20%, 건강관리 및 기타 20%로 되어 있다. 구체적인 교육내용은 각 학교마다 차이가 있으며 노인자세 확립, 가정에서의 노인의 역할, 국가관 정립, 전통문화, 미풍양속 등의 일반교양을 높이기 위한 내용과 가요, 무용, 악기, 율동 등의 취미오락, 사회봉사활동, 견학 등

- 교육기간 : 6개월 이상으로 하고 주 1회 이상

노인교실은 정형화된 교육과정이 없고 학교마다 특성에 맞게 프로그램을 마련하고 있다. 교육프로그램은 노인대학, 노인학교의 교육프로그램과 유사한 형태를 띠고 있다. 교과영역별 교육내용을 보면, 교양 및 상식, 취미학습, 건강관리 및 안전 등으로, 이외에도 노인복지, 가족관계, 시사문제, 법률, 종교, 사회생활 등으로 분류, 제시되고 있다. 지역별 차이는 시 지역에는 산업시찰, 자원 활동 등이 군 지역에서는 영농교육, 양봉 등의 교과목이 들어 있다.

노인(지도자, 경로당)대학운영

	노인지도자대학	노인대학	경로당 노인대학
운영책임	시·도 연합회장 감독하에 노인지도자 대학장이 운영	→ 지회장 감독하에 노인대학장 책임하에 운영	→ 지회장 감독하에 경로당회장 책임하에 운영
교육목적	일선 노인지도자들을 교육하여 존경받는 노인상 확립과 기간 조직의 활성화를 도모하고 효율적인 운영을 기하는 데 있다.	노인들에게 지역사회에서 존경받는 노인으로서 품위향상과 그들에게 현대사회에 적응하는 능력을 배양하고 노인 각자가 지니는 잠재능력을 재개발시키고 노인건강관리에 관한 지식을 부여함으로서 여생을 보람 있게 보낼 수 있도록 하는 데 있다.	건강관리 교육으로 노인건강증진 → 노인의료비 절감 수료자에게 노인대학 졸업장 수여 → 자긍심 고양
교육내용	1. 노인 지도자의 역할: 10% 2. 교양과목: 35% 3. 건강관리: 35% 4. 국내외 정세: 10% 5. 기타: 20%	1. 교양과목: 30% 3. 국내외 정세: 30% 5. 지능습득: 20% 4. 건강관리 및 기타: 20%	건강, 운동 및 식품 영양 : 85% 효, 노인의 역할, 대인관계, 기타 : 15%
기타내용	(정원) 정원은 50명 원칙으로 하되 사정에 따라 인원을 증감할 수 있다. (연수기간)3월부터 11월까지 (주1회이상 교육) (입학자격) 시·군·구 지회장의 추천을 받은 자와 연합회장이 필요하다고 인정하는 자 중에서 노인지도자대학장이 선발함.	(정원) 정원은 50명 원칙으로 하되 사정에 따라 인원을 증감할 수 있다. (이수기간) 6개월 이상(주1회이상 교육) (입학자격) 해당 지회장, 분회장, 학장의 추천을 받은 일반노인과 특별지원자로 함.	

자료: 대한노인회(2014.8.), "2014년도 상반기 대한노인회 각 급회 조직현황"/ http://www.ksu.or.kr

(2) 경로당(노인정)

경로당은 전국에 62,970개소가 있으며, 여자노인을 위한 시설은 3,827개소(6.0%), 남자노인을 위한 시설은 3,643개소(6.0%)이고, 공동으로 운영되는 곳은 55,500개소(88.0%)이다(대한노인회, 2014.8).

전국 경로당 현황을 보면 다음과 같다.

〈표 8-10〉 전국 경로당 현황

(단위: 개소, %)

구분	여자 전용	남자 전용	공동	계	구분	여자 전용	남자 전용	공동	계
서울	157	49	3,251	3,457	강원	27	27	2,947	3,001
부산	524	322	1,276	2,112	충북	90	64	3,842	3,996
대구	86	10	1,318	1,414	충남	188	195	5,164	5,547
인천	19	219	1,007	1,245	전북	424	443	5,385	6,252
광주	66	41	1,120	1,227	전남	724	808	7,077	8,609
대전	38	21	727	786	경북	419	537	6,602	7,558
울산	25	1	727	786	경남	629	519	5,960	7,108
세종	84	69	239	392	제주	–	–	406	406
경기	327	318	8,454	9,099	총계	3,827 (6.0)	3,643 (6.0)	55,500 (88.0)	62,970(100.0)

자료: 대한노인회(2014.8), "2014년도 상반기 대한노인회 각 급회 조직현황"
http://www.ksu.or.kr
보건복지가족부(2014.), 「2014년 노인복지시설 현황」, P.10.

경로당 활동은 소풍 및 관광, 공동작업, 여가 프로그램, 지역사회 봉사활동 등이 이루어지고 있다(김재인 · 허현란, 1999). 특히 경로당 활동 중에서 중요한 것은 소풍 및 관광으로 회원 상호 간의 친목도모는 물론이고, 새로운 경험을 맛볼 수 있게 된다는 점에서 중요하다. 공동 작업은 노인의 적성과 능력에 맞는 일자리를 마련하여 여가선용 및 소득기회를 제공함으로써 보람 있는 노후생활을 보장하는 데 목적을 둔다. 작업내용은 나무젓가락, 봉지 씌우기, 폐품정리, 냅킨 접기, 머리핀 만들기, 전기부품정리 등이다. 여가 프로그램으로는 장기 · 바둑, 라디오 · 텔레비전, 건강 체조, 예절교실, 소풍 · 여행 등이 제시되고 있다.

(3) 노인복지관

① 운영현황

노인복지관은 노인복지법 제18조 제1항 제5호의 시설로서, 무료 또는 저렴한 요금으로 노인에 대하여 각종 상담에 응하고 건강의 증진, 교양, 오락, 기타 노인의 복지증진에 필요한 편의를 제공함을 목적으로 하는 시설이다.

노인복지관의 운영현황을 보면, 2014년 총 319개소가 운영되고 있으며, 서울 65개소, 경기도 50개소의 순으로 많이 운영되고 있다. 1996년 총 33개소였던 것에 비하면 많은 발전(약 10배 증가)을 해온 것이 사실이다.

〈표 8-11〉 노인복지관 운영 현황

(단위: 개소)

구분	회관수	구분	회관수	구분	회관수	구분	회관수
서울	65	광주	10	강원	11	전남	26
부산	22	대전	6	충북	16	경북	14
대구	12	울산	10	충남	13	경남	20
인천	13	경기	50	전북	20	제주	6
						총계	319

자료: 보건복지가족부(2014.), 「2014년 노인복지시설 현황」, P.10.
보건복지가족부홈페이지(2013), http://www.mw.go.kr

② 프로그램

노인복지관에서 실시하고 있는 프로그램은 노인들에 대한 사회활동 참여욕구를 충족시키기 위하여 학습, 기능 프로그램의 제공을 목적으로 하는 프로그램을 운영하고 있다.

N종합사회복지관의 노인은빛청춘대학의 목적을 보면, “어르신들께서 즐거운 노후생활을 영위할 수 있도록 각종 취미여가, 교양교육, 건강증진 프로그램을 통하여 건전한 여가선용과 자기개발에 대한 욕구를 충족시킬 수 있는 기회를 제공하는 사업”이다. 교육프로그램은 건강증진, 교양교육, 정보화 교육프로그램과 동아리 지원과 특별행사로 야외체험활동, 작품전시회 및 발표회 등으로 분류하고 있다. 이용대상은 만 55세 이상 서울시 거주하는 어르신으로 교육시간은 오전 9시~

오후 6시(동절기 오후 5시)이고, 이용료는 무료이다(개인교재나 물품은 본인 부담)(노원종합사회복지관 홈페이지, 2014, http://www.nowonsenior.or.kr).

N종합사회복지관의 N은빛청춘대학 프로그램을 보면 다음과 같다.

〈표 8-12〉 노원노인종합복지관의 교육프로그램

노원은빛청춘대학
• 건강증진 프로그램 : 맷돌체조, 생활체조, 건강댄스, 난타 등
• 교양교육 프로그램 : 한글, 영어, 서예, 수묵화, 민요 등
• 정보화 교육 프로그램 : 컴퓨터 입문, 워드, 인터넷, 스위시 등
• 동아리 지원 프로그램 : 건강댄스, 탁구, 난타
• 특별행사 : 야외체험활동, 작품전시회 및 발표회

자료: 노원종합사회복지관(2013), http://www.nowon.or.kr

▲ 교양교육 프로그램

▲ 정보화교육 프로그램

〈사진 8-1〉 노원노인종합복지관의 전통문화 및 취미써클 프로그램

자료: 노원종합사회복지관홈페이지(2014), http://www.nowon.or.kr

(4) 종교기관 산하

종교기관 산하의 노인교육기관도 있다. 기독교, 천주교, 불교 등 각계의 종교기관들이 노인 학습을 도모하기 위해 교육기관을 설치하고 있다.

교회에서 이루어지고 있는 노인학교 프로그램은 일반적으로 예배, 성경공부, 교양강좌, 취미, 여가선용·활동 등을 포함한다. 교회에 따라서는 부별활동이라고 하여 문예부 · 서예부 · 등산부 · 봉사부 · 운동부 등을 두어 노인학교 학생들끼리의 모임을 장려하기도 한다. 이와 함께 일반적으로 특별활동이라고 하여 양로원 방문이나 수학여행, 야외수업, 효도관광, 경로잔치 등을 하기도 한다. 1991년 장로교에서는 한국교회 노인학교연합회를 설립하여 운영하고 있다. 노인교육아카데미를 두고 각 교회 산하 노인학교의 운영 및 프로그램 등을 협력 · 지원하고 있다.(한국

교회노인학교연합회 http://www.kcas91.co.kr/)

천주교에서는 1981년 각 성당 부설 노인대학을 총괄하는 평신도 사도직 협의회 소속 단체인 노인대학연합회(http://100.naver.com/100nhn?decid =705206/ 두산백과사전 EnCyber & EnCyber.com)를 설립하였다. 연합회는 각 본당 부설 노인대학의 총괄 지도를 하며, 각 노인대학 간의 유대 조성, 노인대학 지도자 및 봉사자 교육 담당, 자료 및 정보 제공을 위한 연구를 한다. 노인대학은 서울 대교구 66개, 인천과 수원교구 7개교이며, 학생 수는 서울대교구 5,614명, 인천과 수원교구 507명으로 구성되어 있다(두산백과, 2013).

노인대학의 교육의 목적은 "학교생활을 통하여 변천하는 세상에 적응하기 위한 지식과 더불어 사는 지혜를 배우고 실천함으로써 가정 및 교회공동체와 지역사회 안에서 어른으로서의 인격을 고양하고, 자신과 이웃의 참된 행복을 창조해 가는 데 있다."고 세시되어 있다. 즉 가정, 교회공동체, 지역사회 안에서 현명한 어른이 되고, 행복을 창조해 나가는 노인이 되도록 한다는 것이다. 노인대학의 교육내용은 신앙생활교육(20%), 지혜로운 생활교육(20%), 건강한 생활교육(20%), 창조적 생활교육(30%), 행사 등(10%)이다. 이 외에도 특별지도로 기도모임, 정규수업, 봉사활동, 서예·등산·원예·사진·고정연구 등의 클럽활동과 예절교육이 포함되어 있다.

(5) 대학 평생교육원 산하

대학평생교육원에서는 대학의 지역사회 봉사를 활성화하여 지역주민들이 교육적 혜택을 누릴 수 있도록 하기 위해 활발한 활동을 벌이고 있다. 1996년에는 사단법인 전국 국·공립대학평생교육원협의회(www.kula.or.kr)가 설립되어 54개 대학평생교육원을 회원으로 하여 평생교육의 활성화를 도모하고 있다.

대학평생교육원에서는 노인교육과정을 운영하고 있다. 이화여자대학교 평생교육원의 교양과정으로 개설된 '행복한 노년 만들기' 교육과정 사례를 들어보면(http://sce.ewha.ac.kr/index.html), 교육목적이 "100세 수명시대를 살아가야 하는 사회상황과 변화에 대한 인식을 바탕으로 다양한 분야의 교육을 제공하여 인생 후반기 생활설계를 성공적으로 할 수 있도록 하여 행복한 노후생활을 할 수 있도록 이끌어주고자 함을 목적으로 한다."이다. 구체적으로는 1) 노후생활의 전반적인 상황을 이해하게 한다. 2) 자신의 후반기 인생에 대한 구체적 설계를 할 수 있도록 한다. 3) 자신의 이미지관리를 스스로 할 수 있도록 한다에 두고 있다. 교육기간은 1학기 15주 과정으로 매주 월요일 오후 1~4시까지 주당 3시간 과정이다. 개설 교과목을 보면 다음과 같다.

〈표 8-13〉 E대학 평생교육원의 '행복한 노년 만들기' 교육과정 개설 교과목

행복한 노후생활 만들기 교육내용		
차수	주제	세부내용
1	행복한 노후생활이란?	오리엔테이션
2	시니어 라이프 이해	아름다운 후기 인생설계
3	시니어 라이프 이해	노인심리 및 성격발달
4	시니어 인맥관리	가족관계 및 사회적 인간관계
5	시니어 자기계발	자기계발 및 진로지도
6	시니어 이미지 관리 1	self management
7	시니어 이미지 관리 2	매력있는 image making/체형별 이미지 관리/소품을 이용한 이미지 연출
8	시니어 건강 및 여가생활 1	근력운동/보람 있는 취미 개발
9	시니어 건강 및 여가생활 2	여가생활/여행과 힐링
10	시니어 재태크	인생후반기를 위한 재정준비
11	시니어 문화생활 1	영화감상
12	시니어 문화생활 2	미술감상
13	시니어 문화생활 3	음악감상
14	호스피스와 웰다잉	웰다잉을 위한 준비
15	총정리	발표 및 평가

자료: E대학교 평생교육원(2013), http://www.ewha.ac.kr http://sce.ewha.ac.kr/index.html

〈그림 8-2〉 E대학교 평생교육원(행복한 노년 만들기 프로그램 관련사진)

자료: E대학교 평생교육원(2013), http://www.ewha.ac.kr http://sce.ewha.ac.kr/index.html

(6) 정부기관 및 민간단체

노인교육을 실시하고 있는 단체나 기관은 여성단체, 여성회관, 박물관, 미술관, 도서관 등의 평생교육기관이다. 그 중 국립중앙박물관이 노인을 대상으로 운영하는 은하문화학교와 여학사협회가 운영하는 순영노인교실이 특징적이다.

우리나라의 역사에서 전통문화에 이르기까지 올바른 이해와 관심을 유도하고, 교양활동을 통하여 보람 있는 노후생활에 도움을 준다는 목표를 지니고 있다.

① 국립중앙박물관

국립중앙박물관의 어르신 교육프로그램은 “박물관 역사 문화 교실”이 있다. 이는 국립중앙박물관 전시품과 연계한 한국의 역사문화 이야기(기획, 특별전 관련 강의 포함)를 담고 있다. 기존의 ‘은하문화학교’, ‘은하 문화재 보존교실’로 운영되던 것을 변경하여 모든 성인을 대상으로 하는 프로그램으로 운영하고 있다.

성인과 노인을 대상으로 하는 교육프로그램인 “박물관 역사 문화 교실”의 구체적인 내용은 다음과 같다(http://www.museum.go.kr).

- 교육명 : 박물관 역사 문화 교실
- 강의 주제 : 한국의 역사문화 이해 (*기획전 · 특별전 테마전 연계 포함)
- 교육일시 : 2014.3.2. - 11.19 매주 수요일 14:00~16:00(총28회)
  *기간 중 8월 말~9월 초는 교육시설 휴지기 등으로 인한 휴강
- 교육장소 : 국립중앙박물관 대강당(400석 규모)
- 교육대상 : 누구나
- 교육일정 : 다음

〈표 8-14〉 국립중앙박물관의 박물관역사문화교실 교육일정(2014년)

상반기			하반기		
주	날짜	주제	주	날짜	주제
1	3.26	인류의 기원 : 먼 선사시대로	16	7.23	테마전 연계 강의 : 금관총과 이사지왕
2	4.2	거꾸로 보는 토기	17	7.30	특별전 연계강의 : 이상향의 동아시아 산수
3	4.9	고고학에서 연대 측정과 그 의미	18	8.6	조선 전기 왕실 불화의 이미지와 상징성
4	4.16	영산강 유역의 전방후원형 고분	19	8.13	조선시대 초상화
5	4.23	5-6세기 백제와 일본의 관계		8월말	9월초 휴강
6	4.30	고대 동아시아의 와당	20	9.14	조선 후기 진경산수화
7	5.14	삼국시대 불교사상의 흐름과 교류	21	9.24	조선 후기의 목조 건축
8	5.21	'구지가'가 말하는 가야사	22	10.1	기획전 연계강의 : 조선 청화, 청렴결백의 그릇
9	5.28	고려 사원의 경제활동	23	110.9	북학론의 등장과 북학사상
10	6.11	신라인의 삶과 불상	24	10.15	연행사와 조선통신사의 서화교류
11	6.18	나말여초 전환기의 불교조각	25	10.22	새로운 인간관의 발견 : 천주교의 도입
12	6.25	고려의 풍수지리사상	26	10.29	특별전 연계 강의 : 아시아, 박물관에 담다
13	7.2	고려대장경의 제작과 그 의의	27	11.5	조선의 여행 풍속
14	7.9	기획전 연계강의 : 인상주의를 넘어서, 현대미술의 탄생	28	11.19	근대적 시각매체의 도입과 전통의 변용
15	7.16	기획전 연계 강의 : 후기 인상주의 폴 세잔, 폴 고갱, 빈센트 반 고흐			

자료: 국립중앙박물관홈페이지(2014), http://www.museum.go.kr
*8월 말, 9월 초는 교육시설 휴지기 등으로 인한 휴강

② 여학사협회 순영노인교실

여성단체인 한국여학사협회가 운영하고 있는 여성노인 대상 순영노인교실(http://www.kauw.or.kr). S노인교실은 급속하게 변화하는 현대사회에서 소외되기 쉬운 노인들에게 관심을 갖고 여학사협회가 교육 프로그램을 착안, 계획적이고

조직적인 교육을 실시하고 있으며, 1976년 3월 23일 개교하였다.

새로운 지식과 유익한 생활정보를 교육하고 창조적이고 보다 보람된 노후 생활을 누릴 수 있도록 60세 이상의 할머니를 대상으로, 1년 과정으로 주 1회 2시간 과정이다. 노후의 건강관리, 자녀교육, 가족관계, 취미생활, 법률상식, 종교, 국악, 가요, 일반강의 시간이 있으며, 친교 및 오락시간과 아나바다 장터를 열어 수재민 돕기 등의 봉사활동도 하며, 봄 소풍, 가을 수학여행, 견학 등의 행사도 갖는다. 소속감과 대화를 나눌 수 있는 상대가 있다는 즐거움에 만족하며 기쁜 노년을 보내고 있다. 순영노인교실은 2001년부터 2013년 현재까지 동창회로 운영하며 한 달에 1회 모이고 있다.

순영노인교실에서는 오래된 역사로 인해 가족이 2대에 걸쳐 순영노인교실에서 활동하고 있는 동창회 상황을 자랑스러워 한다. 예를 들어보면 다음과 같다(http://www.dauw.or.kr).

> 강의를 들으며, 하루하루를 편한 마음으로 건강하게 지내는 것을 감사드립니다. - - - 어머님이 순영노인학교에 다니실 때만 해도 저와는 먼 일로 생각했는데, 이제는 제가 순영노인학교의 학생이 되었으니 세월이 참 많이도 흘렀나 봅니다. 하지만 어머님 때나 지금이나 같이 학교를 다니는 많은 친구들과의 만남은 역시 즐거운 일입니다. - - - 앞으로도 순영노인학교에서 건강한 모습으로 오래도록 즐겁고, 유익한 시간 보내고 싶습니다.

〈그림 8-3〉 순영노인교실 회원활동

자료: 여학사협회(2014) 순영노인교실 회원활동, http://www.dauw.or.kr

순영노인교실 남산골 한옥마을 견학

순영노인교실 학생 35명은 지난 9월 29일 남산골 한옥마을곳곳에서 펼쳐진 세계 통과의례 페스티벌에 견학을 다녀왔다. 인생의 굽이굽이를 표현한 통과의례는 어울려서 함께 살아가는 공동체 속에서의 개인의 삶과 죽음의 의미를 새삼스럽게 생각하게 해주었을 뿐만 아니라, 각 국의 통과의례를 한 자리에서 체험하고 비교하게 해주는 소중한 자리였다. 한편 매주 금요일 둘째 시간에는 본회 지금옥 회원의 지도로 고전무용과 춤체조를 하며 몸의 전신을 고루 움직여 노년기에 건강을 위한 유익한 시간을 가지고 있다(http://www.dauw.or.kr).

2) 외국사례

(1) 일본

일본은 유엔의 기준[4]을 두고, 노령인구 추계치를 세 가지 연령별로 구분하여 제시하고 있다. 즉, 생산인구를 15세 이상 64세로 볼 경우, 20세 이상 64세로 볼 경우, 그리고 20세 이상 69세로 볼 경우로 나누어 고령인구 비율을 제시하고 있다. 고령인 경우에도 건강상태가 개인에 따라 다르므로 생산적 역할을 하는 데 지장이 없는 경우도 있기 때문에 그러한 구분이 어떤 면에서는 설득력이 있을 수 있다.

2010년 초고령사회에 이미 진입한 일본이 70세 이상을 고령인구로 보았을 때에는 2010년에 고령사회로 진입하는 것이 된다. 현대사회의 발달한 의학기술로 인한 수명연장은 물론, 건강하게 지낼 수 있기 때문에 가능한 일이다. 최첨단 과학기술사회로의 진입이 생산 가능 연령을 증가시키고 있고, 이는 변화하는 사회에 대한 적응을 위한 노인교육이 주어져야 한다는 것을 의미하고 있다.

일본이 제시하고 있는 고령인구 구조를 보면 다음과 같다.

---

4) 유엔의 고령사회 구분 :
고령화사회-65세 이상 고령자가 전 인구 점유 비율이 7% 이상 14% 미만
고령사회-14% 이상 20% 미만
초고령사회-20% 이상

〈표 8-15〉 일본의 총인구, 생산연령인구 대 노령인구 비율

(단위: 만인, %)

	1998	2000	2010	2025	2050
총인구	12,557	12,689	12,762	12,091	10,050
생산연령인구 대 노령인구					
15-64세 (총인구 정유율) 1	8,726 (69.3)	8,642 (68.1)	8,119 (63.6)	7,198 (59.3)	5,490 (54.6)
65세 이상 (총인구 점유율) 2	1,828 (14.6)	2,167 (17.2)	2,813 (22.0)	3,312 (27.4)	3,245 (32.3)
1/2	4.8	4.0	2.9	2.2	1.7
20-64세 (총인구 정유율) 1	7,889 (62.7)	7,894 (62.2)	7,521 (58.9)	6,592 (54.5)	5,020 (50.0)
65세 이상 (총인구 정유율) 2	1,828 (14.6)	2,187 (17.2)	2,813 (22.0)	3,312 (27.4)	3,245 (32.3)
1/2	4.3	3.6	2.7	2.0	1.5
20-69 (총인구 정유율) 1	8,509 (67.8)	8,603 (67.8)	8,322 (65.2)	7,279 (60.2)	5,679 (56.5)
70세 이상 (총인구 정유율) 2	1,187 (9.5)	1,478 (11.6)	2,011 (15.8)	2,625 (21.7)	2,587 (25.7)
1/2	7.2	5.8	4.1	2.8	2.2

자료: 국립여성교육회관(2001), 『高齡社會를 향한 男女共同參畵學習』, p.90.
국립사회보장・인구문제연구소(1997), 『일본의 장래추계인구』

일본은 1955년부터 노인대학과 고령자교실 등의 명칭으로 노인에게 학습기회를 제공하기 시작했다(김재인・허현란, 1999/ 한정란 외, 2006). 정부에 의해 정책적으로 실시되어 온 노인교육은 노인지도자 양성교육(고령자 인재활용사업), 고령자 삶의 보람 촉진 종합사업, 장수학원 개설(1989년) 및 장수사회개발센터(후생성에 의해 노인의 건강증진과 사회 참여, 삶의 보람 증진을 위해 설립됨), 사회참가활동 촉진 등을 주제로 이루어지고 있다. 일본 노인교육의 특징은 여가를 활용하고 취미와 교양을 높이기 위한 학습기회를 제공함으로써 노인들의 지식과 경험을 살려서 지역사회의 지도자로 활용하는 것을 내용으로 하고 있다. 노인의 사회참여활동 촉진을 중시하고 있다.

일본에는 교육위원회 및 공민관의 노인대상 학급 강좌가 있다. 2002년 노인대상 학급 및 강좌 수는 교육위원회 10,685건, 공민관 34,816건이었다.[5] 교육내용은

취미교양, 체육레크리에이션, 가정교육과 가정생활, 직업지식 기술의 향상, 시민의식 및 사회연대의식 등으로 이루어져 있다.

이 외에도 노인클럽, 사회참가 및 자원봉사활동, 세대 간 교류활동, 노인의 해외 자원 활동 등이 있다. 노인의 해외 자원 활동은 외국과의 국제교류가 활발해지고 있기 때문에 노인이 가진 풍부한 지식과 경험, 능력을 해외에서 활용하도록 원조하는 해외지원 활동이 노인 관련 활동 중에서 주목받고 있다.

일본 노인교육 프로그램 사례는 일본 엘더 호스텔, 퇴직 근로자를 위한 인생설계교육, 시니어 자원봉사 지도자 양성 프로그램, 시니어 기자제도, 세대 간 교류 프로그램, 3세대 교류 프로그램, 삶의 보람·건강 만들기 실천 강좌 지도자양성 연수 프로그램, 시니어 지도자 양성 및 서클활동지원 프로그램, 노인과 초등학생의 IT교류를 위한 교육프로그램, 노인을 위한 휴식 농원 등이 있다. 이 중 노인과 초등학생의 IT교류를 위한 교육프로그램 사례를 보면 다음과 같다.

- 1강좌당 2시간씩 총 12시간의 강좌
- 전반부 컴퓨터의 기본 조직과 문자 입력 및 인터넷의 구조 습득, 후반부는 이메일의 기본 조직, 메일 교환에 필요한 조작 등 학습
- 강좌의 후반부에서는 초등학생과 노인 간 메일을 2회 왕복하여 교환

노인이 자기소개와 흥미 등을 적어서 송신

다음 강좌 시간에는 학생들에게서 온 메일을 수신할 수 있도록 하여 즐겁게

---

5) **일본 노인교육의 학습 내용별 학급 강좌 수**

(단위: 개소)

구분	계	취미·교양	체육·레크리에이션	가정교육·가정생활	직업지식·기술의 향상	시민의식·사회연대의식	기타
교육위원회	167,100	62,333	20,181	27,497	38,657	10,515	8,217
노인	10,685	6,508	1,165	1,123	309	1,162	418
공민관	341,212	200,623	49,415	34,679	18,379	19,936	18,180
노인	34,816	18,707	8,733	1,722	514	3,172	1,968

자료: 일본 문부과학성(2002), 「사회교육조사 보고서」
한정란 외(2006), 「세계의 노인교육」, 서울: 학지사.

컴퓨터로 대화가 가능하도록 함.

강좌 실시 후 정보기술(IT) 습득에 대한 관심이 높아졌고, 클럽 회원이 주체가 되어 컴퓨터를 사용한 정보 발신, 컴퓨터를 사용한 홍보지 만들기, 홈페이지 개설 등을 계획하게 하였다.

(2) 미국

미국의 노인교육은 1874년 뉴욕근교에서 성인교육의 일환으로 노인을 위한 프로그램이 있었고, 1920년 공무원퇴직법이 제정되면서 시작되었다(김재인 · 허현란, 1999/ 한정란 외, 2006). 1925년에는 교육부에 성인교육과가 설치되었고, 1949년 성인교육부 산하에 노인교육위원회가 창설되었다. 노인교육을 위한 프로그램 저서로 "*Education for Later Maturity : A Handbook*"이 발간되었다. 1950년에는 노인위원회가 창설되어, 노인의 독립과 건강 개선에 주력하며 노인이 미래 세대를 위해 사회에 지속적인 공헌을 하도록 돕고 있다.

미국의 노인 정책은 노인복지법에 의하며, 연방 노인청이 있고, 노인위원회, 백악관 노화회의, 성공적인 노년을 위한 연방 포럼(1986년 시작) 등이 있다. 비영리단체는 미국노인협회, 은퇴자연맹, 노인권익증진센터 등이 있으며, 공공도서관에서도 노인교육이 이루어지고 있다. 즉 노인을 위한 오락 프로그램을 비롯한 노인 자신의 권익을 주장할 수 있는 능력배양 프로그램을 운영하고 있다.

노인교육의 모델은 다음과 같다.

〈표 8-16〉 미국 노인교육의 모델

구분	특징
대학 주도형	• 은퇴자 학습센터, 엘더 호스텔, 노년학 관련 자격증 프로그램 등을 운영함.
지역사회대학 지역사회학교	• 학위취득과정 및 학력보완 프로그램, 교양이나 취미 프로그램, 경력획득을 위한 각종 자격증 프로그램 등이 있음.
시니어센터	• 1870년에 시작됨. • 유형 분류 – 개인서비스형(상담, 고용, 건강관리 등) – 집단서비스형(사회복지, 오락, 영양, 교육활동 등) – 지역사회 서비스형(다양한 프로그램 운영) • 시운영위원회의 예산지원으로 모든 프로그램이 무료로 실행되고 있음.

구분	특징
오아시스	• 오아시스(Older Adult Service and Information Systems)는 55세 이상 성인의 삶의 질을 풍요롭게 하기 위해 교육, 건강, 문화, 자원봉사 파견 등의 내용을 포함한 기업과 비영리단체가 함께 만든 협동 프로그램임. • 각 지역 백화점에 사무실을 두고 자원활동자들이 튜터, 멘토, 또래 상담가, 교수자로 활동하고 있음.
셰퍼드 센터	• 1972년에 창설됨. • 학습, 건강, 주거, 사회적 지원 등을 주요내용으로 하고 있음.

자료: 한정란 외(2006), 「세계의 노인교육」, 서울: 학지사.

이 외에도 정보화 프로그램이 있고, 비영리 노인학습조직으로 지역노인고용 프로그램, 노인활동 네트워크, 미국 은퇴자 협회 등이 있으며, 세대공동체 프로그램으로 노인이 아동과 청소년에게 봉사하는 프로그램(세대 함께 하기 등)과 아동과 청소년이 노인에게 봉사하는 프로그램(자존감 향상 프로그램, 지역사회 세대공동체 프로그램 등), 그리고 아동 · 청소년 · 노인이 함께 봉사하는 프로그램(회전극장, 나이 벽 허물기, 노인과 아동 서로 돕기, 가족친구, 할머니와 아이들, 경험봉사대 등)이 있다.

(3) 영국

영국의 사회서비스 정책은 크게 세 가지 방향으로 이루어져 있다. 보편적이고 예방적인 서비스, 위험 집단에 대한 집중적 개입, 개인화된 돌봄과 지원이 그것이다(DII, 2010). 노인을 위한 보편적이고 예방적인 서비스로 평생교육을 포함하고 있다.

영국 정부의 사회서비스 정책방향과 서비스(2010)를 보면 다음과 같다.

〈표 8-17〉 영국 사회서비스 정책방향과 서비스

보편적이고 예방적인 서비스	위험 집단에 대한 집중된 개입	개인적인 돌봄과 지원
정보와 조언	일상 생활을 위한 보조 장비와 설비	선택과 통제권
지역사회 능력 배안	퇴원 보호와 재기	자기주도 실시
전인적 점검	원격돌봄	개인 예산제
일자리, 사회참여, 평생교육	예측도구	대변과 지원
	보조 주거	중계
	낙상 클리닉	

자료: 한국보건사회연구원(2011), 「주요국의 사회보장제도 - 영국」, 서울: 한국보건사회 연구원, p.411

영국에서는 1970년대 중반 이후부터 노인 학습과 교육에 관한 관심이 시작되어, 1981년 노인교육권리포럼(Forum for the Rights of Elderly People to Education)과 1985년 노년교육학회(Association for Educational Gerontology)의 설립으로 절정에 이른다(한정란 외, 2006). 또한 1983년 '노인교육권리강령'을 발표하고, 노년기 교육의 효과를 ① 노인의 자립심, ② 적응력, ③ 사회에 대한 기여도, ④ 자존감의 증진으로 제시하고 있다. 지방정부에 노인학습비 절반을 내게 해달라는 요청을 하고 사람을 절반으로 취급하지 말아줄 것을 요구하고 있다.

정부는 노인교육기회 개발과 학습욕구 및 적성에 대한 연구투자 계기가 되었다. 1987년 교육과학부는 성인교육개발국에 기금을 투자하여 지방정부에서 노인교육 기회 확대 가능성을 조사토록 했으나, 막대한 자금이 들 것으로 예상되어 이 정책은 무산되었다.

노인에게 학습은 삶을 즐기게 되는 것, 자신감을 갖게 되는 것, 일상에 필요한 기술을 배우는 것 등이며, 사회적 상호작용을 유지할 수 있는 것도 중요한 점이다. 학습참여를 방해하는 요소로는 시간이나 교통수단 부재, 학습에 대한 거부감과 부담감 등을 들고 있다.

영국의 노인교육은 노동당 정부 정책, 지방정부정책, 계속 및 고등교육 부문, 자원단체 부문 등에서 이루어지고 있다. 이 중 계속 및 고등교육 부문에서 노인교육 프로그램을 보면, '학교는 끝났지만, 교육은 끝나지 않았다.' '50세 이상 성인을 위한 3세대 대학!' '당신이 가장 좋아하는 흥미를 되살려라!' 등의 프로그램이 제시되고 있다.

(4) 독일

독일(한정란 외, 2006)의 노인교육은 노년을 위한 준비교육, 제3의 시기를 위한 교육, 시니어교육, 50세 이상을 위한 학습, 노화교육 등으로 다양하게 불리어 왔다. 1960년에서 1980년까지는 노년학, 사회복지학 그리고 성인교육자들이 노년교육을 대신하였다. 이후 평생교육기관인 시민대학과 대학을 중심으로 노인교육이 이루어졌다.

1950년대와 1960년대에는 노인은 일에서 해방된 인생기로 보았고, 노년기 교육은 노인 자신보다 학자들에 의한 관심이 더 크다. 소외대상을 위한 노인교육이 시작되어, 사회보장법 75조에 '노인의 문화적인 요구, 학습의 요구, 사교적인 요구가 충족되도록 교육기관을 방문하거나 이용할 수 있도록 보장되어야 한다.'고 명시하고 있다. 1970년대에는 지역사회교육으로서의 노인교육이, 새로운 학습의 대상으로 노인이 등장했으며, 문제해결학습을 통해 준비학습, 사회변화에 대한 이해교육 그리고 개인의 다양한 요구가 만족되는 교육 등을 강조하였다.

1980년대 새로운 전환을 맞이하는 프로그램 개발 등을 통한 노인교육, 즉 가족의 기능이 상실되어가는 노인의 새로운 측면 발견, 교수 및 교육방법으로 통합의 원칙도입 등을 중시하고 있다. 또한 노인교육 특성화 전략을 위해 노인을 교육수혜자 그룹과 교육소외 그룹으로 분류하여 노인을 살아가는 삶의 양식에 따라서 젊은 노인, 새로운 노인, 전통적인 노인 유형으로 구분하고, 삶의 방식에 따라 고령자, 독거노인, 자녀가 없는 노인, 활동적인 노인, 소극적인 노인으로 구분, 노인교육을 발전시키고, '인생 후반기의 자유'(Rosenmayr, 1974)라고 표현하며 인생의 새로운 기회로 정의하였다.

1990년대에는 노인교육 생산성과 창의성을 통해 만들어지는 자율적인 노년을 중시하였고, 잠재력을 가진 노년, 노인학습자에 대한 새로운 인식으로 노인교육의 내용은 노인의 사회화를 위한 것, 가치관을 유지하도록 하는 것, 노인의 대화를 촉진시키는 방법, 그리고 사회적인 이슈에 대한 토론으로 이루어졌다. 이러한 내용은 노인에게 새로운 인식과 삶의 지혜를 가르쳐주었고 자신과 타인을 위하여 도움을 줄 수 있는 내용으로 구성되었다. 이에 더하여 일상생활 속에서의 노인교육, 실제적인 교육, 기술교육, 사회 속에서의 학습, 임파워먼트를 위한 교육 등으로 실제적인 노인교육이 주를 이루고 있다.

독일 노인교육은 노인의 발달과업을 중시하면서, 노인 학습은 노인시각으로 구성되어야 하며, 노인의 미래 예측 능력이 증진되도록 구성되어야 하고, 젊은이들이 노인과 의사소통하는 법을 배우는 학습이 되어야 한다는 점을 강조하고 있다. 노인교육은 다음과 같은 점이 중시되어야 한다.

〈표 8-18〉 독일 노인교육의 특징

구분	특성
개인화의 원칙	노인의 생애사 중시
인생주기지향 모델	과업발달모델, 즉 노인 학습은 노인 스스로 자신의 문제를 극복하도록 하고 자기 주도적으로 자율적인 노년기의 삶을 지향하여 자신의 능력을 강화시킬 수 있도록 해야 함.
세대통합교육	세대 간의 대화를 촉진하는 교육
생애사 학습	생애사적 접근은 개인의 일생사 학습을 통하여 개인적인 학습의 경험과 체험이 일어나고 완성될 수 있도록 해야 함.
생활적응교육	학습조직은 후기노인이 변화하는 삶의 조건에 적용할 수 있도록 구성되어야 함. 즉 고령의 학습자를 찾아가는 재가교육을 활성화시켜야 함.

자료: 한정란 외(2006), 「세계의 노인교육」, 서울: 학지사.

(5) 프랑스

프랑스에서는 노년(old age) 대신 제3의 인생(The Third Age)을 사용한다. 퇴직을 앞둔 사람들에게 은퇴 후의 여가를 독립적이고 효율적으로 활용할 수 있도록 지원하고 있다. 노인교육기관인 노인대학(University of the 3rd Age)은 U3A라고 지칭되며, 1972년 벨라스(P. Vellas)가 제안하여 1973년 툴루즈 대학에서 구체적으로 실시되었다. 은퇴자를 대상으로 하여 건강증진과 육체적이고 정신적인 활동을 장려하며, 교육적인 프로그램 과정을 통해 교육효과를 극대화하고, 자기개발을 위한 기초를 제공하는 것을 목적으로 하였다.

프랑스의 노인교육 프로그램은 U3A, 은퇴자협회 프로그램, 대학평생교육원 프로그램, 양로원 프로그램, 세대공동체교육 프로그램 등이 운영되고 있다. 이 중 양로원 프로그램은 패션쇼, 동료와의 대화, 100세 노인의 상봉행사, 세대 간 프로그램, 체육 여가활동, 몰래 카메라 제작, 텔레비전 보기 및 샹송 듣기 등이 운영되고 있다. 또한 세대공동체 교육프로그램은 중등학교 낙제생과 노인과의 교류, 고등학교 역사서클 참가, 학습부조 활동, 지방언어와 풍습 학습, 국제교류, 기형아 부조활동, 초등학교 특별활동 수업 주관, 대학 정규과정에서의 자원봉사 등의 프로그램이 운영되고 있다(한정란/ 2006, 송선희 외, 2011).

노인세대 스스로가 노년의 삶을 책임지려는 의식과 문화를 바탕으로 한 노인교육이 확대되어가고 있다.

4 노년기 여성학습의 문제 및 과제

인생 100세 시대를 예견하면서 노인의 삶에 대한 의미가 바뀌고 있다. 노년기는 끝이 아니라 시작이라고 보는 것이다. 제2의 인생을 준비할 시기로, 은퇴 후의 삶을 의미한다. 준비되지 않은 채 노년이 되고, 정부의 정책마련이 되지 않은 채 고령화 사회로 진전됨으로써 많은 노인문제가 양산되고 있다. 노인 스스로 해결하는 방법과 정부의 정책방안이 절실하게 요구되는 때이다.

노년이 행복하고 즐거운 시기가 되기 위한 방안으로 노인교육, 노인학습이 우선되어야 한다. 누구나 의미 있는 노년을 보내기를 희망한다. 건강 유지, 빈곤 탈피, 갈등 해소, 원만한 인간관계를 통한 외로움 극복, 행복한 삶을 위한 취미여가 활동 활성화 등을 위한 교육이 필수적이다.

최근에는 노인들이 생활고에서 벗어날 수 있도록 교육을 담당하는 기관들이 서둘러 취업지원센터를 설립, 운영하고 있다. 경제력을 갖고자 하는 노인요구가 늘어나고 있다. 특히 노년 전기의 노인들은 생활비를 벌기 위해서, 그리고 전문가로서의 경험을 풀기 위해 일하고 있다. 이러한 상황이 어떤 분야에서는 고학력 은퇴인력이 저학력 인력군이 해야 할 일을 빼앗아 가고 있다는 비난도 받는다. 그러나 사회에서의 전반적인 교육을 보면 연령제한을 두는 경우가 허다하다. 예를 들어, 갓난아기를 돌보는 산후조리원 교육에 55세 이상은 입학이 불허된다는 것 등이다. 딸의 산후조리를 위해 교육받기를 희망했던 어머니가 교육받지 못하고 예전 경험으로만 조리를 도와줄 수밖에 없었던 경우도 발생했다. 사회변화에 따라 교육적 상황이 바뀌지 못한 한 예이다.

여성노인들은 손자녀를 돌보는 일에 얽매이는 경우가 많다. 자녀를 위한 뒷바라지에서부터 손자녀를 돌보는 일까지 도맡아 한다. 손자녀 돌보는 일이 끝난 여성노인들에게 문화활동, 취미활동 등을 할 시간이 주어진다. 이들이 자신의 노후를 만족스럽게 지낼 수 있게 될 때에는 건강이 어려워지기 일쑤이다. 인생 100세

시대를 어떻게 건강하고 행복하게 지낼 수 있을 것인가는 노인 자신뿐만 아니라 정부, 사회의 적극적인 노력의 결과일 것이다.

여성노인의 평생학습적 문제 및 과제를 살펴보면 다음과 같다.

1) 여성노인 학습의 문제

노인교육의 문제는 ① 노인교육정책의 부재, ② 노인교육에 대한 재정적 지원 부족, ③ 노인교육 전문성 부재, 노인교육에 대한 인식 부족, 그리고 ④ 노인에 대한 편견 등을 들 수 있다(한정란 외, 2008).

노인교육 프로그램의 문제를 공급자와 수요자 측면으로 분류하여 보면, (1) 공급자 측에서 보면, 각 교육기관마다 획일적 프로그램 나열, 교육프로그램 특성 고찰 부재, 재정 지원 및 전문 인력 부족 등이다. (2) 수요자 측에서 보면, 참여하는 노인의 성별이 대부분 여자이고, 노인들이 선호하는 프로그램은 흥미 및 오락 중심의 여가프로그램이다(나항진, 2004). 외국의 경우에도 사교활동, 취미교육 등에 많은 관심을 보이나 지역사회활동과 정치활동에도 관심을 보이고 있다. 노인들의 사회참여, 봉사는 규모나 깊이에 있어서 아직 더 발전되어야 할 것으로 보인다.

여성노인들의 여가교육의 문제를 보면(김재인 · 허현란, 1999), 여가교육 대상에 대한 요구 파악 미흡(31.8%), 여가교육의 중요성에 대한 인식 부족(29.5%), 여가프로그램의 부족 및 내용 부실(15.9%), 여성노인들의 올바른 여가관 미정립(13.6%), 여가프로그램을 실시하는 기관 및 전문 인력 미비(9.1%) 등으로 나타나고 있다.

2) 여성노인의 학습 활성화를 위한 과제

노인들의 주요가치는 ① 젊음의 유지, ② 역할의 보존, ③ 변화의 극소화이다. 초기의 사회화에 대한 보상은 변화에 있지만, 노년기에는 변화가 없는 것이 우선적인 보상이다(김재인, 1987). 이와 더불어 삶에 활기를 불어넣기 위한 도전이 필요하다. 즉, 연결고리 형성, 반응 학습, 자아 형성, 타인 존중 그리고 연계 만들기를 시도해야 한다(김지자 외, 2003).

여성노인교육은 학습 집단에 소속된 여성노인에게 명백한 사회적 정체감을 약속해주고 집단에 대한 의존과 결속을 강화시켜주어야 한다. 이를 위해 노인을 위한 성 평등의식 향상방안과 여성노인의 학습 활성화를 위한 과제로 분류하여 살펴보면 다음과 같다.

(1) 노인의 양성평등의식 향상 방안

노인 및 세대 간의 양성평등의식 향상을 위해 여성가족부(2007)가 「노인기 양성평등의식 교육프로그램」을 제시하였다. 즉, 노인 자신 및 노인과 함께 살아가는 사회구성원들이 노인에 대한 기본적인 이해를 바탕으로, 노인들의 삶에 작용하는 양성불평등한 문화에 대하여 인식함으로써 서로의 삶에 대하여 이해하고 한 사회의 구성원으로서 성별 및 나이에 따른 편견을 극복하고 행복한 삶을 영위할 수 있도록 한다.

이를 위해 다음과 같은 남녀노인 대상 프로그램, 여성노인 대상 프로그램, 세대 간 이해와 의사소통을 위한 세대 간 공동 프로그램(곽삼근 외, 2007)이 제공되어야 한다.

〈표 8-19〉 노인기 양성평등의식 교육프로그램

성격	적정인원	프로그램명	성격	적정인원	프로그램명
전체 노인 대상 8회기 프로 그램	20명	오리엔테이션	여성노인 대상 8회기 프로그램	12~15명	만나서 반갑습니다
		양성평등의식으로 마음과 몸의 건강을...			유년기 이야기하기
		노인기 신체와 性!			청소년의 이야기하기
		나의 귀남이? 나의 후남이?			결혼기 이야기하기
		고정관념 - 가족행사			중년기 이야기하기
		고정관념 - 언어			노인기를 이야기하자
		양성평등 사회참여			내가 만들어가는 행복한 노인기
		과정 마무리			우리 또 만나요!
종합 특강	제한 없음	양성평등으로 더 행복한 노인기를!			
세대 간 공동 3회기 프로 그램	20~30명	Okay, 양성평등 세대공감(노인-청소년)			
		Okay, 양성평등 고부공감 (1)(기본편)(노인-장년)			
		Okay, 양성평등 고부공감 (2)(실습편)(노인-장년)			

자료: 곽삼근·박성희·박소연(2007). 「노인기 양성평등의식 교육프로그램」. 서울: 여성가족부.

(2) 여성노인의 학습 활성화를 위한 과제

노인의 사회참여는 노화를 지연시키고, 삶의 의미를 새롭게 해준다. 나아가 성역할인식으로 여성노인의 활발한 사회참여가 가능하다. 이는 노인의 힘(발언권)이 강해지는 사회를 만들 수 있게 한다. 그러므로 노인의 결집을 위한 조직망을 형성해야 하고, 노인의 주체성을 향상시켜야 한다. 그리고 세대공동체를 형성하는 교육이 되게 해야 한다. 앞으로 여성노인회를 결성하여 여성노인들의 힘이 제대로 발휘될 수 있도록 해야 할 것이다.

노년기 여성학습 활성화를 위한 과제를 도출하기 위해 노년기 여성의 생애주기별 학습과제(박성정, 2013)와 노년기 여성을 위한 평생학습 환경변화 방향으로 분류하여 제시해보면 다음과 같다.

① 여성노인의 생애주기별 학습 과제

첫째, 노년 전기 여성대상 사회참여 관련정책을 점검 및 개발하는 것이 시급하다.

중장년 대상 서비스를 하는 교육, 훈련고용, 여가시설에서 노년 전기 여성에 대한 서비스를 확대해야 하고, 노년 중기이후를 대상으로 서비스를 하는 기관들에서도 서비스 대상 연령을 확대하는 것이 필요하다.

둘째, 노년 중기 여성들은 자신의 의욕과 역량이 있음에도 사회의 외적 압력에 의해 사회활동이 제한되기 쉬우므로, 연령차별과 같은 이유로 사회활동이 차단되지 않도록 장애요소들을 정책적으로 잘 관리해야 한다.

셋째, 노년 후기 여성들에게 사회활동 유지를 위한 환경 구축과 프로그램을 확대해야 한다.

노년 후기에도 학습 및 여가활동에 참여할 수 있도록 고령자 친화적 사회환경을 구축하는 것이 필요하며, 후기 노인들이 사회관계를 유지할 수 있는 프로그램들이 요구된다.

넷째, 노년층을 위한 정책도 복지정책 외에 학습, 일, 여가정책을 강화하여 노년의 삶을 생산적이고 활기 있게 보낼 수 있도록 균형 있는 접근이 필요하다. 노년기는 학습이 종료되고 일을 그만두고 쉬는 "여가의 시기"가 아니다. 노년기에도 학습과 일은 필요하며, 이는 생활만족도에 중요한 영향을 미치게 된다.

이 외에도 노년기 여성의 학습참여를 위한 과제로 저소득층 노년여성을 위한 학습비 지원, 학습 정보지 등 노년층 대상 학습 정보 서비스 강화, 노년층을 고려한 학습 환경 및 교통편의 제공, 기존 시설을 활용한 학습인프라 강화, 평생학습사의 노년층 서비스 역량 강화 및 순회 파견 실시, 무학 노년 여성을 위한 문해교육 확대, 노후설계교육 확대 및 실시 기관의 다양화, 노후설계교육 전문인력 양성 등이 요구되고 있다.

② 여성노인을 위한 평생학습 환경변화 방향

첫째, 평생교육제도가 재구성되어야 한다.

- 노인교육기관의 재정비를 위해 평생교육법에 의해 등록을 의무화해야 한다.
- 노인학교를 중점 육성하되, 대학이상의 평생교육사 1인 이상을 확보하여 양질의 교육이 실시되도록 해야 한다.
- 일반 대학교에 노인학생의 입학을 허가해야 한다.
- 노인전담부서가 과학교육기술부에 설치되어야 한다.

둘째, 여성노인의 재취업을 위한 교육이 이루어져야 한다.

- 여성노인 인력 채용의무화 기업에 세금우대를 해주는 방안이 모색되도록 하고, 여성노인 인력을 위한 취업교육이 철저하게 이루어져야 한다.
- 여성노인의 적성·특성에 맞도록 노인인력개발원에서 직종을 개발, 직업교육을 실시해야 한다.
- 전문대학, 직업훈련원 등에 여성노인이 입학할 수 있도록 허가조건의 완화, 등록금의 삭감 혹은 보조 등의 혜택을 부여해야 한다.

셋째, 노인에 관한 교육이 실시되어야 한다.

- 노인복지의 효과적 추진을 위해 노년에 대한 젊은 세대의 이해와 협조를 이끌어내는 방안이 제시되어야 한다.
- 각종 학교 프로그램에 노인에 관한 교육을 실시할 수 있도록 시간을 부여토록 하고, 사회의 각 시민단체 및 종교기관 등에서 교육을 실시할 경우에도 노년학 및 노인이해교육이 이루어지도록 해야 한다.

- 공공기관 및 기업체 등에서 정년을 앞둔 직원 대상교육이 필요하다. 즉 건강, 경제, 여가선용, 주택, 기타 부문에 걸쳐 정년준비교육을 실시해야 한다.

넷째, 외국의 노인교육에서 시사하는 바를 받아들여야 한다.

- 성공적인 노년을 지원하는 정부의 노인교육정책이 지속적, 구체적으로 제시되어야 한다.
- '노인교육권리강령'이 마련되어야 한다.
- 장수학원 및 장수사회개발센터를 설치해야 한다.
- 노년기 여성교육에서 가장 중시되어야 할 것은 노인의 생애사 학습이다. 이를 실현할 수 있는 방안이 모색되어야 한다.
- 여성노인의 해외 자원 활동 활성화를 위해 노력해야 한다.
- 여성노인을 위한 권익향상 프로그램이 개발되어 실현되어야 하고, 이상적인 노인교육 모형 등에 관한 연구가 이루어져야 한다.

③ 여성노인의 평생학습 참여 확대를 위한 노인교육 모형

여성노인의 평생학습적 노인교육 참여 확대를 위한 노인교육 모형을 보면 다음과 같다.

- 노인종합센터(노인교육+복지 및 의료혜택+지역사회중심)
- 노인교육센터(노인교육+의료혜택+대학 강좌 수강+학교 등 지역사회기관과의 자매결연+노인주거지역 중심)
- 노인프라자(노인교육+의료혜택+일반인 활동 공간 및 만남의 장소)

노인은 인류역사의 목격자이며 체험자로서 젊은 세대에게는 증언자로, 사회와 가정에서는 중요 상담자로, 또 인생의 안내자로서의 역할을 수행해 왔다. 노인들이 건강과 교양을 갖추고 아동·청소년·성인들에게 모범이 되도록 유도해야 한다. 그리고 행복하고 보람 있는 삶을 영위할 수 있도록 배려하는 교육이 되어야 한다. 노인들이 화목하고 행복한 시간을 보낼 수 있어야 한다.

그러므로 노인교육기관에 근무하는 직원은 전문성을 갖추고 노인을 진심으로 이해할 수 있어야 한다. 그리고 노인들에게 휴식처를 제공하고 존경받는 노인이 되게 하기 위해 의욕을 고취시키고, 여가선용 기회 부여와 원만한 인간관계를 위한 교육이 이루어지도록 해야 한다.

노년기 여성교육은 체계적인 정규교육과 특별활동, 자원활동, 교양취미활동 등이 주어지도록 지속적인 연구와 프로그램 개발이 이루어져야 한다. 특히 여성노인의 생애사를 통해 자신을 이해하고 삶의 의미를 파악하고, 힘(empowerment)을 가질 수 있는 활동에 역점을 두어야 한다. 그리고 다른 세대와의 원활한 상호작용을 하고, 사회변화에 적응할 수 있도록 해야 한다.

나아가 여성노인의 활동범주를 국내뿐만 아니라 세계적 시각에서 활동할 수 있도록 넓혀주고 안내하는 교육이 되어야 한다. 이는 노년기 여성교육을 통해 여성노인들이 자신의 생애사를 이해하고 활발한 활동을 통해 행복하고 의미 있는 삶을 살아갈 수 있도록 하기 위함이다.

급속하게 변화하고 있는 사회에 적응하기 위해 여성노인을 위한 평생학습적 활성화 방안은 반드시 실현되도록 해야 한다. 사회참여는 노화를 지연시키고, 삶의 의미를 새롭게 해 준다. 그리고 성역할 인식을 통해 여성노인의 활발한 사회참여가 가능해지도록 한다. 더불어 여성노인이 능력과 힘을 발휘할 수 있는 사회를 만들 수 있을 것이다.

● 요약

우리나라는 고령화 사회로의 진전이 빨라, 2000년 고령화 사회로의 진입에 이어 2018년 고령사회가 될 것으로 전망되고 있다. 특히 남성보다 수명이 긴 여성의 경우에는 노년의 생활에 대한 보다 더 철저한 준비가 요구되고 있다.

'고령화 사회에 오신 것을 환영합니다.'라는 어떤 책자의 서문에서 언급되듯이 인간은 자연 현상으로 노년기에 접어들게 된다. 최근 인생 100세 시대가 예견되면서 누구에게나 자신의 노후의 삶을 스스로 책임질 수 있는 노후설계가 요구되고 있다. 그러므로 노년기 여성들의 평생학습 참여 현황, 여성노인의 특성, 즉 건강, 경제력, 가족관계, 성격특성과 학습능력, 그리고 노년기 여성교육 관련이론으로 활동이론과 교환이론을 적용해보았다.

1950년 경상북도 점촌에서 시작한 노인을 대상으로 하는 학습활동이 오늘날의 노인교육으로 발전하였다. 2014년 현재 노인교육시설은 노인교실(노인학교, 노인대학), 노인복지회관, 경로당, 노인휴양소 등이 있다. 이 기관들은 노인들에 대하여 사회활동 참여욕구를 충족시키기 위하여 건전한 취미생활, 노인건강유지를 비롯하여 일자리 주선하기 위한 취업교육을 실시하여 소득보장을 도모하고, 기타 일상생활과 관련한 학습프로그램을 제공하고 있다.

외국의 사례는 일본, 미국, 영국, 독일, 프랑스 등을 중심으로 살펴보았고, 장수센터, 노인교육권리강령, 개인화의 원칙하에 생애사 학습, 국제 활동 등이 특성적으로 이루어지고 있었다.

노인들의 수요 가지는 ① 젊음의 유지, ② 역할의 보존, ③ 변화의 극소화이다. 초기의 사회화에 대한 보상은 변화에 있지만, 노년기에는 변화가 없는 것이 우선적인 보상이다.

변화하는 사회에 적응하기 위해 노력하고 있는 노인을 위한 평생학습 방안으로, 노인을 위한 양성평등의식 향상, 세대 간 상호이해교육, 그리고 노년기 여성교육의 활성화를 위한 방안이 제시되었다.

● 토론문제

1. 고령화 사회에서 고령사회로 진입하고 있는 한국사회의 현상에 대해 토의해보자.

2. 노년기 여성교육의 의미와 여성노인의 특성에 대해 논하고, 여성노인의 교육요구와 관련이론을 연계시켜 토의해보자.

3. 노년기 여성교육의 국내외 현황 및 문제에 대해 논하고, 세계 국가들의 노인교육 상황과 비교 분석하여 토의해보자.

4. 인생 100세 시대에 대비한 노년기 여성의 생애주기별 학습과제와 노인의 양성평등의식 향상방안 등에 대해 토의해보자.

참고문헌

통계청(2010). 「인구주택조사보고서」.

__________(2011). 「장래인구추계」.

__________(2011). 「사회통계조사」.

__________.「한국의 사회지표」.

보건복지부. 「보건복지가족통계연보」.

보건복지가족부(2014). 「2014년 노인복지시설 현황」.

여성가족부(2003). 「2003-2007 제2차 여성정책기본계획」.

여성가족부(2008). 「2008-2012 제3차 여성정책기본계획」.

여성가족부(2013). 「2013-2017 제4차 여성정책기본계획」.

한국여성정책연구원(2013). 「2013 한국의 성인지 통계」.

______________________________(2012). "장래인구추계자료".

일본국립사회보장인구문제연구소(2005). 「인구통계자료집」.

두산백과사전 EnCyber & EnCyber.com

곽삼근, 박성희, 박소연(2007). 「노인기 양성평등의식 교육프로그램」. 서울: 여성가족부.

김선영(2001). "성인후기의 여성교육." 『여성교육개론』, 서울: 교육과학사, pp.223-246.

김종서, 남정걸, 정지웅, 이용환(1982). "한국에서의 평생교육체제정립에 관한 연구", 한국정신문화연구원, 「평생교육 체제의 사회교육적 실태」, 서울: 한국정신문화연구원.

김재인(1987). 「후기성인의 학습참여와 생활만족도와의 관계 탐구」. 서울: 이화여자대학교박사학위청구논문.

__________(1993). "사회생활", 「여성노인」. 서울: 한국여성개발원, pp.111-132.

__________(1998). "노인교육의 현황과 노인교육정책", 교육부(편). 「평생학습사회와 노인교육」, 서울: 교육부, pp.297-398, pp.360-361.

______(2009). "성인후기의 여성교육 : 여성노인의 사회적 삶과 평생학습전략," 한국성인교육학회, 「 2009년 추계학술대회 : 후기성인의 품위 있는 노년 만들기 : 쟁점과 전략 」, 부산: 한국성인교육학회.

김재인 · 허현란(1999). 「여성노인의 여가교육 프로그램 개발」, 서울: 한국여성개발원.
김지자 · 김윤정 · 김갑성 공역(2003). 「노년기 성인교육 : 원리 및 접근」, 서울: 서현사.
나항진(2004). 『노인교육론』. 서울: 교육과학사.
대한노인회(1998/ 2008/ 2013). "운영지침".
__________(2013.6.30). "2008년도 대한노인회 각 급회 조직 현황".
박성정(2013). "노년기 여성의 학습, 일, 여가 참여실태와 요구," 『노년기 여성의 학습, 일,
_____여가 참여실태와 과제』. 한국여성정책연구원 · 한국여성평생교육회, pp.1-44.

류종훈, 임창덕, 윤인호, 김동석, 오지혜(2006). 『노인교육의 이론과 실제』. 서울: 학문사, 2002.
송선희 외(2011). 「노인교육론」. 서울: 신정.
윤진(1985). 『성인노인심리학』. 서울: 중앙적성출판사.
최선화(1999). 『사회문제와 사회복지』. 서울: 양서원.
최신덕, 김종숙(1983), 『노인과 사회』. 서울: 고시출판사, pp.70-1.
한숭희(2009). 『평생교육론』. 서울: 학지사, 2004.
한국교육개발원(1993). 「한국사회교육의 과거·현재·미래 탐구」. 서울: 한국교육개발원.
한국보건사회연구원(2011). 「주요국의 사회보장제도 - 영국」. 서울: 한국보건사회연구원.
한국여성정책연구원(2013). 「한국 여성정책의 국제적 공유를 위한 기초자료 구축」, 서울: 한국여성정책연구원.
한정란 외(2006). 『세계의 노인교육』. 서울: 학지사.
한정란(2008). 『노인교육의 이해』. 서울: 학지사, 2005.
허정무(1998). "노인교육방법과 노인학교운영", 교육부(편), 「평생학습사회와 노인교육」. 서울: 교육부, pp.399-512.
日本 文部科學性(2002). 「社會教育調查 報告書」.
日本國立社會保障人口問題研究所(2005). 「人口統計資料集」.
일본국립여성교육회관(2001), 「高齢社會를 향한 男女共同參획學習」.
국립사회보장 인구문제연구소(1997), 「일본의 장래추계인구」.

http://www.kauw.or.kr
http://www.koreapeople.co.kr

http://www.mw.go.kr

http://www.museum.go.kr

http://www.nowonsenior.or.kr

http://www.index.go.kr/egams/default.jsp

http://www.nowonsenior.or.kr

http://blog.daum.net/love/1004069/1269289

http://cafe.naver.com/yesforms9297

http://100.naver.com/100.nhn?decid₩705206

http://sce.ewha.ac.kr/index.html

David Glanz, MPH and Shimshom Neikrug(1997), "Seniors as Researchers in the Study of Aging: Learning and Doing," *The Gerontologist*, Vol.37, No.6, New York: GSA Publications.

David A. Peterson(1983), *Facilitating Education for Older Learners*, Jossey-Bass Inc., Publishers, p.149.

David L. Decker(1980), *Social Gerontology : An Introduction to the Dynamics of Aging*, Boston: Little, Brown and Company, pp.135-7.

Erdman Palmore(1968), "The Effects of Aging on Activities and Attitudess," *The Gerontologist*, 8, pp.259-263.

Francis J. Turner(1968), *Differential diagnosis and treatment in social work*, London: Macmillan, p.130.

Gardner, John N., Gretchen Van der Veer and Associates(1998), The Senior Year Experience: Facilitating Integration, Reflection, Closure, and Transition, San Francisco: Jossey- Bass Publishers.

Gari Lesnoff-Caravaglia(1984), "Double Stigmata : Female and Old," *The World of the Older Women*, New York: Human Science Press, Inc.

Hohn M. Rybash, William J. Hoyer, Paul A. Roodin(1986), *Adult Cognition and Aging Development Changes in Processing, Knowing and Thinking*, New York: Rergamon Press.

Hower Y. McClusky(1971), "Education for aging : The scope of the field and perspectives for the future," In S. M. Grabowski & W. D. Mason(Eds.), *Learning for aging*, Washington D. C. : Adult Education of the U.S.A./ Sharan Merriam, D. Barry Lumsden (1985), "Educational Needs and Interests of Older Learners," D. Barry Lumsden(ed.), *The Older Adult as Learner*, Hemisphere Publishing Corporation 재인용.

John N. Gardner, Gretchen Van der Veer(1998), "The Emerging Movement to Strengthen the Senior Experience," John N. Gardner, Gretchen Van der Veer and Associates, *The Senior Year Experience*, San Frencisco : Jossey-Bass Publishers, pp.3-20.

Maslow, A. H.(1970), *Motivation and Personality*, New York: Harper and Row, pp.35-46.

Newgarten, Bernice L., Robert J. Havighurst and Sheldon S. Tobin(1963), "Personality and Pattern of Aging," Bernice L. Neugarten(ed.), *Middle Age and Aging*, Chicago: The University of Chicago Press, 173-7, pp.173-4.

Neugarten, Belnice L.(1968), "Personality and Patterns of Aging," Bernice L. Neugarten (ed.), *Middle Age and Aging*, Chicago: The University of Chicago Press, pp.173-177.

Schale, K. Warner(1980), Age Changes in Intelligence, Richard Rechard I. Sprott(ed.), *Age, Learning Ability and Intelligence*, New York: Ban Nostrand Reinhold Company.

Timothy H. Brubaker, Edward A. Powers(1976), "The Stereotype of 'Old', A Review and Alternative Approach," *Journal of Gerontology*, Vol. 31, No.4, p.445.

제 3 부

여성의 삶의 영역과 교육

9장 정치와 여성교육

이해주*

* 서울대학교 대학원 교육학박사 사회교육전공
현재 한국방송통신대학교 교육과학대학 학장

1 여성과 정치

민주주의 정치체제에서 모든 사람은 그의 성별, 연령, 종교 등과 관계없이 누구나 동등한 권리를 부여받는다. 즉, 여성도 남성과 똑같은 권리와 의무를 갖고 유권자로서 정치에 참여할 수 있도록 법적으로 보장되어 있다. 그러나 현실적으로 정치의 세계는 남성들의 무대였으며 여성은 그 중심에서 철저히 소외되어 왔다. 1960년대 이전 여성운동이 일어나기 전에는 정치라는 영역에서 여성에 대해서는 논의조차 하지 않았으며, 여성들 스스로도 정치에 관심을 가지려 하지 않았다. 그러나 여성운동이 일어나면서 여성들의 의식이 점차 깨우쳐지기 시작했고 여성들도 남성들과 동등한 유권자로서, 그리고 시민으로서의 권리와 의무가 있음을 인식하게 되었다. 그 결과, 사회적 가치의 배분에 있어 여성들의 몫을 제대로 찾기 위해서는 여성들이 자신들의 목소리를 내야 하며, 여성들의 권리를 적극적으로 주장하기 위해서 여성대표자를 의회나 정부 각 기관에 보내야 한다는 논의가 여성정치학자들을 중심으로 주장되게 되었다. 그렇다면 왜 그들은 여성들도 정치에 개입해야 한다고 말하는가?

정치란 무엇이며, 그것이 여성들의 삶에 어떠한 영향을 미치는가? 여성들은 그 동안 정치와 관련하여 어떤 억압을 받아왔는지, 그리고 왜 여성들은 의식화되어야 하는지 등에 대해 생각해 볼 필요가 있다.

이스턴(D. Easton)에 의하면, 정치란 '가치의 권위적 배분'이라고 한다. 돈과 명예와 권력 같은 인간이 추구하는 제 가치는 희소하다. 그러므로 모두가 이를 가질 수는 없다. 그래서 사람들은 더 많은 것을 쟁취하기 위해 서로 대립과 갈등을 일으킨다. 이때 분쟁을 막기 위해 최종적인 가치배분의 기능을 행사할 제도와 절차가 필요하게 되는 것이며, 그 배분행위는 구속력을 갖는 것이어야 한다. 그러므로 권위를 갖고 있어야 한다. 이와 같이 권위를 갖고 사회적 제 가치를 배분하는 역할을 수행하는 것이 정치이다. 그런데 여기서 가치의 배분이 어떻게 이루어지는가 하는 것은 매우 중요한 문제이다. 즉 그것이 특정 계층에게 제한되느냐, 전체 구성원 모두에게 공정하게 배분되느냐 하는 문제와 가치배분기능을 수행하는 제도나 절차에 누가 참여하게 되느냐의 문제는 그 사회의 민주주의를 가늠하는 기준이 되기 때문이다. 이런 맥락에서 라스웰(Harold Lasswell)은 정치를 '누가, 무엇을, 어디서, 어떻게'라는 시각에서 설명한 바 있다. 특히 누가 정책결정과정에 참여하는가의 문제는 여성의 정치참여와 관련된 중요한 문제이다. 일반적으로 정책결정과정에 참여하는 엘리트들은 자신의 이익과 관련된 영역에 더 많은 관심을 기울이게 마련이며, 이를 합법적으로 보이게 하도록 제도화한다. 따라서 가치의 배분과정에 여성들이 배제된다는 것은 바로 여성들의 소리와 이익이 배제된다는 것을 의미하는 것이며, 여성이 정치의 주변인이 됨을 나타내는 것이다. 이는 그 자체로도 문제이지만 더 중요한 것은 이것이 사회의 다른 부분에서도 양성 간 불평등에 영향을 미치기 때문이다.

정치의 규정력, 포괄성, 우위성이라는 성격 때문에 정치에서 여성의 위치는 사회에서 여성의 위치를 말해주는 하나의 지표가 될 수 있다. 따라서 정치적 영역에서 남성우위는 결국 경제적 영역에서 남성이 우월하다는 것을 나타내며, 정치권력의 남성독점은 여성이 남성에게 종속됨을 보여준다(한국여성연구회, 1994). 그러므로 한 사회에서 정치권력을 얼마나 남성들이 독점하고 있는가에 따라 여성이 남성에게 경제적, 사회적, 심리적으로 얼마나 종속되어 있는가를 파악할 수 있다. 유엔의 한 보고서에 의하면, 매일 행해지는 노동시간의 66%가 여성에 의해 이루어지는 반면, 여성은 세계 전체 소득의 10%, 그리고 전체 부(富)의 약 1% 만을 소유하고 있으며 세계 빈곤층 13억 인구 가운데 70%를 차지하고 있다고 한다. 한편 여성들의 정치에의 진출정도는 나라마다 약간의 차이는 있지만, 우리나라의 경우 약 13% 정도에 그치고 있다. 이러한 수치는 여성들이 엄청난 노동을 하면서도 정당한 대가를 지불 받지 못하고 있다는 점을 드러내 주는 것이며, 정치참여와 사회적 가치배분 사이의 상관관계를 보여주는 것이라고 할 수 있다. 또한 이는 남성지배적 사회에서 여성들이 얼마나 차별받고 있는가를 보여주는 한 단면이라고도 할 수 있겠다.

이러한 남녀 간의 불평등이 존재하게 된 기본적인 원인은 아마도 여성들 자신에게 있다고 할 수 있다. 만일 여성들이 좀 더 적극적으로 정치에 참여했더라면 이 같은 차이는 발생하지 않았을지도 모른다. 정치란 사회적 가치의 권위적 배분 행위이기 때문에 이에 대한 불참은 그 집단의 불이익과 불평등을 초래하게 된다. 그러므로 정치는 여성들의 삶과 직결되는 중요한 문제가 아닐 수 없다. 그렇다면 왜 여성들은 이렇듯 중요한 정치적인 문제에 적극적으로 참여하지 않았을까? 원래 여성들은 정치적인 일에 무관심한 것일까? 아니면 후천적으로 그렇게 사회화된 것일까? 만일 그것이 생래적인 문제가 아니라 후천적으로 사회화된 것이며, 사회에 의해 구조적으로 강화된 것이라면 우리는 사회가 여성들을 어떻게 정치로부터 소외시켰으며 어떻게 구조적으로 배제시켰는지를 드러낼 필요가 있다. 나아가 그러한 문제들을 여성들에게 인식시키고 그것을 해결하기 위해 무엇을 어떻게 해야 할 것인가를 모색해야 한다.

여성들의 문제를 드러내고(problem-posing), 토론을 통해 해결책을 스스로 찾아가도록 하는 것(problem-solving)은 여성교육의 사명이다. 교육은 기존의 가치나 규범을 전수하는 사회화(socialization)의 기능을 수행하기도 하지만, 그 가치나 규범이 가지고 있는 문제들을 해체하고 비판함으로써 특정인을 억압하고 있는 요소들을 제거하여 모두가 동등한 인간으로서의 권리와 책임을 수행할 수 있도록 돕는 반사회화(counter-socialization)의 역할도 수행해야 한다(Engle & Ochoa, 1988). 바로 이것이 여성정치교육의 임무이다. 따라서 본 장에서는 정치와 관련된 여성들의 문제를 제기해보고, 외국과 우리나라 여성들의 정치참여 현황을 살펴보고 문제점과 아울러 시사점을 찾아내어 향후 여성들의 정치참여를 제고하기 위한 정책적 방안을 모색해보고자 한다. 동시에 이를 해결하기 위한 교육적 역할은 무엇인가 논의해 보기로 하겠다.

2 여성들의 정치의식을 저해하는 요인에 관한 이론적 고찰

예로부터 여성의 영역은 가정이며 남성의 영역은 사회라고 하는 2분법적 고정관념(private-public devide)은 여성들이 정치에 관심을 갖고 적극적으로 그에 참여하고자 하는 생각들을 방해해 왔다. 그래서인지 실제로 동서양의 많은 연구 보고서들에 의하면, 여성들의 정치적 태도나 행동이 남성들에 비해 저조하다는 결과들이 많다. 헤스와 토니(Hess & Torney, 1967)는 정치태도에 있어 남녀 간의 성차가 명백히 존재한다고 주장하면서 자신들의 연구에 의하면 여성들은 남성들에 비해 덜 정치적인 경향이 있으며, 정치적 효능감은 적고 정치행동에서도 소극적인 경향이 있으나 정치적 신뢰도는 높은 편이라고 발표하였다. 우리나라의 경우에는 유교적 사고의 영향으로 이러한 경향이 더욱 크게 나타난다. 그리하여 배성동(1975)의 연구에서 우리나라 여성들의 정치적 태도나 행동은 남성들에 비해 낮은 편이라는 점이 지적된 바 있으며, 80년도의 연구에서는 성차가 점차 줄고는 있지만 아직 여성들의 정치의식이나 행동이 남성에 비해 낮은 것으로 보고되었다(박동서, 김광웅, 1987). 하지만 최근 미국의 남녀 고등학교 학생들의 정치적 태도와 행동상에서는 거의 성차가 존재하지 않는 것으로 드러나고 있으며(Harwood & Hahn, 1992) 우리나라의 경우에도 남녀 고등학생들의 정치태도와 행동상 성차가 거의 없는 것으로 나타나고 있다(이해주, 1996). 뿐만 아니라 최근에는 여학생들의 정치의식이 남학생보다 적극적인 것으로 보고되고 있다. 그러나 성인을 대상으로 한 유사연구에서는 남녀 간의 정치의식과 행동상 성차가 존재하는 것으로 나타났다(이승희, 1994; 이해주, 1996).

이러한 연구결과들은 여학생들의 경우에는 남학생들과 거의 비슷한 내지 더 적극적인 정치적 태도나 관심을 보여주지만 결혼을 한 주부들의 경우에는 그 경향이 바뀌고 있음을 보여준다. 물론 이들 연구가 동일인을 대상으로 한 종단적 연구가 아니기 때문에 여학생 시절 정치나 사회에 관심이 많았던 사람들도 결혼하여 아이를 기르게 되면 점차 정치나 사회에 대한 관심이 줄어든다고 단정할 수는 없지만, 여성들이 결혼을 하게 되면 분명 정치참여를 저해하게 되는 요인이 발생한다는 사실은 부정할 수 없다. 그렇다면 무엇이 여성들의 정치의식을 방해하고 있는 것이며 무엇이 그들의 정치참여를 가로막고 있는 것일까? 그리고 최근의 변화는 무엇에 의해 이루어지고 있는 것인지 분석해 볼 필요가 있다.

남녀 간 정치의식과 행동상의 성차와 관련하여 이를 저해하는 요인에 대해 여러 가지 이론들이 있다. 이를 크게 대별해 보면 초기 사회화의 요인과 상황, 구조적인 요인, 기타 요인으로 나누어 볼 수 있다. 이에 대해 좀 더 자세히 살펴보기로 하겠다.

1) 사회화 요인

하이만(Hyman, 1959)과 같이 초기 사회화의 과정을 중시하는 사람들의 경우에는 정치정향에 있어서 성차의 근원을 어린 시절의 사회화 과정 때문이라고 주장한다. 그린스타인(Greenstein, 1968), 헤스와 토니(Hess & Torney, 1967) 등도 초기 사회화 과정을 중시하였으며, 특히 성역할 정향에 초점을 두어 어린이들은 그들에게 주어지는 성역할 기대에 부응하여 행동하기 때문에 소년들은 정치에의 관심이나 참여가 그들의 성역할에 적절한 것으로 받아들이는 한편, 소녀들은 이것이 그들의 성역할에 적절하지 않다는 것을 깨닫고 거부하게 된다고 설명한다. 그러므로 정치적인 관심도나 참여도에 있어 남녀 간의 성차는 어린 시절부터 나타나기 시작하여 성역할이 굳어지게 됨에 따라 더욱 커지게 된다는 것이다.

특히 성 고정관념에 의한 사회화는 성에 따라 차별적인 경험과 기대를 하게 함으로써 여성의 교육과 직업선택의 폭을 제한하고, 그 결과 정치태도나 행동상의 성차를 가져오게 하는 주요한 요인이다. 실제로 여성의 고유한 영역은 가정이며 정치를 포함하는 바깥일은 남성의 영역이라는 성 고정관념은 여성들이 직업을 갖고 사회활동을 하거나 정치에 관심을 갖고 적극적으로 참여하는 것을 방해하는 심리적 기제였다. 심지어 많은 여성들은 가정 이외의 공적인 일에 참여함으로써 행여 자신의 여성스러움을 상실할까 두려워하거나 혹은 그로 인하여 주위 사람들로부터 사랑을 받지 못할까 두려워하여 공적영역에서의 성공을 오히려 기피하는 증세까지 보이기도 한다. 이렇게 볼 때 성 고정관념에 의한 사회화는 오랫동안 여성들의 교육기회를 제한하고 직업적 선택의 폭을 제한해 왔을 뿐만 아니라, 여성들로 하여금 정치적인 문제에 관한 관심과 흥미조차 갖지 못하게 하여 왔으며 나아가 적극적인 정치참여를 방해하는 일종의 스키마(Schema)이다. 그리하여 커크패트릭(Kirkpatrick, 1974), 사피로(Sapiro, 1983), 클라인(Klein, 1984) 등의 여성정치학자들은 현존의 성 역할제도에 의한 사회화의 문제점을 지적하면서 적극적으로 이를 변화시켜 나가야 한다고 주장하였다.

2) 상황 · 구조적 요인

한편 립셋(Lipset, 1963)이나 알몬드와 버바(Almond & Verba, 1963), 그리고 레인(Lane, 1959) 같은 사람들은 정치정향에 있어 성차가 나타나는 원인은 그 사람이 처하고 있는 제반 상황과 사회 구조적인 요인 때문이라고 설명한다. 즉, 여성들이 정치정향에 있어 남성보다 적극적이지 못한 이유는 어린 시절의 사회화 과정 때문이라기보다는 오히려 후에 성인으로서 여성이 처하게 되는 사회적, 가정적 여건이 여성들로 하여금 적극적인 정치정향을 취하지 못하도록 방해하기 때문이라는 것이다. 가정의 잡다한 일과 육아는 여성들이 정치에 관심을 갖거나 투표를 하러 간다던가 일정하게 정치참여를 할 수 있는 시간을 빼앗아 가기 때문에 현실적으로 나타나는 여성들의 정치적 태도와 행동은 남성들에 비해 저조할 수밖에 없다는 것이다. 뿐만 아니라 사회구조적인 여건도 여성들의 정치참여를 저해하는 요인이 된다고 지적한다. 즉, 남성들은 여성들을 경제 분야나 정치 분야와 같은 공적영역에서 구조적으로 배제시키고 단지 그들의 성적 파트너로서만 존재하게 만들 뿐만 아니라 사회도 제도적으로 여성들에게 동등한 직업상의 기회를 부여하지 않음으로써 여성들로 하여금 사적 영역에 머물게 한다는 것이다. 바로 이러한 요소들은 사회적인 구조적 문제이기 때문에 정치적 개입이 필요한 부분이다.

3) 기타 요인

이 밖에도 다른 각도에서 여성들의 정치적 태도나 행동상의 성차를 연구한 결과들이 있다. 즉, 인구 사회학적 변인인 교육, 직업, 연령, 사회적 계층, 도시화 등이 지적되고 있다.

첫째, 교육은 정치의식 수준에 가장 큰 영향을 끼치는 요인으로 지적되어 왔다. 버바와 니에(Verba & Nie, 1978)는 여성의 교육수준이 높아질수록 정치태도 및 행동상의 성차가 줄어든다고 주장한 바 있다. 그들은 정치의식에서 남녀 간의 성차가 발생하는 것은 여성이 원래 정치를 싫어해서가 아니라, 단지 남성에 비해 교육을 덜 받아 왔기 때문이라고 주장하면서 여성에게 더 많은 교육기회를 부여할 것을 역설하였다. 둘째로, 직업문제를 들 수 있다. 1955년 뒤베르제(Duverger)가 여성의 경제적 독립은 정치적 권리를 획득하는 것 못지않게 전통적인 성 고정관념을 깨뜨리고 여성의 정치참여를 증진시킨다는 지적을 한 이후 비키 란델(Vicky Randal, 1982)은 직업을 가진 여성일수록, 그리고 전문직에 종사하는 여성일수록 정치적 태도나 행동이 적극적임을 확인하였다. 경제적인 독립은 여성을 인격적인 독립체로 만들며 정치적으로 주체화시킨다. 셋째로, 연령도 성차 요인의 한 변수로 지적된다. 일반적으로 나이가 많은 여성일수록 보수적인 경향을 나타내며, 신세대일수록 개혁적인 성향을 나타내게 됨으로써 정치태도상의 성차가 적게 발생한다. 이밖에 사회적 계층, 도시화 등도 여성들의 정치의식에 영향을 준다. 즉 사회계층이 높은 집단일수록 정치에 관심이 높으며 정치참여에 적극적이기 때문에 남녀 간의 성차가 적게 나타난다(Barnes & Kaase, 1979). 또한 도시에 사는 사람들의 정치의식은 농촌에 사는 사람들에 비해 근대적이며 여성들도 근대적 사고를 지니기 때문에 성차가 적게 나타난다. 이를 정리해보면 교육의 정도가 높을수록, 직업을 가진 사람일수록 그것도 전문직을 가진 사람일수록, 연령이 낮을수록, 사회계층이 높은 사람일수록, 농촌보다는 도시의 사람일수록 근대적인 정치태도와 적극적인 정치행동을 취하는 경향이 있으며 그러한 집단일수록 정치태도와 행동상의 성차가 적다고 한다. 실제로 우리나라의 연구에서도(박동서, 김광웅, 1987) 나이가 젊을수록, 교육수준이 높을수록, 소득이 높을수록, 도시거주자일수록 정치에 관심이 많고, 정치참여의식도 높은 경향을 나타내었으며 그들 집단 내에서는 그렇지 않은 집단에 비해 성차도 적은 것으로 드러났다.

이상의 연구들은 인구사회학적 변인들을 중심으로 한 연구들이다. 그러나 이들 연구에서는 각각의 변인이 정치의식과 그 성차에 미치는 영향만을 고려하였지 그들 사이에 공통적으로 존재하는 성역할에 관한 고정관념이라는 상징체계가 성차에 크게 영향을 미치고 있다는 사실은 간과하고 있다. 사피로(Sapiro, 1983)는 여성의 정치참여와 교육, 결혼여부, 자녀의 양육여부, 직업, 사영역화(Privatization: 여성의 영역은 가정이라는 기존의 성역할에 대한 고정관념을 그대로 인식하는 경우 사용하는 개념)와의 관계를 분석한 결과, 결혼한 여성, 아이가 있는 여성, 전업주부, 성역할에 대한 고정관념이 높은 여성일수록 정치에 대한 관심이 적으며 정치적 관여, 정치적 교류나 참여에 소극적이라는 사실을 발견해 내었으며, 그 중에서도 성역할에 대한 고정관념의 정도가 여성의 정치적 태도에 가장 중요한 변수라는 결론을 내린 바 있다. 클라인(Klein, 1984)도 미국에서 1980년대에 나타나기 시작한 새로운 성차(gender gap)[1]의 원인으로 여성노동인구의 증가, 출산감소, 여성

1) gender gap : 새로운 성차라는 의미에서 만들어진 이 용어는 과거에 갖고 있던 여성들의 정치의식에 대한 통념이 부정되면서 생겨났다. 미국의 경우 1980년 대통령선거에서 처음으로 여성은 남성과 독립된 정치행위자로 등장하였으며 특히 30세 이하의 전문직 여성들은 남성들보다 오히려 높은 정치의식과 행동을 나타내었다. 이같이 새로운 성차가 부상한다는 의미는 여성투표블럭이 형성되었음을 의미하는 것이며 여성유권자가 비효율적인 정치적 소수에서 이제는 능동적인 중요한 다수로, 중요한 정치적 집단으로 부상함을 의미한다.

의 성 고정관념의 감소와 그에 따른 여성의식의 변화를 중요하게 제기하고 있다. 이러한 연구결과는 성역할에 대한 고정관념과 여성의 정치태도 및 행동 간에는 강한 상관관계가 있음을 밝혀 주고 있으며, 성차극복을 위해서는 우선 성역할에 관한 고정관념이 깨뜨려져야 함을 강조하는 것이라 하겠다.

3 여성의 정치참여 현황

여성의 정치참여는 유권자로서 투표권을 행사하여 정치지도자를 선출하는 행위뿐만 아니라 정당 활동이나 국정 및 지방정치활동에 직접 참여하는 행위, 그리고 여러 가지 사회단체에 가입하여 정치과정에 영향을 주게 한다거나 일반시민으로서 사회운동에 참여하여 정부의 정책과정에 영향을 주는 등 여러 가지 방법이 있을 수 있다. 그러나 19세기 말 여성의 참정권 운동이 일어난 후 획득된 여성참정권의 내용은 선거권이었을 뿐 피선거권은 제외되었었다. 그 후 여성의 선출권은 20~30년간의 여성운동을 경과한 후에야 제기되기 시작하였으나, 이는 정치권력의 배분과 밀접한 관련이 있는 문제이기 때문에 현재까지도 남성과의 차별이 심하게 이루어지고 있다. 그러면 선진국의 경우와 함께 우리나라 여성들의 정치참여 현황을 살펴보기로 하자.

1) 서구 선진국 여성들의 정치참여 현황

여자라는 이유만으로 정치에 참여할 수 없었던 사회에서 참정권만을 얻기까지도 100여 년이란 오랜 세월이 흘렀다. 서구에서 여성해방에 대한 의식이 생기게 된 것은 1789년 프랑스 혁명을 겪는 과정에서부터이다. 사실상 프랑스 혁명조차도 일부 남성의 해방을 인류 전체의 해방으로 선언한 것이었기 때문에 1789년 올랑

프 드 구즈는 인권선언과 별도로 여성의 권리를 선언하였다. 여권 선언의 서문에서는 "어머니, 딸, 자매들의 대표 즉 국민의 여성 대표자들도 국민의회의 구성원이 되어야 한다. 여성의 권리에 대한 무지나 망각, 경시는 공익 손상과 통치의 부패를 초래하는 요인이므로 여성에게도 남성과 똑같은 권리가 주어져야 하고 여성은 누구에게도 양도할 수 없는 신성한 자연권을 갖고 있다는 것을 엄숙히 선언"하였으며, 제10조에서 그녀는 그 유명한 선언, 즉 "여성이 단두대에 오를 권리가 있다면 의정 단상에도 오를 권리도 있다."는 선언을 남기고 단두대에서 처형되었다(한국여성연구회, 1994).

그 후 서구에서 제1의 여성운동이라고 할 수 있는 참정권 운동은 19세기 초의 노예제 폐지 운동에 자극되어 광범위한 사회운동의 형태를 띠게 되었다. 1848년 뉴욕의 세네카폴즈에서 열린 최초의 여권회의에서는 유명한 「여성의 유감선언」(The Declaration of Sentiments)이 채택되어 "모든 남자는 평등하게 창조되었다."는 미독립선언의 어구를 "모든 남자와 여자는 평등하게 창조되었다."로 수정하고, "인류의 역사는 남자의 여성에 대한 압박과 수탈로 얼룩져 왔다."고 하면서 남성의 절대 독재를 고발하였다. 이리하여 여성 참정권 운동은 미국뿐 아니라 구주 각국에 전파되어, 1869년 미국의 와이오밍 주에서 처음으로 여성의 완전 정치권을 인정하였고, 1920년에는 연방정부가 헌법에 이를 규정하게 되었다. 1893년에는 뉴질랜드에서, 1902년에는 오스트레일리아에서 여성의 정치권을 인정하였고, 1905년에는 핀란드, 노르웨이 등에서, 1917년에는 소련에서, 1918년에는 영국에서, 1946년에는 프랑스에서 각각 여성의 참정권이 인정되었다. 이와 같은 여성의 참정권은 그 후 1940년대와 1950년대에 이르러 보건교육, 사회복지부문에 있어서 여성들의 권익을 반영하는 정책을 수립하는 데 상당한 영향력을 행사하게 된다. 그러나 당시 여성운동가들은 여성에게 참정권을 달라는 점에 초점을 두었을 뿐 여성들을 피선거자로서 진출시키는 데에는 별로 관심이 없었다. 여성들도 동등한 피선거자로서 모든 정책결정과정에 참여해야 한다는 논의는 1960년대에서 1970년대에 와서야 제2의 여성운동이라고 할 수 있는 사회운동을 통해서 시작되었다. 이때 비로소 정치에서의 여성소외라는 문제와 함께 여성의 저대표성 문제가 거론되기 시작했으며, 여성문제의 효과적 해결을 위해서는 여성들이 스스로 정책과정에 참여해야 한다는 의식이 팽배해졌다. 그리하여 우리나라에서는 이러한 의식을 함양하기 위해 각 대학에 「여성과 정치」 과목도 개설되었고, 그에 따라 점차 피선거자로서의 여성정치참여도 증가하게 되었다(주준희, 1992).

현재 서구사회의 경우, 여성의 정치참여는 몇 가지 분리된 영역에서 이루어지고 있다. 첫째, 정당과 의회참여를 통한 참여가 있고, 둘째, 이익단체를 통한 정치활동, 셋째, 행정부에의 참여가 있다. 그 외에 사법부의 여성들도 정치적 영향력을 행사하며, 대중매체 또한 정치적 영향력을 행사한다. 그리고 제도권 밖에서의 비공식적인 정치참여 또한 중요한 의미를 지닌다. 그 중 민주적 대표의 원칙에 있어서 중요한 의회참여 정도를 살펴보면 다음과 같다.

〈표 9-1〉 주요 국가별 여성 국회의원 비율 및 순위

(단위: 명, %)

	2012		
	순위	총의원수	여성의원비율(%)
르완다	1	44	56.3
스웨덴	4	349	44.7
노르웨이	11	169	39.6
네덜란드	14	150	38.7
오스트리아	34	183	27.9
독일	24	620	32.9
영국	57	650	22.5
미국	77	434	18.0
대한민국	87	300	15.7
일본	122	480	7.9

출처: 국제의원연맹(IPU 홈페이지:www.ipu.org)

국제의원연맹(IPU)의 자료에 의하면, 현재 서구에서 여성들의 국회의원 참여율은 우리에 비해 상당히 높은 편이다. 스웨덴의 경우 여성의원이 전체의 약 45%를 차지하고 있으며, 노르웨이, 네덜란드의 경우가 39% 정도를 차지하고 있는 것으로 나타났다. 한편 영국이나 미국의 경우에는 22%, 18%로 중간정도에 이르고 있으며, 우리나라나 일본의 경우는 15%, 8% 정도로 상당히 낮은 편에 속하고 있다(세계 1위는 르완다인데 이는 2003년 헌법에 30% 이상 여성을 할당하는 규정을

했기 때문인 것으로 해석됨. 2위는 안도라 공화국, 3위는 쿠바임).

스웨덴의 경우, 여성 정치참여 확대의 주요 요인을 분석해 본 결과, 우선 사회적 조건이 성숙되어 있다는 점과 여성단체의 집중적인 노력 그리고 정치지도자의 여성문제에 대한 인식과 결단 등이 지적되었으며 비례대표제와 쿼터제 등 여성에게 유리한 선거제도의 도입도 긍정적인 영향을 미친 것으로 보고되었다(최수경, 2000). 한편 우리나라처럼 권위주의적 전통이 강하게 남아 있는 독일의 경우에는 여성들의 정치적 권리가 영국이나 미국의 경우에서처럼 투쟁에 의한 결과라기보다는 민주주의가 독일에서 그렇게 이루어졌듯이, 여성의 투표권도 시대적 상황에 의해 객체적으로 주어진 측면이 강했다(전복희, 1998). 가부장제의 전통이 강한 독일에서는 여성의 공적 활동에 대해 상당히 적대적이었다. 여성을 '3K'(Kinder, Kuche, Kirche: 어린이, 부엌, 교회)에 한정시키는 전통적 가부장제 관념이 독일의 보수적인 정치풍토와 함께 여성의 정치참여운동을 제한하였다. 그러나 1960~70년대 사이의 신여성운동은 '사적인 것은 정치적인 것이다'라는 슬로건을 내세우고 이전에는 사적인 영역으로 인식되어 언급하지 않았던 섹스, 가사노동, 남녀역할 등을 정치적으로 공론화하기 시작하였다. 이들은 여성들만의 글방, 연극그룹, 카페나 휴게소 등에서 이러한 문제들을 논의하기 시작했으며, 이 운동의 전개로 여성의 단합과 여성의식의 성장이 놀랄 만큼 이루어졌다. 이와 함께 80년대에 이르러서는 교육수준이 높고 질적으로 우수한 여성들이 대거 정치권에 진출하여 정치문화의 촉진을 꾀하였다. 이들은 여성의 정치참여를 증진시키기 위해 정당의 여성정책에 강한 영향력을 행사했을 뿐 아니라, 의회의 결정을 위해서 초당적인 연대를 성공시키기도 하였다. 그 결과, 각 정당에서는 정책적으로 여성의 정치참여를 장려하여 모든 주요정책결정의 10~20% 정도를 묵시적으로 여성에게 할당하였으며, 녹색당의 경우에는 50%를 여성에게 할당하였다. 또한 의원의 반수를 비례대표자에 의해 선출하게 함으로써 여성들의 의회진입을 보다 쉽게 해주었다.

이 같은 각국의 정책적 배려와 여성들 스스로의 노력에 의해 현재 서구여성들의 정치참여율은 계속적으로 증가하고 있는 실정이다. 여성의 국회의원 비율은 정치, 경제 분야의 중요한 정책결정의 행사에서 여성참여 정도를 지표화한 여성권한척도의 가장 중요한 구성요소인 만큼 한 나라의 여성의 권리를 보여주는 지표로 활용되고 있다. 여성권한척도(Gender Empowerment Measure: GEM)는 정치, 경제 분야의 중요한 정책결정의 행사에서 여성참여 정도를 보여주는 것으로 그 요소로는 ① 국회의원 여성비율, ② 입법, 고위임직원 및 관리직에서의 여성비율 ③ 전문기술직 여성비율, ④ 남녀소득비 (변수: 남녀별 1인당 GDP, 임금, 경제활동인구, 전체인구)가 해당된다.

여성권한척도의 세계 순위를 보면 〈표 9-2〉에서 보는 바와 같이, 노르웨이나 스웨덴 등의 스칸디나비아 국가들이 가장 높으며 아시아에서는 싱가포르가 23위, 일본 32위, 필리핀이 35위를 차지하고 있으며 한국은 66개국 중 61위이다.[2)]

〈표 9-2〉 여성권한척도 순위표

순위	인간개발지수(HDI)	남녀평등지수(GDI)	여성권한척도(GEM)
1	노르웨이	아이슬랜드	노르웨이
2	호 주	노르웨이	아이슬랜드
3	미국	노르웨이	스웨덴
4	네덜란드	스웨덴	덴마크
5	독일	뉴질랜드	핀란드
6	뉴질랜드	아일랜드	…
…	…	…	…
12	대한민국	남아프리카	필리핀(35위)
…	…	…	대한민국(61위)

자료: UN개발계획(UNDP). 인간개발 보고서, 2009.

2) 한국 여성들의 정치참여 현황

우리나라 여성들의 참정권은 1945년 해방과 아울러 헌법과 각종 선거법에 명시되었다. 그리하여 정치상 아무런 제한 없이 모든 여성들의 참정권이 인정되었다. 그러나 그럼에도 불구하고 우리나라 여성들의 정치참여는 세계적으로도 아주 저조

2) 여성권한 척도(GEM)란 여권신장척도를 나타내는 것으로 경제적, 정치적 참여와 의사결정과정 등의 주요 부분에서의 남녀불평등을 측정한 것이며, 여성관련개발지수(GDI)란 평균수명, 교육성취도 그리고 소득 등 인간개발지수(HDI)에 포함되어 있는 일련의 기본능력들을 수용해 그 성취정도를 포착하되 남녀 간 불평등이 반영되도록 조정한 것이다.

한 수준에 머물러 있다. 이 같이 한국 여성의 정치참여 실태가 저조한 이유에 대해 혹자는 외국 여성들의 경우에는 프랑스 대혁명에서 출발하여 실질적인 참정권을 획득하기까지 약 1세기 반 이상의 오랜 시간 투쟁을 거쳐 쟁취해 낸 것에 비해, 한국여성들의 경우에는 피나는 투쟁에 의해 획득한 것이라기보다는 해방과 더불어 저절로 주어진 것이기 때문에 여성들의 권리의식이 희박한 편이라고 해석하기도 한다(송은희, 2000). 그러나 이는 지나친 일반화이고 우리나라 여성들의 참정권을 위한 운동은 특별히 한국의 역사적 특수성에 비추어 조명되어야 할 것이다.

19세기 민족주체의식에 입각하여 반침략과 반봉건의 기치 아래서 민중으로 하여금 자유, 평등, 인간의 존중사상을 각성케 한 동학사상과 자주, 민권, 자강사상을 주도한 독립협회의 운동은 근대를 지향하는 한국여성의 자각을 촉진하였다(백경남, 1981). 이로써 한국여성운동은 교육의 보급에서 출발하여 교육을 통한 남녀동등권이 주장되면서 여성교육의 중요성과 여성의 정치참여가 역설되기 시작하였다. 1898년 여성교육을 목적으로 설립된 한국최초의 여성단체인 찬양회는 여성의 권리와 남성의 권리가 동등함을 인식하고, 이를 전파하기 위해서는 교육기회를 균등하게 부여해야 한다고 주장하면서 관립여학교 설립운동을 전개하였고 이를 통해 근대시민국가의 형성을 위한 정치운동을 적극적으로 실천하였다(박용옥, 1982). 그 후 일제시대를 맞이하여 근대화의식을 고취시키고 민족사 창조를 위한 여성의 역할을 강조하는 운동을 전개하였으며 45년 해방 이후 여권신장과 실질적인 참정권획득을 위한 여러 가지 운동을 전개하였다. 그리하여 1945년 8월 대한여자국민당이 여성들의 정치, 경제, 사회적 지위의 향상과 확보를 목적으로 창당되기도 하였다. 그러나 해방 이후 또 다시 남북분단이라는 현실에 부딪혀 한국여성운동은 많은 제약을 받게 되었으며, 여러 가지 사회 문화적 요소와 제도적인 문제로 인해 억압되었다.

한국여성의 참정권은 1948년 남한만의 단독정부 수립을 위한 10대 국회의원 총선을 치르기 위해 처음으로 부여되었으나, 당시 여성의 문맹률이 90% 이상이었고 좌익세력과 중도세력 등 단독 정부수립을 반대한 정치세력들이 배제된 상태에서 특정정권을 만들기 위한 목적으로 여성들의 참정권을 허용한 것이기 때문에 정치적으로나 여성들에게나 큰 의미가 없는 것이었다. 이렇게 시작된 우리나라 여성의 정치참여는 다음과 같은 특징을 갖는다.

첫째, 여성의 의회참여율이 매우 낮다. 〈표 9-3〉에서 보는 바와 같이 제헌국회로부터 시작하여 1996년 제15대 국회에 이르기까지 전체 의원총수는 3,532명인데 그 중에 여성 국회의원은 평균 2.2%에 불과하다. 78명에 이르는 여성의원 중에서도 59명이 전국구나 통일주체국민회의 국회의원이고 직접선출에 의한 지역구 의원은 19명에 불과하다(이범준 외, 2000). 그 후 16대에서는 약 5.9%(16명)로 늘어났고 17대 국회에서는 13%(39명), 18대 국회에서는 13.7% 그리고 19대 국회에서는 15.7%로 계속된 증가세를 보여주고 있다. 하지만 아직도 선진국에 비해 볼 때, 우리나라 여성들의 의회진출은 저조한 상황이다.

둘째, 여성의 의회진출이 대부분 지역구나 정당 활동을 기반으로 하지 않고 위로부터의 정치적 배려 차원에서 이루어진 것이 대부분이기 때문에 여성유권자를 대변하는 대표성을 가지지 못한다. 그 결과, 여성의원의 존재가 여성에 대한 유권자의 성차별적 편견을 시정하는 데 도움이 되지 못할 뿐만 아니라 여성의원들의 활동을 통한 여성의 법적 권리확보도 미약한 수준이다.

〈표 9-3〉 한국의 여성정치 참여 현황

(단위: 명, %)

연도	총 의석	여성 의원 수	비율	광역의회			기초의회		
				전체	여성	비율	전체	여성	비율
1995	–	–	–	972	56	5.8	4,541	71	1.6
1998	299	11	3.6	690	41	5.9	3,490	56	1.6
2000	273	17	6.2	–	–	–	–	–	–
2002	273	16	5.9	682	63	9.2	3,485	77	2.2
2004	299	39	13.3	–			–		
2006	299	40	13.4	733	89	12.1	2,887	436	15.1
2008	299	41	13.7	–	–	–	–	–	–
2010	299	42	13.7	–	–	14.8	–	–	21.6

자료: 한국여성정책개발원(2010년)

이같은 여성의 저대표성은 여성들의 입장을 제대로 대표하지 못하고 여성문제를 정치적, 정책적 차원에서 배려하지 못한다는 문제점을 지닌다. 뿐만 아니라 우리나라는 유교적 전통으로 인한 보수적인 정치문화와 함께 남성 중심적으로 구조화되어 있는 정계의 특성으로 여성들이 지역구에서 선출되기가 대단히 어렵다. 또한 여성들은 재력이나 인맥, 조직망이라는 차원에서 남성들에 비해 열세이기 때문에 혼자만의 힘으로 국회에 진출하기가 매우 힘든 상황이다. 게다가 아직 여성들 자체 내에서도 여성들을 불신하는 경향이 높아 여성들의 대표성이 아주 저조하다. 그러나 이러한 여성의 저대표성보다 더 문제가 되는 것은 일반적인 여성들의 정치적 관심이나 효능감이 남성들의 그것에 비해 훨씬 저조하다는 사실이다. 그 결과 정치적 행동에서도 여성들은 소극적인 태도를 보이고 있다. 그러므로 여성들에게 자신들의 역할이 사회적으로 매우 중요한 의미를 지닌다는 믿음과 확신을 갖게 할 필요가 있으며, 여성들끼리의 연대나 협조체제의 구축이 요구된다.

4 여성 정치참여의 필요성

과거에 비해 우리나라 여성 국회의원 비율이 증가하고 있기는 하지만 다른 나라에 비해 아직도 저조한 편이다. 여성인구가 전체인구의 절반을 차지하고 있다는 점을 고려할 때 여성들의 정치참여는 훨씬 높아져야 할 것이다. 그렇다면 왜 여성들의 정치참여가 요구되고 중요시되는지 몇 가지 측면에서 살펴보기로 하자.

1) 여성들의 권리와 의무

이제까지의 정치적 담론들은 주로 남성들의 경험 속에서, 남성적 가치를 중심으로 논의되어 왔다. 그리하여 자유주의적이고 민주적인 국가에서의 모든 활동은 공식적인 담론에 대한 행동과 비판을 상호 교환하거나 명시할 수 있는 힘이 주어진 남성들만의 특권이었다. 그리고 여성들에게는 소위 '현모양처'를 최상의 가치로 여기도록 교육시키면서 공적영역에 대한 관심을 철저히 배제시켜 버렸다. 그리하여 많은 여성들은 남성중심적 정치문화와 정치구조 속에서 정치에 대한 무관심과 동시에 무력감을 느끼게 되었으며 정치는 '나의 일이 아니다.'라고 체념하게 되었다. 그 결과 공적인 영역에서 여성들의 소리는 무시되어 버렸으며, 여성들의 이슈나 저항들은 공공 문제의 의제(agenda) 속에서는 언제나 이차적인 문제로 남아 있게 되었다. 그러나 한쪽의 소리를 무시하고 그들의 참여를 배제한 민주주의는 진정한 민주주의라고 할 수 없다. 정치영역에서의 여성배제는 여성의 권리를 존중하지 않는 것이며 여성의 인적 능력발휘의 기회를 박탈하는 것이기 때문이다. 그러므로 여성들이 적극적으로 참여하여 여성들의 소리를 내야 한다. 참된 민주주의는 모든 사람들의 권리가 존중되어야 하며 동등한 참여가 보장될 때 가능해진다. 따라서 여성들의 동등한 정치참여는 여성들의 권리를 보장하기 위함이며 동시에 이는 한 시민으로서의 의무이기도 하다.

2) 차세대에 대한 정치교육

여성들의 정치참여가 필요시되는 또 다른 이유로는 차세대에 대한 정치교육의 중요성을 들 수 있다. 유년기나 청소년기의 정치사회화를 위해 학교는 많은 인력과 시간을 투자하면서 정치교육을 실시하고 있다. 그러나 사실상 대부분의 정치사회화는 가정에서 이루어진다. 이는 사적인 의식과 태도와 관련된 부분이기 때문에 오히려 잠재적 교육과정에 의해 더 많은 영향을 받게 된다. 그러므로 여성들의 정치적 소외는 차세대에 대한 정치교육상의 허점을 드러내게 된다. 즉, 정치사회화의 모체인 어머니가 정치에 대해 전혀 의식이 없고 참여하려 하지 않는 상황에서 차세대의 정치사회화가 바르게 이루어지리라 기대하는 것은 모순이다. 그런데 여기서 특기할 점은 여성들의 정치적 관점이 대부분 그들의 남편에 의해 지배를 받아왔다는 점이다(Lazasfeld dt al., 1968; Vicky Randall, 1987에서 재인용). 또한 딸을 포함하여 자녀들도 대개는 그들 아버지의 정치적 관점에 순응한다고 한다. 버틀러와 스토크스(Butler and Stokes, 1974)는 자녀들이 어머니의 정당보다는 아버지의 정당에 더 귀속감을 갖는다는 점을 보고한 바 있다. 이러한 점들은 이제까지의 어머니가 가정에서의 일반적인 사회화 과정에 중요한 역할을 행사해 왔음에도 불구하고, 정치적 사회화 부분에서는 거의 영향을 미치지 못하고 있음을 나타내 주는 결과라고 하겠다. 바로 이러한 점들은 앞으로 어머니들이 정치적 관점을 갖고 나름대로 소신 있는 정치사회화의 주체가 되어야 함을 시사한다.

아이들은 자신을 양육하는 부모로부터 정치에 대한 관심, 신뢰감 그리고 효능감 등을 전달 교육받게 된다. 어머니가 정치나 사회문제에 대해 관심이 많게 되면 자식들과 함께 그에 관한 대화를 자주 하게 마련이고, 자연히 자녀들은 그렇지 않은 아이들에 비해 사회나 정치와 관련된 지식을 많이 갖게 될 것이며 따라서 이에 대한 관심도 커질 것이다. 또한 정치적 관심은 정치참여로 이어지게 마련이다. 그러므로 차세대를 위한 정치교육을 위해서라도 여성들의 정치의식 함양은 절대적으로 중요한 의미를 갖는다. 이는 결국 다음 세대의 민주주의의 성패와도 직결되는 문제이기 때문이다.

3) 생활정치의 등장

미래사회에서는 정치에 대한 개념상의 대 전환이 이루어질 것이다. 즉, 정치가 비단 선거나 투표와 같은 문제만을 의미하는 것이 아니라 환경, 인권, 평화 등과 같은 새로운 사회적 이슈를 포함하는 개념으로 바뀔 것이며 이익유도형 정치에서 생활정치로 전환될 것이다. 이를테면 과거에는 국회의원이 될 자격이 있는가를 판단하는 중요한 기준이 이익배분의 공약을 이행할 만큼 힘이 있는 권력에 속하거나 적어도 그 권력과 친밀한 연고를 갖는 것이었다. 그러나 문제는 그 이익이 누구의 관점에서 설정한 이익인가 하는 것이다. 앞으로는 특정한 이들을 위한 관점이 아니라 모든 지역주민들의 관점에서 인간으로서의 생명가치와 인간다운 생활을 뒷받침하는 이익인가가 더 중요한 문제가 될 것이다(한영혜, 2000). 이것이 바로 생활정치이다. 생활정치는 일상적인 생활 속에서 주민으로서 경험하게 되는 다양한 문제들을 쟁점화하므로, 남성에 비해 지역과 가정에서 다양하고 많은 생활경험을 하게 되는 여성들이 생활정치의 중요한 주체가 된다. 여성들은 남성들에 비해 다양한 생활경험을 하고 가족들의 생활 및 복지와 관련된 문제들에 관심을 갖기 때문에 여러 가지 측면에서 생활상의 문제들을 찾아낼 수 있는 위치에 있다. 그러므로 정치의 중요도가 생활정치 쪽으로 전환되는 미래사회에서는 여성들의 정치적 참여가 더욱 중요시될 것이다.

이미 이러한 사례로 2008년 촛불시위에 등장한 '유모차 부대'와 '촛불소녀'를 들 수 있을 것이다. 내 아이에게 아픈 소를 먹일 수 없다며 유모차를 이끌고 시위에 참여한 여성들, 그리고 내 동생이나 오빠가 나중에 군대 가서 미국산 쇠고기 먹고 광우병에 걸리면 어쩌나 해서 청계천 광장에 모여든 10대의 소녀들, 여성들이 촛불시위의 중심에 섰다. 이들이 남성들보다 더 적극적으로 참여하게 된 것은 바로 그 이슈가 삶과 관련되어진 문제이었기 때문이며, 여성 특유의 '타인에 대한 염려 내지 배려'가 작동되었기 때문이다. 여성들이 만들어낸 촛불집회는 개방성, 유머, 창의성, 비판의식이 결합된 문화의 장이었다(김현미, 2008). 여성들의 참여 덕분으로 정치가 투쟁과 미움으로 얼룩진 쟁취의 장이 아닌 기쁨과 열정을 주고받는 만남의 장이 될 수 있다는 사실을 확인할 수 있었던 사건이었다.

과거 남성적 가치의 숭배는 상대방을 지배하려 하였을 뿐 함께 더불어 살려 하지 않았기 때문에 환경파괴, 인간소외, 사랑의 결핍 등 수많은 사회문제를 가져왔다. 무분별한 개발은 자연자원을 고갈시키고 토지를 황폐화시켰으며 상호불신과 빈곤을 가져왔다. 이에 대한 비판은 여성=자연, 남성=문명이라는 이원론적 공식 하에서 자연을 정복의 대상으로 보듯 여성을 지배하고 억압하려는 남성 주의적 시각에 대한 페미니스트들의 목소리로 이어졌으며, 1960년대 서구를 중심으로 일어난 신사회운동[3]으로 연결되어졌다. 이러한 운동들의 공통점은 그동안 무시하고 사장해온 여성적 가치를 인정하고 여성 특유의 자질과 능력을 최대한 활용하여 이러한 문제들을 해결해야 한다는 것이다. 그런데 이러한 운동을 주도하기 위해서는 여성들의 의식개혁과 사회참여의식이 전제되어야 한다. 왜냐하면 미래의 사회문

3) 신사회운동은 자유주의 정치이론에 깔려 있는 사회적 행위영역을 이원적으로 분리하는 틀 안에서는 쉽게 받아들여질 수 없는 주제들을 정치화한다. 여기에서는 사적이지도 공적이지도 않은 그런 유형의 이슈들을 문제로서 제기한다. 이를테면 자연환경과 인위적 환경에 대한 관심까지도 포함하는 생태, 환경운동, 정체성과 존엄성의 보호, 그리고 성, 나이, 종족, 언어, 지역 등에 의해 차별받는 사람들을 위한 인권운동, 반전운동과 평화운동, 재화와 용역의 생산과 분배에 있어서 '대안적인' 또는 '공동체적' 양식을 주장하거나 옹호하는 운동들이 이에 해당된다(정수복, 1993).

제는 소수의 정치인에 의해 그 문제의 해결이 가능한 것이 아니라, 전체 시민들의 참여에 의해서만 가능하기 때문이며 특히 여성들의 깨우침과 적극적인 참여 없이는 그 해결이 불가능하기 때문이다. 뿐만 아니라 이제는 사회적 삶의 정치적 영역과 비정치적 영역이 융합되고, '私的인' 관심과 행위양식과 '公的인' 그것과의 경계선이 점차 모호해지고 있기 때문에 여성들이 가정의 테두리에서만 자신의 역할을 한정하고 싶어도 그것만으로는 나의 자녀와 가족을 보호할 수가 없다. 그러므로 앞으로는 사적인 문제도 정치적으로 또는 사회적으로 함께 해결해야 할 필요가 증가할 것이다. 이를테면 환경보호를 위한 여러 가지 활동, 청소년들의 정서발달을 저해하는 TV 프로그램에 대한 모니터링, 원조교제에 대한 사회적 제재, 유해농산물에 대한 불매운동 등이 이에 해당한다.

이러한 여러 가지 요인들과 사회적, 정치적 변환은 여성들의 정치적 참여를 요구하게 되었다. 이제 여성들의 정치참여는 권리인 동시에 의무가 되었다. 왜냐하면 이같은 여러 가지 문제를 해결할 열쇠를 가지고 있는 사람은 바로 여성들이기 때문이다.

5 여성들의 정치참여 활성화를 위한 과제

앞에서 언급한 바와 같이 여성들의 입장을 대변하고 보다 깨끗하고 도덕적인 민주정치가 이루어지기 위해서는 여성들의 정치참여가 필수적이다. 여성들이 남성보다 도덕적이라는 점은 몇몇의 연구에서도 이미 밝혀진 바 있다. 예컨대 백스터와 란싱(Baxter & Lansing, 1980)은 여성들이 남성보다 전쟁과 핵무기 문제에 대해 더 평화주의적 입장을 취한다는 점을 발견한 바 있으며, 레인(Lane, 1959)도 여성들이 중요한 단계에서 부패를 제거하려는 이른바 '정의에 대한 냉철한 애착'을 가지고 있음을 지적한 바 있다. 그러므로 여성들이 보다 적극적으로 정치에 참여할 때 여성들의 삶뿐만 아니라 사회 전체가 보다 공평해질 수 있을 것이다. 또한 정치권력은 특정집단을 위한 이익배분보다는 모든 사람들을 위한 봉사의 수단으로 사용되어질 것이며 투쟁과 경쟁보다는 협력과 보살핌의 정치, 매수나 동원에 의한 부패한 정치보다는 깨끗하고 생산적인 정치가 될 수 있을 것이다.

그러나 문제는 어떻게 여성들의 정치참여를 고양할 것인가 하는 것이다. 현재와 같은 남성위주의 정치문화 속에서 여성들이 국회에 진입하기는 매우 힘들다. 그러므로 우선 여성들의 정치의식이 바뀌어져야 하며 사회 전반적인 정치문화가 바뀌어져야 한다. 그런데 그러한 정치의식이나 정치문화는 한순간에, 저절로 바뀌는 것은 아니다. 그것은 정책적 배려와 함께 오랜 기간에 걸친 정치교육을 통해 이루어지는 것이다. 그러면 우선 정책적 차원에서 할 수 있는 역할과 과제에 대해 살펴보기로 하자.

1) 정책적 과제

첫째로, 사회적 분위기의 조성이다. 즉, 사회 전체적으로 여성들도 정치에 참여할 수 있고, 참여해야 한다는 분위기가 조성되어야 한다. 정치나 공적영역은 남성의 영역이고, 사적영역은 여성의 영역이라는 성 고정관념은 여성들의 정치참여에 대한 태도를 저해하는 주요한 요인이다. 따라서 여성들이 심리적 갈등을 겪지 않고 적극적인 참여를 할 수 있도록 하기 위해서는 여성들도 정치에 참여해야 하고, 할 수 있다는 사회적 분위기의 쇄신이 필요하다. 여성의 저대표성이 지속되는 한 완전한 민주주의의 실현은 불가능하다는 점과 아울러 차세대의 올바른 정치교육을 위해서라도 여성들의 정치참여가 중요함을 인식하고, 이를 적극적으로 확산시켜 나가기 위한 노력이 이루어져야 할 것이다.

둘째로, 여성 지도자의 발굴과 육성이다. 여성들을 위한 정책이 입안되기 위해서는 여성들의 정책결정에의 참여가 이루어져야 한다. 이러한 일을 하기 위해서는 능력 있는 여성들을 발굴하여 그들에게 정치적 리더십을 키워줄 필요가 있다. 왜냐하면 우선 여성들이 정치적 영향력을 발휘하기 위해서는 어느 정도 정치나 경제, 사회 각 분야에서 영향력을 행사할 수 있는 여성들의 수가 확보되어야 하기 때문이다. 그런데 현재는 이러한 영역에 남성들이 주도권을 쥐고 있기 때문에 여성들을 위한 제도수립이 불가능하다. 예를 들어, 여성들의 정치참여를 제한하는 요소가 가사와 육아로 인한 상황적 요인 때문이라면 남성들도 이러한 문제에 적극적으로 참여할 수 있도록 하는 제도의 확립이 필요하다. 그런데 남성만으로 구성된 국회는 이 일을 수행하기가 어렵다. 남성들은 여성들이 안고 있는 문제점이나 갈등들을 충분히 이해하지 못할 뿐만 아니라 이 제도를 바꾸려는 의지가 별로 없다. 그러므로 여성들을 대변하여 사회 각 분야에서 여성들의 문제들을 해결해 줄 수 있는, 영향력 있는 여성들을 많이 배출해 내야 한다. 여성지도자들을 발굴하고 육성하기 위한 방법으로 '여성 정치입문을 위한 과정'을 개설하여 여성인재를 발굴하고 그 역량을 키워주는 것도 한 방안이 될 수 있을 것이다.

셋째로, 선거제도의 개혁이다. 소선거구, 다수 대표제는 여성들의 의회진출에 불리한 제도이다. 따라서 소수정당이나 소수집단의 의회진출이 가능한 비례대표제나 할당제의 도입 및 확산이 요구된다. 비례대표제는 소수당에게 유리하며 소수의 의견이 반영될 수 있는 제도이므로 여성들에게도 유리하다. 비례대표제가 소선거구제에 비해 여성들에게 유리하다는 점은 이미 선진국의 경우에서 입증된 바 있다. 또한 비록 한시적일지라도 정당의 모든 기간조직에 일정비율의 여성당직자를 임명하도록 하는 할당제가 필요하다. 할당제는 여성의 정치적 저대표성 문제를 해결하기 위해 여성의석을 법적으로 보장하는 것으로 이미 유엔 차별철폐위원회[4]에서 각국에 이를 권고한 바 있다. 스웨덴이나 영국, 독일 등에서도 이미 여성공천할당제를 실시하고 있다. 물론 우리나라의 경우에도 이를 실시하고 있긴 하지만 점차 그 비율을 확대시켜 나가야 할 것이다.

넷째로, 정당 내에 여성정치특별기금을 설치하여 선거 시 여성후보의 조직 활동이나 선거자금 등을 지원하는 방안도 적극 모색하여야 할 것이다. 여성들은 정치자금면에서도 남성보다 훨씬 부족하기 때문에 정당차원에서 이를 지원해주어야 할 것이다.

4) 유엔차별철폐위원회는 유엔여성차별철폐협약에 근거해 "교육, 경제, 정치와 고용에 여성의 참여를 증진하기 위한 적극적 조치, 우선대우 또는 쿼터제와 같은 임시 특별 조치를 좀 더 많이 활용할 것"을 각국에 권고하고 있다.

이 외에도 지역구 의원의 확대 등 많은 정책과제가 있을 수 있다. 그러나 정책적인 배려만으로 여성들의 정치참여를 활성화시킬 수는 없다. 즉 제도적 차원의 협조는 필수조건이기는 하나 충분조건일 수 없다는 것이다. 사실상 이보다 더 중요한 것은 여성 스스로의 의식개혁이며 능력의 개발이다. 이는 교육적 과제라고 할 수 있을 것이다.

2) 교육적 역할과 과제

오랜 기간 사적영역에서 침묵하던 여성들의 정치의식이 하루아침에 전환되기는 매우 어렵다. 이러한 정치의식은 사실상 저절로 생겨나는 것이 아니다. 이는 문화적 토양 위에서 그리고 교육에 의해 육성되는 것이다. 그러므로 교육을 통해 여성들에게 인간으로서의 기본적 권리와 시민으로서의 주체의식을 심어줄 필요가 있다. 나아가 정치참여를 함에 있어 필요한 구체적인 지식과 정보 그리고 이를 실천할 수 있는 기술과 태도를 가르쳐 주어야 한다. 바로 이것이 정치교육의 역할이다.

일반적으로 정치교육이란 국가나 사회의 측면에서는 시민들에게 그 사회의 정치문화를 습득하도록 가르치는 것이며, 사회구성원 개인적 측면에서는 정치적 자아를 형성하기 위한 학습을 의미한다. 민주주의 국가에서 정치교육의 목적은 정치에 적극적으로 참여하는 민주적 시민을 양성하는 데 있다. 그 중에서 특히 여성을 위한 정치교육의 목적은 여성들에게 민주주의적 정치의식을 심어주고 정치과정에 영향을 미치는 지식과 능력을 함양시키는 데 있다. 여성에 대한 정치교육은 여성에게 정치적 무관심, 정치에 대한 혐오로부터 해방된 정치의 주체로서 정치에 대한 책임의식을 갖도록 하는 것이며 자율성, 능동성, 비판력, 합리적 판단능력, 정의감 등을 함양하고자 하는 것이다. 그리하여 궁극적인 목표는 공적 세계와 사적 세계에 대한 분별력, 공동체에 대한 자각, 연대의식, 정치사회를 발전시키기 위한 적극적인 참여의사와 능력을 갖춘 여성 즉, 정치적 자아의식이 확립된 여성을 길러내는 것이다.

이를 위해 여성들에 대한 정치교육에서 해야 할 몇 가지 과제를 제시해보면 다음과 같다.

첫째로, 무엇보다 정치적 주체화를 위한 의식화교육이 필요하다. 여성들은 이제 자신들이 정치의 대상이 아니라 정치에서 평등한 몫을 부여받은 주체라는 사실을 인식하여야 한다. 이것이 바로 정치적 주체화이다. 정치적 주체화란 '자신의 행위의 정치적 의미를 인식하고 이에 기초해서 정치적 행위의 주체가 되는 것'이라고 정의할 수 있다(한영혜, 2000). 그러므로 정치에 대한 무관심과 무력감을 벗고 자신의 행위가 정치적으로 중요한 의미를 갖는다는 인식을 가져야 한다. 그러기 위해서는 먼저 우리사회에 팽배해 있는 성역할에 대한 고정관념을 불식시킬 필요가 있다. 사실상 우리나라의 전통적인 유교적 사고관은 여성들을 사적영역에만 묶어둠으로써 동등한 민주시민으로서의 자질 함양을 원천적으로 봉쇄해 왔다. 성역할에 대한 고정관념은 여성들이 직업을 갖고 사회활동을 하거나 정치에 관심을 갖고 적극적으로 참여하는 것을 방해하는 심리적 기제였다. 실제로 많은 여성들은 남편을 보좌하며 타인을 도와주고 보살펴주는 보조적인 여성의 성역할과 합리적이고 이성적이며 독립된 주체로서 의사결정을 해야 하는 현대시민으로서의 정치적 역할과의 사이에서 심리적 갈등을 하게 된다. 이해주의 연구(1999)에서도 성 고정관념이 높은 여성일수록 민주시민성이 낮은 것으로 드러났다. 그러므로 이러한 이분법적 사고를 깨뜨리고 양성 평등적 사고를 함양시켜 남성이나 여성 모두가 동등한 인간으로서 사회에 참여할 권리와 의무가 있음을 주지시켜야 할 것이다.

둘째로는 사회적, 정치적 역할을 충실히 수행할 수 있는 구체적인 지식과 기술교육이 필요하다. 사실상 공적인 문제는 사적인 영역에서 사적인 이익을 추구하던 방식으로 대해서는 안 된다. 그것은 공적인 정신(public spirit)에 입각하여 공적인 방법으로 해결해야 한다. 엄밀한 의미에서 시민교육은 시민들이 스스로 개인의 권리를 보호하고 공공의 이익을 위해 알아두어야 하는 민주주의의 기본적 이념과 절차적 원리를 가르치고 시민이 직접 통치 과정에 참여할 수 있도록 안내하는 것이다. 그런데 여기서 시민의 참여란 무지한 시민에 의한 맹목적 참여를 의미하는 것이 아니다. 그것은 지식을 갖춘(informed), 그리고 효과적인 행동 방법과 숙고의 기술을 갖춘 책임감 있는(responsible) 시민의 참여를 의미한다(Quigley, 1991). 그러므로 여성들에게 공적인 일에 대한 정확한 판단을 할 수 있는 폭넓은 지식과 그 지식을 효과적으로 사용할 수 있는 기술을 가르쳐 주어야 한다. 구체적으로 여성들이 정치에 참여할 수 있는 방법은 다양하다. 이를테면 국민, 시민, 정치사회 구성원으로서, 또 직접 정책결정기구에 자격을 가진 정책결정자나 정책을 집행하는 행정가, 항의자, 소비자, 지역 활동가, 정당 활동가, 선거운동자, 커뮤니케이터, 투표자로서의 참여 등이 있다. 이러한 역할을 보다 잘 수행하기 위해서는 구체적인 방법과 기술에 대한 지식과 실습이 필요하다. 즉, 여성들의 입장이나 생각들을 지역사회나 국회 그리고 정부에 전달하는 기술, 올바른 선거방법과 정치참여의 방법 그리고 국회의원, 지방의회의원에 대한 감시와 소원방법 등 실질적인 절차와 기술에 관한 교육과 실질적인 참여가 필요하다. 이에 여성사회교육단체들은 여성의 투표권 행사를 정치적 영향력으로 환원하기 위하여 여론을 조성하고 동원하는 방법에 대한 교육에 힘을 기울여야 할 것이다.

현재 여성개발원이나 한국여성정치문화연구소, 여성세력화연대 그리고 기타 여성평생교육기관 등에서 여성들을 위한 정치교육을 실시하고 있다. 이러한 교육들이 보다 재미있고 실효성 있는 교육이 되도록 해야 할 것이다. 참고로 '여성세력화연대'에서 실시하고 있는 여성정치학교의 교육 프로그램을 소개하면 다음과 같다.

〈표 9-4〉 여성정치학교 강의 내용

날 짜	강의 주제
제 1주 (5/12)	인사말- "여성의 정치참여, 왜 필요한가"
제 2주 (5/19)	"한국의 정치구조는 여성을 거부하는가?"
제 3주 (5/26)	"한국의 정당 구조와 선거운동의 실제"
제 4주 (6/ 2)	"외국의 여성정치운동 사례"
제 5주 (6/ 9)	"자기표현과 스피치기법, 이미지 관리하기"
제 6주 (6/16)	"사이버 시대의 정치참여"
제 7주 (6/23)	"새로운 정치무기로서의 미디어와 여론조사"
제 8주 (6/30-7-1)	워크숍: 우리도 할 수 있다 - 모의 지방의회

*참고: 여성세력화연대(http://www.womanpower.or.kr)

셋째로는 여성의 세력화이다. 이는 교육을 통해 여성의 힘을 세력화하도록 유도해야 한다는 의미이다. 이를테면 여성단체들은 연합하여 하나의 압력단체로서 역할을 수행할 수 있다. 스웨덴의 여성단체들은 여성의 정치참여 확대를 위하여 효과적인 압력단체의 역할을 하였다. 여성의 정치세력화는 여성들이 정치적 영향력을 행사할 수 있도록 조직화하는 것을 의미하는 것으로, 여성 개인의 생존과 복지의 향상뿐만 아니라 여성의 정치권력획득에도 중요한 변수가 된다. 이때 여성단체간의 네트워킹이 중요하다. 이는 서로간의 의사소통과 연계를 위한 고리망으로 상호협력체제를 구축하기 위해 필수적이다. 이러한 연계망을 통해 정보를 교환하고 함께 힘을 합하여 다양한 정책결정에 참여한다면 여성들을 위한 정치가 가능하게 될 것이며, 이에 따라 여성들의 삶의 조건도 개선될 것이다. 구체적으로 여성들의 세력화는 정당운동이라든가 시민운동, 소비자 보호운동, 환경운동, 공명선거운동, 인권운동, 청소년보호운동 등을 전개함으로써 그 효과를 극대화할 수 있을 것이다. 이러한 운동에 참여하고 실천케 함으로써 여성들의 힘을 정치변혁의 에네르기로 집중할 수 있게 된다. 그리하여 정치에 영향을 가하게 하는 압력단체로서의 역할을 할 수 있게 되고, 나아가 여성표를 조직화함으로써 여성대표자를 선출하여 입법부에 진출시킬 수도 있다. 이러한 활동들은 여성들에게 그들의 힘으로 그들이 바라는 정치를 할 수 있다는 정치적 자신감 내지 효능감을 심어주게 되어 여성들의 정치참여를 확대시키게 될 것이다.

우리 사회에 만연되어 있는 비합리적이고 비민주적인 생활습관과 사고방식을 고쳐나가고 미래의 여러 가지 사회문제들을 타개하기 위한 범시민운동을 전개해 나가는 데 주도적인 역할을 담당할 사람은 여성들이다. 여성들에게 이러한 의식을 심어주고 그에 필요한 지식과 방법을 가르쳐주며 행동화하도록 할 수 있는 것은 교육을 통해서만이 가능하다. 다양한 교육을 통해 여성들에게 '나도 할 수 있다.'라는 자신감뿐만 아니라 '나도 해야 한다.'라는 사회적 책무감을 심어 주어야 한다. 그리하여 자신이 처해 있는 상황에 대한 총체적인 분석을 통해 여성으로서 그리고 한국사회의 동등한 구성원으로서 사회의 발전을 위해 나는 무엇을 할 수 있으며, 또 무엇을 해야 하는가에 대한 명확한 인식을 하도록 해야 한다. 전 시민의 절반을 차지하는 여성들의 잠재력을 민주사회의 발전에 효율적으로 기여하도록 하기 위해서는 가정과 학교 그리고 사회교육기관이 함께 노력해 나가야 할 것이다.

● 요약

21세기를 맞이하여 전 세계적인 차원에서 여성들의 정치참여에 대한 열망은 높아가고 있다. 과거의 남성지배적 정치가 오늘날 환경파괴와 전쟁 그리고 폭력과 부패로 얼룩진 정치현실을 보여주고 있기 때문이다. 그러므로 여성들의 정치참여로 사랑과 평화, 생명과 환경을 생각하는 정치, 새롭고 깨끗한 정치를 이루어 보자는 것이다. 그러나 이제까지의 정치세계는 여성들을 소외시킴으로써 완전한 민주주의를 실현시키지 못한 셈이다. 그리하여 본 장에서는 여성들의 정치참여를 활성화하기 위한 목적 하에 우선 이를 저해해 온 여러 가지 요인들을 분석해 보고 향후 여성의 정치참여의 극대화를 위한 정책적, 교육적 과제에 대해 살펴보았다. 앞으로 여성들은 당당한 사회의 주인으로서 자신들의 목소리를 내고 보다 적극적으로 정치에 참여해야 한다. 이를 위해 여성교육은 여성들의 억압된 의식을 깨우쳐야 할 것이며, 여성리더를 길러내고 육성하는 일에 앞장서야 할 것이다. 바로 이것이 여성의 정치참여를 위한 교육의 역할이며 과제라고 하겠다.

● 토론문제

1. 현대사회에서 사람들이 정치에 점차 무관심해지는 원인을 분석해보고 왜 정치참여를 해야 하는 것인지, 그리고 특히 여성들의 정치참여가 왜 요구되는지 그 필요성에 대해 논의해 보자.

2. 우리나라 여성들의 정치참여율이 세계적으로 낮은 이유는 무엇일까? 그 이유를 분석해보고 개선방안에 대해 토의해보자.

3. 여성들의 정치, 사회참여를 고양시키기 위해 교육은 어떤 역할을 수행해야 하며, 이를 위한 구체적인 교육프로그램에는 어떤 것이 있을 수 있는지 개발해보자.

참고문헌

김정숙(편)(1992). 『여성과 정치』. 한국여성정치문화연구소.

박동서, 김광웅(1987). 『한국인의 민주정치의식』. 서울: 서울대학교 출판부.

박용옥(1982). 『한국근대여성사』. 서울: 정음사.

백경남(1981). 『한국여성정치론』. 서울: 문음사.

송은희(2000). 한국여성의 정치 · 사회적 참여: 역사적 고찰, 『21세기 정치와 여성』. 서울: 나남출판.

윤택림 외(1998). 『지방화와 여성』. 서울: 미래인력개발연구센터.

이범준 외(2000). 『21세기 정치와 여성』. 서울: 나남출판.

이승희(1994). 『여성운동과 정치이론』. 서울: 녹두출판사.

이해주(1996). 「사회교육참여와 민주시민성의 관련성에 관한 연구」. 박사학위논문, 서울대학교.

_____(1999). 여성의 정치참여와 성 고정관념, 『여성사회교육』. 제4집. 한국여성사회교육회.

_____(2002). 정치적 태도 및 행동상의 성차에 관한 연구. 한국방송통신대학교 논문집. 제33집.

한국여성연구회(1994). 여성과 정치, 『여성학 강의』. 서울: 동녘출판사.

주준희(1992).한국여성의 정치사회화에 관한 연구, 『여성과 정치』. 서울: 한국여성정치문화연구소.

정수복(1993). 『새로운 사회운동과 참여민주주의』. 서울: 문학과 지성사.

한국여성연구회(1994). 『여성학 강의』. 서울: 동녘출판사.

한국여성정치문화연구소(2000). http://www.kiwp.or.kr/kmenu2-2.html

한영혜(2000). 지방화와 여성의 정치적 주체화, 『지방화와 여성』.(윤택림 외), 서울: 미래인력 개발연구센터, 47-78.

Almond, G. A. & Verba, S.(1963). *The Civil culture*. Princeton: Princeton University Press.

Barnes, S. H. and Kaase, M.(eds)(1979). *Political Action*. Beverly Hills: Sage.

Bardwick, J. M. & Douvan(1972). "Ambivalence", In J. M. Bardwick(ed.), *Readings on the Psychology of Women*, N.Y.: Harper & Row.

Boggs, D. L.(1991). *Adult civic education.* Illinois: Charles C Thomas Publisher.

Christy, C. A.(1987). *Sex differences in political participation.* New York: Praeger Publisher.

Duverger Maurice(1955). *The Political Role of Women.* Paris : UNESCO.

Engle, S. H. & Ochoa, A. S.(1988). *Education for democratic citizenship.* London: Columbia University Press.

Greenstein, F. I.(1968). Political socialization. *International Encyclopedia of Social Science,* 14.

Harwood, A. M. & Hahn, C. L.(1992). Gender & Civil learning. A paper presented to the research in social studies special internet group at the annual meeting of the American education research association. San francisco: CA.

Kirkpartrick, J.(1974). *Political Women.* New York : Basic Book.

Klein. E.(1984). *Gender politics.* Boston: Harvard University press.

Owen, D. & Dennis, J.(1988). Gender differences in the politicization of American children. *Women & Politics*, Vol. 8, 65-82.

Quigley, C. N. et al.,(1991). CITIVAS : *A Framework for civil education.* Calabasas: CA, Center for Civil Education.

Sapiro, V.(1983). *The political integration of women : roles, socialization and politics.* Urbana: University of Illinois Press.

__________(1990). The women's movement and creation of gender consciousness. In Ichilov, O.(ed.). *Political socialization, citizenship education, and democracy.* New York and London: Columbia University Press. 266-280.

Verba, Sidney & Norman H. Nie(1978). *Political Participation and Political Equality:* A Seven Nation Comparison. Cambridge(England) : Cambridge University Press.

Vicky Randal(1982). *Women and Politics.* Chicago : The University of Chicago Press.

10장 경제와 여성교육

곽삼근*

* 미국 Michigan State University, Ph. D in Adult & Continuing Education
현재 이화여자대학교 교육학과 교수

여성들의 경제활동에 대한 요구는 날로 높아가고 있다. 남성은 자신이 행한 활동(Doing)의 측면에서 평가를 받고, 여성은 자신의 존재(Being) 자체로 의미를 부여받던 과거의 삶의 구조가 변화하면서 차차 여성들의 활동에 대한 욕구는 그 어느 때보다 강화되고 있다. 더욱이 출산율이 저하되고 평균 수명이 길어지면서 여성들이 사회활동을 해야 한다는 목소리는 안팎으로 고조되고 있으며, 심지어 경제활동을 하는 것이 여성의 자신감을 증가시킨다는 연구보고도 발표되고 있다. 국가 경쟁력 확보를 위해서도 여성인력은 가장 경쟁력 있는 자원 중 하나로 국가 GDP 성장에 필연적 요소이다. OECD 중 다수의 국가들이 인구 고령화 및 저출산 문제에 직면한 이 때 여성인력은 노동시장 자체를 키우고 1인당 국민소득 증가에 기여하는 새로운 자원인 것이다.

최근 여성주의 관점에서 돌봄 경제학을 주창하는 것은 그동안 숨겨져 왔던 여성의 경제적 역할을 새롭게 조명하려는 시도이다. 이제까지 여성들의 경제교육은 소비자로서 여성을 규정한 틀에 의하여 진행되어왔다. 그러나 이 관점은 여성의 존재방식을 제한시키는 문제가 내재되어 있으며, 더욱이 여성은 이제 소비자의 위치에만 놓여 있지 않다. 지식정보사회가 도래하면서 지식의 생산자와 소비자에 대한 이분법적 사고는 전환되고 있으며, 경제와 사회생활에서도 일방적으로 생산자와 소비자를 구분하기는 어렵게 되어가고 있다. 여성은 소비자인 동시에 생산자로 해석되며, 특히 생산자인 여성으로서의 주체의식 함양과 역할담당을 위한 교육이 필요하다. 경제와 여성교육이라는 주제로 본 장에서는 경제활동에 대한 여성주의 이해, 여성경제활동 현황과 문제, 그리고 여성 경제활동 활성화를 위한 정책과제에 대하여 논의한다.

1 여성 경제활동에 대한 이해

1) 지식기반사회와 여성의 직업진출

지식기반사회, 평생학습사회, 인적자원개발시대로 대표되는 현대 사회는 정보통신기술, 산업전반에 걸친 기술혁신으로 경제의 지식집약화가 더욱 가속화되고 있다. 과거 산업사회와는 달리 '사람'과 '지식'이 국가경쟁력의 견인차 역할을 하고 있고, 산업사회에서 요구되는 능력들과는 다른 새로운 능력들을 끊임없이 요구하고 있다. 정보통신기술의 발달로 인해 정보량이 급증하고 정보의 내용이 급변함에 따라 학습자 스스로 자유롭게 정보를 수집, 탐색, 가공, 활용하는 지식정보 습득능력과 평균수명의 증가로 인해 평생직장의 개념이 사라지고 새로운 직업에 적응하기 위한 능력이 요구되고 있다. 국가는 국민이 이러한 사회적 변화에 능동적이고 효율적으로 적응할 수 있도록 교육지원체제를 구축해야 하며, 국가 인적자원개발 차원에서 국민들에게 필요한 생애 핵심역량을 개발하고 활용할 수 있는 기반을 조성해야 하는 과제를 안고 있다.

한국은 인간개발지수로는 거의 선진국 수준임에도 불구하고 여성의 사회 및 경제활동 참여에 관한 한 세계 최하위 수준이며, 개도국 평균에도 미달하는 것으로 보고되고 있다(곽삼근, 2005a; 이동선, 2013). 현대사회에서 직업이란 한 사람의 사회적, 경제적 삶의 수준을 결정하는 역할을 하고 있다. 과거와 달리 직업은 개인의 능력과 관심에 의한 선택이기 때문에 전적으로 자신의 삶은 직업선택의 의지와 불가분의 관계에 놓여 있다고 하겠다. 지식기반 경제사회에서 지식근로자의 비중이 높아지고 있으며, 여성의 직업 진출은 그만큼 증가하고 있다. 현대사회에서 직업이 개인을 평가하는 중요한 잣대가 되며 삶의 수단이 되는 이유는 다음과 같이 몇 가지 측면에서 살펴볼 수 있다.

첫째, 현대사회는 개방사회이다. 과거처럼 신분에 따라 가문의 직업을 운명적으로 행해야만 하는 것이 아니라 자신의 취미와 적성에 맞게 선택할 수 있는 것이다. 따라서 과거에는 직업이란 고통을 수반하는 육체적인 노동이었다면, 현대에는 개개인의 자발적 동기로 삶을 영위하기 위해 수행해야 하는 일로 간주된다. 직업의 의미를 살펴 볼 때 직(職)이란 직무, 관직 및 개인의 사회적 역할을 의미하고, 업(業)이란 생계유지를 위하여 전념하는 일과 능력발휘로 하나에 몰두하는 것을 의미한다. 이렇게 볼 때 직업이란 사회적 책무로서 개인이 맡아 행해야 하는 직무성과 생계유지 노동의 이중의미를 지니고 있다고 하겠다.

둘째, 현대사회는 능력사회이며 전문가 사회이다. 어떤 한 분야에서 능력이 뛰어나면 직업을 얻는 데 어려움이 없으며, 과거와는 달리 그 직업에 합당한 능력을 갖춘 사람만이 경쟁에 의해 그 직업을 가질 수 있게 되었다. 따라서 기능에 합당한 전문지식과 기술을 갖추는 것이 중요하다. 역할의 분화가 극심해진 현대사회에서 각 개인의 역할은 명확하게 구분되고 이 역할을 수행하는 데에 필수적으로 요구되는 자질과 자격을 갖출 것이 필요하다. 사회가 개인의 재능과 효율성 그리고 합리성에 의하여 운영됨으로써 직업 역할 수행에 전문성이 요구되는 것이다.

셋째, 현대사회는 지식 정보의 사회이다. 과거에는 자본으로써 토지나 돈을 중요시하였으나 이제는 정보와 지식이야말로 귀중한 자본이다. 현대사회가 지식과 정보의 사회이므로 계속해서 배워야 하는 평생학습사회이기도 하다. 급변하고 있는 사회의 직업인들은 부지런히 배우지 않으면 자신이 언제 도태당할지 알 수 없다. 아이디어와 창의력이 요구되는 정보사회에서 오히려 여성들에게는 사회진출을 위한 새로운 도전의 기회가 왔다고 할 수 있다.

후기 자본주의 사회에서 여성들 삶의 양식은 경제적, 사회적으로 많은 변화를 경험하게 된다. 정보화 시대가 오면서 전통적인 직장의 근무방식에도 변화가 오고 있다. 21세기에 들어서면서 선진국 사람들은 직업에서 돈보다 인간의 삶의 의미를 더욱 강조하고 있다. 보다 많은 사람들이 가정과 직장을 잘 조화함으로써 얻을 수 있는 균형적 생활을 영위하고자 한다. 이러한 경향은 남성과 여성 모두에게 뚜렷하며, 융통성 있게 시간을 짜고, 더 짧은 시간 일하며, 가능하다면 사이버 세계를 활용하여 집에서 일할 것을 생각하고 있다. 개인들은 시간을 벌고 사용주들은 경비를 절감하고, 많은 사람들은 전통적인 직장에서 발견할 수 없는 혁신적인 근무방식과 여유시간을 찾으려 하고 있다. 결과적으로 노동시장이 유연화되고 여성들의 직업 진출은 보다 용이해질 것이다(곽삼근 외, 2005).

또한 정보화 사회가 되면서 여성이 일할 수 있는 기회의 폭이 넓어질 것을 기대할 수 있다. 그러나 이러한 기회를 활용하기 위하여 무엇보다 여성들은 새로운 각오로 정보화에 대응한 자세를 가질 것이 필요하다. 많은 여성은 굳이 일터까지 가지 않고도 컴퓨터를 이용한 전자우편으로 업무를 보다 빠르고 능숙하게 처리할 수 있기도 하다. 출퇴근 시간의 제약도 없앨 수 있으므로 여가 시간을 이용하기 수월하며, 자기개발을 위한 투자도 가능하게 된다. 여성들은 새로운 역할을 요구받고 있으므로 정보마인드가 풍부한 자기 확신을 토대로 직업에 관한 의식전환과 능력함양이 요구된다. 여성들의 직업설계 능력여하에 따라 여성취업의 가능성은 무한하며, 여성들이 도전할 수 있는 직업세계는 계속 확대되고 있다. 사회의 급변화와 노동시장의 유연성으로 인하여 평생직장의 개념은 사라지고 평생 직업을 갖는 것이 유의미하다. 평생 직업은 어떠한 조건을 포함하는가 살펴보기로 하자.

2) 직업의 조건과 내용

한국 성인 여성들의 절반을 점유하는 전업 주부역할은 직업이냐 아니냐 하는 문제가 제기되고 있다. 여성주의 관점의 해석에 의하면 주부 역할은 충분히 경제적 가치를 지니고 있으나, 기존의 직업조건은 이와 다르게 설정되어 있다. 과연 주부를 직업으로 간주할 수 있는가. 직업이란 무엇이며 어떠한 조건과 내용을 갖고 있는가를 고찰해보자.

직업의 내용은 첫째, 직업은 생계유지가 가능하여야 한다. 경제적인 보수가 필연적인 것이다. 둘째, 직업은 개성의 발휘가 이루어져야 한다. 자유로운 선택에 의하여 소질과 적성에 맞는 일을 택할 때 보다 빛을 발할 수 있을 것이다. 셋째, 직업은 사회적으로 보람된 것이어야 한다. 그 직업을 통하여 사회적 책임을 이행하며, 공공의 복지에 위배되지 않을 뿐 아니라 규범과 질서를 유지, 발전시키는 것이 되어야 한다. 넷째, 계속적이고 조직화되어 있어야 한다. 그 일이 사회체제 내에 계속적으로 존재하고 개인적으로 유지되어야 한다는 것이다. 다섯째, 노동이 수반되어야 한다. 정신적이든 육체적이든 반드시 노동을 통하여 직업 활동이 계속되어야 한다(정우현 외, 1989; 박필배, 2013).

이렇게 볼 때 가정주부는 여러 가지 측면에서 직업으로 간주될 수 있는 특성을 지니고 있다. 주부의 일이야말로 개성의 발휘가 가능하고, 사회적으로 보람된 것이며, 계속적이고 조직화되어 있어 정신적, 육체적 노동이 필연적으로 수반된다. 이상의 네 가지 조건을 다른 어느 직업보다도 확실하게 충족시킬 수 있는 일이 주부의 역할이다. 그러나 첫째의 조건인 생계유지의 가능성은 충족되지 못하고 있다. 반드시 남편이라는 사회적 활동을 하는 직업인을 매개로 하여 주부의 직업이 경제적인 가치를 지니므로 독자적인 생계유지는 불가능한 것이다. 일반적으로 임금노동만을 일로 생각하고 가사노동이나 자원활동 등은 이 범주에서 제외시키는 경향이 있다(Beechey, 1986). 그러나 돌봄 노동의 가치에 주목하게 되는 요즈음 주부 역할도 일과 근로자라는 개념에서 새로이 조명될 필요가 있다.

현대사회에서 직업은 여성에게 어떤 의미를 지니고 있는가? 여성이 직업을 갖고 경제활동에 참여한 경우는 남성에 비하여 매우 희소하였다. 이제까지 직업은 여성에게 있어서 필수가 아니라 선택이었다. 그러나 현대사회에서 남녀를 불문하고 직업이란 경제적 생계유지의 차원을 넘어서 매우 중요한 의미를 내포하고 있다. 오늘날 사람들은 직업세계에 참여함으로써 사회적 기능을 행사할 수 있게 되기 때문이다. 직업을 자아 정체성 형성의 토대로 인식하게 되었으며, 직업을 자신의 삶의 일부이자 생의 의미로 받아들이게 되었다. 현대사회는 직업사회이므로 여성이 직업을 갖지 않는다는 것은 사회적 지위를 점유하지 못하는 결과를 초래한다. 따라서 여성들은 자신에게 맞는 직업을 갖기 위해 직업세계에 대한 탐구를 적극적으로 하도록 요청받고 있다. 한편 이러한 관점은 직업을 경제학적인 관점에서만 보는 남성주의적인 시각이라는 비판도 받고 있다(곽삼근, 2008). 다음 절에서 소개하는 경제활동에 대한 여성주의 접근은 여성교육에 대한 하나의 도전으로 볼 수 있다.

3) 돌봄 노동의 경제적 가치

직업의 요소를 살펴볼 때 여성들의 주부 역할은 모든 조건을 충족시키고 있으나, 생계유지라는 경제적 보상이 없다는 점에서 직업으로 간주되지 않았다. 그러나 경제학의 어원과 본질을 상기할 때 경제활동의 개념규정에도 변화가 요구된다. 희랍어의 '오이코스'(oikos)라는 용어는 산업혁명 이전까지만 해도 주로 집(oikos)을 잘 돌보는 일, 곧 '가계 살림'(家事)이라는 의미로 사용되었다. 비록 아리스토텔레스가 많은 저술들에서 '가정경제'와 '화폐증식경제'를 분리하고 있다고는 해도, 그는 가족과 공동체의 욕구를 충족시키기 위한 가정경제(Oikonomia)가 '자연에 맞는 경제'라고 보았다(두크로, 1997: 32). 사실상 일정한 공동체에 속한 사람들의 자급경제와는 무관하게 부유층의 사치품과 전쟁용품을 주로 취급하였던 무역시장의 의미는 근대의 산업자본주의의 발달과 더불어 성립된 것이다. 이러한 사고에서 경제학(economics)은 생태학과 거의 구분이 되지 않으며, 최근 지구환경 위기의 시대에 경제학은 그 본질적 의미를 회복해야 할 것이 요청된다.

경제에 대한 여성주의 접근은 낸시 폴부레의 저서 『보이지 않는 가슴: 돌봄 경제학』 이야기로부터 시작할 수 있다. 이것은 남성 경제학에 대한 여성 주의적 비판과 대안제시라고 볼 수 있다. 경제가 시장의 '보이지 않는 손'에 의해서 움직인다는 것은 우리에게 너무나 익숙한 경제학의 원리이다. 그러나 경제를 움직이는 또 다른 한 축에 돌봄이라는 '보이지 않는 가슴'이 있다는 사실은 우리가 주목해야 할 중요한 사실이다.

낸시 폴브레는 지금의 주류 경제 패러다임을, 실제로 많은 사람들이 수행하고 있는 돌봄의 경험에 기반을 두어 새로운 경제 패러다임으로 바꿀 것을 주장한다.

폴브레는 통상 일반 남성 학자들이 제시하듯이 효율과 평등의 대비로써 자본주의 체제가 좋다거나 또는 사회주의 체제가 좋다는 식의 양자택일 논리에 반대한다. 오히려 문제는 이 둘을 양립 불가능한 것으로 보는 것이라고 지적하면서, 차가운 머리와 따뜻한 가슴을 함께 가진 국가를 어떻게 만들 것인가를 고민하는 것이 중요하다고 강조한다(Folbre, 2001). 이것은 경제학에서의 젠더개입이라고 볼 수 있으며, 경제에 있어서 하나의 패러다임 전환인 것이다. 그동안 과학적 지식 탐구를 학문의 전 분야에서 추구해온 결과, 과학적 지식에 대한 신뢰는 전폭적인 것이었으나, 여기에는 지구상의 절반을 차지하는 다른 성의 입장을 반영하지 못한 치명적인 결함이 있음이 지적되기 시작한 것이다(곽삼근, 2008).

경제활동을 여성주의 관점에서 새롭게 이해한다면, 그동안 직업이나 경제활동의 지표로 활용되었던 요소들이 남성 중심이었음을 인식하게 될 것이다. 남성들이 정립한 주류 경제학은 가족의 영역이 아닌 시장에서 교환되고 거래되는 행위들에만 관심을 가져 왔다. 그 결과, 여성의 일은 가정에서 이루어지는 사적인 것으로 간주되어 그 가치를 제대로 평가받지 못하여 왔으나, 사실은 경제의 핵심을 이루고 있다고 볼 수 있다. 방글라데시, 필리핀 등 제3세계에서 비공식적 경제(informal economies)로 불리는 여성들의 노동은 사실상 해당 국가들의 농업 및 산업의 중심을 이루어 왔다(Kathleen Staudt, 1988). 그동안 주로 여성들이 행하는 돌봄 노동은 도덕적 책임의 영역으로 간주하여 그 본질적 특성을 해치지 않으려 했다. 그래서 "돌봄 노동은 성공과 실패로서가 아니라, 잘 수행하면 존경과 감사를 보내고 그렇지 않으면 도덕적 비난으로 이어지는 것"이 되어버렸다는 것이 일반적 인식이다(최이윤정, 2007: 209).

그동안 돌봄의 영역은 국가가 담당해야 하는 복지 정책의 일환으로서가 아니라 가족 내에서 여성에 의해 자연스럽게 이뤄지는 형태로 고착되어 왔다. 그러나 문제는 이러한 여성들의 돌봄 영역은 경제활동으로 간주되지 못하였다는 점이다. 이러한 관점에서 돌봄 노동의 사회화가 주장되기도 하며 사회서비스직의 확충에 의한 여성 일자리 증대가 기대되기도 한다(오은진 외, 2010). 여성들의 돌봄 노동이 없었다면 오늘과 같은 남성들의 경제활동은 가능할 것인가. 보이지 않는 가슴, 돌봄 노동에 대한 새로운 해석과 사회적 예우체계가 필요한 시점이다.

2 여성의 경제활동 현황

1) 성별 유형별 경제활동 상태

산업화와 정보화에 따른 여성의 경제활동 참여율은 증가 추세를 보이고 있다. 이러한 추세는 노동시장과 사회적 여건의 변화로 설명될 수 있다. 즉, 노동시장의 수요 면에서 육체적 강인함을 요구하지 않은 사무직, 전문직, 정보산업 관련직 등이 늘어나 여성이 진출할 수 있는 분야가 확대되고, 이와 동시에 공급 면에서는 고등교육 기회의 확대에 따라 훈련된 여성인력이 증가하였고 출산율 저하, 가전제품의 발달로 인한 가사노동시간의 단축 등으로 경제활동에 참여를 조장하는 분위기를 형성한 것이라 하겠다. 그러나 국제적으로 또는 남성과 비교할 때 여성의 경제활동은 아직도 취약한 부분이 많으며, 앞으로 해결해야 할 과제가 산적해 있다. 한국 여성의 임금 경제활동을 고용구조와 근로조건 면에서 살펴보기로 한다.

〈표 10-1〉 성별 경제활동인구 추이

(단위: 천 명, %)

	1963	1970	1980	1990	2000[1)]	2005	2006	2007	2008	2009	2010	2011	2012
경제활동 인구													
남 자	5,395	6,447	9,019	11,030	13,034	13,883	13,978	14,124	14,208	14,319	14,492	14,683	14,891
여 자	2,835	3,615	5,412	7,509	9,101	9,860	10,001	10,092	10,139	10,076	10.256	10,416	10,609
경제활동 참가율													
남 자	78.4	77.9	76.4	74.0	74.4	74.6	74.1	74.0	73.5	73.1	73.0	73.1	73.3
여 자	37.0	39.3	42.8	47.0	48.8	50.1	50.3	50.2	50.0	49.2	49.4	49.7	49.9
경제활동 인구 중 여자의 구성비	34.4	35.9	37.5	40.4	41.1	41.5	41.7	41.7	41.6	41.3	41.4	41.5	41.6

자료 : www.kosis.kr 통계청, 성별 경제활동 인구 총괄

우선 고용구조의 측면에서 여성의 고용구조는 남성과 매우 상이하다. 산업구조의 고도화와 지속적인 경제성장 및 여성의 사회참여 욕구증대로 2012년 여성 경제활동 인구는 1,061만 명이며, 경제활동에의 여성 참여율은 1963년 이래 계속 상승추이를 보였다. 남자의 경제활동 참여율은 1963년과 2012년 사이 78.4%에서 73.3%로 5.1% 포인트 감소하였다. 반면에 같은 기간 중 여성의 경제활동 참가율은 37.0%에서 49.9%로 12.9% 포인트 증가했다. 이를 경제활동인구 중 여성의 구성비로 보면 1963년에 34.4%이고, 2012년에는 41.6%로 7.2% 포인트 상승하였음을 알 수 있다(〈표 10-1〉 참조).

여성의 경제활동이 활발하게 된 이유는 여러 가지 측면에서 설명할 수 있는데, 1990년을 기점으로 40%를 넘어서게 된 것은 사회변화의 요인을 들 수 있다. 그 당시의 상황 분석 자료에 의하면 여성경제활동증가의 이유는 첫째, 남녀고용평등법의 제정, 시행 등 사회적으로 여성의 경제활동을 긍정적으로 평가하는 등 의식의 변화, 둘째, 내구재소비의 급증과 소비수준 향상에 따른 추가소득에 대한 욕구 강화, 셋째, 출산율의 급격한 저하와 함께 여성의 육아부담 경감, 넷째, 산업구조의 고도화와 인력부족에 따라 여성노동을 필요로 하는 분야의 확대 등이다(한국여성개발원, 1997). 그러나 임금노동에의 여성 참여가 확대된 만큼, 모든 여성들이 경제적으로 남성들과 똑같은 대우를 받으며 일하고 있는가에 대하여는 회의적이다. 여성을 고용하는 이유를 제시한 것을 보면 여성이 남성 대비 어떠한 조건에서 일하고 있는가를 짐작할 수 있다.

여성의 고용은 대기업, 은행 및 금융계에서 단순노동, 저부가가치 사업종목이 주종을 이루고 있으며, 백화점 등에서는 소비구성도의 계층, 영업형태, 사업성 때문에 여성을 고용하고 있다고 한다. 또한 창업자의 철학으로 양성평등의 원칙과 법률제도에 충실하려는 외자투자계도 있는가 하면, 인력난으로 어쩔 수 없이 여성고용을 고려하는 것이 소규모 중소기업의 실정이다. 또 새 상품의 개발로 여성인력의 요구가 증가하거나 사회분위기와 회사의 이미지를 고려하여 여성을 고용하는 기업도 있기는 하지만, 기업에서의 여성인력활용은 매우 주변적이고 제한적임을 알 수 있다. 실제로 여성은 남성보다 월평균 임금이 낮은 것으로 나타나고 있다. 남녀 성별 간 임금

1) 2000년도 이후 통계는 구직기간 4주 기준.

격차는 매우 커서 여성의 임금비율은 1980년대 4~50%대, 90년대 중반 60%대로 (www.nso.go.kr/cgi-bin/sws_999.cgi.) 증가하여 왔으나, 2000년과 2012년 각각 68%에 불과하여 남녀 성별 간 평균임금에 큰 격차가 있음을 알 수 있다(www.kosis.kr 통계청, 고용형태별 근로실태조사).

2) 주요국의 여성경제활동 참여율 비교

여성의 경제활동이 증가되어 왔으나 아직 선진국이나 동일문화권의 타 개발도상국에 비하면 여성경제활동 참여율은 현저히 낮은 수준이다. 여성 인력의 중요성이 높아진 상황에서 OECD 국가의 평균 여성 취업률이 2011년 56.7%(OECD.StatExtracts)인데, 2012년 현재 우리나라의 여성 경제활동참여율은 49.9% 이다. 특히 생산성이 높고 경력과 기능을 축적할 시기인 25~34세 연령층의 경제활동 참여율이 타국에 비해 현저히 낮은 것은 매우 큰 취약점이라고 하겠다. 주요국의 경제활동을 연령별로 제시한 자료를 보면, 30세 이상 35세 미만까지 여성의 경제활동참가율이 한국은 53.7%인 데 비하여 미국은 74.1%, 독일은 77.4%, 일본 64.0%, 프랑스 81.1%로 한국 여성의 경제활동참여율이 매우 낮다는 것을 알 수 있다. 또 남성들의 경제활동참여율과 비교할 때도 한국에서의 남녀차이(92.2%: 53.7%)가 가장 극심하다(〈표 10-2〉의 *).

한편 우리나라의 경우, OECD 국가에서 보이는 국민소득과 여성의 경제활동 참가율과의 상관관계와는 다른 패턴을 보이고 있다. 특히 연령별로 보면 1인당 국민소득이 1만 불에 도달한 시점에서 선진국의 30대 여성 경제활동 참가율은 60% 전후로 높은 수준을 보였던 반면, 우리나라의 경우 30~34세 여성 경제활동참가율은 각각 48.0%로 선진국과는 큰 격차를 보이고 있다. 이러한 수치는 국민소득이 1만 불에 도달했던 시기에 주요 선진국에서는 20대에서 40대까지의 여성인적자원을 지속적으로 활용하였던 반면에 우리나라의 경우는 젊은 미혼 여성과 중장년층 위주로 여성인력을 활용하고 있음을 보여주는 것이다.

OECD 국가들이 1만 달러와 2만 달러에 도달했던 시점에서 여성인력의 활용구조를 연령별로 비교해보면 특히 결혼, 출산 및 육아를 담당하는 연령대인 25~29세,

30~34세의 여성경제활동 참여율이 크게 증가하였던 것을 알 수 있다. 여성의 경제활동참여는 한국 남성이나 선진국들과 달리 M자형(쌍봉형)의 경력 단절현상을 보이며, 이는 이 시기의 여성들이 결혼, 출산, 육아 등의 이유로 노동시장에서 퇴출하기 때문이다.

이러한 현상은 여성의 전문성 형성을 저해하고 발전적인 직장생활을 영위하는 데 큰 저해요인이 되며, 동일직종 취업이나 인적자본으로서의 전문성 신장을 방해하여 임금감소 요인으로 작용하기도 한다.

여성의 경제활동이 증가되어 왔으나 아직 선진국이나 동일문화권의 타 개발도상국에 비하면 여성경제활동 참여율은 현저히 낮은 수준이다. 2012년 현재 우리나라의 여성 경제활동참여율은 49.9%인데, 특히 생산성이 높고 경력과 기능을 축적하는 시기인 25~54세 연령층의 경제활동 참여율이 타국에 비해 현저히 낮은 것은 매우 큰 취약점이라고 하겠다. 주요국의 경제활동을 연령별로 제시한 〈표 10-2〉를 보면 25세 이상 54세 미만까지 여성의 경제활동참여율이 한국은 62.8%인 데 비하여 덴마크는 84.7%, 프랑스는 83.4%, 독일은 82.1%, 영국은 79.0%, 미국은 74.7%로 한국 여성의 경제활동참여율이 현저하게 낮다는 것을 알 수 있다. 또 남성들의 경제활동참여율과 비교할 때도 한국에서의 남녀차이(90.5%: 62.8%)가 가장 극심하다.

〈표 10-2〉 주요국의 성별 연령계층별 경제활동참여율(2011)

연령	전 체		15~24세		25~54세		55~64세		30~34세*	
성별	남	여	남	여	남	여	남	여	남	여
한 국(Korea)	77.4	54.9	20.6	30.1	90.5	62.8	78.9	48.9	92.2	53.7
덴마크(Denmark)	82.3	76.1	67.1	67.1	91.5	84.7	68.3	58.0		
프랑스(France)	74.7	66.1	41.7	35.0	93.8	83.4	47.1	41.8	96.1	81.1
독 일(Germany)	82.6	71.8	55.2	50.0	93.1	82.1	71.7	56.7	94.9	77.4
이탈리아(Italy)	73.1	51.5	31.6	22.9	89.2	64.6	50.7	28.9		
일본(Japan)	84.5	63.0	41.9	43.3	95.9	71.6	83.3	53.7	96.9	64.0
스페인(Spain)	81.5	67.9	46.7	43.1	92.6	79.3	63.7	41.7		
영 국(U.K.)	82.7	70.4	65.4	59.7	91.7	79.0	68.6	51.1		
미 국(U.S.A.)	78.9	67.8	56.6	53.3	88.7	74.7	69.3	59.5	93.1	74.1

주: 전체 경제활동참가율은 15~64세 기준임. 단, 스페인・영국・미국의 경우는 16~64세임.
자료: OECD(2012),OECDEmploymentOutlook, 출처:노동연구원. 2013 KLI 해외노동통계 DB
*자료: http://laborsta.ilo.org/ (2007)

이동선(2013)은 OECD 국가 16개국의 여성 고용율을 비교 연구하였는데, 이 자료에 따르면 여성친화적 평등주의 모형 국가들(노르웨이, 스웨덴, 핀란드, 덴마크, 네덜란드)에서 일가족 양립 지원 정책이 전반적으로 발달되어 있고, 남성대비 여성의 고용률이 가장 높은 것으로 나타났다. 이들 국가군에서는 남성과 여성 모두에게 동등한 부모권과 노동권이 부과되고, 사회 전반적인 차원에서 2인 소득가구가 기본적 가족 노동구조로 여겨진다. 반면 가족지향주의 국가군(이탈리아, 한국, 일본)은 여전히 여성을 돌봄 노동자로 인식하는 경향이 잔재하고, 남성대비 여성의 고용률도 현저히 낮게 나타난다.

경제활동참가율을 학력별로 보면 고학력, 자녀를 가진 기혼여성의 경제활동참가율은 모든 국가에서 저학력 집단보다 높으며, 이들 두 집단 간의 경제활동참가율의 격차는 지속적으로 확대되는 양상으로 보고되고 있다(장미혜, 2004). 최근 고학력 경력 단절 여성의 재취업 교육에 대한 관심이 증가하고 있으며, 이는 여성 개인적인 삶의 질 향상이나 국가사회적 인적자원개발의 관점에서 적극적으로 연구되어야 할 영역이다. 고등교육 확대, 남녀평등의식의 확산으로 인해 '직업인'으로서의 정체성을 형성해온 여성의 수가 폭증하고 있는 현상황에서, 고학력 경력단절 여성들의 사회참여 및 재취업 욕구는 '인생구조 전환'에 대한 절실한 희망의 양상으로 나타나고 있다. 따라서 임시방편적인 조치가 아닌, 사회적 시스템 구축의 측면에서 고학력·전문직 경력단절 여성들의 재취업 경로 확보가 절실히 요청되고 있는 상황이다(윤혜경, 2007). 전반적으로 한국 성인의 교육 참여율이 매우 저조하며, 특히 성인여성의 경우 인적자원개발의 기회나 내용면에서 매우 취약한 실정이므로 여성들이 다양한 진로를 접할 수 있고, 이에 필요한 직업능력 함양을 할 수 있도록 여성인적자원개발 기회가 확대되어야 한다.

3 여성인적자원 활용의 특성과 문제

1) 여성의 취업구조

여성인력 취업의 특성은 단적으로 말해 서비스 종사자, 판매 종사자, 사무 종사자, 단순노무종사자 등의 직종에서 다수를 차지하고 있다는 점이다. 고용노동부 자료에 의하면, 2012년 서비스 종사자는 여성이 67.2%를, 판매 종사자는 여성이 39.4%를 차지하는 것으로 나타났다. 또한 단순노무종사자가 43.9%, 사무 종사자가 39.9%로 나타났다. 이에 비하여, 관리자는 8.3%, 전문가 및 관련 종사자 37.6% 등으로 근로 직종별로 볼 때 여성은 관리직, 전문직 등에서 여전히 열세인 상황이다 (〈표 10-3〉 참조).

〈표 10-3〉 직종별 · 성별 근로자수(2012)

(단위: 명, %)

직 종	계	남	여(여/계%)
전 직 종	8,569,535	5,667,539	2,901,995(33.9)
관리자	125,189	114,686	10,503(8.3)
전문가 및 관련 종사자	2,194,188	1,369,634	824,554(37.6)
사무 종사자	2,263,478	1,360,047	903,431(39.9)
서비스 종사자	380,751	124,685	256,066(67.2)
판매 종사자	560,490	339,712	220,778(39.4)
농림어업숙련 종사자	14,468	12,541	1,927(13.3)
기능원 및 관련 기능 종사자	662,797	577,517	85,281(12.9)
장치 · 기계조작 및 조립종사자	1,716,848	1,403,584	313,265(18.2)
단순노무종사자	651,326	365,134	286,192(43.9)

자료: http://laborstat.moel.go.kr/ 고용노동부, 고용노동통계, 고용형태별근로실태조사.

여성인적자원의 대부분이 취업하고 있는 분야는 서비스직과 단순노동을 필요로 하는 곳이다. 여성은 취업활동에 있어 경제적 차별을 받는다. 여성의 취업활동에도 불구하고 여전히 노동력 재생산 영역에서 여성의 지위는 크게 변하지 않아 여성은 여전히 자녀양육 등 가사노동의 전담자이다. 더욱이 가사노동이 국가의 복지정책으로 사회화되지 못하고 주로 상품형태를 취하고 있는 등 여성은 직장과 가사의 이중노동의 문제를 안고 있으며, 여성이 사회적 노동으로 얻은 경제적 대가의 대부분이 가사노동을 대신하는 가사 상품의 구입으로 소모되는 실정이다. 게다가 남녀의 임금격차가 존재하는 현실에서 더 문제가 되는 것은 남녀의 역할이 다르기 때문에 임금차이는 당연하다는 사회적 인식이다.

우리나라의 여성 노동현황은 많은 문제점을 안고 있다. 첫째, 최근 전문직의 여성이 늘긴 했지만, 대부분 고등 전문 교육을 받은 소수집단에 국한되며 이러한 경우 좋은 노동환경을 가졌으므로, 노동자로서의 정체성보다 엘리트 의식이 강하다. 둘째, 사무직 여성의 증가이다. 가장 빠르게 증대한 집단이 사무직 여성 노동자이다. 초창기엔 보수가 높고 안정적인 직업이었지만, 지금의 사무직 여성은 대부분 일부 고급 관리직을 제외하고는 단순 반복적인 대량의 하위 단순 사무직이다. 타이핑, 복사, 장부정리, 전화 받기, 은행 업무, 전산 입출력, 팩스업무, 그리고 여러 가지 잡무로 구성된다. 셋째, 서비스직, 판매직 여성의 증가이다. 여성의 대부분은 도소매, 음식, 숙박업과 기타 사회 개인 서비스업에 종사하지만, 취업규칙이나 불안정한 업체에 노동계약이 전무하여 미래전망이 불투명하다. 현 실정은 이렇듯 여성에게 불리하다. 남녀고용평등법 등의 실행으로 약간씩 개선되는 부분도 있지만, 여전히 취약하다.

여성의 경제적 역할 확대는 남성의 생계유지 부담을 감소시키고 가정의 소득수준을 높이게 된다. 우리나라 여성인력도 산업화 초기부터 지금까지 경제발전에 매우 큰 기여를 하였다. 특히 미혼여성 노동력의 공급증가는 경제발전 초기 노동집약적인 수출산업의 급성장에 절대적으로 기여하였으며, 1970년대 5대 수출산업(섬유, 신발, 가발 등)이 모두 여성 노동력을 활용한 산업이었음은 주지의 사실이다. 그럼에도 불구하고 아직 여성인력에 대한 차별은 매우 심하며 효율적 인력활용 체계를 갖추지 못하고 있는 실정이다.

경제활동에 참가하고 있는 여성의 능력 면에서도 효율적인 인적자원 활용이 이루어지지 못하고 있다. 결혼 후 취업중단에 따른 취업기회 상실로 고학력 여성의 경제 활동참가율이 낮은 바, 여성에의 교육투자가 남성과 같은 점을 고려할 때 그만큼 국가자원을 낭비하는 결과이다. 여성의 실업률은 학력수준이 높아질수록 높았으며, 특히 대학재학 이상의 학력을 지닌 여성의 실업률은 남성보다 매우 높다. 그러나 이러한 경향은 차츰 완화되고 있으며, 2013년도 기준으로 대졸 이상 실업률은 남성 3.1%, 여성 3.4%로 나타나고 있다(www.kosis.kr 통계청, 경제활동인구조사). 그럼에도 불구하고 실제 여성의 실업률은 더 높다. 왜냐하면 취업을 희망하지만 취업이 어려울 것 같아 구직을 안한 실업여성이 남성보다 훨씬 많기 때문이다.

한편 2013년도 여성 경제활동율은 초졸 이하 39.2%, 중졸 40.3%, 고졸 63.3%, 대졸이상 78.0%(전문대졸 77.9%, 대학교졸 이상 78.1%)으로 과거와는 매우 달라진 양상을 보이고 있다(www.kosis.kr 통계청, 경제활동인구조사). 즉, 여성들이 경제적인 이유로 경제활동을 하넌 생계유지형에서 차츰 자아실현형으로 변화되거나, 또는 가정경제의 파트너 역할로서의 의미부여를 하고 있다는 변화의 징후가 곳곳에서 나타나고 있다. 고학력보다는 저학력 여성의 취업활동이 대세였고, 최소한의 생계유지만 되면 자의반 타의반으로 결혼 후 직업을 포기하는 것이 과거 한국 여성의 직업관이었다면, 최근에는 여성들의 커리어 개발에서 자아실현이나 사회적 기여를 매우 중요한 동기로 인식하기 시작하였다는 것을 알 수 있다. 심지어 최근에는 독신가구 또는 무자녀 부부들이 증가하고 있는데, 이는 자기 자신의 커리어를 위하여 결혼이나 출산을 미루는 사례들이 사회적으로 보편화되면서 대두하기 시작한 현상이다. 가정에서 남편의 경제활동과 아내의 자녀양육으로 패턴화되었던 정형적 틀이 깨어지면서, 불과 2~30년 전에는 상상도 할 수 없었던 가족과 사회의 문제가 나타나고 있다. 이제 저출산 문제는 한국 사회의 심각한 문제로 부상하여, 인적자원개발 정책수립에 치명적인 걸림돌로 등장하고 있다.

남성중심의 경제활동에 대한 접근 방식이 가정해체, 저출산이라는 양상으로 나타나고 있는 이즈음 경제에 대한 여성주의 접근이 새로운 희망으로 다가오고 있다. 여성주의 관점에서는 현재와 같은 공공 영역에서의 임금 취업형태의 잣대로만 경제활동 여부를 판단하는 것이 바람직한 것인가를 고민하도록 요구하고 있다. 왜냐하면 그동안 여성들은 가정이라는 영역에서 열심히 일하였지만, 경제적 보수를 받지 못하였으므로 차츰 사적인 영역으로 간주된 가정이 아닌 공공영역에서 취업을 하고자 온 힘을 기울이게 되었다. 특히 고학력 여성들은 자신의 커리어에 방해가 될 수 있는 모든 조건들은 회피하게 되고, 따라서 결혼도 자녀도 가정도 나의 커리어 개발 관점에서 취사선택하게 되는 현상이 우리 사회에 나타나고 있다. 그 끝은 어디일까? 미래보고서에 의하면 마지막 조선인이 숨을 거두는 시기는 2800년경인데, 최근 점점 그 시기가 앞당겨지고 있다는 예측도 나온다. 그때쯤이면 지금 우리가 버리고 있는 것들이 얼마나 소중한 것인지를 깨닫게 될 것이다. 그러나 그때는 너무 늦을 것이다. 따라서 지금 여성주의 돌봄 경제학에 귀를 기울이고, 과거 여성이 전담하였던 돌봄 노동에 대하여 숨겨진 가치를 인정할 뿐만 아니라 양성 간 균형 있게 참여할 수 있는 제도적 지원이 요구된다. 이제는 성별을 불문하고 일가족 양립을 위한 지원 정책을 적극적으로 추진하여, 가정과 직업세계에서의 양성평등권을 실현해야 할 시점이라는 관점이 우세해지고 있다.

2) 여성 취업의 열세요인

여성의 임금 노동관련 취업은 양적으로 약간 증가하는 추세이나 그 질적인 면에서 아직도 열세임을 면치 못하고 있다. 즉, 정치 분야, 정책 입안 및 의사결정을 할 수 있는 지위에 있는 여성이 매우 희소하고 전문직, 관리 및 행정직에도 여성은 희소하다. 여성이 취업현장에서 열세로 머물고 있는 데에는 여러 가지 요인이 있으나 크게 사회 직업의 구조적인 측면과 개인 의식적인 차원에서 볼 수 있다. 첫째는 사회제도, 조직 등의 구조적 문제가 있다는 노동시장 이중구조론이고, 둘째는 여성인식 및 능력 등 여성 자신에 문제가 있다는 인적자본론적인 입장이다. 여성은 사회화의 차이, 가사와 직업의 이중부담 등으로 열세에 놓일 수밖에 없다는 성역할 이데올로기에 기인한다. 무엇보다 여성 취업의 열세는 직업기회에 대한 제도적인 여성차별과 이를 영속화하는 문화적, 제도적 장치들에 기인한다고 하겠다 (Andersen, 1983; 조은, 1984).

구조적 장애란 사회제도나 구조가 남성지배를 계속 유지, 은폐하도록 작용하여 여성이 격리되는 결과를 가져왔다는 것이다. 즉, 노동시장 이중구조론에 의하면 노동시장은 1차시장과 2차시장으로 나뉘는데, 남성은 1차시장에, 여성은 2차시장에 유입되도록 구조화되어 있다는 것이다. 주로 남성이 유입되는 1차시장은 들어가는 데 제약은 많으나 승진계단, 고임금, 승진기회, 작업조건 등에서 유리하며, 여성이 유입되는 2차시장은 들어가기는 쉬우나 직업 안정성이 낮을 뿐만 아니라 저임금에 작업조건도 열악하다는 것이다(Andersen, 1983; Rubery, 1982).

이데올로기적 장애란 성에 관련된 전통적 규범을 강조함으로써 파생되는 사회적 인식의 경직성과 관련되는 문제이다. 즉, 능력에 있어서 성별차이가 있다는 것을 과학적으로 믿게 하는 주변 환경이라든가, 가부장제와 성역할 고정화 등 여성의 역할에 관한 규범적 이데올로기 등이 있다(심영희, 1986). 이러한 성역할 이데올로기는 여성 스스로 자질과 능력 면에서 여성적이라고 인식되는 분야를 택하게 함으로써 여성의 적극적 활동을 방해하고 있다.

개인 의식적인 차원에서는 여성에 관한 전통적 가족제도와 여성 역할의 강조와 관련된다. 한국의 전통적 가족제도는 양성불평등의 가장 중요한 요인으로 여성에게는 가장에 종속되고 가(家)에 기여하는 수단적 역할이 기대되어져 왔다. 이 같은 종속적 지위와 수단적 역할은 여성 자신에게도 내면화되어 스스로를 가정에 매어 놓음으로써만 자기의 존재를 확인하게 되고 가정을 떠난 주체적 자아상의 형성은 불가능하게 되었다(문은희 외, 1983). 또한 여성은 남성과 같은 인격을 가진 사람으로 간주하지 않고 별개의 존재로 보았다. 사회에서 자신의 주체성을 살려 공헌한다는 것은 상상할 수도 없었던 것이다. 가족에 의하여 여성의 사회적 지위와 명예가 부여되었으며, 여성에게 개인으로서 사회인으로서의 자아는 존재하지 않았다.

한국 여성의 전통적 역할과 기대는 현대에도 어느 정도 여성들의 의식과 삶을 지배하고 있다. 사회제도는 비교적 동등한 교육기회를 부여하는 것 같으나, 사실 사회적 태도나 가치관 교육의 내용에서는 남존여비, 현모양처상이 그대로 남아 있다. 따라서 여성이 혹 직업을 갖고 일을 한다고 해도 일에 대한 성취감이나 만족감보다는 가정 일을 제대로 하지 못하고 있다는 자책감을 갖거나 여성적이지 못하다는 생각을 갖도록 되어 있다. 여러 직장에서 전통적인 가치관의 영향으로 미혼 여성보다 능력이 뒤지지 않는데도 기혼 여성들의 채용을 거부하는 경향이 있다는 한국교육개발원(1977)의 연구보고서의 내용은 21세기인 현재에도 같은 문제점으로 지적되고 있다.

여성이 가사부담의 제일차적 책임을 맡고 있으므로 경제활동은 여성에게 제2차적이라는 사회적 인식이 지배적이었다. 과거 여성들은 가사와 육아라는 1차적 부담을 안고 직업을 필요에 의해 선택하였으므로 그야말로 직업을 선택할 수도 안 할 수도 있었다. 그러나 앞으로의 사회에서 그러한 선택의 폭은 상당히 좁아질 것으로 전망된다. 더욱 많은 여성이 취업을 하게 되고 여성 취업에 대한 사회적 인식도 바뀌고 있다. 포스트모던시대 행위자 주체성이 강조되는 시대에 여성의 직업을 경제성에서만이 아니라 삶의 질과 자기개발의 차원에서 생각하기 때문이다. 남성이든 여성이든 직업을 경제적인 관점에서만 보는 것이 아니라 삶의 한 의미 있는 부분으로 보는 시각이 우세해지고 있으므로, 가정과 직업에서 균형과 조화를 찾으려는 노력이 필요하다. 국가적 차원에서 인적자원개발의 효율화를 기하고 개인 삶의 질 향상을 위하여 가정과 직업 간의 균형을 지원하는 정책이 개발되어야 한다. 노동 분업은 성별이 아니라 개인의 자질과 특성에 따라 선택할 수 있도록 다양한 정책개발과 행재정적 지원이 필요하다.

4 지식기반사회 여성 직업교육의 방향

1) 취업구조와 노동시장의 변화

정보화가 진행되면서 우리 사회에서의 생활문화와 직업 그리고 일에 대한 개념이 변화되고 있다. 정보사회는 자본주의와 단절된 새로운 형태이기보다는 자본주의 사회의 틀 속에서 작동한다는 견해도 있다(Webster, 1996). 그러나 직업세계에 진출하고자 준비하는 입장에서는 직업과 관련하여 정보사회에 대한 보다 적극적인 인식이 필요하다.

OECD는 21세기 경제체제를 지식기반경제(Knowledge based economy)로 규정한 바 있다(OECD, 1996). 이것이 뜻하는 바는 우선 인간의 능력이 경제에 있어서 핵심적 관건이 된다는 것이며, 또한 지식의 생산, 분배, 활용에 대한 경제의 의존도가 어느 때보다도 높아진다는 의미이다. 또 지식사회의 도래를 예언했던 피터 드러커(Peter Drucker, 1993)는 "지식이 없는 국가는 망한다"고까지 하며 생산성과 혁신을 강조한다. 지식은 세계에서 가장 중심적이고 핵심적인 자원이 되고 있으며, 지식을 새롭게 적용하는 것이 혁신이다(매일경제, 1998). 지식중심경제는 정보사회를 경제적 측면에서 파악하는 틀이라고 할 수 있다. 이 개념 틀의 내용은 첫째, 새로운 사회 구성체로서의 정보사회의 성립 가능성, 둘째, 지식기반 경제체제의 특성으로서의 서비스 산업화 경향, 그리고 셋째, 생산수단인 자본으로서의 지식과 정보의 성격 등이다. 후기 산업사회의 가장 큰 특징으로 나타나고 있는 서비스 산업의 확대, 곧 일상생활의 서비스화, 소프트화로부터 보다 적극적인 입장에서 새로운 형태의 산업구조로 파악해야 한다는 주장도 있다(류승호, 1994).

OECD(1996: 167)의 직업연구보고서는 지식경제체제로 이행하는 직업과 노동시장의 특징을 다음 몇 가지로 제시하고 있다. 첫째, 고학력과 고숙련 기술에 대한 요구가 점점 높아지고 있다. 즉 화이트칼라 직업의 숫자가 늘어난다는 것을 의미한다. 둘째, 수요자 중심의 취업구조가 증대되고 있으며, 구체적으로는 시간제 고용이 늘고 있다는 것이다. 고용주의 필요와 근로자의 자유직업에 대한 요구로 인해 시간제 고용의 증가와 노동시장 유연화를 가져오게 되는 것이다. 셋째, 단기간 고용계약제, 변형근로계약 등이 늘어난다. 노동시장의 유연화와 함께 종신근로의 비율이 급감하는 경향이 있다. 넷째, 노동자의 임금구조에 있어서의 다양성이 극대화되고 있다. 학력 간, 산업 간, 직종 간 유사하게 적용되었던 임금체계가 개인별로 다양화해진다는 것이다.

1960년대 이전에는 직업의 종류가 2,300여 종에 불과하였으나, 산업사회의 발전과 더불어 직업의 세분화, 전문화, 다양화가 이루어졌다. 노동부 통계(1986년)에 의하면 10,450여 종으로 늘어났으며, 2,000년대에는 우리나라의 직업종류가 약 20,000여 종으로 증가한다. 여성들이 직업으로 선택할 수 있는 분야는 계속 확장되고 있다(이장희, 정병식, 2013). 기술변화에 따라 유망직종으로 전망되는 첨단 기술 분야에의 여성 참여도 중요하지만, 여성들이 보다 전문성을 발휘할 수 있는 사무 자동화 부문이나 전문 서비스 분야의 진출을 확대해 나가는 것도 필요하다. 무엇보다 여성들은 자신 스스로 어떠한 분야를 택해도 자신의 취미와 적성에 부합하면 해나갈 수 있다는 자신감을 갖는 것이 중요하다. 또한 여성들의 특성을 장점으로 살릴 수 있는 소프트웨어 개발 등의 첨단산업 관련 직종을 탐색하여 이 분야의 기능을 습득케 하는 등 새로운 분야 개척이 여성 직업교육에서 강조될 필요가 있다.

2) 직업세계 참여와 여성교육

지식기반 정보화 사회에서 직업 활동에 여성참여의 필요성은 정보화 사회에서의 여성의 새로운 역할 요구, 국가 경쟁력 강화, 여성의 삶의 질 향상 등의 측면에서 살펴볼 수 있다. 정보사회는 산업사회와는 질적으로 다른 새로운 문화를 요구한다. 초고속 정보통신망의 보급은 노동의 개념, 남녀관계, 가정과 직장의 분리뿐만 아니라 사회조직 등에도 많은 변화를 가져올 것이다. 따라서 미래에는 직업세계에서 여성의 활동이 매우 활발해질 것을 예측할 수 있다. 여성과 남성을 평등하게 대우하고 여성이 자아실현 기회를 충분히 갖도록 하는 것은 국가의 주요한 가치이자 목표이다. 21세기 세계화・정보화 시대를 맞아 이제는 추상적 가치로서의 중요성뿐만 아니라 현실적 당위성과 절박한 필요성을 갖게 되었다고 할 수 있다. 따라서 앞으로 우리는 여성의 사회적 역할과 지위를 보는 근본 틀을 바꾸어 나가야만 할 것이다. 정보사회에서 조직은 개방적 자율적이고 상호의존적인 협력체계가 되어야 하며 개인은 창의적, 전문적, 통합적인 안목과 사고를 지녀야 한다. 뿐만 아니라, 정보사회는 여가 선호도가 높아져 평균노동시간이 줄어들고 생산방식뿐 아니라 소비의 방식과 조직의 방식에도 변화가 예견되고 있다. 그런 변화의 과정에서 여성에게 요구되는 것은 남성들 못지않은 지식과 기술을 갖추는 일이다.

정보산업은 매년 매출액에서 급속한 신장세를 보이고 있는데, 이는 전 세계적인 경향이다. 그러나 이들 업체에서 여성노동력이 차지하는 비율은 아직도 매우 낮다. 기능사 등 하위직에는 어느 정도 몰려 있으나 특급기술자에서는 중급기술자나 고급기술자 등 상위직으로 갈수록 여성비율이 낮다. 그러나 이들 정보산업분야는 여성고급 인력이 진출할 수 있는 전략적 영역이다. 즉, 정보기술분야는 고급 여성 노동력이 진출할 수 있는 매우 적합한 영역이며, 여성 노동력의 고부가가치화가 실현될 수 있는 영역이라고 할 수 있다. 여성들을 위한 전공영역의 다양화를 추진함과 동시에 여성 직업교육은 직업의식함양교육과 직업능력개발의 두 차원에서 동시에 이루어져야 한다. 각급 학교 기관에서의 직업교육과 함께 성인을 위한 산업체에서의 여성능력개발을 위한 직업교육이 강조되어야 하며, 여성인적자원개발에 대한 종합적인 정책적 접근이 요구된다.

5 여성인적자원개발의 과제

1) 산업체 내 여성인적자원개발

여성인적자원개발을 경제활동의 관점에서 접근하는 시도는 주로 실업계 교육이나 전문대학차원에서 진행되어 왔다. 산업체에서 여성대상의 인적자원개발은 성역할 고정화 관점에서 비판되기도 하였다. 산업체 근무자들의 인적자원개발은 집합연수교육, 일터 현장교육, 그리고 자기계발활동 등을 통하여 추진되고 있다. 집합연수교육은 직급별, 성별에 따라 달리 제공되며, 직원들의 학습경험 측면에서 집합교육의 효과에 대한 부정적인 견해도 있다. 일터 현장교육은 실제업무에 가장 도움이 되는 학습경험이며, 특히 직장상사 및 동료로부터의 학습, 주어진 일과 업무로부터의 학습, 어려운 과제를 수행하면서 갖는 학습 등이 유의미하다. 또한 자기 계발 활동은 자기주도적 학습, 철저한 스케줄 관리, 외국어 학습 및 이를 위한 강의 수강, 네트워킹, 경력개발을 위한 개인적 학습 등이다.

한편 여직원들의 인적자원개발 실제는 남성들과 매우 다른 것으로 나타나고 있다. 집합연수교육 프로그램의 내용도 상이하며, 현장학습 그리고 자기계발 방식에서도 다르다는 것이다(곽삼근, 1998). 대학을 졸업하여 남성과 같은 조직에서 근무하는 여성의 경우 남성과 상이한 학습요구와 경험을 갖게 된다. 즉 남성중심 조직에서 다른 남성 직원들과 동등하게 일하기 위해서는 인지적인 면 이외에 부가적으로 그동안 경험하지 못하였던 용감성이나 개척정신 등을 갖기 위한 특별한 학습노력을 기울여야만 한다는 것이다. 캔터(Kanter, 1977)는 조직에서 성공적으로 일하기 위해 필요한 교육요구가 남성과 여성에게 상이하다고 주장한 바 있다. 남성들에게는 인간관계, 정서적 표현 학습이 요구되는 데 비하여 이와는 달리 여성들에게는 업무지향, 권력의 수행경험, 지성적 활동, 대중 앞에서 표현하기, 공공적으로 행동하기 등의 학습이 필요하다는 주장은 여전히 오늘날 여성인적자원개발에서 참고할 만하다.

한편 산업체 여직원 중 큰 비중을 차지하고 있는 사무직 여직원들의 인적자원개발 경험은 또 다른 양상을 보여준다. 대부분의 여성들은 여직원 교육 프로그램이나 그들의 사내외 학습경험에 대하여 만족하지 않는다고 한다. 많은 사무직 여사원들이 현재의 직업을 평생직으로 생각하지 않으며(곽삼근, 1995), 업무관련 연수기회도 희소하다. 오히려 그들이 주도하는 학습은 현재의 업무를 위한 것이 아니라 그것은 제2의 다른 직업을 갖기 위한 학습이라는 것이다. 남성 직원들이 자신의 승진 승급 또는 업무향상을 위하여 자기개발에 투자하거나 공공장소에서의 체력관리 모임, 동창회 참여 등 네트워크 형성에 노력하는 것과는 대조적으로 여성들은 학원수강 등 개인적 학습에 치중하고 있다. 직장상사로부터 배운다는 의식이나 자신을 지도하고 지원해주는 멘토라는 개념도 남성에게서는 중요하지만 여성에게는 생소한 것으로 밝혀지고 있다.

2) 성인여성의 직업교육과 인적자원개발

사회발전 과정에서 여성의 역할은 막중하며 한 국가의 여성정책은 그 나라 여성의 위치와 역할을 결정짓는 중요한 요인이다. 일찍이 2002년도 맥킨지 보고서는 한국의 경제성장은 괄목할 만하나 여성인력활용은 세계적으로 하위권이며, 한국이 선진국으로 진입하기 위해 우선적으로 해결해야 할 과제는 바로 여성인력활용이라고 지적한 바 있다. 지식정보사회와 세계시장 개방화 시대에 국가경쟁력은 곧 인적자원개발과 활용에 달려 있음을 감안할 때 한국의 문제를 정확하게 진단했다고 할 수 있다.

국가발전에서 여성의 역할은 아무리 강조하여도 지나침이 없으며 국민소득 3만불 달성을 위해 여성인적자원개발이 중요한 시점임에도 불구하고, 성별 평생학습 기회의 격차 및 학습 분야의 편중이 극심하다는 문제가 지적되고 있다(교육부, 2000). 여성인적자원개발의 현실을 볼 때 영역의 다변화와 대상의 확대를 위한 정책개발이 필요한 상황이다.

〈표 10-4〉 평생학습 참여율(2005, 2012)

구 분	연 도	평생학습참여율	직장연수	직업훈련	교양교육
여 성	2005	19.5	36.2	5.9	32.8
남 성		23.8	62.3	13.5	11.0
구 분	연 도	평생학습참여율	직장연수	직업훈련	교양교육
여 성	2012	39.4	3.4	37.0	13.1
남 성		31.8	3.7	29.2	17.8

출처: 노동연구원(2005). 통계연보: www.kosis.kr 통계청. 평생학습개인실태조사(2012).

노동연구원(2005)의 조사결과에 의하면 한국 성인의 평생학습참여율은 여성 19.5%, 남성 23.8%로 보고되고 있다. 그런데 여기에서 경제활동과 관련하여 주목해야 할 점은 여성과 남성간 평생학습 내용의 차이이다. 여성의 평생학습 참여율은 교양교육에서 높은 반면, 직장연수(36.2% : 62.3%)나 직업훈련(5.9% : 13.5%)에 있어서는 남성과 현격한 차이로 낮은 참여율을 보이고 있다(〈표 10-4〉 참조). 세계적으로 여성평생교육이 강조되는 배경에는 여러 가지가 있지만, 가장 중요한 점은 여성들의 다양한 사회참여를 활성화시켜 여성들의 개별적인 삶의 질 향상과 그들이 소속한 지역 및 국가사회 공동체의 발전을 도모하고자 하는 것이다. 이처럼 사회참여를 유도하고 활성화하기 위해서는 여성들에게 사회참여에 대한 동기를 부여하고 실제 참여를 위한 지식과 방법을 체득하게 하는 여성인적자원개발 전략이 요구된다. 〈표 10-4〉에서 2005년과 2012년의 통계에 의하면 여성의 평생학습 참여율이 증가하고 있기는 하지만, 여성의 직업관련 평생학습이 여전히 저조함을 알 수 있다.

한국 여성의 사회활동 참여는 서구 선진국과 비교하면 지극히 취약한 상태로 이는 국가경쟁력을 약화시키는 요인이 되고 있다. 개인적인 차원에서 한국의 여성들은 개인적인 삶과 가정 및 사회적 활동을 어떻게 잘 연계시킬 수 있는가 하는 문제에 당면하고 있다. 여성들이 자신의 잠재능력을 개발하여 주인의식을 가지고 가정과 사회에서 활동할 수 있으려면 사회적인 지원시스템이 필요하다. 선진국을 필두로 성인여성들의 계속교육 관심은 가히 폭발적이며, 국가인적자원개발에서 여성평생교육은 핵심 분야로 인식되고 있다. 그러나 성인여성이 왜 배워야 하고, 무엇을 배워야 하는가에 대한 진지한 고민을 통합적인 관점에서 전문집단의 방향제시 없이, 여기저기에서 산발적으로 제공되는 취미 오락과정이 여성평생교육이라는 이름으로 알려지고 있는 것이 오늘의 현실이다. 여성인적자원개발을 위한 평생교육 정책과 전략개발이 시급하다.

여성인적자원개발은 성인지적 관점에서 여성의 생애주기와 삶의 구조를 반영하여 여성 현실의 삶에서 가시화 될 수 있는 전략이 요구되는 상황이다. 사회는 남녀에게 다른 역할기대를 해왔다. 남성에게는 목적달성을 위해 준비하도록 지도해왔고, 여성은 현재의 실행에만 관심을 기울이도록 해왔다. 이는 남성은 지도자로, 여성은 정서적이고 개인에 기준을 둔 생활에 관심을 가지도록 함으로써 성차를 조장하는 교육결과를 빚게 했다. 최근에 여성들은 가정 구성을 위한 삶을 외면하고 개인의 직업적 성취를 위하여 결혼이나 자녀를 포기하는 경우가 많아 오늘날의 저출산 사회를 맞게 되었다고 하겠다. 따라서 직업훈련기관 및 각종 평생교육기관에서 성역할 정형화를 타파할 수 있는 다양한 교육 프로그램을 개발하여 제공할 것이 요구됨은 물론, 차제에 여성의 생애주기에 맞도록 고등교육 개혁을 통하여 여성들이 결혼과 출산 이후에도 양질의 진로개발 교육을 받을 수 있도록 열린 고등교육 시스템을 구축할 것이 요구된다. 한국인들의 정서와 문화는 대학교육에 대한 각별한 관심을 유발시키고 있으며, 대학이 성인평생교육에서 가장 인기 있는 기관으로 선호되고 있다. 따라서 출산과 육아를 경험한 여성들이 고등교육기관에서 경력단절을 극복할 수 있는 방안에 대하여 상담하고, 자신의 진로개발을 할 수 있도록, 이를 지원하는 정책적 방안을 마련할 것이 요청된다.

3) 여성 경제활동 활성화를 위한 과제

(1) 활성화 기본방향

인구의 고령화와 생산인구의 감소로 여성의 고용이 증가되는 추세이며, 뿐만 아니라 여성의 교육수준 향상과 사회적 인식의 변화로 여성의 사회진출은 증가하고 있다. 그러나 아직까지 여성의 취업은 비숙련 노동직에 머무는 경향이 있으므로 전문화된 분야로의 진출을 탐색하는 것이 필요하다. 지구환경 위기 글로벌 시대 여성의 경제활동은 산업시대와 다른 관점에서 활성화될 필요가 있다. 우선 여성의 섬세함, 꼼꼼함, 정확성을 요구하는 영역의 직업에 여성이 적합하다는 인식은 여성의 정보산업진출에 긍정적으로 작용한다. 향후 여성이 참여하여 전문직 업종 증가에 도움을 줄 수 있는 첨단산업분야에도 관심을 두는 등 여성 직업교육에서는 의식함양과 다양한 전공개발에 역점을 둘 것이 요청된다.

또한 여성주의는 생명, 공존, 평화, 다문화, 약자배려 및 타자배제 극복의 윤리로 대변되고 있다. 기업에서는 친환경 산업에 대한 요구가 급증하고 있으므로 여성 경제활동은 이러한 새 패러다임에 부합하는 방향에서 활성화되는 것이 바람직하다. 글로벌 경제시대를 맞아 기회가 확대됨과 동시에 지구환경 및 생태계 위기 등 과거 산업사회 생산성 지향에 대한 패러다임 전환과 성찰성이 요구된다고 하겠다.

여성 경제활동의 활성화 방안은 임금 노동 여성취업의 열세요인 분석으로부터 출발할 수 있다. 여성은 남성과 다른 취업구조를 가지며, 따라서 여성의 취업활동은 남성과 매우 다른 경험을 하도록 되어 있다. 몇 가지 중요한 사항을 살펴보면 다음과 같다. 첫째, 대부분의 여성은 인생의 어느 주기에 일을 중단한다. 그들은 대부분 자녀를 가진 후 임금노동을 포기하고 그 뒤로 다시 돌아오는데 이때는 대체로 시간제 취업을 한다. 둘째, 남성에 비하여 상대적으로 많은 여성들이 시간제로 일을 한다는 것인데 가사 일을 하거나 어린이 및 부양가족을 돌보아야 하기 때문이라는 것이다. 셋째, 여성들이 하는 일의 많은 부분은 다른 사람을 돌보거나 봉사하는 것이라는 점이다. 여성들은 교사, 간호사, 사회사업가, 가사보조인 등 돌보는 일과 청소, 요리, 비서직과 같이 다른 사람에게 봉사하는 일을 한다는 것이다. 넷째, 많은 여성들이 비공식부문에서 일하고 있다는 것이다. 다섯째, 많은 여성 취업자들이 저임금과 나쁜 작업조건, 직업 불안정성에 시달리고 있다는 것이다(심영희, 1988: 144).

여성취업의 열세를 극복할 수 있는 방안은 직업사회의 구조적 접근과 인간자본론의 두 가지로 구분된다. 글로벌 경제시대에 그동안 근시안적으로 국내에만 쏠렸던 관심을 국제무대에도 주목할 수 있는 체제구축과 인적자원개발이 요청된다. 첫째, 노동시장 이중구조와 관련하여 1차 시장에 일정비율의 여성을 의무적으로 고용하도록 하는 방안이 있다. 관공서나 교육기관부터 시작하여 점차 확대해나가면 여성에 대한 인식의 개선에도 크게 기여할 것이다. 둘째, 가족제도와 관련하여 가사노동의 산업노동화가 요구된다. 자녀의 출산과 양육은 개인적 차원으로부터 사회적 책임이라는 인식의 전환이 있어야 하며, 탁아소 시설의 확충으로 제도 및 행·재정적 뒷받침이 필요하다. 한편으로는 직장과 가정을 분리하여 여성에게 가정영역을 담당케 하는 것에서 탈피하여, 직장-가정 분리의 불평등성을 개선하도록 하여야 할 것이다. 이러한 관점에서 일-가정 양립을 위한 다각도의 정책적 노력이 필요하다. 셋째, 기회구조의 확대라는 차원에서 여성의 교육기회를 확대하고 글로벌 관점에서 취업 기회구조를 개방할 것이 요구된다. 새로운 전공을 개발하여 여성이 취업할 수 있는 문호를 넓히는 것도 매우 중요하다. 넷째, 가부장 이데올로기와 성역할 고정화를 탈피하여 경제활동을 할 것이 필요하며, 지구적 생명살림의 이슈를 인식하게 하고 가정의 살림 행위가 지구 살림행위로 연결될 수 있다는 자신감을 갖게 하는 교육이 필수적이다.

그동안 여성이 주로 담당해왔던 돌봄 노동에 대한 인식전환과 아울러 돌봄 노동의 산업화 과제는 그 실현성을 신중하게 검토해볼 필요가 있다. 여성인적자원개발에 대한 인식과 개발 영역에 대한 재검토가 요구된다. 경제활동으로 간주되는 취업의 범주에 사적 영역인 가정에서의 돌봄 노동이 배제된다면, 결혼과 출산기피

현상은 앞으로도 가속화되어 경제활동인구 자체의 감소로 이어질 것이기 때문이다. 따라서 일-가정 양립 정책을 전개하여 남성과 여성의 평등한 학습권, 노동권, 활동권의 관점에서 인적자원개발이 이루어져야 할 것이다.

여성의 의식전환은 단시일 내에 이루어지기 힘든 면이 있다. 전통적인 문화의 영향을 받아 형성된 여성인식은 유전적으로 계승되기 때문이다. 태고형(arche type)이란 집단 무의식을 이어받는데, 이 태고형적인 성격은 개인적인 것이 아니라 집단적인 것, 선험적인 것이다. 즉, 조상이 생각하고 느끼고 행동하던 것을 이어 받은 것이다. 어머니의 역할과 의무는 생명을 주고 사랑에 가득한 존재로 인식되므로 집단 무의식을 통해 어머니의 역할은 몇 세대를 통하여 재생산된다고 볼 수 있다. 성역할 고정화는 계속적인 교육과 제도개선으로 서서히 변화하고 있음은 주지의 사실이다. 여성에게 다양한 역할상을 제시해주고, 가정, 학교, 대중매체 등의 평생교육체계를 통해 양성평등의식과 자신감을 심어주는 것이 필요하다. 그러나 무엇보다 중요한 것은 여성의 취업열세의 극복방안은 일가족 양립 지원 관점에서 돌봄 노동에 대한 인식과 제도의 전환, 교육과 정책 제도 면에서 입체적으로 동시에 추진되어야 한다는 것이다.

(2) 여성 경제활동 활성화를 위한 정책적 과제

여성의 경제활동 활성화를 위한 정책과제는 취업여성을 위한 직업유지 및 전문성개발과 취업희망여성을 위한 취업준비 교육 지원으로 제시될 수 있다. 첫째, 취업여성을 위한 탁아시설 확충 및 탁아비 지원, 유연한 근로 형태 조성, 성차별적 직장문화 개선 및 사회 고정관념 해소, 제1차 노동시장의 여성할당제, 연수교육 참여기회확대 등을 들 수 있다. 둘째, 취업을 위한 평생교육은 직업의식 강화 교육 및 유망직종 전환 교육기회 제공, 재취업 교육과 고용연계 프로그램 강화 등을 위한 지원정책이 요구된다.

여성의 경제활동 활성화는 우리사회가 겪고 있는 노동력 부족 현상의 해소와 국민 삶의 질 향상에 기여할 수 있는 과제이다. 또한 여성들의 사회참여 욕구는 증가하고 있으나 이에 대한 사회적 인식과 지원은 아직도 매우 부족한 상태이다. 특히 가사활동을 주로 여성이 전담할 뿐 아니라 여성이 일할 수 있는 복지환경 역시 미흡하다. 또한 남녀역할 분담의 전통으로 육아, 노부모 공양, 환자보호 등의 부담을 주로 여성이 전담하고 있는 실정에서 여성의 경제활동은 이중의 어려움을 겪고 있다. 따라서 탁아비 지원, 탁아시설의 확충은 반드시 선행되어야 하며, 아울러 재택근무나 시간제 근무 등 근로형태의 유연성도 요구된다. 최근 친가족 경영 기업에 대한 관심이 부상하고 있는 가운데, 가정과 일터를 균형 있게 유지시킬 수 있는 방안에 대한 연구가 절실히 요청되고 있다. 여성의 입장에서 자녀 양육의 업무는 가장 큰 부담으로 꼽히고 있다. 자녀의 출산과 양육은 더 이상 한 개인이나 가정의 문제만이 아니라, 국가 사회적 차원에서 관심을 가져야 하는 과제가 되고 있다.

일가족 양립 지원정책은 노동자가 일과 가족 간 의무를 효과적으로 병행할 수 있도록 지원하기 때문에 1차적으로 여성의 평등한 노동권, 남성의 평등한 부모권을 보장할 수 있고, 2차적으로 남녀 간 평등한 무급노동 분배를 전제함으로써 성별 분업 이데올로기를 약화시키는 데 일조할 것이라 기대된다고 할 수 있다(이동선, 2013). 여성 중 과반 이상이 유급노동에 참여하고 있지만 그럼에도 성별 분업 이데올로기가 잔재하는 상황에서, 노동하는 부모 특히 기혼 남성보다 기혼 여성이 일과 가족 의무 간 갈등을 더 많이 겪게 되는 것이 현실이다. 특히 2인 소득가구의 도래에 따른 가족 내 돌봄 부족 문제에 대해 시장과 가족 모두 만족스러운 대안을 제시하지 못하는 가운데, 국가의 개입을 필요로 하게 된 것으로 인식된다(Esping-Andersen, 2009:80). 이동선(2013)이 OECD 16개국을 비교 연구한 결과에 따르면 일가족 양립 지원 정책 중 여성 고용률 증가에 가장 크게 기여하는 정책요소는 보육재정 지원 정책으로 밝혀졌다. 보육재정 지원 정책이 가지는 가장 큰 의미는 돌봄의 사회화를 추구하면서 직접 돌봄 시기 이후의 아동에게 질 높은 공보육을 제공하여 돌봄의 주체를 여성에서 사회로 이관하는 데 기여한다는 점이다. 또한 동 연구에서 휴가정책 역시 여성의 고용률 증가에 긍정적 영향을 미치는 주요한 정책도구로 검증되었다. 보육재정 지원 정책과 부모휴가 정책의 유기적인 결합을 통해 돌봄의 의무를 사회화하고, 남녀 간 평등한 무급노동 재편이 필요하다는 것이 주목되어야 한다. 성별에 상관없는 부모 역할의 공유(sharing parenthood), 이를 통한 가족 및 사회 전반에 젠더 평등 구현이 전제되도록 정책적 지원이 요구된다.

보육시설의 확대와 방과 후 아동지도의 제도화 및 질적 향상은 여성인적자원 개발을 위하여 무엇보다 우선적으로 실천되어야 할 과제이다. 자녀 육아기에 있는 25~34세 연령층 여성들의 취업 장애를 제거하기 위해서는 육아부담의 완화가 급선무이며 이를 위해서는 양질 보육시설의 획기적 확충이 필요하다. 또한 부모 취업 시 아동이 방과 후에 적절히 보호받을 수 있는 시설이 부족하여 주부들의 취업에 중대한 저해요인이 되고 있다. 각종 안전사고 및 유해한 환경에의 노출 위험성이 있고, 현재 초등학생 중 약 70~80만 명이 3~7시간을 보호자 없이 방치되고 있다는 것은 심각한 사회적 문제를 야기시킬 수 있는 요인이다. 더욱이 맞벌이 부부의 대부분 가족들이 방과 후 아동지도 제도화의 필요성을 제기하고 있는 상태를 외면해서는 곤란하다.

외국은 방과 후 아동지도가 매우 활성화되어 있는데, 예를 들어 미국은 학교 시작 전·후에 2~4시간 프로그램을 각종단체(비영리단체, 학교, 교회 등)에서 제공하고 있다. 일본은 취업모들에 의한 공동보육의 형태로 시작하여, 1962년 '취학아동보육연락협의회'가 결성되어 아동지도를 조직적으로 추진하였으며, 전국적으로 시설이 확충되어 다양한 생활지도, 학습지도에 만전을 기하고 있다. 스웨덴은 7~12세 아동에게 방과 후 아동지도 프로그램을 제공해주고, 독일은 10세 이하의 아동은 호르트(Hort)에서 5시까지 맡아주며, 10세가 넘으면 '청소년의 집'에서 방과 후 취미생활을 하도록 한다. 우리나라에서 방과 후 아동지도의 활성화는 취업모의 요구에 부응할 뿐 아니라, 주부들을 활용함으로써 여성 고용 증진 효과도 달성할 수 있다. 이는 적은 비용으로 많은 수의 아동지도 및 보호가 가능하고, 지역 내에서 어머니와 아동에게 통합적 서비스의 제공을 가능하게 해 준다. 또한 양질의 아동지도서비스를 제공해주고 아동지도사 보급의 확대로 여성의 취업기회를 제공해주는 장점이 있다.

여성에 대한 성차별적 고용관행은 남녀고용평등법이 입법화된 단계에서도 임금, 업무배치, 승진 및 교육훈련 등에서 종종 나타나고 있다. 이러한 문제를 타결할 수 있도록 직장문화를 개선하고 사회의 고정관념을 해소시키며, 여성에게 남성과 동일한 연수교육기회를 제공하는 방안이 강구되어야 할 것이다. 여성의 경제활동에 대한 현실적 제약이 상존하고 있음을 감안하여, 제1차 노동시장에 일정 비율

여성을 고용토록 하는 여성 할당제를 실시하고 여성취업을 유도할 수 있는 제도적 보완장치를 강구하도록 해야 한다. 공공부문의 솔선수범을 통해 민간부문의 적극 동참을 유도하며, 기업이 일방적으로 부담하고 있는 출산·육아휴가 부담 등 모성 보호비용을 사회가 분담하는 방안을 강구하고 여성취업의 저해요인을 완화토록 하여야 한다.

여성의 취업을 위한 평생교육은 직업의식 강화 교육 및 유망직종 전환 교육기회 제공, 재취업 평생교육과 직업 연계 프로그램 강화 등이 중요하다. 여성에게 자신감을 갖고 사회에 진출할 수 있는 프로그램을 개발하여 보급할 것이 필요하며, 특히 정보화시대에 부응하여 여성에게 취업 및 전업에 필요한 기술교육을 다양하게 제공하는 방안이 필요하다. 구체적으로 여성 직업훈련기관을 대폭 확충하고, 과학기술교육을 강화하는 등 여성인력 양성체계를 개선하여야 하며, 교육수혜후 실질적으로 재취업이 가능하도록 지원해주는 제도적 장치가 필요하다. 여성의 경제활동을 활성화시키기 위해서는 가정과 직장의 이중부담을 완화시켜줄 수 있는 정책이 시급하다. 보육시설의 확대와 방과 후 아동지도 프로그램의 정착화를 통하여 여성에게 지워진 육아부담을 덜어주어야 함과 아울러 여성들에 대한 교육기회의 확대와 다양한 전공 및 직업개발이 요청된다.

● 요약

이 장에서는 현대사회에서 여성의 경제활동의 중요성을 고찰하고, 우리나라 여성의 경제활동 현황과 문제를 살펴보았으며, 여성 경제활동 활성화를 위한 여성교육의 방향과 정책과제를 제시하였다. 여성주의 관점에서 여성 돌봄 노동에 대한 새로운 해석의 필요성을 제시하였으며, 경제활동과 직업 개념에 대한 재분석이 요구됨을 지적하였다. 여성의 평생 직업에 대한 요구는 날로 높아가고 있는 데 비하여, 여성들의 경제활동 영역은 매우 제한적이다. 이제까지 여성들은 경제교육에서 소비자로만 규정되었으나 여성은 더 이상 소비자의 위치에만 놓여있지 않다. 여성은 소비자인 동시에 생산자로 활동하며 이를 위한 경제교육이 필요하다.

여성의 임금 노동 경제활동은 업종별로는 숙박업, 도소매업종과 지위 면에서도 사무직, 서비스직에 집중되고 있으며, 월평균 임금도 남성대비 약 68% 정도에 머무르고 있다. 또한 주요국 여성의 경제활동 참가율을 비교해보면 우리나라의 여성들은 20대 후반과 30대 초반에 경제활동 참가율이 매우 낮아지는 M자형이다. 이는 출산과 육아로 인한 일시적 중단 현상으로 여성들의 직업적 전문성을 발휘하는 데 큰 저해요인으로 지적되고 있다. 일가족 양립을 지원하고 탁아를 사회적인 책임으로 간주하는 정책을 펼 것이 요구된다.

여성인적자원개발과 관련하여 남성중심의 HRD 이론과 실천에 대한 관점 전환이 요구된다. 산업체에서의 현장교육은 남성 중심으로 실시되고 있어 여성의 인적자원개발을 위한 교육은 부차적이다. 평생교육기관에서의 여성 취업교육도 제한된 영역에서 실시되며 교육 결과의 활용면에서도 교육과 취업의 연계성이 낮아 교육투자회수율이 낮은 것으로 지적되고 있다. 또한 여성들의 취업은 진입이 쉬운 제2차 노동시장에 치우치고 있는 실정이다. 앞으로 여성의 경제활동을 활성화시키기 위하여 여성을 위한 제1차 노동시장에서의 할당제, 탁아시설의 확충 및 탁아비 지원, 유연한 근로 형태 조성, 성차별적 직장문화 개선 및 사회 고정관념 해소, 연수교육 참여기회확대 등이 필요하다. 또한 직업의식 강화교육, 새로운 지식정보분야의 전공개발 및 직종 전환 교육, 교육과 취업의 연계 강화 등의 정책과제가 대두된다. 또한 지구환경 위기시대에 여성주의 관점에서 돌봄 노동에 대한 인식전환, 생명과 공존지향 경제활동에 대한 재개념화가 요구된다는 점에 주목할 필요가 있다.

● 토론문제

1. 현대사회에서 직업의 필요성과 조건을 설명하고, 여성의 돌봄 노동을 경제활동 관점에서 분석해보며, 돌봄 노동의 미래를 전망해보자.
2. 여성의 경제활동구조는 어떠한 특성을 지니고 있는지 알아보고, 일가족 양립 지원 정책이 실효성 있는 성과를 거두기 위해서는 어떠한 조처가 필요하며 향후 과제는 무엇인지 토의해보자.
3. 지식정보사회를 맞아 여성의 역할변화와 향후 여성의 경제활동 활성화를 위한 정책적, 교육적 방안에 대하여 연구해보자.

참고문헌

곽삼근(1995). "기업내 여사원의 여성인식과 연수교육요구분석." 「사회교육학연구」. 1(1), 83-104.

______(2005a). 『한국 평생교육의 사회철학적 과제』. 서울: 집문당.

______(2005b). 여성평생교육의 이론적 기초. 『여성평생교육의 이론과 실제』. 한국여성평생교육회(편). 서울: 교육과학사. pp.11-31.

______(2008). 『여성주의 교육학』. 서울: 이화여자대학교출판부.

곽삼근, 김현미, 손승영 , 이소희, 주은희(2005). 『[개정판]일상의 여성학』. 서울: 박영사.

교육부(2000). 「여성의 평생교육기회격차 분석」.

______(2006). 「고학력 경력단절 여성의 재취업을 위한 맞춤형 직업훈련 지원 연구」.

노동연구원(2005). 통계연보.

노동연구원(2013). 2013 KLI 해외노동통계 DB.

대통령직속여성특별위원회(1998). 여성사회교육 실태조사결과보고서.

두크로. U. 손규태 옮김(1977). 『성서의 정치경제학: 자본주의 세계경제의 대안』. 서울: 도서출판 한울.

류승호(1996). 『후기산업사회와 서비스 산업』. 서울: 녹두.

매일경제. "지식이 없는 국가는 망한다", 피터 드러커 국제지식경영 서밋 특강, 1998년 7월 7일(10).

문은희 외(1983). 여성인력 발전의 제도적 · 사회적 저해요인 조사. 서울: 한국여성개발원.

박을용(2000). 인적자원개발회의 정책과제 개발과 운용방안, 서울: 한동대학교.

박필배(2013). 윤리학과 인간의 직업적 삶. 서울: 중원문화.

심영희(1988). "여성취업의 현황과 과제," 『여성과 직업』. 한국여성개발원. 127-151.

여성부(2004). 2004년 8월 세계여성 정책 보고서. 여성부 국제협력담당관실.

오은진 외(2010). 사회서비스 분야 여성 일자리 창출을 위한 정책과제. 서울: 한국여성정책연구원.

윤혜경(2007). 「고학력 경력단절 여성의 직업진로 탐색 경험 분석: 직업교육 프로그램의 중장년 참여자를 중심으로」. 이화여자대학교 대학원 박사학위 청구논문.

이동선(2013). 일가족 양립 지원 정책이 여성의 고용률에 미치는 영향: OECD 16개국을 대상으로. 서울: 이화여자대학교 대학원 박사학위논문.

이장희, 정병식(2013). 직업세계의 이해: 직업선택과 취업전략. 서울: 大旺社.

이주연, 정옥희(2013). 가족과 젠더. 서울: 태영출판사.

장미혜(2004). 여성 일자리 창출 정책 방안의 모색. 「여성정책포럼」. 5. pp. 43-49.

정우현, 구병림, 이무근(1989). 『직업기술교육론』, 서울: 교육과학사.

조 은(1984). "한국의 산업화와 여성인력의 활용- 모순된 기대와 요구," 「여성연구」 2(1), 한국여성개발원.

최이윤정(2007). 여성주의 경제학자의 '따뜻한 국가'만들기. 「환경과생명」, 52호, pp. 208-212. 환경과 생명.

통계청(1997). 인구주택총조사보고서, 경제활동편.

통계청. 경제활동 인구조사.

_____(2008). 한국통계연감.

한국교육개발원(1977). 한국인의 남녀 역할관. 연구보고서.

한국여성개발원(1995). 고학력 여성인력의 양성과 활용방안.

Aburdene, P. and J. Naisbitt(1992). *Megatrends for women.* New York: A Division of Random House, Inc. 김홍기(역), 「여성 메가트렌드」, 서울: 한국경제신문사.

Anderson, M. L.(1983). *Thinking about women,* New York: Macmillan.

Beechey, V.(1986). "Women employment in contemporary Britain," V. Beechey and E. Whitelegg(Eds.), *Women in Britain Today*, Open Univ. Press.DfES(2001). National Special Educational Needs Teacher's Standards Framework.

DfES(2001). National Special Educational Needs Teachers' Standards Framework.

Drucker, P.(1996). *Post-capitalist society,* New York: HarperCollins. 이재규(역). 「자본주의 이후의 사회」, 서울: 한국경제신문사.

Esping-Andersen, G. (2009). *The incomplete revolution : adapting to women's new roles.* Cambridge : Polity.

Folbre, Nancy(2001). *The invisible heart : economics and family values.* New York: New Press.

ILO, yearbook of Labour Statistics, 1996.

OECD(1983). *The future of vocational education,* Paris: OECD.

OECD(1996). Employment and growth in the knowledge-based economy.

Rubery, J.(1982). "Structured labor markets, worker organization, and low pay," in A. Giddens & D. Held(Eds.), *Classes, power, and conflict,* Berkeley: Univ. of California press.

Staudt, Kathleen(1988). *Policy. politics & gender : women gaining ground.* West Hartford. Conn. : Kumarian Press.

Webster, J.(1996). *The theories of information society,* 조동기(역). 「정보사회이론」. 서울: 사회비평사.

http://laborsta.ilo.org/

www.kosis.kr 통계청. 고용형태별 근로실태조사.

www.kosis.kr 통계청. 평생학습개인실태조사.

www.kosis.kr 통계청. 경제활동인구조사.

www.nso.go.kr/cgi-bin/sws_999.cgi.

http://laborstat.moel.go.kr/ 고용노동부. 고용노동통계.

11장 문화, 여성, 여성주의 교육

나임윤경*

* 미국 The university of wisconsin-madison 교육학박사 성인여성교육전공
현재 연세대 대학원 문화학과 교수

1 가부장 문화, 여성, 여성주의 교육

문화는 자주 '전통' 등의 개념과 함께 쓰이며, 개발중심의 압축적 근대화 과정을 겪은 한국 사회에서 '보호'되고 '유지'되어야 할 것으로 사유된다. 더구나 '우리만의 고유한 것'으로 통용될 때의 문화는 한국 사회에 원래부터 내재되어 있었던 것으로서 '자연'의 지위를 획득하기도 한다. 이러한 맥락에서는 문화를 비판하고, 재사유하고, 재구성하는 것은 그것을 거스르는 일종의 '반역' 행위로 간주되기도 한다. "우리 것은 좋은 것이여~", "가장 한국적인 것이 가장 세계적이다."라는 근거 없는 찬양이 '우리 것'에 대한 비판을 어렵게 하는 것이다.

문화를 '국보 몇 호' 등으로 불리는 문화유산 언저리에서 사유해 본다면 '우리' 문화에 대한 찬양이나 미화는 가능하지만, 문화가 주변과의 끊임없는 교류와 참조로 구성되어지는 것이라고 할 때 순수한 '우리 것'은 처음부터 존재하지 않는다고

보아야 할 것이다. 문화를 나라의 보물이 아닌 사람들의 행위 양식으로 본다 하더라도 주변에 대한 모방과 참조, 그리고 재구성 등의 과정을 삭제할 수는 없을 것이다. 예컨대 한, 중, 일 사람들의 인사하는 법만 본다 하더라도 사람들의 행위 양식이 상호 참조에 기반한 것임을 알 수 있다. 한국 사람들은 사람을 만날 때 주로 목례를 한다. 물론 상대방의 지위나 연령에 따라 허리를 굽힐 적도 있지만 일상적으로 하는 인사는 목례이다. 중국 사람들의 경우는 허리를 굽히는 인사보다 목례를 할 경우가 많은 것 같다. 일본 사람들의 경우 목례보다는 허리를 깊숙이 굽혀 하는 인사가 일상적으로 보인다. 그러나 세 나라의 인사 방식은 목이나 허리를 굽힌다는 점에서 유사하고, 아마도 이러한 유사성은 과거의 어떤 시점, 국경과 국적의 개념이 지금보다 확실하지 않았던 어떤 시대, 세 나라 사람들의 활발했던 교류 덕분에 발생한 것일 수도 있다. 마찬가지로 축제나 제사를 위해 반(半)건조된 생선 속에 식초에 절인 밥을 채워 두는 일본인들의 관습은 태국 남부 지방의 것과 유사하다고 하는데, 그것 역시도 국경과 국적의 개념이 없었던 과거의 어떤 시점에서 두 나라 사람들의 교류가 어떤 의미에서는 지금보다 더 활발했었음을 보여주는 것이다. 이처럼 문화에는 상호 교류, 참조, 재구성 등의 과정이 들어 있게 마련인데, 특히 '재구성'의 과정은 문화가 계속 변화하고 있음을 보여준다. 따라서 문화를 어떤 지역의 '본질' '고유'로 간주하는 것은 문화에 대한 오해이다.

사회 인류학자 레타노 로살도(권숙인 옮김, 2000: 63-64)는 넓은 의미로 문화란 "사람들이 자신들의 삶을 이해하는 데 근거로 삼는 여러 형식을 가리킨다...(중략) 문화는 학습되는 것이지 유전적으로 전달되는 것이 아니다."라고 했다. 그의 문화에 대한 정의에 기반한다면 예컨대, 강간 등 원치 않은 섹스를 당한 여성에 대해 "몸을 빼앗겼다."로 언설화 하는 한국 사회는 여성들로 하여금 자신의 그 경험을 인권과 성적(性的) 자기 결정권을 침해 받았다고 판단하게 하기보다는 이른바 '순결'을 잃었고, 따라서 여성으로서의 '가치'를 상실했다고 이해하게 한다. 인도나 중동의 어느 지역에서는 결혼 전이라 하더라도 남성과 연애하는 딸이나 여동생은 집안의 명예를 더럽혔다고 간주되어 아버지나 오빠에 의해 '명예살인'이라는 이름으로 살해되기도 한다. 물론 그 살인은 문화적으로 정당화된다.

언급된 일들은 문화가 참조되고 재구성되어 특정 사회에서 통용되며 그 사회

사람들의 삶을 이끌고, 이해하고 구성하는 기준이나 원칙을 의미한다고 하겠다. 물론 그 기준과 원칙은 특정 사회 안이라 할지라도 지역에 따라, 시대에 따라, 구성원의 계층과 성별, 연령, 성적 기호 등에 따라서 달라질 것이다. 그럼에도 불구하고 위의 예에서 드러나듯이 한국 사회에서 통용되는, 특히 여성들에게 강력한 영향력을 행사하며 여성들의 삶을 이끌고, 이해하고, 구성하는 원칙은 가부장 문화라고 할 수 있다. 가부장 문화는 남성중심성을 그 특징으로 하는데, 그 속에서 여성의 삶을 이끌고, 이해하고, 구성하는 원칙은 남성의 시각에서 적절하거나 옳은 것이 된다. 그러므로 "몸을 빼앗겼다."는 한국적인 표현은 그 여성의 몸이 남성에 의해 (물건이 아님에도 불구하고) '강탈'당한 결과 또 다른 '남성의 기준으로 볼 때' (물건이 아님에도 불구하고) '새것'이 아닌, '헌것'이 된 것이므로 가치가 없어졌다는, 다분히 남성중심적 시각을 보여주는 것이다. 마찬가지로 예컨대, 80년대 대학기에서는 남학생이 흡연 중인 여학생에게 다가가 담배를 뺏거나, 피우지 말라고 훈계하거나, 심한 경우 뺨을 때리는 경우가 있었다고 하는데, 그 이유는 '그 남성이 보기에' 여성의 흡연은 '옳지 않은 것'이었기 때문이다. 지금도 그런 경우가 있지만 당시 여대생들은 화장실, 동아리 방, 카페 등 밀폐된 공간에 한해서 흡연했었다. 이처럼 가부장 사회에서의 남성 시각은 '주관성'으로 간주되기보다는 '법'이나 '문화' 그 자체와 동일시되면서 여성들의 삶을 통제해 왔다. 이것은 스탠리와 화이트(Stanley & White)가 지적한 대로 "객관성은 남성 주관성의 다른 이름"임을 보여주는 것이다. 대로변에서 자기 아내나 연인 혹은 강도를 목적으로 남편임을 가장하여 전혀 낯선 여성을 구타하는 남성에게 경찰 등의 공권력과 법이 미치지 않을 수 있었던 이유는 남성의 구타가 곧 공권력이자 법의 지위를 갖고 있었기 때문이다. 이 때 구타하는 남성들은 말리는 주변인들을 향해 "이년 버릇을 고쳐야 돼요."라고 말하곤 했다는데, 그럴 경우 사람들은 그를 말릴 이유를 찾지 못했다. '남편=법'이라는 인식이 있었으므로, 구타하는 남성은 곧 공권력을 행사하는 정의로 인식되었기 때문이다. 서구 여성주의자들이 가족이나 연인 같은 사적 관계에서 발생하는 폭력에 법이 미치지 않는 모순을 지적하며 "가장 사적인 것이 가장 정치적인 것이다(The personal is political)."라는 구호를 외쳤던 것은 바로 여성에 대한 남성의 판단과 폭력이 문화와 법의 지위를 갖게 된 것에 대한 분노를 표현한 것이다.

폭력처럼 피해자의 인권침해가 명백하게 가시화되는 것은 시대가 변함에 따라 가부장 사회의 문제로 지적되고 공론화되어 개선과 수정이 가능하지만, 예컨대 성인 여성들에게 '도리', '윤리', 한 발 더 나아가 '자연의 순리'로 기입된 모성(母性)과, 모성의 이름으로 행해지는 보살핌 노동은 그렇지 않다. 문제시될 경우는 그 노동이 부족하거나 과잉적으로 실천되어 여성을 비난할 때뿐, 그것이 여성의 역할로 할당되고 '제도화'되어 온 것에 대한 문제는 드러내지 않는다. 다만 보살핌 노동을 제대로 수행하는 '좋은 엄마'와 그렇지 않은 '나쁜 엄마'가 있을 뿐이다. 둘을 가르는 판단의 기준은 물론 여성의 경험이 아니라 문화라는 이름을 가진 남성 혹은 남성중심적 시각이다. 한국처럼 남성의 성(姓)만을 자녀에게 물려주는 사회에서는 아버지의 2세인 자녀를 낳고 기르는 것이 어머니만의 의무이지만, 그 자녀들에 대한 법적 권리는 그 어머니에게 주어지지 않는다. 그 권리, 즉 모성권을 획득하기 위해 여성들은 '남성=법'과 기나긴 투쟁을 해야 한다. 남성중심 사회가 여성에게 기입한, 아이를 낳고 기르는 의무를 권리로 재개념화하면서, 그 권리를 향유하거나 어떤 방식으로 언제 누구와 함께 향유할지, 혹은 그 권리를 향유하지 말아야 할지에 대한 판단의 주체를 여성으로 자리매김하는 것은 여성주의 의제 중 주요 부분을 차지한다.

이러한 맥락에서 여성주의 교육은 가부장 사회의 여성들이 '문화'와 '전통'이라는 이름으로 학습해 온 것을 '해체적으로 학습(un-learning)'할 것을 목적해야 한다. 즉, 여성주의 교육은 여성들과 함께 무엇을 학습할지 고민하기보다는 기존에 여성들이 학습한 내용 중 어떤 내용을 해체적으로 학습할지 모색하는 것이어야 한다. 그러나 이미 '문화'와 '전통'으로 의미화되어 온 가부장적 학습 내용을 거스른다는 것은 일종의 반역행위로 간주되기에 쉽지 않은 과정이 될 것이다. 또한 그것은 여성의 삶 전반을 되짚고, 어떤 면에서는 지금까지의 가부장적 패러다임 안에서 구성되어 온 여성 삶의 대부분을 부정해야 하는 불편한 과정도 수반할 것이다.

본 장에서는 한국의 30, 40대 여성들의 삶을 '문화'와 '전통'이라는 이름으로 지배하고 있는 보살핌 노동과 모성을 중심으로 여성주의 교육의 지향점에 대해 다루고자 한다. 우선 여성주의 교육 개념이 기반하고 있는 근대 인식론과 여성주의 교육을 개관(槪觀)해 본다.[1)]

2 근대 인식론

이분법적인 사유(思惟)는 근대 서양 인식론의 핵심이다(태혜숙, 2006). 근대 백인 남성 중심의 인식론은 서양(백인)/동양(유색인), 문화/자연, 이성/감성, 정신/몸, 공(公)/사(私), 그리고 남성/여성 등으로, 존재하는 모든 것을 두 개의 범주로 나눈다. 물론 이러한 이분화가 내포하고 있는 것은 대립항의 전자(前者)－서양, 문화, 이성, 정신, 공(公), 그리고 남성을 동일한 것으로 취급하면서, 같은 방식으로 동일화 되는 대립항의 후자(後者)－동양, 자연, 감성, 몸, 사(私), 그리고 여성보다 우위에 놓는다. 그리고 전자가 후자를 정복할 수 있음을 정당화한다.

서양 제국 열강들은 동양을 식민화하면서 동양을 자신들과 대칭점에 놓이는 열등한 타자로 위치시켰다. 더럽고, 미개하고, 자연에 가까운 이성적이지 못한 것으로 사유함으로써 동양에 대한 자신들의 지배를 정당화하였다. 마찬가지 방식으로 서구의 기술과 문명은 자연을 착취, 개발해 온 것을 정당화하였으며, 서구식 근대사유는 이성과 논리를 감성과 직관보다 신뢰하였다. 또한 정신적 욕망은 육체적 욕망보다 훨씬 더 고결한 것으로 의미화되어 왔다. 공적 영역에서 벌어지는 일들은 사적 영역에서 벌어지는 일들보다 훨씬 더 중요하며, 따라서 사적 영역, 가정에서의 활동은 공적 영역, 사회에서의 활동을 지원해야 하는 부차적 공간으로 생각되어져 왔다.

남성과 여성의 관계는 바로 이러한 이분법 속의 연속성 어딘가에 위치한 것으로서 남성은 전자의 모든 것－서양, 문화, 이성, 정신, 공적 영역과 동일한 것으로 간주되어 왔으며, 여성은 후자의 모든 것－동양, 자연, 감성, 몸, 그리고 사적 영역과 동일시되어 왔다. '문명화된' 서양이 '미개한' 동양을 정복한 것이 정당성을 갖듯이, 몸의 욕망은 늘 정신에 의해서 통제되는 것이 '자연스러움'을 획득했듯이, 남성은 여

1) 이하의 글은 학술지 평생교육학연구 (나윤경 2007,13(1)) 실린 '여성주의 시각으로 분석한 여성인력개발센터 프로그램'의 일부 내용을 본고의 취지에 맞게 수정한 것이다.

성보다 우수한 존재로서 인식되며 여성을 지배해 왔고 그것이 '자연스럽다'고 생각되어 왔다. 가부장제는 바로 이러한 인식론 안에서 생산, 재생산되어 온 제도이다(태혜숙, 2004).

여성주의는 근대적 사유에서 출발하기는 하였으나 근대적 사유의 이분법에 대한 해체를 시도해 왔다(정희진, 2005). 문명보다 중요한 자연의 가치와 의미를 새롭게 구성한 에코페미니즘의 노력이 그러한 시도를 보여준다. 자연을 착취해 온 문명과 문화가 지금 자연의 경고를 받으며, 자연보다 우위에 있지 않음을 보여주고 있다. 또한 문명이 자연의 존재를 위태롭게 함으로써 문명 자신의 존재기반이 흔들리고 있음을 목격한다. 문명이 자연보다 우위에 있었던 것이 아니라, 문명 자신의 존재를 자연에 의탁하고 있었음을 알게 된 것이다. 여성주의자들은 이성과 감성이 두 개의 '다른' 영역의 것이 아니라 공존함으로써 서로를 자극하기도 하고, 견제하면서 존재로 하여금 균형을 유지할 수 있게 하는 것으로 생각한다. 존재는 어느 한 순간도 이성만으로 혹은 감성만으로 존재하지는 않기 때문이다.

또한 사적 영역이 공적 영역을 지원해 온 지금까지의 자본주의가 가족해체 등 사적 영역의 균열을 야기하자, 여성주의자들은 가족 친화적 정책 등 공적 영역의 사적 영역 지원 필요성을 촉구하고 있다(민주노동연구소, 2006; 장지연 외, 2004). 중국 정부는 1949년 공산당 정권의 시작과 함께 모든 인민의 노동을 독려하는 의도로 가정주부의 위치를 생산 없이 남성 가장에게 기생하는 '기생충'으로 비유했었다. 그 당시 90%에 이르는 가정주부들이 '기생충'으로서의 삶에서 벗어나 노동자로서의 자신을 구축하려 노력하자, 남성 가장들의 노동이 원활해지지 않으며 생산력이 저하되기 시작했다. 그러자 중국 정부는 다시 가사의 중요성을 인식하게 되었고 가사의 공공 노동화를 선언하게 된다. 가사 노동과 공공 영역이 서로 연계되어 있음을 알게 된 것이다(Song, 2006).

이렇듯 두 영역 사이에 견고하게 놓인 근대적 경계는 서서히 해체되면서 탈근대 시대로의 전환을 주도하는데, 이 때 젠더와 관련한 두 진영의 공존과 평등한 협상 방식을 모색하는 사유방식을 주도한 것이 여성주의이다(정희진, 2005). 영역과 영역 간의 차이로 인한 다양성을 인정하고 공존하게 하려는 협상의 정치학을 여성주의라고 한다면, 이러한 여성주의에 기반하면서 양성의 평등과 공존을 도모하는 교육적 실천 철학으로는 여성주의 교육이 있다. 본 장에서는 한국의 대표적 여성평생교육기관 중의 하나인 '여성인력개발센터'의 프로그램 분석을 통하여 한국에서의 여성주의 교육에 대한 전망을 해보려 한다.

3 여성인력개발센터 프로그램

'여성주의 교육(feminist pedagogy)'에 대한 논의는 80년대 중반에 출판되고 90년대 개정판으로 보완된 미국의 Belenky 등이 쓴 『여성만의 학습방식(Women's Ways of Knowing)』에 의해서 본격화되고 정리되어 왔다. 여성주의 교육이란 여성주의 철학적 축인 근대 이분법적 사유를 비판적으로 사유하면서 교육을 통하여 성평등 이데올로기를 실현함으로써 학습자 개개인을 권력화(empowerment)하고, 심리·행동 변화를 도모함으로써 여성 해방(emancipation)을 이루고자 하는 교수 철학이다. 여성주의 교육은 그 명칭이 드러내듯 '학습자로서의 여성에 관한 것'(about women as learners)이며 '여성의 교육에 관한 것'(about women's education)임을 명확하게 진술함으로써 여성주의 교육이 상정하는 학습자가 여성임을 시사한다.

근대의 이분법적 사유에 균열을 내고 '새 판 짜기'로서의 여성주의 교육이 전제하는 것은 첫째, 교육은 가치중립적이지 않으며 계몽을 수반하고(bell hooks, 1994; Paulo Freire, 1978), 둘째, 미시적 삶의 맥락으로 실천되지 않은 교육 내용은 학습되지 않은 것으로 간주하며(Hayes, 1989), 셋째, 여성 개인의 권력화와 해방을 사회변화의 전제 조건으로 간주하며(Hayes, 1989), 넷째, 이 모든 과정에서 여성은 주체로서의 역할을 한다(나임윤경, 2003)는 것 등이다.

교육을 통하여 성평등 이데올로기를 실현하려는 여성주의 교육은 위에서 언급한 네 가지의 요소들을 반영하면서 근대적 사유의 이분법적 도식, 특히 그 중에서도 가부장적 사회가 구성원 모두에게 주입해 온 성역할 이분법적 도식 해체에 방점을 두는 기획이 될 것이다. 이러한 시각에서 기존의 여성평생교육기관의 하나인 '여성인력개발센터'가 최근까지 수행했거나 수행 중인 프로그램 분석 결과를 참조하고자 한다. 그 이유는 그 프로그램들이 정부 기관에 의해서 주도되고, 정부로부터 일부 혹은 전부를 지원받으며 운영되고 있기 때문에, 프로그램의 지향점은 정부가 성인 여성에 대해 갖고 있는 시각을 드러낼 것이다. 프로그램 분석은 2007년 5월 현재 '여성인력개발센터'의 홈페이지(www.vocation.or.kr), 서울시 네 곳의 '여성인력개발센터'에서 발행하는 광고지와 팜플렛, 프로그램 관리・운영자(공식 직위는 부장 혹은 간사) 세 명과의 면담, 『중장년층 여성인적자원개발 실태와 정책과제』 2005연구 보고서(한국여성개발원, 2005)로부터 얻은 정보를 기초로 하였다.

1) 여성인력개발센터

'여성인력개발센터'는 2007년 현재, 전국에 51개 지역에 센터를 두고 있고 여성들을 위한 취업 및 사회문화교육, 그리고 인문・교양교육 등을 지원하는 곳이다. 서울, 인천, 경기 지역에 25개소가 배치됨으로써 수도권 집중화 현상을 보이며, 그 밖의 지역 분포는 강원도 2, 충북 1, 충남 3, 대전 1, 경북 3, 대구 2, 경남 3, 부산 3, 울산 1, 전북 2, 전남 2, 광주 2, 제주 1개소 등으로 이루어져 있다.

'남녀고용평등법' 및 '보조금의 예산 및 관리에 관한 법률'에 근거하여 비영리법인 민간여성단체를 운영 주체로 1993년에 노동부가 3곳의 '일하는 여성의 집'을 설립 및 운영 지원하면서 시작되었다. 이후 2001년 1월 정부조직법 개정에 따라 노동부에서 여성부(현 여성가족부)로 이관되었으며 '여성발전기본법' 시행령 개정으로 사무의 법적 근거를 정비하고, 사무 중 일부를 16개 시, 도에 기관 위임하였다. 또한 2001년 5월에는 '여성인력개발센터 설립 운영규칙'(여성부훈령)을 제정하여 '일하는 여성의 집' 에서 '여성인력개발센터'로 명칭을 변경하였으며 지자체로 이관되었다.

'여성인력개발센터'의 운영주최는 YWCA, 한국사단법인 여성인력개발센터, 주부클럽연합, 한국문화복지연합회 등이며 여성가족부는 물론 노동부, 산업인력공단 등 중앙부처(30.2%)와 지자체(27.6%) 등의 지원을 받고 있다(나머지는 수강자 부담 31% 및 여성단체 등의 지원 4.3%). 이 중 여성가족부는 전업주부 재취업교육을, 노동부는 여성 가장을 중심으로 하는 실업자 교육을, 그리고 산업인력공단은 준고령자(40세 이상 50세 미만) 취업 교육의 일부를 지원하며, 서울시 등 지자체는 각 여성인력개발센터 전체 예산의 일부(각 단위의 수입에 따라 10~15%)를 지원하거나 성과(수입과 취업률)가 좋은 단위에 대해 인센티브를 주기도 한다. 이렇게 본다면 '여성인력개발센터'의 교육 프로그램을 통하여 정부는 기혼 여성 혹은 50대 미만의 성인 여성들의 인력활용을 모색하고 있는 것이다.

각 단위의 소재지가 지역이나 중심에 따라 수강생 배경이 다르지만 기본적으로 수강생들의 경제상황은 중간 이하인 경우가 대부분이며, 이들의 학력은 2004년 현재 서울의 경우 고졸(46.2%), 전문대졸(13.4%), 대졸(30%) 등으로 고졸이 가장 많다. 역시 서울의 경우 수강생의 연령은 30대(40%)가 가장 많고, 그 다음 40대(30.3%), 20대(17.4%), 50대(10%)순이다. 서울 수강생의 약 70%는 전업주부이며 미혼 여성은 약 20%에 해당한다. 2004년 현재 전국 '여성인력개발센터' 직업능력개발 훈련 참가자는 약 6만 명(서울 약 2만 5천명)이고, 이 중 취업된 사람은 40%(서울 37.6%)이다. 그러나 무료로 제공되는 프로그램(예컨대 간병인 훈련과정)의 취업률은 약 60% 정도이다. 수강료는 2주 기준 6만 원에서 1개월 기준 5만 원, 3개월 기준 15만 원 등 프로그램의 성격에 따라 다르지만 노동부지원 고용보험 적용자 환급 훈련처럼 정부기관에서 지원하는 프로그램을 제외한 프로그램의 경우 일주일 두 번 강의 기준 한 달에 10만 원을 넘는 경우는 많지 않다.

프로그램 강사는 주로 직업훈련 교사 혹은 전직 간호사 등 현장 경험을 가진 사람들로서 각 지역의 강사는 상호 교류되기도 한다. 강사의 시간당 강의료는 2만 5천 원~3만 5천 원 사이이며 강사의 대부분은 여성이다. 이력서와 강의계획서와 자격증 등이 강사 선발의 기준이 된다. 수강생들을 위해 1시간당 천 원의 비용으로 18개월 이상 된 어린이를 돌봐주는 놀이방이 운영되는 곳도 있다.

2) 여성인력개발센터의 프로그램 범주화와 내용

전국 51개의 '여성인력개발센터' 지부에서는 2006년 1월 1일부터 9월 21일 현재 총 4,616개의 프로그램이 제공되고 있다. 전체 프로그램은 창업/취업(〈표 11-1〉에서의 정보화교육, 전산업무, 컴퓨터관련/ 홈패션, 의류, 화훼, 장식관련/ 피부, 헤어 관리 등 미용관련/ 간병인, 노인, 장애 등 복지관련/ 상담 · 심리치료 관련/ 신생아, 산모 관련), 사회문화교육(외국어 및 예체능/요리관련/ 어린이 교육 지도 관련) 그리고 고객서비스(여성학 특강/ 기타 무료 특강) 등으로 나뉘어 제공된다. 특이한 점은 여성학 강의가 '고객서비스'로 분류되어 있다는 점이며, 강의 내용은 여성주의적인 내용으로 구성되어 있는 것이 아니라 여성으로서 혹은 '어머니'로서 알고 있어야 할 상식(예컨대 모유 수유의 장점) 등으로 이루어져 있다는 것이다. 창업/취업, 사회문화교육, 고객서비스 등 세 범주로 제공되는 프로그램을 그 내용에 따라 다시 분류하면 〈표 11-1〉과 같이 크게 10가지로 범주화가 가능하며 그 구체적인 내용과 구성 비율은 다음과 같다.

〈표 11-1〉 여성인력개발센터 프로그램 범주와 세부 내용

범주	세부내용
1. 외국어 및 예체능	한글, 외국어(영어, 중국어, 일어, 한자), 건강(요가, 각종 댄스 등), 악기(오카리나, 플루트, 첼로 등)
2. 정보화, 컴퓨터 관련	워드프로세서(한글, MS워드, 파워포인트, 엑셀 등), 그래픽(포토샵, 플래시, 일러스트레이터 등), 세무 · 회계 · 경리 관련 프로그램, 인터넷 활용(HTML 등등), 인터넷 쇼핑몰 창업 관련 등
3. 요리 관련	한 · 양 · 중 · 일식 조리사 시험 관련, 각종 요리(폐백용, 계절 요리, 떡, 케이크, 한과 등)
4. 어린이 교육 관련	영어, 독서, 수학, 음악, 미술, 한자, 놀이, NIE, 과학, 마술, 논술, 동화 구연, 각종 공예, 레고, 요가, 발레, 방과 후 활동 등
5. 홈패션, 의류, 화훼, 장식 관련	꽃꽂이, 화훼장식, 펠트, 퀼트, 비즈공예, POP, 의류 수선 · 리폼, 선물포장, 리본아트, 풍선아트, 양장, 압화공예, 홈패션, 한지공예, 클레이, 칼라믹스, 핸드페인팅, 와이어공예, 토피어리, 회화(유화, 수묵화 등), 취업 · 창업대비 등
6. 피부, 헤어 관리 등 미용 관련	헤어디자인, 메이크업, 네일아트, 수제비누 · 화장품 등 만들기, 각종 마사지(경락, 스포츠, 발 등), 아로마테라피, 피부 · 두피 관리 등
7. 간병인, 노인, 장애 등 복지관련	간병사, 병원코디네이터, 호스피스, 케어복지사, 장애아동 교사 등

범주	세부내용
8. 상담 · 심리치료 관련	미술심리치료, 음악치료, 독서치료, 청소년 상담, 성폭력 상담, 웃음치료 등
9. 신생아, 산모관련	산모 · 신생아 도우미, 베이비시터, 임산부 요가, 신생아 용품 만들기, 태교, 산후조리사 등
10. 기타	가사보조, 도배, 공인중개사, 호텔객실관리, 텔레마케터, 모니터요원, 웨딩플래너, 직업상담사 등

〈표 11-2〉 여성인력개발센터 프로그램 구성 비율2)

분류코드	범주	개수	백분율(%)
1	외국어 및 예체능	368	8.0
2	정보화교육, 전산업무(경리 · 세무 · 회계 등) 컴퓨터관련	870	18.8
3	요리 관련	797	17.3
4	어린이 교육 지도 관련	871	18.9
5	홈패션, 의류, 화훼, 장식관련	1055	22.9
6	피부, 헤어 관리 등 미용관련	249	5.4
7	간병인, 노인, 장애 등 복지관련	92	2.0
8	상담 · 심리치료 관련	74	1.6
9	신생아, 산모 관련	79	1.7
10	기타	161	3.5
	합계	4616	100.0

2) 분류코드 1은 "주부 글로벌 강좌" "자녀 영어지도" "유학자녀 방문" 등의 문구로 홍보되며 알파벳부터, 영어로 읽어주는 그림동화, 중학교 수준의 간단한 문장 해석, 듣기, 말하기 등을 강의한다. 지역의 시설과 강사 상황에 따라 예술과 체육 프로그램은 제공되지 않기도 한다. 분류코드 2는 "경리 실무와 더존 프로그램을 동시에 배울 수 있는 기회" "80% 출석 시 (수강료의) 약 80% 환급" 등의 문구로 홍보된다. 그러나 담당자에 의하면 대부분의 소규모 사업장에서는 더존 프로그램을 사용하고 있지 않아서 프로그램의 현실 가능성은 없다고 한다. 분류코드 3은 가정일품 요리, 각종 한식, 양식 등 재료비 별도로 운영되는 강의다. "자녀의 간식을 직접 만들어주는 아빠가 되어 보세요" "아빠는 요리사~" 등의 문구로 홍보되는 아버지 요리 교실도 토요일에 제공되지만 수강생이 거의 없어 진행되고 있지 않다. 분류코드 4는 "논술지도사의 첫걸음"등으로 홍보되는 독서 지도와 NIE(newspaper in education) 지도를 하며 EQ 독서지도 등 아동의 발달단계에 따른 독서를 지도하는 강의다. 분류코드 5는 "2개월의 투자로 나만의 특별한 스커트, 바지를 만들어 보세요" "플라워 디자이너 스쿨 강사 및 플라워 코디네이터 등 다양한 분야의 프리랜서로 활동 가능합니다" 등으로 홍보되는 강의로서 옷 제작 방법이나 실내장식 등을 강의하는 프로그램이다. 분류코드 6은 "핸드 메이드 웰빙! 천연비누 & 화장품 제작" "사랑하는 가족의 머리는 내 손으로~" 등으로 홍보되는 강의로서 미용 관련한 내용을 다룬다. 분류코드 7의 내용은 본문에서 다루었다. 분류코드 8은 "미술치료의 진단과 평가" "청소년을 위한 미술치료" 등으로 홍보되며 주로 가족, 특히 자녀의 심리를 이해하고 치유하는 방법으로서의 미술이 소개된다. 분류코드 9는 "산모돌보기에서 신생아 돌보기까지!" "당신도 전문 돌보는 이가 될 수 있습니다" 등으로 홍보되며 보건소에서 발급하는 B형간염포함 건강진단서 제출을 요구하는 강좌로서 수강대상에 제한을 두지 않는다. 분류코드 10은 이외 여성학 특강 등 다양한 과목을 포함한다.

앞의 프로그램 중 정부 기관의 전폭적인 지원을 받는 프로그램들이 있다. 산업인력공단이 무료로 제공, "수료 후 취업 안내 및 연결"이라는 문구로써 취업을 보장하는 프로그램으로는 분류코드 7번에 해당되는 '[국비 무료] 간병인 과정'이 있다. 수강생의 주민등록 등본과 사진, 그리고 보건소에서 발급하는 건강진단서를 제출하면 누구나 수강생으로서의 자격을 얻는다. 간병인 자격을 제공하는 프로그램의 개요는 "신체적, 정신적 결함으로 타인의 도움을 필요로 하는 분들께 활동이나 편안한 심신을 가질 수 있도록 도와주는 사람"을 간병인으로 정의하고 있다. 간병인 자격증을 얻은 사람은 병원, 요양원, 보호시설, 복지관, 보호소, 일반 가정 등으로 취업된다.

여성가족부가 지원하는 전업주부 대상 무료 프로그램으로는 '케어 매니저(care manager)'가 있다. 이 프로그램은 간병인, 산모 도우미, 베이비시터 자격 프로그램에 의학 지식을 추가한 강좌로서 동양의학이나 간호의 실제 등의 내용이 추가된다. 정부지원 프로그램들은 주로 30대와 40대를 대상으로 한 '여성적 역할', 예컨대 돌봄노동을 위한 훈련과정을 개설하는데, 그 이유는 '여성취업이 유망하기 때문'(49.4%)이고, 따라서 수강생 확보가 용이하기 때문(32.1%)이다. 또 다른 정부지원 프로그램으로는 출석률이 80% 이상이 되었을 때 수강료의 80%를 노동부의 지원 하에 고용보험이 환급해 주는 '재직자 수강료 환급'이 있다. 이 프로그램에는 요리, 피부관리, 정보화기초, 전산회계, 꽃꽂이 등이 있으며 수강료의 80% 환급이 적용되는 연령은 40세 미만이며, 40세 이상은 '무관(無關)'이라고 프로그램 안내에 명시되어 있다. 위 10개 범주의 프로그램이 한 지역의 '여성인력개발센터'에서 모두 실시되는 경우는 드물다. 수강생들의 요구와 사회적 배경에 따라 취업에 방점을 두고 있는 곳이 있는가 하면, 취미와 교양 중심의 프로그램을 운영하는 곳이 있다. 대략 4~6개 범주의 프로그램이 각 단위에서 실시되고 있다.

다음에서는 정부기관이 무료 혹은 수강료의 대부분을 지원하는 프로그램을 중심으로 '여성인력개발센터'의 프로그램을 분석하려 하는데, 그 이유는 이 프로그램들은 정부의 전폭적인 지원으로 이루어지는 만큼 '여성인력개발센터'가 프로그램 수료 수강생들을 취업으로 연결시키려는 노력을 다른 프로그램보다 훨씬 더 많이 하고 있기 때문이다.

3) 여성인력개발센터의 정부 지원 프로그램 분석

이처럼 10개 정도로 범주화될 수 있는 프로그램은 다시 여성주의적 관점에 따라 성역할 정형성에 기반한 프로그램과 그렇지 않은 프로그램으로 분류될 수 있는데, 범주 2를 제외한 모든 범주는 성역할 고정관념에 기반한 프로그램들이다. 즉 범주 2와 기타로 분류된 프로그램의 비율을 합한 약 22%의 프로그램을 제외한 78%의 프로그램이 전통적인 '여성적 역할'과 관련된 내용을 담고 있다. 비록 대부분의 프로그램이 취업이나 창업을 위한 기술획득을 목적으로 하고 있다 하더라도, 성역할에 기반한 프로그램들이 결과하는 것은 고정된 성역할의 재생산일 수밖에 없다. 특히 산업인력공단과 여성가족부가 수강료를 전액 지원함으로써 전업주부 여성과 실업자 여성, 특히 여성 가장에게 수강을 독려하고 취업으로 연결하고 있는 프로그램은 언급했듯이 간병인 무료지원 프로그램과 케어매니저 프로그램인데, 이들은 '감정 노동'을 수반하는 '보살핌 노동'으로서 전형적인 '여성적 역할'에 기반한 노동이다. 근대의 이분법 도식으로 이해한다면 여성적인 역할은 사적인 영역에서 수행되는 역할이기 때문에 공적인 영역에서 수행되는 노동보다 사회적 인정이 적은 것은 물론 임금도 훨씬 적다. 그럼에도 불구하고 이 프로그램들이 (거의) 무료로 제공되고 있기 때문에 남성 배우자나 파트너로부터 독립이나 이혼을 원하는 여성, 혹은 그들의 사망으로 인해 생계부양자가 된 여성들은 이러한 프로그램으로 빨리 유인될 수밖에 없다. 그런데 '여성인력개발센터'에서 취업으로 연결하고 있는 2007년 현재 보살핌 노동의 임금은 아래와 같다.

〈표 11-3〉 보살핌 노동의 임금 기준표

<table>
<tr><th>직종</th><th>이용시간</th><th>이용횟수</th><th>이용금액</th><th>비고</th></tr>
<tr><td rowspan="3">산모도우미</td><td rowspan="3">1일 8시간</td><td>5일 2주</td><td>450,000원</td><td rowspan="3">- 시간조절가능
- 아동/가족 수에 따라 금액 조정</td></tr>
<tr><td>5일 3주</td><td>675,000원</td></tr>
<tr><td>5일 4주</td><td>900,000원</td></tr>
<tr><td rowspan="2">베이비 시터</td><td>1일 4시간</td><td rowspan="2">주 5일 근무</td><td>1일 20,000원</td><td rowspan="2">- 아동/횟수에 따라 조정</td></tr>
<tr><td>1일 8시간</td><td>1일 40,000원</td></tr>
<tr><td rowspan="2">간병인</td><td>12시간</td><td rowspan="2">주 5일 근무</td><td>1일 35,000원</td><td rowspan="2">- 병원기준 가정간병 시 추가</td></tr>
<tr><td>24시간</td><td>1일 50,000원</td></tr>
<tr><td rowspan="4">가사도우미</td><td rowspan="2">1일 4시간</td><td rowspan="4">주 5일 근무</td><td>1일 25,000원</td><td rowspan="4">- 근무횟수에 따라 조정
- 시간초과 시 5,000원/시간별도지급</td></tr>
<tr><td>1일 30,000원</td></tr>
<tr><td rowspan="2">1일 8시간</td><td>1일 45,000원</td></tr>
<tr><td>1일 50,000원</td></tr>
</table>

'여성인력개발센터'의 수강생들이 보이는 2007년 5월 현재 취업률 40%는 향후 2~3년 안에 70%로 향상될 것을 목표로 하고 있다. 그러나 한 달 임금 900,000원 미만으로 책정된 '성별화된 노동'(여성적 역할을 수행하는 노동)으로의 취업 방식은 정부가 무료로 수강을 지원한다 하더라도 취업률을 늘리지 못할 것이다. 실제로 많은 '여성인력개발센터'가 "여성이 만드는 당당하고 행복한 세상" 등과 같은 구호로 프로그램을 홍보하면서 여성의 경제적 자립을 프로그램의 목표로 설정하고 있지만, 프로그램 수강 후 여성들이 취업할 수 있는 곳은 저임금의 '여성화'된 영역일 뿐이다.

이러한 영역으로의 노동을 유인하기 위해 정부기관인 산업인력공단, 노동부, 여성가족부가 필요한 강좌를 지원하지만, 그것은 '지원'보다는 저임금 노동 영역으로 여성들을 '유인'하는 것이다. 값싼 노동의 여성들이 없다면, 정부는 보살핌 노동을 필요로 하는 인구에 대해 막대한 복지 예산을 들여야 하기 때문이다. 이러한 시각에서 여성 인력 활용을 주장하는 정부 기관이 지원하는 '여성인력개발센터'의 프로그램은 결국 정부의 성차별적 인식을 보여준다. 예컨대 간병인의 경우 〈표 11-3〉에서 보듯 24시간 고용되어 일할 경우라도 주 5일 근무기준 월 1,000,000원의 임금만을 받는다. 이러한 현실이므로, 여성들은 취업되었다 하더라도 그보다 더 적은 시간의 노동으로 더 나은 임금을 보장하는 식당이나 찜질방 등의 영역으로 이동한다고 한다. 그러나 이 곳 역시도 여성화된, 저임금 영역인 것은 마찬가지다. 결국 여성인구에 대한 정부의 성차별적이며 현실성 없는 지원은 수강료로 지원한 비용의 효과를 만들어내지 못한 채 여성들을 계속 비전문화된 저임금 영역에 묶어 두는 역할만을 하고 있다.

노동부가 지원하고 고용보험이 지급하는 수강료 환급 프로그램에 대한 정책 역시도 준고령자(40대~50대)를 지원한다는 당초 슬로건과는 달리, 40세 미만의 여성에게만 적용시킴으로써 정부의 성차별에 이은 연령차별적 인식을 드러낸다. 세금으로써 지원하는 프로그램의 수혜 기준이 수강생의 숙련도나 성실성처럼 '구성되는' 능력이 아니라, 연령처럼 '본질적인' 요소라는 것은 정부기관이 평생학습의 관점에서 공적 영역에서의 노동이나 학습 기회를 적게 가졌던 인구나 경력 단절을 경험한 인구에 대해 복지차원의 서비스를 제공하는 것이 아니다. 이는 여전히 값싼 노동 영역으로 노동력이 비교적 활발한 '젊은' 인구를 '유인'하겠다는 의도를 드러내는 것이다. 같은 맥락에서 여성 노인을 위한 교육 프로그램이 전혀 제공되지 않는다는 점 역시 고령화 사회로 빠르게 진입하고 있는 우리 사회의 특징을 생각한다면 현실적이지 않다.

또한 수강료 환급을 보장하는 강좌 즉, 요리, 피부관리, 정보화기초, 전산회계, 꽃꽂이 등에서 보듯 정보화기초와 전산회계는 '여성적'이지 않으며 IT 분야로서 많은 임금을 보장하는 것 같지만, 각주 8번의 분류코드 2에 대한 설명에 나와 있듯이 '아줌마'를 고용하는 영세 사업체에서는 낮은 수준의 전산 프로그램만을 활용할 뿐이므로 '여성인력개발센터'에서 수강한 내용은 사용되지 않은 채, '아줌마'들은 저임금을 수령할 뿐이다. 프로그램 운영자에 따르면 '아줌마 인력=값싼 인력'이라는 일반적 인식을 불식하기 위해 정부가 어떠한 역할도 하지 않은 채, 여성들에게 고급 프로그램만을 교육 받게 하는 것은 아무 의미가 없다는 것이다. 여성들은 낮은 임금만을 전망하고 있으므로 어려운 내용의 강좌를 수강할 동기를 상실하게 된다고 한다. 따라서 수강생들은 어려움 없이 자격증을 획득할 수 있는 보살핌 중심의 강좌를 선호하는 경향을 보이는 것이다.

그럼에도 불구하고 대부분의 서베이 결과는 중년 여성들의 노동과 관련한 문제로서 그들의 '직업의식 결여'를 꼽고 있다[3]. 중년 여성들의 취업과 관련한 평생교육기관은 여성들의 '직업의식' 형성에 손상을 주는 노동 현실과 그들에게 주어진 가사와 육아 문제에 대한 해결 노력까지도 기울여야 할 것이다. '직업의식'은 진공 상태에서 생겨나거나 사라지는 것이 아니라, 맥락 안에서 구성되어지는 것이기 때문이다(조순경, 2000).

보살핌 노동과 저임금 노동에 대한 정부의 미대책은 결과적으로 여성들을 더욱 '보살핌 노동자', '저임금 노동자'가 되게 하면서 빈곤의 여성화를 지속시키는 원인이 되기도 한다. 이러한 의미에서 여성평생교육기관의 프로그램은 성역할 이분법을 생산, 재생산해 내는 역할을 해 온 것이며, 결국 이것은 가부장성을 더욱 강화시키는 것이라고 해석될 수 있다. '보살핌' 노동은 사적 영역에서의 노동이므로 저임금으로 유지되는 직종이고, 그렇기 때문에 생계 부양자가 아닌 기혼 여성들만이 노동 가능한 공간이 되어가며, 또한 이것은 그 직종의 저임금과 열악한 노동조건을 지속시키게 한다(김현미, 2005). 결국 '보살핌 노동'을 여성화한 결과는 여성의 빈곤화인 것이다(조순경, 2000).

또한 〈표 11-1〉에서 보듯, 요리나 급식 혹은 독서치료나 방과 후 아동지도와 간병 등은 국민을 위해 국가가 수행해야 할 복지와 관련된 것으로서, 국가가 싼 값으로 그 책임을 여성들에게 떠맡긴 것이기도 하다(Freedman, 2002). 결국 여성과 남성에게 중립적일 것으로 인식되는 '국가'와 '정부'는 육아정책 마련에 늑장을 부리거나, 저출산에 대한 실효성 없는 정책(출산비 지원, 세 번째 자녀에 대한 유치원 교육비 일부 지원 등)에서 보듯 여성에게 호의적이지 않다. 이러한 맥락에서 대부분의 여성들은 공적 영역으로의 진출을 위해 결혼과 출산이 기피되거나 지연되어야 함을 알고 있으며(이주희 외, 2004), 따라서 여성들은 어떤 의미에서는 국가와 반대편에 서 있는 존재이다. 이는 버지니아 울프가 "여성에게는 국가가 없다"고 말한 지점을 보여주는 것이다.

여성에게 보살핌 노동을 제도화하려는 정부의 의도는 점점 더 심각해져 가는 사교육에서 잘 드러난다고 하겠다. 다음 절에서는 중산층 여성들의 자녀 사교육 몰입 상황을 드러내면서, 그것이 여성들의 자발성에 기인한 것이 아니라 한국 사회의 가부장적 기획의 하나임을 보이고자 한다.[4)]

---

3) 『중장년층 여성인적자원개발 실태와 정책과제』 2005 연구보고서, 한국여성개발원 참조.

4 자녀 사교육을 통한 '사회주도의' 모성구성 과정

어머니는 나보다 열 살 위인 오빠가 군대에 가 있는 동안 저녁마다 밥을 담은 주발을 부뚜막 뒤편에 두었다... 어머니는 다음날 아침식사를 부뚜막에 두었던 그 찬밥으로 해결하였다.(2006. 4. 19. 서울신문 "워즈의 어머니, 내 어머니" 중에서)

결혼 후 달라진 점은 전혀 예측하지 못했던 가정과 육아와 직장의 삼각관계인 것이다... 하지만 해결방법 또한 없다. 아이를 위하는 것이 우선일까? 나를 위하는 것이 우선일까? 멀리 바라보는 것이 우선인가? (2006. 7. 14 국정브리핑 "난 대한민국 보통 엄마" 중에서)

이제 단순한 구성 엄마는 아이를 잘 키울 수 없다... 엄마가 초등학교 1학년부터 아이의 중, 단기 학습전략을 손에 쥐고 있는 매니저 노릇을 해야 아이의 경쟁력이 제대로 살아나는 시대다.(2005. 5. 14 프레시안 "강남 대치동 엄마 vs. 강북 품앗이 엄마" 중에서)

인용된 위의 글들은 2000년대에 쓰인 것이지만 그 내용은 우리 사회에서 1960년대 이후 이루어진 모성[5]에 대한 담론을 일괄하고 있다. 60, 70년대에 학령기 자녀를 둔 30, 40대 어머니들은 이전 시대의 대가족 내 며느리 역할의 부담에서 벗어나 산업사회 핵가족 안에서 어머니와 아내로서의 자리를 마련한 사람들이다(윤택림, 2001). 특히 이 세대의 중산층 어머니들의 자식 교육에 대한 열성은 '치맛바람'으로 표현되곤 하였는데, 이들의 열성은 아파트나 땅 투기 현장에도 연장되어 남편의 사회적 지위와 상관없는 '사모님'의 출현을 보게 하였다. 이들 중 일부는 전쟁 후 남편 없는 '과부'로서 생계부양자와 자녀교육 담당자의 역할을 충실하게 해

4) 이하의 글은 평생교육학연구(나윤경, 태희원, 장인자 2007, 13(4), pp. 55-87)에 실린 '자녀 사교육을 통한 모성 구성과정: 평생학습자로서의 성인 여성에 대한 이해의 한 방식'의 논문을 본고의 목적에 맞게 수정한 것이다.

5) 이후 모성, 모성 '수행', '어머니 노릇'은 같은 의미로 문맥에 맞게 선택적으로 쓰인다. 본 장에서 모성은 생물학적이거나 본질적인 것이 아니라 수행의 과정에서 획득되거나 구성되는 것으로 의미화되기 때문에 모성의 의미에는 '수행성'이 포함되어 있다. 본 장에서의 모성은 사교육을 수행하는 과정에서 구성되는 것으로 정의한다.

낸 '강한 어머니'들이자, 첫 번째 인용구에 있는 어머니처럼 자식, 특히 아들에게 모든 것을 희생하는 어머니이다. 80년대로 오면서 이전 세대보다 소수의 자녀를 가진 어머니에게 있어 가장 중요한 역할은 자녀교육, 특히 입시교육을 하는 것이었는데, '선행학습' 위주의 조기교육에 대한 관심이 증폭된 시기이기도 하다(윤택림, 2001). 이 시기의 30, 40대 어머니들은 전후 베이비붐 시대에 태어난 여성들로서 늘어난 경제력으로 자녀교육에 대한 투자도 함께 늘리며 가족의 계층과 명예를 유지하면서 가족 내에서 '막강'한 권력을 갖기 시작한다(조형, 1997; 조혜정, 1998). 또한 그녀들 중의 일부는 고등교육의 세례와 80년대의 고도성장이 만들어낸 '일' 이데올로기로 인해 두 번째 인용문의 내용처럼 직장과 육아/가사 양쪽 영역 사이에서 갈등을 경험하기도 한다(윤택림, 1996). 그러나 자아실현에 몰두할 수 있을 만큼 아기를 맡길 시설이 부재하므로(김은실, 1996) 어머니 노릇을 비대하게 수행[6]하면서도 자녀교육에 관한 한 여전히 '죄의식'을 갖는 '슈퍼 마미'가 되어야만 했다.

그 이전 세대 어머니들이 공교육에 기반을 둔 채로 한두 과목의 과외를 통해 자녀교육에 임했다면, 90년대와 2000년대의 고학력 중산층 어머니들은 "공교육이 사교육을 방해하고 있다."고 말할 정도로(Park, 2006) 공교육의 의미를 무화시키면서 자녀의 사교육을 중심으로 그들의 모성을 '수행'한다. 이전 세대 어머니들의 자녀교육이 주로 대입을 위한 고등학교 교육에 치중한 것이었다면, 이 세대 어머니들의 자녀교육은 대입뿐만이 아니라 세계화 시대를 대비한 것이며, 따라서 자녀의 학령기 전부터 시작된다(Park & Ablemann, 2004). 소진 박과 낸시 에이블만(2004)에 의하면 이러한 과정에서 중산층 고학력 어머니들은 자녀의 코스모폴리탄적 삶은 물론 자신의 그것 역시도 세계화된 맥락에 맞춰 상상하고 준비한다.

윤택림(2001)의 방식대로 시대에 따라 달라진 모성에 대해 기술하긴 하였지만, 실상 오늘을 사는 30, 40대 어머니들에게 시대에 따라 다양하게 표출된 모성

---

6) 주디스 버틀러는 생물학적 몸을 '본질화'하는 담론을 비판하면서 이성애규범적 담론들이 오히려 '구성'하게 한다(sexing of body)고 주장한다. 이 때 이성애규범적 담론들은 수행성을 수반하면서 생물학적 성을 구성한다. 본질적인 것으로 여겨지는 것이(담론적 진실이) 사실은 획득되는 것이며 이 과정은 수행성으로 촉발되는 것이다. 이 장에서의 모성 '수행' 역시도 본질적이거나 자발적인 것이 아니라 모성 담론이 수반하는 것임을 의미한다.

스펙트럼은 동시적, 통시적으로 혹은 누적되어 나타나고 있다. 모성에 관한 시대적 담론의 동시성, 통시성 혹은 누적성은 현재의 어머니들이 자신의 모성을 평가하거나 이해할 때 기댈 수 있는 이론적 틀이 됨으로써 담론의 영향력을 드러낸다. 지금 어머니들이 평가하는 자신들의 모성은 도저히 다다를 수 없어 자책감이나 열등감을 갖게 하는 '신화' 같은 '누적된 모성 담론'에 상당히 포섭되어 있는 것이다.

평생교육학에서 여성을 학습자로 호명하고, 그들을 평생교육적 관점에서 이해하려는 노력은 이루어져 왔지만(나윤경, 2007; 박성정, 2004; 신미식, 2005), 여성 학습자들을 모성 안에서 이해하려는 노력은 거의 없었다고 할 수 있다. 본 장에서 30, 40대 여성들의 모성 '구성'(construction)과정을 연구하고자 하는 이유는 모성이란 일반적으로 언설화되는 것처럼 생물학적 본성이 아니라 다분히 사회적 맥락 안에서 구성되어지는 것임을 드러내고자 하기 위해서이며, 그들의 모성수행이 자발적인 선택이 아니라 가부장 사회 안에서 '부추겨진 것'임을 드러내기 위해서이다.

본 연구를 위해 10명의 30~40대 고학력 중산층 여성과 인터뷰하였고[7], 인터뷰 분석 결과는 다음과 같다.

1) 담론과 사회적 조건이 강제하는 모성

동시대 한국 사회에서 모성을 의미화하는 담론은 희생하고 봉사하는 엄마, 자녀교육에 열성적인 엄마 등 전통적인 모성담론을 재생산하고 있으면서, 다른 한편

---

7) 인터뷰 참가자 정보

사례	나이	자녀	학력	특징	거주지역
1	47	여(대1), (중1)	대졸	여성주의 커뮤니티 ooo활동	서울시 강남구
2	45	남(고1), (중1), 남(초1)	대졸		대전
3	44	남(고1), (중1)	대졸	자녀들과 조기유학 경험(2년)	대전
4		여(초5), 여(초1), 남3세	대졸	지역 시민단체 활동 경험	수원
5	43	여2(초4)(쌍둥이)	대학원졸	외국유학(외국에서 박사학위취득)	대전
6	38	여(초4)	대졸	전직 유치원영어강사, 패션디자이너	대전
7	40	남(중1), 여(6세)	대졸	전직 연예기획자	서울시 강동구
8	40	남(초3), 여(초2)	대졸	전직 복지관 직원	서울시 마포구
9	43	여(고1), 여(초5)	대졸	전직 잡지편집자	서울시 금천구
10	37	남(초1), 남(2세)	대학원졸	전직 영어 기간제 교사	대전

으로는 날씬하고 젊어 보이는 엄마, 사회적 커리어와 능력 있는 엄마 등 서로 이질적이거나 모순적이기조차 한 다양한 스펙트럼을 보여주고 있다. 모성에 대한 이러한 다양한 담론들은 어머니들의 모성 '수행'에 있어서의 자발성을 암묵적으로 전제하면서, 그 안에서 겪는 여성들의 갈등이나 그렇게밖에 할 수 없도록 하는 사회적 맥락을 감추어 버린다. 그러나 여성들은 어머니 역할에 대한 자기규정과 담론화 된 모성 '수행' 사이에서 혼란을 경험하거나 그것과 협상하는 과정을 거치면서 오늘에 이른 것이다.

희생과 헌신으로 묘사되는 60, 70년대의 모성담론은 특히 1990년대 이후 사회경제적-문화적 변화 및 여성의 광범위한 사회적 진출 등과 같은 제요인의 작동 속에서 커다란 변화를 겪고 있다. 현재의 어머니는 최근 방영된 TV 다큐멘터리 〈밥 안 하는 엄마 & 외식으로 크는 아이들〉[8]에서 보이는 것처럼 '밥도 안 하는 엄마'에서부터 치맛바람 날리며 고액과외와 부정입학 등 비리를 저지르는 엄마, 슈퍼우먼 엄마 등 다양한 어머니 상(像)으로 재현된다. 프랑스의 역사가 가르티에(1998)는 담론과 실천이 갖고 있는 불일치를 인식하고 있어야 한다고 말함으로써 담론이 곧 실천으로 연결되는 것은 아님을 강조하지만 지금까지 누적된 모성담론이 일반적으로 자신의 직접적인 이익과 상관없이 모성을 수행하고 있는 어머니에 대한 비난과 검열의 '잣대'가 되고 있음은 물론이다.

(1) '놀면서 밥하는' 엄마

> 나는 좋은 엄마가 아니거든요. 내가 생각하는 좋은 엄마는 아이들과 시간을 많이 가지고, 좋은 음식 많이 만들어주고 돈도 잘 벌고, 잘 놀아주는 그런 엄마예요. 지금의 나랑은 하나도 안 맞죠. 얼마 전에 '외식으로 크는 아이들'이라는 TV 프로그램을 보니깐 그날 찔려서 내가 막 밥 해줬어요(사례 4).

8) SBS 〈그것이 알고 싶다〉 2006년 5월 27일 방영분으로, 외식이 늘어가는 식생활 문화와 아이들의 정서적-신체적 건강의 문제를 밥 안 하는 엄마에게서 찾는 방식으로 접근하여 논란이 되었던 프로그램이다. 방송 중 "단지 외식을 비판하거나 모든 어머니에게 밥을 하라는 것은 아니다."라고 언급했지만, 직장을 그만두고 15년 만에 밥을 해준 어머니께 보내는 초등학생의 글로 프로그램을 마무리하면서 "엄마든 아빠든 맞벌이든 아니든 어떤 부모로 기억될 것인지 밥을 계기로 생각해 보자"는 기획의도는 시청자에게 전달되지 못했다. 요컨대 가정이나 한부모 가정의 취재에서는 단 한 번도 밥하는 아버지가 등장하지 않았고, 어쩔 수 없이 밥을 '못' 하는 어머니에 대한 구조적인 접근 없이 밥을 '안' 하는 엄마라며 "엄마가 할 일을 안 하고 있다."는 식의 논리를 전개하고 있는 것이다.

사례 4의 인터뷰 내용은 대중매체에 의해 유포, 확대 재생산되는 희생 혹은 슈퍼우먼 모성담론을 고스란히 수행하고 있다. 이같이 담론이 수행을 이끄는 과정에는 미디어뿐만 아니라 남편과 시부모, 친정부모 등 주변 사람들의 언설과 유행하는 도서 등 다양한 매체가 개입되어 있다. 이 과정에서 여성들은 성별 이분법 도식 속에서 '자연화'된 모성담론에 강하게 긴박되고, 나아가 스스로 "나는 좋은 엄마가 아니"라는 등의 '고해성사'를 하기도 한다. 이러한 모성담론들은 '밥을 짓는' 어머니, '돈을 버는' 어머니 모두를 죄의식에 빠뜨린다. 밥만 지으면 돈을 못 벌고, 돈을 벌다 보면 밥을 지을 수 없기 때문이다. 물론 두 가지 모두 하는 어머니 역시도 어느 한쪽에도 '완벽'하지 못함에 대한 죄의식에서 자유롭지 않다. 그럼에도 불구하고 어머니들은 아이들의 옆에서 '노는' 일에 그나마 (그 표현은 불편하지만) 편안함을 느끼고 있는 것 같다.

> 우리 아이처럼 엄마가 집에서 챙겨주면 저렇게 잘 하는데 어떻게 안 하겠어. 아이들은 수행평가 중이잖아. 내가 집에서 노는데 뭐하겠어? 일반적으로 살림하는 여자를 논다 그러잖아, 집에 있는 엄마는 노는 엄마라고, 그래서 내가 칸 쳐주고 프린트해서 뽑아서 붙여주지.... 확실히 엄마가 집에 있으면 아이의 삶의 질이 높아. 내가 집에 있으면 아이의 삶의 질이 보이기 때문에 갈등하지 않아(사례 7).

(여자를 논다) "그러잖아"라는 식으로 전업주부에 대한 일반적 담론을 반복하는 가운데 "집에서 노는데 뭐해?"라며 스스로를 '노는' 엄마라고 말하면서 사회의 편견적 통념(담론)을 냉소한다. 이러한 냉소는 분명 전업주부의 노동에 기대면서도 여전히 그들의 노동을 인정하지 않는 가부장사회에 대한 저항이다. 가부장 사회의 편견에 저항하는 고학력의 어머니들은 "우리도 너희만큼 집에서 일한다."고 강변하지 않는다. 그러한 강변은 "집에서 논다."고 말하는 가부장의 언설에 "놀지 않는다"라고 반응함으로써 결국 그 논리에 포섭되는 것이므로 하지 않는 것이다. 대신 그녀들은 "집에서 노는데 뭐해?"라고 말함으로써 모성 담론이 그녀들의 수행성을 이끌기도 하지만 완전하지는 않다는 것을 보여준다. 담론과 수행성 사이의 이러한 간극(냉소, 의문, 회의)은 그녀들의 행위자성을 위한 여지이다.

2) '부인(婦人)이 아닌' 엄마

인터뷰 참여자들은 자본주의 핵가족 중심 사회에서의 어머니 노릇은 가족 집단의 자녀사교육을 통한 계급 재생산에 더욱 초점이 맞추어지면서 전통적 의미의 부인성(婦人性)을 해체하기도 한다.

> 강남에서 성적이 잘 나오는 애들, 전교등수 나오는 애들은 조건이 있대요. 엄마가 사범대를 나왔구. 집에 살림을 보살펴주는 도우미 아줌마가 있다는 거야. 그 엄마들은 살림을 안 한대요. 살림할 시간이 없대요. 청소하고 설거지할 시간이 없대요. 다른 사람이 그걸 다 해줘야 되고 엄마는 하루종일 아이를 백업을 해줘야 된다는 거지요. 그러기에도 시간이 모자란대요(사례 10).

사례 10이 말하고 있듯이 청소나 설거지 등 여성의 가사 노동은 자녀사교육을 통한 가족계급의 재생산을 위해 남편의 암묵적이고 때로는 노골적인 동의 아래 부차적인 것이 되거나 시장화(市場化) 되고 있다. '좋은 엄마'는 자녀교육을 위해서라면 아내로서의 전통적 의무를 무력화(無力化)하는 엄마이다. 이러한 현상은 특히 가사노동을 시장화 할 수 있는 중산층 이상의 고학력 어머니에게서 더욱 두드러진다. 아내의 역할을 이행하지 않게 되는 과정에는 자녀 사교육과 관련한 모성수행의 '의무'가 자리하지만, 지루하고 끝없는 배우자 내조로부터 해방되고자 하는 여성들의 욕망 역시 개입되어 있을 것이다. 아내의 역할을 이행하지는 않지만 여전히 부인으로서의 위치를 침해받지 않는 이 과정은 여성들이 자신의 이익을 위해 모성을 '도구화' 하는 과정으로도 해석될 수 있다. 아내로부터의 보살핌 노동을 강제하지 못하면서도 여전히 남편으로서의 역할을 이행해야 하는 남편 역시도 모성수행이 가능하게 하는 '도구'이다. 이렇듯 모성수행은 어머니에게 희생과 해방이라는 두 가지 다른 차원의 가치를 경험하게 하기도 한다. 어쩌면 그녀들은 어머니와 아내 노릇을 철저히 구분하고 위계화 함으로써 어머니 노릇에 몰입하고 아내 역할을 해체하려는 의도를 갖고 있을지도 모른다. 연구에 참여하였던 여성들 중 중산층 이상, 고학력 어머니들이 밀집되어 있는 지역[9]에 따라 전업주부의 어머니 노릇

---

9) 인터뷰에 응한 여성들 중 일부는 대전 '대덕 테크노밸리(통상 연구단지라고 불리운다)' 안에 있는 같은 아파트 단지에 거주하고 있으며 연구단지라는 지역적 특성으로 상당수 세대의 부모들이 고학력,

이 아내의 노릇을 압도하는 것을 목격할 수 있었다.

(3) '계산'하는 엄마

가족의 계층 유지 및 상승을 위해 사교육 매니저로 재구성되고 있는 현재의 모성은 자신의 사회적 경력을 '희생'하는 것(김정희, 2001)[10]은 '기본'이며, 어머니로서 수행해야 할 의무 이외 '아내 노릇'을 포함하는 모든 의무를 감면시킨다. 그러나 가족 내 의무에서 벗어난 중산층 어머니들은 자녀교육과 관련된 것이라면 자녀 당사자는 물론 자녀의 친구에게까지 '계산'된 모성을 발휘한다.

> 어쨌든 일단은 학급에서 일어나는 일들은 학급대표 엄마가 카바를 해줘야 돼요. 예를 들어서 수학여행을 제주도로 가는데 그 반에 강북에서 온 아이들이 몇 명 섞여 있는데 그 중에 한 명이 삼십 몇 만 원이 없어서 못 간대는 거야. 선생님이 한두 명은 못갈 것 같다고 이렇게 하면 좋냐고 하길래, 계좌번호만 불러달라고 했다는 거예요. 그것만 해도 벌써 몇 십 만 원이나 할 텐데 출혈이 크겠다고 했더니 그냥 불쌍한 애들 도와줬다고 생각하면 된다고 하더라구요(사례 10).

대입 요건에 내신과 더불어 학생들의 다양한 활동들이 반영되는 상황에서 자녀의 경력을 위해서라면 다른 아이에게도 몇 십만 원 정도 대신 '계산'해주는 것이 중산층 어머니 노릇이라고 한다. 학교의 각종 단체장과 운영위원회에 적극적으로 참여하고 이 모임을 통하여 크게는 몇 천만 원까지 '계산'해주는 것(기부하는 것)도 드문 일은 아니라고 한다. 이와 같은 맥락 때문에 큰 돈을 기부할 만한 여건이 안 되는 어머니들은 교실 청소에서부터 '녹색 어머니회', '도서위원', '학교 행사 지원' 등을 통한 노력봉사라도 해야 마음이 놓인다(김정희, 2001). 이렇듯 신화로서의 모성은 현재의 어머니들에게 자녀를 위해 부뚜막에 놓인 찬밥을 먹는 70년대식

유학 경험자로 남편이 연구원, 교수, 의사 등의 전문직 종사자들이다. 인근에는 외국어 고등학교, 과학 고등학교 및 KAIST가 있고 이들 지역의 어머니들은 대전의 다른 지역 어머니들보다는 강남의 어머니들을 경쟁상대로 여기고 있으며 서울에 거주하지 못함에 상대적 박탈감을 느낀다.

10) 남편의 경제력이 뒷받침되는 계층에서 대학원이나 유학까지 다녀와 직장을 갖게 된 어머니가 직장을 포기하는 것은 '애 말이 늦어서'와 같은 표면상의 이유로만 설명되기 어렵다. 운전은 단순히 운전이 아니라 아이의 생활관리 매니저로서의 한 기능인 것이다. 강남 중산층 거주지에서 운전기사로서의 역할은 어머니 역할에서 중요한 비중을 차지한다(김정희, 2001).

희생과는 다른 방식의 자원을 요구한다. 그것은 아마도 그녀들의 교육과 중산층적 계급일 것이다. 고등교육 여성들의 사회 참여 조건이 그녀들이 갖고 있는 '졸업장'에 훨씬 못 미치는 것이라면, 이처럼 그녀들은 자녀교육을 통한 가족 계급 재생산이라는 '우회로(迂廻路)'를 택한다. 그러나 그 길은 이제 '꿈의 프로젝트'[11]라는 말로 불리며 더 이상 '돌아 들어온 길'이 아니라 여성 삶의 중심이 되어, 어떤 의미에서는 부인성(婦人性)을 해체한 그녀들에게 남편을 통해서가 아니라 직접적으로 사회에 참여하고 사회와 관계 맺는 것을 가능하게 하는 방식이 되기도 한다. 자녀의 같은 반 학생에게 필요한 돈을 선뜻 내어주면서 그녀는 자기 자식만 아는 편협한 모성이 아닌 '사회적 모성'을 재현하기 때문이다. 치밀한 '계산'에 기반한 행위이다.

(4) '소외'되는 엄마

미국의 심리학자 캐롤 길리건(Carol Gilligan, 1982) 이후 상대방을 배려하고 보살피는 '관계지향성'은 여성들의 정체성을 표현하는 데 가장 적합한 학문적 개념이 되었다. 벨린키 등(1986) 역시도 여성 학습자들의 관계지향성을 강조하면서, 여성과 관계지향성은 여성의 정체성과 자아, 그리고 세계관을 설명하는 데 가장 강력한 개념이 되어 왔다. 그러나 사교육과 관련한 한국 엄마들의 모성은 자녀와의 관계를 중심으로 이루어지고 있기는 하지만, 그것이 반드시 '배려'와 '보살핌'을 의도하고 있지 않으며 그들의 세계관을 설명하고 있지는 더욱 않다. 아이들의 성적이 곧 모성평가의 기준이 되는 현실과 자녀교육과 관련한 개입이 사회 성원으로서의 인정을 획득하는 구조 안에서(박소진, 2006), 어머니들은 아이들의 불만을 알고 있음에도 자녀교육에서 손을 뗄 수 없다. 그러나 모순적이게도 어머니들이 자녀들의 교육을 보살피면 보살필수록 어머니들은 가족 내에서 소외된다.

> 애가 엄마는 원래 저래, 엄마는 항상 저런 식이야 그러면 철렁하지... 저것이 나한테 섭섭한 감정을 느끼고 혹시 사춘기가 돼서 반항하지는 않을까, 그렇게 될까봐... 난 사랑이라고 생각하는데... 그런데 의외로 아이한테 소홀한 아빠는 내가 볼 때 오히려 아이하고 좋

---

11) 자녀는 그들에게 꿈의 프로젝트이다. 엄마의 아쉬움을 보상해 줄 뿐 아니라 대리 자아실현도 가능하다. 이제 와서 취직할 수도 없는데 암만 해봐도 헛헛한 취미 활동이나 불확실한 재테크에 빠지는 것보단 자(子)테크가 현명하다는 것이다.(동아일보, 2005.3.12, "자녀성적은 모성 경쟁력" 중에서)

은 관계를 유지하더라고요(사례 6).

> 우리 애는 엄마가 집에서 자기를 감시한다고 생각하지 자기를 위해서 집에 있어줘서 고맙다 그러질 않아요. 한번은 아빠가 "니들은 행복한 줄 알아라. 엄마가 집에서 너희들 신경써주고 얼마나 고맙니?" 그러니깐 갑자기 애들이 썰렁해지면서 둘이서 씨익 웃는데 소위 말해서 '썩소'['썩은 미소'를 의미하는 속어]도 아니고 기가 막혔어(사례 3).

사례 6과 사례 3에서 드러나는 것처럼 어머니들의 자녀교육은 결코 순탄하지 않다. 모성담론은 소외를 경험하는 여성들에게 '단순한 극성'만으로는 자녀교육에 성공할 수 없으니 '유능한 프로 엄마'가 될 것을 요구하는데, '프로 엄마'는 아이에게 정서적 만족감을 주면서 아이와 소통할 줄 알아야 한다[12]고 '가르친다.' 그러한 '가르침'은 어머니들에 의해서 수용되고 응용되어 자녀교육에 적용된다. 그러나 아이와의 좋은 관계를 위한 소통 역시도, 소통이 가지는 본래 의미와 목적은 무화(無化)되고 입시교육을 위해 도구화된다. 소통을 위한 신뢰, 친밀성, 상호 이해 등의 원칙은 제대로 지켜지지 않는다. 이렇듯 여성들이 관계 지향적이라는 일반론은 한국의 어머니 노릇에서는 변용되고 엄마들은 소외된다.

그러나 이 모든 엄마들의 모습은 어쩌면 그녀들이 자발적으로 선택한 것이 아니라 가부장적인 한국 사회, 가족, 그리고 시집 식구들이 호명해 내는 것인지도 모른다.

12) "이제 단순한 극성 엄마는 아이를 잘 키울 수 없다. 유능한 프로 엄마는 아이에게 정서적인 만족감을 주고 아이와 소통할 줄 알아야 한다. 더군다나 2008년형 대입은 장기 전략이 유리하게 구성됐다. 부모 세대에선 고1이 대입 스타트라인이지만, 이제는 중1부터 시작이다.(2005. 5. 14 프레시안 "강남 대치동 엄마 vs. 강북 품앗이 엄마" 중에서)

2) 모성을 도구적으로 호명[13])하는 가부장성의 지형 : 사회, 남편, 시집식구

모성수행의 가장 큰 부분을 '대학입시를 위한 교육'으로 규정하고, 이를 성실하게 수행하는 어머니를 '교육 매니저'로 의미화하고 있는 담론들은 이러한 여성들의 몰입과 헌신이 '자발적인 극성'으로 보이게 만든다. 그러나 여성들의 모성수행은 여성들의 주체적 활동이라기보다 모성수행을 규정하는 제도적, 사회문화적 힘들과 한 가족의 어머니로서, 아내로서, 며느리로서의 역할을 통해 강제되는 측면이 강하다. 여성들을 '교육 매니저'로 호명하고 상벌(賞罰)로 훈육하는 사회적, 문화적 영향력으로서 가족 내·외부의 가부장성이 존재한다.

(1) 어머니 노릇에 대한 가부장 사회의 호명: "어머니, 당신은 교육 매니저"

어머니들의 '교육 매니저' 역할은 자녀의 중등교육에 이르면 정점에 다다른다. 자녀가 어린 경우에는 전문가들이 제공하는 문자화된 지식이나 대중화되고 경험적인 지식들을 참조하는 정도이지만, 자녀가 중고등학교에 들어가면 어머니들은 구체적으로 과외에 대한 정보를 알아보거나, 직접 학원에 가서 교육 설명회에 참여하는 등 그 역할과 활동 범위를 확대한다. 이와 같은 어머니 역할은 사교육에 대한 정보를 수집하고 아이의 스케줄을 조정하는 것 외에도 대학 입시에서 점수로 환산되는 봉사활동이나 리더십 경험을 위한 봉사활동처 조사나 아이의 전교학생회장 출마를 위한 선거운동도 포함한다.

그러나 이처럼 어머니들로 하여금 자녀교육에 대해 헌신하게 만드는 사회적인 분위기는 모순적이게도 이들의 모성을 '극성 엄마', 혹은 '맹렬 엄마'로 폄하한다. 사례 2는 '극성 엄마'와 '성실한 엄마' 사이의 경계가 무엇인지를 질문하면서 사

13) 알튀세는 '이데올로기와 이데올로기적 국가장치'에 관한 글에서 '호명' 테제를 설명한 바 있다. 그에 의하면 이데올로기는 단순한 허위의식이 아니라 사회적으로 물질적 힘을 가지고 있으며 주체를 '호명'하여 이데올로기 내에 지정된 자리를 부여함으로써 주체를 재생산한다. 본 장에서는 사회문화적으로 지배적인 가부장적 모성 이데올로기가 여성의 모성수행에 미치는 여향을 설명하기 위해 '호명' 테제를 사용하였다.

회적 담론의 모순을 지적하고 있다.

> 누가 나보고 극성이라고 하길래, 극성스러운 엄마하고 성실한 엄마하고 어떻게 다르냐고 물었어요. 엄마가 극성스러운 거하고 엄마로서 성실한 태도하고 난 상관이 무지 높다고 보거든요. 근데 극성은 부정적인 거고 엄마가 애한테 성실하고 정성을 다한다는 것은 상당히 긍정적인 표현이잖아요. 그게 백짓장 차이가 아닐까(사례 2).

사례 2의 말에서 보듯이 모성수행을 의미화 하는 담론들은 사회가 모성에게 갖는 이중적인 잣대를 드러낸다. 한국 사회에서는 아이의 사회적 성공으로 모성수행의 성실성 여부를 평가하는 지배적인 기준을 가지면서도, 자녀교육에 몰입하면서 어머니 노릇을 적극적으로 수행하는 여성을 '극성 엄마'로 부른다. '극성 엄마'는 자녀교육과 관련하여 모성만을 가시화할 뿐, 그녀의 '극성' 이면에 존재하는 남편을 비롯한 혈연 중심적인 가족의 가부장제적 영향력을 비가시화 하는 방식으로 작동한다. 이른바 중산층 남편 '가문'의 신분유지 및 상승 의무를 성실하게 수행하고 있는지에 대한 남편, 남편 가족 구성원의 요구와 평가는 모성 이데올로기를 내면화한 적극적인 모성수행과 상호작용하면서 가족 내 '가부장의 대리인'으로서 모성 권력이 가지는 한계를 드러낸다.

(2) 어머니 노릇에 대한 가부장의 호명: "여보, 당신은 나(가부장)의 충실한 대리인!"

흔히 자녀교육과 관련한 다양한 실천들은 극성스런 어머니의 것으로 치부되지만, 실제적으로 남편들은 아내가 자녀의 사교육을 실행하는 데 침묵을 통한 '지지자'로서, 자녀의 성적을 점검함으로써 모성수행의 성실성을 측정하는 '평가자'로서, 사교육 소비를 위한 경제력을 지닌 '권력자'로서 자녀교육에 개입하고 있었다. 자녀의 사교육을 위한 수행에 대해 남편에게 지지받고, 평가받고, 그것을 위해 돈을 받는 어머니들은 '극성 엄마'이기 이전에 자신의 신분과 경제적 자원을 유지 혹은 확대하고자 하는 남편들의 대리인일 뿐이다.

> 남편은 애는 자연에서 키워야 돼, 애는 아버지의 사랑으로 커야 되고 아버지가 애랑 잘 놀아주면 된다고 해요. 원론적인 이야기만 좍 하는 거야. 그리고 "뭘 애를 시켜. 놀려, 놀려." 막 이래. 근데도 되게 웃긴 게 내가 애를 영어학원을 보내거나 학습지를 시작하거나 하면 거기에 대해서 한 번도 No를 한 적이 없어요(사례 10).

이와 같이 남편은 자녀교육에 대한 구체적인 관심이나 노력, 아내와의 고민을 나누지는 않으면서 아내가 알아서 자녀의 사교육에 대한 정보를 얻고 이를 실천하기를 바라는 방식으로 자녀교육의 실천에 개입하며 본인은 '극성스러운' 부모의 위치에서 물러나 있게 된다.

고등학생 아들을 두고 있는 사례 3과 올해 대학에 입학한 딸과 중학생 아들을 둔 사례 1의 경우에 의하면 남편은 구체적인 사교육 선택 및 실행에 관여하지 않으면서 자녀들의 성적에 대한 '불시점검'을 통해 아내, 어머니로서의 역할 수행의 성실성을 평가하는 '평가자'로서의 모습을 드러낸다.

> 남편은 애들 교육에 신경을 안 써요. 그러다가 어느 한 순간에 애 성적표를 보여 달라고 해요. "어떻게 하면 이렇게 못할 수가 있니?" 그리고는 성적이 나쁘니까 깜짝 놀라지. 그렇지만 애한테는 "다음에 잘해라–"고 말하고 나한테 와가지곤, "쟤, 어딜 다니는 거야? 체크를 해봐." 이런 식으로 얘기를 해요. 아빠가 그렇게 하면 엄마도 굉장히 부담을 느끼죠(사례 3). (사례 3에 대한 사례 2의 반응 : 에휴, 뭐가 부담은 안 되겠어요. 다 부담이 되지.)

> 애들을 학원이나 과외를 보내야 하는 경우 "걔(딸) 보내봐라." 이러고. "보냈나? 어때, 잘 다니나?" 그러고 끝이에요. 남자들이 결과에는 굉장히 예민하게 구는데 과정에는 잘 참여를 안 해요. 모든 것을 엄마에게 맡겨놓고 결과가 안 좋을 때 "집구석에서 여편네가 밥해 먹고 뭐했냐?"고 소리만 질러요(사례 1).

> 내가 아이 교육 때문에 힘들어하면 남편은 "그럼 애 열 키우는 사람은 어떻게 사냐?"라고 말하죠(사례 4).

"에휴, 뭐가 부담은 안 되겠어요. 다 부담이 되지"라는 사례 2의 한숨 섞인 말은 자녀교육 전담의 의무를 일방적으로 부여하는 지지자, 평가자, 권력자로서의 남편과 이를 성실하게 수행해야 하는 아내의 관계를 단적으로 드러낸다. 자녀교육에 있어 남편은 아내의 모성수행을 감독하고 평가하는 자일 뿐만 아니라, 경제권을 가진 사교육 소비의 결정권자로서의 권한을 가진다. 실질적으로 교육을 선택하는 것은 아이가 아니라, 자신의 수입에 맞추어 자녀들에게 제공할 교육수준을 선택하고 이에 대한 결정권을 쥐고 있는 사람은 생계부양자로서의 남편이다.

> 아이를 어떤 학원에 보내야겠다고 생각하면 남편이 지갑을 열어야 하니까 그 학원에 대해 가르치는 사람이 누구고, 학생들은 얼마만큼 향상이 이루어졌다는 등 여러 가지 얘기를 꾸며서 연출해요. 그러니까 내 남편의 경우는 학원문제라고 하면 웬만하면 수긍하는 편이에요. 그렇지만 애가 악기를 배우고 싶어하면 난리를 치죠. "뭘 그딴 소리를 하냐." 그렇게 얘기를 하지만 학원문제에 대해서는 관대해요. 지갑을 열 마음이 있다는 거죠(사례 1).

> 애들이랑 2년 정도 미국에 있다가 한국에 들어왔는데 우리 딸이 얼마나 후회를 하는지 몰라. 공부는 잘 하는 편이지만 여기 학교가 너무 싫은 거지. 우리는 싫다고 하는 애들을 끌고 (한국에) 들어왔어요. 아빠가 1년 먼저 한국에 들어왔는데 아빠 입장이 단호했어요. "안 돼. 아빠는 가족이랑 떨어져서 살 수 없거든. 그럼 니들이 벌어서 니들이 살든지-" 그러더라구요(사례 3).

사례 1의 경우처럼 자녀를 학원에 보내거나 과외가 필요하다고 판단되는 경우 아내는 남편과 자녀교육에 대해 서로 의견을 교환하고 방법을 상의하는 평등한 관계에 있지 못하며, "지갑을 열 마음"이라고 표현되듯이 사교육 소비를 위한 실질적 경제권을 갖고 있는 남편을 설득하기 위해 사교육의 필요성과 효과를 설명해주어야 하는 정보수집자, 보고자로 위치한다. 학원이나 과외 혹은 유학 등 대부분의 사교육이 극성 엄마의 지나친 자기 욕심에서 비롯된 것으로 인식되고 있지만, 사례 3의 경우에서 보듯이 사교육 소비의 권한을 지닌 남편의 의사가 지배적으로 작용한다. 자녀의 사교육에 대하여 많은 사회적 담론들은 어머니만을 중심으로 '프로'로 추켜세우기도, '극성'으로 폄하하기도 하지만 연구 참여자들의 경우에서 보듯이 남편은 사교육을 침묵으로 승인하는 자로, 모성수행의 결과를 평가하는 자로, 사교육에 대한 소비 권한을 행사하는 자로 자녀의 교육에 지속적으로 개입하고 있다.

(3) 어머니 노릇에 대한 시집의 호명: "(며느리) 너는 '우리 가문'을 빛내야 할 사람"

가족 내 모성의 성실한 실천 여부를 자녀교육의 결과로 평가하고 관리 감독하는 사람으로는 남편 이외에도 '가문'의 신분 유지 및 상승을 기대하는 시어머니를 비롯한 남편 쪽 가족 구성원들이 있다. 이는 적어도 중산층에서는 남편(가부장)의 친족 중심 가족의 영향력이 가족 내에서 가장 낮은 위치에 있는 며느리에 대해서는 여전히 유효하다는, 가족 내 견고한 가부장성을 설명하는 예이기도 하다.

> 시어머니께서 손주들 성적을 끊임없이 비교하세요. 우리 집에 와서 형님네 애들 공부 못한다고 흉을 보시죠. 그러면 우리 집 애들도 다른 집에 가서 흉보시겠지. 그런 게 신경 쓰여요. 동서들이 아이들 성적을 가지고 끊임없이 견제를 하지요. 아이 키우는 문제에 대해서는 얘기를 해도 성적이나 진학 문제에 들어가서는 굉장히 알력이 생기는 것 같았어요. 특히 형제나 동서들 간에 경쟁 관계가 무서워요(사례 5).

> 우리 시어머니 같은 경우에도 자식이 다섯이나 되는데. 자식들이 공부를 잘했어요. 이때까지 애들 성적표 본 적이 없다고 하시더라구요. 그리고 공부하란 얘기도 안 해봤고 때려 본 적도 없대요. 그런 얘기를 며느리 앞에서 자꾸 하시는 이유가 뭐겠어요(사례 3).

사례 5는 시어머니에 의한 끊임없는 손주들 간의 성적 비교가 결국 동서들 간의 '모성 성적'으로 이어질 수밖에 없음을 지적하고 있다. 손주들이 어느 대학에 들어가느냐에 따라 며느리의 모성수행을 평가하기 때문이다. 사례 5의 경우처럼 시어머니들은 손주들 간의 성적을 비교하거나, 자신의 교육 방식을 며느리에게 전수하는 방식으로, 심지어는 손주들의 교육을 직접 관리하고 나서는 또 하나의 매니저로서 활동하는 모습[14]을 보이기도 한다. 이처럼 자녀의 교육에 대한 모성수행은 남편뿐만 아니라 시집 식구들에 의해서도 지속되고 관리되고 훈육되는 양상을 보인다. 그러한 훈육의 의도를 사례 3의 여성은 "그런 얘기를 며느리 앞에서 자꾸 하시는 이유가 뭐겠어요."라고 말할 만큼 정확하게 꿰뚫고 있다.

지금까지의 사례에서 살펴본 바와 같이 '프로 엄마' 혹은 '극성 엄마'의 이면에

14) "손자들 학원 스케줄 줄줄 꿰고, 차 몰고 로드매니저 역할"(조선일보, 2006. 4.17 "젊은 할머니 교육 파워!" 중에서)

는 모성수행을 강제하고 관리하는 가족 안팎의 가부장성이 존재한다. 이 가부장성이 강제하는 모성을 해체하기 쉽지 않은 것은, 그것이 강압된 '의무'가 아니라 어머니들만이 가질 수 있는 '권리'로 의미화되기 때문이다.

3) 권리로 '포장된' 의무로서의 모성

여성과 남성 역할에 대한 이분화된 도식 안에서 남성들이 집 밖에서 하는 노동은 가족들을 위해 어쩔 수 없이 해야 하는 '의무'로 의미화되는 반면, 여성들이 집안에서 하는(물론 집 밖에서의 활동이 주로이지만) 모성이라는 이름의 자녀양육이 '권리'로 이해되는 것은 이분화된 성별 도식이 모순이라는 것을 말해 준다.

> 아빠까지 나서서 아이 교육시키는 것을 반대해도 기분 나쁘지. 아빠까지 나서서 잔소리하는 그런 집 많아. 애 다니는 영어학원까지 와서 보고. 아빠가 왜 과외 안 시키느냐고 하는 집도 있어. 아빠가 교육에 대해서 너무 개입을 안 하니까 답답하고 그런 것도 있지만, 아빠가 나서서 애 뭐 안 시키느냐고 그러는 것도 짜증나지, 그건 엄마 일이니까(사례 5).

> 난 아빠가 엄마만큼 개입하는 것보다는 이런 것이 있는데 이런 건 좋겠다, 저런 건 뭐가 나쁘니 안 하면 좋겠다 그런 정도만 하면 좋을 것 같아(사례 6).

사례 5와 사례 6은 자녀교육에 대한 모성수행을 자신들의 '권리' 영역으로 이해한다. 만일 자녀 양육이 '의무'로 이해되고 있다면 그것을 누군가 함께 이행해준다고 했을 때 "짜증"날 이유는 없기 때문이다. 또한 자녀 양육을 실천하지 않은 경우 쏟아지는 안팎의 비난 역시 어머니 역할이 권리가 아닌 의무임을 보여준다. 권리를 이행하지 않을 때 그 사람은 비난이 아닌 찬양을 받을 가능성이 높기 때문이다. 따라서 지금까지의 사례를 통해 볼 때 자녀교육은 어머니에게 권리의 영역이라기보다는 의무의 영역이라는 표현이 적절할 것이다. 사례 5나 사례 6과 달리 사례 9의 경우는 자신의 경험을 되돌아보면서 자신은 "권력은 없으면서 책임과 의무만 지는 엄마"였다고 술회한다.

> 가족 안에서 아빠가 힘이 있고 자녀가 두 번째로 되어가는 사태거든요. 자녀에 대한 교육의 결과가 잘못되면 책임져야 할 사람으로 엄마를 삼는 거죠. 책임을 씌워야 하는. 묘한 게 있어요. 내가 아이 교육에 많이 관여를 했고, 돈을 집행을 했고, 아이를 돌봤고, 보육이라든지 책임자로 그런 건 줄 알았는데 아니더라구요. 분명히 책임을 주면 권력도 줘야 해요. 집안에서 엄마가 지는 책임이라고 하는 것에는 권력이 없어요. 그게 우리 사회예요(사례 9).

어머니는 자녀의 교육에 가장 많은 시간과 에너지와 정신력을 쏟지만 가족 내에서 그녀의 목소리는 부재하며 권한을 갖지 못한 책임자로서의 의무를 수행한다. 그럼에도 불구하고 모성수행의 의무를 권리로 의미화 하는 것은 여성에게 자녀교육이 가족 내에서 자신을 꼭 필요한 존재로 정당화시키는 것이기 때문이기도 하며, 자녀교육에 관한 한 전문가 수준의 지식을 확보하고 있다는 자기 인식에서 비롯된 것일 수도 있다. 이러한 자기 인식은, 전문가 수준의 교육 지식을 활용하여 자녀의 일상을 기획하고 통제하고, 사교육에 대한 남편의 결정을 유도하는 과정이 자신의 권한과 영향력을 발휘하는 행동이라고 이해하게 한다. 본 연구의 인터뷰 참여자들과 같은 고학력의 중산층 여성들이 갖게 되는 '간접 권력'[15]은 권한 없이 의무만을 수행하는 한국 사회 안에서의 여성의 위치를 보여주는 것인 동시에, 결국 그녀들을 표현하는 '극성 엄마', '치맛바람' 등의 개념과 인식은 가부장적 사회, 남편, 그리고 시집 가족들이 스스로의 이익과 정체성 구성을 위하여 어떤 방식으로 여성들을 '활용'하고 자신들의 모습은 감추고 있는 것인지 명확하게 보여준다.

15) 심리학자들은 영화나 드라마와 같은 문화적 콘텐츠 안에서 여성들이 귀신, 점성술가 혹은 예언가 등, 주인공들의 삶에 우회적인 방식으로 영향을 주는 인물로 등장하는 점을 지적한다, 이들의 권력은 주인공들이 갖고 있는 직접적인 권력과 비교하면 상당히 간접적인 것인데 가부장 사회에서의 여성 권한이 남성과는 다르게 간접적인 방식으로 표현되고 있음을 말하는 것이다. 흔히 말하는 "세상을 지배하는 것은 남자, 그 남자를 지배하는 것은 여자" 역시도 여성의 간접적일 수밖에 없는 권력을 표현한 것이다.

5 여성들의 보살핌 노동과 모성에 대한 여성주의 교육

소설가 박완서 씨는 에세이 〈지금은 행복한 시간인가〉 중 '자유인에 대하여'에서 다음과 같이 쓰고 있다.

> "...효는 참으로 아름다운 도덕이라는 걸 누가 부인할 수 있으랴. 그러나 아름다운 효도 결코 여자의 부모를 대상으로 하지 않는다. 남자의 부모를 대상으로 하되, 남자는 그 도덕으로부터 자유롭다(중략). 시부모를 돌보지 않으면 미풍양속에 크게 어긋나지만 친정부모를 돌보지 않는다면 미풍양속에 털끝만큼도 어긋나지 않는다. 아마 남편과 시부모의 눈치가 보여 의탁할 곳 없는 친정부모를 양로원으로 보내고 허구헌 날 남몰래 눈물을 짜는 가련한 딸이 있다면 비난은커녕 너무나도 아낌없이 동정의 눈물을 보태려 들 것이다"라고 쓰고 있다.

1985년도에 출간된 이 책의 내용은 '딸 선호'가 대세인 요즘의 맥락에서는 공감되지 않을 수 있다. 그러나 여전히 아동, 노인, 장애인에 대한 보살핌 노동이 '사회적 보살핌'이라는 이름으로 여성의 몫으로 남아 있는 상황에서는 단순히 한 세대쯤 전의 수필로 치부될 수 없다[16]. 부부와 자녀 중심의 핵가족, 1인 가족, 무자녀 가족 등 여성에게 보살핌 노동에 대한 의무가 이전보다 가벼워 보이는 맥락에

---

16) 2004년 여성 최초로 대법관이 된 김영란 대법관에 대한 당시 언론의 평가는 다음과 같다. "바쁜 법관 생활을 하면서 든든한 후원자가 된 두 딸 민형(21 · 유학중), 선형(17 · 이우대안학교)을 잘 키우면서도, 10년 넘도록 치매 증상의 시부모를 봉양했다. 이 때문에 그는 법조계 내 '효부'로 통한다. 남편 강지원 변호사가 맘놓고 청소년 보호 등 공익활동에 전념할 수 있는 것도 그의 내조 덕이다." (경향신문 2004.7.23)
... "(김영란 대법관은) 평범한 '며느리'의 역할에도 충실했다. 1982년 결혼 후부터 지난해 시어머니가 세상을 뜰 때까지 시부모를 모시고 살았는데 치매였던 시아버지의 경우엔 6년 동안 대소변을 받아냈다고 한다."(동아일보 2004.7.24)
... "또 '일하는 여성'으로서 집안 살림을 해내기는 벅찬 일이었지만 그는 지난해 시어머니가 작고할 때까지 시부모를 모셨다. 시아버지의 경우 6년 동안 대소변을 받아냈다고 한다."(조선일보 2004. 7. 23) 김영란 대법관이 대법관으로 임명되자 주요 일간지들은 약속이라도 한 듯 일제히 그의 '효부성'에 대한 위와 같은 기사들을 실었다. 그가 갖고 있는 판사로서의 경력과 철학이 그의 임명에 가장 큰 영향을 미쳤을지라도 일반 대중들이 기억하는 것은 그의 효부성이다. 남성들은 처가 부모에 대한 사위노릇으로 기억되지는 않겠지만.

서조차 여성들은 여성인력개발센터 등의 "여성이 만드는 당당하고 행복한 세상"이라는 '세련된' 광고 문구에 이끌려 저임금의 '사회적 보살핌'에 임하게 된다. 여성주의의 세례를 직간접적으로 받은 수많은 여성들이 직업이나 자아실현 등의 가치에 매료되어 혹은 이런저런 다양한 이유로 '집안의 가부장제'를 뛰어 넘어 집 밖으로 나서기도 했지만, 그녀들을 기다리고 있었던 것은 '사회적 보살핌', '보살핌 노동의 사회화'라는 현란한 구호를 가진 '집 밖의 가부장적 기획'일 뿐이다. 여성들은 집안과 밖을 오가며 끊임없는 보살핌 노동을 하지만 적절한 보상과 인정(認定)은 주어지지 않은 채, 한국 사회의 복지를 떠안는 대신 자신들의 복지를 저당 잡히고 있다. 이것은 "가부장제가 바로 이것이다."라고 정확히 말할 수는 없지만 여성들의 집 안팎, 한국 사회 도처에 가부장제가 없는 곳이 없음을, 여성들에게 진정한 시민권과 성원권(membership)을 부여하는 공간이 부재함을 보여주는 것이다.

2007년 17대 대통령 선거를 위한 후보들의 유세가 한창이었던 당시 이명박 후보는 이전의 다양한 여성비하적 발언[17]에 이어 이른바 '마사지 걸' 발언으로 또 한 번의 파문을 일으켰었다. 신문기사에 인용된 내용은 "이(명박) 후보가 현대건설 다닐 때 외국에서 근무한 이야기를 하면서 '현지에서 가장 오래 근무한 선배는 마사지 걸들이 있는 곳을 갈 경우 얼굴이 덜 예쁜 여자를 고른다더라. 왜 그럴까 생각해봤는데 얼굴이 예쁜 여자는 이미 많은 남자들이…그러나 얼굴이 덜 예쁜 여자들은 서비스도 좋고…'라는 식의 이야기를 했다"(프레시안, 2007. 9. 13)이다. 당시 언론들은 여성의 성 상품화에 대한 이명박 후보의 시각에 대해 문제제기했지만, 이 후보 측은 별다른 사과나 반성을 하지 않았고, 무사히 대통령으로 당선되었다[18]. 또한 당시 이명박 후보의 대통령 당선에 막대한 공을 세운 것으로 알려진

17) "(여권 운동가들이) 여권 신장에만 신경을 쓰다가 가정문제에는 소홀했다."며 "여권 운동가들부터 자신의 가정에 얼마나 충실했는지 조사해볼 필요가 있다."고 말했다. 이(명박) 시장은 또 "최근 저출산 관련 포럼에 참석했는데 패널들 대부분 자녀가 1명이거나 아예 없는 경우도 허다해 아이를 낳거나 키운 경험이 거의 없었다."며 "나처럼 자녀 4명은 낳아야 저출산에 대해 논할 수 있지 않겠느냐."고 말하기도 했다(여성신문 2006. 6. 24). 이명박 전 서울시장의 여권운동가들을 향한 훈계는 당시 한나라당 대선 후보의 라이벌이었던 '싱글 여성' 박근혜 씨를 겨냥한 것과 동시에 여성들이 가사, 출산, 육아 등 전통적으로 '여성의 역할'로 규정된 일을 '소홀히' 했을 때 사회적으로 어떤 평가에 노출되는지 보여주고 있다.

18) 필자의 일본인 동료는 그런 식의 발언을 한 사람이 한국 정도의 민주화와 여권세력이 만들어진 나라에서 어떻게 대통령으로 당선될 수 있었는지 물어왔다. 일본인 동료의 생각과는 다르게 필자는 바로 그 점이 한국 사회의 가부장성과 한국 여성들이 놓인 수준을 정확하게 보여주는 것이라고 생각한다.

같은 당 나경원 의원은 2008년 11월에 있었던 경남여성지도자협의회 심화교육과 제8회 정기총회에서 "1등 신부감은 예쁜 여자 선생님, 2등 신부감은 못생긴 여자 선생님, 3등 신부감은 이혼한 여자 선생님, 4등 신부감은 애 딸린 여자 선생님"이라는 발언과 그 후 사과나 반성 없는 태도로 그의 수준 낮은 여성관을 보여주었다.[19]

언급된 두 정치인은 성인 남성을 위해 상품화 가능한 존재로서 여성을 인식하는 한국사회의 단면을 보여준다. 물론 여성을 상품화 하는 시각의 반대편에는 여성을 '어머니'로 추켜세우며 보살핌을 강제하는 담론이 존재한다. 이와 같이 한국사회는 여성들을 상품화 가능한 '창녀(娼女)'와 어머니로서의 '성녀(聖女)'로, 즉 남성에게 어떠한 역할을 수행하는가에 따라 여성을 분류하는 전형적인 가부장 사회이다. 특히 17대 대통령 선거에 임했던 당시 이명박 후보 역시 '마사지 걸'과 저출산 문제에 대한 논의 자격을 갖춘 '어머니'를 얘기함으로써 그의 인식 안에 존재하는 '창녀와 성녀'의 도식을 명확하게 보여주었다. 그러나 창녀와 성녀 모두는 한국사회의 진정한 구성원이 될 수 없다. 남성중심 사회에서 금기시하는 섹슈얼리티를 소유한 여성과 그 반대편에서 보살핌과 모성을 수행하며 가부장 남성중심의 정부, 사회, 그리고 가족을 위해 저임금과 무임금도 마다않고 헌신하는 '착하고' '극성떠는' 여성 모두는 남성 혹은 남성의 성(姓)을 가진 자녀를 매개로 할 때만 존재할 수 있는 '간접적 존재'들이다. 성적 욕망을 반드시 채워야 할 남성과 가계를 잇고자 하는 남성들이 존재하지 않는다면 이들 '창녀'와 어머니인 '성녀'는 스스로 '직접' 존재할 수 없기 때문이다. 따라서 여성주의 교육을 통해 다시 기획하는 여성 정체성은 창녀와 성녀라는 남성을 중심으로 한 이분법을 해체하는 것으로부터 시작되어야 할 것이다.[20] 남성과 어떠한 역할을 맺는가에 따라 구분되는 여성들, 특히 본 장에서 논의된 '보살핌'과 '자녀 교육'의 주체로 호명되며 '저임금' 노동과 '극성' 모성을 수행하는 여성들(='성녀')의 문제는 이 여성들을 추동한 한국 사회(정

19) 나경원 의원의 발언은 여성을 외모에 따라 등급화했다는 문제와 더불어, 이혼한 여성에 대한 폄훼는 물론 어머니로서의 여성 비하 등 여성에 대한 다양한 모욕을 담고 있다. 이것은 또한 남성의 시각에서 본 여성의 등급화라는 전형적인 가부장적 시선인 것이다.

20) 여성주의자들은 예컨대 '본부인'과 '첩'이라는 호칭을 사용하는 것에 저항하는데, 그것 역시도 남성을 중심으로 하는 호칭이기 때문이다. 여성들을 여럿 거느리며 자신의 가계를 잇고 섹슈얼리티를 충족시키고자 열망하는 가부장 남성이 존재하지 않는다면 '본부인'과 '첩'의 개념은 성립하지 않는다. 문제는 여성들을 끊임없이 '성녀'와 '창녀'로 이분화하려는 가부장적 기획인 것이다.

부)의 가부장적 문제점을 드러내지 않고, 그것에 억압되어 표면화되지 않았던 여성들의 빈곤, 고민, 갈등을 감춘 채 '복지'와 '교육'이라는 국가적 기획을 여성들에게 떠넘기고 있는 것이기 때문에, 여성주의 교육은 바로 그 '가부장적 책임 회피'의 지점을 드러내야 하는 것이다.

성인기의 발달과업 중 이전 시기와 확연히 구별되는 것은 대부분의 성인들이 직업을 가지게 되거나 결혼을 한다는 것인데, 가사와 양육의 책임이 전적으로 여성에게 지워져 있는 우리 사회에서 여성에게 직업과 결혼은 양자택일의 딜레마이다(윤택림, 2001). 또한 최근의 문헌들과 가정해체라는 사회적 현상을 통해 가족과 가정은 여성 억압의 중심적 장소로 부각이 되었고(권명아, 2000; 권현정, 2002; bell hooks, 1994), 여성들은 이제 저임금 영역으로 여성을 유인해 내고, 성역할 이분법이라는 틀로 모성수행을 강제하며, 여성들의 공적 영역에서의 욕망실현을 방해하고 구속하면서 딜레마를 만들어내는 가족과 가정 그리고 반여성(주의)적 정부기관을 상정하지 않으면 안 되게 되었다. 여성 억압에 대한 이론적 토대를 마련한 엥겔스의 설명에 따르면 자본주의 사회로의 도래 이전부터 노동의 영역은 공/사로 나뉘어 남/녀 사이의 불평등한 권력 관계를 창출했으므로, 남성(혹은 가족과 가정)의 여성에 대한 억압은 '자연적'이며 초역사적 현상이다. 하지만 여성주의자들은 여성에 대한 억압은 사회적이며 역사적인 '구성물'로서 이해해야 한다고 주장한다. 이와 같은 여성주의자들의 견해는 여성주의 교육이 교육을 통하여 여성 억압에 대해 새로운 '구성방식,' 성평등한 구성방식을 통하여 개입할 수 있도록 한다.

그럼에도 불구하고 '여성인력개발센터'에서 제공하는 성역할에 기반한(충실한) 프로그램들은 여성들에게 행복한 가정만을 상상하게 하거나 혹은 저임금의 여성적 역할 수행을 '정상화'하면서 직업과 결혼 그리고 저임금 노동에 대해 여성들이 갖는 갈등을 삭제한다. 성인 여성들에게 '직업 및 진로지도 컨설팅, 취업 및 유망직종 개발, 정보센터 운영, 근로여성의 고충상담' 등의 역할 수행을 표방하고 있는 '여성평생인력개발센터'라면 결혼과 일 사이의 여성적 딜레마에 대한 문제의식을 담고 있어야 한다. 특히 '여성인력개발센터' 각 단위체들은 '보살핌 노동'과 관련한 프로그램을 무료 지원함으로써 국가의 역할인 복지를 값싼 임금으로 여성에게 맡기고, 여성의 빈곤화를 공고히 하는 성차별적이며 가부장적 정부기관(노동부, 산업인력 공단, 여성가족부 포함)에 대해서도 비판해야 한다. 또한 정보화 교육에 임했던 많은 여성들이 저임금 혹은 학습한 내용보다 낙후된 프로그램을 운용하는 곳으로 취업됨으로써 학습 내용이 저(미)활용 되는 현실, 정부 지원 프로그램이 여성들의 고용 안정성을 보장하지 못하고 경제 상황을 개선하지 못하는 현실, 그리고 노인인구에 대한 프로그램을 제공하지 않는 문제점 등도 비판되어야 한다. 프로그램 수강 후 여성들이 미취업, 하향 취업 혹은 취업 후 바로 실직한다는 것은 '여성인력개발센터'를 지원하는 정부기관의 예산이 낭비되고 있는 것은 물론 여성들에게 노동 현장은 아직도 반여성적이라는 인식을 줄 뿐이기 때문이다.

'여성인력개발센터'가 지향하는 여성 직업훈련과 취업 관련한 프로그램이 여성주의 교육이 지향하는 것처럼 성평등적 사회를 구성하는 데 기여하기 위해서는 현재 '고객서비스' 영역으로 분류되어 실시되고 있는 여성학이 현재처럼 '모성적 건강 정보' 등으로 구성되어서는 안 된다. 여성 학습자들에게 자기 변화와 사회 변화에 필요한 행위자성(agency)을 담지한 주체임을 인식하도록 돕는 인문학이 적어도 정부 기관이 평생교육의 관점에서 지원하는 프로그램의 철학적 기반으로 자리 잡고 있어야 한다. '여성인력개발센터'로 하여금 여성주의적 지향점을 갖도록 하기 위한 인문학이 어떤 방식으로 정의되고 구성되어야 할지에 대한 논의는 또 다른 연구를 필요로 하는 주제가 될 테지만, 특히 자녀를 가진 학습자들로 하여금 모성수행 등과 같은 일상적 삶의 틀을 깨고 인간이 계속적으로 추구해 온 평등과 자유 등의 가치를 삶의 중심으로 끌어들이면서 자신의 삶을 다시 구성하게 하는 인문학의 기본 정신을 살리는 프로그램을 기획한다면, 그것이 바로 여성주의 교육의 목표일 것이다.

평생교육학은 지금까지의 논의에서 학습자들을 성별로 구분하지 않았거나, 구분하더라도 여성과 남성이 갖고 있는 생애주기적 특성에 대해 주목해오지 않았다. 특히 전통 심리학에서 논의되어 온 방식의 생애주기가 대부분 스텝(step)을 가진 연속적 과정으로 개념화되어 왔기 때문에, 가부장적 사회의 여성들이 모성수행, 특히 현재처럼 비정상적으로, 그러나 대부분의 어머니들이 자녀 사교육을 수행하면서 구성하는 모성과 관련해 흔히 겪게 되는 불연속적이며 때론 단절적이기도 한 생애주기에 대한 이해의 틀이 교육학 안에서도 존재하지 않는다. 물론 평생교육학과 성인교육학 안에서 '돌아오는 학습자(returning learners 혹은 returnees)' 라는 개념으로 여성 학습자가 생애의 한 지점에서 잠시 학습공간으로부터 유리되었음을 인식하고는 있지만, 그 개념 역시도 다시 돌아올 필요가 없었던 남성 학습자를 중심으로 하였기 때문에 여성에게만 존재하는 '특수한' 개념이거나, 그것이 아니라면 적어도 돌아온 남성 학습자들과는 '다를 수밖에 없는' 여성 학습자들의 생애사적 경험, 특히 자녀 사교육으로 인한 고민, 방황, 갈등, 그리고 단절을 전제로 하고 있지 않다.

'돌아오는 학습자'라는 개념 속에는 여성들이 돌아오기 전 어떤 방식의 경험을 했었는지, 여성들은 그 경험을 어떻게 의미화하는지에 관한 질문이 생략되어 있다. 이러한 맥락에서 본 장은 우리나라의 고등교육 여성들이 (대학교육 이후) 생애주기 안에서 대부분 경험하게 되는 보살핌 노동이나 자녀 사교육을 통한 모성수행 과정을 구체적으로 드러내면서, 그 경험이 갖고 있는 가부장성, 비자발성, 그리고 억압성을 강조하고자 했다. 그러나 여성들의 보살핌 노동과 모성수행의 가부장성, 비자발성, 억압성을 강조하는 것은 여성들을 희생자화(victimize) 하거나 그들이 갖고 있는 학습자로서의 욕망과 행위자성을 삭제한다. 여성들이 갖고 있는 행위자성을 삭제한 결과는 여성인력개발센터 프로그램에서 보이듯 여성을 위한 '지원' 일변도의 프로그램들이다. '지원' 중심의 프로그램들은 가부장적인 사회의 성별 이분법적 도식을 유지하거나, 때론 그것을 더욱 강화하는 방식으로 기획되어 왔기 때문에 여성들의 행위자성을 발현하게 하지도 않았으며, 따라서 그녀들에게 해방적이지 않다. 이러한 맥락에서 평생교육이 30, 40대 여성들을 평생학습자로 호명해 내고, 그들의 학습과정에 개입하는 방식은 기존의 '취업 알선형' 프로그램을 통한 것은 아닐 것이다. 그것보다 그들이 갖고 있는 저임금 보살핌 노동과 비자발적 모성수행 뒤에 감추어진 행위자성을 통해 여성을 '보살피는 사람(care-giver)' 혹은 모성으로만 의미화하려는 한국 사회의 가부장성을 적극적으로 드러내고 비판하고, 그것에 대한 대안을 모색하는 사유와 상상력을 추동하는 인문학적 지향을 갖는다면, 그것은 아마도 저임금의 보살핌 노동과 모성수행에 '적합하다'는 여성에 대한 한국 사회의 잘못된 인식을 깨는 것과 동시에 30, 40대 여성들을 위한 여성주의 교육의 한 방식일 수 있을 것이다.

참고문헌

가르티에, 로저. 백인호 역(1998). **프랑스 혁명의 문화적 기원**. 서울: 일월서각.

권명아(2000). **가족이야기는 어떻게 만들어지는가**. 서울: 책세상.

권현정(2002). **마르크스주의 페미니즘의 현재성**. 서울: 공감.

김은실(1996). 출산문화와 여성. **한국여성학** 12(2). 한국여성학회. 119-153.

김정희(2001). 지구화 시대의 교육 변혁론과 여성주의. **한국여성학** 17(2). 한국여성학회. 35-68.

김현미(2005). **글로벌 시대의 문화번역**. 서울: 사단법인 또 하나의 문화.

나윤경(2007). 여성주의 시각으로 분석한 여성인력개발센터 교육 프로그램, **평생교육학연구** 13(1). 한국평생교육학회. 133-159.

나윤경, 태희원, 장인자 (2007). 자녀 사교육을 통한 모성 구성과정: 평생학습자로서의 성인 여성에 대한 이해의 한 방식, **평생교육학연구** 13(4), 55-87.

나임윤경(2003). **여성교육과 실천**. 서울: 학영사.

레타노 로살도(권숙인 옮김, 2000: 63-64.

민주노동연구소(2006). **노동자의 저출산 원인규명과 여성친화적 노동시장 정책 연구**. 한국노동연구원 연구보고서.

박성정(2004). 대학평생교육원 여성교육의 성과와 한계. **평생교육학연구** 10(3). 한국평생교육학회. 79-99.

신미식(2005). 평생교육의 초기 이념을 살릴 수 있는 또 하나의 이론으로서 여성주의 교육이론. **평생교육학연구** 11(2). 한국평생교육학회. 93-115.

윤택림(1996). 생활문화 속의 일상성의 의미: 도시 중산층 전업주부의 일상생활과 모성 이데올로기. **한국여성학** 12(2). 한국여성학회. 79-117.

윤택림(2001). **한국의 모성**. 서울: 지식마당.

이주희 외(2004). **유리천장 깨뜨리기**. 서울: 한울아카데미.

장지연 외(2004). **여성근로자 모성보호의 현황과 정책방안**. 서울: 한국노동연구원.

정희진(2005). **페미니즘의 도전**. 서울: 교양인.

조순경 엮음(2000). **노동과 페미니즘**. 서울: 이화여자대학교 출판부.

조형(1997). 도시 중산층 전업주부의 권력: 구조적 무권력화와 구성적 권력화. **한국여성학**

13(2). 한국여성학회. 199-240.

조혜정(1998). 남성중심 공화국의 결혼이야기: 모권에서 아내권으로. **성찰적 근대성과 페미니즘**. 서울: 또하나의 문화.

태혜숙(2004). **한국의 탈식민 페미니즘과 지식생산**. 서울: 문화과학사.

태혜숙(2006). **탈식민주의 페미니즘**. 서울: 여이연.

한국여성개발원(2005).『중장년층 여성인적자원개발 실태와 정책과제』2005연구 보고서.

Belenky et al.(1986). *Women's ways of Knowning.*

bell hooks(1994). *Teaching to transgress,* New York: Routledge.

Faludi, S.(1992). *Backlash: The undeclared war against American women.* New York: Doubleday.

Freedman, J. 이박혜경 역(2002). **페미니즘**. 서울: 이후.

Freire, Paulo(1978)

Gilligan, C.(1986). *In a different voice: Psychological theory and women's development.* Harvard University Press.

Hayes, E. R.(1989). Insights from women's experiences for teaching and learning, *New Directions for Continuing Education 45,* 55-66.

Park, So Jin(2006). *Educational Manager Mother.* A Ph.D. Dissertation. Univ. of Illinois, Urbana-Champaign.

Park, So Jin, and Nancy Abelmann(2004). Class and Cosmopolitanism: Mother Management of English Education in South Korea. *Anthropological Quarterly* 77(4): 645-672.

Song, S. Jia-Shu(家屬). : The state discourse on housewives and housework in 1950s China. New Women/Modern Girls and the Colonial Modernity in East Asia 자료집. 11-22. 10월 12일. 이화여자대학교 국제교육관 LG컨벤션홀.

Stanley and White.

〈신문기사〉

고분아(2006.7.14). 난 대한민국 보통 엄마. 국정브리핑.

이옥순(2006.4.20). 워드의 어머니, 내 어머니. 서울신문. 26면.

최서영(2005.5.14). 강남 대치동 엄마 vs 강북 품앗이 엄마. 프레시안.

12장 환경과 여성교육

임선희*
* 이화여자대학교 대학원 교육사회학 전공(문학박사)
현재 충남대학교 사범대학교 교육학과 명예교수

1 환경문제와 여성

환경은 인간의 생계를 해결하고 공동체적 삶의 기반인 동시에 지속가능한 개발에 필수적인 자연자원이다. 21세기는 '녹색 성장시대', '환경의 시대'로 환경문제의 심각성과 환경문제에 대한 시민들의 관심이 증대됨에 따라 세계 각국은 환경문제 해결을 위한 다각도의 노력을 기울이고 있다. 세계경제는 고유가로 대표되는 자원위기와 기후변화로 상징되는 환경위기에 직면하고 있으며, 이런 가운데 환경이 미래 국가경쟁력의 핵심으로 대두되고 있다. 세계 각국은 경제위기를 극복하고 녹색성장을 구현하기 위한 정책들을 채택하며 새로운 성장 동력을 찾기 위한 정책들을 도입하고 있다.

환경의 영역은 초기 공해문제에서 출발하여 현재는 생명의 문제로 확장되고 있으며 사회의 제 영역을 해석하는 중심 키 중의 하나이다. 최근 지구환경의 온실화, 각종 폐수와 화학물질, 방사능 물질 등으로 토양과 수질이 오염되고, 무분별한 개발로 인한 생태계 파괴로 인해 인간의 생활기반이 붕괴되고 생존을 위협받고 있다. 환경위기는 과학혁명 이후 산업화과정에서 물적인 성장만을 추구하면서 인간 위주의 세계관으로 자연을 남용한 결과라고 볼 수 있다. 또한 글로벌화가 진행되면서 지구는 하나의 생태계를 이루고 있기 때문에 한 곳의 문제는 다른 곳으로 확산될 확률이 높으며 체르노빌, 환경호르몬, 후쿠시마 사고 등에서 보듯이 글로벌 위험사회(울리히 백, 2010)에 직면하고 있다.

이와 같은 환경오염, 생태계 파괴, 각종 환경 문제로 우리들은 신체적, 정신적 건강, 사회적 유대, 문화적 정체성 등 위협에 직면해 있다. 특히 여성들은 자연과 직접 접촉하고, 가족의 의식주를 주로 담당하고 있고, 사회경제적으로 낮은 위치에 더 많이 있기 때문에 환경파괴로 인한 영향을 더 받게 된다. 최근 전지구적 질서 속에서 경제의 세계화가 여성에게 미치는 영향은 건강한 환경에 다국적 기업이 아무런 규제 없이 적절한 환경계획과 관리 없이 들어옴으로 인간과 환경을 황폐화시킨다. 글로벌 자본주의화에 의한 경제문제에서 환경의 악화와 여성의 빈곤화문제는 제3세계 여성의 경우 더욱 심각한 문제로 드러나고 있다.

2002년 요하네스버그에서 열린 지속가능발전 세계 정상회의에서는 환경, 경제, 사회의 통합과 균형을 지향하는 지속가능발전을 21세기 인류가 지향해야 할 목표로 설정하고, 그동안의 지속가능발전 추진 성과를 평가하고, 지속가능발전에 대한 이해와 실천의 중요성을 강조한 바 있다.

이러한 추세 속에서 환경보전과 지속가능한 발전에 대한 관심이 증가하면서 그동안 가정과 지역사회에서 중요한 역할을 수행해 온 여성들에 대한 기대와 관심도 높아지고 있다. 여성은 가정과 밀접하게 연관된 소비·폐기 분야인 생활환경 실천에 집중되어 있고, 환경보존에도 여성의 역할이 날로 부각되어지는 사실이 인식되고 있다. 국제적 차원에서 그동안 리우환경회의와 베이징여성회의를 계기로 여성환경운동은 지역의 상황에 따른 다양한 활동을 발전시키고, 지역적·세계적 차원으로 교류하고 여성환경 세력화를 도모하고 있다.

그러나 환경문제에 관련한 많은 사안에 중요한 의사결정을 하고 각종 사업을 계획하고 추진하고 시행하는 여성들의 참여는 여전히 제한되어 있고, 지역개발이나 환경 피해 복구를 위해 지역구성원들에게 제공되는 신용과 교육기회에서도 여성들은 상대적으로 소외되고 있다.

여성발전과 직결되는 여성환경활동의 중요성이 강조되는 시점에서 여성환경 전문가들의 활동과 여성의 환경교육은 여성환경 활동을 여성발전 조류에 통합시키는 데 매우 중요하다. 이러한 환경문제의 해결을 위해서는 정책, 제도적인 접근이나 기술적 보완 등 다양한 접근이 가능하나 사전적 예방 측면에서 가장 효과적인 것으로 주목받는 것이 환경교육이다.

2 여성과 환경에 관한 관점

1) 여성과 환경과의 관계

인류역사 이래 여성은 자연과 밀접한 관계를 맺어왔다. 자연과 지구를 모성에 비유하거나, 자연과 여성이 동일시되기도 하였다. 자연에 대한 모성적 이미지가 많이 흐려졌음에도 불구하고 여전히 여성은 물이나 식량, 에너지의 제공 및 절약, 저장과 관리의 문제를 담당하면서 자연과 밀착된 생활을 하는 가운데 자연에 대한 경험을 축적해 왔다.

오터너(Ortner)는 범세계적인 현상으로 나타나는 여성에 대한 종속에 대하여 관찰한 결과 여성의 자연과의 밀접성을 지적하였다. 즉, 여성이 자연과 가깝게 인식되는 이유는 여성의 몸과 기능의 생명과의 관련성, 여성을 가정에 위치시키는 사회적 구조, 감성적 · 관계지향적 · 주관적 특성 등의 여성심리 등을 들고 있다.

"베이징 행동강령" 중 '여성과 환경' 부문에서도 여성은 천연자원의 관리와 이용을 통하여 자신의 가족과 공동체에 생계를 제공하며, 여성은 소비자 및 생산자, 가족관리자 및 교육자로서 현재와 미래세대의 삶의 질과 지속가능성에 대한 그들의 관심을 통하여 지속가능한 개발을 촉진하는 데 중요한 역할을 담당하고 있음을 강조하고 있다.

여성과 환경의 관계에 대한 시각은 이제까지는 여성을 자원의 소비자로 보는 관점, 여성을 환경오염의 피해자로 보는 관점, 여성을 환경개발의 수혜자로 보는 관점들이 주가 되었다. 그러나 여성을 수동적인 환경의 피해자로 보는 시각에서 여성을 자연과 환경에서 제외시킨 의사결정자들이 모성의 원리를 무시하고 양육보다 지배하고, 지속보다 파괴하는 가부장적 악개발을 지속시켜 오늘의 환경위기와 여성의 피해가 초래되었다는 인식이 생기게 되었다(한국여성개발원 1993).

환경보존에 대한 여성의 역할이 날로 부각되어지고 있으며 〈의제 21〉의 4장 '소비형태의 변화'에서 분명하게 여성의 역할을 강조하고 있다. 즉 지속가능한 소비형태와 생활양식을 부각시키는 가치 창조에 정부, 소비자와 생산자의 노력 외에 여성과 가정의 소비자로서의 역할을 중시하였다.

> UNESCO의 보고에 의하면 여성은 세계인구의 1/2을 구성하고 세계 노동의 2/3를 차지하며 세계 수입의 1/10을 벌어들이고 토지를 포함하는 세계 재산의 1/100을 소유하고 있다고 한다. 이러한 여성이 가족과 지역사회의 질과 복지에 결정적인 영향을 주며, 그들 대부분은 문화권에서 음식을 하고 주거지를 관리하며 물품을 소비하는 등 실제적인 경제생활과 환경관리에서 중요한 역할을 담당한다.

2) 환경운동과 에코페미니즘

60년대 이후 환경위기에 대한 인식과 함께 생태문제의 중요성과 해결이 시급하다는 인식이 높아지게 되었다. 그리고 이러한 환경문제의 본질과 그 해결방안에서 다양한 관점들이 제기되었다.

첫째로, 환경관리주의적 관점으로 환경문제를 자연세계의 불균형을 생태위기로 규정하고 이것이 인간에게 미치는 부정적 영향을 환경문제로 정의하여 자연세계의 균형을 회복하기 위해서 기술과 과학의 발달에서 그 해결책을 찾을 수 있다는 전통적 접근이다. 환경에 대한 관리주의적 관점은 대기오염, 수질오염, 토착적

야생자연을 파괴시키기 위하여 산업화된 사회의 정치 및 행정의 틀에서 다루려는 계량주의적 접근방법이다.

둘째로, 근본생태론적 관점으로 환경문제는 과학기술적 차원을 초월한 근본적인 지배적 세계관과 그 문화적 함의를 내포하는 것으로 이해되어야 하며 환경오염, 멸종, 생태계 파괴, 핵문제 등의 환경위기를 서구문화의 발전과정에서 발생된 필연적 결과로 인식한다. 따라서 환경문제의 해결은 근대 서구문명의 근간이 되어온 인간중심적인 지배적 세계관에 그 원인이 있기 때문에 부분적 수정이나 정치제도의 개혁만으로는 불충분하며, 문제의 본질을 규명하여 새로운 생산방법과 소비생활에 의한 새로운 생활양식을 만들어내도록 하는 등 인간과 자연의 분리되지 않은 생태적 자각과 신념이 강조된다.

셋째로, 생태위기의 중요한 원인이 자연의 가치, 인간과 환경의 관계에 대한 표상 등 관념적 차원에 있다고 하더라도 이는 역사적으로 불변하는 요소가 아니라 사회구조적 현실을 반영하는 것으로 인식한다. 따라서 환경문제의 해결은 사회적 모순에서 출발한 접근을 통해서만 가능하다는 점이 전제된다.

여성에 대한 새로운 인식을 바탕으로 생태운동과 여성해방운동의 접목인 에코페미니즘이 나타나게 되었다. 에코페미니즘은 여성운동, 평화운동, 환경운동 등 1970년대 말에서 1980년대 초까지의 다양한 사회운동으로부터 성장해 나온 것이다(Maria and Vandana, 1993). 에코페미니즘은 삶의 기본욕구로부터 출발한 시각으로 보며, 여성이 남성보다 이 시각에 더 근접해 있다고 본다.

여성해방운동과 생태운동은 각각 여성과 자연에 대한 지배와 착취를 벗어난 새로운 가치창조와 사회구조를 제안한다는 특징에서 평등주의적 관점을 갖는다. 에코페미니즘은 여성에 대한 남성의 지배의 요인이 위계적, 군사적, 기계적 가부장제 문화라고 규정하는 급진적·문화적 페미니즘, 서구철학과 문화가 인간중심이기 때문에 자연을 지배하는 결과를 초래하였으므로 생태계의 위기를 극복하기 위해서는 근본적으로 인간의 자연관과 세계관을 전환시켜야 한다는 근본생태론의 결합이라고 할 수 있다. 여성운동과 생태운동은 시장경제의 산물인 경쟁, 공격성, 지배 등에 대해 비판적이다. 착취로부터 자연을 해방시키며 동시에 소외되고 주변인화되는 여성을 해방시키는 것이다. 에코페미니즘은 인간이 자연을 파괴하고, 남성이 여성을 지배하고, 인간이 경쟁관계에서 생활하는 현대사회에 긍정적 인간관계와 인간과 자연 사이의 관계를 형성하기 위하여 새로운 문화적 패러다임으로 발전되었다.

킹(King)은 에코페미니즘의 기본 신념을 다음과 같이 제시한다. 첫째, 서구 산업화 사회의 자연에 대립하는 문화는 여성을 자연과 연결시키고 여성에 대한 종속을 강화한다. 둘째, 인간의 위계는 사회적 지배를 정당화시키기 위해 만든 것이며 자연적인 것이 아니다. 따라서 여성적 생태론은 자연에 대한 지배를 포함한 모든 종류의 위계를 반대한다. 셋째, 인간과 생물을 포함하여 건강하고 균형된 생태계는 다양성을 유지해야 한다. 넷째, 종의 생존을 위해서 인간과 자연과의 새로운 이해가 필요하고, 생태학적 원리에 의한 인간사회의 재구조화를 강조한다(King, 1989).

3) 세계화와 여성 환경의 빈곤화

20세기 후반부터 대두된 세계화의 조류는 탈냉전 이후 국가 간 관계에 있어서 경제가 이데올로기보다 중요한 문제로 부각되고 있다. 세계화는 인류사회의 진보를 가져올 세계시민으로서의 역할을 가능하게 하는 긍정적 측면도 있으나, 신자유주의적 이념에 토대를 둔 세계화 정책은 개발도상국이나 제 3세계는 더욱 주변화되고, 금융자본의 이동에 의해 더욱 예속되게 되고 환경이 파괴되는 부정적 측면도 보이고 있다. 즉 세계화는 경제의 양극화, 인간착취, 환경의 황폐화 등을 초래하고 있다.

그렇다면 경제적 세계화가 환경파괴에 어떻게 영향을 미치는가?

지구환경의 파괴는 자본주의의 소비가 미덕이라는 신념에 기초하고 있다. 성과 환경문제를 논의할 때 여성들은 자본주의 발달에서 오는 물질만능주의와 대량생산에 따른 조직의 가부장적 위계에 회의적이다. 앞서 살펴 본 바와 같이 생태여성주의는 여성운동, 반전운동, 환경운동 등에 배경을 두고 인간의 자연파괴와 환경문제에 대한 반성으로 여성의 사회문제와 생태계 문제와의 관련성 속에서 대두되게 된 것이다.

신자유주의적 구조조정은 환경이 고려되지 못하고, 환경친화적이지 못하다.

제 3세계의 발전계획들이 자연에 미치는 영향으로 토양, 물, 식물의 체계를 파괴함으로 자연 자체의 생산성과 회복성이 파괴되게 된다. 또한 제 3세계의 여성들과 소작농들은 생계유지를 위해 땅과 자연을 훼손할 수밖에 없어서 생태계 파괴가 더욱 심각해지고 있다(Bello, 1994). 즉 제 3세계의 발전계획들이 여성에게 미치는 영향은 발전으로 인해 전통적으로 여성들이 담당해 오던 토지와 물, 숲 등을 관리하고 통제하지 못하게 됨으로써 여성들의 생산성이 파괴된다는 점이다.

또한 경제적 효율성을 강조하는 정책들은 복지를 축소시키고, 이로 인해 여성과 같은 소외 집단의 빈곤은 심화되고 있다. UN의 '여성을 위한 10년'에 대한 평가에서 여성운동가들과 연구자들은 다음과 같은 보고서를 발표했다.

> 10년 동안의 연구 끝에 나온 거의 일률적인 결론은 소수의 예외를 제외하고는 경제적 자원, 소득, 고용에 대한 여성의 상대적 접근 기회는 줄어든 반면, 노동의 부담은 늘어났고, 상대적인 건강 혹은 심지어 절대적 건강과 영양상태는 악화되었으며, 교육수준은 낮아졌다는 것이다(Maria and Vandana, 1993).

3 주요 여성 환경활동

이와 같은 흐름 속에서 최근 30여 년 동안 여성과 환경과의 관계에 대한 이해와 관심을 증진시킨 일들이 있었다.

1975년 멕시코에서 열린 "세계여성의 해"의 회의에서 최초로 여성과 환경에 관한 논의가 시작되었는데, 여성과 환경이 중심주제는 아니었다. 1985년 나이로비에서 개최된 "세계여성회의"에서 환경과 개발에서의 여성의 근본적 역할이 강조되었고, 2000년을 향한 여성발전 전략의 발전 부분에 기본전략 수행을 위한 국가차원의 조치에 환경 분야의 4개 조항, 에너지 분야의 6개 조항이 여성과 환경에 관한 조항으로 명시된 바 있다.

1991년 마이애미에서 열린 "여성과 환경에 대한 지구회의"에서는 세계 각국의 여성들이 환경관련 성공사례 발표를 통해 환경관리에서의 여성의 지도력과 가능성을 과시하였다. 또 "건강한 지구를 위한 세계여성회의"에서는 환경과 개발에 관한 의사 결정과 프로그램 과정에 여성의 참여를 기본으로 하는 'Women's Action Agenda 21'을 제안하여 유엔환경개발회의(UNCED)의 지구정상회담에서 채택되어 '지속적이며 평등한 개발을 향한 여성의 지구적 활동'으로 유엔환경개발회의의 의제 21의 24장을 구성하게 되었다. 24장에서는 국가 정부에 제안하는 사항들로 국가차원의 생태계의 관리와 환경침해에 대한 통제에 있어 여성의 참여를 고려할 것, 환경과 개발부문에 있어 정책결정자, 기획자, 기술자문가, 관리자와 현장근무자의 여성비율을 높일 것 등을 제안하고 있다.

유엔 여성지위위원회에서는 1997년 41차 위원회 회의의 핵심영역을 여성과 환경 분야로 결정하고, 1996년 "여성과 인구 및 지속가능한 개발에 대한 전문가회의"에서 지속가능하고 평등한 발전을 위해 각종 회의에서 채택된 전략을 통합하는 방안을 모색하였다.

2002년 남아공화국에서 개최된 세계환경정상회의(Rio+10번째 Summit on Sustainable Development)는 1992년 리우회의 이후 지난 10년간의 지속가능한 발전을 위한 전 세계의 노력을 평가하고 향후 전략을 마련하기 위한 회의이다. 성과 거버넌스, 지속가능한 발전과 평화, 지방의제 21과 여성, 환경과 건강, 지속가능한 생산과 소비, 지속가능한 농촌과 여성농민, 환경교육과 정보 등이 여성환경 관련 NGO들에 의해 준비되었다(여성환경연대, 2004). 대표적 여성환경기구인 World Commission on Environment and Development(WCED)가 중심이 되어서 환경정의, 빈곤퇴치, 성평등을 주요 환경과 여성문제로 다루어 왔다. 환경정의는 환경관련 의사결정과 수행과정에서 여성의 권리와 역할이 반영될 때에 비로소 실현될 수 있으며, 환경분야에 여성이 갖고 있는 특수한 지식과 전통적 관행이 인정받게 되고 환경문제를 유발하는 과정에 성 관련 특수성을 인식하면서 여성의 환경관련분야의 공헌을 인정하게 되었다.

세계여성회의부터 진전되었던 풀뿌리 차원의 여성환경활동은 북경회의를 통해 여성운동의 주류에 통합되면서 활성화되었다. 이와 같이 여성환경활동은 여성의 환경에 대한 역할을 증진시키고 이에 대한 적절한 가치를 부여하는 데 중점을 두는 것으로, 이를 위한 구체적 활동은 다음과 같이 여러 차원에서 다양한 주제를 중심으로 이루어지고 있다.

1) 환경보호

우리 사회에서 다양한 환경문제가 발생하고 있는 가장 근본적인 원인은 무분별한 개발이라고 할 수 있다. 이로 인해 생태계가 교란되고 여러 환경문제가 연쇄적으로 발생하며, 생태계 균형에 의존하던 지역주민들의 생계는 유지되기 힘들고 사회생활과 문화적 정체성도 심각한 타격을 받게 된다. 이러한 상황에 대응하여 무분별한 개발로 인해 생태계가 파괴되는 것을 막기 위한 움직임이 일어났으며, 이를 위해 여성들은 핵심적 역할을 해왔다.

생태계 파괴 이외에 환경적 영향을 고려하지 않은 무분별한 개발로 인해 많은 지역에서는 각종 공해문제가 발생하고 있다. 대기오염이나 수질오염, 소음 등의 공해문제는 특히 도시지역에서 심각한데, 여성들은 공해를 추방하고 깨끗한 환경을 만들기 위해 조직적인 활동을 벌여왔다. 이외에도 환경보호를 위한 여성들의 활동에서 중요한 분야로 주목받고 있는 핵발전소 건립이나 유해폐기물 등 지구환경과 관련된 활동들이다.

2) 생활환경개선

환경문제는 주요 생활공간과 작업장, 지역생태계, 도시, 국가, 나아가 전 지구 차원에 이르기까지 다양한 차원에서 일어나고 있다. 이 중에서도 여성들에게 가장 직접적이고 강력한 영향을 미치는 것은 여성의 거주지와 주변 주거환경 등의 일차적 생활공간에서 일어나는 문제들이다.

특히 개발도상국들에서는 인구는 급속히 늘어나고 오염 요인은 증가하는데도 이를 처리하고 통제할 수 있는 환경관리 서비스는 부족하기 때문에 여성들은 비위생적인 환경에 더 노출되게 된다. 각종 쓰레기와 생활폐수, 인분 등으로 오염된 환경 속에서 여성들의 삶은 열악하고 무엇보다도 건강문제는 심각하다.

이 문제를 해결하기 위해 각국 정부가 추진하는 지역사회 개발사업에는 생활환경 개선사업이 중요한 영역으로 포함되어 있다. 선진국들의 경우 일부 지역에는 이러한 활동이 더 이상 의미가 없을 수 있으나, 개발도상국에서는 여전히 심각한 문제로 정부기구나 비정부단체의 활동이 가장 활발한 분야이다.

3) 대안적 생산 및 소비

환경활동은 궁극적으로는 환경적 영향을 고려하지 않은 개발방식에 대한 대안으로서 지속가능한 개발을 적극적으로 모색하는 데 있고, 그 관건은 자원이용방식과 경제체계를 변화시키는 것이라고 할 수 있다.

이를 위해 여성들이 중심이 되어 생산영역에서 환경친화적 방향으로의 변화를 추구하고 이를 통해 여성의 경제적 지위도 향상시키려는 활동들이 있다.

지속가능한 경제체계는 생산영역에서의 변화와 더불어, 소비형태의 변화를 통해서 가능할 수 있다. 환경문제의 소비자 차원의 대응은 기존의 소비자운동 단체들이 운동의 쟁점 주제로 환경문제를 포괄하면서 전개하는 운동과 환경운동 단체들이 운동전략의 하나로서 소비자들을 동원해내고자 시도하면서 전개되고 있다(이득연, 1998). 소비자 환경운동에는 환경친화적 소비생활양식 운동, 대기업 압력운동, 대정부 압력 운동 등이 있다.

최근에는 녹색성장의 중요성이 대두되는 가운데 여성들의 녹색소비운동은 개인의 소비행동 등을 변화시키는 것에서부터 소비자로서의 권한을 적극적으로 활용하여 궁극적으로는 사회체계 자체를 변화시키는 활동으로 발전하고 있다.

4) 환경의식 증진

환경문제해결에서 여성들의 환경의식과 역할을 증진시키는 것은 여성환경활동의 중요한 과제이다. 성인대상 환경교육에서 성인들의 환경의식을 고양하고, 이들이 환경과 관련된 계획과 정치적 결정에 참여할 수 있는 능력을 배양하는 것은 중요한 목표가 된다. 환경교육대상자들이 실제적으로 자신의 주변을 환경보존에 부응하도록 만들고 환경친화적 행위를 할 수 있도록 하는 것은 중요하다.

특히, 환경관리자로서 미래세대의 교육자로서 여성들은 환경의식을 확산시키는 데 중요한 역할을 할 수 있는 만큼, 각국의 정부기구나 비정부단체들은 환경의식 증진을 위한 환경교육을 발전시키는 데 큰 관심을 가지고 있다.

5) 글로벌 환경문제에 대한 여성 참여

21세기에는 여성의 참여가 지속적인 개발, 건강, 공정하고 평화로운 곳으로 지구를 만들 수 있는 핵심적 힘으로 점점 인식되고 있다. 1992년의 "Earth Summit Agenda 21"과 그에 따른 국제회의의 협약들(1995년의 Women's Conference Platform for Action을 포함)에서 각국 정부들은 정책과 프로그램 수립에서 남녀 각각에게 주는 영향의 차이를 볼 수 있는 성 분석의 필요성에 합의하였다. 1997년 UNCED 5주년을 맞이해 각국 정부는 "UN지속가능위원회 제5차 회의"에 국가정책 평가보고서를 제출한 바 있다. 그 중에서 '제24장 지속적 균형 발전을 위한 여성활동'의 내용을 중심으로 각국 정부가 생태계관리와 지속가능한 개발에서 여성의 참여를 증진하고 이를 가로막는 제한요소들을 철폐하기 위해 추진한 정책현황을 살펴보면, 국가별로 다소 차이는 있지만 공통적인 여성환경정책의 과제를 제안하였다.

그러나 실질적으로 정책결정에서 '성 관점의 주류화'가 실천되지 못하고 있으며, 대부분 의사결정 과정에서 동등한 파트너로 여성이 인정되지 못하고 있다. 각국 행정기구에 여성참여율이 증가해감에도 불구하고 아직도 성평등적 참여민주주의와는 거리가 멀다. 지방관리와 국제기관원들은 지역사회의 관심사에 대해 대처능력이 관료적이고, 비효율적이며 그들은 문제에 직면한 지역사회와 적절한 수준의 상의없이 행동하고, 예방의 원칙들을 지키지 않고 행동을 취하기도 한다. 정부의 모든 차원에서 환경적으로 건강한 정책과 프로그램을 확립하는 데 여성의 전문성과 경험의 반영이 필요하다. 그러나 여전히 성불평등한 의사결정의 구조는 수질 악화 등 환경의 위기에 효과적이고 지속가능한 해결책을 제시하지 못하고 있다.

환경문제에 대한 효과적인 성 분석은 환경적으로 건강한 개발을 이룩하는 데 여성의 참여가 필요하다고 선언하는 것 이상의 일이다. 실제로 성 분석은 자원을 공유하고 통제하는 방식에서 남녀의 차이를 노출시킴으로써 지역문화를 이해하는 틀을 제공할 것이다. 의사결정이 어떻게 이루어지는가 또는 어떤 유형의 활동에 누가 관여하는지를 알게 되고, 또한 특정 지역사회의 전체 문화적 맥락이 민주적 참여를 위한 넓은 기제의 형성에 영향을 주는 방식을 이해하게 하는 것이다. 그것은 곧 남녀 간에 자원이 어떻게 분배되어야 하는가, 그리고 여성에 대한 차별을 이해시키고, 여성에게 능력을 부여하는 정책들을 제안하는 것을 의미하는 것이다.

4 우리나라 여성의 환경 활동 사례

1) 한국여성 환경운동의 전개 과정[1)]

우리나라에서는 국민소득의 증대에 따른 삶의 질 문제에 대한 국민의 관심이 증대되면서 환경문제에 대한 관심도 증대되게 되었다. 1992년에 환경청이 환경부로 승격되고 지방의 환경지청이 지방환경청으로 승격되어 환경행정도 정비되었다.

한국 사회에서 여성들은 60년대부터 소비자 단체활동을 통하여 환경문제에 관여해왔고, 80년대 후반부터는 환경과 생명을 중심으로 하는 생활공동체생협운

1) 한국여성환경운동의 전개과정은 문순홍(2004). 한국여성개발원의 자료를 바탕으로 요약하였음.

동에 참여하였다. 또 90년대에는 여성단체들이 중점사업으로 환경문제를 주제로 활동이 활성화되었다.

이러한 한국여성 환경운동의 변화 발전은 전사기 제1기(1964~1986), 등장·형성기 제2기(1987~1995), 확대 재생산 및 변이의 제3기(1995~1999), 질적 전환의 모색기(1999 이후)의 네 단계로 분류되고 있다(한국여성개발원. 2004).

첫째, 여성 환경운동의 전사기(1964~1986)이다. 이 시기 여성환경운동은 주로 구여성 단체들(YMCA, 주부클럽, 주부교실 등)을 중심으로 새마을운동, 자연보호운동, 자원절약운동, 소비자 보호운동 등 70년대 정부주도 운동들에 적극 가담하였고 그 일환으로 환경보호 활동을 하였다. 따라서 이 시기는 시민으로서의 여성들이 주체가 되어 발의한 자발적 환경운동이라고 보기는 어렵다. 이 시기 환경보호활동은 '재래식 화장실' 및 '부뚜막 개량사업' 등의 위생관련사업, 꽃 심기, 나무에 팻말달기, 쓰레기 줍기 등이 주종을 이루었으며 80년대에 환경의 질이 급격히 악화되면서 일상적인 삶에서 발생하는 환경문제에 관한 주부교육활동이 이루어졌다. 이런 활동은 주로 한살림, 크리스찬아카데미, 성당, 교회 등의 강의를 통해 이루어졌고 1987년 이후에는 환경단체의 여성위원회 혹은 일반 환경강좌 등을 통해 이루어졌다. 또한 이 시기 생활환경운동의 초기 주제인 '합성세제 정량쓰기 캠페인(YWCA83-6)'과 '포장 쓰레기 줄이기 운동(전국 주부교실 중앙회)' 등도 나타났다.

둘째, 여성 환경운동의 등장·형성기(1987~1995)이다. 이 시기 여성이 주체가 된 여러 유형의 새로운 여성환경운동이 등장하였고, 구여성 단체들이 행했던 생활과제개선 운동으로서 환경운동은 더욱 확산되었다. 즉 여성이 대등한 주체로 참여한 환경운동, 여성단체 내 부문운동(생협운동), 여성이 주체가 된 지역환경의 태동을 지칭한다. 1986년 9월 13일 공해반대시민협의회(공민협)는 '여성환경 지도자 양성을 위한 교육프로그램'을 주 활동으로 하고 있다는 점에서는 전사기의 연장에 놓여 있지만, 주부중심으로 결성되었고 지역 환경오염 실태를 고발하는 캠페인을 주도했다는 점에서 여성 환경운동의 기원으로 평가될 수 있다. 이 단체는 이후 여성환경운동 내 두 가지 흐름의 기원이 된다. 그 하나는 환경단체 내 여성위원회의 설립으로, 88년 공해추방운동연합 여성위원회를 만들고, 교육활동은 전사기의 교육활동과 더불어 지역이슈를 개발하고 지역 여성환경운동가를 배출하므로 지역

여성환경운동의 길을 열었다. 이 단체와 관련된 대표적 지역운동으로는 상봉동의 집단 진폐증 문제와 연탄공장 이주운동, 구로 지역의 반공해운동 대책위원회 결성을 들 수 있다. 이 지역 여성 환경운동을 광범위하게 확산시킨 것은 93년 이후부터 두드러진 쓰레기소각장 반대운동과 지역의 무분별한 개발 반대운동을 통해서였다. 지역의 여성환경운동은 1980년대 말, 본격적으로 여성과 관련된 환경사안이 터져 나오면서 확산된다. 우선 1988년 영광 원전 지역의 무뇌아 출산, 골프장 캐디들의 기형아 출산, 1991년 낙동강페놀 사건 등이다. 이 시기 환경문제로 인한 여성들의 피해사례는 지역 여성들을 지역환경운동의 주체로 참여하게 만들었다. 이런 지역여성운동은 새로운 여성환경조직의 등장으로 이어졌다. 94년 후반기에 들어서면서 지역에서 일상적 생활실천운동 이외에 지역 환경이슈를 가지고 주부모임들이 자발적으로 조직되기 시작하였다. 예로, 인천 노동자 여성회는 생산직 노동자 출신의 주부들이 결성한 단체인데, 94년 12월부터 환경활동을 시작하였고, 이후 계향산 살리기, 인천지구의 대기질 조사 등 지역의 환경문제에 적극적으로 개입하였다. 또한 서울 구로구의 경우 서울 노동자 여성회가 환경을 살리는 어머니 모임을 만들었다. 80년대 말 새로이 형성된 진보적 여성단체와 환경의제의 접목은 여성 민우회의 지역공동체 운동방식에 의거한 '함께 가는 생활협동조합 운동'을 통해서였다. 이 시기의 또 다른 특징은 여성단체들의 환경운동에의 적극 개입에 있다. 이들 단체들의 활동상황은 크게 세 가지로 주부들의 환경의식 확산을 위한 교육활동 및 전시회, 환경파괴 행위에 대한 감시・고발 정책대안 제시 또는 정책개정을 위한 사전 작업으로서의 모니터 조사 및 간담회 실시, 환경보전 실천을 위한 직접적인 캠페인 활동 등이다.

셋째, 여성환경운동의 확대 재생산 및 변이의 제 3기(1995~1999)이다. 제 3기 동안 제 2기 주류 여성환경운동의 쓰레기 분리 등의 생활과제 운동, 지역개발에 지정한 운동으로 소각장 반대운동, 생협운동은 양적으로 성장하였고 여성 환경운동의 질적 전환을 고민하기 시작하였고 운동과제의 자가발전을 동반하였다. 여성환경운동의 주된 유형들 중 소각장 건설 및 지역개발 반대운동의 여성주도 및 여성 참여는 제 3기에도 지속적으로 늘었다. 또한 생활과제운동도 지속되었고 양적으로 성장하였다. 특히 쓰레기 분리수거운동은 종량제 실시와 더불어 여성들 일상생활의 한 과제로 자리잡았다. 또한 폐기물관리정책 목표의 변화와 더불어 재활용·감량화의 차원에서 퇴비화·사료화로 자신의 영역을 확장하였다. 동시에 재사용 운동인 제 2기의 아나바다 운동은 녹색가게 운동으로 자리 잡았다. 생활협동조합 운동도 양적으로 대단히 확장되었다. 지역여성단체들도 그 정확한 숫자를 확인할 수는 없지만 확대된 것으로 보인다. 이 지역 여성운동은 여성의 정치세력화를 만들어내었다. 이 세력화의 배경에는 지역 환경운동에 적극적으로 참여한 여성들의 경험이 있었다. '의정지기단'으로서의 경험과 지역문제해결과정에서의 경험은 지역 환경운동에 주체로 참여한 여성들로 하여금 정치세력화를 단행토록 한 계기가 되었다.

넷째, 질적 전환의 모색기로 1999년 이후이다. 현재 여성환경운동은 질적 전환의 상황 속에 강제되어 있다. 그 첫 번째 요인으로 90년대 동안 진행해온 여성환경운동의 내적 자가동력을 지적할 수 있다. 모든 지역 또는 모든 운동이 다 그런 것은 아니지만, 특정 지역의 경우 프로그램의 긍정적인 자가발전 경향이 나타나고 있다(청주 도시락업체, 영광의 공동체 축제 등). 두 번째 요인으로 지난 10년 동안 우리나라 여성환경운동에 지속되어온 성적 정체성 및 가부장적 가치체제에 대한 물음제기의 힘을 지적할 수 있다. 세 번째 요인은 신자유주의라는 세계화의 흐름에 대한 반응이다. 이런 상황에서 여성환경운동은 99년 전국 네트워크화를 시도하고, 환경운동에 대한 성 평등성 분석을 시도하고 나아가 생태여성적인 전환을 모색하고 있다.

여성단체의 경우 여성생태주의로의 심화 관점에서 세상을 재구성하려는 노력으로 여성과 어린이들이 건강한 사회를 만들기 위한 활동, 도시농업을 통해 슬로푸드와 슬로패션, 슬로라이프, 공정무역을 실천하며, 정부의 정책이 성인지 관점과 생태적 가치를 동시에 담아내도록 감시하고 협력하는 활동들이 전개되고 있다. 또한 정부와 기업의 개발주의와 성장정책에 대한 비판과 시민사회의 대안과 실천방법을 제시하기 위해 4대강 사업, 원자력 르네상스 등의 정책적 반대와 저항을 위한 활동에 참여하고 있다(김종남, 2014).

이와 같이 생태주의적 관점에서 세상을 재구성하려는 환경운동의 노력은 지속가능한 발전과 환경거버넌스로 연결되고 있다.

2) 여성환경활동 교육 사례

앞에서 살펴 본 바와 같이 현재 우리나라에서는 많은 여성단체들이 우리 환경의 위기를 인식하고 환경문제 해결을 위해 지속적으로 활발하게 활동하고 있다. 이들은 환경문제에서 여성은 소비자, 관리자, 감시자 그리고 지역주민으로서의 역할을 자각하면서 이에 따른 실천과 교육활동을 전개하고 있다.

환경활동의 전개에서 무엇보다도 환경에 대한 인식전환과 실천을 유도하기 위한 교육활동은 중요한 영역으로 여성환경교육활동은 공공기관 및 일반 환경단체 그리고 여성단체를 중심으로 운영되고 있다.

다음은 우리나라 여성환경교육을 실행하고 있는 대표적 기관의 사례를 제시한다.

■ 여성민우회 생활협동조합

[목적]

1987년 민주화운동에 참여했던 여성지식인을 중심으로 창립하여 초기 활동은 성평등한 민주사회, 여성대중운동 등 민주화운동에 집중되었고 1990년대부터 여성문제 전반에 관한 활동이 본격적으로 시작되어 성폭력피해상담, 생활협동조합, 여성권익신장 등의 사업을 하고 있다. 생활협동조합은 조합원들이 만들어가는 여성녹색생협으로 안전하고 건강한 먹거리를 통해 생산자와 소비자의 건강한 생활, 깨끗한 환경, 바람직한 지역사회를 만들기 위한 활동을 하고 있다.

[주요활동]

- 친환경 유기농산물과 친환경 가공식품, 친환경 생활용품 등 다양한 생활재 공급
  - 농약과 화학비료를 쓰지 않는 유기농 쌀
  - 100% Non-GMO 국내산 잡곡
  - 친환경 유기농 채소와 과일
  - 쾌적한 환경에서 건강하게 자란 무항생제 축산물
  - 방사성 물질 검사를 마친 수산물
  - 원료와 생산과정이 보이는 가공식품

– 환경친화적인 국내산 생활용품
– 행복한 지구를 만드는 공정무역 생활재

• 우리 삶의 공동 기반인 지역사회의 지속가능한 발전을 위한 노력

여성환경연대

[목적]

1999년 설립되어 여성적 가치와 원리를 중심으로 성장과 개발 일변도에서 벗어나 사회 전반에 걸친 돌봄과 살림, 자급의 가치로 새로운 대안사회를 만들어 가며, 더불어 여성환경정책에 대한 연구, 여성환경인의 지도력 개발, 국내외 여성환경인의 연대활동 등을 통하여 자연과 인간, 여성과 남성이 평등하고 건강하게 공생하는 지속가능한 사회를 만들어나가는 것을 목적으로 한다.

창립선언문에서 '우리는 무분별한 개발과 자원 낭비로 우리 삶의 터전인 숲, 물, 땅, 공기가 급격히 오염되고 있다. 각종 화학물질과 오염물질로 인간은 물론 지구상 모든 생명이 위협받고 있다. 생명의 질서를 뒤흔들 수 있는 유전공학은 얼마나 큰 재앙을 초래할지 상상조차 하기 어렵다. 전쟁과 핵, 폭력은 여러 가지 모습으로 세상을 휩쓸고 있으며, 신성한 생명을 이어가는 성은 상품화되어 추악한 이윤 추구의 수단이 되어 버리고 말았다. 생명을 따뜻하게 지키고 키워가려는 노력은 점점 보이지 않게 되었다'는 지구생태계의 아름다운 조화와 동시에 인간사회에서의 평등과 조화를 위한 인간의 주체적인 노력을 선언하고 있다.

[주요활동]

• 여성건강
• 어린이 건강
• 대안생활
• 에코젠더정책
– 주제별/지역별 여성환경포럼, 여성환경활동가 전국연수문화워크숍
– 여성환경건강 관점의 통합을 위한 연구조사
– 동북아 여성환경회의, 아시아여성환경국제회의 '여성과 물'

- 리우+10을 위한 한국여성환경위원회 조직 및 현지활동, 리우+20과 여성 워크숍
- 리우+10을 위한 한국여성환경위원회 민간보고서
- 환경문제 개선 및 환경정책 시행의 사회적 기반 마련을 위한 여성잠재력 활성안 방안
- 여성이 새로 짜는 세상 출간
- 리우+10을 위한 한국여성환경위원회 사업계획(안)

■ 환경운동연합 여성위원회(서울)

[목적]

1993년 설립되어 49개 지역조직, 5개 전문기관과 5개 협력기관이 함께 하고 있으며, 세계 3대 환경단체 네트워크 중 하나인 지구의 벗(Friends of the Earth) 한국 본부로서 지구적 책임을 다하기 위해 노력하며 생명 · 평화 · 생태 · 참여의 가치를 지향하고 있다.

[주요활동]

• 에너지/기후변화
• 물/하천
• 습지/해양
• 국토생태
• 생활환경
• 국제연대
• 정책
• 환경교육 외

■ 녹색마을 사람들(구 녹색삶을 위한 여성들의 모임)

[목적]

1995년 설립되었으며 도시지역의 주부들이 이웃과의 만남과 소통을 통해 서로의 성장과 나눔을 실천하며 살기 좋은 지역공동체를 만들어 나간다. 지역의 관심과 돌봄을 받지 못하고 있는 지역 아동들을 위한 숙제방을 시작으로 복지사각지대에 놓인 지역 주민들의 친환경 삶의 실현을 위하여 재활용 장터, 마을 공동 되살림 작업장인 풀빛살림터를 마련하고, 마을환경강사 양성, 환경연극동아리 등을 운영하고 있다.

[주요활동]

- 녹색가게
- 시민운동
- 지역여성지노자 교육 및 워크숍
- 체험환경교육아카데미
- 마을환경강사 양성
- 골목축제

5 여성환경활동 교육을 위한 과제

■ 성인여성을 위한 환경교육의 확충 및 환경교육프로그램 개발

현재 우리나라 성인세대는 수출 중심의 경제정책이 우선시되던 시대에서 생활하였고, 제도적 학교교육에서 환경교육을 받은 경험이 없는 세대이므로, 환경위기의 시대에 부응할 수 있는 인식전환을 위한 환경교육이 더욱 요청되고 있다.

이와 같은 점에서 특히 사회인의 인식전환과 실천을 유도하기 위한 성인을 대상으로 한 환경교육 기회의 확충이 요구된다. 이를 위해 여성회관, 시민회관, 구민회관, 종합복지관, 대학교의 평생교육원 및 사회교육원, 백화점 문화센터 등 평생교육을 실시하고 있는 기관들에서 환경교육 프로그램이 확충되어야 한다. 아울러 평생교육기관들의 환경교육을 운영하기 위한 정부 차원의 다양한 지원이 제공됨으로써 환경교육의 확충을 유도해야 할 것이다.

북경에서의 제 4차 세계여성회의에서 채택한 전략목표와 행동조치에 맞춰 제시한 한국여성환경운동의 전략과 과제로, 환경과 개발의 정책결정과정에 여성들의 적극적인 참여와 정책과 계획 수립 시 여성적 관점의 통합이 채택된 바 있다. 이러한 여성적 관점을 수립하는 것을 위시하여, 여성의 참여 기회를 증대하기 위해서는 환경문제와 그 해결방안에 대한 지속적 연구와 전략이 요구된다. 환경과 개발계획 수립에 여성적 관점을 통합하기 위한 전략으로는 행동지향적 참여 연구를 통해 자원을 관리하는 방식과 보존에 관련짓기, 경험, 전문성의 확보와 능력개발이 중요시되고 있다. 이러한 능력을 개발하기 위해 주부, 미혼여성, 직장여성 등 다양한 학습집단을 대상으로 하는 환경교육 교재와 프로그램 개발, 더 나아가 교육전담기구 설립의 필요성이 강조되었다. 환경운동단체 혹은 민간운동단체의 교육프로그램이나 교재마련을 지원하기 위한 전문가 지원체계의 구축 및 전담교육기구의 설립이 요청된다.

특히 우리농촌환경의 변화에 따른 친환경 농업의 시행과 농업의 다원적 기능을 수행할 필요성에 대응하여 농촌지역여성과 여성농업인들을 중심으로 녹색 생산, 녹색 소비를 주도하며, 자연과 조화를 이루는 농업·농촌 공간을 가꾸어 나갈 수 있는 교육이 필요하다(임선희 외, 2000).

■ 여성환경인의 육성 및 지도력 개발

그동안 여성환경활동이 소비자로서 역할에 중점을 두었고, 환경문제에 대한 감시와 대안제시를 위한 전문적·정치적 활동은 미약하였다. 여성들이 남성에 비해 보다 환경친화적이라는 주장을 인식할 때 환경전문가로의 여성을 육성하는 일은 중요하다. 현재 환경운동단체의 실무담당자들의 여성비율이 높고, 여성환경운동단체가 점차 늘어나고 있다는 점은 여성전문가들이 증가하게 될 것이라는 전망을 하게 한다.

또한 환경정책의 수립 및 환경정책결정 과정에 여성적 관점을 통합시키기 위해서도 많은 여성 환경 전문가가 필요하다. 또한 지역 내 여성들의 활동이 자원활동차원에서 지역 주민자치의 정치적 역량으로 키워 나갈 수 있도록 하고, 우리의 삶터인 지역을 가꾸고 보살피는 일은 공동체 성원 모두의 협력과 참여가 절실히 요구되는 운동이라는 점에서 다양한 주체들의 다양한 활동을 견인해 가는 노력 또한 앞으로의 중요한 과제로 제기된다.

뿐만 아니라 생태교육장의 조성 및 이를 효율적이고 교육적으로 안내해 줄 전문요원의 양성이 필요하다. 여성 전문 공원안내자 및 해설요원을 양성하여 자연과 친화적인 마음을 가질 수 있는 계기를 만드는 일이 필요하며, 이를 위한 자원봉사자들의 교육 실시도 요청된다.

■ 여성단체의 환경교육 실시 및 운영을 위한 지원 확충

민간환경운동단체의 활발한 구체적인 환경보전활동과 정부와 언론의 홍보활동으로 인해 국민의 의식이 점진적으로 변화되고 있다. 또한 여성의 환경과의 밀접한 연관성으로 인해 여성의 환경보전활동이 활발하고, 특히 민간여성단체들의 환경활동의 참여가 활성화되고 있다. 따라서 이 기관들의 특성에 기반한 다양한 환경교육프로그램이 운영될 수 있도록 여성단체에 대한 환경교육 실시 및 운영을 유도할 수 있는 유인체계의 마련이 요청된다.

여성은 소비자로서, 자녀교육 주체로서, 지방자치시대 지역주민으로서, 생산자로서 환경과 밀접한 연관을 맺고 있으며, 특히 일상생활 속에서 소비와 맺고 있는 긴밀한 관계로 환경보전을 위해 많은 부분을 실천할 수 있는 위치에 있다. 특히 녹색소비자운동과 같은 소비자운동은 우리의 생활환경을 건전한 방향으로 조성하기 위한 중요한 영역으로, 이러한 운동을 지원하기 위한 여성단체의 환경보전활동에 대한 지원체계의 마련이 중요하다.

■ 환경거버넌스 진전을 통한 여성환경 운동 및 교육을 위한 연계망 구축

환경분야에 더 많은 여성들이 진출하고 과학자, 전문가로서의 여성과 지역의 여성들, 의사결정자로서의 여성들의 연대는 중요하다. 또한 국가, 지역, 국제적 차원의 연대를 통하여, 여성환경운동 및 교육에 대한 정보를 교류하고 강화해 나가야 한다. 국내 여성운동, 환경운동단체 활동가들의 교류 및 전문가와의 워크숍, 국외 여성운동단체 방문 등을 통해, 상호이해를 증진시키고 협력해나가야 한다.

여성환경운동은 다른 부문의 운동에 비해 역사가 짧으므로 상호 간의 경험을 공유하고 정보를 교환하는 일이 필요하다. 환경문제 해결을 위해 다국가 간의 협력이 요구되는 경우가 많아지고 있는 가운데 전지구적 차원에서 인적, 물적 교류가 활성화되어야 한다.

최근 남북협력관계의 증진과 관련하여 특히 남북 간의 환경 협력과 통일 후 환경교육 및 환경 교과의 통합방안에 대한 논의도 중요하므로 여성환경운동의 발전을 위해 연계망을 구축하는 일도 필요하다. 환경거버넌스 체계 강화를 통한 정부, 지역사회, 주체별 환경 역량이 확대되고 연대를 활성화시켜 나아가야 한다.

● **요약**

환경은 인간의 생계를 해결하고 공동체적 삶의 기반인 동시에 지속가능한 개발에 필수적인 자연자원이다. 21세기는 '녹색 성장시대', '환경의 시대'로 환경문제의 심각성과 환경문제에 대한 시민들의 관심이 증대됨에 따라 세계 각국은 환경문제 해결을 위한 다각도의 노력을 기울이고 있다. 환경의 영역은 초기 '공해문제'에서 출발하여 현재는 '생명의 문제'로 확장되고 있으며 사회의 제 영역을 해석하는 중심 키 중의 하나이다. 그러나 오늘날 인간의 생존을 위협하고 있는 환경문제는 가장 심각한 사회문제로 대두되고 있으며, 환경위기는 과학혁명 이후 산업화 과정에서 물적인 성장만을 추구하면서 인간위주의 세계관으로 자연을 남용한 결과라고 볼 수 있다. 이와 같은 환경오염, 생태계 파괴, 각종 환경문제로 특히 여성들은 신체적, 정신적 건강, 사회적 유대, 문화적 정체성 등 위협에 직면해 있다. 이러한 추세 속에서 환경보전과 지속가능한 개발에 대한 관심이 증가하면서 그동안 가정과 지역사회에서 중요한 역할을 수행해 온 여성들에 대한 기대와 관심도 높아지고 있다. '지속가능 발전'을 위하여 환경교육은 환경 파괴나 오염과 직접 관련된 부문들뿐만 아니라 정치, 경제, 사회, 문화 등 각 부문에 뿌리 내려야 하며 이를 위한 여성들의 역할이 요구되고 있다.

그러나 환경문제에 관련한 많은 사안에 중요한 의사결정을 하고 각종 사업을 계획하고 추진하고 시행에서 여성들의 참여는 여전히 제한되어 있고, 지역개발이나 환경 피해 복구를 위해 지역구성원들에게 제공되는 신용과 교육기회에서도 여성들은 소외되고 있다. 여성환경운동은 여성이 주체가 되어 지도력을 발휘하고 여성세력화를 이룰 수 있는 환경운동을 의미한다. '글로벌 위험사회'에서 여성환경활동의 당면 과제는 환경 및 개발 분야의 여성세력화를 이룩하는 것이므로 지역차원의 특수성에 입각한 풀뿌리 차원, 국가적 차원, 국제적 차원의 네트워킹을 통해 여성들을 자신의 환경 능력에 대한 신념을 확고히 하고 정보를 교환하고, 상호이해를 높이고, 연대관계를 형성하여 여성의 환경활동을 확장할 수 있을 것이다.

성인여성의 환경교육 확충 및 여성환경교육프로그램 개발 및 운영, 여성환경전문가의 육성, 여성단체의 환경교육 실시 및 운영을 위한 지원 확대, 환경거버넌스 진전을 통한 여성환경 운동 및 교육을 위한 연계망 구축 등은 여성환경활동을 위한 교육의 과제이다.

● **토론문제**

1. 지금까지 자신이 경험한 여성환경 교육프로그램이 있다면 어떤 것들인지 나열해보고, 내가 실천한 환경활동에 대한 사례를 포트폴리오로 작성해보자.
2. 생태여성주의 생성 배경과 기본 관점에 대해 고찰하시오.
3. 여성환경운동은 여성이 주체가 되어 지도력을 발휘하고 여성세력화를 이룰 수 있는 환경활동을 의미한다. 여성환경활동의 당면 과제인 환경 및 개발 분야의 여성세력화를 이룩하기 위한 구체적 과제는 무엇인지 토의해보자.

참고문헌

권대봉 편저(2009). 녹색성장 녹색직업 녹색인재. 서울: 박영사.

강수영 · 김선미 · 안지영(1995). "한국여성환경운동의 평가와 전망". 한국여성연구회 · 한국여성민우회. 여성과 환경 심포지움 자료집.

김송이(2014). 환경영화 수업을 통해 나타난 고등학생의 환경태도, 환경관 및 반성적 사고 유형 분석. 이화여자대학교 교육대학원 석사학위논문.

김양희 · 김이선(1993). 환경과 여성의 역할. 한국여성개발원.

김종남(2014). 환경운동의 실용적 접근 '지속가능발전과 환경거버넌스에 대한 검토.' 충남대학교 유학연구소. 동서 환경철학의 만남, 그리고 환경운동과의 소통. 학술대회 자료집.

녹색서울시민위원회 외(1996). 서울시민의 환경에 대한 의식과 실천의 연관성에 관한 연구.

마리아 미스 · 반다나 시바 지음(2000). 에코페미니즘. 서울: 창작과 비평사.

박이문 외글(1998). 녹색한국의 구상. 서울: 숲과 나무.

여성환경연대(2004). 자료집.

윤영수 채승병(2005). 복잡계이론. 삼성경제연구원.

이득연(1998). 환경운동의 사회학. 서울: 민영사.

이소영 등 편역. Rosemarie Putnam Tong외. 자연, 환경, 여성(2000). 서울: 한신문화사.

이영란 외(2010). 착한 에너지 기행. 이매진.

임선희 · 이영세 · 권정숙(2000). 농촌지역의 양성평등 실현 방안. 농림부 용역보고서.

정무장관(제2)실(1994). 나이로비 여성발전전략 이행 국가보고서.

정외영(2011). 골목에 꽃이 피네-녹색마을 사람들의 신명나는 이웃살이 이야기. 이매진.

지속가능발전위원회(2006). 유엔 지속가능발전교육 10년을 위한 국가 추진 전략 개발연구.

한국여성개발원(1993). 환경과 여성의 역할.

한국여성개발원(1994). 나이로비 여성발전 미래전략과 우리나라 여성단체 활동.

한국여성정책연구원(2009). 녹색성장시대 가족친화적 지역환경조성과 여성의 역할.

한국여성NGO위원회 여성과 환경분과(1995). 여성과 환경문제에 대한 국내외 논의 동향.

환경부(2007). 환경체험교육 프로그램 모음집.

환경부. UNESCAP(2005). 2005 유엔 아태환경과 개발 장관회의 결과보고서.

최소영(1997). 환경운동과 여성의 정치적 주체형성:에코페미니즘과 여성환경운동. 연세대학교 석사학위논문.

브라이도티, 로지 외(1995). 여성과 환경 그리고 지속 가능한 개발 - 이론적 종합을 지향하며, 한국여성 NGO위원회 여성과 환경분과 옮김. 서울: 도서출판 나라사랑.

Agarwal, Bina(1992). "The Gender and Environment Debate: Lessons from India." Feminist Studies. 18. no. 1(spring).

Agarwal, Bina(1997). "Enviromental Action, Gender Equity and Women's Participation." Development and Change. vol. 28. Coleman.

Daniel(2009). Ecological intelligence. Broadway Books.

Walby, Sylvia(2000). "Gender, Globalization and Democracy." Gender and Development. vol. 8. no. 1.

www.ecotem.or.kr

www.kfem.or.kr

http://cafe.daum.net./glife.1995/Fus7/5

http://www.minwoocoop.or.kr

제 4 부

여성교육정책

13장 여성교육자 현황 및 리더십 증진

민무숙*

* 미국 University of Illinois at Urbana-Champaign, 교육학박사
현재 한국여성정책연구원 선임연구위원

1 여성교육자 현황과 실태

여성교육자는 크게 학교 교육을 담당하는 교원과 각 교육청의 교육전문직(장학사, 연구사), 대학의 교수집단, 그리고 사회의 일반 교육기관에 종사하는 전문요원(평생교육사)으로 나눌 수 있다. 각 집단의 현황을 먼저 살펴본다.

1) 여교원 증가 현황과 실태

[그림 13-1]에 나타난 바와 같이 각급 학교 여교원은 1970년 이후 그동안 상당히 증가한 것을 한 눈에 알 수 있다. 전체적으로 볼 때, 여교사의 양적 규모뿐만 아니라 전체 교원집단에서 차지하는 비율이 상당히 높아졌다.

우선 초등학교의 경우를 보면, 전체 여교원의 수가 1970년에는 29,428명에서 2000년 92,908명, 2010년에는 121,613명, 2013년 125,795명으로 '70년 대비 약 4.3배가 증가하였다. 이와 같은 증가규모에 따라 '70년 29.1%에 불과하던 여교사 구성비가 2000년에는 66.4%, 2013년에는 75.7%로, '70년에 비해 약 46.6% 포인트나 증가한 높은 신장세를 보여주고 있다. 중학교의 경우도 '70년에는 여교사 수가 전체의 18.6%에 불과한 5,805명에 지나지 않았으나 2000년 53,292명, 2010년에는 62,960명, 2013년은 60,996명으로 65.7%의 여교사 구성비를 나타내어 초등학교에 비슷한 수준에 높은 증가 추이를 보이고 있다. 반면, 고등학교는 상대적으로 여교사 구성비가 낮게 나타나고 있다. '70년 당시에도 9.0%의 가장 낮은 여교사 구성비를 보였던 고등학교 단계는 지난 43년간 약 35% 포인트 증가하여 2013년 44.5%의 여교사 구성비를 보이고 있다.

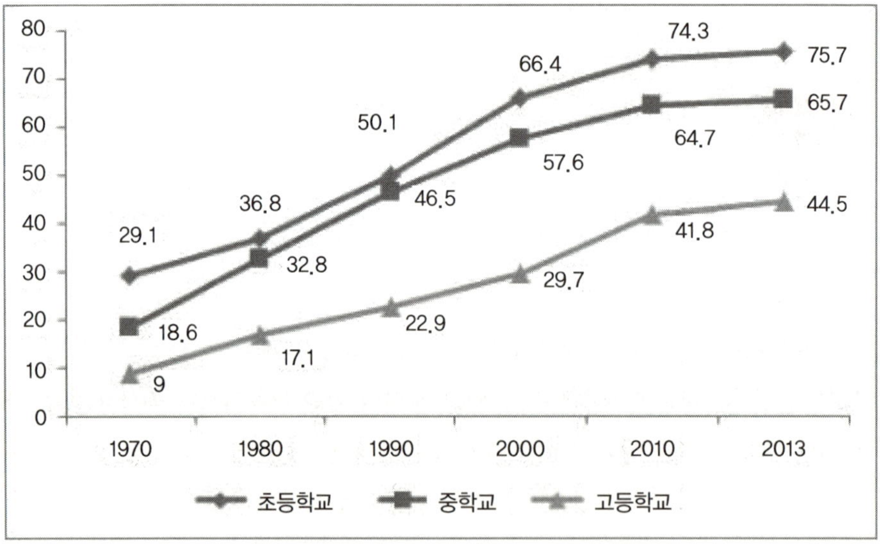

[그림 13-1] 각급학교 여교원 증가 추이

이러한 여교원의 높은 증가율과는 별도로 학교의 정책을 입안하거나 실질적으로 시행하는 상위 직위에 여교원이 포진하는 비율은 매우 완만하게 진행되었다. 먼저 초등학교 여교원의 직위별 구성비 변화 추이를 보면, 교장의 경우 1970년

0.8%에서 1990년 2.5%, 2010년 14.3% 그리고 2013년 18.6%로 지난 43년 동안 약 18% 포인트 증가하였으며, 교감은 1.8%에서 45.1%로 약 43% 포인트나 증가하였다. 동 기간 중 여교원의 비율이 29.1%에서 75.7%로 약 46% 포인트 증가한 것과 비교해 볼 때 학교행정가직에 여성의 참여는 2000년대까지는 매우 저조하였으나, 2010년을 기점으로 변화된 것으로 평가된다. 보직교사의 경우는 비교적 높은 증가율을 보여 '80년 8.2%에서 2000년에 42.4%로, 2013년에는 66.3%로 증가하였다. 결국 여교원의 증가가 보직교사로의 분배는 가져왔으나 더 높은 상위 관리직인 교감, 교장직으로의 배분은 이루어지지 못하였다. 전체 교원의 75%가 넘는 비율이 여교원이지만, 나머지 25% 정도의 남교원이 관리직의 절대다수를 점함에 따라 평교사 중 여성비율은 83%에 달하고 있다.

중학교 여교원 역시 비슷한 양상을 보인다. '70년에는 전체 교장 중 여교장의 비율이 3.7%에 그치고 있고, 30년 후인 2000년도에는 8.7%이며, 2013년에는 20% 정도에 그치고 있다. 교감의 경우는 동 기간 중 2.3%에서 24% 포인트 증가한 26.6%로 초등학교의 경우와 마찬가지로 교장의 경우보다는 높은 증가율을 나타내고 있다. 반면, 보직교사는 동 기간 6.0%에서 55.4%로 증가하여 높은 증가율을 보였다. 중학교 역시 초등학교와 마찬가지로 관리직에의 여성비율이 낮음에 따라 여성 평교사 비율은 74.5%를 나타내고 있다.

고등학교 단계의 직위별 여교원 분포는 상황이 더욱 열악하다. '70년부터 2013년도까지 여교원의 구성비는 9.0%에서 44.5%로 35.5% 포인트나 증가하였으나 교장, 교감직의 여성 비율은 거의 변화가 없음을 알 수 있다. 특히 교장 중 여성비율은 8.7%로 '70년의 비율과 비교하여 2.9%포인트 증가하였고, 교감 중 여성비율은 2.6%에서 9.7%로 7.1% 포인트 증가하여 교장직의 비율보다는 높았으나 역시 저조한 편이다. 상대적으로 여성 보직교사 비율은 높은 증가세를 보여 '80년 2.6%에 불과하던 것이 2000년에는 11.5%, 2013년에는 26.8%로 '80년도 대비 24.2% 포인트 증가하였다. 2013년의 평교사 중 여성비율은 52.1%로 초등학교나 중학교와 동일하게 전체 여교사 구성비인 44.5%와 비교하여 높은 비율을 보이고 있음을 알 수 있다. 따라서 고등학교 단계에서의 이러한 직위별 분포는 향후 크게 개선되기 어려울 것으로 전망된다.

〈표 13-1〉 각급 학교 여교원의 직위별 현황

(단위: 명(%))

구분	연도	총여교사 구성비	교장		교감		보직교사		평교사	
			전체	여성	전체	여성	전체	여성	전체	여성
초등학교	1970	29.1	5,904	50 (.8)	5,659	102 (1.8)	–	–	89,532	29,276 (32.7)
	1980	36.8	6,448	115 (1.8)	6,353	255 (4.0)	27,609	2,266 (8.2)	78,654	41,156 (52.3)
	1990	50.1	6,324	159 (2.5)	7,134	311 (4.4)	29,261	5,672 (19.4)	94,080	62,462 (66.4)
	2000	66.4	5,231	367 (7.0)	5,468	489 (8.9)	28,013	11,878 (42.4)	101,287	80,174 (79.2)
	2010	74.3	5,818	832 (14.3)	6,024	1,623 (26.9)	31,746	20,469 (64.5)	120,089	98,689 (82.2)
	2013	75.7	5,875	1,095 (18.6)	6,057	2,730 (45.1)	36,491	24,186 (66.3)	117,696	97,784 (83.1)
중학교	1970	18.6	1,179	44 (3.7)	1,314	30 (2.3)	–	–	28,714	5,731 (20.0)
	1980	32.8	1,743	66 (3.8)	2,027	118 (5.8)	10,242	614 (6.0)	40,844	17,212 (42.1)
	1990	46.5	2,164	136 (6.3)	2,503	139 (5.6)	15,348	2,649 (17.3)	69,703	38,794 (55.7)
	2000	57.6	2,357	206 (8.7)	2,402	213 (8.9)	19,472	6,813 (35.0)	68,358	46,060 (67.4)
	2010	64.7	2,800	493 (17.6)	2,679	687 (25.6)	24,817	13,024 (52.5)	66,978	48,756 (72.8)
	2013	65.7	2,880	577 (20.0)	2,720	724 (26.6)	27,395	15,180 (55.4)	59,785	44,515 (74.5)
고등학교	1970	9.0	687	40 (5.8)	643	17 (2.6)	–	–	18,514	1,727 (9.3)
	1980	17.1	1,207	57 (4.7)	1,286	22 (1.7)	8,067	212 (2.6)	40,388	8,438 (20.9)
	1990	22.9	1,617	64 (4.0)	1,791	27 (1.5)	15,322	829 (5.4)	73,953	20,309 (27.5)
	2000	29.7	1,872	84 (4.5)	1,909	52 (2.7)	20,885	2,404 (11.5)	79,685	28,490 (35.8)
	2010	41.8	2,177	139 (6.4)	2,286	174 (7.6)	24,414	5,687 (23.3)	84,329	41,318 (49.0)
	2013	44.5	2,278	199 (8.7)	2,288	221 (9.7)	26,177	7,021 (26.8)	81,898	42,680 (52.1)

자료: 교육과학기술부, 『교육통계연보』, 각년도

2) 교육전문직 현황

〈표 13-2〉는 초·중등 교육에 대한 전체적인 정책의 수립과 이행, 연계 및 장학 등의 책임을 맡고 있는 장학사(관) 및 연구사(관)인 교육전문직 내 여성의 비율을 나타낸 것이다. '83년에는 전체 전문직 중 여성의 비율이 4.2%에 불과하던 것이 '99년에는 12.2%로, 2010년에는 32.7%로 증가하였다. 그 절대수도 동 기간 중 120명에서 1,373명으로 증가하는 모습을 보인다. 그러나 이러한 비율은 여교원의 비율이 초등학교에 75.7%, 중학교에 65.7%, 고등학교에 44.5%인 것에 비하면 매우 낮은 비율이다.

〈표 13-2〉 **교육전문직 내 여성비율 현황**

(단위: 명, %)

연도	총계			장학사(교육연구사)			장학관(교육연구관)			교육장		
	전체	여성	비율	전체	여성	비율	전체	여성	비율	전체	여성	비율
1983	2,846	120	4.2	2,168	113	5.2	516	7	1.4	162	0	0.0
1989	3,383	142	4.2	2,616	132	5.0	611	10	1.6	156	0	0.0
1993	4,320	341	7.9	3,271	293	9.0	881	45	5.1	168	3	4.6
1995	4,373	382	8.7	3,331	339	10.2	868	39	4.5	174	3	1.7
1999	4,109	502	12.2	2,969	451	15.2	960	47	4.9	180	4	2.2
2010	4,202	1,373	32.7	3,218	1,227	38.1	860	139	16.2	124	7	5.6

자료: 1983~1995년 자료는 총무처(1996), 공무원 통계, 1999~2010년 자료는 교육과학기술부, 『교육통계연보』.

또 이러한 전문직의 비율도 상위직으로 갈수록 더 낮아지는 경향을 보여 장학사(교육연구사)는 38.1%를 차지하고 있으나, 보다 상위직인 장학관(교육연구관)의 경우 절반 수준에도 못 미치는 16.2%에 지나지 않는다. 지역 교육청의 수장인 교육장의 경우 2010년에도 전국 124명 중 7명에 그치고 있다. 교육전문직의 상위직이라 볼 수 있는 연구관, 장학관의 비율이 의미가 있는 것은 이러한 상위 전문직의 경력이 있어야 보직을 받을 수 있고, 나아가 지역 교육장에도 여성이 임명될 수 있기 때문이다. 또한 이러한 교육장의 경력이 있어야 교육감의 자리에도 진출할 수 있기 때문에 상위직 내 여성의 비율은 중요한 지표가 된다.

연구사나 장학사의 경우 '90년대 이후 필기 및 면접 등에 의한 공개전형을 통하여 임명하기 때문에 어느 정도 여성이 접근하기가 용이한 측면을 가지고 있는 반면, 상위직인 연구관, 장학관의 경우는 교육감이 재량권을 가지고 임명을 하기 때문에 여성의 진출이 더욱 어렵다. 교육감의 경우 역시 지방교육자치법 시행 이후 선출직으로 신분이 변화되어서 여성의 진출이 더욱 어렵게 되었다. 여교원의 직위별 현황 분석의 모습에서 이미 나타났듯이 교육전문직 내에서도 하위직은 여성, 상위직은 남성이라는 구도가 뚜렷이 보인다.

3) 고등교육기관 여교수 현황

고등교육기관 전체적으로는 지난 20여 년 동안 꾸준히 여교수의 비율이 증가한 것을 알 수 있는데 증가율이 가장 두드러지는 곳은 전문대학과 교육대학이며, 일반 4년제 대학은 미미한 증가만을 보인다(〈표 13-3〉).

전문대학은 '80년도에 14.7%이던 것에서 2000년도에는 23.7%, 2013년에는 35%로 총 약 20% 포인트 증가하였고, 교육대학은 동 기간 중 7.9%에서 25.1%로 역시 상당한 증가를 보였다. 그러나 교육대학은 교수 수 자체가 워낙 적어 전체 고등교육기관 여교수 비율에 큰 영향을 미치지는 못한다. 전문대학이나 교육대학과 대조적으로 일반 4년제 대학은 증가율이 미미하여 '80년도에 10.8%의 비율이 2000년도에는 13.8%로 20년간 3% 포인트 증가에 그친 것을 알 수 있다. 그러나 국공립대 여교수임용목표제 시행 이후 전체 여교수 비율이 증가하여 2010년에는 19%, 2013년에는 20.7%에 달하고 있다. 산업대학은 2002년 9.3%에서 2013년 25.3%까지 증가하였으나 산업대학의 대부분은 일반대학으로 편입되고 있어 큰 의미가 없다.

고등교육기관별로 이러한 여교수 비율 구성을 보면 2013년 현재 석사학위과정학생의 50.7%, 박사학위과정 학생 중 38.3%, 나아가 박사학위 취득자 중 34%가 여성이 차지하고 있는 등 그동안 고학력 여성인력이 많이 배출되었지만 여전히 일반 대학교수직 진입은 힘들며, 상대적으로 위상이 낮은 대학으로 진출이 용이함을 보여준다고 하겠다.

이러한 여교수의 비율은 직위별로도 상당한 차이를 보인다. 〈표 13-3〉을 통해 볼 때, 모든 고등교육기관에서 전체적으로 여교수의 비율이 꾸준히 증가해왔으나 여전히 종신 교수(tenure)직을 부여받는 교수, 부교수급에는 상대적으로 여성의 비율이 낮고 가장 초기직이라 할 수 있는 전임강사직에는 여성의 비율이 상대적으로 높다. 다만 2013년부터는 전임강사직이 폐지됨에 따라 조교수의 비율이 다른 연도에 비해 상대적으로 높게 증가함을 알 수 있다.

〈표 13-4〉는 4년제 일반대학만을 국공립과 사립을 구분하여 여교수 비율 추이를 살펴본 것이다. 정부정책의 영향을 보다 직접적으로 받는 국공립대학에 비하여 사립대학의 여교수 증가율이 더 높은 것을 알 수 있다. 사립대학은 2000년 15.7%에서 2013년 23.2%로 7.5% 포인트 증가한 반면, 국공립대학은 동 기간 중 8.5%에서 13.2%로 불과 4.7% 포인트 증가에 그쳤다. 이는 국공립대학이 여교수 채용에 보다 보수적임을 반영하는 것이라 할 수 있다.

〈표 13-3〉 고등교육기관의 직위별 여교수 비율 현황

(단위: 명, %)

구분	연도	교원 전체			직위별 여성비율			
		총수	여성	여성비율	교수	부교수	조교수	전임강사
전문대학	1980	4,730	696	14.7	3.3	7.6	14.9	17.6
	1990	6,020	1,305	21.7	11.4	14.7	27.2	30.1
	2000	11,555	2,744	23.7	19.5	23.7	22.9	28.1
	2010	12,530	3,955	31.6	23.2	25.1	36.6	45.2
	2013	13,015	4,550	35.0	25.4	27.3	45.5	-
교육대학	1980	480	38	7.9	6.6	10.4	31.8	2.2
	1990	574	68	11.8	8.9	11.2	20.0	7.1
	2000	687	120	17.5	16.8	13.5	17.9	27.1
	2010	813	197	24.2	18.1	29.9	33.7	33.3
	2013	835	210	25.1	20.2	34.7	26.4	-
일반대학	1980	11,208	1,205	10.8	6.3	9.9	13.6	14.5
	1990	25,229	2,980	11.8	8.6	13.6	13.0	13.5
	2000	41,788	5,751	13.8	12.0	12.7	14.2	23.3
	2010	55,972	10,637	19.0	13.1	18.3	26.5	36.6
	2013	63,042	13,068	20.7	13.5	21.2	32.6	-
산업대학	2000	2,371	221	9.3	2.9	8.1	10.2	16.7
	2010	1,942	328	16.9	7.8	12.2	16.1	37.3
	2013	316	80	25.3	12.0	18.9	40.2	-

자료: 교육과학기술부, 『교육통계연보』.

주)2013년부터는 전임강사가 없어짐

〈표 13-4〉 국공립 및 사립 일반대학의 여교수 비율 변화

(단위: 명, %)

구분		1970	1980	1990	2000	2010	2013
국공립 대학	전체	2,410	4,000	8,289	11,359	13,746	15,418
	여성	66	212	665	966	1,732	2,032
	여성비율	2.7	5.3	8.0	8.5	12.6	13.2
사립 대학	전체	4,116	7,796	17,048	30,584	42,226	47,624
	여성	555	1,072	2,320	4,792	8,905	11,036
	여성비율	13.5	13.8	13.6	15.7	21.1	23.2

자료: 교육과학기술부, 『교육통계연보』.

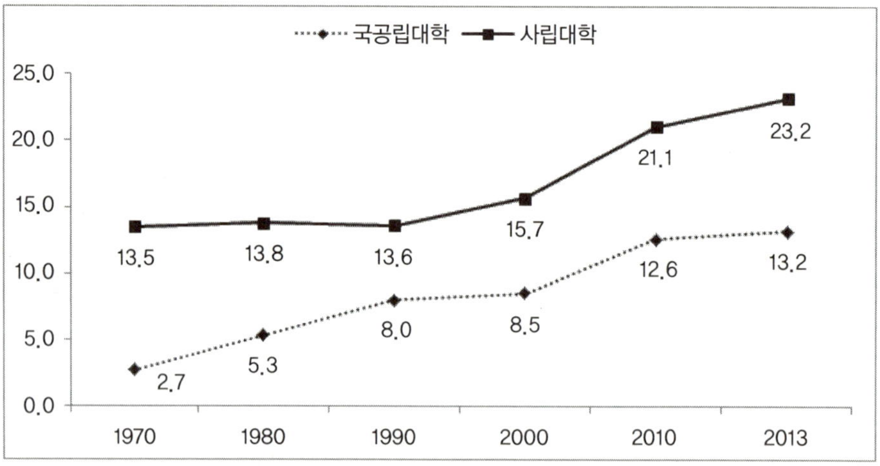

[그림 13-2] 국공립 및 사립 일반대학 여교수 비율 추이

낮은 여교수 비율은 학내 의사결정에의 참여 정도를 보여주는 중요한 지표 중인 보직교수의 여성비율에도 영향을 미친다. 전체 국공립 일반대학 여성교수의 주요 보직 참여비율은 2005년 6.3%, 2013년 10.7% 수준에 머물러 있으며 보직교수 가운데 여성이 전혀 없는 국공립 대학도 존재하는 것으로 나타났다. 국공립 대학 중 여성교수 비율이 상대적으로 높은 교육대학의 2013년 주요보직 여성교수 비율은 22.3%로 2007년 15.8%에 비해 6.5% 포인트 증가하였다(〈표 13-5〉).

〈표 13-5〉 국공립대학 보직 여성교수 비율 현황

(단위: 명, %)

구분	연도	전체	여성	여성비율
일반대학	2005	1,020	64	6.3
	2010	1,230	97	7.9
	2013	1,111	119	10.7
교육대학	2007	101	16	15.8
	2010	106	29	27.4
	2013	130	29	22.3

자료: 교육과학기술부 내부자료(2004~2007), 국공립대 주요 보직 여성교수 참여현황.
주 1: 보직자 현황은 처·실장, 학장 및 대학원장, 부속기관장만을 대상으로 하였으며 보직수당 지급 및 시수감면 등을 적용받지 않는 경우는 보직 수에서 제외하였음.
주 2: 일반대학안에는 방송통신대 제외

전체적으로 낮은 여성교수 비율이 제고되려면 앞으로도 상당한 시간이 걸릴 것으로 보인다. 〈표 13-6〉에 의하면 신임 여성교수 비율은 2000년 14.2%에서 2005년 22.8%로 약 8.6%포인트 증가하였으나, 2010년에는 다소 감소하여 21.8%, 2013년은 22%로 20% 전반 수준에 미치고 있다. 이러한 신임 여성교수 비율은 42%에 육박하는 여학생 증가 추세 및 34%를 점유한 여자박사취득자 비율에 비해서는 상당히 낮다고 할 수 있다. 이마저도 '국공립대 여성교수 임용목표제도'의 일환으로 2004년부터 3년간에 걸쳐 국공립대에 여성교수 200명(전체 교수 배정인원 1,000명중 20%)을 별도로 배정했던 것이 크게 영향을 미치고 있는 것으로 보인다(민무숙, 신선미, 박성정 외, 2013).

〈표 13-6〉 국공립대학의 여교수 임용 현황

(단위: 명, %)

연도	전체 신임 교수	여성 신임 교수	여성비율
2000	204	29	14.2
2005	1,067	243	22.8
2010	780	170	21.8
2013	863	190	22.0

자료: 교육과학기술부, 『교육통계연보』.

4) 여성 평생교육사 현황

사회교육법('82년 12월)을 전면 개정하여 '99년 8월 공포된 평생교육법에 의하면 평생교육기관은 일정한 자격을 갖춘 평생교육사를 배치하여 평생교육의 기획, 진행, 분석, 평가 및 교수업무를 수행하도록 해야 한다. 평생교육법에 의하면, 고등교육법 제2조의 규정에 의거하여 학교에서 평생교육관련 과목을 일정 학점 이상 이수한 자, 또는 제18조 규정에 의한 평생교육사 양성기관에서 소정의 과정을 이수한 자에게는 평생교육사의 자격을 부여한다고 규정하고 있다. 또한 2007년 개정에 의해 대학 및 대학원, 그리고 지정양성기관으로 이원화되어 운영되었던 것에서 평생교육진흥원 및 학점은행제 등으로 승급 과정을 확대하였다.

2000년부터 2012년까지 평생교육자 자격증 취득자는 총 62,858명으로 〈표 13-7〉과 같이 이 중 여성이 80.6%를 차지하고 있다. 자격급별로는 1급이 468명, 2급 57,476명, 3급은 4,914명(사회교육전문요원의 평생교육사로 재발급 포함)이다.

〈표 13-7〉 **평생교육사 자격증 발급 현황**

(단위: 명, %)

연도	1급		2급		3급		전체	
	전체	여성	전체	여성	전체	여성	전체	여성
2000	22	5	1,548	1,267	344	324	1,914	1,596
2003	31	9	2,982	2,397	601	521	3,614	2,927
2005	26	15	3,734	2,950	490	435	4,250	3,400
2010	55	34	6,697	55,330	383	322	7,135	55,686
2012	70	53	7,900	6,257	183	141	8,153	6,451
계	468	235 (50.2)	57,476	43,057 (74.9)	4,914	4,389 (89.3)	62,858	50,681 (80.6)

자료: 교육통계 서비스 평생교육사 양성현황 DB.
주 1: 총계는 2000~2012년까지의 각 년도 현황을 합한 것임.
주 2: 2, 3급은 사회교육전문요원 자격증을 평생교육사 자격증으로 재발급한 현황을 포함함.

5) 여성교육자 실태에 나타난 특징

이제까지 학교교육 및 사회교육기관에 종사하는 여성교육자들의 증가현황과 직위별 분포현황을 살펴보았다. 그 결과 다음과 같은 몇 가지 특징을 발견할 수 있다.

첫째, 그동안 교육의 기회가 꾸준히 여성에게도 돌아갔고, 그 결과 대학교육을 받은 여성들이 그들의 일터로 가장 많이 선호하게 된 직종이 '사람을 가르치는 일'이라는 점이다. 교육을 담당하는 직종에 그것이 학교교육기관이든, 일반 사회교육기관이든 여성의 증가는 꾸준히 있어 왔으며, 이러한 현상은 향후에도 계속될 것이다. 특히 1970년대까지는 교직사회가 타 직종에 비하여 임금이나 사회적 위상이 낮지 않았기 때문에 남성에게도 상당한 흡인력을 가지고 있었음은 사실이다. 그러나 경제발전이 본격적으로 이루어지고 직종의 다변화가 이루어진 이후 노동시장에서 남성의 교직기피라는 퇴출요인과 여성의 교직선호라는 흡인요인이 전체 사회환경의 변화와 맞물리면서 여성의 교직사회 진출은 필연적으로 일어나게 되었다. 특히 우리나라의 경우 남녀고용평등법이 제정된 1987년 이전에는 대졸 여학생들의 취업기회는 매우 한정되어 있었고, 나아가 결혼 후 퇴사라는 절차가 매우 당연시 여겨져 왔기 때문에 여성에 대한 교직흡인 요인은 강하게 축적되어 왔다고 하겠다. 반면, 산업화의 진전으로 인한 다양한 직종 창출은 대졸 남학생들로 하여금 직종 선택에 있어 보다 다양한 기회를 부여하였고, 자연히 '사람을 길러내는 일'에 대한 선호를 감소시키게 되었다.

두 번째 나타나는 특징은 여성교육자가 사회 전 분야에서 꾸준히 증가하고 있음에도 불구하고, 전체 조직구조 내에서 여성은 하위직을 점유하고 있으며, 상위직은 여전히 남성들이 차지하고 있다는 점이다. 이는 초중고교뿐만 아니라 관련 교육정책기관, 대학교에 이르기까지 일관된 현상이다. 사회교육기관 역시 정확한 자료는 나와 있지 않지만 이러한 현상에서 예외가 아닐 것으로 보인다. 결국 '사람을 기르는 일'을 택한 소수의 남성들 대부분이 중요한 정책결정직에 위치하고, 여성들은 그러한 정책을 수행하는 실무자의 역할을 하는 성별 분업적인 구조를 보이고 있다. 이러한 구조가 시사하는 바는 여러 가지가 있겠으나, 그 중에서도 가장 중요한 문제는 여성과 관련된 정책이나 교육의 내용 및 과정에서 나타날 수 있는 성차별적 요소에 대한 검토 등이 간과되기 쉽다는 점이다. 즉 정책결정직에 여성이 과소대표됨으로써 상대적으로 남녀평등한 교육내용이나 교육방법에 대한 고려가 약화되기 쉽고, 나아가 여성교육자들의 복지에 관련된 정책 또한 소홀해지기 쉽다. 나아가 여성교육자의 하위직 점유현상은 피교육자들에게 성차별적인 관념을 심어줌으로써 비교육적인 결과도 낳을 수 있다는 점에서 우려되는 현상이다.

2 여성교육자 관련 정책

1) 여교원 승진 관련 정책

여교사들의 관리직(교장, 교감) 진출을 촉진하거나 이에 장애가 된다고 여기는 요소들을 제거하고자 한 대표적인 정책을 살펴보고자 한다. 하나는 1968년도부터 1972년도까지 이화여자대학교 교육대학원에서 실시된 '여자 초등, 중등 교원을 위한 교장, 교감강습회'이며, 다른 하나는 교사들에 대한 근무평정과 관련한 제도 변화이다. 2000년대 이후에는 여성교원을 관리직으로 양성하기 위한 여러 정책을 실시한 바 있다.

(1) 여교원을 위한 특별강습 시행(1968~1972)

여교사의 관리직 진출과 관련하여 교육사적으로 매우 중요한 정책은 1968년도부터 1972년도까지 약 5년간에 걸쳐 당시 문교부가 이화여자대학교 교육대학원에 의뢰하여 실시한 '여자 초등·중등 교원을 위한 교장·교감강습회'이다. 이는 현재의 교장, 교감 자격연수와 같은 것으로 당시 여교사 중 교장, 교감의 비율이 현저히 낮은 것을 고려하여 문교부가 이대 교육대학원에 의뢰하여 실시한 것인데, 시·도 교육청별로 강습차출 인원이 배정되어 실시되었다. 이 특별조치는 승진관련 규정을 뛰어넘어 일정 경력 이상의 여교사들에게 자격연수를 실시한 것으로, 여성에 대한 할당제의 개념을 일정부분 적용한 조치로 평가될 수 있다.

중등강습은 1968년도 여름방학부터 1972년도 겨울방학까지 총 4기에 교장 자격자 53명, 교감 자격자 267명을 배출하였고, 초등강습은 1970년도 여름방학부터 시작하여 1972년도 겨울방학까지 총 2기에 교장 자격자 67명, 교감 자격자 125명을 배출하였다. 지역별로 보면 서울이 단연코 배출 인원이 가장 많고, 제주도가 가장 적었다.

특기할 만한 사항은 이 강습회의 목적이 여자 행정가를 배출하고자 함에 있었음에도 불구하고 졸업생들 중에는 상당수의 남자 교원들이 포함되어 있었다는 것이다. 교장, 교감 강습자 총 512명 중 35명이 남자로 7.4%를 차지하고 있다. 이러한 현상은 중등에서 두드러지는데, 후기로 갈수록 그 수가 현저히 증가하였다.

이렇게 남교사들이 여교사들을 위한 강습회에 올 수 있었던 이유를 여교장들과의 면담결과 일부 확인할 수 있었는데, 당시 강습을 받을 수 있는 고경력 여교사들이 제한되어 있었던 이유도 있었고 또한 지방에 있는 여교사들이 방학기간 내내 자기 지역도 아니고 서울 먼 곳까지 와서 강습을 받기가 어려우므로 때로는 차출을 포기하는 경우도 있었다고 한다(민무숙, 1996). 따라서 지역별로 차출인원은 배정된 상태이므로 남교사들이 그 자리를 대신할 수 있었다. 이러한 강습은 1972년도까지 실시되다가 중단되었다. 전국에 배출된 여자교장, 교감들 중에는 이 당시 강습을 받아서 학교행정가로 진출하게 된 경우가 상당히 많았다. 그러나 이들 대다수도 정년단축의 영향으로 1999년 8월을 기점으로 퇴임한 상태인 것으로 파악된다. 당시는 여성정책이 활성화된 시기도 아님에도 불구하고 이러한 우대조치가 있었다는 점이 상당히 의미 있는 교원정책으로 기록될 수 있다.

(2) 남녀 분리 근평제도의 실시

여교원의 승진과 관련한 두 번째 정책은 근무평정 관련 제도의 변화이다. 교원의 승진은 경력평정과 연구점수, 근무평정점수와 가산점의 네 부분으로 이루어진다. 이중 근무평정점수는 단위학교 내에서 한 해 동안의 근무에 대하여 교감, 교장이 평가한 점수인데 상대적 평가로 이루어지며, 교사가 교감으로, 혹은 교감이 교장으로 승진하는 데 있어서 매우 중요한 요소로 작용한다.

교육공무원 승진규정이 처음 공포된 것은 1964년 7월 8일 대통령령 1863호로서, 이때 교원의 근무성적에 대한 평가를 근무실적, 직무수행능력, 직무수행태도의 3요소를 가지고 총 10개 항목으로 배점하도록 하였다. 이 당시는 교원 전원에 대하여 우(2할), 양(7할), 가(1할)의 비율에 맞추어 평정하도록 하였다. 이러한 남녀 구분 없는 평정방식은 1972년 12월 30일 교육공무원 승진규정이 개정되면서 변화를 맞았다. 이때부터 교원의 근무평정에 있어 남녀별로 평정비율을 달리 정하도록 하면서, 이후 약 14년간 남녀교원 근평에 대한 평정자(교감), 확인자(교장)의 완전 분리 근평이 실시되게 되었다. 이것은 한 학교 내에 남녀 교원 수의 비율과 상관없이 수, 우, 양, 가의 비율을 남녀별로 구분하여 적용하도록 한 것으로, 학교 내에서 남녀교원의 역할의 차이와 여교원의 가정과 직장에 대한 이중부담, 그리고 상위행정가들의 남교사 선호 풍토 등을 고려한 정책이었다. 이러한 분리평정의 정책으로 인하여 한 학교 내에서도 근평 만점자는 여교원 1명, 남교원 1명이 될 수 있었으며, 자연히 여교사들이 교감 자격연수 차출 대상이 될 수 있는 기회도 증대되었다.

그러나 이러한 완전 분리평정은 여교사들에게는 지지를 받은 반면, 남교사들에게 불만의 소지가 되어 왔고, 결국 1986년 4월 제9차 개정 때 평정자와 확인자가 평정방법을 달리하는 방식으로 바뀌었다. 즉, 그전까지는 평정자나 확인자 모두가 남녀교원을 구분하여 분리 평정하도록 하였던 방식을 이후부터는 평정자는 남녀 분리 평정을 하되, 확인자는 그 결과를 가지고 다시 전원에 대한 통합평정을 하도록 한 것이다. 따라서 그 전에는 한 학교 내에 근평 동순위자가 남녀 1명씩, 2명이 나올 수 있었지만, 이 후부터는 모든 순위에 있어 1명씩만 나오도록 한 것이다. 통합근평체제로 돌아서기 시작한 근평제도는 1997년 이후에는 완전한 남녀 통합 근평으로 정착하였다. 이는 학교 내에 여교사가 많고 남교사가 적음으로써 평정점의 분포비율을 남녀별로 구분하여 평정하게 되어 있는 것은 불합리하다는 남교사들의 의견을 받아 이와 같은 결정을 내리게 된 것이다. 당시 교육부에서는 이러한 통합평정방식을 '성차별 없는 평정'이 정착되었다고 보도자료를 낸 바 있다.

그러나 많은 선행연구들이 통합근평체제가 여교원들의 승진에는 상당한 걸림

돌임을 이미 보고한 바 있다. 이는 남성행정가 비율이 대다수인 교직사회 내에서 가장인 남교사가 우선이라는 풍토가 잠재하고 있어 통합근평을 하면 여교원이 1순위를 차지하기란 매우 어렵기 때문이다. 연구에서도 조사된 30개 초등학교 중 근무평정에서 1등을 한 여교원은 1명에 불과하였다. 또한 여교장들의 대부분은 남녀 분리근평 시절에 교감자격연수를 받은 경우였다(민무숙, 1996).

이러한 근평 관련 정책 외에 2000년대 이후 교육인적자원부가 여성교육정책을 담당하는 과(독자적인 담당과는 2008년 이후 없어짐)를 중심으로 '여성교육공무원 관리직 인사지침'을 별도로 마련, 매해 시행한 바 있다. 이는 '제1차 여성정책 기본계획(1998~2002)' 안에 여교원의 관리직 진출이라는 과제가 삽입된 이후 추진된 정책방향이다. 이러한 인사지침에 의거하여 각 시도교육청은 자체계획을 수립하여 2010년까지 전체 교장, 교감 중 20%를, 2015년까지는 30%를 여성교원으로 임용하도록 노력하고 있다.

2) 여교원 증가 억제 정책

한편, 여교원이 증가하면서 이들에 대한 복지 및 승진 관련 정책이 시행되어 왔지만 다른 한편에서는 꾸준히 여성의 진입을 억지하고자 하는 정책이 시행되어 왔다. 이것이 일련의 교육대학의 여학생 입학정원 조정 정책의 변화이다. 남성의 교직기피에 따른 빈자리를 여성이 메운 기여도가 있음에도 불구하고 사회적 여론과 교육계의 반응은 남성의 퇴출을 더 문제시하게 되었고, 이에 따라 여성의 증가를 억지하는 정부의 노력은 1980년대 중반부터 시작되어 교육대학의 성별 정원 제한 정책을 추진하게 된 것이다.

(1) 1단계: 제도 도입기

초등교원 양성기관에 여학생 점유율이 현격히 높아지자 1982년 교육부가 전국교육대학장 회의에서 1983년부터 교육대학 신입생의 남녀비율을 동일하게 모집할 것을 지시한 바 있다. 이러한 지시가 비록 법적인 강제 규정은 아니기 때문에 반드시 따라야 하는 것이 아님에도 불구하고 일선현장의 교장, 교감 대부분이 남성들이고 이들의 이해관계가 일치함에 따라 이러한 성별 제한 정책이 시행되는 것은 그다지 어려운 일은 아니었던 것으로 보인다. 그 결과, 1984년부터 일부 교육대학에서 남녀학생 모집 상한선을 정해놓고 선발하기 시작하게 되었다.

(2) 2단계: 제도 정착기

이후 1990년부터는 전국의 교육대학이 성별 상한선을 75%로 통일함으로써 교육대학 여학생 정원 제한정책이 본격화되었다. 그 결과, 여학생 비율은 줄어들었으나 남녀학생의 학력격차가 심화됨으로써 몇몇 교대에서 이 정책을 철회하게 되었고, 이후 계속되는 여성비율 증가가 교직 여성화에 대한 논의를 심화시켜 왔다. 주은희(1996)의 자료에 따르면 '92년도에는 전체 11개 대학중 성별 제한정책을 3개 대학이 적용하지 않았으나 '93년도에는 모든 대학이 적용하게 되었고, 이후 남녀 학생 간 점수 격차가 커짐에 따라서 철회하는 대학이 다시 생기게 되었다. 그러다가 다시 증가하여 1999년에는 11개 교육대학 중 1개 교(10% 정도 남자입학 허용)를 제외하고는 65~75%의 할당제를 두어 어느 한 성이 일정 비율을 초과할 수 없도록 한 바 있으며, 2000년에는 결국 모든 교육대학이 입학할당제를 적용하게 되었다(교육부 내부자료).

1996년 이후에는 입학 할당제뿐만 아니라 교사임용 시 정원을 할당하는 임용할당제까지도 간간이 거론되고 있는 실정이다. 왜냐하면 입학당시 할당제 적용을 받아 어느 정도의 남학생이 유입된다 하더라도, 이들이 다시 임용고사에서 탈락하는 일이 많아 결국 교직에 입문하게 되는 남교사의 비율은 현저히 낮기 때문이다.

한편에서는 남교사의 감소를 우려하는 목소리가 증가하고 있는 반면, 다른 한편에서는 입학할당제가 분명한 성차별적 정책이므로 폐지해야 한다는 목소리도 높아지고 있다. 특히 '교직의 여성화'라고 이야기되는 여교원의 높은 비율이 학생들의 성역할에 미치는 영향에 대한 주장은 많으나 경험적 연구는 미흡한 상태이다(민무숙 외, 2000; 강태중, 민무숙, 정해숙, 2005). 그러나 상당수 학부모들이나 학교행정가들의 남교사 수요에 대한 요구가 지속적으로 이어지고 있어 당분간 남교사 할당제에 대한 논의는 이어질 전망이다.

3) 여교수 비율 확대 정책

2000년대에 들어서 여성고급인력의 활용 문제가 사회적 이슈로 등장하게 되었다. 이미 살펴본 바와 같이 고등교육기관 내 여성 취학률이 증가하면서 예비교수인력이라고 할 수 있는 국내 박사, 국외 박사 학위취득자 중 여성 비율이 높게 증가함에도 불구하고 4년제 대학의 전임교원 중 여교수 비율은 1965년 9.2%에서 2000년 13.7%로 지난 수십 년간 거의 정체되어 왔다. 특히 국공립대학의 여성교수 비율은 2003년 당시 9.2%로 사립대학 16.9%의 절반 수준에 불과하였다.

이러한 배경 속에서 고급여성인력의 활용을 높이고 대학사회의 심각한 남녀교수 불균형 문제를 해결하며 대학의 양성평등 조직문화를 촉진하려는 목적으로 당시 교육인적부가 2001년 관련 정책 연구를 통하여 방안을 마련, 공청회를 실시하게 되었다. 그 결과, 교육공무원법 개정을 통해 2003년 '국공립대 여성교수임용목표제'가 도입·추진되게 되었다. 본 제도의 취지는 대학교원을 임용할 때 특정성이 배제되지 않도록 하는 것인데, 사실상 그동안의 여성에 대한 채용차별이 있었음을 인식하고, 그에 대한 시정을 요구하는 정책적 의지가 담겨 있다(민무숙 외, 2001).

이에 따라 2003년 6월에는 여성교수 채용확대를 희망하는 국공립대학에 대하여 우선적으로 전체 신규 교수 채용인원 1,000명 중 200명의 여교수 별도 정원이 배정되었고, 4년제 국공립 일반대학에 대하여는 3년마다 대학교원 임용에 있어 남녀평등을 위한 임용계획을 수립, 이를 교육과학기술부 장관에게 제출하도록 의무화하였다. 또한 교육공무원법에 근거한 '대학교원임용양성평등위원회'를 구성하여 각 대학이 제출한 보고서를 분석, 우수대학에 대한 인센티브를 주도록 하고 있다. 2007년 7월에는 교육공무원법을 개정하여 양성평등조치계획 의무 적용대상을 4년제 국공립 일반대학에서 교육대학, 방송대학, 산업대학의 전체 국공립대학으로 확대하여 현재까지 실시하고 있다(정경아, 신선미 외, 2008). 2004년도부터 3년 주기로 실시된 동 정책은 2013년부터 제 4단계 사업으로 진행되어 우수대학에는 행·재정적 지원, 하위권 대학에는 전문가 컨설팅을 실시하고 있다(민무숙, 신선미, 박성정 외, 2013).

이러한 여교수 비율 확대 노력에도 불구하고, 아직까지 전체 여학생 비율 대비, 혹은 여성박사 학위 취득자 대비 여교수 비율은 낮은 편이다. 또한 여교수 비율이 계열별로 현저히 차이가 나는 점, 대학의 여교수 임용에 대한 적극적 의지 부족, 대학에 설치하도록 되어 있는 '양성평등위원회'의 형식적 설치·운영, 대학의 주요 의사결정과정의 여교수 참여율이 낮은 점, 나아가 여교수 증가 필요성에 대한 대학구성원 간의 공감대 미흡 등은 향후 지속적인 개선과제로 남아 있는 상태이다.

4) 여교원 관련정책에 나타난 특징

교육을 담당하는 여성의 증가에 따라 이들에 대한 정책은 이중성을 띠어왔다고 볼 수 있다. 한편으로는 여성의 근무환경을 상향시키는 일반 노동정책이 교직사회에도 영향을 미쳐서 여교원의 복지를 증진시키는 정책이 꾸준히 진전되어 왔다. 출산, 육아휴직제도의 정착이나 동 기간의 상향조정 및 경력산정 방안 등의 정책이 지난 10여 년간 발전되어 왔고, 이러한 정책은 80년대 이후 여교원의 교직퇴직율을 상당히 감소시키는 데 기여한 것이 사실이다.

그러나 이런 복지정책의 이행의 한편에서는 교직 내 여성의 증가를 우려하는 정책이 지속되고 있는 것도 간과할 수 없는 사실이다. 교육의 기회균등이라는 헌법상에 보장된 평등권마저도 침해하면서 모든 교육대학이 여성의 교육자로서의 성장을 강제로 억지하는 정책을 취하고 있음은 어느 나라에도 없는 특이한 성차별적인 교육정책이며 당분간도 지속될 것으로 보인다.

초등교원의 경우 양성기관이 단일하면서도 동일한 특성을 가졌다는 점, 그리고 적용대상이 상대적으로 적은 규모라는 점 등으로 이러한 정책의 시행이 가능하지만, 중등교원이나 이제까지 배출된 평생교육사 등은 여러 기관에서 다양한 방식으로 양성되고 있기 때문에 이러한 강제적인 정책을 시행하기는 불가능하다. 또한 여성 박사학위 취득자가 빠르게 증가하고 있는 현실을 볼 때, 교육자로서의 길을 걷고자 하는 여성인력을 강제로 억지하는 정책은 실효성을 거두기 어려울 뿐만 아니라 나아가 교육의 질을 하향화시킬 우려가 높다. 따라서 그보다는 증가하는 여성교육자 인력을 인정하고, 그들의 능력을 최대한 개발하여 교육에 헌신하도록 함이 보다 효과적인 정책의 방향이라 하겠다.

3 여성교육자의 리더십 증진과 향후 역할

이제까지 여성교육자의 증가 현황과 위치, 그리고 관련된 정책에 대하여 살펴보았다. 그 결과, 우리나라 교육계에서 차지하고 있는 여성들의 높은 비율과 그에 따르는 막중한 책임이 있음을 시사 받을 수 있었다. 이와 함께, 여성은 여전히 의사결정직에는 낮은 비율만이 분포되어 있고, 나아가 사회 전반에는 여성교육자의 능력을 불신하는 문제도 있음을 엿볼 수 있었다. 본 장에서는 이와 관련하여 교육의 질을 높이는 데 여성들이 가져야 할 책무를 살펴보고, 그 방법의 하나로 여성의 리더십을 증진시키는 방안을 살펴본다.

1) 여성교육자의 리더십 증진

리더십은 고위책임자만이 갖는 직권의 범주를 넘어선 것으로 동료 간에도 발휘될 수 있으며, 조직의 말단에 속하는 자도 자신의 업무를 수행하는 과정에서 사실상의 리더십을 행사하는 경우가 있다. 따라서 조직에서 어떠한 지위에 있든지 구성원으로서의 여성교육자도 대내외적으로 고유의 리더십을 개발하고 증진시키는 것이 중요한 과제이다.

(1) 여성 리더가 적은 이유

종종 여성의 리더십에 대한 부정적 평가로 인하여 여성은 상위직 진출에 어려움을 겪기도 한다. 또한 교직사회에 여성의 증가를 우려하는 학교관리자들은 여성들의 직업의식이나 조직을 이끄는 리더십을 의문시하기도 한다. 조직 내에서 여성

리더가 적은 이유에 대하여는 여러 가지로 설명이 가능할 것이다. 대체적인 설명은 세 가지로 나뉘는데 첫 번째가 개인의 능력 부분이며, 두 번째는 조직의 성차별적 구조, 마지막으로는 사회전반적인 가부장적 구조를 들 수 있다.

첫 번째 설명은 적자생존의 원리로 능력이 있는 자가 상위직으로 선발된다는 것이다. 만일 여성이 리더가 되지 못한다면, 그것은 여성의 능력이 남성보다 못하기 때문이며, 그것은 능력주의 사회에서 마땅히 적용되어야 할 규범이라고 본다(Strober, 1980). 이러한 관점에서 가장 문제시되는 것은 여성 자신의 열의나 직무에 대한 몰입도이다. 즉, 남성에 비하여 여성은 상위직에 대한 기대나 열의가 낮고 직무에 대한 헌신도가 떨어지기 때문에 리더십 개발이 안 되고 조직 내에서 인정받지 못한다는 것이다. 이러한 설명방식은 실패의 원인이 여성 개인에게 있다고 보는 결핍모델이라 할 수 있는데 여기에서는 여성 자신들이 개인의 장애를 극복하고 능력을 개발하는 방향으로 노력해야 함을 강조하게 된다.

여성 리더가 적은 데 대한 두 번째 설명방식은 조직 내 성차별적 구조가 여성의 리더십을 제한한다고 보는 입장이다. 이러한 입장에서는 조직 내에서 어느 한 집단이 특정집단을 배제해 온 관행이 오랫동안 지속한 결과 제도적으로 차별이 하나의 굳어진 유형으로 되었다고 본다. 이러한 유형화는 교육조직에서도 동일한데 모든 승진관행이나 제도가 남성을 위주로 이루어져 여성이 불리함에도 불구하고 오랜 기간 이어져 온 관행으로 인하여 그것이 차별로 인식조차 못한다고 본다. 예컨대 그랜트(Grant, 1989)에 의하면 조직에서 상위직으로 가기 위한 단계마다 다수 남성이 문지기 역할(gate-keeper)을 하고 있어서 여성들로 하여금 그 문을 통과하지 못하도록 한다는 것이다. 추천을 받는 경우나 그에 관련된 정보를 제공하는 일 등이 은밀히 이루어지거나 여성을 배제하는 방식으로 진행되는 경우가 그러한 예이다. 또 다른 예로는 상위직으로 이동하는 데 있어서 연계망(network)이나 후원자의 역할이 큰데, 이러한 비공식적 연계망은 남성들 위주로 되어 있기 때문에 여성들은 소외되며, 리더로 경력을 개발하는 데 장애요인으로 작용한다는 점도 지적되고 있다. 이러한 관점에서는 여성이 리더십을 개발하는 데 장애가 되는 조직 내의 성차별적 구조를 드러내고 그를 제거하는 것이 무엇보다 중요하다. 그러나 공식적으로 드러내놓고 차별을 하는 일은 드물기 때문에 어떠한 과정에 어떠한 요소가 개입되는지를 밝히는 일은 현실적으로 쉽지 않다.

세 번째, 여성 리더의 부재를 설명하는 모델로는 현재의 사회를 남성이 힘과 지위를 독점하고 있고, 여성은 지배당하고 있는 가부장적 사회구조로 보고 여성의 낮은 지위는 이러한 사회가 빚어낸 구조적 결과라는 입장이 있다. 즉 전체 사회구조가 가정으로 대표될 수 있는 사적영역과 직업세계로 대표될 수 있는 공적영역으로 구분되고 두 영역 간에 위계적인 지위를 부여하는 동시에, 여성의 제 일차적인 역할과 의무를 가정에 두는 방식으로 견고히 구축되어 있다고 본다. 이러한 사회구조 속에서는 전문직종에 종사하는 여성이라 하더라도 그들의 일차적 자리는 가정으로 규정되고 그들의 공적 활동이나 업무는 주변적인 것으로 여겨지거나 가치가 덜한 것으로 규정되며, 여성개개인은 뚜렷한 공적 목소리(public voice)를 내지 못하는 존재가 된다(Martin, 1982). 따라서 이러한 제한된 역할만을 부여받는 여성들이 리더가 되기는 어렵다는 것이다.

여성이 리더십이 부족하고 지도적인 위치에 적은 이유를 세 가지로 설명했으나, 사실상 여성 개인의 문제와 사회의 성차별적 구조의 문제로 구분될 수 있을 것이다. 그러나 보다 이 둘은 명확한 경계를 가지고 있기보다는 순환적인 고리로 이어진다고 할 수 있다. 조직 내에서 오랫동안 이어진 남성중심의 관행, 그로 인한 여성의 자발적 기피현상, 역사적으로 오랜 기간 동안 여성들은 리더십을 발휘할 기대를 받아오지도 못한 누적적 현실, 어렸을 때부터의 순종적인 여성상에 대한 사회화 등이 여성들로 하여금 리더로서의 자질 향상에 대한 노력을 하지 않게 한 결과로 이어진다고 하겠다. 사회가 남성들의 사회적 성공은 높이 평가하는 반면, 여성들의 사회적 성공은 부정적으로 보는 인식 또한 많은 여성들로 하여금 충분한 경험과 자질을 가졌음에도 불구하고, 상위직으로 가기를 회피하도록 만드는 요인이 되고 있다. 따라서 상위직으로 진급함에 따라 수반되는 막중한 책임감, 조직구성원들의 성차별적 태도로 야기될 수 있는 위험부담 등을 예상하여 현실에 안주하고자 하고 리더가 될 수 있는 기회를 적극 살리지 못하는 경우도 많다.

특히 이러한 여성들 중에는 인간관계 지향성이 매우 높아서 자신의 승진이 가까운 동료와의 관계를 해친다고 생각하여 갈등을 심하게 느끼기도 한다. 특히 우리 사회는 남존여비의 유교문화가 뿌리 깊게 박혀 있는 탓으로 많은 여성들이 리더가 되는 것에 대하여 미덕에 배치되는 행위로까지 인식하기도 한다. 실제 우리 교직사회에서는 부장이나 교감 승진 등에서 여교사들이 남교사들에게 겸양의 미덕을 발휘하여 양보하거나 부담감을 피해 현실에 안주하고자 하는 경향을 보이는 경우가 많다. 자연히 교장, 교감 중에 여성의 비율이 현저히 낮은 현상이 지속되는 것이며, 이러한 현상은 다시 여성은 리더십이 부족하다는 잘못된 편견을 강화시키게 되고 결과적으로 여성들의 리더십을 개발할 수 있는 기회를 제한시키게 된다. 따라서 여성의 리더십을 개발하고 리더로 훈련시키기 위해서는 사회문화적인 편견이나 그를 바탕으로 한 조직문화를 개선하는 노력과 함께 여성들의 노력 또한 병행되어야 한다.

(2) 여성 리더십의 장점과 개발 가능성

그렇다면 여성의 리더십은 어떻게 개발될 수 있을 것인가? 여성은 남성에 비하여 리더십을 발휘하는 데 있어서 어떠한 장점을 가지고 있을 것인가? 그동안 여성지도자가 적은 데 대한 관심과 더불어 조직이 분화되고 전문화됨에 따라서 기존의 남성적이며 전제적인 리더십에 대한 문제가 지적됨과 함께 여성의 리더십에 대한 관심이 증가하여 왔고, 자연스레 여성의 리더십의 장점들도 발견되었다.

이 분야의 대표적인 연구로 손꼽히는 이글리와 존슨(Eagly & Johnson, 1990)의 분석에 의하면, 리더십을 조직 및 집단의 과제수행을 위한 구성원의 명확한 역할과 행동의 원칙을 중시하는 과업중심적 리더십과, 집단성원들의 정서적 안정이나 만족을 중시하고 배려하는 인간관계적 리더십으로 나눌 때, 남녀 모두 이러한 리더십 행동에 있어서 큰 차이는 없다고 한다. 반면, 조직운영에 있어서 여성이 남성에 비하여 보다 민주적이며 참여적인 리더십을 가지며, 덜 독재적이고 지배적인 스타일을 행사한다는 점이 강하게 드러난다고 한다. 즉, 남성리더는 여성리더보다 더 지배적이며 독재적인 행동경향을 드러낸다는 것이다. 이들이 이러한 성 차이를 교육조직에서 분석하였을 때도 유사한 결과를 발견하게 된다. 즉 과업지향성에 있어서는 남녀 간의 큰 차이가 없으나 여교장이 남교장보다 더 민주적이고 덜 권위적인 방식을 사용한다는 점에 있어서는 매우 분명한 차이를 보인다는 것이다. 여교장은 교사들을 동료처럼 동등하게 취급하고, 의사결정에 있어서도 참여적인 방법을 촉진하는 것으로 나타났다. 이러한 경향은 외국 연구에서도 상당히 많은 연구들이 진행된 바 있고(Funk, 2002; Schmuck, 1996; Williamson & Hudson, 2002) 우리나라 남녀 교장의 지도성을 연구한 자료들에서도 발견되는 점이다(김일환, 1993; 민무숙, 허현란, 2000; 민무숙, 2005). 이러한 여성의 특성은 여성상사가 권위적인 스타일을 보였을 때 구성원들이 가지는 반감을 줄이기 위하여 전략적으로 참여적, 협동적, 배려적 스타일을 취하는 것으로 해석되기도 하지만(Eagly, Karau & Johnson, 1992) 다른 한편, 여성들은 타인의 의도라든지 감정을 배려하는 데 있어서 남성보다는 유리한 행동특성을 가지고 있다는 점도 지적되고 있다. 여성의 민주적인 리더십 특성에 대한 설명방식은 다양할 수 있으나, 최근 들어 조직문화의 변화와 더불어 우수한 소수에 의하여 독재적이고 독단적인 조직운영방식을 구성원들이 꺼려하고 보다 민주적인 방식을 선호하는 것이 추세인데 이러한 점에서 볼 때 여성들의 민주적이고 비권위적인 리더십은 매우 적합한 행동방식으로 평가된다.

이와 더불어 김양희(1995, 2006)는 구성원들이 모두 동등한 인격체로서 유기적 관계를 통하여 조직의 목적을 달성해 나가는 데 중점을 두는 '분담된 리더십'으로서의 '여성적 리더십'을 강조한 바 있다. 기존의 전통적인 리더십 모델이 리더 개인에게 상당한 책임을 부여하면서 개인의 신념과 확신으로 성원들을 과업에 동원시키는 측면이 있다는 점에서 다분히 가부장적인 리더십이며 현대 사회의 변화하는 조직에 적합하지 않은 반면, '여성적 리더십'은 리더십의 초점을 개인에게 두지 않고 집단의 목표를 달성하기 위한 과정으로 전환시킨다는 점에 차이가 있다. 즉, '여성적 리더십'에서는 리더십과정을 구성원들 사이에 일어나는 상호의존적인 영향관계로 보며, 따라서 구성원들 모두가 상황에 따라서 동등한 정치적 인격체로서 유기적 관계를 통해 조직의 목적을 달성해나가는 것을 의미한다(김양희 2006, 31쪽). 결과적으로는 이러한 리더십 형태가 성원들의 안녕과 복지를 높이는 데 더 기여한다는 것이다.

이러한 논의들은 조직을 인간화시키며 구성원들 간에 권력을 분담하는 동시에 참여를 촉진시키는 데 여성의 리더십이 상당한 장점을 가지고 있음을 시사하는 것이다. 또한 경직되고 중앙집권화된 교육조직의 변화를 모색하는 데 대안이 될 수도 있는 가능성을 가지고 있음도 시사한다. 그러나 이러한 가능성에도 불구하고 앞에서 논의한 바와 같이 여성들은 오랫동안 리더로서의 훈련기회를 받지 못하여 그러한 장점을 살리지 못하고 있는 측면이 크다. 따라서 여기서는 여성의 리더십을 개발하기 위한 몇 가지 방안을 제시한다. 다양한 방법이 있겠지만 특히 여성들이 유념해야 할 점을 지적하고자 한다.

첫째, 자신의 경력(career)에 대한 계획을 입직 초기부터 세워야 한다. 많은 경우 여성은 남성에 비하여 자신의 경력에 대한 명확한 계획을 갖지 못한 채 직장생활을 한다. 특히 교육조직은 다른 조직에 비하여 수평적인 특성을 가지고 있기 때문에 대부분의 여성들은 자신의 현 위치에 만족하고 더 이상의 수고를 감내하고자 하지 않는 경향이 있다. 그렇게 하다가 40대가 되어 승진에 대한 생각을 하게 되면 이미 때가 너무 늦거나 준비하기에 나이가 많아 힘들게 되는 경우가 많다. 따라서 자신이 평생 몸담게 될 조직에 입직하게 되면 자신의 최종 목표를 어디에 둘 것이며, 그를 위한 경력 개발은 어떻게 해야 하며, 어떠한 준비가 필요하게 될 것인가를 초기부터 면밀히 세우고 지속적으로 점검해 볼 필요가 있다.

둘째, 업무에 대한 정확한 지식과 확실한 직무능력을 갖추고 정확한 판단력을 개발하여 자신의 전문성을 제고해야 한다. 누구든지 자신이 위치한 자리에서 리더십을 발휘하기 위해서는 업무내용에 대한 전문성과 그에 상응하는 추진력을 갖추는 일은 매우 중요하다. 특히 성인교육을 담당하는 경우, 일반 학생들과는 달리 성인들 스스로 특정분야의 지식과 관심을 가진 학습자들이므로 그들의 학습을 돕기 위해서는 폭넓은 상식과 지식을 갖고 있어야 하며, 직접 가르치는 일을 담당하지 않는다 하더라도 학습자의 교육에 대한 욕구가 어디에 있는가를 정확히 진단하는 것도 전문성 습득에 중요한 부분이다. 특히 조직경험이 부족한 경우에는 업무추진력이나 상황 판단력에서 어려운 경험을 할 수 있다. 따라서 다양한 단체활동이나 조직활동을 통하여 업무추진력을 개발하고 여러 연수나 훈련기회에 적극 참여함으로써 자신이 맡은 분야에 대한 정확한 지식과 기술을 익히도록 한다.

셋째, 멘토를 찾아서 그를 활용한다. 멘토란 지도자, 스승, 또는 이끌어주는 사람을 지칭하는 말로, 동일한 길을 걷게 되는 후배나 학습자들, 즉 멘티(mentee)를 격려하고 가르치면서 계속적으로 도전할 수 있도록 해주는 관찰자, 논평자, 옹호자, 역할모델로서의 역할을 수행한다(이미나 외, 1998). 이제까지 조직이 남성위주이므로 여성은 남성에 비하여 이러한 멘토를 잘 갖지 못하는 약점이 있다. 그러나 직장생활에서 알아야 할 정보를 제공해주거나 경력상의 성장을 위하여 충고를 해줄 수 있으며 자신에게 역할 모델이 될 수 있는 멘토를 찾는 일은 매우 중요하다. 따라서 남성위주의 네트워크로부터 소외된 여성들에게는 각종 조직관련 정보와 조직 행동에 대한 피드백을 적절히 제공할 수 있다는 점에서 멘토링의 효과는 남성보다 여성에게 더 클 수 있다(김양희, 2006). 물론 이러한 멘토는 여성뿐 아니라 남성도 될 수 있으나 여성이 더 협조적일 수 있다. 여성에 대한 편견이나 낮은 기대수준, 혹은 인간관계의 어려움 등으로 직장생활에서 좌절하거나 실망할 때 그러한 갈등이나 문제를 해소할 수 있는 자원으로서, 때로는 안전망의 역할로서 자신을 지지해 줄 멘토를 적극적으로 활용할 필요가 있다.

넷째, 대내외적인 네트워크를 구축한다. 자신이 몸담고 있는 조직 안에서뿐만 아니라 조직 외에도 다양한 인간관계를 형성하고, 정보를 교류하고 협조를 받을 수 있는 네트워크를 형성하는 데 힘써야 한다. 흔히 여성 리더는 조직의 일차적인 책임을 가진 구성원들과의 교류를 통하여 행정력을 발휘하는 강점이 있으나, 대외적인 관계에서는 연결망을 구축하는 데 상대적으로 미흡한 측면이 있음이 지적되고 있다(Marshall & Ortiz, 1988). 남성이 외부 영향력을 미치는 집단과 교류하면서 행정력을 발휘하는 장점은 여성 또한 습득해야 할 면이다. 따라서 교육조직에서 일하게 된다면 교육과 관련된 여타의 기관이나 단체들과 유대관계를 가지면서 서로의 정보를 공유하고 문제 발생 시 협조를 받고 서로를 지원해줄 수 있도록 긴밀한 인간관계를 구축할 필요가 있다. 유사한 직업을 가졌으나 다른 조직에 있는 사람과의 네크워크 형성은 자신의 경험과 유관하면서도 다른 관점을 제공한다는 측면에서 특히 유용하다고 한다(마리안 N, 루더만 · 페트리샤 J. 오롯, 2003. p.111).

마지막으로, 많은 연구들이 리더십은 태어날 때부터 갖추고 있는 것이 아니라 지속적인 훈련을 통하여 습득되는 것임을 지적하고 있다(김양희, 2006: 주희진, 2007). 여성들은 가정이나 학교의 사회화에 의하여 남 앞에 나서는 일이나 결단을 내리는 일 등에 대하여 자신 없어 하고, 소질이 없는 것으로 생각하는 등 리더십을 특별한 사람들만 타고 나는 것으로 생각하는 경향이 있다. 그러나 이미 살펴보았듯이 여성에게는 특별한 장점이 있으며 이러한 장점은 훈련에 의하여 습득되고 세련화 될 수 있는 것이다. 국내외적으로 많은 지도력 프로그램이 있는데 이러한 프로그램은 곧 리더십은 누구나 훈련을 통하여 습득될 수 있음을 뜻한다. 따라서 여성교육자들은 자신의 위치에서 발휘할 수 있는 리더십을 개발하고, 그를 통하여 향후 교육조직을 비전을 가지고 이끌 수 있는 리더로 될 것을 힘써야 할 것이다.

2) 여성교육자의 역할

앞에서 기술한 여성들의 리더십의 함양은 여성교육자라면 갖추어야 할 제 일의 자질이라 하겠다. 이러한 리더십을 갖춘 여성교육자는 각자 자신의 위치에서 교육의 질을 높이기 위한 역할을 수행해야 할 것이다. 여성교육자가 몸담게 되는 기관이 어떠한 유형이 되든지 간에 제일의 임무는 '사람을 가르치고 길러내는 일'일 것이다. 따라서 여성교육자가 갖추어야 할 자질과 수행해야 할 역할은 일반 교육자가 반드시 갖추어야 할 자질 및 역할과 크게 다르지 않다. 기존에 문헌에서는 사회교육자나 평생교육사 등이 갖추어야 할 자질로 여러 가지를 들고 있다. 예컨대, 이미나 등(2000)은 리더로서의 자질, 유머감각, 인내력, 풍부한 지식, 민주주의에 대한 신념, 좋은 화술능력, 융통성, 열정적 성격, 인간에 대한 애착 등을 들고 있다. 권대봉(1996) 역시 평생교육사의 자질을 분석가, 프로그램 개발자, 리더로서의 자질 등으로 나누고 있으며, 또, 남정걸 등(2000)은 건강, 성실성, 자신감, 통찰력과 적응력, 지도성, 집단적 문제해결능력, 변화촉진자, 인간관계조정자 등 다양하게 들고 있다. 이러한 자질들과 함께 평생교육사가 이행하여야 할 역할로 조직자, 기획자, 상담사, 지도자, 정보제공자, 전문가, 격려자, 조정자, 교사 등 여러 가지로 구분되고 있다.

그러나 이러한 자질과 역할들은 남녀 모두에게 공히 적용될 수 있는 보편적인 특성이며 굳이 더 강조하지 않아도 될 것이다. 본 글에서는 여성교육자가 가질 수 있는 장점을 더욱 살리면서 교육의 전반적인 질을 높이고, 나아가 여성교육이 지향해야 할 목표를 성취하는 데 있어 여성교육자의 역할이 무엇인가에 초점을 맞추어 몇 가지 점을 강조하고자 한다.

(1) 교육목표의 성맹성(gender-blindness)에 대한 검토자로서의 역할

이제까지의 교육의 목표는 그것이 형식교육이든 비형식교육이든 성별 문제에 무관심한 성맹적(gender-blindness) 관점에 입각한 것이 대부분이었다. 성맹적 관점이란 교육의 목표나 교육내용이 그것을 학습하게 되는 피교육자 남녀에게 어떠한 영향을 미치며, 어떠한 함의를 가지게 될 것인가에 대하여 관심을 갖고 있지 않은 상태를 일컫는다. 때로는 그러한 무관심이야말로 남녀 간에 평등한 교육을 실시하는 성중립적(gender-neutral) 방법으로 여겨지기도 하였다(Huston, 1985).

그러나 교육목표나 그것에 입각한 교육내용을 한 단계 더 분석하여 보면, 성맹적 관점이 초래하게 되는 많은 폐해가 있음을 발견할 수 있다. 예컨대, 학교교육에서 흔히 학생들이 습득해야 할 목표로 강조되고 중시되어 온 냉철한 이성의 함양이나 합리성과 객관성의 중시, 자기주장성 등의 교육목표는 여성들이 그것을 완벽히 성취하고 사회에 진출했을 때 주위로부터, 여성답지 못한 여성, 남자 같은 여성, 공격적인 여성 등으로 낙인 받는 결과를 초래하기도 한다. 학교에서 요구하는 교육목표를 달성한 여성은 그러한 덕목이 생애단계에서 미처 예견하지 못한 함정에 빠지게 하는 결과를 가져오게 된다는 것이다(Martin, 1982). 따라서 과연 그러한 목표가 성차별적인 사회에서 여성과 남성에게 동일한 결과를 가져올 수 있는 것인지, 어떠한 결과를 가져오게 되는지, 문제가 어디에 있는지에 대한 비판적 사고를 하는 것이 바로 성맹적 관점에서 벗어나는 것이며, 그러한 검토의 역할은 여성교육자가 해야 하는 과제이다.

또 다른 예로서 사회교육 기회가 필요하다는 사회적 분위기에 따라서 많은 평생교육기관이 설립되고 프로그램이 개설되었지만, 목표에 대한 세심한 검토 없이 진행된 여성사회교육의 결과는 취미와 교양, 소비 위주의 프로그램으로 여성들을 몰아갔다는 비판을 받는다는 점을 들 수 있다. 예컨대, 우리나라 여성사회교육을 학력인정 교육기관, 직업기술 교육기관, 여가 및 교양교육기관의 유형으로 분류하였을 때, 이 중 여가 및 교양교육이 그 참여인원 수나 교육내용면에서 가장 큰 비중을 차지하고 있으며, 자연히 여성들의 사회교육에서는 개별성만이 강조되고, 미래를 준비하는 교육이 주어지는 남성들에 비하여 여성들의 교육은 뒤떨어지고 사회적 관계 증진이나 사회적 활동의 촉진 및 참여를 위한 교육이 부족하게 된다(김재인, 2000). 이는 성맹적 관점에서 여성교육을 양적으로만 진행시킨 결과 초래된 문제 중 하나라 할 수 있다.

따라서 교육의 최종적 목표가 어디에 있으며, 특히 그것이 남녀 모두에게는 어떠한 함의와 결과를 초래하게 될 것인지에 대한 성 인지적인(gender-sensitive) 민감한 검토가 매 단계마다 있을 때, 교육의 질이 한 단계 높아질 수 있을 것이며 그러한 역할을 여성교육자에게 기대하게 되는 것이다.

(2) 교육의 과정의 성차별적 요소에 대한 감시자로서의 역할

어떠한 교육기관이든 교육이 이루어지고 있는 전 과정에 있어서 성차별적 요소는 없는지를 감시하는 역할 또한 여성교육자가 해야 할 임무이다. 교육의 전 과정이란 학생을 기관이나 프로그램에 받아들이는 과정에서부터 교육내용이 부여되는 방식이나 방법, 그리고 교육을 지원하는 행정적 관리방식까지 모든 과정을 칭한다. 지금은 많이 해소되긴 했으나 얼마 전까지도 공식적인 교육기관에서조차 여성에게는 입학기회도 부여하지 않거나 남녀에게 다른 교육프로그램을 제공하는 일 등도 있어 왔던 것이 사실이다. 따라서 특정한 사유 없이 어느 한 성에 대하여 배타적인 프로그램을 운영하거나 차별적으로 지원하는 일 등이 없는지를 모니터링하는 역할은 중요한 임무 중의 하나이다. 이와 함께 교수자의 교수방법이나 진행 과정에서 학습자에 대한 의도적, 무의도적인 성차별적 요소가 개입되지는 않는지에 대한 지속적인 감시도 해야 할 것이다.

(3) 여성학습자에 대한 멘토로서의 역할

멘토는 부모와 동료의 혼합된 형태로 이해될 수 있는데 부하의 경력개발을 위하여 충고해주고, 중요한 정보를 제공해주며, 인간관계 문제를 다루거나 직업상의 성장을 위하여 지원을 하는 사람을 말한다. 여성학습자에 대한 멘토로서의 역할을 남성교육자 역시 할 수는 있으나 많은 연구에서 여성에게는 여성의 역할모델이 매우 중요한 지지기반이 됨을 지적하고 있기 때문에 여성교육자의 멘토로서의 역할이 강조되는 것이다. 특히 여성들은 남성들에 비하여 사회적 연계망이나 지지망이 열악하여 사회적 진출과정이나 입직 후에도 승진 같은 과정에서 불이익을 당하고 중도에 경력개발을 포기하는 경우가 많다(Clement, 1980). 따라서 여성교육자들은 이러한 점에 유의하여 여성학습자나 후배들에 대한 멘토로서의 역할을 수행하는 것이 중요하다.

(4) 여성교육 관련 정책 모니터로서의 역할

여성교육자의 역할 중의 빼놓을 수 없는 것은 여성교육과 관련된 제반 정책을 모니터하는 역할이다. 이미 앞에서 살펴보았거니와 여성교육 및 여교원과 관련된 정책이 정착되기에는 상당한 시간이 소요되고 있으며, 다른 한편에서는 반여성적 정책도 시행되고 있는 실정이다. 여성들이 일과 가정을 조화롭게 양립하면서 교육 활동에 매진하기에는 복지여건이 여전히 미흡한 면도 많다. 따라서 여성교육자들은 끊임없이 여성교육이나 여성교육자들과 관련된 정책이 어떠한 문제가 있고, 입안된 정책이 어느 정도 이행되고 있는지, 어떠한 새로운 정책이 필요한지를 모니터링하고 지속적으로 건의할 필요가 있다.

● 요약

그동안 여성의 교육기회 증가 결과 대학교육을 받은 여성들이 초중고 및 대학, 그리고 일반 사회교육기관에 많이 진출하였다. 그러나 전 분야에서 여성교육자가 꾸준히 증가하고 있음에도 불구하고, 전체 조직구조 내에서 여성은 하위직을 점유하고 있으며, 상위직은 여전히 남성들이 차지하고 있다는 특징 또한 볼 수 있다. 이러한 특징은 교육정책이 여교원의 복지 및 승진 정책에 관심을 가지게 되는 배경이 되었으나 다른 한편으로는 여교원의 증가를 억지하는 이중적 정책도 실시되어 왔다. 교육분야만큼 전문직종 내 여성의 비율이 높은 직종도 없으며, 이는 선진국에서도 이미 진행되고 있는 추세이다. 따라서 교육의 질은 교육을 담당하는 여성교육자들의 질적 수준에 상당부분 달려있다고 할 수 있으며, 이를 위하여 여성교육자들의 리더십을 한층 증진시킬 필요가 있다.

● 토론문제

1. 여성교육자는 하위직, 남성교육자는 상위직에 분포되는 여러 가지 이유를 논의해보자.

2. 여교원에 대한 정책의 변화와 향후 방향에 대하여 토론해보자.

3. 자신의 리더십을 점검해보고, 여성이 조직 내에서 리더십을 개발하기 위한 방안은 무엇인지 토론해보자.

참고문헌

강태중, 정해숙, 민무숙(2005). '교직의 여성화'가 아동의 성역할 사회화에 미치는 영향 분석, 『교육사회학 연구』, 15(2), 1-21.

권대봉(1996). 『평생학습사회교육』. 서울: 학지사.

김순옥, 김동선(1992). 여교사의 「근무여건 개선을 위한 의식 및 실태에 관한 연구」, 한국교원단체총연합회 연구보고서, 미간행.

김양희 외(1995). 『여성과 리더십』. 한국여성개발원.

김양희(2006). 「여성, 리더 그리고 여성리더십」. 삼성경제연구소.

김일환(1993). 「초등여교장의 진로발달연구」. 건국대학교 박사학위청구논문. 미간행.

김재인(2000). 여성사회교육기관 현황과 프로그램 분석. 「여성사회교육」, 제 5집, 31-93.

남정걸, 권이종, 최운실(2000). 『평생교육행정 및 정책』. 서울: 교육과학사.

마리안 N. 루더만・패트리샤 J. 오룻(2003) 「21C 여성리더십」. 구자숙, 서상태 옮김. 위즈덤아카데미.

민무숙(1996). 「여교사의 학교행정가・교육전문직 진출 촉진방안 연구」, 한국여성개발원.

민무숙, 허현란(2000). 「여교장의 지도성효과 및 특성에 관한 연구」. 한국여성개발원.

민무숙, 정해숙, 강태중 외(2000). 「여교사의 교단 진입 증가에 따른 학교현장 실태분석」. 교육부정책보고서.

민무숙 외(2001). 「국공립대 여성교수 채용목표제 도입방안에 관한 연구」, 교육인적자원부

민무숙, 신선미, 박성정 외(2013). 「국립대학 양성평등조치계획 및 추진실적 평가」. 교육부.

민무숙(2005). 남녀 교장의 지도성에 대한 교사 인식 분석, 교육사회학연구, 15(3), 153-178.

이미나 외(2000). 『사회교육방법론』. 서울: 한국방송통신대학교 출판부.

정경아, 신선미 외(2008). 대학의 여성인력 참여확대 및 능력증진 지원 사업 운영 및 성과분석. 교육과학기술부.

주희진(2007). 여성팀장리더십. 서울: 위즈덤하우스.

교육부(1998). 『평생교육백서』.

여성특별위원회(1998). 『여성백서』.

Clement, J.(1980). Sex-Bias in School Administration. in S. K. Biklen & M. B. Brannigon (eds.). *Women and Educational Leadership,* Mass:Lexington Books.

Eagly, A. H. Alice, Karau, S. J. & Johnson, B. T.(1992). Gender and Leadership Style Among School Principal: A Meta-Analysis. *Educational Administration Quarterly,* 28(1), 76-102.

Eagly, A. H. & Johnson, B. T.(1990). Gender and Leadership Style; A Meta-Analysis. *Psychological Bulletin,* 108, 233-256.

Funk(2002). Creating down the tall poppies: Horizontal violence, ERIC ED 469273.

Grant, R.(1989). Teachers' Career Pathways: Towards an Alternative Model of 'Career', in Acker, *Teachers, Gender and Careers.* The Falmer Press.

Marshall, Catherine & Ortiz, Flora Ida(1988). Women in Educational Administration, in Boyan, Norman J.(Ed.), *Handbook of Research on Educational Administration,* 123-141, Longman, New York & London.

Martin, J. R.(1982). Excluding Women From the Educational Realm. *Harvard Educational* Review, 52(2), 133-148.

Huston(1985). Should Public Education Be Gender Free?, in Lynda Stone(Ed.), *The Education Feminism Reader,* 122-134, Routledge.

Schmuck, P. A.(1996). Women's place in educational administration In K. Leithwood(eds.), International handbook of educational leadership and administration, kluwer Academic Publishers.

Strober, M. and Tyack, D.(1980). Why Do Women Teach and Men Manage: A Report on Research on Schools, *Signs: Journal of Women in Culture and Society,* 5, 494-503.

Williamson, R. P & B. H. Martha(2002). Breaking the bonds: Women school leaders confront the effect of socialization, paper presented at the annual meeting of AERA, New Orleans, LA.

14장 여성교육정책의 변천과 과제

정해숙*

*동국대학교 교육학 박사
현재 한국여성정책연구원 선임연구위원

1 여성교육정책 수립 배경

우리에게 여성교육정책이란 말은 그리 익숙한 용어가 아니다. 여성교육정책이라는 용어가 다소 생경하게 들리는 것은 교육정책이라는 용어 앞에 굳이 '여성'이라는 말을 붙일 필요가 있는가 하는 의문과 관련이 있다. 우리나라 국민이면 성별에 관계없이 누구나 받아야 하는 의무교육이 초등학교에서 중학교단계로 확대되고 있고, 고등학교 평준화 정책이나 대입정책 등 모든 교육정책은 남녀 모두를 대상으로 한 정책이기 때문이다. 이처럼 남녀 모두에게 교육기회가 열려있고, 보다 양질의 보다 높은 단계의 교육을 제공하기 위한 어떠한 교육정책도 남학생이나 남성만을 대상으로 하고 있지 않은데, 굳이 여성교육정책이란 용어가 생겨나게 된 배경은 무엇일까?

우리나라에 근대적 학교교육제도가 도입된 이래, 그동안 가정교육 등 비형식

교육에 의존해오던 여성들에게도 남성과 동등하게 형식교육을 받을 수 있는 기회가 주어지게 되었다. 성별이나 계층에 관계없이 교육기회가 제공됨에 따라 국민들의 교육수요는 폭발적으로 증가하였으며, 특히 여성들의 교육수요 증가 또한 두드러져 남녀 간의 교육격차가 급격히 줄어드는 추세를 보이고 있다. 1960년 우리나라 여성의 평균 교육년수는 2.92년이었고, 남성은 4.78년에 불과하였다. 이후 50년이 지난 2010년 현재 여성의 평균 교육년수는 12.3년, 남성은 12.8년으로, 교육접근기회에서의 성별 격차는 거의 해소되는 양상을 보이고 있다.

〈표 14-1〉 고등학교 졸업자의 대학 진학률 추이(1980-2013)1)

(단위: %)

	일반계 고교			전문(실업)계 고교		
	남학생	여학생	전체	남학생	여학생	전체
1980	41.9	35.4	39.2	15.7	5.0	11.4
1985	54.0	53.5	53.8	16.3	9.9	13.3
1990	45.1	49.8	47.2	10.4	6.3	8.3
1995	70.3	75.8	72.8	21.4	17.2	19.2
2000	83.4	84.6	83.9	48.2	35.7	42.0
2005	87.8	88.8	88.3	72.7	62.0	67.6
2010	79.6	83.6	81.5	71.6	70.6	71.1
2013	74.3	81.0	77.5	44.4	51.0	47.4

자료: 교육(문교)통계연보 각 년도.

또한 〈표 14-1〉에서 보는 바와 같이 고등교육기관으로의 진학에 있어서도 2013년 현재 일반계 고등학교 졸업자의 경우 여학생(81.0%)이 남학생(74.3%)보다 더 높은 진학률을 보이고 있으며, 전문계 고등학교 졸업 여학생(51.0%) 또한 남학생(44.4%)보다 높은 진학률을 보이고 있다. 따라서 향후에는 여성이 남성에 비해 더 높은 교육기회를 향유하게 될 가능성이 있음을 시사하고 있다.

이처럼 우리나라 여성이 남성과 동일한 수준의 교육기회를 향유하게 되기까지 그리 순탄한 길을 걸어온 것만은 아니다. 그 전형적인 사례 중의 하나가 1996년 초

1) 대학 진학률 집계는 지난 2010년까지는 '대학 합격자 수'를 기준으로 삼았으나, 대학에 합격한 뒤 입학등록을 하지 않거나 복수 지원에 따른 '허수'가 발생한다는 점을 감안, 2011년부터는 '대입 등록자 수'를 기준으로 진학률을 산출하고 있다.

전국을 떠들썩하게 했던 '고입선발고사의 남녀차별 합격선 사태'라 할 수 있다. 문제의 발단이 되었던 서울시의 경우 여학생은 남학생에 비해 고입 선발 시험에서 20점 이상 높은 점수를 받고도 일반계 고등학교에 불합격하는 현상이 나타났다. 이와 같은 현상은 일부지역을 제외하고는 전국적인 현상이었으며 조사된 바에 의하면 적어도 '91년 이후 쭉 일어난 것으로 나타났다(주은희, 1996). 이는 고등교육기관 진학을 목적으로 하는 일반계 고등학교의 입학 정원을 남학생보다 여학생에게 적게 배정하고, 실업계 고등학교는 여학생 입학정원을 더 많이 배정한 결과였다. 외형상 남녀에게 동일하게 열려 있는 듯 보였던 교육기회가 실제 교육정책의 집행과정에 있어서 남성에게 더 유리하게 작용하도록 운영되었음을 알 수 있다.

이제 이 같은 일은 과거의 이야기가 되고, 어느덧 교육접근 기회에서의 성 평등 실현이 목전에 이르고 있는 듯이 보인다. 그러나 외형상의 성별 격차 해소와는 달리 여학생과 남학생이 받고 있는 교육에서의 성별 분리현상은 공고하며, 전혀 해소될 기미를 보이지 않고 있다. 2013년 현재 직업교육 특성화 고등학교 학생의 성별 학생 분포를 보면, 상업계의 72.7%를 여학생이 차지하고 있는 반면, 공업계의 여학생 비율은 17.1%에 불과하다. 고등교육 역시 이와 크게 다르지 않다. 〈표 14-2〉에서 보는 바와 같이 2013년 고등교육기관 졸업자 중 여학생 비율은 52.2%로 남학생보다 더 많을 뿐 아니라, 5년 전인 2008년에 비해서도 여학생 비율이 2.1%p 상승한 것으로 나타났다. 그럼에도 불구하고 전공계열별 여학생 비율을 보면 공학계의 경우 17.3%에 불과한 반면, 교육계의 경우 79.2%에 달해 전공계열에 따른 성별 편포 현상이 두드러진다. 결국, 외형적인 교육기회의 측면에서는 여성과 남성이 동등한 기회를 향유하고 있는 듯이 보이지만, 교육의 내용이라는 질적인 측면에서 보면 우리 사회의 공고한 성별 고정관념이 여전히 작용하고 있음을 읽을 수 있다.

〈표 14-2〉 전공계열별 고등교육기관 졸업자 중 여학생 비율(2008, 2013)

(단위: %)

	인문계	사회계	교육계	공학계	자연계	의약계	예체능계	전체
2008	66.4	51.5	78.9	15.7	54.9	66.2	62.9	50.1
2013	67.1	53.6	79.2	17.3	54.7	69.9	66.0	52.2

자료: 한국의 성인지 통계.

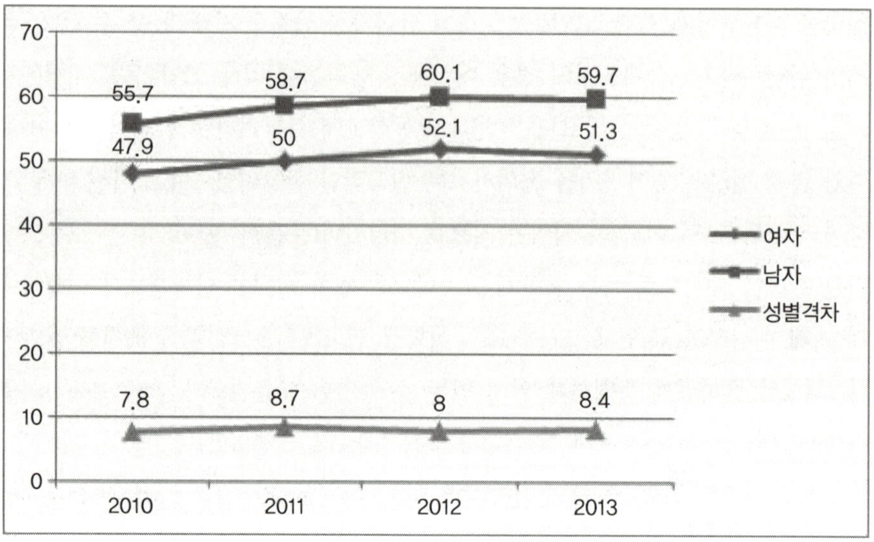

자료: 한국의 성인지 통계.

〈그림 14-1〉 4년제 대학 졸업자의 취업률 추이(2010-2013)

뿐만 아니라, 건강보험DB와 연계하여 취업률 통계를 집계한 2010년부터 4년제 대학 졸업자의 취업률을 성별로 보면(그림 14-1), 2010년 이후 여학생의 취업률은 남학생에 비해 7.8%p~8.7%p 낮은 분포를 보여 교육의 결과의 측면에서도 남학생 우위의 성별 격차가 상존하고 있음을 알 수 있다. 이처럼 얼핏 남녀에게 동일한 조건으로 동일하게 열려있는 것처럼 보이는 교육기회가 실제에 있어서는 학생의 성별에 따라 다르게 배분되고 있으며, 그 배분의 이념적 기저가 남녀에게 부과된 성별 고정관념에 있다는 점에 주목하면서, 이와 같은 우리의 교육현실을 개선하고 남녀가 진정으로 동등한 교육기회를 향유할 수 있도록 정책적 밑받침을 제공하고자 하는 것이 여성교육정책이다. 따라서 여성교육정책은 여학생만을 또는 여성만을 대상으로 하는 교육정책만을 의미하는 것이 아니다. 때로는 여성교육정책의 수혜 대상이 여학생이나 여성만이 될 수도 있으나, 보다 본질적으로는 남성과 여성이 전통적인 성역할 분업에서 탈피하여 자신의 관심과 재능을 있는 그대로 발현할 수 있도록 끌어가는 교육이 되도록 하는 정책이다. 따라서 여성교육정책은 교육내용이나 교육관행에 있어서 전통적 성역할 고정관념의 고리를 끊어내고 교사의 교수과정에서 암암리에 작용하는 성차별적인 교육기대나 교육목적 또는 교수활동을 지양하며, 남녀학생 모두 남성 또는 여성이라는 전통적인 성역할 기대에서 벗어나 진정한 독립적 인격 주체로서 성장할 수 있도록 하는 정책, 즉 성 평등교육을 지향하는 정책이라 할 수 있다.

2 여성교육정책의 태동과 변천

우리나라에 여성교육정책이라는 말이 처음 등장한 것은 1987년부터 시작된 제 6치 경제사회발전 5개년 계획에 여성개발부문이 포함되고부터라고 할 수 있다. 이후 7차 경제사회발전 5개년 계획을 거쳐, 최초의 국가수준의 여성정책종합계획이라 할 수 있는 제 1차 여성정책 기본계획이 수립, 추진되면서 여성정책은 국가계획으로서 기틀을 잡아왔다. 3차례에 걸친 여성정책 추진을 위한 국가계획이 이행되는 동안 여성정책을 추진, 지원하기 위한 법률 및 국가기구의 변화, 발전이 지속되었다. 그러나 2008년 2월 이명박정부가 들어서면서 여성정책은 일대 전환점을 맞고 있으며, 여성교육정책 또한 새로운 국면을 맞고 있다.

본 절에서는 1980년대 이후 여성교육정책의 변화 발전과정을 여성정책 추진체계 변화 틀 속에서 여성교육정책 태동기, 정착기, 발전기 및 전환기의 네 단계로 나누어 살펴보고자 한다.

1) 여성교육정책 태동기: 1985~1991년

여성교육정책이 최초로 국가계획으로 수립, 추진된 것은 제6차 경제사회발전 5개년 계획(1987~1991)에 여성개발부문이 포함되면서부터라 할 수 있다. 이보다 앞서 여성의 지위 향상과 여성발전을 목적으로 1983년에 설립된 한국여성개발원은 1985년에서 2000년까지를 계획기간으로 하는 「여성발전기본계획」을 수립, 국무총리를 위원장으로 하는 여성정책 최고 심의의결기구인 여성정책심의위원회에 상정하였다. 동위원회는 1985년 「여성발전기본계획」을 심의, 정부 정책으로 채택하였다. 「여성발전기본계획」은 크게 3개 부문으로 구성되었는데, 이중 여성개발부문은 교육기회의 평등화, 여성인력양성체제 정비, 사회교육 활성화, 남녀차별의식 변화 추진을 중점목표로 관련 정책을 수립하였다.

그러나 의욕적인 계획 수립에도 불구하고 여성정책을 추진할 수 있는 여성정책 전담 국가기구도 없고, 더욱이 국가계획으로서의 구속력도 크지 않은 상태여서 여성발전기본계획의 체계적인 추진을 기대하기 어려운 상황이었다. 이와 같은 정책 추진 상의 문제를 극복하기 위해 여성발전기본계획을 골격으로 하여 제 6차 경제사회발전 5개년 계획에 여성개발부문을 별도로 설정, 추진하게 되었다. 범정부적 차원에서 추진되던 국가계획인 제 6차 경제사회발전 5개년 계획에 여성개발부문이 삽입됨으로써 여성정책은 비로소 실질적인 국가계획으로서의 위상을 갖추게 되었다. 또한 제 6차 경제사회발전 5개년 계획이 추진 중이던 1988년 3월 정무장관(제2)실이 발족되어 국가 여성정책을 총괄 조정하는 기능을 수행하게 됨에 따라 여성정책이 국가정책으로서의 기능을 수행할 수 있는 면모를 갖추게 되었다.

제 6차 경제사회발전 5개년 계획상의 여성교육정책은 교육과정상의 성차별 제거와 여학생 진로교육 강화, 사회교육기회 확대를 꾀하고자 노력하였으며, 부분적인 성과를 거둔 것으로 나타났다. 중학교 교육과정에 가정, 기술교과와는 별도로 가정·기술이라는 통합교과를 개설, 학교가 이를 선택하도록 하였다. 그러나 실제 가정·기술 통합교과를 개설한 학교는 매우 적어 1990학년도 1학년의 경우 7.4%, 2학년 5.5%에 불과하였다. 또한 제 5차 교육과정기 교과서를 분석한 연구(김재인 외, 1993)에 따르면, 제 4차 교육과정기 교과서보다는 삽화나 문장에 출현하는 등장인물의 성별 비율 등에 있어서 성간 형평성이 다소 개선된 것으로 나타났으나, 전통적인 성역할 분업의식 등은 거의 개선되지 않아 별다른 진전을 보이지 않은 것으로 평가되었다.

〈표 14-3〉 제 6차 경제사회발전 5개년 계획(1987~1991)

정책목표	추진과제	추진실적
학교교육의 평등화	• 실업 · 가정교과의 통합방안 검토 • 제 5차 교육과정기 교과서상의 남녀 역할 편견에 관한 내용 개선 • 여학생에 대한 미래지향적 진로지도 실시 －진로상담교사에 대한 성역할 편견 시정을 위한 교육 강화 －대학수준에서 직업선택을 위한 생애개발 교육과정 신설 방안 강구	• 제 5차 교육과정 중학교과정에 기술 · 가정통합교과 신설 • 교과서 삽화 남녀비율 균형배치 및 교과서 내용의 성별역할 분담에 대한 편견 제거 노력 －여학생 진로교육 프로그램을 개발, 각 시 · 도 교육위원회를 통해 진로 상담교사가 이용할 수 있도록 배포. －교사대상 성역할의식 교육 실시
사회교육 기회 확대	• 학교시설 개방, 여성회관 등 지역사회단체를 통한 사회교육기능 육성 지원 강화 －각종 사회교육프로그램 개발, 보급 • 공영방송 등 대중매체의 사회교육기능 강화 • 대학의 사회교육전문요원육성과정 운영 • 공공도서관 확충	• 학교단위 주부교실('90년, 교실수 249개, 교육인원 195,743명), 여성교양대학('90년 3개소, 교육인원 8,122명), 한국여성개발원의 지도자 연수('90년 10개 과정 557명) 등의 교육훈련 실시 • 한국여성개발원, 교육훈련자료 및 직업교육프로그램 개발, 보급 • 대학부설 사회교육시설 확산('89년 4개 대학 8개 과정) • 공공도서관 확충('90년 261개)

자료: 보건사회부(1987). 「제6차 경제사회발전5개년계획 보건사회부문계획」.

교사들의 전통적인 성역할의식을 개선하기 위한 교육이 초 · 중등학교 교장, 교감을 대상으로 한국여성개발원에서 실시되는 한편, 여성들의 사회교육기회 또한 확대되어 학교단위 주부교실이 1990년에는 교실 수가 249개, 교육인원은 195,743명에 달했다. 여성사회교육을 지원하기 위해 한국여성개발원에서 각종 교육훈련자료와 직업교육프로그램을 개발, 보급하였으며, 대학부설 사회교육시설 및 공공도서관 또한 확대되었다.

2) 여성교육정책 정착기: 1992~1997년

제 6차 경제사회발전 5개년 계획이 마무리됨에 따라 그동안의 성과와 여성문제에 대한 연구 결과를 토대로 제 7차 경제사회발전 5개년 계획(1992~1996) 여성개발부문이 입안, 추진되었다. 제 7차 경제사회발전 5개년 계획 여성개발부문은 6차 경제사회발전 5개년 계획 여성개발부문이 한국여성개발원의 주도하에 수립되어 보건사회부문계획에 포함되었던 것과는 달리, 여성정책 총괄 조정을 위한 국가기구인 정무장관(제2)실의 주관하에 수립되었다. 이제 비로소 여성개발부문계획이 제 7차 경제사회발전 5개년 계획에서 독자 영역을 확보한 국가정책으로서의 면모를 갖추게 되었다.

제 7차 경제사회발전 5개년 계획 여성개발부문에 설정된 주요 여성교육정책은 〈표 14-4〉에서 보는 바와 같이 6차 경제사회발전 5개년 계획에 담겨있는 여성교육정책보다 훨씬 더 포괄적이다. 교훈이나 급훈 등이 담고 있는 성차별적인 교육목적을 개선하고, 여성들이 전통적인 진로영역에서 벗어나 남성적인 영역으로 인식되고 있는 과학기술분야로 진출하도록 도모하였다. 또한 초·중등학교의 높은 여교사 비율에도 불구하고 여전히 낮은 비율을 보이고 있는 학교행정가 및 교육전문직에의 여성 참여를 제고하는 한편, 각급학교단계에서 남녀학생 모두를 대상으로 한 성교육 강화를 추진하였다. 사회교육과 관련하여서는 여성사회교육의 이념을 정립하고 대학부설 평생교육센터 설치 운영을 권장하는 한편, 사회교육기관에서의 남녀차별의식 개선교육 실시, 직업의식 교육프로그램의 개발 보급을 추진하였다. 이와 더불어 사회교육의 전문성 제고를 위해 사회교육전문요원의 의무채용 및 이들에 대한 남녀역할 의식 개선교육 실시를 기획하였다.

7차 경제사회발전 5개년 여성개발부문 계획은 전반적으로 긍정적인 성과를 보인 것으로 평가된다. 제 6차 교육과정기 교과서 편찬지침에 남녀역할에 대한 편견 시정조항이 삽입되고 6차 교육과정기 교과서 분석 결과 5차 교육과정기 교과서보다 개선된 것(정해숙 외 1998)으로 나타났으며, 가정은 여학생이, 기술·산업은 남학생이 이수하도록 하여 성차별적인 교육과정 운영으로 지적되어 왔던 가정 및 기술·산업교과를 중학교 남녀학생이 모두 이수하도록 개편되었다. 공업계 고등학교로의 여학생 진학 촉진 정책의 지속적인 추진 등으로 공업계 고등학교 및 과학고등학교에의 여학생 진학 증가가 가시화되는 등 계획기간 동안 중등교육단계에서 여학생들의 비전통적 진로영역인 자연과학 및 기술계로 진학이 점차 활발해졌다. 대학부설 평생교육원은 1993년 이미 53개소에 달할 정도로 급증하였으며, 시·도 교원연수원 및 국공립연수원 등에서의 남녀평등의식교육 실시도 활발해진 것으로 나타났다.

〈표 14-4〉 제 7차 경제사회발전 5개년 계획(1992~1996)

정책목표	추진과제	추진실적
학교교육의 평등화	• 학교교육목적의 양성평등화 –교육목적의 양성평등화 실현 –교과서의 성차별적 내용 제거 • 여학생 교육기회의 확대 –중등 및 고등교육기회의 확충 –여성 미진출 분야로의 진학기회 확대 • 여학생 진로교육의 강화 –기술・가정교과의 발전적 통합 –여학생 진로교육자료의 개발 • 교사의 성역할의식 제고 • 교육정책결정에의 여성참여 확대 • 성교육의 강화	• 제 6차 교육과정 1, 2종 도서 편찬지침에 남녀역할에 대한 편견이 없도록 한다는 규정 명시 • 1990년부터 공업계 고등학교로의 여학생 진학 확대를 위한 정책 추진 • 중학교과정에서 가정 및 기술・산업교과를 남녀 공통 이수하도록 교육과정 개정(제 6차 교육과정) • 시・도교원연수원, 대학부설 교원연수원에서 남녀평등의식 교육 실시 • 초・중등교사용 성교육지도자료 및 학부모용 성교육교재 개발, 보급
사회교육의 평등화	• 여성사회교육이념의 정립 • 여성사회교육기회의 확대 • 여성사회교육내용의 평등화	• 대학부설 평생교육원이나 사회교육센터의 설치 급증 • 개방대학의 여학생 수 증가 • 국・공립연수원에서의 남녀평등의식교육 확산('95년 33개기관에서 실시)
사회교육의 내실화	• 여성의식 및 직업의식 교육프로그램 개발 운영 및 교육방송프로그램에 남녀역할의식교육 의무화 • 여성사회교육결과의 효율화 • 여성사회교육행정의 능률화	• 여성사회교육 프로그램 개발, 여성회관 및 여성단체 등에 보급

자료 : 정무장관(제2)실(1992). 「제7차 경제사회발전5개년계획 여성개발부문계획」.

한편 1995년 2월 제정된 '여성발전기본법'은 헌법상의 남녀평등이념을 구현하는 데 있어서의 국가 및 지방자치단체의 책임을 명시하고 있다. 동법 제 20조는 "국가 및 지방자치단체는 학교교육에 있어서 남녀평등이념을 고취하고 여성의 교육기회를 확대하여야 한다"고 명시함으로써, 교육에서의 양성평등 실현을 위한 책무가 국가 및 지방자치단체에 있음을 분명히 하였다. 이로써 국가정책으로서의 여성정책은 독립적인 여성개발부문 국가계획의 수립, 여성정책 전담 국가기구에 의한 여성정책의 총괄 조정, 여성정책 추진의 법률적 밑받침 등 제도적인 기틀을 마련하게 되었다.

그러나 여성정책은 여성의 삶과 관련된 전 영역에 걸쳐 추진되기 때문에 관련 부처가 다양하고, 정무장관이 정무활동을 통해 각 부처에서 추진되는 여성정책을 일관성 있고 체계적으로 집행하도록 독려하는 데에는 한계가 있을 수밖에 없었다.

제 7차 경제사회발전 5개년 계획에 포함된 여성교육정책 또한 이를 추진할 집행부서는 정무장관(제2)실이 아니라 교육부였다. 그러나 교육부에는 여성교육정책을 총괄 기획 추진할 주관 부서가 없는 상태에서 정무장관(제2)의 정무활동에 의존하여 추진되었기 때문에 여성교육정책 추진의 필요성이나 당위성에 대한 이해에 기반하기보다는 여성문제에 대한 사회·정치적 압력이나 관련 부서 담당자의 의지에 따라 정책 추진의 우선순위나 정책내용이 달라지는 등의 문제를 노출하였다.

3) 여성교육정책 발전기: 1998~2007년

1995년 제정된 여성발전기본법 제7조 '정부는 여성정책에 관한 기본계획을 5년마다 수립하여야 한다'는 규정에 의거하여 제1차 여성정책기본계획(1998~2002)이 1997년 수립되었다. '건강한 가정의 구현과 국가 및 사회발전에 남녀가 공동으로 참여하고 책임을 분담하는 사회시스템 구축'을 목표로 하는 제1차 여성정책기본계획은 6개 기본전략과 20대 정책과제로 구성되었다. 이 중 여성교육과 관련하여서는 여성의 경쟁력 제고를 위한 교육체계 확립을 기본 전략으로 하여 '남녀평등교육을 위한 여건 조성', '여성전문인력의 적극적 양성', '여성의 평생교육 지원'을 3대 정책과제로 설정하고 있다. 〈표 14-5〉에서 보면 현재 추진되고 있는 여성교육정책의 기본 골격이 제7차 경제사회발전 5개년 계획과 크게 다르지 않은 가운데, 여성 정보화 교육 지원과 이공계 진학 여학생에 대한 장학지원제 도입, 여성 사회교육기관의 학점 인정기관으로서의 기반 구축, 대학의 여교수 채용 확대 권장이 새로이 추진되고 있음을 볼 수 있다.

〈표 14-5〉 제1차 여성정책기본계획(1998~2002)

기본전략	정책과제	세부추진과제
여성의 경쟁력 제고를 위한 교육체계 확립	• 남녀평등교육을 위한 여건 조성 • 여성 전문인력의 적극적 양성 • 여성의 평생교육 지원	• 남녀평등한 교육과정의 구성 • 중등교원에 대한 남녀평등의식교육 확대 • 여학생 진로지도 강화 • 여학생의 이공계열 진학기회 확대 • 여성에 대한 정보화교육 지원 • 공무원양성교육기관의 여학생 교육기회 확대 • 여성사회교육기관의 기능 강화 • 여성사회교육지원체계 구축
법 · 제도 및 관행의 개혁과 여성의 대표성 제고	• 정책결정과정에 여성참여 확대	• 교육기관에의 여성 진출 확대

자료 : 정무장관(제2)실(1997). 「제1차 여성정책기본계획」.

한편 1998년 2월 국민의 정부 발족과 더불어 여성정책을 총괄 조정하던 정무장관(제2)실은 대통령직속 여성특별위원회로 개편되고 각 부처의 여성정책을 추진하기 위한 여성정책담당관제가 신설되었다. 여성정책담당관은 모두 6개 부처, 행정자치부, 노동부, 교육부, 보건복지부, 법무부, 농림부에 설치되었다. 양성평등교육정책을 총괄 기획 · 추진할 수 있는 여성정책담당관실이 우리나라 교육정책 주무부서인 교육부 내에 신설되므로써 여성교육정책 추진의 일대 전기를 맞이하였다. 교육부 직제 시행규칙에 따르면 여성교육정책담당관은 1) 여성교육관련 정책의 수립 · 조정, 2) 여학생의 진로교육 및 진로지도에 관한 정책 개발, 3) 여교사의 권익보호에 관한 사항, 4) 여성의 직업능력 개발에 관한 사항, 5) 여성의 사회교육 및 직업교육에 관한 정책 개발, 6) 여성의 교육참여 확대 계획 수립, 7) 기타 여성교육에 관한 사항을 담당하도록 하였다. 이처럼 교육부 여성정책담당관실의 소관업무가 제 1차 여성정책기본계획에 담겨있는 여성교육정책 전반을 포괄함으로써 양성평등교육 실현을 위한 여성교육정책의 수립 및 추진은 이전과는 달리 보다 체계적이고 실질적인 성과를 거둘 수 있는 조직 기반을 구축하게 되었다.

그 이듬해인 1999년 2월에는 헌법의 남녀평등이념에 따라 고용, 교육, 재화, 시설 · 용역 등의 제공 및 이용, 법과 정책의 집행에 있어서 남녀차별을 금지하고, 이로 인한 피해자의 권익을 구제함으로써 남녀평등을 실현하기 위한 남녀차별금지및구제에관한법률이 제정되었다.[2)] 동법 제 4조는 '공공기관 및 사용자는 교육에 있어서 교육기회 · 조건 · 방법 등에서 남녀차별을 하여서는 아니 된다'는 교육에서의 차별 금지를 규정하였다.

2000년 1월 28일에는 교육기본법에 남녀평등교육의 증진을 목적으로 하는 조항이 신설되었다. 본 조항은 ① 국가 및 지방자치단체는 남녀평등정신을 보다 적극적으로 실현할 수 있는 시책을 수립 · 실시해야 하며, ② 여성의 활동이 취약한 분야를 중점 육성할 수 있는 교육적 방안을 마련하고 ③ 학교교육에서의 남녀평등 증진을 위해 남녀평등교육심의회를 두도록 규정하고 있다. 교육기본법에 동 조항이 신설됨으로써 교육부 내에 여성정책담당관실의 신설과 더불어 남녀평등교육 실현을 위한 여성교육정책의 추진에 더욱 힘을 실어줄 수 있게 되었다. 이처럼 여성교육정책 추진을 위한 조직 및 법적 토대를 갖춰감에 따라 여성교육정책이 '주류의 교육정책'에 편입되어 여성정책이 아니라 교육정책의 범주에서 추진될 수 있게 되었다.

2001년에는 여성정책 총괄부서인 여성부가 신설되어 여성정책 집행기능이 강화되었으며, 2002년에는 여성부 주도 하에 제2차 여성정책기본계획이 수립되었다. 먼저, 본 계획에 포함되어 있는 여성교육정책을 살펴보면(표 14-6), '교육행정직 및 교수직으로의 여성 진출 확대', '여성과학기술인력 육성 및 지원', '교육자치단체의 양성평등교육추진체계 구축', '학교 성교육 및 성희롱 예방체계 강화', '교사의 성 인지적 교수능력 신장'이 신규 여성교육정책과제로 설정되었음을 알 수 있다.

2) 그러나 남녀차별금지및구제에관한법률은 정부조직법 개정으로 여성부가 여성가족부로 개편함과 동시에 종전 여성부의 사무로 되어 있는 남녀차별의 금지 · 구제에 관한 업무를 여성가족부의 사무에서 제외하고, 이를 국가인권위원회에서 수행하도록 함에 따라 2005년 3월24일 법률 제7422호(2005년 6월 23일 시행)에 의해 폐지되었다.

〈표 14-6〉 제2차 여성정책기본계획(2003~2007)

추진전략	정책과제	세부추진과제
성 주류화와 협력체계 구축	• 정책결정과정에 여성의 대표성 제고 • 여성 인적자원의 개발과 활용 • 남녀고용평등과 여성의 경제활동 참여 제고 • 평등문화의 확산과 정착	• 교육행정직 및 교수직으로의 여성진출 확대 • 여성 과학기술인력 육성 및 지원 • 여성평생교육 지원 인프라 구축 • 여성평생교육기관의 차별화 · 특성화 • 여학생 진로 · 직업교육의 활성화 • 여학생 직업의식 및 진로지도 강화 • 대상별로 전문화된 남녀평등교육 실시 • 교육자치단체의 양성평등교육정책 추진체계 구축 • 교사의 성 인지적 교수능력 신장 • 교육과정의 양성평등성 강화 • 학교 성교육 및 성희롱 예방체계 강화

자료: 여성부(2002). 「제2차 여성정책기본계획」.

〈표 14-7〉 제1차 및 제 2차 여성정책기본계획 추진실적

정책목표	정책과제	추진실적
교육의 양성평등성 강화	양성평등한 교육여건 조성	• 교과서의 성차별적 교육내용 삭제 • 『양성평등 학교문화 선생님이 만듭니다』 발간 · 보급 • 『초등학교교사용 양성평등교육지침서』 개발 · 보급 • 양성평등교육 연구학교 운영 • 양성평등교육 추진(지원)협의체 운영(13개 교육청) • 학교 양성평등교육 평가 매뉴얼 개발 · 보급 • 양성평등교육담당자 직무연수 및 워크숍 실시 • 양성평등교육관련 학교 교육과정 장학지도 강화 • 교육청 자체 양성평등문화 활성화 행사 실시 • 남녀평등교육심의회, 대학교원임용양성평등위원회 설치 · 운영
	교육활동에서의 성차별적 요인 제거	• 성 정형화된 중등학교 교훈 시정 권고 • 여학생 교복을 치마와 바지 중 선택 · 착용하도록 시달 • 공업 및 농업고등학교에서의 성별 구분모집 폐지 • '남녀평등교육심의회 규정' 제정 • 교육법령 및 자치법규에서의 남녀차별규정 정비 • 교육공무원법 및 교육공무원임용령에 대학의 양성평등 임용계획 수립 관련 조항 제정
여성의 진로 다양화 및 고급 여성인력 활용 제고	여학생 진로지도 내실화	• 여고생 진로 및 직업교육프로그램 [아로] 개발 · 보급 • 여학생 정보화캠프 및 정보화 경시대회 개최 • 『여학생 친화적인 수학 · 과학수업 : 교사용 안내서』 개발 · 보급 • 『양성평등 진로지도 프로그램』 및 『양성평등 진로지도 교사연수 프로그램』 개발 · 보급 • 사회진출 여성 체험수기 『땀방울에 비친 그녀들의 이야기』 발간 • 24개 대학에 여대생 특화 진로교육과정 개설 지원

정책목표	정책과제	추진실적
여성의 진로 다양화 및 고급 여성인력 활용 제고	고급 여성인적자원 개발·활용 제고	• 초·중등 여학생 및 이공계 여대생을 위한 WISE(Women into Science and Engineering)사업 지원 : 10개 센터 • 여학생 공학교육선도 대학 지원 : 5개 대학 • 국·공립대학 여교수 비율 제고 • 국·공립 4년제 대학(25개) 양성평등조치계획 수립·추진 및 평가
학교 성교육 및 성희롱 예방교육 강화	학교 성교육 활성화	• 성교육 필수 시수 확보 등 각급학교에 성교육 활성화 지침 시달 • 성교육 교사용 홈페이지 개발·운영 • 교사용 성교육 지도지침서 및 성희롱·성폭력 예방교육 CD-ROM 제작 및 보급
	성희롱·성폭력 예방 교육 강화	• 성매매 예방 교육용 소책자 발간·보급 • 관리자대상 성희롱 예방교육 및 성희롱 방지대책 수립 • 대학 내 성희롱예방교육 온라인 프로그램 개발·보급(학생, 교수, 행정직원용) • 대학의 성희롱·성폭력사건처리 매뉴얼 개발·보급
정책결정과정에 여성의 대표성 제고		• 초·중등 여성교원의 교장·교감 등 관리직 진출 확대 지원 • 여성교원의 능력개발 및 경력 관리 지원 • 주요보직 및 위원회의 여교수 참여 제고 • 여교원의 학교경영능력 신장 지원

교육인적자원부의 여성교육정책담당관실의 업무를 중심으로 제1차 및 2차 여성정책기본계획의 추진실적을 살펴보면 〈표 14-7〉과 같다. 여성정책담당관실 주도하에 10년간에 걸쳐 추진된 여성교육정책 추진실적을 보면, 여성정책기본계획을 토대로 충실히 추진되어왔음을 알 수 있다. 그럼에도 불구하고 여성교육정책은 여성정책담당관실의 소관 사업일 뿐 주류의 교육정책 전반은 여전히 젠더문제와는 무관한 성 중립적인(gender-neutral) 것으로 간주되었다.

이러한 문제인식에 기반하여, 여성만을 대상으로 하는 정책이 아니라 남성과 여성 모두를 대상으로 하는 정책들이 실제에 있어서도 남성과 여성에게 동등한 정책효과를 가져다주는지를 점검하는 제도적 장치가 도입되었는데, 그것이 바로 정책의 성별영향평가분석제도이다. 여성부(당시 여성가족부)는 2005년부터 여성발전기본법에 근거하여 중앙 및 지방정부에서 추진하고 있는 정책이 여성과 남성에게 미치는 영향을 분석하는 정책의 성별영향평가제도를 운영하였다. 여성부와의 협의과정을 거쳐 교육인적자원부의 정책들 또한 성별영향평가대상사업으로 선정되었는데, 2006년에는 '영재교육 확대정책'이, 2007년에는 '학교폭력피해자 심리상담 및 치료지원', 'BK21사업', '중증장애대학생 도우미 지원' 사업이 선정되었다.

이처럼 2005년부터 성별영향평가제도가 운영된 것은 제2차 여성정책기본계획의 10대 정책과제 중 첫 번째 핵심정책과제로 설정된 '정책의 양성평등관점 통합'정책에 의한 것이다. 이는 여성정책이 국가발전 정책에 여성문제를 끼워 넣는(Women in Development) 방식과 더불어 국가정책이 젠더관점(Gender and Development)에서 추진될 수 있도록 할 것임을 선언한 것이다. 이를 위해 성별 분리 통계 작성을 근간으로 하는 성 인지 통계(Gender Statistics) 구축, 성 인지 예산제도(Gender Budgeting) 및 정책의 성별영향평가(Gender Analysis)제도 도입이 추진되었다. 이 같은 여성정책 추진전략 변화는 여성교육정책 추진에 있어서도 획기적인 전환이 요구되고 있음을 시사하는 것이다. 기존에 추진되었던 여성정책이 여성문제의 해소 또는 여성발전을 도모하기 위해 주류의 정책일반에 여성정책을 끼워 넣는 방식으로 추진되었던 데에서 한 걸음 더 나아가, 주류의 정책일반이 남성과 여성에게 동등한 정책효과를 가질 수 있도록 추진함으로써 여성만을 대상으로 한 여성정책뿐 아니라 국가의 모든 정책이 우리 사회의 성 평등을 촉진하는데 기여할 수 있도록 하기 위한 것이다.

4) 전환기의 여성교육정책(2008년~현재)

2008년 이명박 정부가 들어서면서 양성평등교육으로 대변되는 여성교육정책이 새로운 국면에 접어들었다. 정부 조직개편으로 교육인적자원부는 교육과학기술부로 개편되었으며, 2008년 3월 시행된 교육과학기술부와 그 소속기관 직제 시행규칙에 의해 여성정책담당관실이 폐지되었다. 이와 함께 2008년에는 교육기본법 제17조의 2항에 규정에 의거하여 운영되던 남녀평등교육심의회도 정부위원회 정비계획에 따라 폐지되었다. 여성정책담당관실의 업무는 다문화 교육정책 등의 업무와 함께 평생 직업교육국의 잠재인력정책과의 소관업무로 배정되었다. 이후 2009년 8월 13일 잠재인력과가 폐지되고, 초・중등교육에서의 양성평등 교육정책은 학교지원국 교직발전기획과에, 대학관련 정책은 학술연구정책실 대학지원과로 이관되었다. 특히, 초·중등교육에서의 양성평등 교육정책은 당초 잠재인력정책과에서 교원양성 등 교원에 관한 종합정책을 담당하는 교직발전기획과로 또 다시 학교문화과로 이전을 거듭하였다.

〈표 14-8〉 제3차 여성정책기본계획(2008~2012)

정책과제	세부 정책과제
평등문화 확산	• 양성평등교육 확대 – 학교교육의 양성평등 실현 – 여성 평생교육
여성인력 활용기반 내실화	• 청년여성층의 진로 및 경력개발 지원 – 여학생의 유망분야 진출 유도 – 고등교육분야 인력양성사업의 여대생 참여기회 확대
여성의 취업영역 확대와 대표성 제고	• 과학기술분야 등 여성전문인력 육성 – 남성집중 직종 교육훈련과정에 여성비율 확대 추진 – 문화관광분야 여성인력 개발 – 여성과학기술인 역량 강화

자료: 여성부(2008). 「제3차 여성정책기본계획수정(판)」.

뿐만 아니라, 제3차 여성정책기본계획의 교육부문 정책과제 〈표 14-8〉도 제1차 여성정책기본계획과 제2차 여성정책기본계획에서 기획·추진되던 과제들이 상당 부분 삭제 또는 축소된 채 확정되었다. 양성평등한 교육환경 조성을 위한 정책과제로 설정되었던 교육자치단체의 양성평등교육정책 추진체계 구축, 교사의 성인지적 교수능력 신장 등의 과제와 여학생 진로 및 직업교육 활성화 등의 정책과제는 제3차 여성정책기본계획 하에서는 더 이상 추진되지 않게 되었다.

이처럼 제3차 여성정책기본계획상의 교육부문 정책과제가 대폭 축소되고, 중앙부처인 교육부에도 여성교육정책 전담부서가 폐지됨에 따라 양성평등교육정책은 추진동력을 상실한 채 명맥만 유지하는 결과를 초래하였다. 특히 교육부의 여성정책담당관실 폐지는 양성평등 교육정책 위축을 초래하는 근본적 원인이 되었다. 전담부서의 폐지로 양성평등교육관련 새로운 정책아젠더를 발굴·기획하는 한편, 기존에 추진해오던 업무를 점검·환류하는 등 양성평등교육정책의 체계적인 추진이 불가능하게 되었기 때문이다. 그 결과, 초·중등교육에서는 비예산사업을 중심으로 구성된 문서상의 양성평등교육 추진계획만이 남게 되었다. 이처럼 문제가 심화된 데에는 양성평등교육정책이 여성정책 차원에서 태동되었을 뿐 아니라, 정책의 기획 및 추진 또한 여성정책적 맥락에서 주도됨으로써, 결과적으로 주류의 교육정책을 담당하고 있는 다른 정책부서들과 공감대를 형성하지 못한 채 주변화된 측면도 간과할 수 없다.

2013년 새 정부가 들어서고, 제4차 여성정책기본계획이 확정되었다(〈표 14-9〉). 제4차 여성정책기본계획 중 교육부문 정책과제는 제3차 여성정책기본계획보다 대폭 확충되었다. 1, 2차 여성정책기본계획에 포함되었으나, 3차 기본계획에서 삭제되었던 교원의 양성평등의식 제고 및 성평등한 학교운영 기반 구축과 관련한 과제가 4차 기본계획에 다시 포함되었다. 이와 더불어 여성에 대한 폭력 근절 및 인권보장과 관련하여 초·중·고에서의 통합적 성인지 인권교육 추진기반 정비, 안전한 학교 환경 구축 등의 3개 정책과제가, 여성·가족의 복지 및 건강권 증진과 관련하여 청소년한부모 교육지원 확대와 결혼이민자와 다문화가족에 대한 가정·사회의 수용성 제고, 여성적합형 체육프로그램 활성화, 피임교육의 공식화 및 양성평등 성교육 확산 등의 과제가 신규로 설정되었다. 이 밖에도 방과 후 돌봄서비스 체계화, 아버지의 학부모회 참여, 아버지교육 활성화 등의 정책과제도 신규로 설정되었다.

〈표 14-9〉 제4차 여성정책기본계획(2013~2017)

대과제	중과제 및 소과제	교육부 관련 추진과제
여성의 경제적 역량 강화	청년 여성의 취업지원 확대	• 여대생 경력개발지원 확대 • 여학생의 공학계열 진출 지원 • 청년층 창업지원 확대
	중·고령 여성의 경제활동 참여 지원 확대	• 여성노인의 사회참여 활동 및 일자리 지원
	여성고용 지원 인프라 구축개발·보급	• 여성친화직종 훈련과정을 국가직무능력 표준에 맞도록 개발·보급
돌봄 지원과 일·가족 양립 기반 구축	부모 선택을 보장하는 자녀양육 지원 확대	• 방과 후 돌봄서비스 체계화
	육아휴직 활성화 및 남성의 육아참여 지원 강화	• 아버지의 학부모회 참여, 아버지교육 등 활성화

대과제	중과제 및 소과제	교육부 관련 추진과제
여성에 대한 폭력 근절 및 인권 보장	통합적 인권교육 운영 확대	• 초·중·고에서의 통합적 성인지 인권교육 추진기반 정비 • 지역사회 주민 및 각종 시설종사자 대상 통합적 성인지 인권교육 운영 • 통합적 성인지 인권교육 운영을 위한 인프라 구축
	지역사회 안전망 강화 및 여성 인권에 대한 인식 제고	• 안전한 학교 환경 구축
	성희롱 방지 및 성매매 예방을 위한 교육·홍보 강화	• 기업, 공공기관 등에서의 성희롱·성폭력 등 방지 내실화
	성폭력 가해자 재범방지 강화	• 가정폭력·성폭력 재범방지를 위한 교육 확대 및 프로그램 개선
여성·가족의 복지 및 건강권 증진	한부모가족 지원 내실화 및 비양육부모 책임 강화	• 청소년한부모 교육지원 확대
	다문화가족 정착지원 확대	• 결혼이민자와 다문화가족에 대한 가정·사회의 수용성 제고
	여성의 생애단계별 건강관리 강화	• 청소년을 위한 여성적합형 체육프로그램 활성화 • 아동·청소년의 건강한 식습관 교육 지원
	모성건강보장을 위한 지원 확대	• 피임교육의 공식화 및 양성평등 성교육 확산
여성의 대표성 제고 및 참여 확대	교육 분야 여성 대표성 제고	• 국공립대 여성교수 임용 확대 등 양성평등 임용조치의 실효성 제고 • 교장·교감 임명의 여성비율 목표제 지속 추진
평등의식과 문화의 확산	교육과정 운영에서의 양성평등적 관점 강화	• 성평등한 학교 교육과정 확립 • 교과서의 성차별적교육내용 발굴 및 개선
	교원의 양성평등의식 제고	• 교원능력개발평가에 양성평등관련 지표 반영 • 예비교원의 양성평등교육 확대 • 한국양성평등교육진흥원 성평등 교육연수의 실효성 제고
	성평등한 학교운영 기반 구축	• 양성평등교육전담 조직 및 인력 확보 • 시도교육청별 양성평등학교 지정 및 공동협의체 구성·운영 • 개별학교의 양성평등 자체진단 결과 분석 및 우수학교 포상
	고등교육의 양성평등적 운영 강화	• 대학의 양성평등 학교 운영 책무성 제고 • 대학내 보육시설 설치 및 임신·출산 대학(원)생 권익 보장
성평등정책 추진역량 및 책무성 강화	공무원 성인지교육 확대 및 특성화	• 교사 등 성인지교육대상 확대
	전문인력 양성의 체계화	• 대학교육과의 연계를 통한 인력양성 체계화

자료: 여성가족부(2013). 「제4차 여성정책기본계획」.

이처럼 제4차 여성정책기본계획에서 교육부가 주도적으로 추진해야 될 과제가 대폭 확충되었으나, 이러한 과제들의 수행이 담보될 수 있는지는 의문이다. 제4차 여성정책기본계획상 교육부문 과제를 총괄 주도해야 할 중앙부처에 여성교육정책을 전담 추진할 부서는 물론 전담인력조차 없을 뿐 아니라, 교육기본법상에 구성·운영하도록 되어 있는 남녀평등교육심의회가 여전히 구성되고 있지 않기 때문이다.

3 외국의 성 평등교육정책

우리나라에서는 1980대 이후 여성교육정책이 추진되고 교육에서의 성차별을 금지하는 등 남녀평등교육을 위한 법률적, 제도적 근거가 마련되었지만, 다른 나라의 경우 이보다 훨씬 앞서 교육에서의 성차별을 시정하기 위한 다양한 국가계획과 법제를 마련하고 시행해왔다. 다른 나라에서 취해지고 있는 남녀평등교육정책들은 교육에서의 성차별이 우리만의 문제가 아니며 인류 공통의 문제로서, 남녀평등 사회의 실현을 위해 극복해야 할 중요한 과제임을 깨닫게 한다. 또한 각국이 취하고 있는 남녀평등교육정책은 우리의 현실을 돌아보게 하고 앞으로의 여성교육정책 방향에 대한 시사를 얻게 한다는 점에서도 그 의미가 적지 않다.

1) 미국

(1) 교육수정법 제9편(TitleⅨ of Education Amendments Act, 1972)

1972년 6월 미국은 교육수정법을 제정하였는데, 이 법의 제9편은 미국교육에 있어서 혁명적인 변화를 가져왔다. 교육에서의 성차별을 최초로 포괄적으로 규정한 제9편은 "연방의 재정적 지원을 받는 어떠한 교육 프로그램 혹은 활동을 수행하는 데 있어서 누구도 그 사람의 성을 이유로 하여 참여에 배제되거나 혜택을 받지 못하거나 차별적이어서는 안 된다"고 명시하였다. 교육수정법 제9편은 초·중등교육에 커다란 영향을 미쳤는데, 이는 이들 학교가 연방정부로부터 계속 재정지원을 받기 위해서는 제9편을 지켜야만 했기 때문이다. 제9편에 의해 가장 커다란 영향을 받은 부분은 첫째는 직업학교 입학에 있어서의 성차별을 금지하였다는 것과, 둘째, 여학생은 가정교과에 남학생은 산업기술교과에 등록하는 식으로 한 성에게만 특정교과가 제한되지 않도록 하였으며, 셋째는 체육교육, 스포츠, 특별활동이나 클럽활동에서 여학생의 참여를 제한하는 것을 금지한 것이다(Andrew Fishel and Janice Pottker, 1978).

(2) 남녀평등교육법(Women's Educational Equity Act, 1994)

그럼에도 불구하고 교육수정법과 학교교육 현장과의 괴리는 적지 않은 것으로 나타났는데, 교수(teaching)와 학습(learning), 실습(practices) 등에 있어서 여성과 여학생이 종종 불평등한 위치에 처해 있음을 보고하는 연구결과들이 축적되었다. 예를 들면 1) 성추행, 특히 소녀에 대하여 행해진 성추행은 안전하고 평등한 학습 또는 작업장 환경을 제공할 학교의 능력을 침해하고, 2) 교과서와 다른 교육자료들은 여성의 경험과 성취, 관심을 충분히 반영하지 못한다. 3) 여학생은 남학생들에 비하여 수학과 과학 과정을 비교적 덜 택하고, 청년기를 거치면서 여학생은 수학과 과학의 능력에 있어서 자신감을 잃는다. 그리고 과학에 있어서 모범적 역할을 하는 여성이 드물다. 4) 임신하고 아이를 기르는 십 대들은 학교에서 퇴학당할 위험이 높으며, 퇴학 방지 프로그램은 그러한 십대들의 필요를 적절히 다루고 있지 아니하다는 것이다.

또한 공공교육의 평등을 증진시키기 위한 노력은 모든 여성과 여학생을 위한 평등 교육 프로그램에의 평등한 접근을 보장하는 노력을 반드시 포함하여야 한다는 것과, 연방의 지원(Federal support)은 혁신적이고 모범적인 교육과정과 성 평등을 증진시키기 위한 교육과 학습 전략의 연구와 개발뿐만이 아니라 학교와 지역사회가 성 평등 연습을 이행하도록 원조하여야 한다는 것이다. 미국 사회에서의 여성과 여학생의 완전한 참여는 여성과 여학생에 대한 교육 평등 없이는 이루어질 수 없다는 배경에서 남녀교육평등법(Women's Educational Equity Act)이 1994년에 제정되었다.

남녀교육평등법의 목적은 1) 교육에서의 성 평등을 증진시키는 것이고, 2) 교육 기관과 시설들이 1972년의 교육 수정법의 요구사항을 충족시킬 수 있도록 재정적 원조를 제공하는 것, 그리고 3) 성, 인종, 민족, 신체장애나 연령에 근거한 다양한 형태의 차별로 인하여 고통을 겪는 여성과 여학생을 위한 교육에서의 평등을 증진시키기 위한 것이다. 동법의 목적을 달성하기 위하여, 정부는 모든 교육수준에서 효과적인 성 평등정책(gender-equity policies)과 프로그램을 이행해야 한다.

(3) 과학기술기회균등법 (Science and Engineering Equal Opportunities Act, 1980)

1980년 제정된 과학기술기회균등법은 여성을 위한 초등, 중학교에 있어서의 과학, 수학교육 프로그램의 개발, 여성의 과학기술로의 진출의 중요성을 나타내는 자료 작성, 새로운 취업기회의 획득에 관계되는 과학기술교육, 과학기술영역으로의 고용촉진 등을 지원해야 함을 명확하게 기록하고 있다. 또한 국립과학재단(National Science Foundation)이 추진하는 중핵조직으로서 여성과 소수민족의 진출상황을 조사하고 의회에 보고할 의무를 지고 있음을 규정하고 있다.

과학기술기회균등법에 의해 과학과 공학분야에서의 여성을 위해 과학재단이 촉진 기금으로 지원하는 활동은 다음과 같다.

- 과학과 공학분야의 대학 및 대학원 수준 과정에 여성의 참여를 증진시키기 위한 활동
- 여성이 과학과 공학분야의 직업을 고려하고 준비할 수 있도록 격려하기 위한 활동
- 과학과 공학에서 여성에게 훈련과 단체 활동의 기회를 제공하기 위한 활동
- 여학생의 지식, 기술과 정보 획득을 촉진시키고 여학생들의 과학, 기술분야 직업 기회에 대한 의식을 증진시키기 위한 초·중등학교 과학, 공학, 수학 프로그램

- 취업 및 비취업 여성에게 과학과 공학분야의 계속 교육 기회를 제공하기 위한 활동
- 여성 과학자와 공학자들을 초청하는 프로그램
- 과학과 공학분야 직업에서 여성 참여의 중요성을 인식시키기 위한 활동
- 여성이 과학과 공학에 흥미를 갖게 하고 참여시키기 위한 박물관과 과학 센터의 활동
- 과학과 공학에서 여성의 고용과 발전을 촉진하기 위한 개인, 공공기관 및 사기업의 시범 활동

2) 영국

영국에는 남성과 여성에게 성에 의한 어떠한 차별도 할 수 없도록 하는 법안으로 평등임금법(EPA: Equal Pay Act, 1970)과 성차별금지법이 있다. 영국에서는 1960년대 중반부터 여성의 평등한 교육과 취업을 방해하는 편견과 차별에 대한 인식이 높아지기 시작했다. 여성의 사회적 위치에 대한 불만이 고조되고 공적 생활에서 여성이 차지하는 법적 지위에 대해서도 문제점이 지적되기 시작했다. 이런 상황하에서 여러 단체들이나 언론매체에서 여성들의 이러한 열악한 상황을 개선해야 한다는 여론이 조성되기 시작했다.

성차별금지법(SDA: Sex Discrimination Act, 1976)은 고용주, 노동조합, 고용관련 기구, 훈련 담당기구들이 여성들이 직업을 찾거나 근무 중일 때 성에 의한 어떠한 차별도 할 수 없도록 하는 의무조항을 명시하고 있다. 성차별금지법 하에서 법적으로 위배되는 3가지 조항으로는 성에 근거한 희생, 직접적인 차별 및 간접적인 차별이며, 세부적으로는 성희롱 및 성폭력을 들 수 있다.

여성들은 이러한 조항들에 근거하여 자신이 성차별을 당하고 있다고 여겨지는 경우 제소할 수 있으며, 제소가 받아들여질 경우 실제적 손실 및 정신적 부분에서 보상을 받을 수 있다.

(1) 학교심의회(Schools Council)

학교심의회는 교육부, 교원노조, 지방교육당국 삼자가 참여하여 교과과정이나 시험 등을 개발하고 개혁하는 역할을 담당하기 위하여 1964년 설치됐다. 학교심의회는 학교 내에서의 성차별 문제를 공식적으로 다룰 수 있는 전국적인 규모의 교육기관이라는 데 의미가 있다.

학교 심의회가 성차별이라는 민감한 문제에 관심을 갖게 된 이유는, 우선 교육분야에서의 여학생의 성차별 철폐 문제를 권장한 유럽공동체의 결의안이 첫 번째 이유였다. 이에 상응하여 심의회는 성역할 고정관념을 제거한 기본적인 교과과정, 교재, 직업교육 프로그램을 개발하기로 결정한 것이며, 나아가 양성 간의 동등한 기회보장을 최우선 과제로 삼기로 한 것이다. 또한 심의회에 참가한 개별 구성위원들의 관심도 이러한 방향설정에 많은 영향을 미쳤다.

1979년 성차별문제 소위원회는 제 3 프로그램인 "변화하는 세계를 위한 교과과정" 프로그램 영역에 성차별 문제가 포함되도록 하였다. 특히 중등교육과정 단계에서 과학, 기술 과목들이 남학생들에 의해 지배당하고 있는 현상과 교과과정 전반에 스며들어 있는 성역할 차별 문제가 핵심 주제로 설정되었다.

(2) 성 평등 개입 프로그램

■ GIST(Girls into Science and Technology) 프로그램

GIST 프로그램은 과학 기술 과목에 있어서의 남학생 편중현상이 심각하며, 특히 대학입학 시험의 경우 이러한 현상이 두드러지게 나타나고 있는 현상을 극복하기 위해 마련된 프로그램이다. 이 프로그램의 목표는 학교에서의 성차별 문제를 해결하고 과학과 기술 분야에 대한 여학생들의 무관심과 미진한 성취도의 원인과 대책을 마련함으로써 여학생이 과학과 기술교과에 고무적으로 참여하고 성취하도록 하기 위한 것이다.

GIST 프로그램은 영국 Manchster 지방의 종합 중등학교 10개교를 대상으로 하여 1980~1983년 사이에 이루어진 것으로서, 미국의 프로그램들이 학교 밖에서 이루어진 것과는 달리 학교 안에서 이루어진 장기간의 프로젝트이었다. 이 연구의 기본가정은 여학생이 과학과 기술교과를 선택하지 않는 원인은 부분적으로 학교에 의해 형성된다고 보고, 다양한 전략을 통해 여학생의 과학과 기술교과에 대한 태도를 수정하여 보다 많은 여학생을 이 분야의 직업에 진출시키는 데 초점을 두고 있다.

GIST 프로그램에 따라 여러 가지 개입 프로그램들이 마련되었으며, 모두 여학생들의 과학 기술분야에 대한 관심을 고조시키기 위한 내용들이다. 특히 이들 과목들에 대한 여학생들의 관심과 흥미를 고조시킬 수 있는 학교, 교과과정 내용, 교사들의 태도변화 등에 역점을 둔다. 또 남녀 공동학급 운영상의 문제점, 교재 내의 남성 반영요소, 남성교사와 남학생들의 행동양식, 과학 실습시간 등에 대한 개입 프로그램의 내용들도 포함된다.

프로그램의 실행결과 여학생들의 변화를 불러일으키기 위해서는 학교와 교사의 변화를 통한 여학생 친화적인 학교가 되어야 하며, 교사들의 태도는 특히 중요하다. 또한 전체적인 학교의 분위기도 매우 중요하여, 즉 학교의 전폭적인 지원이라든지, 다른 학교와의 차이 분석을 통한 변화의 노력과 같은 학교 개혁노력이 이루어져야 프로그램의 효과가 높아지는 것으로 나타났다.

■ WISE(Women into Science and Engineering) 프로그램

WISE는 1984년에 기회균등위원회가 ESSO와 British Gas 등의 기업의 지지를 받아 시작한 영구적인 프로젝트이다. 이 프로젝트는 1) 여성의 능력 개발, 2) 여성이 실제로 가능한 한 효율적인 능력 활용, 3) 여성의 경력을 가정생활과 통합할 것의 3가지를 목표로 삼는다. 나아가 과학기술분야에 여성을 늘리는 것을 의도한다.

WISE 프로그램의 예로는 6대의 버스에 컴퓨터를 탑재하여 연중 전국을 돌며 여성에게 새로운 기술을 가르치는 것을 들 수 있다. 이 버스에는 주간은 여성만 탈 수 있고, 남성은 저녁에만 탈 수 있도록 되어 있다. 또한 기술을 살려서 일하고 있는 여성 기술자가 정기적으로 지역의 초등학교와 중학교를 방문하고, 여성들에게 일의 체험담을 이야기하기도 하는 모델도 있다. 그 결과, 프로젝트가 발족한 이래 공학을 공부하는 여학생이 7%에서 15%로 증가하는 효과가 있었다.

3) 호주

호주에서는 교육에서의 성차별문제를 비교적 일찍 인식하여 국가적 수준에서 여학생의 교육기회 문제를 연구하였다. 그 첫 번째 연방정부보고서가 1975년 출판된 '여학생과 학교, 그리고 사회'(Girls, School and Society)로, 이 보고서에서는 학교가 어떻게 하여 여학생들의 낮은 교육결과를 초래하는지를 분석하고 여러 가지 정책적 지원의 필요성을 강조하였다. 이후 1985년 두 번째 연방정부보고서인 '여학생과 미래 : 학교에 대한 도전'(Girls and Tomorrow : The Challenge for Schools)에서는 여러 가지 재정적 지원과 노력에도 불구하고, 그 결과는 거의 나아진 것이 없다는 점을 비판하였다.

(1) 호주 여학생을 위한 국가시책 (National Policy for the Education of Girls in Australian Schools)

이와 같은 노력에도 불구하고 남학생과 여학생의 평등한 교육적 성과를 보장하는 교육이 유감스럽게도 아직 완전히 구현되지 못하고 있으며, 호주 사회의 성차별적 구조는 아주 이른 나이부터 여학생들에게 영향을 미치기 시작하여 학교교육기간을 거치면서 더욱 강화된다고 진단하였다.

이러한 문제 인식은 호주 교육위원회가 1987년 "호주 여학생을 위한 국가시책"을 입안하게 하였다. 이 시책은 여학생 교육을 개선하는 시발점이었으며 향후 5년간 학교에서 여학생들에게 필요한 사항들이 무엇인지 인식을 제고시키는 데 많은 도움을 주었다. 1987년의 "국가시책"은 지금까지도 여학생 교육을 지원하기 위한 기본 토대로 남아있다.

(2) 여학생 교육을 위한 국가행동계획 (National Action Plan for the Education of Girls, 1993-97)

여학생교육을 위한 국가행동계획은 1987년의 보고서를 바탕으로 하여 이후 5년간(1993-97) "국가시책"에 추가하여 실행할 정책 세부사항을 정리한 것이다. 이 계획의 주요 목표는 여학생 교육의 질적 향상을 위하여 호주의 학교들과 교육제도를 개선하는 것이며, 진정한 성역할 평등을 성취하기 위한 호주 교육계의 진전 상황을 평가하는 것이다. 이 계획의 목적은 호주의 학교들 내에서 “국가시책”이 효과적으로 시행될 수 있도록 새로운 차원의 도움을 추가시키는 것이다.

따라서 본 계획은 가능한 한 실무적인 성격을 띠게 하는 데 주안점을 두었다. 즉 단순히 평등한 여성 교육을 위한 의식 제고가 목적이 아니라 교과과정, 여학생들의 교실 내 경험, 여성들에 대한 남성들의 행동과 태도, 여학생들이 학습하는 사회적/물리적/문화적 환경 등과 같은 영역에서의 직접적인 실무 사항들을 다루는 데 주안점을 두었으며, 의도적으로 여학생들을 가르치는 교육현장 종사자들을 위해 만들어진 것이라 할 수 있다. 국가행동계획에서 우선적으로 중시된 항목은 1) 성별 인식 형성에 관한 검토, 2) 성희롱(sex-based harassment) 없애기, 3) 학교부적응 여학생의 교육성과 향상시키기 4) 중도탈락 위기에 처한 여학생 문제, 5) 교과과정의 개선, 6) 교수법의 개선, 7) 직업 및 노동교육의 확충 : 가사노동 등 무급 및 유급노동에서의 성차별, 8) 학교조직과 운영방식의 변화 : 학교시설 및 재원 배분에서의 성 형평성 증진이다.

4) 일본

일본의 성 평등 교육정책은 생애학습의 차원에서 주로 남녀공동 참여 사회를 형성하기 위한 사회교육 활성화정책이 주를 이루고 있다. 교육기회의 성별 격차나 성역할 고정관념에 기반한 교육기회 배분이 이루어지고 있음에도 이와 관련한 정책을 찾아보기 쉽지 않다. 이와 관련하여 大橋美枝子(1999)는 「남녀공동참획사회기본법」이 제정되는 등 불충분하지만 남녀평등추진시책이 행정부에 의해 추진되고 있지만, 문부성이 발표한 2002년부터 실시 예정인 신학습지도요령에는 남녀평등교육의 구절은 한 마디도 없다고 지적하고 있다. 교과서에 내재한 성차별적 교육내용상의 문제에 대한 지적(氏原陽子, 1996; 伊東良德, 1992; 伊東良德 외, 1991)이 계속되고, 남녀공동 참여 사회를 지향하는 일본에서 여성의 낮은 학교관리직 진출도에 대한 문제가 여론화되고 있음에도(池木淸, 2000), 학교교육에 내재한 성차별 문제를 개선하기 위한 노력은 매우 미흡한 실정이다. 초·중등학교 교육에 내재한 성차별적 교육실태를 분석한 池木清(2000)은 공적인 학교교육의 장에서 왜 이렇게까지 성차별적인 교육이 행해지고 있을까 자문하고 최대의 원인은 중앙, 지방을 통해 교육행정당국의 대응이 너무나 늦어진 점에 있다고 결론지은 데에서도 확인할 수 있다.

일본에서는 '세계 행동 계획'을 받아 1975년 9월에 총리대신을 본부장으로 하는 부인문제 기획추진본부를 설치하고 1977년에는 '국내 행동 계획'을 입안하였다. 또 유엔여성차별철폐협약을 비준하기 위해 국적법의 개정, 남녀고용기회균등법의 제정, 학습 지도 요령의 개정 및 육아휴업법의 제정 등 법제 면의 정비가 논의되었다. 1987년 부인문제 기획추진본부는 '나이로비 장래 전략'의 취지를 받아, 남녀 공동 참여 사회의 형성을 목표로 '서기 2000년(평성 12년)으로 향한 신국내 행동 계획', 소위 '신국내 행동 계획'을 입안하였다. 다시 1991년 5월에는 이 계획의 구체적 시책추진기간이 종료됨에 따라, 동 계획을 개정하였다.

이 제 1차 개정에서는 21세기 사회는 여러 가지 분야에 남녀가 평등하게 공동으로 참여하는 것이 불가결하다는 기본 인식하에 남녀 공동 참여 사회를 목표로 하고 있다. 더구나 1994년 6월에는 여성 관계 행정의 국내 추진 체제가 강화됨과 더불어 종래의 부인문제 대책실이 정령(政令)의 개정에 의해, 남녀 공동 참여실로서 총리부내에 설치되었다.

남녀가 함께 참여하는 사회의 형성을 촉진하기 위한 신국내행동계획의 교육부문을 보면, 정부 시책의 기본방향은 남녀의 고정적인 성별 역할 분담의식을 시정하고 인권의식에 근거한 남녀평등관의 형성을 촉진하기 위해 가정, 학교, 지역 등 사회의 모든 분야에 있어 남녀평등을 추구하는 교육·학습의 충실화를 도모하는 데 있다. 또한 국민들이 생애 언제라도 자유롭게 학습기회를 선택하고 배울 수 있으며, 그 성과가 적절하게 평가되는 평생학습사회를 만들어가는 것이 필요한 점에 주목하고, 특히 여성이 남성과 마찬가지로 사회의 모든 분야에서 활동하기 위해서 평생 학습의 진흥은 매우 중요한 의의를 갖는 것으로 보고 추진체제의 정비, 학습수요의 환기, 학습기회의 제공, 학습성과의 적절한 평가 등에 관한 시책을 추진하였다.

5) 대만

대만은 전통적인 가부장적 의식형태의 영향을 깊이 받고, 민주화 발전이 비교적 완만하였기 때문에 남녀평등에 대한 충분한 정책적 고려가 없었으며, 이로 인해 다른 나라에 비해 남녀 불평등문제가 비교적 심각하다고 진단하였다. 법률, 직업 정치 참여, 교육, 혼인 가정, 신체안전, 생명 존엄 등의 측면에서 남존여비의 차별대우와 멸시 현상이 심각하여, 많은 여성들이 기본 권익을 무시, 박탈당하고 있으며, 남녀 간 부당한 자원 배분과 성별에 대한 고정관념으로 인해 긴장하고 불균형적인 관계를 갖고 있다. 대만은 교육이 이와 같은 문제를 해결하기 위한 가장 효과적이고 근본적인 해결책으로 보고 1986년 '교육부 남녀평등교육위원회'를 설립하여, 동 위원회가 장기간에 걸쳐 각종 남녀평등사업 관련 정책 수립, 추진, 감독 및 처리에 적극 종사하도록 하였다.

대만 교육부는 1986년 7월 남녀평등 교육자원을 충분히 육성하고 성차별이 없는 교육환경을 구축하여 남녀평등 목표를 달성하기 위해 남녀평등 교육실시 방안을 마련, 발표하였다. 본 실시방안은 6개의 책략과 각 책략별 중점조치를 담고 있으며, 교육부 남녀평등위원회에서 매월 정기적으로 위원회를 개회하여 본 방안에 따라 연도별 사업계획과 중점 사항 또는 집행 원칙을 제정하고, 成市, 縣市 教育廳局 및 각급 학교가 남녀평등교육을 실시하도록 적극 선도하도록 하였다. 또한 교육부, 成市 教育廳局 및 각 縣市 정부는 '88년부터 남녀평등 교육예산을 편성해야 하도록 하였다. 남녀평등 교육사업에 대한 평가를 위해 '남녀평등 교육 감독·지도·평가 실시 요점'과 구체적인 평가기준을 제정, 반포하도록 규정하였다. 주요 내용은 다음과 같다.

- 남녀평등 교육조직 및 운영 모델의 구축
- 남녀평등 교육교사 및 전문 인재의 육성
- 각급학교 교과서 및 참고교재 내용의 남녀평등 교육원칙 부합성에 대한 감독, 평가
- 남녀평등교육 실험학교계획 실행
- 초·중등학교 성폭력예방 교육실시 원칙 및 과정의 참고요강 제정, 반포

- 남녀평등 교육연구 및 자문 서비스
- 남녀평등관념의 선전 및 관련 조치의 강화
- 안전하고 성차별 없는 캠퍼스의 기준 마련
- 성차별과 성폭력사건의 위기처리 모델, 지도 회개방법, 통보 및 신고제도 개발

(1) 양성평등교육법

대만정부는 실질적인 성 평등을 촉진시키고 성차별을 제거하며, 인격존중을 수호하고 양성평등의 교육자원과 환경을 조성하기 위해 2004년 6월 25일에는 총 7장 38개 조항으로 구성된 「양성평등교육법」을 제정·공표하였다. 본 법의 주요 내용은 다음과 같다.

- 총칙 : 중앙의 교육부, 직할시 및 학교에 양성평등교육위원회를 설치한다. 주임위원은 교육부장, 직할시 행정 수장, 학교의 교장이 된다.
- 학습환경과 자원 : 학교는 양성평등한 학습 환경, 안전한 학원공간을 건립하기 위해 장기적인 계획·제공하고, 양성평등교육 실사규정을 제정하여야 한다. 학교의 재직 교직원의 재직 전 교육, 신입인원의 교육훈련, 재직연수와 교육행정주관인원의 교육과정 및 교사양성의 대학 교육전문과정에는 양성평등교육 내용이 반드시 포함되어야 한다 등.
- 커리큘럼, 교재와 수업 : 초·중학교는 양성평등이 포함되어있는 교과과정 이외에도, 매 학기 양성평등교육과 상관되는 교육과정 및 활동을 최소 4시간을 실시하여야 한다. 고등학교 및 전문학과 학교 5년제는 前3년에 양성평등교육이 포함되어있는 교육과정을 실시해야 한다 등.
- 교내 성폭력 및 성희롱의 방지 : 교내 성폭력 또는 성희롱사건의 예방을 위해, 중앙주관기관은 교내 성폭력 또는 성희롱의 방지 준칙을 제정해야 한다. 그 준칙은 학교안전의 장기적인 계획, 교내외 수업과 사람과 사람 사이의 활동 주의사항, 교내 성폭력 또는 성희롱의 처리기구, 순서 및 구제 방법 등을 포함시켜야 한다 등.
- 조사신청 및 구제 : 학교가 본 법규를 위반했을 시, 피해자 혹은 그 법정대리인이 학교의 소속 주관기관에게 조사를 신청한다. 교내 성폭력 또는 성희

롱 사건의 피해자 및 그 법정 대리인은 행위자(가해자)의 소속학교에 서면으로 조사 신청을 한다 등.

4 여성교육정책의 발전과제

2008년 이후 여성교육정책은 전환기를 맞고 있다. 1998년 교육부에 양성평등 교육정책을 총괄하는 여성정책담당관실이 신설되고 관련 법조항이 마련되는 등 여성교육정책을 추진하기 위한 제도적 기반이 만들어지고, 이를 토대로 10년간에 걸쳐 여성교육정책이 추진되었다. 그러나 2008년 이명박정부가 들어서면서, 여성정책담당관실이 폐지되고 여성교육정책은 비예산사업으로 명맥을 이어가고 있다. 2013년부터 제4차 여성정책기본계획상의 교육부문 관련 정책과제들을 소관부서에서 개별 추진하는 방식으로 여성교육정책 추진 방식이 변경되었다. 이 같은 방식의 실효성을 담보하고 여성교육정책 추진이 정상화되기 위해서는 다음과 같은 점들이 고려되어야 한다. 우선, 교육부관련 부서에서 개별적으로 추진되는 제 4차 여성정책기본계획상의 교육부문과제의 총괄 기획 및 조정, 관리하기 위한 전담부서가 필요하다. 둘째, 중앙 및 지방 교육정책을 담당하는 정책담당자를 비롯하여, 학교행정가, 교사들의 교육에서의 성 평등에 대한 이해의 폭을 넓히고 성 인지력을 제고하기 위한 성인지 교육 및 연수가 요청된다.

셋째, 교육에서의 성차별을 개선하고 성 평등을 실현하기 위해서는 중앙 및 지방자치단체의 교육정책 전반을 젠더 관점(gender perspective)에서 입안, 집행, 평가하는 성주류화 정책으로 발전되어야 한다.

넷째, 교육과정 구성 및 운영에서의 평등 실현을 위한 정책부문에서는 1) 교과서상의 성차별적인 교육내용을 제거하는 단계에서 더 나아가 교육과정에 여성의 경험과 가치를 반영하기 위한 성 인지적 관점에서의 교육과정 개발과, 2) 교과 선택 및 진로 발달에서의 성차 해소를 위해 보다 적극적인 정책적 개입이 요청된다.

● 요약

해방과 더불어 서구식 교육제도가 도입된 이래, 성별에 관계없이 누구나 원하는 만큼의 교육을 받을 수 있는 교육기회가 열려있다는 측면에서 교육은 우리 사회의 다른 어느 분야에 비해서도 평등하게 이루어지는 것으로 인식되어 왔다. 그러나 교육에의 접근 기회의 평등이 곧 교육의 과정과 성취, 결과에서의 평등을 담보하지 않는다. 비록 한 교실 안에서 교육받는다 하더라도 교사가 여학생에게 기대하는 바와 남학생에게 기대하는 바는 같지 않다. 여학생에게는 장차 어머니로서, 전업주부로서의 역할을 기대하고 남학생에게는 한 집안의 가장으로 사회인으로서의 성장을 기대하며 교육되었다. 그리고 이러한 교육적 기대는 오랫동안 당연시 되어 왔다.

우리와 같은 동아시아 국가인 일본과 대만을 비롯, 선진 각국에서 취해진 성 평등교육정책을 통해 나라에 따라 그 정도의 차이는 있으나 각국에서 그동안 우리가 당연시해 왔던 전통적인 남녀의 역할에 기초한 교육의 틀을 깨기 위해 다양한 노력이 이루어져왔음을 알 수 있다. 우리나라에서 여성교육정책이 정부정책으로 실질적인 추동력을 갖게 된 것은 1998년 교육부에 여성교육정책담당관이 신설된 이후라 할 수 있다. 여성교육정책의 추진을 통해 단순한 교육기회의 양적 평등에서 벗어나 교육의 과정과 결과에서의 평등이 이루어질 수 있도록 하기 위한 노력을 기울여 왔다. 그러나 2008년 양성평등교육정책을 총괄하던 여성교육정책담당관실이 폐지되는 등 여성교육정책추진체계가 크게 약화되었다. 이로 인해 2013년부터 추진되는 제4차 여성정책기본계획상 교육부문 과제가 대폭 확대되었으나, 이의 성공적인 수행을 담보하기 어려운 실정이다.

● 토론문제

1. 초등학교나 중등학교에서의 성차별 교육경험을 이야기 해보고, 이를 시정하기 위해서는 어떠한 제도적 조치가 필요한지 토의해보자.

2. 대학생활을 하면서 성차별적 관행이나 제도로 인해 어려움을 겪은 적이 있는가? 있다면, 어떤 것이고, 어떻게 개선되어야 한다고 생각하는지 논의해보자.

3. 대학에 다니면서 남녀학생에게 동일하게 해당되는 규칙이나 사업이 학생의 성별에 따라 다르게 적용되거나, 결과적으로 특정 성에 더 많은 혜택을 주거나 불리하게 작용한다고 느꼈던 적이 있는가? 있다면, 어떤 것이고, 어떻게 바뀌어야 하는지 논의해보자.

참고문헌

교육부 여성교육정책담당관실(2001). 여성교육정책담당자 연찬회 자료.

교육인적자원부 여성교육정책과(2007). 양성평등교육 전문성 향상을 위한 시·도교육청 담당자 협의회 자료.

교육인적자원부 여성교육정책과(2006). 2006년도 국·공립대학 양성평등 조치계획 운영 지침 및 평가계획(안).

교육인적자원부 여성교육정책과(2006). 양성평등교육 활성화방안.

교육인적자원부·산업자원부(2006). 여학생 공학교육 선도대학 지원사업계획.

대만 교육부(1986). 남녀평등교육실시방안.

보건사회부(1987). 제6차 경제사회발전5개년계획 보건사회부문계획.

여성가족부(2013). 제4차 여성정책기본계획.

여성부(2008). 제3차 여성정책기본계획수정(판).

여성부. 2004~2007년도 주요업무계획.

여성부(2002). 제2차 여성정책기본계획.

정무장관(제2)실(1992). 제7차 경제사회발전5개년계획 여성개발부문계획.

정무장관(제2)실(1997). 제1차 여성정책기본계획.

정해숙, 정경아(2002). OECD국가의 성 평등교육정책. 한국여성개발원.

정해숙(1994). 여성정책 현황 평가서- 교육부문. 한국여성개발원(미간행 자료).

정해숙, 정경아(1998). 성인지적 관점에 기초한 제 6차 교육과정 운영 및 교과서 분석. 한국여성개발원.

주은희(1996). 한국 교육에서의 성차별 모니터링. 한국여성단체협의회(미간행 자료).

한국여성개발원(1985). 여성발전기본계획.

한국여성개발원(1999). 1999 여성통계연보.

한국여성정책연구원(2008). 2008 성 인지 통계.

村松泰子(編)(1996). 女性の 理系能力を 生かす: 專攻分野の ジェンター 分析と提言. 日本評論社.

Curriculum Corporation for the Australian Education Council(1993), *National Action Plan for the Education of Girls 1993-7*.

Fishel, Andrew & Pottker, Janice(1978). Sex Bias in Secondary Schools: The Impact of Title Ⅸ. in Janice Pottker and Andrew Fishel(Ed). *Sex Bias in the Schools*. London : Associated University Press. 92-104.

Lourdes G. de Vera, Maria(1995). Philippine Country Report : Progress in Girls' and Women's Education, country paper presented at "the Seminar for Policy Makers on Women's and Girls' Education" held at Chiangmai, Thiland 7-13 March 1995.

Gender Equity Expert Panel(2001). *Exemplary & Promising Gender Equity Program 2000*. www.ed.gov/pubs/genderequity.

Rendel, Margherita(1985). *The Winning of the Sex Discrimination Act*. The Open Unversity. Race and Gender. Pergamon Press. 81-96.

Sanders, Jo(1996). "How Do We Get Educators to Teach Gender Equity?". UNESCO. *Equity in the Classroom : Towards Effective Pedagogy for Girls and Boys*. The Falmer Press. 214-227.

Whyte, Judith(1986). *Girls into Science and Technology : the story of a project*. London, Boston and Henley: Routledge & Kegan Paul.

http://www.sorifu.go.jp/danjyo/koudou/

찾아보기

• 인명 •

• 주제 •

[ㄱ]

[ㅇ]

[ㅈ]

저자소개

곽삼근
미국 Michigan State University, Ph. D in Adult & Continuing Education
현재 이화여자대학교 교육학과 교수

곽윤숙
이화여자대학교 교육학 박사
현재 여주대학교 보육과 교수

김재인
이화여자대학교 대학원 문학박사 교육사회학 및 평생교육 전공
전 중국연변대학교 객좌교수, 전 한국양성평등교육진흥원장

나임윤경
미국 The university of wisconsin-madison 교육학박사 성인여성교육전공
현재 연세대학교 대학원 문화학과 교수

민무숙
미국 University of Illinois at Urbana-Champaign, 교육학박사
현재 한국여성정책연구원 선임연구위원

박성정
서울대학교 교육학 박사
현재 한국여성정책연구원 선임연구위원

송현주
미국 University of Southern California, Ph. D(교육학)
미국 University of Southern California, Graduate Certificate(Gender Studies)
현재 한국양성평등교육진흥원 교수

심미옥
이화여자대학교 문학박사
현재 춘천교육대학교 교수

오재림
미국 스탠포드대학교 철학박사
숙명여자대학교 문과대학 교육학부 교수
현재 숙명여자대학교 교육대학원장

유현옥
미국 University of Illinois at Urbana-Champaign, Ph.D(교육철학)
현재 명지대학교 교육대학원 교육학과 교수

이해주
서울대학교 대학원 교육학 박사 사회교육전공
한국 교육개발원 연구원
현재 한국방송통신대학교 교육학과 교수
한국방송통신대학교 교육과학대학 학장

임선희
이화여자대학교 대학원 교육사회학 전공(문학박사)
현재 충남대학교 사범대학 교육학과 명예교수

정해숙
동국대학교 교육학 박사
현재 한국여성정책연구원 선임연구위원

조경원
미국 University of Illinois at Urbana-Champaign, Ph.D(교육철학)
현재 이화여자대학교 사범대학 교육학과 교수

〈제3판〉 여성교육개론

2001년 5월 25일 1판 1쇄 발행
2009년 2월 28일 1판 6쇄 발행
2009년 11월 20일 2판 1쇄 발행
2013년 2월 20일 2판 2쇄 발행
2015년 8월 10일 3판 1쇄 인쇄
2015년 8월 15일 3판 1쇄 발행

저자와의 협의하에 인지생략

저 자 : 곽삼근 · 곽윤숙 · 김재인
나임윤경 · 민무숙 · 박성정
송현주 · 심미옥 · 오재림
유현옥 · 이해주 · 임선희
정해숙 · 조경원
발행자 : 김 동 규
발행처 : 교육과학사

경기도 파주시 문발동 광인사길 71
전화(031)955-6956～8/팩스(031)955-6037
Home-page : www.kyoyookbook.co.kr
E-mail : kyoyook@chol.com
등록 : 1970년 5월 18일 제2-73호

낙장·파본은 교환해 드립니다.
Printed in Korea.

정가 22,000원
ISBN 978-89-254-0960-3